Beck'sche Elementarbücher

Einführung
in die englische Geschichte

von Heiner Haan, Karl-Friedrich Krieger,
Gottfried Niedhart

Herausgegeben von
Gottfried Niedhart

Verlag C. H. Beck München

CIP-Kurztitelaufnahme der Deutschen Bibliothek

Haan, Heiner:
Einführung in die englische Geschichte / von
Heiner Haan ; Karl-Friedrich Krieger ; Gottfried
Niedhart. Hrsg. von Gottfried Niedhart. –
München : Beck, 1982.
  (Beck'sche Elementarbücher)
  ISBN 3 406 087736

NE: Krieger, Karl-Friedrich:; Niedhart, Gottfried:

ISBN 3 406 087736

Umschlagentwurf von Walter Kraus, München
Umschlagbild: Das Großsiegel von England vom Jahre 1651,
das im Commonwealth verwendet wurde, mit der Karte der Britischen Inseln
Foto: Propyläen Verlag, Berlin
© C. H. Beck'sche Verlagsbuchhandlung (Oscar Beck), München 1982
Satz und Druck: Georg Appl, Wemding
Printed in Germany

Vorwort

Der vorliegende Band versucht, in Forschungsprobleme, Quellenmaterialien und Hilfsmittel der englischen Geschichte einzuführen. Er will den Einstieg in die Bearbeitung und Erforschung von Teilbereichen und Epochen erleichtern und steht in engem Zusammenhang mit den drei für dieselbe Reihe vorbereiteten Darstellungsbänden zur Geschichte Englands im Mittelalter, in der frühen Neuzeit und im 19./20. Jahrhundert, die durch diese Einführung ergänzt werden und deren Autoren mit den Verfassern der folgenden Beiträge identisch sind.

Im Mittelpunkt steht – einer weitverbreiteten, wenn auch nicht völlig befriedigenden Gewohnheit folgend – die Geschichte Englands im engeren Sinn. Entsprechend der historisch ausgebildeten Hegemonie Englands auf den britischen Inseln und später im Vereinigten Königreich kann dies allerdings nicht bedeuten, daß sich die Analyse streng auf den historisch-geographischen Raum „England" beschränkt. Vielmehr ist es erforderlich, auch die walisische, schottische, irische und überseeische Geschichte dort in die Betrachtung miteinzubeziehen, wo sie in einem Wechselverhältnis mit der englischen Geschichte stehen. In Anlehnung an das Vorwort, das A. J. P. Taylor seiner in der ‚Oxford History of England' erschienenen *English History 1914–1945* vorangestellt hat: Wo Wales, Schottland, Irland oder überseeische Gebiete dieselbe Geschichte haben wie England, wird sie in unserem Buch mitbehandelt; wo sie eine davon abweichende Geschichte haben, geschieht dies nicht.

Die Überblicke über Forschungsrichtungen und -kontroversen wollen im Rahmen der von den Verfassern angegebenen Selektionskriterien über wesentliche Positionen informieren, sind aber selbstverständlich nicht neutral, sondern selbst Teil der vorgetragenen Kontroversen. Dies äußert sich auch in durchaus unterschiedlichen Akzentsetzungen, die die Verfasser der jeweiligen Beiträge vornehmen. Methoden-, Themen- und Paradigmenpluralismus – konstitutive Kennzeichen wirklich wissenschaftlicher Kommunikation – sind also nicht zufällig Merkmale dieses Bandes.

Weder die Forschungsberichte noch die Überblicke über Quellen und Hilfsmittel sind auf Vollständigkeit abgestellt. Vielmehr soll für Historiker, Anglisten, Sozialwissenschaftler und allgemein an der englischen Geschichte Interessierte in Universität, Schule und Öffentlichkeit eine erste Informationsbasis geliefert werden, von der aus weitergearbeitet werden kann. Neueste Literatur wurde nach Möglichkeit bis Herbst 1981 berücksichtigt. Wenn mancher Fehler und manche Einseitigkeit angesichts eines riesigen Forschungsgegenstandes vermieden werden konnten, so ist dies nicht nur der Kooperation der Verfasser untereinander zu verdanken, sondern auch der konstruktiven Kritik und Hilfestellung, die die Autoren von Kollegen und Mitarbeitern erfahren haben. In diesem Zusammenhang sind besonders Prof. Dr. Gustav Schmidt (Bochum), Prof. Dr. Wolf D. Gruner (Hamburg), Dr. Karlheinz Dietz (München), Heidi Crusius, Dr. Reinhard Gleißner, Dr. Hans-Eberhard Hilpert, Rita Reger-Braig, Arthur Schnabl, Dr. Peter Stary sowie Jutta und Dr. Herbert W. Wurster (Regensburg) zu nennen, denen an dieser Stelle herzlich gedankt sei.

Mannheim und Regensburg im Februar 1982 *H. H.*

K.-F. K.

G. N.

Inhalt

I. Grundprobleme und Forschungsschwerpunkte der englischen Geschichte im Mittelalter. *Von K.-F. Krieger* 13

   1. Der Epochenbegriff „Mittelalter" in der englischen Geschichte 13

   2. Die normannische Eroberung von 1066 – Bruch oder Kontinuität? 15

     a) Der Forschungsstand 15
     b) Das Hauptproblem: Die Feudalisierung Englands nach 1066 – revolutionäre Umgestaltung oder kontinuierliche Fortentwicklung altenglischer Institutionen? 18
     c) Die Auswirkungen der normannischen Eroberung auf einzelne Bereiche der englischen Herrschafts- und Sozialstruktur 26
      Das Königtum Wilhelms – eine „neue Monarchie"? 26 – Die Folgen der normannischen Eroberung für Struktur, Funktion und Herrschaft des Adels 31 – Die Folgen der normannischen Eroberung für die übrigen Bevölkerungsgruppen auf dem Lande und in der Stadt 33 – Die Auswirkungen der normannischen Eroberung auf das kulturelle und geistige Leben 33
     d) Zusammenfassung: Die Folgen der normannischen Eroberung vor dem Hintergrund gesamteuropäischer Entwicklungstendenzen . . 34

   3. Weitere Forschungsschwerpunkte zur mittelalterlichen Geschichte Englands im Überblick 35

     a) Die angelsächsische Landnahme 35
     b) Die Anfänge des englischen Parlaments 41
     c) Die Pestepidemien des 14. und 15. Jahrhunderts und ihre Auswirkungen auf die englische Sozial- und Wirtschaftsstruktur 46

   Anmerkungen 54

II. Prosperität und Krise. Grundprobleme und Forschungsschwerpunkte der englischen Geschichte in der frühen Neuzeit. *Von H. Haan* 79

   1. Zum Epochencharakter der frühen Neuzeit 79

   2. Die säkulare Prosperität des 16. Jahrhunderts 80

   3. England in der Krise des 17. Jahrhunderts 84

     a) Die Ursachen des englischen Bürgerkrieges 84
     Die Puritanische Revolution. Die Krise des 17. Jahrhunderts in der Sicht der traditionellen Whig-Historiographie 85 – Bürgerliche Revolution versus Revolution der Verzweiflung. Die Gentry-Kontroverse

*über die sozialen Ursachen der englischen Revolution 86 – Die Krise
der Aristokratie. Die englische Revolution im Spiegel der Systemtheorie 89 – Die große Rebellion ohne Vorgeschichte. Der englische Bürgerkrieg in der Sicht der konservativen Geschichtsschreibung 91*

b) Die Entfaltung der Krise 93
Die politische Revolution 93 – Die Revolte in der Revolution 97
c) Die Bedeutung der Krise des 17. Jahrhunderts und die Rückkehr
zu Stabilität und Prosperität im 18. Jahrhundert 100

Anmerkungen 104

III. Strukturwandel, Reformfähigkeit und Friedenswahrung: Probleme der englischen Geschichte im 19. und 20. Jahrhundert.
Von G. Niedhart 138

1. England im Zeitalter der Industrialisierung: Merkmale der
Epoche 138
2. Wirtschaftlicher und gesellschaftlicher Wandel 140
a) Vorindustrieller Wandel: Bevölkerungswachstum und Agrarrevolution 140
b) Ursachen und Verlauf der industriellen Revolution 142
c) Perioden wirtschaftlicher Entwicklung 146
d) Gesellschaftliche Bewegung und soziale Kosten in der Frühphase
der Industrialisierung 148
3. Wandel durch Reformen 150
a) Reform als Leitbegriff 150
b) Reformgesellschaft und Arbeiterschaft 153
c) Rahmenbedingungen für Reformen oder der englische Sonderweg 155
d) Reformen und die Entfaltung des Interventionsstaats 157
4. Frieden als nationales Interesse 161
a) Europa- und Weltpolitik im 19. Jahrhundert 161
b) Außenpolitik im Zeitalter des Imperialismus 163
c) Die Politik des Appeasement in der Zwischenkriegszeit 165

Anmerkungen 168

IV. Allgemeine Hilfsmittel zum Studium der englischen Geschichte.
Von K.-F. Krieger, H. Haan, G. Niedhart 187

1. Allgemeine Einführungen und Nachweise von Hilfsmitteln . . 187
2. Bibliographien 187
a) Allgemeine Bibliographien 187
b) Bibliographien zu einzelnen Epochen 188
c) Bibliographien zu einzelnen Teilbereichen 189
3. Verzeichnisse von Hochschulschriften 191
4. Literaturberichte neueren Datums 192

a) Zur gesamten englischen Geschichte und zu einzelnen Epochen . . 192
b) Regierung, Verfassung, Recht 193
c) Sozial- und Wirtschaftsgeschichte 194
d) Kirchengeschichte 195
e) Politische Ideengeschichte 195
f) Militärgeschichte 196
g) Weltreich und Commonwealth 196
h) Außenpolitik 196
i) Regional- und Lokalgeschichte 197

5. Nachschlagewerke 198

a) Allgemeine Nachschlagewerke 198
b) Lexika und Nachschlagewerke zu einzelnen Bereichen 198
c) Biographische Lexika und Namenslisten 199
d) Statistische Nachschlagewerke 201

6. Zeitschriften 201
7. Forschungseinrichtungen und Bibliotheken 203

V. Hilfsmittel zur Quellenerschließung 205

1. Epochenübergreifende Hilfsmittel. *Von K.-F. Krieger* und
   G. Niedhart 205

   a) Quellenkunden und Quellenverzeichnisse 205
   b) Archive 206
   c) Übergreifende Hilfswissenschaften 207
   *Chronologie 207 – Genealogie 207 – Philologie 208 – Lexika 208 –
   Historische Geographie 208 – Ortsnamen 209 – Karten 209 – Atlanten
   ten 209 – Metrologie 209 – Statistik 209*

2. Hilfsmittel zur Frühzeit und zum Mittelalter. *Von K.-F.
   Krieger* 210

   a) Quellenkunden und -verzeichnisse 210
   b) Bibliothekskataloge und Archivinventare 210
   c) Verzeichnisse mittelalterlicher Autoren 211
   d) Hilfswissenschaften 211
   *Archäologie und Luftbildphotographie 211 – Paläographie und Faksi-
   mileausgaben 212 – Urkundenlehre 212 – Siegelkunde 213 – Wap-
   penkunde 213 – Münzkunde 213*

3. Hilfsmittel zur Neuzeit: Quellenkunden und Quellenverzeichnisse. *Von G. Niedhart* 214

   a) Gesamte Neuzeit und einzelne Zeitabschnitte 214
   b) Nachlässe, Tagebücher, Memoiren 215
   c) Publizistische Quellen 215
   d) Oral History 216
   e) Regierung, Verfassung, Recht 216

f) Gesellschaft und Wirtschaft 217
g) Kirche 218
h) Wissenschaft, Erziehung und Bildung 219
i) Flotte, Militär 219
j) Weltreich und Commonwealth 219
k) Außenpolitik 219
l) Regional- und Lokalgeschichte 220

VI. Quellen. 221

1. Quellen zur Frühzeit und zum Mittelalter. *Von K.-F. Krieger* . 221
   a) Übergreifende Quellensammlungen 221
   b) Quellen von den Anfängen bis zum Ende der römischen Besetzung 222
   c) Quellen zur angelsächsisch-skandinavischen Epoche (ca. 450 bis
      1066) 224
      Quellensammlungen und Handschriftenverzeichnisse 224 – Erzählen-
      de Quellen 224 – Briefe und Lehrschriften 228 – Dokumentarische
      Quellen 228 – Sonstige Quellen 229
   d) Quellen zur Geschichte Englands von 1066 bis zum ausgehenden
      15. Jahrhundert 232
      Quellensammlungen 232 – Erzählende Quellen 232 – Sonstige litera-
      rische Quellen 242 – Dokumentarische Quellen 250

2. Quellen zur Neuzeit. *Von G. Niedhart* 263
   a) Gesamte Neuzeit und einzelne Zeitabschnitte 263
   b) Regierung, Verfassung, Recht 265
   c) Gesellschaft und Wirtschaft 274
   d) Politische Parteien und Interessengruppen 275
   e) Kirchen 276
   f) Politisches Denken 276
   g) Bildung und Erziehung 277
   h) Flotte 277
   i) Weltreich und Commonwealth 277
   j) Außenpolitik 278
   k) Schottland und Irland 279

VII. Epochenübergreifende Literatur. *Von H. Haan, K.-F. Krieger,*
     G. Niedhart 280

1. Reihenwerke und Gesamtdarstellungen 280
2. Verfassung, Regierung, Recht 281
3. Gesellschaft und Wirtschaft 282
4. Kirchen 284
5. Bildung und Erziehung 284
6. Kunst, Architektur, Literatur 284
7. Politisches Denken 285

8. Presse, öffentliche Meinung 285
9. Politische Parteien 285
10. Flotte, Militär 285
11. Weltreich 285
12. Außenpolitik 286
13. Regional- und Lokalgeschichte 286
14. Historiographie 286

Abkürzungen 287

Autoren-, Herausgeber- und Quellenregister 291

Personenregister 325

I. Grundprobleme und Forschungsschwerpunkte der englischen Geschichte im Mittelalter

Von K.-F. Krieger

1. Der Epochenbegriff „Mittelalter" in der englischen Geschichte

„Wer die Grenzen eines Zeitalters findet, bestimmt sein Wesen" – dieser Satz H. Heimpels[1] gilt auch für den Versuch, dem Epochenbegriff „Mittelalter" einen Platz in der englischen Geschichte zuzuweisen. Auch wenn man der Ansicht ist, daß die englische Geschichte weniger durch tiefe Einschnitte und Wendepunkte als vielmehr durch im wesentlichen graduell und relativ langsam verlaufende Wandlungsprozesse geprägt wurde,[2] läßt sich wohl kaum etwas gegen eine Gliederung des Geschehensablaufes durch die Zusammenfassung mehrerer Jahrhunderte unter einem Begriff einwenden, wenn auch nicht zu übersehen ist, daß der vom sprachlichen Kontext her an sich wertfreie Terminus „Mittelalter"[3] in der Vergangenheit oft mit dem negativen Werturteil eines „finsteren Zeitalters" voller Rückständigkeit und Beschränktheit, ja Barbarei, belastet war.[4]

Auch die britische Geschichtsschreibung hat den Begriff als Epochenbezeichnung für die abendländische Geschichte weitgehend akzeptiert, wobei man hierunter meist – wie auch auf dem Kontinent – den Zeitraum von ca. 300/500 bis ca. 1500 versteht.[5]

Speziell für die englische Geschichte glaubten einige Autoren jedoch, abweichende Epochengrenzen, vor allem für den Beginn des Mittelalters, annehmen zu müssen. So wurde argumentiert, daß England erst mit der normannischen Eroberung vom Jahre 1066 in den abendländisch-lateinischen Kulturkreis und damit aus dem „dunklen Zeitalter" in das „wahre Mittelalter" eingetreten sei,[6] wobei diese Auffassung auch in der Praxis insofern bis heute Wirkung zeigt, als einige Darstellungen zur Geschichte Englands im Mittelalter folgerichtig erst mit dem Jahre 1066 einsetzen.[7] Man fragt sich allerdings, ob dieser Periodisierungsvorschlag nicht die Bedeutung der normannischen Eroberung als epochemachendes Ereignis über- und den durch die angelsächsische Landnahme bewirkten Bruch mit der römisch-britischen Tradition unterschätzt. Die hier angesprochenen Problemkreise, die in der Forschung zu lebhaften Kontroversen geführt haben, werden noch in anderem Zusammenhang im einzelnen zu erörtern sein.[8] An dieser Stelle soll der Hinweis genügen, daß die angelsächsische Herrschafts- und Sozialordnung mit Königtum, Adel, Gefolgschaft und

Grundherrschaft der feudalen normannischen Militäraristokratie nach 1066 – trotz der unbestreitbaren einschneidenden Veränderungen – doch wohl wesentlich näherstand als dem System der römisch-britischen Provinzialverwaltung mit Militärregion und ziviler Kernzone, Straßensystem und dem Netz der „villae" als ländlichen Wirtschafts- und Verwaltungseinheiten,[9] so daß es eher gerechtfertigt erscheint, den Beginn des englischen Mittelalters mit dem Zusammenbruch der römischen Herrschaft und der angelsächsischen Landnahme im 5. Jahrhundert anzusetzen.

Als Endpunkt der mittelalterlichen Epoche Englands und als Schwelle zur Neuzeit wird von den meisten Autoren die Etablierung der Tudor-Monarchie in den Jahren 1485 bzw. 1530 angeführt, wenn auch nicht zu übersehen ist, daß ein Teil der Forschung dazu neigt, diese traditionelle Trennungslinie zu ignorieren und etwa die Zeit vom frühen 14. Jahrhundert bis zum Tode König Jakobs I. (1625) als eine untrennbare Einheit zu betrachten.[10]

Wenn hier im wesentlichen dem üblichen Gliederungsvorschlag gefolgt wird, so geschieht dies weniger in der Überzeugung, daß die Tudor-Monarchie zu einem „revolutionären Bruch" mit der Vergangenheit geführt hat,[11] sondern eher aus der Überlegung heraus, daß die Möglichkeiten und Probleme, die die Tudors antrafen, wesentlich andere waren als die, mit denen noch ihre Vorgänger konfrontiert wurden.[12]

Während die Ära der Könige aus den Häusern Lancaster und York noch ganz im Banne des Hundertjährigen Krieges gegen Frankreich und der mörderischen Selbstzerfleischung des Adels in den Rosenkriegen stand, waren die Weichen gegen Ende des 15. Jahrhunderts bereits neu gestellt, und zwar im Sinne der Krone, die sowohl von der notwendig gewordenen außenpolitischen Umorientierung als auch von der Dezimierung des heimischen Hochadels als Folge der Rosenkriege profitieren konnte.

Dazu kündigten sich auch entscheidende Wandlungen in der Wirtschafts- und Sozialverfassung des Landes an. War das 15. Jahrhundert noch bis in die siebziger Jahre durch kontinuierlichen Bevölkerungsrückgang, gekoppelt mit einer tiefgreifenden Agrardepression, geprägt, die beide wiederum zum Zusammenbruch des traditionellen Systems der Grundherrschaft über abhängige Bauern geführt hatten,[13] so sah das Ende des Jahrhunderts bereits die ersten Anzeichen eines kraftvollen Umkehrtrends, der bald in einen dramatischen Bevölkerungsaufschwung, gefolgt von inflationärem Wirtschaftswachstum, einmündete und damit auch hier eine neue Epoche in der Geschichte des Landes einleitete.[14]

Unter den Problemen, die im Rahmen der mittelalterlichen Geschichte Englands von der Forschung besonders lebhaft diskutiert wurden, nimmt der Fragenkomplex um die Auswirkungen der normannischen Eroberung auf die Wirtschafts- und Sozialstruktur des Landes eine Sonderstellung ein, so daß demgegenüber andere Forschungsschwerpunkte etwas in den

Hintergrund treten. Es erscheint daher gerechtfertigt, im folgenden diesen Problemkreis relativ ausführlich zu erörtern, auch wenn dies zu Lasten der übrigen Forschungsschwerpunkte gehen muß, für die lediglich drei repräsentative Beispiele aus verschiedenen Jahrhunderten in knapper Form vorgestellt werden sollen.

2. Die normannische Eroberung von 1066 – Bruch oder Kontinuität?

a) Der Forschungsstand

Selten hat ein historisches Ereignis Zeitgenossen und Nachwelt so beeindruckt wie die normannische Eroberung Englands vom Jahre 1066;[15] selten hat aber auch ein historisches Problem mehr Anlaß zu wissenschaftlichen Kontroversen gegeben als die Deutung dieses Ereignisses in seinen Auswirkungen auf die englische Geschichte nach 1066.[16]

Führte die neue Herrschafts- und Sozialordnung, die die Eroberer auf der Insel errichteten, zu einer „revolutionären Umwälzung" der überlieferten altenglischen Institutionen und Traditionen und damit zu einem radikalen Bruch mit der Vergangenheit, so daß das Jahr 1066 praktisch eine völlig neue Epoche in der englischen Geschichte einleitete? Oder knüpften die Eroberer im wesentlichen an die altenglische Vergangenheit an, so daß ihr Herrschaftsantritt eher als eine Episode im Rahmen eines langfristigen, im großen und ganzen kontinuierlich verlaufenen Entwicklungsprozesses erscheint?

Das Problem wurde bereits im 17. Jahrhundert vor dem Hintergrund der großen politischen Auseinandersetzungen zwischen der Stuart-Monarchie und dem revolutionären Puritanismus lebhaft erörtert. Während der Dynastie nahestehende Autoren, um den Stuart-Absolutismus, und vor allem das Besteuerungsrecht des Königs, historisch zu begründen, auf das „Recht der Eroberung" verwiesen, das es König Wilhelm I. und seinen Nachfolgern gestattet habe, mit der Vergangenheit zu brechen und die Königsherrschaft auf eine völlig neue Grundlage zu stellen, betonte die Gegenseite die Kontinuität mit der altenglischen Vergangenheit, deren Institutionen geradezu als ein „Hort der Freiheit" gepriesen wurden, den sich „das englische Volk" über die Jahrhunderte hinweg auch gegenüber despotischen Herrschern bewahrt habe.[17]

Die bei diesen Autoren anklingende Vorstellung von der angelsächsischen Epoche – je nach Standpunkt – als einer Zeit „zügelloser Disziplinlosigkeit und destruktiver Anarchie" oder „der wahren Freiheit des Volkes" wirkte auch noch auf die Diskussion dieses Problemkreises im 19. Jahrhundert fort, die mit dem monumentalen Werk E. A. Freemans über ‚Die Geschichte der normannischen Eroberung' allerdings insofern in ein neues Stadium eintrat, als nun erstmalig der Versuch unternommen wurde, die Auswirkungen der normannischen Eroberung in gesamteuropäischem Zusammenhang und auf breiter quellenkritischer Grundlage zu untersuchen.[18]

Als liberaler, der Whig-Partei nahestehender Patriot machte Freeman aus seiner Verehrung und Vorliebe für die angelsächsische Epoche und ihren letzten König Harald Godwinson, der bei ihm als wahrer Staatsmann und geradezu als das personifizierte Ebenbild Gladstones erscheint, kein Hehl.

Schon aus der Anlage des Werkes, das mit der angelsächsischen Frühzeit einsetzt und mit dem Tode König Eduards I. endet, wird die Grundüberzeugung des Autors deutlich: Die normannische Eroberung bedeutete keinen Bruch mit der altenglischen Vergangenheit, deren Institutionen und Traditionen nicht untergingen, sondern von den Eroberern übernommen wurden, und die – wenn auch in modifizierter Form – weiterlebten.

Die Vitalität dieses altenglischen Erbes war nach Freeman so ungebrochen, daß die fremden Eroberer sich innerhalb weniger Generationen zu „echten Engländern" entwickelt hätten.[19] Im Gegensatz zu seinen Vorgängern aus dem puritanischen Lager des 17. Jahrhunderts sah Freeman in der normannischen Eroberung daher auch kein nationales Unglück, sondern allenfalls „ein reinigendes Feuer", das die Nation gelehrt habe, sich selbst zu erkennen und neue Kräfte für die Entwicklung neuer Regierungsformen zu schöpfen.

Die These Freemans wurde von der Forschung zunächst bereitwillig aufgenommen,[20] bis in den neunziger Jahren des vergangenen Jahrhunderts J. H. Round zum Generalangriff gegen die mittlerweile im Schrifttum herrschende Kontinuitätslehre antrat.[21] Wie Freeman neigte auch Round dazu, die angelsächsische Spätzeit mit der Gladstone-Ära des 19. Jahrhunderts zu vergleichen; im Unterschied zu Freeman stand Round jedoch der konservativen Tory-Partei nahe und machte daher aus seiner Abneigung gegen jede Form des Liberalismus und seine vermeintlichen Wurzeln kein Hehl.[22] Durch diese politische Grundeinstellung wurde maßgeblich auch sein Geschichtsbild von der spätangelsächsischen Epoche bestimmt, die ihm als eine Zeit des Verfalls, geprägt von einer fast anarchischen und daher zutiefst destruktiven Form der Freiheit, erschien.

Den normannischen Eroberern komme das geschichtliche Verdienst zu, die Nation aus dieser Dekadenz herausgeführt und sie damit vor dem endgültigen Niedergang bewahrt zu haben. Dies sei in der Form einer revolutionären Umwälzung der bestehenden Herrschaftsinstitutionen und -verhältnisse erfolgt, die es rechtfertige, mit dem Jahre 1066 einen wirklichen Neubeginn, wenn nicht sogar den eigentlichen Beginn der englischen Geschichte überhaupt, anzusetzen.

Während Freeman von der gewählten Methode her eine weite, fast universalhistorisch anmutende Betrachtungsweise bevorzugte, die es ihm erlaubte, das Problem der normannischen Eroberung vor dem Hintergrund der gesamteuropäischen Entwicklung und im Rahmen eines größeren chronologischen Zusammenhanges zu erörtern, beschränkte sich Round von vornherein auf die Analyse eines – für die Gesamtauseinandersetzung allerdings zentralen – *Teil*problems, nämlich die Frage der Feudalisierung Englands nach 1066.

Im Gegensatz zu Freeman, der hier – wie in anderen Bereichen auch – allenfalls eine Modifizierung und graduelle Weiterentwicklung altenglischer Institutionen durch die Eroberer zugestehen wollte, bestand Round darauf, daß König Wilhelm den auf dem Festland ausgebildeten Feudalismus auch in England als eine plötzliche und fundamentale Neuerung eingeführt habe, die wesentliche Bereiche der bestehenden Herrschafts- und Sozialstruktur erfaßt und entscheidend umgestaltet habe.

Wenn auch bedeutende Forscher – wie z. B. F. W. Maitland[23] und P. Vinogradoff[24] – die Kontinuitätslehre Freemans verteidigten, so setzte sich Rounds Auffassung in der Wissenschaft doch bald durch, zumal auch neuere Forschungen auf erweiterter Quellengrundlage seine Ergebnisse zu bestätigen schienen.[25]

Seit der Mitte dieses Jahrhunderts ist die Roundsche These jedoch wieder zunehmend unter Beschuß geraten. So wiesen M. Hollings[26] und C. W. Hollister[27] in Spezialuntersuchungen auf bemerkenswerte Anzeichen von Kontinuität zwischen dem anglo-normannischen Ritterdienst und der angelsächsischen Wehrverfassung vor 1066 hin. Diese Ergebnisse nutzten andere Autoren, wie z. B. E. John,[28] H. G. Richardson und G. O. Sayles,[29] nun zu einem Generalangriff gegen die Roundsche Umwälzungstheorie insgesamt, indem sie sich ihrerseits zu der bereits totgesagten Kontinuitätstheorie Freemans bekannten, während andere[30] wiederum ebenso leidenschaftlich die herrschende Lehre verteidigten.

Stehen sich demnach auch heute noch Anhänger der Umwälzungs- und der Kontinuitätstheorie in kompromißloser Schärfe gegenüber, so ist doch nicht zu verkennen, daß sich in der Forschung in zunehmendem Maße eine differenziertere Betrachtungsweise durchzusetzen beginnt, die generell darauf verzichtet, das komplexe Problem der normannischen Eroberung mit seinen zahlreichen Auswirkungen in einer Antwort erfassen zu wollen, und die dafür versucht, die Fragestellung „Bruch oder Kontinuität" auf jeweils einzelne Lebensbereiche und Herrschaftsinstitutionen zu beziehen, um auf diese Weise mehrere – in der Regel wohl auch unterschiedliche – Einzelantworten als Grundlage für ein Gesamturteil zu erhalten.[31]

Im Einklang mit dieser Grundüberzeugung soll auch im folgenden versucht werden, die Auswirkungen der normannischen Eroberung am Beispiel wichtiger Teilbereiche der englischen Herrschafts- und Sozialordnung zu verfolgen und am Schluß die auf diese Weise gewonnenen Einzelerkenntnisse zu einem Gesamturteil zusammenzufassen.

b) Das Hauptproblem: Die Feudalisierung Englands nach 1066 – revolutionäre Umgestaltung oder kontinuierliche Fortentwicklung altenglischer Institutionen?

In der Forschung besteht wohl Einigkeit darüber, daß England zur Zeit König Heinrichs II. (1154–1189) „voll feudalisiert" war, d.h., daß sein Herrschaftssystem und seine Wehrverfassung im wesentlichen nach den gleichen Prinzipien organisiert waren, auf denen der fränkisch-karolingische Feudalismus beruhte. Man ist sich auch weitgehend darin einig, daß die Normandie als das hauptsächliche Herkunftsland der Eroberer bereits vor 1066 in ähnlicher Weise feudalisiert war.[32]

Im Rahmen der Kontroverse um die Folgen der normannischen Eroberung für die Geschichte Englands stellt sich jedoch als zentrales Kernproblem die Frage, wann und wie dieses im ganzen Abendland verbreitete Herrschaftssystem Aufnahme in England gefunden hat. Haben die normannischen Eroberer unmittelbar nach der Eroberung Englands den festländischen Feudalismus als eine fundamentale und revolutionäre Neuerung in ein nichtfeudales Land eingeführt? Sind die Wurzeln des englischen Feudalismus also im wesentlichen in der Normandie zu suchen? Oder ist der englische Feudalismus des 12. Jahrhunderts als das Ergebnis eines langen, weitgehend auf entsprechenden angelsächsischen Institutionen fußenden und im wesentlichen kontinuierlich verlaufenen Entwicklungsprozesses zu sehen?

Während die Anhänger der Umwälzungstheorie J. H. Rounds, der die Diskussion mit seinen Studien über das anglo-normannische Ritterlehen und den Ritterdienst eröffnet hatte,[33] die letzte Frage nach wie vor entschieden verneinen, bestehen die Anhänger der Kontinuitätstheorie – in Anlehnung an die bereits von Freeman, Stubbs und Maitland vertretenen Ansichten[34] – ebenso kategorisch auf der Feststellung, daß das angelsächsische Reich zur Zeit Eduards des Bekenners – wenigstens der Sache nach – feudale Institutionen gekannt habe, die von den Eroberern übernommen und im Laufe der Zeit modifiziert und weiterentwickelt worden seien.[35]

Hatte J. H. Round seinerzeit noch die Möglichkeit eines Kompromisses mit Entschiedenheit zurückgewiesen,[36] so ist doch nicht zu übersehen, daß heute in der Forschung eine zwischen den beiden extremen Standpunkten vermittelnde Richtung an Boden gewinnt, die zwar mit den Verfechtern der Umwälzungstheorie grundsätzlich von den festländisch-normannischen Wurzeln des englischen Feudalismus ausgeht, die aber andererseits auch auf Kontinuitätsanzeichen in Einzelbereichen und die spezifische Ausgestaltung des englischen Feudalismus verweist und daher davor warnt, Ausmaß und Folgen der von den Normannen eingeführten Neuerung zu überschätzen.[37]

Verfolgt man die Diskussion im einzelnen, so wird schnell deutlich, daß im Mittelpunkt der gesamten Kontroverse ein terminologisches Problem steht, nämlich die Frage, was eigentlich unter „Feudalismus" konkret zu verstehen ist und welche Merkmale hierfür als wesensnotwendig und welche lediglich als mehr oder weniger typische Begleiterscheinungen anzusehen sind.

Während die Anhänger der Kontinuitätstheorie bereits in der Ausbildung von Adelsimmunitäten und „privater" adliger Gerichtsbarkeit sowie in den Prinzipien der Landleihe und der Kommendation wesentliche Merkmale des Feudalismus sehen,[38] neigt die Gegenseite dazu, die Grenzen wesentlich enger zu ziehen und als Wesensmerkmale die Existenz von Rittern, das Prinzip der Vasallität und die Vergabe von Ritterlehen gegen genau definierte Ritterdienstverpflichtungen sowie auch die Existenz von Burgen im Sinne adliger Residenzen und Herrschaftsmittelpunkte zu fordern.[39] Es liegt daher auf der Hand, daß man – je nach den Anforderungen, die man an den Begriff „Feudalismus" stellt – auch zu unterschiedlichen Ergebnissen hinsichtlich seiner Ausbildung in England gelangen wird, so daß eine Auseinandersetzung mit den vorgetragenen Ansichten zunächst einmal voraussetzt, Klarheit über den Terminus „Feudalismus" zu gewinnen und seine Wesensmerkmale herauszustellen und von bloßen, mehr oder weniger typischen Begleiterscheinungen abzugrenzen.

Bei dem Begriff „Feudalismus"[40] handelt es sich – obwohl sprachlich aus einem Quellenbegriff („feudum", „feodum", „fief" = Lehen) abgeleitet – nicht um einen Terminus der mittelalterlichen Quellensprache. Der Begriff ist vielmehr, wie Otto Brunner herausgearbeitet hat,[41] als ein politischer Kampfbegriff in der Französischen Revolution aufgekommen, wo er als polemisch aufgeladenes Schlagwort in der literarischen Auseinandersetzung mit dem Ancien Régime eine gewisse Rolle spielte und von hier aus später auch Eingang in den allgemeinen wissenschaftlichen Sprachgebrauch fand.

In der historisch-wissenschaftlichen Terminologie lassen sich dabei im wesentlichen zwei Bedeutungsinhalte unterscheiden. Während die einen unter „Feudalismus" eine besondere – für das Mittelalter weithin typische – Gesellschaftsform verstehen[42] und den Begriff zum Teil sogar als Epochenbezeichnung für das Mittelalter schlechthin verwenden,[43] fassen andere ihn wesentlich enger, indem sie ihn mit dem „Lehnswesen" im Sinne eines spezifischen, im Karolingerreich entstandenen und von den fränkischen Nachfolgestaaten weiterentwickelten Herrschafts- und Organisationsprinzips gleichsetzen.[44]

Es stellt sich daher die Frage, in welcher dieser beiden Grundbedeutungen der Begriff im Rahmen des hier interessierenden Problemkreises zu verstehen ist.

Dabei ist wohl davon auszugehen, daß die normannischen Eroberer in England keine neue Gesellschaftsstruktur, sondern allenfalls – wenn überhaupt – neue *Herrschaftsformen* ausgebildet haben, so daß sich das Problem auf die Fragestellung reduziert, ob Wilhelm und seine Gefolgsleute das ih-

nen vom Festland her bekannte fränkisch-karolingische Lehnswesen als
eine Neuerung in ein Land eingeführt haben, in dem dieses Herrschafts-
und Organisationsprinzip vorher noch nicht bekannt war.

Das Grundprinzip, auf dem diese neue Herrschaftsordnung beruhte,
läßt sich dabei wie folgt skizzieren:

Ein Freier (genannt Lehnsherr) überließ einem anderen Freien (genannt
Vasall) gegen die Verpflichtung zur wechselseitigen Treue, zu Gehorsam
und Dienstleistungen, insbesondere zum Ritterdienst, ein Stück Land, ein
Amt oder ein anderes vermögenswertes Recht, das dauernde Erträge ge-
währleistete (genannt Lehen), zur dauernden Nutzung.[45]

Kennzeichnend für das auf diese Weise entstandene Rechtsverhältnis
ist, daß seine Begründung oder Erneuerung regelmäßig in der Form eines
feierlichen Symbolaktes erfolgte, der drei rechtsbedeutsame Handlungen
– Mannschaftsleistung („homagium", „hominium"), Treueid („fidelitas")
und Investitur („investitura") – in sich vereinte.

Mit der Mannschaftsleistung, die meist in der Form des „Handganges"
erfolgte, unterwarf sich der Vasall – für jeden offenkundig – der Herrengewalt des zukünftigen Lehnsherrn. Das hierdurch begründete Unter-
werfungsverhältnis wurde jedoch durch den zweiten Symbolakt, die Leistung des Treueides, entscheidend im Sinne eines wechselseitigen, Lehnsherrn und Vasallen gleichermaßen verpflichtenden Treueverhältnisses
modifiziert, in dessen Rahmen auch dem Lehnsherrn spezifische, über die
Vergabe des Gutes hinausreichende Pflichten, wie z.B. die Pflicht zur Gewährung von Schutz und Rechtsschutz, oblagen. Mit der Investiturhand-
lung räumte der Lehnsherr endlich unter Zuhilfenahme eines symbolhaf-
ten Gegenstandes dem Vasallen die Gewere und damit die Nutznießungs-
befugnis am Lehnsobjekt ein. Kennzeichnend für das Lehnswesen als
Herrschaftssystem ist dabei, daß es auf dem Prinzip der Unterleihe aufbau-
te, wodurch eine Vielzahl von einzelnen Lehnsverhältnissen begründet
wurde, die alle in ein hierarchisch abgestuftes System lehnsrechtlicher
Rangordnung – beginnend beim König als der Lehnsspitze und endend
beim untersten Vasallen der Lehnskette – einbezogen waren.

Zum Wesen der innerhalb dieses Systems vom Vasallen ausgeübten
Herrschaft gehörte es, daß es sich stets um abgeleitete, der Idee nach auf-
tragsgebundene und letzten Endes vom König verliehene Herrschaft handelte, die bei schweren Pflichtverletzungen grundsätzlich auch entzogen
werden konnte.

Charakteristisch für das Lehnswesen als Herrschafts- und Organisationsprinzip ist außerdem, daß die einzelnen Lehnsverhältnisse und damit
auch der in dieses System einbezogene Personenkreis insoweit einem vom
allgemeinen Recht abweichenden Sonderrecht (Lehnrecht) und einer besonderen Gerichtsbarkeit (Lehngerichtsbarkeit) unterlagen.

Während somit die Lehngerichtsbarkeit des Lehnsherrn über seine Vasallen als ein wesentlicher Bestandteil des Lehnswesens anzusehen ist, gilt

dies jedoch keineswegs für sonstige Gerichtsrechte, die der Vasall auf dem ihm übertragenen Lehngut ausübte, da derartige Rechte in der Praxis zwar oft, aber nicht wesensnotwendig mit der Verleihung des Guts nach Lehnrecht verbunden waren.

Von seiner grundsätzlichen Zweckbestimmung her erscheint das Lehnswesen zudem in erster Linie als ein *militärisches Organisationsprinzip*, das vor allem dem Ziele diente, den von der Ausbildung und den damit verbundenen Kosten her aufwendigen Ritterdienst, der sich zur entscheidenden militärischen Komponente entwickelt hatte, sicherzustellen.

Für das Lehnsverhältnis bezeichnend ist daher im Gegensatz zu anderen Leiheverhältnissen ein enger kausaler Zusammenhang zwischen dem Leiheakt des Herrn einerseits und der Begründung des Vasallitätsverhältnisses mit der Verpflichtung zum Ritterdienst andererseits.

Das Lehnswesen als Herrschafts- und Organisationsprinzip ist endlich nicht – wie zuweilen angenommen wird – mit dem System der Grundherrschaft identisch.

Während die Grundherrschaft sich auf das Verhältnis zwischen dem Grundherrn und den für ihn arbeitenden, oft unfreien Grundholden bezog, war das Lehnswesen als Herrschaftsprinzip grundsätzlich auf den relativ engen Kreis des *ritterlichen Adels* begrenzt, so daß Lehnsherrschaft regelmäßig als Herrschaft über andere Herrschaftsberechtigte, das Lehnrecht als exklusives adliges Standesrecht erscheint.[46] Während der Vasall als wesentliche Gegenleistung für die Überlassung des Lehens zum Ritterdienst verpflichtet war, schuldete der Grundholde seinem Herrn als Entgelt für die Überlassung von Grund und Boden zur Eigennutzung – je nach Vereinbarung und Herkommen – bäuerliche Arbeitsleistungen auf der Herrendomäne oder Zins- bzw. Naturalabgaben oder beides zusammen.[47]

Wenn sich somit auch die Grundleihe im Rahmen der Grundherrschaft als logische Fortsetzung nach unten an die Lehnskette anschloß und wenn auch der dem Grundholden überlassene Grund und Boden der Sache nach als ein Bestandteil des dem Grundherrn verliehenen Lehens erscheint, so ist das auf diese Weise entstehende Leihe- und Herrschaftsverhältnis doch auch von seiner gesamtgesellschaftlichen Funktion her vom Lehnsverhältnis grundsätzlich zu unterscheiden. Während die Funktion des Lehnswesens im wesentlichen darin bestand, den ritterlichen Adel in ein vom König abgeleitetes, hierarchisch geordnetes Herrschaftssystem zu integrieren und das damit verbundene Wehrpotential zu organisieren, bildete das System der Grundherrschaft mit der Erschließung der bäuerlichen und handwerklichen Produktion überhaupt erst die ökonomische Basis und Voraussetzung, die es dem Grundherrn ermöglichte, seinen Verpflichtungen aus dem Lehnsverhältnis nachzukommen.

Nach dem bisher Gesagten lassen sich daher die dem Lehnswesen eigenen und wesensnotwendigen Merkmale wie folgt zusammenfassen:

1. Die Existenz von Lehnsverhältnissen, begründet durch Mannschaftsleistung, Treueid und Investitur.
2. Die Existenz von Rittern im Sinne elitärer Berufskrieger, die es verstanden, vom Pferd herab zu kämpfen und die in militärischer wie auch in
sozialer Hinsicht eine Schlüsselstellung in der Gesellschaft einnahmen.
3. Die Einordnung der einzelnen Lehnsverhältnisse in ein besonderes
Herrschafts- und Organisationsprinzip, das dazu diente, den ritterlichen Adel in ein hierarchisch abgestuftes, letzten Endes vom König abgeleitetes Herrschaftssystem zu integrieren und seine Wehrkraft in der
Form des Ritterdienstes zu erfassen und für das Königtum nutzbar zu
machen.

Im Gegensatz zu den Anhängern der Kontinuitätstheorie[48] geht die hier
vertretene Auffassung vom Wesen des normannisch-fränkischen Lehnswesens davon aus, daß es sich bei den Phänomenen „adlige Gerichtsbarkeit", „Immunität" und „Grundherrschaft" zwar um typische Begleiterscheinungen bzw. um wichtige Voraussetzungen, nicht aber um wesensnotwendige Bestandteile des Lehnswesens an sich handelt, da alle genannten Erscheinungen auch außerhalb und ohne das Lehnswesen denkbar
sind.

Der hier zusammengestellte Kriterienkatalog deckt sich aber auch nicht
völlig mit den Eigenschaften, die F.M.Stenton und R.A.Brown als Vertreter der Umwälzungstheorie für das Vorliegen eines Lehnsverhältnisses
fordern.[49]

So ist festzuhalten, daß Burgen im Sinne adliger Herrschaftsmittelpunkte zwar typisch für die abendländische Rittergesellschaft des 11. und
12.Jahrhunderts waren, nicht aber wesensnotwendige Bestandteile des
Lehnswesens als Herrschaftsprinzip bildeten, da das gleiche Phänomen
auch in nichtfeudalisierten Ländern – wie etwa in Ungarn[50] – zu beobachten ist.

Betrachten wir nun die altenglischen Institutionen unter dem Gesichtspunkt, inwieweit sich hier bereits vor 1066 Anzeichen für die Existenz des
Lehnswesens als Herrschafts- und Organisationsprinzip in dem genannten
Sinne nachweisen lassen, so ist zunächst von der Frage auszugehen, ob die
spätangelsächsische Epoche überhaupt das „Lehnsverhältnis" als Institution gekannt hat.

In diesem Zusammenhang wurde von den Anhängern der Kontinuitätstheorie darauf verwiesen, daß sowohl der Terminus „Lehen" („laen") als
auch das Prinzip der Grundleihe und der Kommendation im Sinne freiwil-
liger Unterwerfung unter fremde Herrengewalt dem angelsächsischen
Rechtsdenken bekannt gewesen seien.

Hierzu ist zunächst festzustellen, daß für das angelsächsische Recht
drei Besitzformen an Grund und Boden nachweisbar sind, nämlich Besitz
als „folkland", als „bokland" und als „laen".

Während das Wesen und die genaue Abgrenzung der ersten beiden Besitzformen zwar im einzelnen umstritten sind,[51] dürfte doch soviel feststehen, daß es sich bei beiden Besitzformen um freien, von niemandem abgeleiteten Besitz an Grund und Boden handelte, der mit dem Lehnbesitz in keiner Weise vergleichbar war.[52]

Für einen derartigen Vergleich kommt allenfalls die dritte Besitzform, Besitz als „laen", in Betracht,[53] die allerdings – was ihre Verbreitung angeht – im Vergleich zu den anderen Besitzformen stark zurücktritt.[54]

Betrachtet man hierzu die überlieferten Quellenbelege im einzelnen, so ergibt sich zudem kein Anhaltspunkt dafür, daß mit der Vergabe von Grund und Boden als „laen" zugleich ein Vasallitätsverhältnis mit Mannschaftsleistung, Treueid und Investitur begründet wurde. Allenfalls lassen die angeführten Zeugnisse erkennen, daß auch im angelsächsischen England – ähnlich wie im fränkischen Merowingerreich – bereits gewisse allgemeine Voraussetzungen für die Einführung des Lehnswesens, wie das Prinzip der Landleihe und der Gefolgschaft, ausgebildet waren, ohne daß sich hieraus jedoch auch die spezifisch-technische Form des Vasallitätsverhältnisses entwickelt hatte.

In der neueren Forschung wurde vor allem von R. A. Brown nochmals klargestellt, daß das angelsächsische England auch den Typus des ritterlichen Vasallen im Sinne des elitären Berufskriegers, der es verstand, vom Pferd herab zu kämpfen, als eine wesentliche Voraussetzung für die Existenz des Lehnswesens nicht gekannt hat.[55]

Der angelsächsische „thegn" oder der anglo-skandinavische „huscarl", die von den Anhängern der Kontinuitätstheorie als „Vasallen" des angelsächsischen England ins Feld geführt werden, sind mit dem Typus des Ritters schon deshalb nicht zu vergleichen, weil sie – wie auch der berühmte Wandteppich von Bayeux anschaulich zeigt[56] – grundsätzlich zu Fuß kämpften und das Pferd allenfalls als Fortbewegungsmittel benutzten. Auch erscheint es sehr zweifelhaft, ob der professionelle und elitäre Charakter, der den anglo-normannischen Ritter auszeichnete und der sich in einer scharfen Abgrenzung gegenüber anderen sozialen Schichten und Lebensformen äußerte, auch auf den angelsächsischen „thegn" oder den anglo-skandinavischen „huscarl" zutraf, die beide noch wesentlich enger mit der grundherrlich-bäuerlichen Lebenssphäre verbunden erscheinen und daher wohl auch nur bedingt als Berufskämpfer bezeichnet werden können.

Endlich und vor allem läßt sich aus den spärlichen Quellenhinweisen, die von den Anhängern der Kontinuitätstheorie zum Beweis für die Existenz des Lehnswesens im angelsächsischen England angeführt werden, nicht entnehmen, daß in England ein – wenigstens der Sache nach – dem Lehnswesen vergleichbares *Herrschaftssystem* existiert hat, das dem Königtum sowohl als Integrationsinstrument für den Einbau adliger Herrschaft in das allgemeine Verfassungsgefüge des Landes als auch als Organisationsprinzip zur Ausschöpfung des adligen Wehrpotentials in der Form des Ritterdienstes diente.

Gegen die Existenz eines derartigen übergreifenden Herrschafts- und Organisationsprinzips spricht bereits, daß als Normalformen des Grundbesitzes im angelsächsischen England die freien Besitzformen „folkland" oder „bokland" verbreitet waren, die dem Gedanken der Lehnsherrschaft im Sinne abgeleiteter, auftragsgebundener und letztlich vom König verliehener Herrschaftsgewalt keinen Raum ließen.[57]

Auch für die dem Lehnswesen als Herrschaftsprinzip zu Grunde liegende Motivation, als Gegenleistung für die Landleihe die Wehrkraft des Adels, vor allem in der Form des aufwendigen Ritterdienstes, in Anspruch zu nehmen, ergibt sich für die angelsächsische Epoche kaum ein Anhaltspunkt.

Zwar glauben die Anhänger der Kontinuitätstheorie unter Hinweis auf das für das Bistum Worcester und seine Besitzungen in Worcestershire, Gloucestershire und Warwickshire überlieferte Quellenmaterial[58] die für das Lehnswesen als Herrschaftsprinzip typische enge kausale Verknüpfung zwischen Landleihe und Ritterdienst als Gegenleistung nachweisen zu können. Für dieses Bistum sind eine ganze Anzahl von Landverleihungen der Bischöfe an Einzelpersonen, beginnend in der ersten Hälfte des 8. Jahrhunderts und reichend bis zur Zeit Wilhelms des Eroberers,[59] sowie eine Art „Memorandum" des Bischofs St. Oswald, in dem generell die Bedingungen der Landleihe aufgeführt werden,[60] überliefert. Dazu kommt die sogenannte „Domesday cartula" von 1086[61] mit den entsprechenden Eintragungen im Domesday Book,[62] die nach der Gesamtanlage des Werkes[63] auch auf den Rechtszustand zur Zeit König Eduards des Bekenners zurückverweisen.

Die Anhänger der Kontinuitätstheorie verweisen in diesem Zusammenhang vor allem auf das berühmte „Memorandum" St. Oswalds,[64] das in der Form eines Briefes an König Edgar überliefert ist, woraus sich ergibt, daß die Güter für die Dauer von drei Generationen gegen die Verpflichtung verliehen wurden, „den Reiterdienst zu erfüllen, wie es sich für Reiter gehört" („ut omnis equitandi lex ab eis impleatur, que ad equites pertinet"), der Kirche die herkömmlichen Abgaben zu zahlen, dem Bischof Gehorsam zu schwören und außerdem zusätzliche Dienstleistungen für den Bischof, wie das Überlassen von Pferden, Hilfe beim Brückenbau und bei der Jagd, zu erbringen.

Während vor allem F. W. Maitland in der hier ausgesprochenen Verpflichtung, die „lex equitandi" zu erfüllen, einen klaren Beweis für die Leistung von Ritterdienst als Entgelt für die Landleihe und damit für das Vorliegen eines Lehnsverhältnisses sah,[65] wurde dies von den Anhängern der Umwälzungstheorie ebenso entschieden bestritten.

Dabei wurde generell auf den Ausnahmecharakter dieser Quellenüberlieferung verwiesen, der es verbiete, hieraus allgemeine, für das gesamte

Land gültige Schlüsse zu ziehen.[66] Zudem wurde bestritten, daß mit der „lex equitandi" überhaupt militärischer Dienst im Sinne von Ritterdienst gemeint sei; es sei vielmehr davon auszugehen, daß es sich hier um die Pflicht gehandelt habe, dem Bischof bei seinen Reisen über Land auf Anforderung Berittene, im Sinne einer Eskorte, zur Verfügung zu stellen.[67]

Die Verpflichtung, die „lex equitandi" zu erfüllen, sowie die anderen genannten Dienstleistungen erscheinen in einem anderen Licht, wenn man neben dem angeführten „Memorandum" die überlieferten Verleihungsurkunden selbst[68] zu Wort kommen läßt.

Hieraus ergibt sich, daß, wenn die Pflicht zu militärischen Dienstleistungen überhaupt angesprochen wird, dies stets im Zusammenhang mit der Pflicht zum Brückenbau und zur Ausbesserung von Befestigungsanlagen erfolgt, worin die neuere Forschung wohl mit Recht die „trinoda necessitas"-Verpflichtung innerhalb des angelsächsischen Heeresaufgebotes („fyrd") sieht,[69] zu dem alle freien Landbesitzer – entsprechend der Größe ihres Besitzes – beizutragen hatten.

Im Unterschied zur späteren anglo-normannischen Ritterdienstverpflichtung, dem „servitium debitum", handelte es sich bei der Verpflichtung zum „fyrd"-Aufgebot nicht um eine Lehnspflicht im Sinne einer dem Bischof als Lehnsherrn für die Überlassung von Lehngut geschuldeten Gegenleistung, sondern um eine Pflicht, die unmittelbar dem *König* im Rahmen der angelsächsischen Wehrverfassung geschuldet wurde und die in der Form einer dinglichen Belastung auf jeder Art von Grundbesitz, ob verliehen oder nicht, ruhte.

Daß die in dem angeführten Quellenmaterial nachweisbare Form der Landleihe den normannischen Eroberern nicht als Vorbild für die Einführung des Ritterlehens und des „servitium debitum" gedient hat, folgt schon daraus, daß diese Form auch noch einige Zeit nach der Eroberung neben dem neueingeführten Lehnsverhältnis mit der Verpflichtung zum Ritterdienst praktiziert wurde,[70] wie auch das alte angelsächsische „fyrd"-Aufgebot die Eroberung überlebte und neben das ritterliche Lehnsaufgebot trat.[71]

Aus dem Gesagten folgt, daß im angelsächsischen England allenfalls gewisse Voraussetzungen und Ansätze für die Einführung des Lehnswesens geschaffen waren, das Lehnswesen als Herrschafts- und Organisationsprinzip in der definierten Form jedoch nicht nachweisbar ist. Es liegt daher nahe, mit Round und den Anhängern seiner Lehre anzunehmen, daß König Wilhelm I. und seine Gefolgsleute das ihnen bereits bekannte System auch in England als eine für das Land grundlegende Neuerung eingeführt haben.

Diese Annahme gewinnt an Wahrscheinlichkeit, wenn man berücksichtigt, daß innerhalb von zwei Jahrzehnten nach der Eroberung fast der gesamte altenglische Adel aus seiner bisherigen Führungsposition verdrängt war und den Gefolgsleuten Wilhelms aus der Normandie, der Bretagne und Flandern Platz gemacht hatte.[72] Vor diesem Hintergrund erscheint es nur natürlich, daß Wilhelm und der neue Ritteradel ihre gegenseitigen Beziehungen nach den ihnen bekannten Grundsätzen und Gewohnheiten, nämlich auf der Grundlage des festländischen Lehnswesens, das beiden Interessenlagen ausreichend Rechnung trug, regelten und daher auch kaum Anlaß hatten, auf möglicherweise vorhandene angelsächsische Institutionen als Vorbilder zurückzugreifen.

c) Die Auswirkungen der normannischen Eroberung auf einzelne Bereiche der englischen Herrschafts- und Sozialstruktur

Mit der Frage der Feudalisierung Englands ist jedoch das Gesamtproblem, inwieweit die normannische Eroberung zu einem Bruch mit der englischen Vergangenheit geführt hat oder nicht, noch keineswegs gelöst. Es gilt vielmehr im folgenden, die Auswirkungen der normannischen Eroberung – unter Berücksichtigung der Feudalisierung Englands – auf einzelne Lebensbereiche des Landes zu untersuchen, wobei die folgende Darstellung allerdings keine erschöpfende Behandlung anstreben kann, sondern sich mit einer knappen Skizzierung wesentlicher Problemkreise begnügen muß.

Das Königtum Wilhelms – eine „neue Monarchie"?
In diesem Zusammenhang stellt sich zunächst die Frage, ob bzw. inwieweit Wilhelm in England – wie zum Teil in der Forschung angenommen wird[73] – eine im Vergleich zur angelsächsischen Zeit „neue Monarchie" errichtet hat.

Dabei erscheint es zweckmäßig, zunächst von den Vorstellungen auszugehen, die Wilhelm selbst mit seiner neuen Würde verbunden hat. Dem Historiker kommt dabei zustatten, daß Wilhelm großen Wert darauf legte, seine Thronbesteigung in England auch propagandistisch der damaligen „europäischen Öffentlichkeit" gegenüber vorzubereiten und zu rechtfertigen.

Wilhelm von Poitiers, der unter den zeitgenössischen Chronisten als der Apologet der normannischen Eroberung gilt,[74] hat als Rechtsgründe für Wilhelms Königtum in England dessen Erbrecht und seine Bestätigung durch den Eid der Engländer sowie das Recht des Krieges angeführt.[75]

Von den drei hier angesprochenen Rechtsgrundlagen, Erbrecht, Wahlhandlung bzw. Zustimmung der Großen und Recht des Siegers auf dem Schlachtfeld, berief sich Wilhelm in der Folgezeit vor allem auf sein Erbrecht, das ihn als den legitimen Nachfolger Eduards des Bekenners erscheinen ließ.[76]

Kann man bereits hierin schon ein gewisses Indiz für eine kontinuierliche Anknüpfung an die alte angelsächsische Königstradition sehen, so wird dieser Eindruck noch durch das Bestreben Wilhelms verstärkt, in seinen ersten Regierungshandlungen alles zu vermeiden, was als ein Bruch mit der altenglischen Königstradition gedeutet werden könnte.

So trug Wilhelm dem in England immer noch de jure geübten Prinzip der Königswahl dadurch Rechnung, daß er für sein Königtum die förmliche Zustimmung der „Witan" einholte.[77] Er knüpfte außerdem an das alte anglo-dänische Krönungszeremoniell an,[78] schwor in seinem Krönungseid, die hergebrachten Gesetze zu wahren, übernahm in modifizierter Form das Siegel seines Vorgängers und machte sich endlich auch die von den angelsächsischen Königen geübte Technik schriftlicher Herrschaftskommunikation in der Form des „writ" zu eigen,[79] für die es in der normannischen Herrschaftstradition bisher keine Parallele gab.

Ließ Wilhelm somit erkennen, daß er zwar von seiner Herrschaftsauffassung her deutlich bestrebt war, die alte englische Königstradition aufzunehmen, so bleibt dennoch die Frage bestehen, ob bzw. inwieweit auch die *Herrschaftsgrundlagen* seines Königtums im wesentlichen unverändert blieben oder umgestaltet wurden. Im Vergleich zu seinen Vorgängern konnte Wilhelm sein Königtum und damit seine Herrschaftsgewalt gegenüber dem ritterlichen Adel auf eine neue Grundlage, das Lehnswesen, stützen. Die ungestörte Entfaltung des Lehnswesens im Sinne eines integratorischen, den gesamten Adel und das gesamte Land erfassenden Herrschaftsprinzips wurde in England entscheidend durch die Tatsache gefördert, daß sich hier – im Gegensatz etwa zu Deutschland – das Problem des Allodialismus, des freien, von niemandem abgeleiteten adligen Grundbesitzes mit entsprechender autogener Herrschaftsgewalt,[80] nicht stellte, da die Güter der altenglischen Adligen in den Augen der Normannen wegen ihrer „Rebellion" gegen den rechtmäßigen König generell als verwirkt und an den König heimgefallen galten, der nun seinerseits diese Ländereien mit der zugehörigen Herrschaftsgewalt entweder der königlichen Krondomäne einverleibte oder wieder, in der Regel nach Lehnrecht, an seine Gefolgsleute auslieh.

Auf diese Weise erscheint in England nach dem Grundsatz „nulle terre sans seigneur" („kein Land ohne [Lehns-]Herr") das gesamte Land und alle damit verbundene Herrschaftsgewalt letzten Endes vom König in seiner Eigenschaft als oberster Lehnsherr abgeleitet.[81] Bezeichnend für Wilhelms Königtum und das seiner anglonormannischen Nachfolger ist jedoch, daß das Lehnswesen als Herrschaftsprinzip nicht die hergebrachten Grundlagen des angelsächsisch-dänischen Königtums ersetzte, sondern als *zusätzliches* Herrschaftsinstrument neben sie trat.

So ließ Wilhelm die *angelsächsische Ämterverfassung*, die in den Hundertschaften und Grafschaften – gemessen an mittelalterlichen Maßstäben – über vorbildliche Verwaltungsinstitutionen verfügte, im wesentlichen unangetastet,[82] wobei er allerdings die in der Spätzeit der anglo-skandinavischen Epoche entstandenen Earldoms, die in der Regel mehrere Grafschaften umfaßten, auflöste, da er hierin mit Recht Ansätze für eine aus der Sicht des Königtums gefährliche adlige Herrschaftskonzentration sah.

Daß das Nebeneinander von lehnrechtlichen und amtsrechtlichen Bindungen dabei durchaus der Stärkung der königlichen Herrschaftsgewalt dienen konnte, wird am Beispiel des *Sheriffsamtes*,[83] das für den königlichen Einfluß auf die regionalen und lokalen Herrschaftsverhältnisse von zentraler Bedeutung war, deutlich.

So gelang es Wilhelm einerseits, das Amt den allgemeinen Feudalisierungstendenzen zu entziehen und den Amtscharakter im Sinne eines jederzeit entziehbaren Amtsauftrages zu wahren;[84] andererseits wurde aber der Amtsinhaber selbst in aller Regel aus dem Kreise der ansässigen Grundbesitzer genommen und war daher dem König auch noch als Vasall nach Lehnrecht verbunden, so daß er bei einer Verletzung der Amtspflichten nicht nur mit dem Entzug des Amtes, sondern auch mit Konsequenzen für seine Lehen rechnen mußte, während umgekehrt eine Verletzung seiner Vasallenpflichten – etwa durch Nichterscheinen beim Lehnsaufgebot – vom König zum Anlaß genommen werden konnte, das Amtsverhältnis zu widerrufen.

Die Einführung des Lehnswesens als neues Herrschaftsprinzip hatte auch Konsequenzen für die *Kirchenverfassung*[85] des Landes, da nicht nur der weltliche Adel, sondern auch die Bischöfe und Äbte mit dem zugehörigen Kirchengut in den Lehnsverband einbezogen wurden und entsprechende Lehnsdienste zu leisten hatten. Im übrigen blieb aber die altenglische Kirchenorganisation weitgehend bestehen.

Wilhelm der Eroberer war zu seinem Kampf um die englische Krone auch im Zeichen des Reformpapsttums angetreten. Die Reformmaßnahmen, die vor allem Wilhelms ergebener Gefolgsmann Lanfranc ab 1070 als Erzbischof von Canterbury ergriff, führten zwar im Ergebnis zu einer beachtlichen Straffung der bischöflichen Verwaltung und Gerichtsbarkeit[86] unter der Führung des Metropoliten und im Vergleich zu früher auch zu einer Steigerung des päpstlichen Einflusses; alle diese Maßnahmen und Folgeerscheinungen sind jedoch im Zusammenhang und vor dem Hintergrund der Reformbewegung zu sehen, die, so scheint es, England früher oder später auch dann erfaßt hätte, wenn die normannischen Eroberer ihr nicht den Weg geebnet hätten.

Die normannische Eroberung brachte jedoch mit dem Lehnswesen und dem neuen Ritteradel tiefgreifende Änderungen im Bereiche der *Wehrverfassung* und der militärischen Taktik mit sich, wobei allerdings die These Rounds und seiner Anhänger, daß diese Änderungen einer völligen Umgestaltung des altenglischen Militärwesens gleichgekommen seien, nach dem heutigen Forschungsstand kaum mehr aufrechterhalten werden kann.

Bedeutsamste Neuerung war in diesem Zusammenhang die Erfassung des adligen Wehrpotentials auf der Grundlage des Ritterlehens in der

Form, daß der Vasall verpflichtet war, seinem Lehnsherrn im Bedarfsfalle eine bestimmte Anzahl von Rittern zur Verfügung zu stellen.

Strittig ist dabei in der Forschung, ob und gegebenenfalls inwieweit man bei der Festlegung des zu stellenden Ritterkontingentes an das alte angelsächsisch-dänische Rekrutierungssystem anknüpfte, wonach die Verpflichtung zur Teilnahme am Heeresaufgebot des „fyrd" auf dem gesamten Grundbesitz in der Form ruhte, daß je fünf Hufen Land einen Kämpfer zu stellen hatten. So vertreten vor allem M. Hollings[87] und E. John[88] die Ansicht, daß die Eroberer das angelsächsisch-dänische System der Fünf-Hufen-Einheit auch bei der Festlegung der zu stellenden Ritterkontingente zu Grunde gelegt hätten und daß sich daher das anglonormannische Lehnsaufgebot der Sache nach als eine kontinuierliche, lediglich neuen taktischen Erfordernissen angepaßte Weiterentwicklung des angelsächsischen „fyrd"-Aufgebotes erweise.

Gegen diese These von der Weiterentwicklung des „fyrd" zum Lehnsaufgebot sprechen nicht nur grundsätzliche Unterschiede im Rechtscharakter der beiden Institutionen, sondern auch die Tatsache, daß das „fyrd"-Aufgebot auch noch nach der Eroberung als eigenständige militärische Institution weiterbestanden hat.[89]

Auch die Beobachtung von M. Hollings, daß im Bereich der Ritterlehen des Bistums Worcester in zahlreichen Fällen die zu leistenden Ritterdienste noch im 12. Jahrhundert nach dem Fünf-Hufen-System berechnet wurden, vermag nicht zwingend zu beweisen, daß die Eroberer die als „servitia debita" zu stellenden Ritterkontingente wirklich generell nach diesem Berechnungsmodus ermittelt haben. So wurde bereits auf den lokalen Ausnahmecharakter der überlieferten Quellen, der eine Verallgemeinerung nicht zuläßt, verwiesen.[90] Auch die zahlreichen, im gleichen Quellenmaterial überlieferten Abweichungen vom Berechnungsmodus der Fünf-Hufen-Einheit lassen sich kaum mehr als „Ausnahmen, die die Regel bestätigen", erklären.[91] Endlich beziehen sich die angeführten Quellenbelege alle nur auf die Ritterdienste im Bereiche der Untervasallen. Selbst wenn man unterstellt, daß einzelne normannische Kronvasallen ihren Untervasallen gegenüber das altenglische Fünf-Hufen-System als Berechnungsmodus für die ihnen zu leistenden Ritterdienste zugrunde legten, so ergibt sich doch aus dem überlieferten Material keinerlei Anhaltspunkt dafür, daß dieses Rekrutierungssystem auch im Verhältnis zwischen König und Kronvasallen angewandt worden ist. Es scheint vielmehr, daß die Berechnung der zu stellenden Ritterkontingente – wenigstens noch zur Zeit König Wilhelms – überhaupt nicht nach einem bestimmten festgelegten Schema erfolgte, sondern jeweils bei der Vergabe des Lehens individuell vereinbart wurde.

Lassen sich somit Verbindungslinien zur altenglischen Vergangenheit allenfalls in Ansätzen und auf lokaler Ebene feststellen, so wird man sich andererseits aber auch davor hüten müssen, die Bedeutung des Lehnsaufgebotes an sich im Rahmen der anglonormannischen Wehrverfassung zu überschätzen. Gegen eine solche Überbewertung spricht schon, daß der altenglische Heerbann des „fyrd" durch die Lehnskontingente nicht ersetzt wurde, sondern neben diesen weiter bestehen blieb und auch von den anglonormannischen Königen bisweilen aufgeboten wurde.[92] Außerdem ist bereits für die Anfangsphase der normannischen Herrschaft in England bezeugt, daß Wilhelm sich nicht nur auf das Ritteraufgebot seiner Kronvasallen, sondern daneben auch noch auf ein beträchtliches Kontingent von *Soldtruppen* stützte, die durch individuelle Solddienstverträge angeworben wurden.[93]

Die hoffnungslose zahlenmäßige Unterlegenheit, in der sich die Eroberer gegenüber der einheimischen Bevölkerung befanden – man nimmt ein Verhältnis von höchstens 10 000 Normannen gegenüber ca. 1,5 Millionen einheimischen Bewohnern an[94] –, hatte eine weitere Neuerung auf militärorganisatorischem und -taktischem Gebiete zur Folge, die von nun an die englische Landschaft geprägt hat: die planmäßige Errichtung von *Burgen* im Sinne befestigter adliger Herrschaftsmittelpunkte[94a], die es den neuen Herren gestatteten, mit verhältnismäßig geringen Kräften größere Gebiete unter Kontrolle zu halten.

Dabei handelte es sich zunächst um verhältnismäßig primitive, mit Holzaufbauten und Pallisaden befestigte Erdaufwürfe, die in ihrer typischen kreisrunden Form unter dem Begriff „motte" vor 1066 in der Normandie, nicht aber in England nachweisbar sind.[95] Die Anhänger der Umwälzungstheorie sehen daher in der Errichtung von Burgen wohl mit Recht ein aus normannischer Militärtradition hervorgegangenes und von den Eroberern in England neu eingeführtes Element der Wehrverfassung, das eine deutliche Zäsur gegenüber der altenglischen Vergangenheit erkennen läßt.[96]

Ganz an die altenglische Tradition knüpfte Wilhelm dagegen an, als es galt, die reichen *Finanzquellen* des eroberten Landes für das Königtum zu nutzen;[97] denn auch im Vergleich zu den normannischen Herzögen[98] verfügte das angelsächsische Königtum über ein hochentwickeltes Abgaben- und Steuersystem, das dem König neben den herkömmlichen Einkünften aus den königlichen Domänen, Gerichtsgefällen, Zöllen usw. in der Form ordentlicher und außerordentlicher *Grundsteuern* zusätzliche Erträge sicherte.

Zum Mißvergnügen seiner Untertanen ließ Wilhelm dabei vor allem wieder eine Steuertradition aufleben, deren Ursprünge in die Wirren der Däneneinfälle zurückreichen: das sogenannte „geld". Ursprünglich als eine außerordentliche Leistung zur Aufbringung des von den Dänen geforderten Tributs („danegeld") erhoben, war diese Abgabe von König Knut dem Großen in eine ordentliche, auf dem gesamten Grundbesitz haftende Steuer umgedeutet, später dann allerdings von König Eduard dem Bekenner wieder abgeschafft worden.

Zur Eintreibung dieser Steuer bediente sich Wilhelm, wie das berühmte, in diesem Zusammenhang angelegte Domesday Book[99] erkennen läßt, des alten Einschätzungssystems, das sich am Ertragswert des Grund und Bodens orientierte und das das gesamte Land hierzu in Hufen („hidae", bzw. „carucatae" im dänisch besiedelten Teil des Landes) aufteilte.[100]

Das Nebeneinander von altenglischen und normannischen Institutionen prägte endlich auch die *Rechtsordnung* und die *Gerichtsverfassung* Englands nach 1066.[101]

Mit dem Lehnswesen brachten die normannischen Eroberer auch das Lehnrecht nach England mit, dessen Normenordnung maßgeblich das Verhältnis zwischen Königtum und Adel bestimmte. Daneben blieb aber auch das altenglische Recht in Geltung, und zwar nicht nur, wie es Wilhelm bei seinem Herrschaftsantritt garantiert hatte,[102] im Verhältnis der Angelsachsen untereinander; es scheint vielmehr, daß sich auch die Beziehungen zwischen den normannischen Grundherren in den Grundherrschaften und ihren angelsächsischen Untertanen nach wie vor weitgehend nach dem alten Herkommen richteten.

Als Neuerung führte Wilhelm dagegen ein strenges *Forst-* und *Jagdrecht* auf der Insel ein, das ganz der Sicherung des königlichen Jagdregals diente.[103]

Im Bereiche der Gerichtsverfassung brachte die normannische Eroberung keine wesentliche Änderung, wenn man von der Einrichtung besonderer königlicher Untersuchungs- und Kontrollorgane für den Bereich der Lokalgerichtsbarkeit[104] und der Herausbildung der Lehngerichtsbarkeit als Folgeerscheinung der Feudalisierung Englands absieht.

Versucht man, aus dem bisher Gesagten eine kurze Bilanz zu ziehen, so ist festzustellen, daß es sich bei Wilhelms Königtum zwar insofern um eine „neue Monarchie" handelte, als seine Königsherrschaft weder mit der seiner angelsächsischen Vorgänger noch mit der normannischen Herzogsgewalt identisch war. Nicht unbedingt neu waren dabei – vom Lehnswesen einmal abgesehen – die Herrschaftsgrundlagen, auf denen dieses Königtum beruhte. Neu war vielmehr die Art und Weise, wie Wilhelm angelsächsische Traditionen und Institutionen mit neuen Vorstellungen zu einer Synthese verband, die dazu führte, daß die anglonormannische Königsherrschaft am Ende mehr verkörperte als die Summe der Einzelbefugnisse, die sich aus dem angelsächsischen Königtum und der normannischen Herzogsgewalt ergaben.

Die Folgen der normannischen Eroberung für Struktur, Funktion und Herrschaft des Adels

Weitgehende Einigkeit besteht in der Forschung darüber, daß die normannische Eroberung zu einer tiefgreifenden Veränderung in der personellen Zusammensetzung der adligen Führungsschicht geführt hat.[105]

Dabei kann dahingestellt bleiben, ob Wilhelm zunächst versuchte, mit dem ihm loyal ergebenen Teil des altenglischen Adels zusammenzuarbeiten,[106] oder ob er von Anfang an danach strebte, den angelsächsischen Adel aus den Führungspositionen zu entfernen und so die Aufstände der Folgezeit nur als Vorwand nahm, um diese Grundkonzeption zu verwirklichen, zumal ja seine Anhänger auch auf eine Entlohnung in Landbesitz hofften.[107] Fest steht auf jeden Fall, daß zur Zeit der Anlage des Domesday Book im Jahre 1086 die weltliche Kronvasallenschaft – von zwei Ausnahmen abgesehen – sich ausschließlich aus Adligen nichtenglischer Herkunft zusammensetzte, oder anders ausgedrückt, daß der weltliche Landbesitz zu diesem Zeitpunkt nur mehr höchstens zu 5% in der Hand des altenglischen Adels war.[108]

Ähnliches gilt auch für die Führungspositionen innerhalb der kirchlichen Hierarchie,[109] wenn auch der Prozeß der Eliminierung des altenglischen Adels sich hier über einen längeren Zeitraum erstreckte und daher weniger dramatisch verlief. So hatte bereits Eduard der Bekenner damit begonnen, Bischofsstühle und Abteien mit Normannen zu besetzen. Wilhelm führte die Politik der „Normannisierung" weiter fort, weniger, indem er Prälaten altenglischer Herkunft aus ihren Ämtern entfernte, sondern indem er bei der Neubesetzung seine normannischen oder nordfranzösischen Gefolgsleute vorzog.

Die Folgen dieser Politik für die Angehörigen der bisherigen Führungsschicht waren dementsprechend einschneidend; soweit sie nicht auf dem Schlachtfeld gefallen waren, blieb ihnen in der Regel nur die Wahl, ins Exil zu gehen oder sich mit dem bescheidenen Besitzstand als Aftervasallen der neuen Herren abzufinden.[110]

So sehr die normannische Eroberung einerseits die personelle Zusammensetzung des Adels veränderte und damit mit der Vergangenheit brach, so wenig unterschieden sich andererseits die neuen Herren in ihrem Selbstverständnis und den angewandten Herrschaftstechniken von ihren Vorgängern.

So blieb die Institution des Witenagemot, des Rates der Weisen, als Organ adliger Mitwirkung an der königlichen Herrschaftsgewalt unter dem neuen Namen „curia regis" erhalten, wobei die Feudalisierung der Beziehungen zwischen Königtum und Hochadel allerdings dazu führte, daß die Versammlung nun immer mehr den Charakter einer Lehnskurie annahm, die von den Kronvasallen im Rahmen ihrer aus dem Lehnsverhältnis folgenden Hoffahrtspflicht besetzt wurde.[111]

Wenn Adelsherrschaft sich nun auch in einer zusätzlichen Variante, der Lehnsherrschaft über Untervasallen, äußerte, so änderte sich hierdurch jedoch nichts an der eigentlichen ökonomischen Herrschaftsgrundlage, nämlich dem *System der Grundherrschaft*[112] über freie und leibeigene Bauern.

Wie vor der Eroberung bildete das Herrengut mit den zugehörigen Ländereien und Menschen unter dem Namen „manerium" die wirtschaftliche Grundeinheit, die dem adligen Grundherrn die Mittel verschaffte, um seinen Lehnspflichten, vor allem in der Form des Ritterdienstes, nachkommen zu können.

Die Leistungen, die die freien oder unfreien Bauern und Tagelöhner zu erbringen hatten, richteten sich nach dem alten Herkommen. Das gleiche galt auch für die sonstigen Rechte, die der Grundherr innerhalb dieser nach außen weitgehend autarken Wirtschaftseinheit wahrnahm, so daß man davon ausgehen kann, daß die normannische Eroberung zwar zu einer neuen Herrenschicht, nicht aber zu neuen Herrschaftstechniken innerhalb der Grundherrschaft geführt hat.

Die Folgen der normannischen Eroberung für die übrigen Bevölkerungsgruppen auf dem Lande und in der Stadt
So tiefgreifend die Veränderungen auch waren, die die normannische Eroberung im Bereiche der adligen Führungsschicht bewirkt hat, so wenig wurde hiervon im Grunde die Masse der übrigen Bevölkerung auf dem Lande und in der Stadt berührt, wenn auch die soziale Kluft zwischen ihnen und der dünnen, französisch sprechenden Oberschicht durch die Sprachbarriere noch zusätzlich verschärft wurde.

Auf dem *Lande* ist nach 1066 allenfalls eine Tendenz zur Nivellierung der einzelnen bäuerlichen Schichten, deren soziale Differenzierung in der Angelsachsenzeit noch in der Form unterschiedlicher Wergeldbußen deutlich zutage getreten war, zu beobachten. Dies äußerte sich darin, daß nun allmählich alle Gruppen in dem neuen Stand der „villani", „villeins" aufgingen, was vor allem für die Gruppe der „ceorls", der angelsächsischen Freibauern, einen sozialen Abstieg, für die bisher vor dem Gesetz weitgehend rechtlosen Sklaven („servi") dagegen eine bescheidene rechtliche Aufwertung brachte.[113]

Obwohl davon auszugehen ist, daß nach der Eroberung auch die *englischen Städte* zahlreiche Normannen und Nordfranzosen als Bürger, Kapitalanleger oder Handeltreibende angezogen haben, so blieb auch hier die Kontinuität mit der Vergangenheit deutlich gewahrt, da die englischsprachige Bevölkerung nach wie vor nicht nur die große Masse der städtischen Einwohnerschaft stellte, sondern auch durchweg – soweit erkennbar – die städtischen Führungspositionen behaupten konnte.[114]

Die Auswirkungen der normannischen Eroberung auf das kulturelle und geistige Leben
Die normannische Eroberung führte nicht zuletzt auch zu einer deutlichen Zäsur in der Entwicklung des Landes auf geistigem und kulturellem Gebiet. Dies gilt zunächst und vor allem für die angelsächsische Sprache, die bald ihren Charakter als offizielle „Regierungssprache" einbüßte, um dem Latein und später dem Anglonormannischen Platz zu machen.[115]

Da die neuen Herren französisch sprachen, wurde die angelsächsische

Sprache auch als Umgangssprache weitgehend aus dem Bereich der adligen Führungsschicht verdrängt und sank daher in den Augen der neuen Führungselite immer mehr zu einer Vulgärsprache herab, die allerdings auch in der Folgezeit in erstaunlichem Maße – quer durch alle Bevölkerungsschichten hindurch – verbreitet blieb.[116]

Neue Akzente setzten die Eroberer auch im Bereiche der Architektur,[117] indem sie ohne großen Respekt vor angelsächsischer Tradition[117a] beeindruckende Sakral- und Profanbauten errichteten, während umgekehrt die hochentwickelte angelsächsische Malerei und Zeichenkunst sich behaupten konnte und den neuen Herren zum Vorbild diente.[118]

d) Zusammenfassung: Die Folgen der normannischen Eroberung vor dem Hintergrund gesamteuropäischer Entwicklungstendenzen

Versuchen wir am Ende zum Ausgangspunkt der Debatte zurückzukehren und die aufgezeigten Einzelaspekte in einem Gesamturteil zu würdigen, so fällt ein solches Urteil nicht leicht. Bereits die wenigen angesprochenen Teilaspekte haben ein äußerst komplexes Bild von der normannischen Eroberung entstehen lassen, das sich jeder generalisierenden Betrachtungsweise zu entziehen scheint.

So finden wir in fast allen Lebensbereichen Altes und Neues, Bruch mit der Vergangenheit und Bewahrung alter Traditionen nebeneinander. Selbst so fundamentale Tatbestände wie die Einführung des kontinentalen Lehnswesens oder die Eliminierung des alten englischen Adels haben die Herrschafts- und Sozialstruktur des Landes nicht vollständig, sondern allenfalls an der Oberfläche umgestaltet; die Grundlagen und Techniken adliger Herrschaftsausübung gegenüber der bäuerlichen Bevölkerung auf dem Lande blieben auch unter den neuen Herren im wesentlichen unverändert.

Die Bedeutung des Lehnswesens im Sinne eines den ritterlichen Adel umfassenden neuen Organisations- und Herrschaftsprinzips wird für die englische Geschichte noch zusätzlich relativiert, wenn man diesen Tatbestand nicht nur als das Ergebnis normannischer Herrschaftspolitik, sondern auch als Bestandteil einer gesamteuropäischen Entwicklung sieht, deren Übergreifen auf die britischen Inseln vielleicht nur eine Frage der Zeit war und durch die normannische Eroberung möglicherweise nur beschleunigt wurde.

Ähnliches gilt wohl auch für die von der neueren Forschung als ein Hauptergebnis der normannischen Eroberung herausgestellte Beobachtung, daß sich England – was seine Stellung innerhalb der abendländischen Welt anging – nach 1066 grundsätzlich neu orientiert habe, indem es sich aus seinen traditionellen Bindungen an die skandinavische Welt gelöst und nunmehr endgültig dem romanisch-lateinischen Kulturkreis geöffnet habe.[119] Wenn auch diese Feststellung für sich genommen kaum bezweifelt werden kann, erscheinen doch Zweifel darüber angebracht, ob die normannische Eroberung für dieses Ergebnis wirklich ursächlich im Sinne einer Bedingung „sine qua non" gewesen ist oder ob sie lediglich eine bereits im Grundsatz angelegte Entwicklung beschleunigt oder vorweggenommen hat.

3. Weitere Forschungsschwerpunkte zur mittelalterlichen Geschichte Englands im Überblick

a) Die angelsächsische Landnahme

Ähnlich wie die normannische Eroberung von 1066 hat auch die über ein halbes Jahrtausend früher erfolgte Inbesitznahme des Landes durch die Angelsachsen in der Forschung eine lebhafte Diskussion ausgelöst, die bis heute anhält.[120]

Dabei stehen nach wie vor die Fragen nach der Herkunft der Eroberer, nach dem Verlauf der Eroberung und der frühen Besiedlung sowie nach den Auswirkungen auf die überkommene Wirtschafts- und Sozialstruktur des Landes im Mittelpunkt der Erörterungen, wobei in Anbetracht der Dürftigkeit der hierzu überlieferten schriftlichen Quellen den Ergebnissen der Archäologie und der Ortsnamen- und Sprachforschung besondere Bedeutung zukommt.[121]

Im Rahmen des Problemkreises um die Herkunft und die stammesmäßige Identifizierung der Eroberer hat die archäologische Forschung inzwischen im wesentlichen die Angaben des berühmten angelsächsischen Chronisten Beda († 735)[122] insoweit bestätigt, als man den Sachsen den Raum zwischen Elbe und Weser[123] und den Angeln die zwischen Flensburg und der Schlei gelegene holsteinische Landschaft Angeln[124] als jeweilige Heimat zugewiesen hat.[125] Auch die Feststellung Bedas, wonach die Angeln East Anglia, Mercia und Northumbria, die Sachsen dagegen die Teilreiche Essex, Sussex und Wessex besiedelt hätten, steht grundsätzlich im Einklang mit dem archäologischen Befund.[126] Freilich deutet das überlieferte Material darauf hin, daß die beiden Stämme sich in ihren neuen Siedlungsräumen kaum in einer solchen Geschlossenheit und Homogenität erhalten haben, wie Beda dies andeutet. Vielmehr ist davon auszugehen, daß die ursprünglich bestehenden Stammesunterschiede – bedingt durch die gemeinsamen kriegerischen Unternehmungen zu Wasser und zu Lande – in zunehmendem Maße verwischt und nivelliert wurden.[127]

Ein Problem bleibt die Identifizierung des dritten, nach Beda an der Eroberung beteiligten Stammes, der Jüten.

Die Angaben Bedas, wonach die Angehörigen dieses Stammes aus dem nördlichen Nachbargebiet der Angeln, also aus der dänischen Halbinsel Jütland, stammten und in England Kent und Südhampshire sowie die Insel Wight besiedelt hätten, wurden vor allem von der älteren Forschung in

Zweifel gezogen. Dabei wurde eingewandt, daß der Name Jütland sprachlich nicht von den Jüten (Jutae), sondern von dem skandinavischen Stamm der Jótar, der in dieser Region siedelte, abzuleiten sei[128] und daß in Kent das vor allem für das 6. Jahrhundert überlieferte archäologische Material nur wenige Bezugspunkte zu entsprechenden Funden in Jütland, dagegen aber deutliche Verbindungslinien zu Friesland und zum fränkischen Rheinland erkennen lasse.[129]

Aus diesem Befund zogen einige Autoren den Schluß, daß die Eroberung und Besiedlung Kents zwar ursprünglich von jütischen Volksgruppen initiiert worden sei, daß diese erste Besiedlungsphase dann aber im 6. Jahrhundert durch eine starke Einwanderungswelle von Siedlern aus dem fränkischen Rheinland abgelöst worden sei.[130]

Andere glaubten, statt einer jütischen von vornherein eine fränkische Invasion oder Masseneinwanderung annehmen zu müssen[131] oder gingen zumindest davon aus, daß die Jüten – falls sie ursprünglich wirklich von Jütland stammten – im Zuge ihrer Wanderbewegung vor der Überfahrt nach England im friesisch-fränkischen Raume seßhaft geworden seien und dabei die dort herrschende Kultur in einem Ausmaße angenommen hätten, daß sie sich kaum mehr von den einheimischen Franken oder Friesen unterschieden hätten.[132]

Gegen eine fränkische Invasion bzw. Masseneinwanderung sprechen neben dem Umstand, daß die zeitgenössischen Quellen hierfür keinerlei Anhaltspunkte bieten, vor allem die Ergebnisse der sprachgeschichtlichen Forschung, wonach zwar enge sprachliche Beziehungen Kents zu Friesland,[133] dagegen aber keinerlei Verbindungslinien zu den fränkischen Rheinlanden erkennbar sind. Zudem zwingt das in den letzten Jahrzehnten durch zahlreiche neue Funde stark angewachsene archäologische Material mittlerweile zu einer wesentlich differenzierteren Beurteilung des zunächst recht eindeutig erschienenen Befundes. Während bei den früheren Grabungsfunden der rheinfränkische Anteil zu dominieren schien, stellte sich bald heraus, daß in Kent für das 5. und 6. Jahrhundert noch andere Bestattungs- und Siedlungsformen nachweisbar sind, die nicht nach Franken, sondern nach Friesland und Jütland hindeuten,[134] wobei allerdings diese Tatsache für sich genommen noch keine sicheren Schlüsse auf die Besiedlungsstruktur des Landes zuläßt, da für Jütland bisher nur relativ wenig Vergleichsmaterial erschlossen ist und zudem die Frage der Datierung des Materials nach wie vor große Schwierigkeiten bereitet.[135]

Die jüngere Forschung neigt jedoch bei aller Vorsicht, die durch die Überlieferungssituation geboten erscheint, dazu, für Kent im 5. und 6. Jahrhundert eine Mischbevölkerung, bestehend aus fränkischen, friesischen[136] und jütischen Stammesgruppen, anzunehmen, wobei man mittlerweile bereit ist, dem jütischen Element eine wesentlich größere Bedeutung zuzugestehen als früher, so daß die Angaben Bedas auch in dieser Hinsicht von der neueren Forschung in zunehmendem Maße bestätigt werden.[137]

Ähnlich wie die Frage der Herkunft der Eroberer, ist auch der allgemeine Charakter der Eroberung sowie ihr Verlauf im einzelnen bis heute in der Literatur umstritten. Handelt es sich hierbei um eine weitgehend koordiniert vorgetragene Invasion germanischer Eroberer, die wie eine plötzliche Katastrophe über die Insel hereinbrach und zum schnellen Zusammenbruch des römisch-britischen Herrschaftssystems führte, oder ist die angelsächsische „Eroberung" in Wirklichkeit eher als das Ergebnis eines langen, sich über mehrere Jahrhunderte erstreckenden Prozesses der Inbesitznahme des Landes – teils durch friedliche Übereinkunft mit den alten Herren, teils durch Eroberung – zu sehen?

Für die „Katastrophentheorie" im Sinne der ersten Alternative spricht die – wenn auch erst ein Jahrhundert später einsetzende – historiographische Tradition,[138] wonach Vortigern, einer der lokalen römisch-britischen Machthaber, nach dem Abzuge der römischen Truppen im Jahre 410 sächsische Hilfstruppen ins Land gerufen und in Kent angesiedelt habe, wobei diese Neuankömmlinge sich jedoch gegen Mitte des 5. Jahrhunderts gegen ihre Herren erhoben und dann gemeinsam mit ihren Stammesgenossen vom Kontinent einen Großteil des Landes erobert hätten.

Da zunächst auch der archäologische Befund und die Ergebnisse der Ortsnamenforschung diese Darstellung in ihrem wesentlichen Kern zu bestätigen schienen, war sich die ältere Forschung, wenn auch mit unterschiedlicher Begründung, im Ergebnis weitgehend darin einig, daß die germanische Inbesitznahme des Landes auf dem Wege einer koordiniert vorgetragenen und relativ schnell zum Ziele führenden militärischen Invasion erfolgt sei.[139]

Neue Ausgrabungen und die damit verbundene erweiterte archäologische Materialbasis im Verein mit neueren Ergebnissen der Ortsnamenforschung haben jedoch im Verlaufe der letzten beiden Jahrzehnte dazu geführt, daß das bisher in der Forschung vorherrschende Bild einer grundlegenden Revision unterzogen wurde. So wurden nicht nur neue Fundstellen entdeckt, sondern die allgemein verbreitete Materialbasis eröffnete nun auch bessere Möglichkeiten, das bereits bekannte Material – unabhängig von der literarischen Überlieferung – zu datieren. Dabei stellte sich heraus, daß einige der entdeckten germanischen Friedhöfe und Siedlungen wesentlich älter waren, als man dies bisher angenommen hatte, und zum Teil bis ins 4. Jahrhundert zurückreichten.[140] Eine Analyse der spätrömischen Töpferei durch J. N. L. Myres erbrachte den Nachweis, daß speziell für den germanischen Gebrauch in Britannien bereits vor der Mitte des 5. Jahrhunderts eine „römisch-sächsische" Töpfereiproduktion blühte, die auf einen starken germanischen Bevölkerungsanteil schließen läßt.[141]

Auch die neuere Ortsnamenforschung scheint in die gleiche Richtung zu weisen.

Während man früher in vielen Ortsnamenendungen auf „-ing" und „-ingas" (z. B. Reading, Hastings) älteste Siedlungen sah,[142] die im Zuge der Invasion entstanden seien, neigt man heute dazu, anzunehmen, daß diese Siedlungen nicht die erste Phase der Besiedlung repräsentierten, sondern im Zuge einer späteren, vom ursprünglichen Siedlungskern ausgehenden Kolonisierung entstanden seien.[143] Dagegen ist man heute bereit, den Orten mit der Endung „-ham" ein wesentlich höheres Alter zuzubilligen, da alle diese Orte an römischen Straßen lagen und daher die Vermutung naheliegt, daß sie angelegt wurden, bevor die römischen Straßen ihre Bedeutung als Verkehrsverbindungen eingebüßt hatten.[144] Ähnlich glaubt man in den Orten mit dem Kompositum „wicham", die gewöhnlich in der Nähe einer römischen Siedlung lagen, Bezüge zu dem lateinischen Wort „vicus" zu erkennen,[145] was alles darauf hindeutet, daß germanische Siedlungen in Britannien bereits in einer Zeit entstanden sind, als das römische Straßen- und Verwaltungssystem noch in Funktion war.

Aus alledem hat die Forschung geschlossen, daß bereits vor dem Abzug der römischen Truppen aus Britannien im Jahre 410 germanische Hilfskontingente unter der Kontrolle der römischen Obrigkeit im Osten und Süden Englands angesiedelt wurden, um mitzuhelfen, das Land gegen andere – in erster Linie vom Kontinent her angreifende – germanische Stämme zu verteidigen, vielleicht aber auch, um auf diese Weise einem akuten Mangel an Arbeitskräften im Lande zu begegnen.[146]

Die Lage einiger aus der ersten Hälfte des 5. Jahrhunderts nachgewiesener germanischer Friedhöfe in unmittelbarer Nähe römischer Siedlungen deutet darauf hin, daß dieser germanische Siedlungsprozeß auch nach dem Abzuge der römischen Truppen anhielt und wohl im Einvernehmen mit den jeweiligen lokalen römisch-britischen Machthabern erfolgte, wenn auch das bisher bekanntgewordene Material noch keine für das gesamte Land geltenden Schlüsse zuläßt.[147]

Die in den literarischen Quellen des Landes geschilderte „Eroberung" des Landes durch die meuternden Sachsen und ihre Stammesgenossen vom Festland erscheint daher allenfalls als eine neue Phase in dem langen Prozeß der Germanisierung des Landes, die die bisherige, im Einvernehmen mit der Obrigkeit erfolgte Siedlungsphase ablöste.

Ist sich die Forschung demnach auch heute über den Charakter der Landnahme im Sinne eines langwierigen, graduell verlaufenen Prozesses, der allenfalls auf regionaler Ebene koordiniert wurde, kaum aber jemals unter einem gemeinsamen Oberbefehl stand, einig,[148] so gehen die Ansichten doch darüber noch auseinander, mit welcher Schnelligkeit es den Neuankömmlingen gelungen ist, im Rahmen der Eroberungsphase den römisch-britischen Widerstand zu brechen.

Im Rahmen dieser Diskussion, in der auch die Frage der Historizität Arthurs, der legendären Führergestalt und Seele des britischen Widerstandes, erneut aufgerollt wurde,[149] räumte J. Morris diesem britischen Widerstand weit größere Bedeutung ein, als man dies bisher allgemein bereit war zuzugeben, und kam zum Schluß, daß es den Angelsachsen erst in den letzten Jahrzehnten des 6. Jahrhunderts gelungen sei, die relativ leicht zugängliche „Lowland-Zone" des Landes zu erobern.[150]

Diese These stieß allerdings bisher kaum auf Zustimmung und läßt sich wohl auch schwer mit den Ergebnissen der neueren archäologischen Forschung vereinbaren, wonach für die zweite Hälfte des 5. und für das beginnende 6. Jahrhundert zahlreiche angelsächsische Siedlungen in Ost- und Mittelengland nachgewiesen werden konnten, wogegen nach wie vor nur relativ bescheidene archäologische Zeugnisse auf das Überleben britischer Siedlungsstrukturen hindeuten.[151]

Doch damit ist bereits der dritte Problemkreis angesprochen, der im Zusammenhang mit der angelsächsischen Landnahme bis heute in der Forschung diskutiert wird: die Frage der Kontinuität der römisch-britischen Sozial- und Wirtschaftsstruktur.

In welchem Umfange hat die römisch-britische Bevölkerung die angelsächsische Landnahme überhaupt überlebt? In welchem Maße knüpften die neuen Herren an die überkommenen Rechts- und Wirtschaftsinstitutionen an?

Die Diskussion um die Frage des Überlebens der römisch-britischen Bevölkerung wird auch heute noch durch zwei extrem gegensätzliche Ansichten geprägt. Während die einen davon ausgehen, daß die Eroberer in Massen ins Land kamen und die einheimische Bevölkerung entweder töteten oder nach Westen in das unzugängliche Bergland abdrängten,[152] sollen die Angelsachsen nach der anderen Ansicht nur in relativ geringer Zahl ins Land gekommen sein und dort über einer breiten unterworfenen Bevölkerung von Sklaven und abhängigen Bauern eine elitäre Militäraristokratie errichtet haben.[153]

Für die erste Ansicht scheint vor allem die Beobachtung zu sprechen, daß die angelsächsische Sprache von der römisch-britischen praktisch unbeeinflußt geblieben ist,[154] woraus man auf eine entsprechend geringe Bedeutung des römisch-britischen Bevölkerungselementes geschlossen hat. Die zweite Ansicht kann sich dagegen in zunehmendem Maße auf die Ergebnisse der archäologischen Forschung stützen, die gerade in jüngerer Zeit vermehrt auf Indizien für das Überleben römisch-britischer Bevölkerungsteile hingewiesen hat.[155] Ebenso lassen spätere Quellen darauf schließen, daß die angelsächsischen Grundherren zur Bewirtschaftung ihrer Güter auf einen breiten Grundstock von Sklaven und Leibeigenen zurückgreifen konnten, die wohl ursprünglich aus der einheimischen römisch-britischen Bevölkerung rekrutiert worden waren.[156] Gegenüber den genannten extremen Ansichten setzt sich in der neueren Forschung immer mehr die Erkenntnis durch, daß die Frage der Bevölkerungskontinuität nicht einheitlich für das gesamte Land, sondern nur differenziert für einzelne Regionen beantwortet werden kann.

Einen fruchtbaren Ansatz auf diesem Wege hat bereits in den fünfziger Jahren die Sprachgeschichtsforschung geliefert. So hat K.H.Jackson[157] die Flußnamen im angelsächsischen England auf ihre sprachliche Herkunft untersucht, wobei er davon ausging, daß die Namen der großen Flüsse – wie die anderer markanter geographischer Punkte – auch nach einer Änderung der Bevölkerungsstruktur relativ langlebig waren, während die Namen der kleineren Flüsse, die nur lokale Bedeutung besaßen und daher auch nur einem kleinen Personenkreis bekannt waren, wesentlich schneller vergessen, verändert oder durch neue ersetzt wurden.

Die Ergebnisse dieser Analyse, die in einer Karte verdeutlicht wurden,[158] lassen erkennen, daß der britisch-römische Bevölkerungsanteil im angelsächsischen England von Ost nach West gesehen zunehmend stärker ausgeprägt war, wobei grob drei geographische Zonen zu unterscheiden sind. Während in der ersten, den Ostteil der Insel und Kent umfassenden Zone mit einer sehr intensiven und dichten angelsächsischen Besiedlung gerechnet werden muß, deuten die Flußnamen in der zweiten Zone, die in etwa die Territorien der Teilreiche Wessex, Mercia und Northumbria einschloß, bereits auf einen beachtlichen britischen Bevölkerungsanteil hin, wogegen in der dritten Zone, die die nordöstlichen Grafschaften von Cumberland, Westmoreland und Lancashire sowie das walisische Grenzgebiet, Dorset und Devon umfaßte, eindeutig das britisch-römische Bevölkerungselement dominierte.

Wenn man somit auch davon ausgehen kann, daß – regional unterschiedlich – beachtliche Teile der römisch-britischen Bevölkerung die angelsächsische Landnahme überlebt haben, so sagt dies noch nichts darüber aus, in welchem Umfang sich auch die alten römischen Institutionen in der neuen Umwelt noch behaupten konnten.

Die Debatte hierzu hatte im Jahre 1883 F.Seebohm eröffnet, der einen unmittelbaren Kontinuitätsbezug zwischen den angelsächsischen Dörfern und den römischen „villae", die als Wirtschafts- und Verwaltungsmittelpunkte das Land erschlossen, herstellen wollte.[159] Diese Ansicht stieß aber schon in der älteren Literatur auf heftige Kritik,[160] und die archäologische Forschung hat deutlich gemacht, daß – im Gegensatz zur Situation in den ehemals römischen Provinzen des Festlandes – kaum eine Institution der römischen Verwaltungs- und Wirtschaftsstruktur die angelsächsische Landnahme in ihrer ursprünglichen Funktion überdauert hat.

Dies gilt nicht nur für das römische Straßensystem oder das organisierte Stadtleben,[161] sondern vor allem auch für die Institution der römischen „villa",[162] wo der Bruch mit der Vergangenheit besonders deutlich wird.

Von den über fünfhundert bisher bekanntgewordenen „villae" ist kein einziger Name in der Angelsachsenzeit überliefert. Es gibt kaum Anzeichen dafür, daß die Neuankömmlinge die wahrscheinlich schon vorher verfallenen Gebäude bewohnten, noch deutet etwas darauf hin, daß sie generell an die „villa" als wirtschaftliche Institution in ihrer engen Verbindung mit dem römischen Straßen- und Postsystem angeknüpft haben,[163] wenn auch neuere archäologische Funde Ausnahmen von diesem allgemeinen Bilde erkennen lassen.[164]

Die neuen Herren verzichteten nicht nur darauf, sich das ihnen fremde römische Verwaltungs- und Wirtschaftssystem zu eigen zu machen, sondern es scheint, daß sie auch in ihrer Siedlungspolitik neue Wege gegangen sind, indem sie völlig neue Siedlungsräume erschlossen und auch neue – ihren hergebrachten Traditionen gemäße – Siedlungsformen entwickelten.

So lag der Schwerpunkt der angelsächsischen Besiedlung regelmäßig in den Flußtälern,[165] wobei damit aber vielleicht nur eine Tendenz verstärkt wurde, die bereits in spätrömischer Zeit eingesetzt hatte.[166]

Gegenüber den isoliert gelegenen Einzelgehöften oder Kleinsiedlungen mit den dazugehörigen geschlossenen Rechteckfeldern der römisch-britischen Vergangenheit bevorzugten die neuen Herren in der Regel den Typus des kompakten Haufendorfes mit weiten offenen Feldern, die so angelegt waren, daß gemeinsames Zusammenwirken in der Bodenbebauung wie auch in der Neuerschließung von Land möglich war.[167]

Während derartige Beispiele von Diskontinuität in der Siedlungs- und Agrarstruktur besonders in einigen Teilen Englands – wie in Wessex und Sussex – ins Auge fallen, sind andererseits aber auch in anderen Regionen bemerkenswerte Anzeichen von Kontinuität zu beobachten,[168] so daß der Gedanke naheliegt, daß die unterschiedlichen Formen in der Siedlungsstruktur weniger auf unterschiedliche Traditionsformen, sondern eher auf die jeweils unterschiedlichen geographischen Verhältnisse zurückzuführen sind.[169]

b) Die Anfänge des englischen Parlaments

Unter den bevorzugten Themen der englischen Geschichtsforschung nahm seit jeher auch die Geschichte des Parlaments einen festen Platz ein, was angesichts der Einmaligkeit und Bedeutsamkeit dieser Institution für die politische Entwicklung des Landes auch kaum verwundert.

Für den Bereich des Mittelalters konzentrierte sich das Interesse dabei vor allem auf den Problemkreis um die Entstehung und frühe Entwicklung dieser Einrichtung im 13. und 14. Jahrhundert, wobei folgende Fragen im Mittelpunkt standen: Seit wann kann man überhaupt vom Parlament als Institution sprechen? Was war das Wesen dieser Institution? Welche Rolle spielten die Commons in der Frühphase der Parlamentsgeschichte?

Daß über diese Fragen bisher – trotz jahrzehntelanger Diskussion[170] – noch kein allgemeiner Konsens erreicht werden konnte, liegt zunächst wohl an der Art der Quellenüberlieferung, die zwar relativ guten Aufschluß über die Zusammensetzung, weniger aber über die Arbeitsweise und den Aufgabenbereich der frühen Parlamente bietet.[171] Dazu kommt aber noch ein weiteres Phänomen, auf das bereits E. Miller[172] hingewiesen hat. Der Umstand, daß das Parlament noch in der Gegenwart fortlebt, hat dazu geführt, daß die Autoren, die sich mit seiner mittelalterlichen Vergangenheit befaßt haben, oft versucht waren, diese Vergangenheit mit den Augen ihrer jeweiligen Gegenwart zu sehen und damit unbewußt dem mittelalterlichen Parlament Aufgaben und Funktionen unterstellten, wie sie die ihnen jeweils gegenwärtige „Institution Parlament" wahrnahm oder nach ihrer Meinung wahrnehmen sollte, wobei es auf der Hand liegt, daß das auf diese Weise entstehende Geschichtsbild in besonderem Maße vom jeweiligen politischen Standpunkt des Betrachters und seinem Verhältnis zum Parlament seiner Zeit geprägt wurde.

So vertraten die Gegner der Stuart-Monarchie im Rahmen der schweren Verfassungskämpfe des 17. Jahrhunderts in dem Bestreben, die Souveränität und Allgewalt des Parlaments zu unterstreichen, die These, daß das Parlament seit unvordenklichen Zeiten existiert und den Willen der Nation repräsentiert habe, während die Anhänger der Dynastie darauf bestanden, daß das Parlament sich erst relativ spät aus der feudalen Ratsversammlung zu einer repräsentativen Ständeversammlung entwickelt habe.[173]

Die politische Entscheidung dieses Konfliktes zu Gunsten des Parlaments führte dazu, daß dessen Apologeten lange Zeit auch die literarische Szenerie beherrschten, bis im 19. Jahrhundert die Diskussion in eine neue Phase trat, als W. Stubbs im Rahmen seiner berühmten ‚Verfassungsgeschichte'[174] auch zu den Anfängen des Parlaments Stellung bezog.

Ausgehend von der Verfassungsvorstellung seiner Zeit, sah Stubbs im mittelalterlichen Parlament vor allem eine politische Versammlung, die die einzelnen Stände der Nation repräsentiert habe und die daher dazu berufen gewesen sei, in entscheidendem Maße an der Staatsgewalt durch Gesetzgebung und Kontrolle der Regierung teilzuhaben. Nach seiner Auffassung gehörte es zu den großen staatsmännischen Leistungen König Eduards I., durch eine Umwandlung des königlichen Rates (curia regis) in eine repräsentative Ständeversammlung die politisch potenten Kräfte der Nation zur politischen Willensbildung und Verantwortung herangezogen und damit auch für die Zukunft „die Einheit des nationalen Handelns" sichergestellt zu haben; denn ein Volk, von dem Einigkeit in nationalen Lebensfragen verlangt werde, müsse „eine ausgewogene Verfassung besitzen, in der keine Klasse absolute und unbeschränkte Macht innehabe, in der keine mächtig genug sei, ohne Hilfe die anderen zu unterdrücken".[175]

Dabei hatte Stubbs durchaus erkannt, daß zu diesen ersten als „parlamenta" bezeichneten Versammlungen die Commons noch nicht hinzugezogen wurden und somit nach seiner Vorstellung der „Dritte Stand" in dieser Frühphase noch nicht repräsentiert war. Dennoch erlag Stubbs nicht der Versuchung, diesen Versammlungen deshalb den Charakter von

Parlamenten abzusprechen; vielmehr ging er davon aus, daß der Übergang von der feudalen „curia" zur repräsentativen Ständeversammlung nicht abrupt, sondern allmählich im Laufe des 13. Jahrhunderts erfolgt sei, wobei diese Übergangsphase zunächst unterschiedliche Formen des „Parlaments" hervorgebracht habe, bis dann in dem von ihm als „model parliament" bezeichneten Novemberparlament von 1295[176] eine Form gefunden worden sei, die geradezu Modellcharakter für die Zukunft angenommen habe.

Der Generalangriff auf die von W. Stubbs zusammengefaßte und schnell herrschend gewordene Lehre wurde – fast unbewußt, wie es scheint – schon wenige Jahre später durch F. W. Maitland ausgelöst, der in der Einleitung einer von ihm bearbeiteten Quellenedition zum Frühjahrsparlament von 1305 grundsätzlich zu den charakteristischen Funktionen des frühen Parlaments Stellung nahm.[177] Wie Stubbs betonte auch Maitland dabei noch das „Unfertige" der Institution Parlament im 13. und beginnenden 14. Jahrhundert, wies dann aber auf einen neuen Gesichtspunkt hin, indem er andeutete, daß die Versammlung des königlichen Rates das „Kernstück und Wesen" eines jeden Parlamentes gebildet habe, das sich auf diese Weise zu einer Art Obergerichtshof entwickelt habe, wo vorwiegend im Wege der Rechtsfindung über vorgetragene, meist „privatrechtliche" Streitigkeiten entschieden worden sei.[178]

Die hier von Maitland in die Diskussion gebrachte neue Sichtweise über die Ursprünge und das Wesen des frühen Parlaments löste zunächst in der Forschung keinerlei Reaktion aus, wurde dann aber – zwei Jahrzehnte später – von C. H. McIlwain[179] und A. F. Pollard[180] aufgegriffen und vor allem dann von H. G. Richardson und G. O. Sayles zu einer neuen Lehre über die Anfänge des Parlaments ausgebaut.[181]

Nach dieser Lehre war allen frühen Parlamenten ein fundamentaler Wesenszug eigen, der alle anderen Funktionen als unwesentlich erscheinen ließ: die Rechtsprechung durch den König oder in dessen Auftrage. Das frühe Parlament war daher hiernach keine politische Repräsentativversammlung der Stände, die auf diese Weise Mitbeteiligung und Mitverantwortung an der Staatsgewalt begehrten, sondern ein aus dem Bedürfnis nach höherer Verwaltungseffizienz geschaffenes neues Jurisdiktionsorgan, das ausschließlich von der Autorität und Kompetenz des Königs als dem obersten Gerichtsherrn des Landes getragen wurde.[182]

Im Gegensatz zu F. W. Maitland bestanden H. G. Richardson und G. O. Sayles jedoch darauf, daß das Parlament bereits um die Mitte des 13. Jahrhunderts den Charakter einer formalisierten Institution angenommen habe, die ihren Hauptwesenszug, nämlich die Tätigkeit als Rechtsprechungsorgan, bis in die Regierungszeit König Eduards III. bewahrt habe.[183]

Von dieser Vorstellung ausgehend, war es nur konsequent, daß die Anhänger dieser Lehre in den königlichen Räten und den Lords das wesentliche personelle Element des Parlaments sahen und den Commons nur untergeordnete Bedeutung zugestehen wollten.[184]

In der Forschung stieß die neue Lehre allerdings überwiegend auf Widerspruch.

So beharrte M. V. Clarke darauf, daß das frühe Parlament seinem Wesen nach in erster Linie eine politische Institution gewesen sei, in der zwei in der englischen Verfassung des 13. Jahrhunderts bereits angelegte Grundprinzipien zur Entfaltung gelangt seien: der Grundsatz der Repräsentation einerseits sowie das Prinzip des feudalen Konsenses andererseits, verkörpert zum einen in den regionalen Einheiten (Grafschaften, Hundertschaften, Städte), zum andern in der königlichen Ratsversammlung.[185]

Ähnlich sah B. Wilkinson die Entstehung des Parlaments als Ausdruck einer alten, im Mittelalter weit verbreiteten Tradition, wonach Herrschaftsgewalt grundsätzlich im Zusammenwirken und mit der Zustimmung der Betroffenen auszuüben war.[186]

Andere wiederum bezweifelten – ausgehend von einer Analyse des Begriffes „parlamentum"[187] oder von den in den frühen Parlamentsversammlungen verhandelten Materien – vor allem die These, daß sich das Wesen des frühen Parlaments in der Funktion als Rechtsprechungsorgan erschöpft habe, und wiesen demgegenüber auf die Vielfalt der in den Parlamenten verhandelten Angelegenheiten hin,[188] die von der Rechtsprechung und der Beratung wichtiger politischer Entscheidungen über die Beschlußfassung in Steuerangelegenheiten und die Feststellung von Gesetzen bis hin zur Ausrichtung königlicher Familienfeste reichten und die daher eher auf eine grundsätzliche „Omnikompetenz"[189] des Parlaments für alle Fragen von Bedeutung schließen ließen.

Widerspruch fand auch die von H. G. Richardson und G. O. Sayles aufgestellte These, daß sich das Parlament bereits um die Mitte des 13. Jahrhunderts als im wesentlichen abgeschlossene Institution etabliert habe.

Während R. F. Treharne aus dem Gebrauch des Begriffes „parlamentum" in den offiziellen Schriftstücken des 13. Jahrhunderts schloß, daß die Initiatoren der Provisionen von Oxford vom Jahre 1258 damit auch das Parlament als formale Institution geschaffen hätten,[190] ging die Mehrheit der Forschung davon aus, daß das Parlament nicht durch einen bestimmten Gründungsakt ins Leben getreten sei, sondern vielmehr sich von einem locker organisierten, in Form und Zusammensetzung variierenden Beschlußgremium relativ langsam, kaum vor dem Regierungsantritt Eduards III., zu einer festen Institution entwickelt habe.[191]

Gegenüber allen Versuchen, die Rolle der Commons und deren Einfluß in der Frühphase des Parlaments abzuwerten,[192] hat vor allem G. Edwards[193] nachdrücklich ihre Bedeutung als die Repräsentanten der politisch potenten Kräfte innerhalb der Nation hervorgehoben. Bestehend aus den Rittern, Bürgern und dem Diözesanklerus, vertraten sie nicht einen Stand im Rechtssinne, sondern regionale oder lokale Gemeinschaften,

wie Grafschaften, Hundertschaften oder Städte, wobei sie – ausgestattet
mit voller Vertretungsvollmacht – auch in der Lage waren, die von ihnen
repräsentierten Gemeinschaften verbindlich zu verpflichten, so daß das
Königtum nicht nur bei der Erhebung von Abgaben, sondern auch bei
Truppengestellungen und im Rahmen der Landfriedenssicherung in hohem Maße auf den guten Willen und die Mitwirkung dieser Kräfte angewiesen war.

Versucht man, den heutigen Forschungsstand in einer kurzen Bilanz
zusammenzufassen, so ist zunächst festzuhalten, daß die in der Forschung
anhaltende Kritik H.G. Richardson und G.O. Sayles nicht zur Aufgabe
oder Modifizierung ihrer Lehre bewogen hat, die vielmehr von Sayles in
jüngster Zeit nochmals ausführlich erläutert worden ist.[194]

Die zum Teil mit großer Schärfe geführte Kontroverse sollte jedoch
nicht den Blick für das beachtliche Maß an Gemeinsamkeiten verstellen,
das mittlerweile allen unterschiedlichen Positionen – wenn auch oft unaus-
gesprochen – zu Grunde liegt.[195]

So wird eigentlich von niemandem mehr bezweifelt, daß das Parlament
in seiner Anfangs- oder „vorrepräsentativen" Phase nicht als eine Repräsentativversammlung der einzelnen Stände, sondern vielmehr als eine,
durch die Hinzuziehung zusätzlicher Personen erweiterte Sitzung des königlichen Rates erscheint. Auch die Kritiker von H.G. Richardson und
G.O. Sayles geben zu, daß ein wichtiges Aufgabengebiet des Parlaments
darin bestand, über vorgebrachte Klagen und Petitionen Recht zu sprechen, und daß hierbei den königlichen Räten erhöhte Bedeutung zukam.
Umgekehrt stellen Richardson und Sayles nicht in Abrede, daß das Parlament neben der Rechtsprechungstätigkeit auch noch andere Aufgaben,
wie etwa die Beschlußfassung in wichtigen politischen oder fiskalischen
Angelegenheiten, wahrgenommen hat, wobei die genannten Autoren allerdings davon ausgehen, daß diese Aufgaben gegenüber der Rechtsprechungstätigkeit so wenig ins Gewicht gefallen seien, daß sie Wesen und
Charakter des Parlaments als Institution nicht mitgeprägt hätten.

Der Dissens in dieser Kernfrage verengt sich also bei näherer Prüfung
auf das Problem einer quantitativen Bewertung und Abwägung der im
Parlament verhandelten Sachmaterien, wobei man sich wohl damit abfin-
den muß, daß wirklich gesicherte Aussagen hierüber auch in Zukunft
kaum möglich sein werden, da in dieser Anfangsphase zwar – wenn auch
nur teilweise – die judiziellen Entscheidungen, nicht aber die sonstigen
Verhandlungen des Parlaments aufgezeichnet wurden.[196] Ähnlich hängt
die Bewertung der Rolle, die die Commons im mittelalterlichen Parlament
spielten, davon ab, welche Bedeutung man den „politischen" Funktionen
und Aufgaben des Parlaments einräumen will und wie man den Aussagewert des „argumentum e silentio", etwa in dem Sinne, daß die Rolle der
Commons im Parlament deshalb nicht bedeutend gewesen sein könne,
weil sie sich nicht in entsprechender Weise in den überlieferten Quellen

niedergeschlagen habe, beurteilt.[197] Was noch bleibt, sind unterschiedliche Positionen in der Forschung über den Beginn der Institutionalisierung des Parlaments, die natürlich weitgehend davon abhängen, welche Kriterien eine Versammlung, die zunächst noch ohne feste Organisation und in wechselnder Zusammensetzung tagt, erfüllen muß, um als „Institution" bezeichnet werden zu können.

c) Die Pestepidemien des 14. und 15. Jahrhunderts und ihre
   Auswirkungen auf die englische Sozial- und Wirtschaftsstruktur

Während die spätmittelalterlichen Chronisten das Auftreten des Schwarzen Todes[198] in den Jahren 1348/49 noch als ein Ereignis von epochaler Bedeutung mit tiefgreifenden Auswirkungen auf die bestehende Herrschafts- und Sozialordnung empfunden hatten,[199] schien sich diese Einstellung bei den großen Historikern des 18. und frühen 19. Jahrhunderts, die in ihren Werken die Pestepidemien des 14. Jahrhunderts nur mehr am Rande behandelten,[200] weitgehend gewandelt zu haben. In den Blickpunkt der Forschung rückte der Problemkreis erst wieder, als J. E. Th. Rogers in seinem monumentalen Werk über die ‚Geschichte der Landwirtschaft und Preise in England'[201] die Pest als das zentrale Ereignis des 14. Jahrhunderts herausstellte, das „eine komplette Revolution im Landbesitz" eingeleitet habe.[202]

Vollends „wiederentdeckt" wurde der Schwarze Tod von der britischen Forschung zu Beginn dieses Jahrhunderts, wobei man nun im Jahre 1348 einen entscheidenden Wendepunkt, den Beginn einer neuen Epoche in der Menschheitsgeschichte, zu sehen glaubte[203] und die Pest in ihrer Bedeutung mit der industriellen Revolution verglich.[204]

Diese pointierte Betrachtungsweise hat in der neueren Forschung teilweise einer nüchterneren Beurteilung Platz gemacht, die der Pest – langfristig gesehen – schlicht jede „Katastrophenwirkung" abspricht[205] oder zumindest nur in stark relativierter Form zugestehen will.[206]

Dieser grundsätzlichen Neubewertung im Ganzen entspricht auch eine differenziertere Würdigung der einzelnen Probleme im Detail, die zu bemerkenswerten Modifizierungen der älteren Forschungsansichten über den medizinischen Befund, die demographischen Folgen sowie die kurz- und langfristigen Auswirkungen der Epidemie auf die Wirtschafts- und Sozialstruktur des Landes geführt hat.

Weitgehend geklärt erscheint heute der *medizinische Befund.*[207]

Als Erreger wurde im Jahre 1894 das Pestbakterium (Pasteurella pestis) entdeckt, das vorwiegend Nagetiere, und dabei vor allem Ratten, befällt und unter bestimmten Umständen eine Tierseuche (Zoonose) auslösen kann, die heute noch in einigen Teilen Asiens, Afrikas, Nord- und Südamerikas verbreitet ist. Die wissenschaftlichen Untersuchungen der Pestepidemien des ausgehenden 19. und beginnenden 20. Jahrhunderts haben ergeben, daß für die Übertragung des Bazillus auf den Menschen nicht die infizierten Ratten, sondern in der Regel der Rattenfloh (Xenopsylla cheopis oder Nosopsyllus fasciatus) verantwortlich ist. Zwar zieht das Insekt es normalerweise vor, seine Opfer unter den Ratten zu suchen; die Aufnahme des Pestbazillus kann jedoch bei ihm, wenn sich die Erreger in der Blutbahn des Opfers stark vermehrt haben, zu einer Blockierung des Magentraktes führen, die vermehrte Hungergefühle hervorruft, wodurch der infizierte Floh dann auch zu einer unmittelbaren Gefahr für den Menschen werden kann, vor allem, wenn er sich – etwa bei einem größeren Rattensterben – seiner natürlichen Lebensbedingungen beraubt sieht.

Beim Menschen äußert sich die Krankheit in den meisten Fällen in der Form der Beulenpest, die in 50–80% der Fälle zum Tode führt. Falls es den eingedrungenen Erregern jedoch gelingt, die Lunge zu infizieren und damit die gefürchtete Lungenpest auszulösen, sinken die Überlebenschancen praktisch auf den Nullpunkt, wobei gleichzeitig die Ansteckungsgefahr für den Menschen erhöht wird, da die Erreger in diesem Stadium der Krankheit direkt – ohne Vermittlung des Rattenflohs – von Mensch zu Mensch im Wege der Tröpfcheninfektion übertragen werden können.

Die bei den jüngeren Pestepidemien nachgewiesene, relativ komplizierte Übertragungskette Ratte – Rattenfloh – Mensch hat in der neueren Forschung Zweifel daran geweckt, ob das gleiche Infektionsschema auch für die spätmittelalterlichen Pestausbrüche vorausgesetzt werden kann, wo sowohl das katastrophale Ausmaß der Epidemien als auch bestimmte Zeugnisse über Krankheitssymptome und die Art der Verbreitung auf eine unmittelbare Übertragung der Erreger von Mensch zu Mensch hindeuten.

Die in diesem Zusammenhang von dem britischen Bakteriologen J. F. D. Shrewsbury geäußerte Ansicht, wonach es sich angesichts der komplizierten, vom Zusammentreffen mehrerer Faktoren abhängigen Übertragungskette und der dürftigen Verkehrsverbindungen überhaupt verbiete, für das spätmittelalterliche England eine Verbreitung der Pest von pandemischem Ausmaße mit entsprechend hoher Sterblichkeitsrate anzunehmen,[208] stieß indessen weitgehend auf Widerspruch, wobei man vor allem die extrem kontagiöse Lungenpest als wirksamen Multiplikator herausstellte und zugleich darauf verwies, daß der infizierte Rattenfloh auch ohne Nahrung noch bis zu vierzig Tage lebensfähig sei und daher auch unabhängig von der gleichzeitigen Präsenz von Ratten[209] in Warentransporten (Tuchballen, Getreide) Verbreitung gefunden habe.[210]

Demgegenüber nimmt man vor allem in der kontinentaleuropäischen Forschung an, daß die spätmittelalterliche Pest zwar wahrscheinlich durch die Infektionskette Ratte – Rattenfloh – Mensch ausgelöst worden sei, daß sie ihren pandemischen Charakter aber dann in erster Linie durch eine unmittelbare Übertragung der Erreger von Mensch zu Mensch durch den Menschenfloh (Pulex irritans) erhalten habe. Zwar sei der Menschenfloh gegenüber dem Pestbazillus im allgemeinen wesentlich resistenter als der

Rattenfloh, eine Infizierung sei jedoch auch hier möglich, wenn das Insekt auf einen Kranken stoße, dessen Blutbahn – etwa im Stadium der Agonie – bereits mit Erregern überschwemmt sei.[211]

Wenn man bedenkt, daß der Rattenfloh im Vergleich zum Menschenfloh in Europa relativ selten anzutreffen ist und daß eine epidemische Übertragung des Bazillus durch den Rattenfloh normalerweise ein größeres Rattensterben voraussetzen würde, von dem aber wiederum die zeitgenössischen Chronisten nichts berichten, so dürfte der Schluß gerechtfertigt sein, daß bei der Ausbreitung der Seuche mit großer Wahrscheinlichkeit neben der Tröpfcheninfektion im Stadium der Lungenpest auch die Direktübertragung der Erreger durch den Menschenfloh eine Rolle spielte.

Während über den medizinischen Befund der Krankheit in der Wissenschaft noch weitgehend Übereinstimmung besteht, betreten wir ausgesprochen schwankenden Boden, wenn wir uns die Frage nach der *Sterblichkeitsquote* der spätmittelalterlichen Pestepidemien und damit nach ihren kurz- und langfristigen Auswirkungen auf die *Bevölkerungsentwicklung* des Landes stellen.

Zwar ist die Quellenfrage in dieser Hinsicht für England – im Vergleich zum Kontinent – noch relativ günstig, doch ist zu bedenken, daß sich die statistisch verwertbaren Nachrichten in den Registern der Grundherrschaften meist nur auf die in der Sozialstufe relativ hochstehende Schicht der Grundbesitzer beziehen, die für die Gesamtbevölkerung kaum als typisch gelten können, wobei die bisher zutage getretenen regionalen Unterschiede zudem beachtliche Fehlerquellen aufzeigen, die bei der Verallgemeinerung dieses oder jenes lokalen Befundes entstehen können.

Dies gilt vor allem auch für die Zeugnisse, die die Forschung zur Ermittlung der unmittelbaren Bevölkerungsverluste, die durch die erste Pestwelle von 1348/49 ausgelöst wurden, herangezogen hat.

Wollte man sich an die Angaben der zeitgenössischen Chronisten halten, so käme man zum Ergebnis, daß die Seuche in dieser ersten Welle weit über 50% der Bevölkerung hinweggerafft hat.[212] Verläßlichere Aussagen sind indessen von den überlieferten Registern des mit Pfründen begabten Klerus zu erwarten,[213] die auf eine Sterblichkeitsquote von 40–45% hindeuten, wobei allerdings die Eintragungen nicht immer die Gründe für das Eintreten der Vakanz (Tod, Resignation oder Wechsel der Pfründe) angeben und – falls solche Angaben vorliegen – in der Regel nicht zwischen natürlichen Todesfällen und den durch die Pest verursachten unterscheiden. Eine wesentlich geringere Sterblichkeitsrate von ca. 27%[214] lassen demgegenüber die Ergebnisse der Untersuchungen, die im Auftrage der Krone anläßlich des Todes eines Kronvasallen durchgeführt wurden (inquisitiones post mortem),[215] erkennen, wobei allerdings zu bedenken ist, daß sowohl die verhältnismäßig geringe Zahl als auch die hohe soziale Stellung des untersuchten Personenkreises kaum Rückschlüsse auf die Masse der Bevölkerung zulassen. Dies wird besonders deutlich, wenn man hiermit die Aufzeichnungen vergleicht, die über die bei einem Erbfall an den Grundherrn zu entrichtenden bäuerlichen Abgaben Auskunft geben und die für die Jahre 1348/49 auf eine Sterblichkeit von 50% bis zu zwei Dritteln hinweisen,[216] wobei der Aussagewert dieser Zeugnisse allerdings wieder dadurch gemindert wird, daß die in Frage kommenden Register gerade in der Pestzeit nur sehr lückenhaft geführt wurden.

Angesichts dieses unterschiedlichen Quellenbefundes erscheint es kaum verwunderlich, daß auch die Schätzungen, die bisher in der Forschung über die durch den Schwarzen Tod in England hervorgerufenen Bevölkerungsverluste angestellt wurden, zwischen Quoten von 5% und über 50% schwanken. Dabei ist man sich allerdings weitgehend darin einig, daß die von J.F.D. Shrewsbury vorgeschlagene extrem niedrige Todesrate von 5%[217] weder mit den überlieferten zeitgenössischen Zeugnissen vereinbar ist, noch – wie Shrewsbury argumentiert – vom medizinischen Befund her geboten erscheint,[218] wobei die meisten Autoren davon ausgehen, daß dem Schwarzen Tod in England in den Jahren 1348/49 mindestens ein Drittel der Bevölkerung zum Opfer gefallen ist.[219]

Über die folgenden Pestwellen der Jahre 1361/62 und 1369 liegen nur dürftige Informationen vor, die – falls man sie überhaupt verallgemeinern kann – auf eine wesentlich geringere Sterblichkeitsquote hindeuten.[220]

Besonders ungünstig ist die Überlieferungssituation für die einzelnen Pestwellen des 15. Jahrhunderts. Da für diesen Zeitraum entsprechendes statistisches Material nicht vorliegt, ist eine prozentuale Schätzung der Verluste im Vergleich zur Gesamtbevölkerung nicht möglich. Im übrigen gehen auch hier die Meinungen darüber auseinander, ob die Sterblichkeitsraten im Vergleich zu den Epidemien des 14. Jahrhunderts ebenfalls gravierend oder relativ unbedeutend waren.[221]

Wie die unmittelbaren Folgen, so sind auch die langfristigen Auswirkungen der Pestwellen auf die Bevölkerungsentwicklung in der Forschung umstritten.

Betrachten wir zunächst den langfristigen Bevölkerungstrend von der zweiten Hälfte des 14. bis zum Ende des 15. Jahrhunderts,[222] so besteht grundsätzlich Einigkeit darüber, daß die Bevölkerung Englands im Zeitraum von 1348/49 bis zum Ende des 14. Jahrhunderts zurückgegangen ist.[223] Demgegenüber gingen bis vor kurzem die Ansichten über den Verlauf der Bevölkerungsentwicklung im 15. Jahrhundert noch erheblich auseinander. Während die einen einen kontinuierlichen Rückgang bis in die sechziger und siebziger Jahre annahmen,[224] wollten andere diesen Zeitraum eher als eine Epoche der Stagnation, nur gelegentlich unterbrochen durch kurzfristige Erholungen oder auch Aufschwünge, verstanden wissen,[225] während wieder andere davon ausgingen, daß der Bevölkerungsabschwung bereits gegen Ende des 14. Jahrhunderts zum Stillstand gekommen sei und dann einer mehr oder weniger kräftigen, das gesamte 15. Jahrhundert über anhaltende Erholungsphase Platz gemacht habe.[226]

Für die künftige Diskussion wurde indessen in jüngster Zeit durch zwei eingehende Untersuchungen eine neue Grundlage geschaffen. So kam J. Hatcher in einer umsichtigen Gesamtwürdigung der bisher diskutierten Quellen und Argumente zu dem Schluß, daß sich der Bevölkerungsabschwung aller Wahrscheinlichkeit nach auch im 15. Jahrhundert bis in die siebziger Jahre fortsetzte, um dann einem neuen Aufschwung Platz zu machen.[227] Dieses Ergebnis wurde für Ostengland durch R. S. Gottfried bestätigt, der in einer umfangreichen Studie neben den bisher herangezogenen Zeugnissen noch ca. 20 000 letztwillige Verfügungen unter demographischen Gesichtspunkten ausgewertet hat.[228]

Erscheint somit heute auch weitgehend gesichert, daß die Bevölkerung Englands bis in die siebziger Jahre des 15. Jahrhunderts kontinuierlich zurückging, so bleibt doch die Frage bestehen, in welchem Maße der Schwarze Tod und die nachfolgenden Pestepidemien für diese Entwicklung verantwortlich gemacht werden können.

Während die einen den Abwärtstrend in Anlehnung an den berühmten Bevölkerungstheoretiker Th. R. Malthus (1766–1800) als das Ergebnis ökonomischer Gesetzmäßigkeiten erklären, wonach die Bevölkerung grundsätzlich dazu neige, schneller als die ihr zur Verfügung stehenden Nahrungsmittel zu wachsen, dann aber, wenn sie an die Grenzen ihrer Ressourcen gelangt sei, sich unter dem Druck der wirtschaftlichen Verhältnisse in einem schmerzhaften Anpassungsprozeß wieder zurückbilde,[229] sehen andere nicht in der zu- oder abnehmenden Geburtenrate, sondern in der Sterblichkeit – hervorgerufen durch äußere Einflüsse, wie Kriege, Seuchen und witterungsbedingte Hungersnöte[230] – den maßgebenden Faktor für die Bevölkerungsentwicklung.[231]

Vor dem Hintergrund dieser unterschiedlichen Grundauffassungen sehen die Vertreter des Malthusischen Erklärungsmodells in den Pestkatastrophen lediglich Folgeerscheinungen eines durch bestimmte ökonomische Voraussetzungen bereits vorgegebenen Trends,[232] während die auch als „Biologisten" bezeichneten Anhänger der Vorstellung, wonach der Bevölkerungstrend entscheidend durch exogene Einflüsse in der Form der Sterblichkeit geprägt werde, den Pestepidemien eine hauptursächliche, von den jeweiligen ökonomischen Bedingungen weitgehend unabhängige Wirkung zugestehen.[233]

Für eine Deutung im Sinne des Malthusischen Erklärungsmodells würde es sprechen, wenn man der von M. M. Postan aufgestellten These[234] folgt, wonach der beobachtete Bevölkerungsabschwung nicht erst – wie J. C. Russell angenommen hat[235] – in den Jahren 1348/49, sondern bereits früher, spätestens im zweiten Jahrzehnt des 14. Jahrhunderts, unmittelbar nach den verheerenden Hungerkatastrophen der Jahre 1313–17,[236] eingesetzt habe, so daß diese Entwicklung vom Schwarzen Tod und den nachfolgenden Pestwellen nicht ausgelöst, sondern allenfalls verstärkt worden sei.

Die These Postans stieß in der Forschung allerdings neben Zustimmung[237] auch auf Widerspruch,[238] wobei vor allem J. C. Russell nach wie vor an seinen Berechnungen, wonach die Bevölkerung kontinuierlich bis zum Ausbruch der Pest angestiegen sei, festhält.[239]

Auch wenn man mit Postan und seinen Anhängern dem Schwarzen Tod jede ursächliche Wirkung auf die Trendumkehr in der Bevölkerungsentwicklung abspricht, so dürfte es aber auch andererseits mit den Realitäten nicht vereinbar sein, in der Pest lediglich ein fast zwangsläufiges Ergebnis bestimmter ökonomischer Bedingungen zu sehen. Zwar spielten die mangelhaften hygienischen Verhältnisse bei der Verbreitung der Seuche sicher eine gewisse Rolle; dabei ist jedoch zu bedenken, daß diese Verhältnisse für die vorindustrielle Gesellschaft nicht nur in Krisenzeiten, sondern auch in Phasen wirtschaftlicher Prosperität gleichermaßen typisch waren. Vor allem aber läßt sich die Annahme, die Pest habe erst dadurch ihre volle Wirkung entfaltet, daß sie auf eine durch wirtschaftliche Not und mangelhafte Ernährung in ihrer Abwehrkraft geschwächte Bevölkerung gestoßen sei,[240] vom medizinischen Befund der Krankheit her nicht aufrechterhalten.[241] Endlich ist mit der Malthusischen Deutung auch die außerordentliche Länge des Bevölkerungsabschwunges von rund eineinhalb Jahrhunderten nicht vereinbar, da sich spätestens seit dem Ende des 14. Jahrhunderts die Lebensverhältnisse der Masse der Bevölkerung entscheidend verbessert hatten, so daß man nun eigentlich nach Malthus einen kräftigen Wiederanstieg erwartet hätte. Mit J. Hatcher[242] und R. S. Gottfried[243] ist daher davon auszugehen, daß die langanhaltende Negativtendenz – bei gleichzeitig steigendem Lebensstandard – in erster Linie durch die kumulative Wirkung der in regelmäßigen Abständen immer wieder auftretenden Pestepidemien zu erklären ist, die die Sterblichkeit so negativ beeinflußt haben, daß die jeweiligen Erholungsansätze stets bereits im Keime erstickt wurden.

Wir können also nach dem Gesagten festhalten, daß die Pest vielleicht zwar die Trendumkehr in der Bevölkerungsentwicklung nicht ausgelöst hat, daß sie es aber war, die den bereits vorgezeichneten Negativtrend verstärkt und langfristig am Leben erhalten hat.

Angesichts der verheerenden Menschenverluste liegt die Annahme nahe, daß die Pestepidemien auch tiefgreifende Änderungen im *Sozial- und Wirtschaftsgefüge* des Landes bewirkt haben. J. E. Th. Rogers, der als erster ausführlich diesen Problemkreis erörterte, kam dabei im wesentlichen zu folgenden Schlüssen:[244]

1. Die dramatischen Bevölkerungsverluste führten einerseits zu einer scharfen Verknappung der menschlichen Arbeitskraft und andererseits – da gleichzeitig die Nachfrage zurückging – auch zu einem Preisverfall landwirtschaftlicher Erzeugnisse, gekoppelt mit einem entsprechenden Wertverlust des bisher knappen und daher teuren Landes.

2. In den Grundherrschaften war es bis zum Jahre 1348 weithin üblich geworden, daß die Bauern für die Überlassung von Land an den Grundherrn eine Geldrente entrichteten, wie auch umgekehrt dieser für die ihm erbrachten Arbeitsleistungen Geldlöhne zahlte. Die plötzlich eintretende Verknappung der Arbeitskraft setzte die Bauern, die bereits gegen Geldlöhne arbeiteten, in die Lage, Lohnerhöhungen zu verlangen, während diejenigen, die als Gegenleistung für die Überlassung von Grund und Boden noch zu Dienstleistungen verpflichtet waren, bestrebt waren, ihre Dienstverhältnisse entsprechend umzustellen, um auf diese Weise ebenfalls von dem gestiegenen Wert ihrer Arbeitskraft profitieren zu können.

3. Die Grundherren, die in der Vergangenheit regelmäßig dazu übergegangen waren, einen Großteil ihres Besitzes in unmittelbarer Verwaltung selbst zu bewirtschaften („demesne farming"), gerieten durch steigende Lohnkosten einerseits sowie fallende Renten und zurückgehende Agrarpreise andererseits in eine schwierige Situation, so daß sie sich zum großen Teil gezwungen sahen, die bisherige Form der Selbstbewirtschaftung aufzugeben und das in Frage kommende Land gegen feste Geldrenten auszuleihen. Sie nahmen diese, für sie nachteilige Entwicklung allerdings nicht kampflos hin, sondern versuchten, mit Hilfe der staatlichen Gesetzgebung durch ein Einfrieren der Löhne und Preise[245] den wirtschaftlichen Status quo der Zeit vor 1348/49 zu erhalten, was wiederum entsprechende Verbitterung bei den betroffenen Landarbeitern auslöste, die sich dann im großen Bauernaufstand vom Jahre 1381[246] entlud.

Die Forschung hat inzwischen die Grundlinien des von J. E. Th. Rogers entworfenen Bildes über die Folgen der Pest im wesentlichen bestätigt – allerdings mit einer entscheidenden Abweichung: Die von Rogers beschriebenen Folgeerscheinungen der Pest lassen sich zwar gut belegen für das letzte Viertel des 14. Jahrhunderts, kaum aber für die beiden Jahrzehnte, die unmittelbar dem Schwarzen Tod folgten.

So stiegen zwar die Lohnkosten in den Jahren nach 1348/49 im Vergleich zu vorher weiter kontinuierlich an, aber keineswegs überall so dramatisch, wie man dies angesichts des enormen Bevölkerungsverlustes erwarten sollte. Trotz der verringerten Nachfrage hielten sich aber auch die Preise für Land und landwirtschaftliche Produkte – nach der Überwindung des unmittelbaren Schocks – in den zwei Jahrzehnten nach 1350 auf einem erstaunlich hohen Niveau.[247] Viele Anzeichen deuten darauf hin, daß die Grundherren die Krise zunächst relativ gut meisterten und erst in den siebziger Jahren dazu übergingen, die Bewirtschaftungsform des „demesne farming" in größerem Umfange aufzugeben.[248] Endlich lassen sich für die ersten beiden Jahrzehnte nach dem Schwarzen Tod auch kaum Hinweise für eine besonders erbitterte Stimmung unter den Landarbeitern

– wie sie etwa am Vorabend des großen Bauernaufstandes von 1381 herrschte – anführen,[249] so daß festzuhalten ist, daß die von Rogers beschriebenen Folgen der Pest in der Praxis erst mit einer beträchtlichen Verzögerung von über zwei Jahrzehnten, dann aber um so heftiger, eingetreten sind.[249a]

Für diese Phasenverschiebung lassen sich mehrere Erklärungen anführen.

So wurde argumentiert, daß die bereits angesprochene staatliche Gesetzgebung[250] anfangs noch Wirkung gezeigt und die Löhne und Preise noch einigermaßen im Gleichgewicht gehalten habe, bis sich dann in den siebziger Jahren die Marktgesetze endgültig zu Lasten der Grundherren durchgesetzt hätten.[251] Wenn man der Gesetzgebung wohl auch nicht jede Wirkung in der Praxis absprechen kann,[252] so erscheint es doch schwer vorstellbar, daß derartige reglementierende Maßnahmen auch nur zeitweise in der Lage waren, die durch den Bevölkerungsverlust ausgelösten Marktmechanismen völlig zu neutralisieren. Einleuchtender dürfte daher die von den meisten Autoren bevorzugte Erklärung sein, wonach England – trotz des vielleicht schon vorher einsetzenden Bevölkerungsrückganges[253] – beim Eintreffen des Schwarzen Todes noch in einem solchen Ausmaße überbevölkert gewesen sei, daß selbst nach den katastrophalen Menschenverlusten der Jahre 1348/49 noch ein beträchtliches Arbeitspotential zur Verfügung gestanden habe, und daß erst die folgenden Pestwellen der Jahre 1361/62 und 1369 mit ihrer kumulativen Wirkung auf die sich vom ersten Schock gerade erholende Bevölkerung zu einer dramatischen Verknappung der Arbeitskraft, verbunden mit einem scharfen Rückgang der Konsumentennachfrage, geführt hätten, wodurch erst die für die Grundherren so prekäre Preisschere in Gang gesetzt worden sei.[254]

Demgegenüber sieht A. Bridbury[255] in der Agrarpreisentwicklung die entscheidende Erklärung für die zunächst kaum sichtbaren Folgen des Schwarzen Todes. Nach seiner Ansicht haben eine Reihe von Mißernten, verbunden mit gestiegener Konsumfreudigkeit und Kaufkraft der Überlebenden,[256] dazu geführt, daß auch die Agrarpreise in den beiden Jahrzehnten nach dem Schwarzen Tod auf hohem Stand gehalten werden konnten, bis dann in den siebziger Jahren gesteigerte Produktivität, das Ausbleiben von Mißernten sowie eine zunehmende Geldverknappung zu fallenden Agrarpreisen bei gleichzeitig weiter steigenden Löhnen geführt hätten. Das relativ hohe Preisniveau der landwirtschaftlichen Produkte und Grundrenten habe die Grundherren zunächst in die Lage versetzt, die steigenden Lohnkosten zu einem großen Teil zu kompensieren und die Bewirtschaftungsform des „demesne farming" – bei verhältnismäßig geringen Gewinneinbußen – fortzusetzen. Erst der seit den siebziger Jahren durch die weiter steigenden Löhne und fallenden Agrarpreise ausgelöste Ertragsverfall habe zum Ruin des „demesne farming" geführt, wobei die Grundherren in ihrer Not jetzt auf eine verschärfte Durchsetzung der staatlichen Gesetzgebung gedrängt hätten, was wiederum zunehmende Verbitterung bei den Landarbeitern ausgelöst und dann entscheidend zum großen Bauernaufstand von 1381 beigetragen habe. Welche der vorgeschlagenen Erklärungsversuche der Realität des 14. Jahrhunderts am besten Rechnung trägt, ist kaum zu entscheiden, zumal auch nicht ausgeschlossen werden kann, daß alle angesprochenen Faktoren, staatliche Gesetzgebung, Überbevölkerung und stabile Agrarpreise – wie auch die bereits von der älteren Forschung beobachtete Tatsache, daß auch nach 1348 zahlreiche Grundherren nur für einen Teil der benötigten Arbeitskraft Geldlöhne zu zahlen hatten[257] –, zusammenwirkten und auf diese Weise sicherstellten, daß die Grundherren mit der durch den Schwarzen Tod geschaffenen Situation zunächst noch relativ gut fertig wurden.

Wenn auch hier wieder deutlich wird, daß die unmittelbaren Folgen des Schwarzen Todes eher gering einzuschätzen sind, so gilt dies allerdings kaum für die langfristigen Auswirkungen, die vielmehr – im Zuge einer anhaltenden Agrardepression[258] – am Ende einschneidende Veränderungen im Wirtschafts-und Sozialgefüge des Landes, wie etwa den Zusammenbruch der bisherigen Wirtschaftsform des „demesne farming" und die Aufhebung der persönlichen Leibeigenschaft[259] sowie die Ausbildung von Wüstungen[260] bis hin zu der folgenschweren Umwandlung von Ackerland in Schafweideflächen (Enclosurebewegung),[261] maßgeblich mitverursacht haben.

Betrachtet man vor diesem Hintergrund die demographischen, sozialen und wirtschaftlichen Konsequenzen der Pestepidemien des 14. und 15. Jahrhunderts im ganzen, so spricht einiges für die Feststellung J. Hatchers, daß „trotz des Protestes von Generationen von Historikern" viel Wahrheit an der Behauptung sei, daß die Ankunft der Pest einen wirklichen Wendepunkt für die Geschichte Englands bedeutet habe.[262]

Anmerkungen

1. H. Heimpel, Über die Epochen der mittelalterlichen Geschichte. In: Ders., Der Mensch in seiner Gegenwart. Acht historische Essays (²1957) S. 43.
2. Vgl. z. B. M. Powicke, Medieval England 1066–1485 (1931, ND 1969) S. 5; B. Wilkinson, The Later Middle Ages in England 1216–1485 (1969, ND 1970) S. 1.
3. Zur Zweckmäßigkeit und „Offenheit" des Begriffs „Mittelalter" als Epochenbezeichnung vgl. auch H. Boockmann, Einführung in die Geschichte des Mittelalters (²1981) S. 13 ff.; J. Fleckenstein, Ortsbestimmung des Mittelalters: Das Problem der Periodisierung. In: Mittelalterforschung (Forschung und Information 29, 1981) S. 14.
4. Vgl. hierzu Heimpel, Epochen (Anm. 1) S. 45; Boockmann, Einführung (Anm. 3) S. 13 f. und zur Verwendung des Begriffs „Mittelalter" in der Vergangenheit auch P. Lehmann, Vom Mittelalter und der lateinischen Philologie

des Mittelalters (Quellen und Untersuchungen zur lateinischen Philologie des Mittelalters 5,1, 1914) und J.Huizinga, Zur Geschichte des Begriffes Mittelalter. In: Ders., Geschichte und Kultur (1954) S.213–227.

5. Vgl. z.B. J.D.G.Davies – F.R.Worts, England in the Middle Ages. Its Problems and Legacies (1928, ND 1971) S.1ff.; N.F.Cantor, The English. A History of Politics and Society to 1760 (1968) S.6ff.; K.F.Morrison – W.H.McNeill, Europe's Middle Ages 565/1500 (1970) S.3f.

6. Vgl. in diesem Sinne z.B. R.Trevor Davies, A Sketch of the History of Civilisation in Medieval England 1066–1500 (1924) S.1 und ähnlich auch Davies – Worts, England (Anm.5) S.2f.; G.Holmes, The Later Middle Ages 1272–1485 (²1967) S.1.

7. Vgl. z.B. neben Trevor Davies (Anm.6) auch M.Powicke, Medieval England (Anm.2); D.M.Stenton, English Society in the Early Middle Ages 1066–1307 (⁵1965).

8. Vgl. hierzu ausführlich S.15ff.

9. Vgl. hierzu auch S.40f.

10. Vgl. in diesem Sinne etwa A.Goodman, A History of England from Edward II to James I (1977) S.XI.

11. Zur Kontroverse um die sogenannte „Tudor-Revolution" vgl. unten S.83.

12. Vgl. in diesem Sinne auch C.Platt, Medieval England. A Social History and Archaeology from the Conquest to A.D. 1600 (1978) S.205.

13. Vgl. hierzu im einzelnen S.51ff.

14. Vgl. hierzu auch unten S.80f.

15. Zu den Quellen vgl. Gransden S.92–104 und die Zusammenstellungen bei D.C.Douglas – G.W.Greenaway, English Historical Documents 1042–1189 (EHD 2, 1953, ND 1968); C.W. Hollister, The Impact of the Norman Conquest (1969) S.7–16; R.A.Brown, Origins of Engl. Feudalism (1973) S.98–158.

16. Zum Gesamtproblem vgl. die Zusammenstellung der Forschungsmeinungen bei C.W.Hollister, Impact (Anm.15) S.17ff., 47ff., 79ff. und R.Reger (-Braig), Die normannische Eroberung von 1066 als Forschungsproblem: Bruch oder Kontinuität, masch.-schriftl. Staatsexamensarbeit für das Lehramt an Höheren Schulen, München (1966).

17. Vgl. hierzu C.Hill, Puritanism and Revolution. Studies in Interpretation of the English Revolution of the 17th Century (⁴1969) S.50–122, bes. S.57ff., 60ff., 70ff.

18. E.A.Freeman, The History of the Norman Conquest of England, its Causes and its Results. 6 Bde. (1875–1879, ND 1977). Zu Freeman und seinem Werk vgl. auch H.A.Cronne, Edward August Freeman, 1823–1892. In: History 28 (1943) S.78ff.; D.Douglas, The Norman Conquest and British Historians (1946) S.17ff.

19. Vgl. Freeman, Norman Conquest 1 (Anm.18) S.2: „But in a few generations we led captive our conquerors; England was England once again, and the descendants of the Norman invaders were found to be among the truest of Englishmen ...“

20. Vgl. z.B. R.Gneist, Englische Verfassungsgeschichte (1882) S.106ff.; W.Stubbs, The Constitutional History of England in its Origin and Development 1 (⁶1897) S.283ff.

21. Vgl. hierzu den Sammelband J.H.Round, Feudal England. Historical Studies

on the XIth and XIIth Centuries (1895) und darin besonders die Beiträge ‚The Introduction of Knight Service into England' (S. 225–314) und ‚Mr. Freeman and the Battle of Hastings' (S. 332–398).

22. Vgl. hierzu C. W. Hollister, 1066: the ‚Feudal Revolution'. In: AHR 73 (1968) S. 709; ders., Impact (Anm. 15) S. 23.

23. Vgl. F. W. Maitland, Domesday Book and Beyond. Three Essays in the Early History of England (1897) S. 160 ff., 307 ff.

24. P. Vinogradoff, English Society in the Eleventh Century. Essays in English Mediaeval History (1908, ND 1968) S. 39 ff.

25. Vgl. z. B. Ch. Petit-Dutaillis – G. Lefebvre, Studies and Notes Supplementary to Stubbs' Constitutional History (1930, ND 1968) S. 60 ff.; F. M. Stenton, The First Century of English Feudalism 1066–1166 (1932) passim; ders., Anglo-Saxon England (The Oxford History 2, ³1971) S. 680 ff.; H. M. Chew, The English Ecclesiastical Tenants-In-Chief and Knight Service (1932) S. 1 ff.; R. R. Darlington, The Last Phase of Anglo-Saxon History. In: History 22 (1937) S. 1 ff.

26. M. Hollings, The Survival of the Five Hide Unit in the Western Midlands. In: EHR 63 (1948) S. 453 ff.; dies., (Hg.), The Red Book of Worcester 4 (1950) S. XX–XXXIX.

27. C. W. Hollister, The Significance of Scutage Rates in Eleventh and Twelfth-Century England. In: EHR 75 (1960) S. 577 ff.; ders., The Five Hide-Unit and the Old English Military Obligation. In: Speculum 36 (1961) S. 61–74; ders., The Norman Conquest and the Genesis of English Feudalism. In: AHR 66 (1961) S. 641–663; ders., The Knights of Peterborough and the Anglo-Norman Fyrd. In: EHR 77 (1962) S. 417 ff.; ders., Anglo-Saxon Military Institutions on the Eve of the Norman Conquest (1962); ders., The Military Organization of Norman England (1965); ders., The Making of England, 55 B. C. to 1399 (³1976) S. 89 ff.

28. E. John, Land Tenure in Early England. A Discussion of some Problems (1960) S. 140 ff.; ders., English Feudalism and the Structure of Anglo-Saxon Society. In: BJRL 46 (1963) S. 14–41; ders., Orbis Britanniae and other Studies (1966) S. 128 ff.

29. H. G. Richardson – G. O. Sayles, The Governance of Medieval England from the Conquest to Magna Charta (1963) S. 22–41, 62–91; dies., Law and Legislation From Aethelbert to Magna Charta (1966) S. 30 ff.

30. Vgl. R. R. Darlington, The Norman Conquest (1963) S. 24 ff.; J. C. Holt, Feudalism Revisited. In: EcHR, 2. Ser. 14 (1961/62) S. 333–340; Brown, Origins (Anm. 15) S. 18 ff., 21–94.

31. Vgl. in diesem Sinne etwa F. Barlow, The Effects of the Norman Conquest. In: The Norman Conquest. Its Setting and Impact, hg. v. C. T. Chevallier (1966) S. 125 ff.; ders., Wilhelm der Eroberer. Der normannische Angriff auf England (1966) S. 269 ff., 294 ff., 323 ff., 371 ff.; H. R. Loyn, The Norman Conquest (²1967) S. 111 ff., 135 ff., 171 ff.; Hollister, Impact (Anm. 15) S. 1 ff.

32. Vgl. hierzu Brown, Origins (Anm. 15) S. 83 ff.

33. Vgl. oben Anm. 21.

34. Vgl. oben Anm. 18, 20, 23.

35. Vgl. hierzu die auszugsweise Gegenüberstellung der in der älteren und jüngeren Forschung zu diesem Problemkreis vertretenen Ansichten bei Hollister,

Impact (Anm. 15) S. 49–78 und S. 81–119 sowie auch den Forschungsbericht von W. Kienast, in: J. Hatschek. Englische Verfassungsgeschichte bis zum Regierungsantritt der Königin Viktoria. 2. verb. und erg. Aufl., hg. v. W. Kienast u. G. A. Ritter (1978) S. 910 ff.

36. Vgl. Round, Feudal England (Anm. 21) S. 261: „I am anxious to make absolutely clear the point that between accepted view and the view which I advance, no compromise is possible. The two are radically opposed ...“

37. Vgl. hierzu Hollister, ‚Feudal Revolution‘ (Anm. 22) S. 712 ff.

38. Vgl. Maitland, Domesday Book (Anm. 23) S. 223 ff., 258 ff.; H. Cam, Law Finders and Law Makers in Medieval England. Collected Studies in Legal and Constitutional History (1962) S. 44 ff.; G. O. Sayles, The Medieval Foundations of England (²1950, ND 1964) S. 210 f. – Vgl. hierzu auch die Besprechung des Maitlandschen Werkes (Anm. 23) durch G. B. Adams, Anglo-Saxon Feudalism. In: AHR 7 (1902) S. 12 ff.

39. Vgl. in diesem Sinne bereits Stenton, The First Century (Anm. 25) S. 215: „It is turning a useful term into a mere abstraction to apply the adjective ‚feudal‘ to a society which had never adopted the private fortress nor developed the art of fighting on horseback, which had no real conception of the specialisation of service, and allowed innumerable landowners of position to go with their land to whatever lords they would ...“ und neuerdings vor allem Brown, Origins (Anm. 15) S. 21 ff., der als Voraussetzung für die Existenz von Feudalismus vier wesentliche Tatbestände fordert: die Existenz von Rittern im Sinne elitärer, vom Pferd herab kämpfender Berufskrieger, die Existenz vasallitischer Kommendation, die Existenz von Lehen und die Existenz von Burgen im Sinne befestigter Residenzen adliger Herren. Vgl. ähnlich auch R. C. v. Caenegem, The Birth of the English Common Law (1973) S. 5 ff.

40. Zum Begriff und Wesen des Feudalismus allgemein vgl. O. Hintze, Wesen und Verbreitung des Feudalismus. In: Ders., Feudalismus – Kapitalismus, hg. v. G. Oestreich (1970) S. 12–47; C. Stephenson, Medieval Feudalism (1942) S. 1 ff.; M. Bloch, La société féodale (1939, ⁵1968) S. 1 ff.; R. Coulborn, Feudalism in History (1956); O. Brunner, Feudalismus. Ein Beitrag zur Rechtsgeschichte. In: Ders., Neue Wege der Verfassungs- und Sozialgeschichte (²1968) S. 128 ff.; ders., ‚Feudalismus‘. In: Geschichtliche Grundbegriffe. Historisches Lexikon zur politisch-sozialen Sprache in Deutschland, hg. v. O. Brunner, W. Conze und R. Koselleck 2 (1975) S. 337–350; G. Fourquin, Seigneurie et féodalité au moyen âge (1970) S. 5 ff.; K. Kroeschell, Deutsche Rechtsgeschichte 1 (1972) S. 277 f.; E. A. R. Brown, The Tyranny of a Construct: Feudalism and Historians of Medieval Europe. In: AHR 79 (1974) S. 1063–1088; H. Wunder (Hg.), Feudalismus. Zehn Aufsätze (1974); Feudalismus – Materialien zur Theorie und Geschichte, hg. v. L. Kuchenbuch und B. Michael (1977); A. Guerreau, Le Féodalisme. Un horizon théorique (1980) mit weiterer Literatur.

41. Vgl. Brunner, Feudalismus. Ein Beitrag zur Rechtsgeschichte (Anm. 40) S. 134 ff.; ders., ‚Feudalismus‘ (Anm. 40) S. 340 ff.

42. Vgl. z. B. Hintze, Feudalismus (Anm. 40) S. 12 ff.; Bloch, La société (Anm. 40) S. 1 ff.; J. Calmette, La société féodale (⁶1947) S. 1 ff.; B. Töpfer, Zu den Grundfragen des Feudalismus. In: ZfG 13,1 (1965) S. 785–809; S. D. White, English Feudalism and its Origins. In: AJLH 19 (1975) S. 138–155.

43. In diesem Zusammenhang sind vor allem die Vertreter der marxistischen Geschichtsschreibung zu nennen; vgl. z.B. Sachwörterbuch der Geschichte
Deutschlands und der deutschen Arbeiterbewegung 1 (1969) S.582ff.
und hierzu auch den Abschnitt ‚Les médiévistes soviétiques' bei Guerreau, Féodalisme (Anm. 40) S. 87–90 und die instruktiven Artikel von H. Neubauer (‚Feudalismus') sowie G. Spitzlberger und C. D. Kernig (‚Periodisierung') in: So-
wjetsystem und demokratische Gesellschaft 2 (1968) S. 478–490 und 4 (1971)
S. 1135–1159.

44. Vgl. z. B. F.-L. Ganshof, Was ist das Lehnswesen? ([4]1975) S. XIV f.; Boockmann, Einführung (Anm. 3) S. 16 f. Angesichts des Schlagwortcharakters und
des schillernden Bedeutungsgehaltes des Begriffes stellt Kroeschell, Rechtsgeschichte (Anm. 40) S. 278 seinen Wert als wissenschaftlichen Ordnungsbegriff
überhaupt in Frage.

45. Vgl. ähnlich auch die Beschreibung des lehnrechtlichen Herrschaftsprinzips
bei Ganshof, Lehnswesen (Anm. 44) S. XIV f. Zum fränkisch-abendländischen
Lehnswesen vgl. außerdem noch immer grundlegend H. Mitteis, Lehnrecht
und Staatsgewalt. Untersuchungen zur mittelalterlichen Verfassungsgeschichte (1933) und ders., Der Staat des hohen Mittelalters, Grundlinien einer vergleichenden Verfassungsgeschichte des Lehnszeitalters (1940, [8]1968) sowie
zusammenfassend mit neuerer Literatur K.-H. Spieß, ‚Lehn(s)recht, Lehnswesen'. In: HRG 2 (15. Lieferung/1977) Sp. 1725–1741.

46. Zur grundsätzlichen Bedeutung des Lehnswesens als Herrschafts- und Organisationsprinzip des mittelalterlichen Adels vgl. auch K.-F. Krieger, Die
Lehnshoheit der deutschen Könige im Spätmittelalter (ca. 1200–1437) (Untersuchungen zur deutschen Staats- und Rechtsgeschichte N. F. 23, 1979).

47. Vgl. zur Grundherrschaft allgemein W. Rösener, Die Erforschung der Grundherrschaft. In: Mittelalterforschung (Forschung und Information 29,1981)
S. 57–65 sowie speziell für England z. B. die sogenannten ‚Rectitudines singularum personarum', eine aus der ersten Hälfte des 12. Jahrhunderts stammende Rechtsaufzeichnung über die Dienstpflichten der auf dem Herrengut arbeitenden Personengruppen (hg. v. F. Liebermann, Die Gesetze der Angelsachsen 1 [1903] S. 443–453) und zur Sache Maitland, Domesday Book
(Anm. 23) S. 318 ff., bes. 327 ff.

48. Vgl. oben Anm. 38.

49. Vgl. oben Anm. 39.

50. Vgl. hierzu z. B. B. Ebhardt, Der Wehrbau Europas im Mittelalter. Versuch einer Gesamtdarstellung der europäischen Burgen 2,2 (1958) S. 503 ff.; W. Anderson, Burgen Europas in der Zeit Karls des Großen bis zur Renaissance
(1971) S. 164; W. Meyer, Europas Wehrbau (1973) S. 33 ff.

51. Zu den Besitzformen als „folkland" und „bokland" vgl. Maitland, Domesday
Book (Anm. 23) S. 226 ff., 244 ff.; J. E. A. Jolliffe, The Constitutional History
of Medieval England ([4]1961) S. 72 ff.; H. R. Loyn, Anglo-Saxon England and
the Norman Conquest (1962) S. 170 ff., 174 ff.; B. D. Lyon, A Constitutional
and Legal History of Medieval England (1966) S. 77 f.; H. Vollrath-Reichelt,
Königsgedanke und Königtum bei den Angelsachsen bis zur Mitte des 9. Jahrhunderts (1971) S. 65 ff.

52. Maitland, Domesday Book (Anm. 23) S. 257 f.; Jolliffe, Constitutional History
(Anm. 51) S. 72 ff.; Brown, Origins (Anm. 15) S. 53.

53. Vgl. hierzu Maitland, Domesday Book (Anm. 23) S. 299 ff.; R. Lennard, Rural England, 1086–1135. A Study of Social and Agrarian Conditions (1959) S. 159 ff.

54. Vgl. Brown, Origins (Anm. 15) S. 54.

55. Brown, Origins (Anm. 15) S. 34 ff. Vgl. hierzu auch G. W. S. Barrow, Feudal Britain. The Completion of the Medieval Kingdoms 1066–1314 (1956, ND 1965) S. 45 f. und D. R. Cook, The Norman Military Revolution in England. In: Proceedings of the Battle Conference on Anglo-Norman Studies I, 1978, hg. v. R. A. Brown (1979) S. 94 ff.

56. Zum Teppich von Bayeux vgl. unten S. 229 f.

57. Vgl. hierzu oben S. 23.

58. Vgl. hierzu die Zusammenstellung und Wiedergabe der einschlägigen Quellen in englischer Übersetzung (mit Angabe der jeweiligen Originalausgaben) bei Brown, Origins (Anm. 15) S. 133 ff., Nrn. 42, 43, 44, 45, 46, 51; S. 148 ff., Nrn. 65–69, 72–74.

59. Druck: A. J. Robertson, Anglo-Saxon Charters (1939) Nrn. 16, 18, 19, 21, 34, 35, 36, 42, 43, 46, 55, 56, 57, 58, 61, 64 usw. Vgl. auch Brown, Origins (Anm. 15) S. 135 f., Nrn. 43, 44.

60. Druck: T. Hearne, Hemingi chartularium ecclesiae Wigorniensis 1 (1723) S. 292–296; vgl. auch Brown, Origins (Anm. 15) S. 133, Nr. 42.

61. Hierbei handelt es sich um eine offizielle Niederschrift der vor den Domesday-Kommissaren im Jahre 1086 gemachten Angaben. Druck: Hearne 1 (Anm. 60) S. 287 f.; vgl. auch Brown, Origins (Anm. 15) S. 148, Nr. 65.

62. Druck: Domesday Book seu liber censualis Wilhelmi primi regis Angliae. Bd. 1, hg. v. A. Farley (1783) S. 172 ff.; vgl. auch Brown, Origins (Anm. 15) S. 149 f., Nrn. 66, 67, 68, 69.

63. Zur Anlage, Entstehungsgeschichte und Auswertung des Domesday Book als historische Quelle ist eine Fülle von Literatur erschienen; vgl. unten S. 254 f.

64. Vgl. oben Anm. 58.

65. Maitland, Domesday Book (Anm. 23) S. 308 f. Vgl. auch John, Land Tenure (Anm. 28) S. 145.

66. Vgl. Brown, Origins (Anm. 15) S. 54 f.

67. Vgl. Stenton, The First Century (Anm. 25) S. 122 ff.; C. Stephenson, Feudalism and its Antecedents in England. In: Ders., Mediaeval Institutions. Selected Essays, hg. v. B. D. Lyon (1954) S. 234 ff., bes. S. 251 ff.

68. Vgl. oben Anm. 59.

69. Vgl. Hollister, Institutions (Anm. 27) S. 101; Brown, Origins (Anm. 15) S. 55 ff.

70. Vgl. z. B. die Urkunde des Bischofs von Hereford vom Jahre 1085 für Roger de Lacy (abgedruckt bei V. H. Galbraith, An Episcopal Landgrant of 1085. In: EHR 44 [1929] S. 371 f.) und hierzu auch Lennard, Rural England (Anm. 53) S. 170 ff.; Brown, Origins (Anm. 15) S. 61.

71. Hollister, Military Organization (Anm. 27) S. 215 ff., 261–267.

72. Vgl. hierzu S. 31 ff.

73. Vgl. z. B. D. C. Douglas, Wilhelm der Eroberer. Der normannische Angriff auf England (1966) S. 371.

74. Vgl. Gransden S. 99 ff.

75. Vgl. Wilhelm von Poitiers, Gesta Guillelmi ducis Normannorum et regis Anglorum, cap. 30 (hg. v. R. Foreville, Guillaume de Poitiers [1952] S. 222).

76. Vgl. z. B. D. C. Douglas, Feudal Documents from the Abbey of Bury St. Edmunds (1932) S. 48, Nr. 3; Chartes de l'abbaye de Jumièges (hg. v. J.-J. Vermier, 1916) 1, Nr. 29, S. 82. In diesem Zusammenhang hat in jüngster Zeit K. U. Jäschke, Wilhelm der Eroberer. Sein doppelter Herrschaftsantritt im Jahre 1066 (Vorträge und Forschungen, Sonderbd. 24, 1977) die Auffassung vertreten, daß Wilhelm auch Haralds Königtum nicht als bloße rechtswidrige Usurpation, sondern als Realität angesehen und deshalb unmittelbar an dessen Herrschaft angeknüpft habe, indem er bereits am Grabe des gefallenen Rivalen die Königsherrschaft über Angelsachsen und Dänen angetreten habe; mit der erst zwei Monate später in Westminster erfolgten Krönung habe er dann seine Königsherrschaft auf seine normannischen, französischen und bretonischen Gefolgsleute, die mit ihm in England blieben, ausgedehnt. Jäschke stützt diese These vom „doppelten Herrschaftsantritt" Wilhelms vor allem auf das sogenannte ‚Carmen de Hastingae proelio', ein Gedicht, das ausführlich die Eroberung Englands durch die Normannen schildert, über dessen Autorschaft und Datierung in der Forschung allerdings keine Einigkeit besteht. Während Jäschke mit den Herausgebern der Handschrift (C. Morton – H. Muntz, The Carmen de Hastingae Proelio of Guy Bishop of Amiens [OMT 1972] S. XXII–XXIX) die Ansicht vertritt, daß es sich bei dem Autor um den Bischof Wido von Amiens (1058–1075) handle, der das Gedicht noch unter dem unmittelbaren Eindruck der Geschehnisse kurz nach 1066 abgefaßt habe (vgl. S. 79 ff.), wird dies jedoch neuerdings von R. H. C. Davis, The Carmen de Hastingae Proelio. In: EHR 93 (1978) S. 242–261 entschieden in Abrede gestellt, der seinerseits die Entstehung des Gedichts in das 12. Jahrhundert verlegt und ihm damit jeden unmittelbaren Quellenwert für die Eroberung von 1066 abspricht; vgl. hierzu wiederum R. H. C. Davis – L. J. Engels u. a., The Carmen de Hastingae Proelio. A Discussion. In: Proceedings of the Battle Conference on Anglo-Norman Studies II, 1979, hg. v. R. A. Brown (1980) S. 1–20 und zur These Jäschkes auch die Bedenken von B. W. Scholz, in: Speculum 54 (1979) S. 153 f.

77. Vgl. Jolliffe, Constitutional History (Anm. 51) S. 176 f. und Lyon, Constitutional History (Anm. 51) S. 139.

78. Vgl. P. E. Schramm, Geschichte des englischen Königtums im Lichte der Krönung (1937) S. 27 ff.

79. Vgl. hierzu J. Le Patourel, The Norman Conquest, 1066, 1106, 1154? In: Proceedings of the Battle Conference on Anglo-Norman Studies I, 1978, hg. v. R. A. Brown (1979) S. 111 f. Zur Institution des „writ" vgl. auch unten S. 229.

80. Vgl. hierzu W. Schlesinger, Verfassungsgeschichte und Landesgeschichte. In: Ders., Beiträge zur deutschen Verfassungsgeschichte des Mittelalters 2 (1963) S. 30 und Krieger, Lehnshoheit (Anm. 46).

81. Wie konsequent dieser Grundsatz durchgeführt war, läßt das berühmte Domesday Book vom Jahre 1086 (hierzu unten S. 253 f.) erkennen, das alle Landbesitzer in den Grafschaften als Lehnsleute des Königs aufführt; vgl. hierzu bereits Maitland, Domesday Book (Anm. 23) S. 150 ff.; Brown, Origins (Anm. 15) S. 87.

82. Vgl. hierzu Jolliffe, Constitutional History (Anm. 51) S. 181 ff.; Lyon, Constitutional History (Anm. 51) S. 166 ff. sowie neuerdings auch J. Campbell, The Significance of the Anglo-Norman State in the Administrative History in

Western Europe. In: Histoire comparée de l'administration (IVᵉ–XVIIIᵉ siècles), hg. v. W. Paravicini u. K. F. Werner (1980) S. 117 ff.

83. Vgl. hierzu W. A. Morris, The Medieval English Sheriff to 1300 (1927) S. 41 ff.; Douglas, Wilhelm der Eroberer (Anm. 73) S. 301 ff.

84. So wurde z. B. um 1076/77 auf Befehl des Königs eine besondere Untersuchungskommission eingesetzt, deren Aufgabe es war, in ganz England die Amtsführung der Sheriffs zu überprüfen und gegen entsprechende Amtspflichtverletzungen vorzugehen; vgl. Douglas, Wilhelm der Eroberer (Anm. 73) S. 303.

85. Zu den Wandlungen in der Kirchenverfassung vgl. Lyon, Constitutional History (Anm. 51) S. 203 ff.; Douglas, Wilhelm der Eroberer (Anm. 73) S. 323 ff.; Loyn, The Norman Conquest (Anm. 31) S. 151 ff.; F. Barlow, The Feudal Kingdom of England 1042–1216 (³1972) S. 123 ff.; ders., The English Church 1000–1066 (²1979); ders., The English Church 1066–1154. A History of the Anglo-Norman Church (1979); Z. N. Brooke, The English Church and the Papacy from the Conquest to the Reign of John (1952, ND 1968) S. 132 ff.; D. Knowles, The Monastic Order in England. A History of its Development from the Times of St. Dunstan to the Fourth Lateran Council 940–1216 (²1966) S. 100 ff.

86. Ein bedeutsames Ereignis dieser Maßnahmen war die Trennung zwischen weltlichen und geistlichen Gerichten, die – in Anlehnung an eine von Wilhelm bereits um 1072 erlassene Verordnung – auf dem Konzil von Winchester (1076) endgültig beschlossen wurde; vgl. Lyon, Constitutional History (Anm. 51) S. 204. Zu Erzbischof Lanfranc vgl. M. Gibson, Lanfranc of Bec (1978).

87. Vgl. oben Anm. 26.

88. Vgl. oben Anm. 28.

89. Vgl. hierzu Hollister, Institutions (Anm. 27) S. 101 f.; Brown, Origins (Anm. 15) S. 58 ff.

90. Vgl. Douglas, Wilhelm der Eroberer (Anm. 73) S. 281; Brown, Origins (Anm. 15) S. 66 f.

91. Vgl. hierzu ausführlich Brown, Origins (Anm. 15) S. 66 ff.

92. Vgl. bereits oben Anm. 89 und außerdem M. Powicke, Military Obligation in England. A Study in Liberty and Duty (1962) S. 26 ff.; J. O. Prestwich, Anglo-Norman Feudalism and the Problem of Continuity. In: PP 26 (1963) S. 45 ff.

93. Vgl. hierzu J. O. Prestwich, War and Finance in the Anglo-Norman State. In: TRHS, 5. Ser. 4 (1954) S. 19–43; Douglas, Wilhelm der Eroberer (Anm. 73) S. 283 f.; Hollister, Institutions (Anm. 27) S. 9 ff.; ders., Military Organization (Anm. 27) S. 167 ff.; M. Chibnall, Mercenaries and the Familia Regis under Henry I. In: History 22 (1977) S. 15–23.

94. Vgl. P. H. Sawyer, From Roman Britain to Norman England (1978) S. 253.

94 a. Burgen im Sinne reiner militärischer Befestigungsanlagen gab es natürlich auch in England bereits vor 1066. Vgl. z. B. zur Burgenpolitik Alfreds des Großen im Rahmen der militärischen Maßnahmen zur Dänenabwehr U. Jäschke, Burgenbau und Landesverteidigung um 900. Überlegungen zu Beispielen aus Deutschland, Frankreich und England (Vorträge u. Forschungen, Sonderbd. 16, 1975) S. 81 ff. Der entscheidende Unterschied zwischen

diesen Befestigungsanlagen und den normannischen Burgen lag jedoch in deren Funktion als adlige Residenzen und Herrschaftsmittelpunkte, während die Errichtung und Unterhaltung der angelsächsischen Befestigungen als eine rein militärische Verpflichtung erscheint, die wie eine Reallast auf dem Grundbesitz ruhte und damit auch von allen Grundbesitzern anteilsmäßig getragen werden mußte.

95. Vgl. hierzu bereits E.S.Armitage, Early Norman Castles of the British Isles (1912) und J.Yver, Les châteaux forts en Normandie jusqu'au milieu de XIIe siècle. In: Bulletin de la Société des Antiquaires de Normandie 53 (1955/56) S.28–115, 604–609; Hollister, Military Organization (Anm.27) S.136ff.; R.A.Brown, English Castles (³1976) S.37, 39, 49–51; ders., Origins (Anm.15) S.72ff.; C.Platt, Medieval England. A Social History and Archaeology from the Conquest to A.D. 1600 (1978) S.2ff.

96. Vgl. hierzu besonders Brown, Origins (Anm.15) S.72ff.; Cook, Military Revolution (Anm.55) S.94ff.

97. Vgl. hierzu und zum folgenden vor allem Stenton, Anglo-Saxon England (Anm.25) S.643ff.; Douglas, Wilhelm der Eroberer (Anm.73) S.304ff.

98. Auch die Herzöge der Normandie konnten sich in ihrem Herzogtum im Vergleich zu anderen Territorialherren auf ein relativ effektives Steuer- und Abgabensystem stützen; vgl. hierzu C.H.Haskins, Norman Institutions (1918, ND 1967) S.40ff.; Douglas, Wilhelm der Eroberer (Anm.73) S.139ff., 304; J.Le Patourel, The Norman Empire (1976) S.146f.

99. Vgl. hierzu oben Anm.62, 63.

100. Vgl. hierzu Maitland, Domesday Book (Anm.23) S.357ff., 395ff.; Stenton, Anglo-Saxon England (Anm.25) S.646ff. Ob das berühmte englische Schatzamt („scaccarium regis", „exchequer"), das bereits unter Wilhelm als Instrument königlicher Fiskalpolitik nachweisbar ist, auf entsprechende angelsächsische oder normannische Institutionen zurückgeht, ist in der Forschung umstritten; vgl. hierzu Richardson-Sayles, Governance (Anm.29) S.217; C.W.Hollister, The Origins of the English Treasury. In: EHR 93 (1978) S.262–275.

101. Vgl. hierzu D.M.Stenton, English Justice between the Norman Conquest and the Great Charter, 1066–1215 (1965); G.W.Keeton, The Norman Conquest and the Common Law (1966); H.G.Richardson – G.O.Sayles, Law and Legislation (Anm.29) S.30ff.; H.M.Jewell, English Local Administration in the Middle Ages (1972) S.125ff.; Sawyer, Roman Britain (Anm.94) S.254.

102. Vgl. oben S.27.

103. Vgl. hierzu D.M.Stenton, English Society in the Early Middle Ages 1066–1307 (1951; ND ⁴1965) S.100ff.; Keeton, Norman Conquest (Anm.101) S.180ff.

104. Vgl. hierzu Keeton, Norman Conquest (Anm.101) S.114ff.; H.M.Jewell, Local Administration (Anm.101) S.138ff.

105. Vgl. z.B. B.Lennard, Rural England (Anm.53) S.24ff.; Loyn, Anglo-Saxon England (Anm.51) S.317; ders., Norman Conquest (Anm.31) S.116ff.; Douglas, Wilhelm der Eroberer (Anm.73) S.270ff.; Barlow, Effects (Anm.31) S.130ff.; Le Patourel, Norman Empire (Anm.98) S.31f.; C.W.Hollister, Magnates and „Curiales" in Early Norman England. In: Viator 8 (1977) S.63–82; Sawyer, Roman Britain (Anm.94) S.258f. Speziell für den Norden

Englands vgl. neuerdings auch W. E. Kapelle, The Norman Conquest of the North. The Region and its Transformation 1000–1135 (1979).

106. Vgl. in diesem Sinne etwa Stenton, Anglo-Saxon England (Anm. 25) S. 623 ff.; Richardson-Sayles, Governance (Anm. 29) S. 93.

107. Vgl. Sawyer, Roman Britain (Anm. 94) S. 253 sowie zu dem gesamten Problemkreis auch K. Schnith, Die Wende der englischen Geschichte im 11. Jahrhundert. In: HJb 86 (1966) S. 2 f.

108. Vgl. Le Patourel, Norman Empire (Anm. 98) S. 32. Im Gegensatz hierzu schätzt Sayles, Medieval Foundations (Anm. 38) S. 240 den Anteil des Grundbesitzes, der sich im Jahre 1086 noch in der Hand des altenglischen Adels befand, sogar nur auf 1%.

109. Vgl. Douglas, Wilhelm der Eroberer (Anm. 73) S. 331 ff.; Le Patourel, Norman Empire (Anm. 98) S. 35 ff.; K. U. Jäschke, Die Anglo-Normannen (1981) S. 86 f.

110. Vgl. F. M. Stenton, English Families and the Norman Conquest. In: Ders., Prepatory to Anglo-Saxon England, Being the Collected Papers of Frank Merry Stenton, hg. v. D. M. Stenton (1970) S. 325–334 [= Wiederabdruck der Fassung in: TRHS, 4. Ser. 26 (1944) S. 1 ff.]; J. Godfrey, The Defeated Anglo-Saxons Take Service with the Eastern Emperor. In: Proceedings of the Battle Conference on Anglo-Norman Studies I, 1978, hg. v. R. A. Brown (1979) S. 63–74.

111. Vgl. hierzu Stenton, Anglo-Saxon England(Anm. 25) S. 641; Jolliffe, Constitutional History (Anm. 51) S. 176 ff.; Lyon, Constitutional History (Anm. 51) S. 142 ff.; Lyon, The Norman Conquest (Anm. 31) S. 138 ff.

112. Vgl. hierzu Maitland, Domesday Book (Anm. 23) S. 318 ff.; Stenton, Anglo-Saxon England (Anm. 25) S. 473; Douglas, Wilhelm der Eroberer (Anm. 73) S. 316; Barlow, Effects (Anm. 31) S. 135; Loyn, Norman Conquest (Anm. 31) S. 183 ff. Zu den Auswirkungen der normannischen Eroberung auf die ländliche Wirtschaftsstruktur vgl. auch R. W. Finn, The Norman Conquest and its Effects on the Economy 1066–86 (1971).

113. Vgl. Douglas, Wilhelm der Eroberer (Anm. 73) S. 316 ff.; Loyn, Norman Conquest (Anm. 31) S. 189 ff.

114. Vgl. hierzu allgemein J. Tait, The Medieval English Borough. Studies on its Origins and Constitutional History (1936, ND 1968) S. 139 ff.; R. R. Darlington, The Early History of English Towns. In: History 23 (1938) S. 141 ff.; Douglas, Wilhelm der Eroberer (Anm. 73) S. 319; S. Reynolds, An Introduction to the History of English Medieval Towns (1977) S. 42 ff.; Sawyer, Roman Britain (Anm. 94) S. 259. Noch im Jahre 1130 waren die meisten Äldermänner Londons angelsächsischer Abstammung; vgl. hierzu E. Ekwall, Early London Personal Names (1947) S. 101 ff.

115. Vgl. Barlow, Effects (Anm. 31) S. 136 ff.; Sawyer, Roman Britain (Anm. 94) S. 255 f.

116. Vgl. hierzu neuerdings M. Richter, Sprache und Gesellschaft im Mittelalter. Untersuchungen zur mündlichen Kommunikation in England von der Mitte des elften bis zum Beginn des vierzehnten Jahrhunderts (1979) S. 35 ff., 100 ff.

117. Vgl. G. Zarnecki, 1066 and Architectural Sculpture. In: PBA 53 (1966) S. 87 ff.; Platt, Medieval England (Anm. 95) S. 17 ff.; Sawyer, Roman Britain (Anm. 94) S. 259 f.

117a Vgl. hierzu H. M. Taylor – J. Taylor, Anglo-Saxon Architecture. 3 Bde. (1965–78).

118. So dürfte auch der berühmte Teppich von Bayeux von einem englischen Künstler entworfen worden sein; vgl. hierzu E. Maclagan, The Bayeux Tapestry (1943); Sawyer, Roman Britain (Anm. 94) S. 259 und neuerdings N. P. Brooks – H. E. Walker, The Authority and Interpretation of the Bayeux Tapestry. In: Proceedings of the Battle Conference on Anglo-Norman Studies I, 1978, hg. v. R. A. Brown (1979) S. 1–34, bes. S. 17 f. – Zur angelsächsischen Malerei und Zeichenkunst vgl. auch F. Wormald, English Drawings of the Tenth and Eleventh Centuries (1952).

119. Vgl. Schnith, Wende (Anm. 107) S. 2; Sawyer, Roman Britain (Anm. 94) S. 250 f.

120. Vgl. hierzu die Zusammenfassungen des Forschungsstandes bei R. Lennard, From Roman Britain to Anglo-Saxon England. In: Wirtschaft und Kultur. Festschrift zum 70. Geburtstag von Alfons Dopsch (1938, ND 1966) S. 34–73; E. Schwarz, Das angelsächsische Landnahmeproblem. In: Germanisch-Romanische Monatsschrift 32 (1950) S. 35–55; Loyn, Anglo-Saxon England (Anm. 51) S. 1–48; H. P. R. Finberg, Continuity or Cataclysm? In: Ders., Lucerna. Studies of some Problems in the Early History of England (1964) S. 1–20; P. H. Blair, An Introduction to Anglo-Saxon England (²1977) S. 1–27; C. Hills, The Archaeology of Anglo-Saxon England in the Pagan Period. A Review. In: ASE 8 (1979) S. 297–329; dies., Die angelsächsische Besiedlung Englands. In: Kulturen im Norden. Die Welt der Germanen, Kelten und Slawen 400–1100 n. Chr., hg. v. D. M. Wilson (1981) S. 71–93.

121. Vgl. hierzu auch unten S. 209, 211 f., 230 f.

122. Vgl. Beda, Historia ecclesiastica I,15 (hg. v. B. Colgrave – R. A. B. Mynors [OMT 1969] S. 50): „Aduenerant autem de tribus Germaniae populis fortioribus, id est Saxonibus, Anglis, Iutis. De Iutarum origine sunt Cantuari et Uictuarii, hoc est ea gens quae Uectam tenet insulam, et ea quae usque hodie in prouincia Occidentalium Saxonum Iutarum natio nominatur, posita contra ipsam insulam Uectam. De Saxonibus, id est ea regione quae nunc Antiquorum Saxonum cognominatur, uenere Orientales Saxones, Meridiani Saxones, Occidui Saxones. Porro de Anglis, hoc est de illa patria quae Angulus dicitur, et ab eo tempore usque hodie manere desertus inter prouincias Iutarum et Saxonum perhibetur, Orientales Angli, Mediterranei Angli, Merci, tota Nordanhymbrorum progenies, id est illarum gentium quae ad boream Humbri fluminis inhibitant, ceterique Anglorum populi sunt orti …“ Zu Beda und seinem Werk vgl. auch unten S. 224 f.

123. Vgl. R. G. Collingwood – J. N. L. Myres, Roman Britain and the English Settlements (The Oxford History of England 1, ²1937, ND 1963) S. 339; J. N. L. Myres, The Angles, the Saxons, and the Jutes. In: PBA 56 (1970) S. 157 ff.; Blair, Introduction (Anm. 120) S. 9; D. M. Wilson, ‚Angelsachsen‘. In: RLGA 1 (²1973) S. 310 f.

124. Vgl. hierzu vor allem H. Jankuhn, The Continental Home of the English. In: Antiquity 26 (1952) S. 14–24; D. Whitelock, English Historical Documents c. 500–1042 (EHD 1, 1955, ND 1968) S. 9 sowie die Beiträge von R. Wenskus, H. Jankuhn und K. Raddatz unter dem Stichwort ‚Angeln‘ in: RLGA 1 (²1973) S. 290–303.

125. Durch einen Vergleich altenglischer Ortsnamen mit entsprechenden festländischen Namen kam neuerdings W. Piroth, Ortsnamenstudien zur angelsächsischen Wanderung (1979) zum Ergebnis, daß „neben den traditionellen Heimatländern auch das gesamte zu Beginn des achten Jahrhunderts sächsische sowie das an dieses angrenzende Territorium benachbarter Völkerschaften (z. B. das der Boruktarier, Franken, Thüringer) als Ausgangsgebiet angelsächsischer Landnahmeeinheiten gelten kann ..." (S. 168).

126. Vgl. E. T. Leeds, The Distribution of the Angles and Saxons, Archaeologically Considered. In: Archaeologia 91 (1945) S. 1–106; Loyn, Anglo-Saxon England (Anm. 51) S. 36 ff.

127. Leeds, Distribution (Anm. 126) S. 78 f.; R. Drögereit, Sachsen und Angelsachsen. In: Niedersächs. Jb. für Landesgeschichte 21 (1949) S. 4 f.; Loyn, Anglo-Saxon England (Anm. 51) S. 24 f.; D. J. V. Fisher, The Anglo-Saxon Age c. 400–1042 (1973) S. 24 ff.; Hills, Archaeology (Anm. 120) S. 316 ff.; S. Johnson, Later Roman Britain (1980) S. 125 ff.

128. Vgl. hierzu Fisher, Anglo-Saxon Age (Anm. 127) S. 25.

129. Vgl. E. T. Leeds, The Archaeology of the Anglo-Saxon Settlements (1913, ND 1970 mit einer Einl. von J. N. L. Myres) S. 99 ff.

130. Vgl. in diesem Sinne etwa N. Åberg, The Anglo-Saxons in England (1926); C. F. C. Hawkes, The Jutes of Kent. In: Dark Age Britain. Studies Presented to E. T. Leeds, hg. v. D. B. Harden (1956) S. 109.

131. Vgl. hierzu bereits Leeds, Archaeology (Anm. 129) S. 99 ff. und J. E. A. Jolliffe, Pre-Feudal England. The Jutes (1933) passim, der bei einem Vergleich der späteren Rechtsinstitutionen und der Agrarstruktur Kents mit den Institutionen der ripuarischen Franken verblüffende Gemeinsamkeiten entdeckte. Die These, daß Kent im 5. und 6. Jahrhundert das Opfer fränkischer Invasionen geworden sei, wurde in neuerer Zeit vor allem von V. I. Evison, The Fifth-Century Invasions South of the Thames (1965) vertreten, wobei der Versuch der Autorin, gegenüber der historiographischen Tradition, vor allem der Angelsächsischen Chronik, eine neue Chronologie zu entwickeln, in der Forschung allerdings überwiegend auf Ablehnung gestoßen ist; vgl. hierzu die Besprechungen von C. F. C. Hawkes. In: MA 9 (1965) S. 221 ff. und J. N. L. Myres. In: EHR 81 (1966) S. 340–345.

132. Dabei glaubte man, die Jüten in dem Stamm der „Eutii", die in einem Schreiben des fränkischen Königs Theudebert an Kaiser Justinian (um 540) als fränkische Untertanen erwähnt werden, identifizieren zu können; vgl. hierzu R. A. Hodgin, A History of the Anglo-Saxons 1 (³1952) S. 82 f.; Schwarz, Landnahmeproblem (Anm. 120) S. 46 ff. Vgl. auch Loyn, Anglo-Saxon England (Anm. 51) S. 27 und J. Danstrup – H. Koch, Danmarks Historie 1: De aeldste tider indtil år 600, bearb. v. J. Brøndsted (²1969) S. 515.

133. Vgl. Stenton, Anglo-Saxon England (Anm. 25) S. 6; Loyn, Anglo-Saxon England (Anm. 51) S. 27; Fisher, Anglo-Saxon Age (Anm. 127) S. 24; B. Sjölin, ‚Anglofriesisch'. In: RLGA 1 (²1973) S. 328 ff.

134. Vgl. hierzu R. F. Jessup, An Anglo-Saxon Cemetary at Westbere, Kent. In: AntJ 26 (1946) S. 11 ff., bes. S. 21; J. N. L. Myres, Three Styles of Decoration on Anglo-Saxon Pottery. In: AntJ 17 (1937) S. 424–437, bes. S. 433–436; ders., Anglo-Saxon Pottery (1969) S. 94 ff.; E. T. Leeds, A Corpus of Early Anglo-Saxon Great Square-Headed Brooches (1949).

135. Vgl. hierzu Hills, Archaeology (Anm. 120) S. 313 ff.
136. So nannte bereits der byzantinische Geschichtsschreiber Prokop (ca. 500 – ca. 562) unter den Bewohnern Englands auch die „Frissones" (Prokop, De bello Gothico IV, 20, hg. v. J.Haury – G.Wirth 2 [1963] S. 590).
137. Diese Tendenz wird auch am Beispiel der Forschungen des bekannten Archäologen E.T.Leeds deutlich, der anfangs in seinen Arbeiten stark den fränkischen Charakter der Besiedlungsstruktur Kents betont hatte (vgl. z.B. die in Anm.126, 129 aufgeführten Arbeiten), dann aber unter dem Eindruck der neuen Funde seine Ansicht immer mehr zu Gunsten eines stark ausgeprägten dänisch-jütischen Elements in der kentischen Bevölkerung modifizierte; vgl. z.B. E.T.Leeds, Early Anglo-Saxon Art and Archaeology (1936; ND 1968), Kap.III und IV; ders., Denmark and Early England. In: AntJ 26 (1946) S. 22–37, bes. S. 31 ff.; ders., Anglo-Saxon Exports. A Criticism. In: AntJ 33 (1953) S. 208–210; ders., (posthum hg. v. S.Chadwick), Notes on Jutish Art in Kent between 450 and 575. In: MA 1 (1957) S. 5–26.
Vgl. hierzu auch E.Bakka, On the Beginning of Salin's Style I in England. In: Universitetet i Bergen. Årbok 1958, Historisk-Antikvarisk Rekke (1958/59), 3.Abh., bes. S. 56 ff.; S.Hawkes, The Jutish Style A. In: Archaeologia 98 (1961) S. 29–74; Myres, Pottery (Anm.134) S. 95 ff.; ders., The Angles (Anm.123) S. 169 ff.; Fisher, Anglo-Saxon Age (Anm.127) S. 25 f.; Sawyer, Roman Britain (Anm.94) S. 81; H.Neumann, Jutish Burials in the Roman Iron Age. In: Angles, Saxons and Jutes. Essays Presented to J. N. L. Myres, hg. v. V. I. Evison (1981) S. 1–10; Hills, Besiedlung (Anm.120) S. 81 f.
138. Hier kommen vor allem das Werk des Briten Gildas (‚De excidio et conquestu Britanniae', s. hierzu unten S. 226) und Bedas ‚Kirchengeschichte' (s. hierzu unten S. 224 f.) sowie die Angelsächsische Chronik (unten S. 225) in Betracht.
139. Vgl. hierzu die Zusammenfassungen bei J. N. L. Myres, The Adventus Saxonum. In: Aspects of Archaeology in Britain and Beyond. Essays Presented to O. G. S. Crawford, hg. v. W. F. Grimes (1951) S. 221 ff. und D. A. White, Changing Views on the Adventus Saxonum in the Nineteenth and Twentieth Century English Scholarship. In: JHI 32 (1971) S. 585–594, der zugleich auf die hinter den einzelnen Ansichten stehenden politischen Standpunkte und Wertvorstellungen hinweist.
140. Vgl. hierzu S. Ch. Hawkes – G. C. Dunning, Soldiers and Settlers in Britain, Fourth to Fifth Century. In: MA 5 (1961) S. 1 ff.; D. Brown, Problems of Continuity. In: Anglo-Saxon Settlement and Landscape. Papers Presented to a Symposium, Oxford 1973, hg. v. T. Rowley (Brit. Arch. Rep. 6, 1974) S. 16 ff.; T.Rowley, Early Saxon Settlements in Dorchester on Thames. In: Ebenda S. 42 ff.
141. Vgl. J. N. L. Myres, Romano-Saxon Pottery. In: Dark-Age Britain, hg. v. D. B. Harden (1956) S. 16–39; Myres, Pottery (Anm.134) S.62–99.
142. Vgl. A. H. Smith, Place-Names and the Anglo-Saxon Settlement. In: PBA 42 (1956) S. 73 ff.
143. Vgl. hierzu J. M. Dodgson, The Significance of the Distribution of the English Place-Name in -ingas, -inga in Southeast England. In: MA 10 (1966) S. 1–29 und M. Gelling, Introduction. In: Place-Name Evidence for the Anglo-Saxon Invasion and Scandinavian Settlements, hg. v. K. Cameron (English Place-Name Society 1975) S. III; G. Fellows Jensen, Place Names and Settlement

History. A Review. In: Northern History 13 (1977) S. 12 f.; Johnson, Roman Britain (Anm. 127) S. 145 f.; H. R. Loyn, Anglo-Saxon England. Reflections and Insights. In: History 64 (1979) S. 171–181.

144. Vgl. B. Cox, The Significance of the Distribution of English Place-Names in -ham in the Midlands and East Anglia. In: The English Place-Name Society. Journal 5 (1972/73) S. 15–73; ders., The Place-Names of the Earliest English Records. In: Ebenda 8 (1976) S. 12–66.

145 Vgl. M. Gelling, English Place-Names Derived from the Compound wicham. In: MA 11 (1967) S. 87–104; vgl. auch dies., Signposts to the Past. Place-Names and the History of England (1978) S. 63–86.

146. Vgl. neben der in den Anm. 141 bis 145 genannten Literatur noch Finberg, Continuity (Anm. 120) S. 12; G. J. Copley, An Archaeology of South-East England. A Study in Continuity (1958) S. 152; Loyn, Anglo-Saxon England (Anm. 51) S. 29; H. P. R. Finberg, The Formation of England 550–1042 (1974) S. 14 f.; D. Longley, Hanging-Bowls, Penannular Brooches and the Anglo-Saxon Connexion (Brit. Arch. Rep. 22, 1975) S. 1 ff.; P. J. Helm, Exploring Saxon and Norman England (1976) S. 13 ff.
Zum Ganzen vgl. aber auch die Vorbehalte bei Hills, Archaeology (Anm. 120) S. 279 ff. und Johnson, Roman Britain (Anm. 127) S. 139 ff.

147. Vgl. hierzu z. B. M. G. Welch, Late Romans and Saxons in Sussex. In: Britannia 2 (1971) S. 232–237; Hills, Arachaeology (Anm. 120) S. 310; Sawyer, Roman Britain (Anm. 94) S. 84, 86 f.

148. Vgl. neben der in den vorangegangenen Anm. genannten Literatur Loyn, Anglo-Saxon England (Anm. 51) S. 5: „... from the general picture there emerges one firm and indisputed fact that is of fundamental importance to a discussion of early Anglo-Saxon England. The Anglo-Saxon conquest and settlement of the lowlands of Britain was slow' ..." Vgl. auch Helm, Exploring (Anm. 146) S. 28.

149. Wenn auch die neuere Forschung dazu neigt, Arthur als historische Gestalt zu akzeptieren, so steht dieses Ergebnis dennoch nach wie vor auf dem schwankenden Boden einer weit späteren legendär-mystifizierenden Überlieferung; vgl. hierzu L. S. Martin, King Arthur in the Middle Ages. A Topical Bibliography (1979) sowie Th. Jones, The Early Evolution of the Legend of Arthur. In: Nottingham Mediaeval Studies 8 (1964) S. 3–21; The Quest for Arthur's Britain, hg. v. G. Ashe, L. Alcock u. a. (1968); R. Barber, The Figure of Arthur (1970); L. Alcock, Arthur's Britain. History and Archaeology, A. D. 367–634 (²1973); J. Morris, The Age of Arthur. A History of the British Isles from 350 to 650 (1973) S. 116 ff.; G. Ashe, ,A Certain very Ancient Book.' Traces of an Arthurian Source in Geoffrey of Monmouth's History. In: Speculum 56 (1981) S. 301–323 und die kritische Würdigung bei D. N. Dumville, Sub-Roman Britain. History and Legend. In: History 62 (1977) S. 187 f., der am Ende zu folgendem Schluß gelangt: „The fact of the matter is that there is no historical evidence about Arthur; we must reject him from our histories and, above all, from the titles of our books" (S. 188).

150. Morris, Arthur (Anm. 147) S. 271–292, 293–316.

151. Vgl. hierzu z. B. die Besprechungen von J. N. L. Myres. In: EHR 90 (1975) S. 113 ff. und D. P. Kirby – J. E. C. Williams. In: Studia Celtica 10/11 (1975/76) S. 454–486.

152. Vgl. in diesem Sinne z.B. E.A.Freeman, Four Oxford Lectures. 1887. Teutonic Conquest in Gaul and Britain (1888) S.61 ff., bes. 68 ff.
153. Vgl. N.K.Chadwick, The British or Celtic Part in the Population of England (1963); Alcock, Arthur's Britain (Anm.149) S.310f.
154. Nach M.Förster, Keltisches Wortgut im Englischen. Eine sprachliche Untersuchung (1921) und E.Ekwall, Zu zwei keltischen Lehnwörtern im Altenglischen. In: Englische Studien 54 (1920) S.102–110 lassen sich in der angelsächsischen Sprache insgesamt höchstens sechzehn Worte mit britisch-römischer Herkunft nachweisen, von denen zudem noch einige zweifelhaft sind; vgl. hierzu auch Loyn, Anglo-Saxon England (Anm.51) S.13.
155. Vgl. z.B. T.C.Lethbridge, The Anglo-Saxon Settlement in Eastern England. In: Dark Age Britain, hg. v. D.B.Harden (1956) S.118; C.Taylor, Roman Settlements in the Nene Valley. The Impact of Recent Archaeology. In: Recent Work in Rural Archaeology, hg. v. P.J.Fowler (1975) S.107ff., bes. S.118.
156. So enthalten die Gesetze Ethelberts von Kent (7.Jh.) Bestimmungen über eine minderfreie Bevölkerungsgruppe, deren Angehörige als „laet" bezeichnet werden und in denen man Überreste der unterworfenen römisch-britischen Bevölkerung gesehen hat. Vgl. hierzu Loyn, Anglo-Saxon England (Anm.51) S.10 und Kirby, The Making of Early England (1967) S.32.
157. K.H.Jackson, Language and History in Early Britain (1953) S.194ff., bes. S.220ff.
158. Vgl. ebenda S.220; die Karte ist wiederabgedruckt bei Loyn, Anglo-Saxon England (Anm.51) S.8 und Fisher, Anglo-Saxon Age (Anm.127) S.48.
159. F.Seebohm, The Village Community, Examined in its Relations to the Manorial and Tribal Systems and to the Common or Open Field System of Husbandry. An Essay in Economic History (1883) S.252ff.
160. Vgl. Maitland, Domesday Book (Anm.23) S.221ff.
161. Vgl. hierzu Loyn, Anglo-Saxon England (Anm.51) S.15; A.Heidelberger, Die römische Stadt in Britannien und das Problem ihrer weiteren Entwicklung bis zum Einfall der Dänen. In: VSWG 59 (1972) S.449–472, bes. S.459ff.; D.H.Hill, Continuity from Roman to Medieval: Britain. In: European Towns. Their Archaeology and Early History, hg. v. M.W.Barley (1977) S.293 ff.; Sawyer, Roman Britain (Anm.94) S.220f.; Johnson, Roman Britain (Anm.127) S.150ff.
  An der Tatsache, daß die Städte weitgehend ihre Funktion als Zentren urbanen Lebens eingebüßt hatten, können auch vereinzelte Hinweise, die auf Spuren angelsächsischer Besetzung von einzelnen Stadtteilen oder -kernen hindeuten, nichts ändern; vgl. hierzu z.B. für die Städte Canterbury und Dorchester/Thames S.Frere, The End of Towns in Roman Britain. In: The Civitas Capitals of Roman Britain, hg. v. J.S.Wacher (1966) S.87–100; T.Rowley, Early Saxon Settlements in Dorchester on Thames. In: Anglo-Saxon Settlement and Landscape, hg. v. T.Rowley (Brit. Arch. Rep. 6, 1974) S.42–50.
162. Zur römischen „villa" als Institution vgl. A.L.Rivet, Social and Economic Aspects. In: Ders., The Roman Villa in Britain (1969) S.173ff.; ders., The Distribution of Roman Villas in England. In: The Archaeological News Letter 6,2 (1955) S.29–34; J.Percival, The Roman Villa. An Historical Introduction (1976); M.Todd (Hg.), Studies in the Romano-British Villa (1978); J.Hod-

der – M. Millett, Romano-British Villas and Towns. A Systematic Analysis. In: World Archaeology 12 (1980) S. 27–42.

163. Vgl. J. N. L. Myres, The Survival of the Roman Villa into the Dark Ages. In: The Archaeological News Letter 6 (1955) S. 41–43; Loyn, Anglo-Saxon England (Anm. 51) S. 16; Percival, Villa (Anm. 162) S. 171; S. Frere, Britannia. A History of Roman Britain (²1978) S. 417 ff.

164. Vgl. hierzu Finberg, Continuity (Anm. 120) S. 15, 19 f.; ders., Roman and Saxon Withington. In: Ders., Lucerna. Studies of some Problems in the Early History of England (1964) S. 21–65, bes. S. 43 ff.; G. Jones, Settlement Patterns in Anglo-Saxon England. In: Antiquity 35 (1961) S. 22–32.

165. Vgl. O. G. S. Crawford, Our Debt to Rome? In: Antiquity 2 (1928) S. 179; C. Fox, The Personality of Britain. Its Influence on Inhabitant and Invader in Prehistoric and Early Historic Times (⁴1947) S. 79 f.; Loyn, Anglo-Saxon England (Anm. 51) S. 19, 30; W. Davies – H. Vierck, The Contexts of Tribal Hidage. Social Aggregates and Settlement Patterns. In: Frühmittelalt. Stud. 8 (1974) S. 223–293, bes. S. 250 f., 288/289 (fig. 5); Hills, Archaeology (Anm. 120) S. 310.

166. Vgl. hierzu Fisher, Anglo-Saxon Age (Anm. 127) S. 52.

167. Loyn, Anglo-Saxon England (Anm. 51) S. 19; Stenton, Anglo-Saxon England (Anm. 25) S. 286 ff., 315. Fraglich bleibt allerdings, inwieweit die Neuankömmlinge das System der „Offenfelder" bereits als Traditionsgut vom Kontinent mitbrachten oder erst im Laufe der Zeit in ihrer neuen Heimat entwikkelten; vgl. hierzu J. Thirsk, The Common Fields. In: PP 29 (1964) S. 3–25, wobei dieser Beitrag eine Entgegnung von J. Z. Titow, Medieval England and the Open-Field System. In: Ebenda 32 (1965) S. 86–102 auslöste; vgl. hierzu wiederum J. Thirsk, The Origin of the Common Fields. In: Ebenda 33 (1966) S. 142–147 und zur Debatte um die „Offenfelder" neuerdings auch A. R. H. Baker, Observations on the Open Fields. The Present Position of Studies in British Field Systems. In: JHistG 5 (1979) S. 315–323; R. A. Dodgshon, The Origin of British Field Systems. An Interpretation (1980).

168. Loyn, Anglo-Saxon England (Anm. 51) S. 20; Finberg, Continuity (Anm. 120) S. 15 f.; M. W. Beresford – J. G. Hurst, Wharram Percy. A Case Study in Microtopography. In: P. H. Sawyer (Hg.), English Medieval Settlement (1979) S. 84.

169. Vgl. in diesem Sinne z. B. Fisher, Anglo-Saxon Age (Anm. 127) S. 53.

170. Vgl. hierzu die Zusammenfassungen der Forschungsmeinungen bei G. Templeman, The History of Parliament to 1400 in the Light of Modern Research. In: UBHJ 1 (1948) S. 202–232; E. Miller, The Origins of Parliament (Historical Association Pamphlets 44, 1960); J. G. Edwards, Historians and the Medieval English Parliament (1960); G. P. Cuttino, Medieval Parliament Reinterpreted. In: Speculum 41 (1966) S. 681–687; W. Kienast, in: J. Hatschek, Verfassungsgeschichte (Anm. 35) S. 916 ff. Einschlägige Quellenstellen (in engl. Übersetzung) sowie Auszüge aus den Untersuchungen moderner Autoren sind zusammengestellt bei P. Spufford, Origins of English Parliament (1967, ND 1969); G. P. Bodet, Early English Parliaments. High Courts, Royal Councils, or Representative Assemblies? (1968); B. Wilkinson, The Creation of Medieval Parliaments (1972). Wichtige Forschungsbeiträge zu den Anfängen des Parlaments sind außerdem wieder abgedruckt in: E. B.

Fryde – E. Miller (Hg.), Historical Studies of the English Parliament 1: Origins to 1399 (1970). – Zur frühen Entwicklung des Parlaments vgl. neuerdings auch die Beiträge von J. C. Holt und G. L. Harriss in dem Sammelband The English Parliament in the Middle Ages, hg. v. R. G. Davies und J. H. Denton (1981), die aber auf den angesprochenen Fragenkreis nur am Rande eingehen.

171. Noch nicht völlig überholt ist auch heute noch die alte Quellensammlung von W. Prynne (Hg.), A Brief Register, Kalendar and Survey of the Several Kinds of all Parliamentary Writs. 4 Bde. (1659–1664), die die an die Magnaten und die gewählten Repräsentanten gerichteten Aufforderungsschreiben der Krone, zu den angesagten Parlamenten zu erscheinen, sowie die entsprechenden Berichte des Sheriffs über das Ergebnis der Wahlhandlungen und über die Aufwendungen der gewählten Repräsentanten enthält. Von den Verhandlungen des Parlaments selbst sind in der Regel nur die richterlichen Entscheidungen über die eingebrachten Petitionen – und diese auch nur bruchstückhaft – überliefert; vgl. vor allem die bei Graves Nrn. 3319–3325 verzeichneten Editionen sowie allgemein zur Quellenlage auch Edwards, Historians (Anm. 170) S. 5 ff.

172. Miller, Origins (Anm. 170) S. 3.

173. Vgl. hierzu J. G. A. Pocock, The Ancient Constitution and the Feudal Law. A Study of English Historical Thought in the Seventeenth Century (1957, ND 1974) S. 39 f., 47 ff., 124 f., 148 ff., 234 f., u. a.

174. W. Stubbs, The Constitutional History of England in its Origin and Development 2 (³1883) Kap. 15.

175. Stubbs, Constitutional History (Anm. 174) S. 303. Vgl. hierzu auch Petit-Dutaillis – Lefebvre, Studies (Anm. 25) S. 307 f.

176. Zum sogenannten „Model Parliament" vgl. auch den Exkurs bei Edwards, Historians (Anm. 170) S. 50 ff.

177. F. W. Maitland (Hg.), Records of the Parliament Holden at Westminster (A. D. 1305) (1893) S. XLVIII–LXXXIX.

178. Maitland, Records (Anm. 177) S. LXXXVIII.

179. C. H. McIlwain, The High Court of Parliament and its Supremacy. An Historical Essay on the Boundaries between Legislation and Adjudication in England (1910).

180. A. F. Pollard, The Evolution of Parliament (²1926).

181. Vgl. hierzu H. G. Richardson – G. O. Sayles, The Early Records of English Parliaments. In: BIHR 5 (1928) S. 129–154 [Teil I]; ebenda 6 (1929) S. 71–88, 129–155 [Teil II]; dies., The Parliaments of Edward III. In: BIHR 8 (1930/31) S. 65–82 [Teil I]; ebenda 9 (1931/32) S. 1–18 [Teil II]; dies., The Early Statutes. In: Law Quarterly Review 50 (1934) S. 201–223, 540–571; dies., The King's Ministers in Parliament. In: EHR 46 (1931) S. 529–550 [Teil I] und ebenda 47 (1932) S. 194–203, 377–397 [Teil II]; dies., Parliaments and Great Councils in Medieval England (1961); H. G. Richardson, The Commons and Medieval Politics. In: TRHS, 4. Ser. 28 (1946) S. 21–45; G. O. Sayles, Medieval Foundations (Anm. 38) S. 448 ff.; ders., The King's Parliament of England (1975).

182. Die beiden Autoren haben ihre These in dem vielzitierten Satz zusammengefaßt: „... that parliaments are of one kind only and that, when we have stripped every non-essential away, the essence of them is the dispensing of justice by

the king or by someone who in a very special sense represents the king". Vgl. Richardson – Sayles, The Early Records [Teil I] (Anm. 181) S. 133 und dies., Parliaments (Anm. 181) S. 6.

183. Vgl. Richardson – Sayles, Parliaments (Anm. 181) S. 3 ff., 9 ff.; Sayles, The King's Parliament (Anm. 181) S. 48 ff.

184. Richardson, The Commons (Anm. 181) S. 21 ff.; Sayles, Medieval Foundations (Anm. 38) S. 464 f.; ders., The King's Parliament (Anm. 181) S. 72 ff. sowie auch J. E. Powell – K. Wallis, The House of Lords in the Middle Ages. A History of the English House of Lords to 1540 (1968) S. XVIII. Vgl. in diesem Zusammenhang auch L. Rieß, Der Ursprung des englischen Unterhauses. In: HZ 60 (1888) S. 1–33, der den Commons weitgehend jede repräsentative Bedeutung absprach und in ihnen eher Hilfskräfte der Krone zur Ausführung königlicher Verwaltungsmaßnahmen auf lokaler Ebene, besonders bei der Steuererhebung, sehen wollte. Zur Kritik an dieser Ansicht vgl. die Besprechung von G. W. Prothero in: EHR 5 (1890) S. 146–156 und außerdem D. Pasquet, Essay on the Origins of the House of Commons (1925) S. 183 ff.

185. M. V. Clarke, Medieval Representation and Consent (1936, ND 1964) passim, bes. Kap. 12 u. 13. – Vgl. hierzu auch J. C. Holt, The Prehistory of Parliament. In: The English Parliament in the Middle Ages, hg. v. R. G. Davies u. J. H. Denton (1981) S. 1 ff.

186. Vgl. B. Wilkinson, Studies in the Constitutional History of the Thirteenth and Fourteenth Centuries (1937) S. 15 ff., 55 ff., 261 ff.; ders., Constitutional History of England, 1215–1399 3 (1958) S. 46–49 und Kap. 5–7; ders., Creation (Anm. 170) S. 59 ff.

187. Vgl. hierzu R. F. Treharne, The Nature of Parliament in the Reign of Henry III. In: Fryde – Miller, Historical Studies (Anm. 170) S. 70–90 [= ND der Fassung in: EHR 74 (1959) S. 590–610].

188. Vgl. in diesem Sinne etwa T. F. T. Plucknett, Parliament, 1327–36. In: Fryde – Miller, Historical Studies (Anm. 170) S. 195–241 [= ND der Fassung in: The English Government at Work 1327–1336 1 (1940) S. 82 ff.]; M. Powicke, King Henry III and the Lord Edward. The Community of the Realm in the Thirteenth Century (1947, ND 1966) S. 340 ff.; ders., The Thirteenth Century, 1216–1317 (The Oxford History of England 4, ²1962) S. 344 ff.; Miller, Origins (Anm. 170) S. 5 f.; J. G. Edwards, „Justice" in Early English Parliaments. In: BIHR 27 (1954) S. 46, 49 f.; ders., Historians (Anm. 170) S. 14 ff.; Cuttino, Mediaeval Parliament (Anm. 170) S. 682 ff., 686 f.

189. Vgl. Edwards, Historians (Anm. 170) S. 24.

190. Treharne, Nature (Anm. 187) S. 88 f.

191. Vgl. z. B. Powicke, King Henry (Anm. 188) S. 340 ff.; M. McKisack, The Fourteenth Century, 1307–1399 (The Oxford History of England 5, 1959) S. 182; Cuttino, Mediaeval Parliament (Anm. 170) S. 686; Spufford, Origins (Anm. 170) S. 1 f.

192. Vgl. oben Anm. 184.

193. Vgl. J. G. Edwards, The Commons in Medieval English Parliaments (1958); ders., Historians (Anm. 170) S. 26 ff. Vgl. hierzu auch C. Stephenson, The Beginnings of Representative Government in England. In: Ders., Medieval Institutions. Selected Essays, hg. v. B. D. Lyon (1954) S. 126–138, bes. S. 134 ff.; J. S. Ruskell, The Problem of the Attendance of the Lords in Medieval Parlia-

ments. In: BIHR 29 (1956) S. 153–204; ders., Perspectives in English Parliamentary History. In: BJRL 46 (1963/64) S. 448–475; J. S. Illsley, Parliamentary Elections in the Reign of Edward I. In: BIHR 49 (1976) S. 24–40.
194. Vgl. Sayles, The King's Parliament (Anm. 181).
195. Vgl. hierzu auch G. L. Harriss. In: EHR 91 (1976) S. 124 ff. [Besprechung von Sayles, The King's Parliament (Anm. 181)].
196. Vgl. hierzu bereits oben Anm. 171 und Harriss (Anm. 195) S. 125.
197. Vgl. Edwards, Historians (Anm. 170) S. 26 ff.
198. Der Begriff, der heute in der Literatur zur Bezeichnung der ersten großen europäischen Pestwelle von 1347–51 allgemein üblich geworden ist, geht nicht auf einen zeitgenössischen Terminus zurück, sondern ist erst seit dem 17. Jahrhundert belegt; vgl. hierzu Ph. Ziegler, The Black Death (1969) S. 17 f.; B. I. Zaddach, Die Folgen des Schwarzen Todes (1347–51) für den Klerus Mitteleuropas (Forschungen zur Sozial- und Wirtschaftsgeschichte 17, 1971) S. 5; N. Bulst, Der Schwarze Tod. Demographische, wirtschafts- und kulturgeschichtliche Aspekte der Pestkatastrophe von 1347–1352. Bilanz der neueren Forschung. In: Saeculum 30 (1979) S. 45–67.
199. Vgl. hierzu die Zusammenstellung der einschlägigen zeitgenössischen Chronisten bei Ziegler, Black Death (Anm. 198) S. 309 ff.
200. Vgl. Ziegler, Black Death (Anm. 198) S. 232.
201. J. E. Th. Rogers, A History of Agriculture and Prices in England 1 (1866, ND 1963).
202. Ebenda S. 667.
203. Vgl. G. G. Coulton, The Black Death (1929) S. 69 ff.
204. G. M. Trevelyan, English Social History (1942) S. X f. Vgl. hierzu auch die bei W. M. Bowsky, The Black Death. A Turning Point in History? (1971) S. 19 ff. zusammengestellten Auszüge aus Forschungsmeinungen.
205. Vgl. z. B. A. R. Bridbury, The Black Death. In: EcHR, 2. Ser. 26 (1973) S. 591, der die Ansicht vertritt, „that the early famines and the mid-century pestilences were more purgative than toxic".
206. Vgl. z. B. M. M. Postan, Histoire économique. Moyen Age. In: IXᵉ Congrès international des sciences historiques. Paris, 28 août – 3 septembre 1950. Rapports (1950) S. 232–236 [= wiederabgedruckt in: Bowsky, Black Death (Anm. 204) S. 56–59]; ders., The Medieval Economy and Society. An Economic History of Britain in the Middle Ages (1972) S. 37 ff.; E. A. Kosminsky, Peut on considérer le XIVᵉ et le XVᵉ siècles comme l'époque de la décadence européenne? In: Studi in onore di Armando Sapori 1 (1957) S. 553–569, bes. 563 ff. [= wiederabgedruckt in engl. Übersetzung in: Bowsky, Black Death (Anm. 204) S. 38–46]; J. M. W. Bean, Plague, Population and Economic Decline in England in the Later Middle Ages. In: EcHR, 2. Ser. 15 (1962/63) S. 423–437; Ziegler, Black Death (Anm. 198) S. 232 ff.; M. H. Keen, England in the Later Middle Ages. A Political History (1973) S. 170 ff.; Bridbury, Black Death (Anm. 205) S. 577–592; Platt, Medieval England (Anm. 95) S. 126 ff.; J. Hatcher, Plague, Population and the English Economy 1348–1530 (Studies in Economic and Social History 1977); M. Prestwich, The Three Edwards. War and State in England 1272–1377 (1980) S. 245 ff.
207. Vgl. hierzu allgemein L. F. Hirst, The Conquest of Plague. A Study of the Evolution of Epidemiology (1953); R. Pollitzer, La peste (1954); J. F.

D. Shrewsbury, A History of Bubonic Plague in the British Isles (1971) S. 1–6; Zaddach, Folgen (Anm. 198) S. 6–10; C. Morris, The Plague in Britain. In: HistJ 14 (1971) S. 205–215; J.-N. Biraben, Les hommes et la peste en France et dans les pays européens et méditerranéens 1: La peste dans l'histoire (Civilisations et Sociétés 35, 1975) S. 7–21; R. S. Gottfried, Epidemic Disease in Fifteenth Century England. The Medical Response and the Demographic Consequences (1978) S. 58–63; Bulst, Der Schwarze Tod (Anm. 198) S. 48 f.

208. Shrewsbury, History (Anm. 207) Kap. 2–4.

209. Für das spätmittelalterliche England handelte es sich dabei um die schwarze Hausratte (Rattus rattus), die in England bereits seit der Römerzeit heimisch gewesen sein dürfte; vgl. hierzu neuerdings J. Rackham, Rattus rattus. The Introduction of the Black Rat into Britain. In: Antiquity 53 (1979) S. 112–120.

210. Vgl. hierzu vor allem die ausführlichen Besprechungen durch Morris (Anm. 207) S. 205 ff.; P. A. Slack. In: EHR 85 (1972) S. 112–115; R. M. S. McConaghey. In: Medical History 15 (1971) S. 309 ff. sowie Gottfried, Epidemic Disease (Anm. 207) S. 238 ff. (Anhang C).

211. Vgl. hierzu Zaddach, Folgen (Anm. 198) S. 7 ff. sowie Biraben, Les hommes et la peste (Anm. 207) S. 13; Bulst, Der Schwarze Tod (Anm. 198) S. 48 (jeweils mit Literatur).

212. Vgl. z. B. die Zitate bei Ziegler, Black Death (Anm. 198) S. 227.

213. Vgl. T. H. Hollingsworth, Historical Demography (1969) S. 232–235; J. C. Russell, British Medieval Population (1948) S. 220 ff.

214. Russell, Population (Anm. 213) S. 215–218.

215. Vgl. hierzu auch unten S. 260 f.

216. Vgl. die Zusammenstellung der Belege bei Hatcher, Plague (Anm. 206) S. 22 f.

217. Vgl. Shrewsbury, History (Anm. 207) S. 36, 123.

218. Vgl. hierzu die bereits oben Anm. 210 angeführte Literatur sowie außerdem Postan, Medieval Economy (Anm. 206) S. 37; Hatcher, Plague (Anm. 206) S. 18 f.; Prestwich, The Three Edwards (Anm. 206) S. 254; E. Fryde, The Tenants of the Bishops of Coventry and Lichfield and of Worcester after the Plague of 1348/9. In: R. F. Hunnisett – J. B. Post, Medieval Legal Records (1978) S. 224 ff.

219. Vgl. Coulton, Black Death (Anm. 203) S. 66; J. Saltmarsh, Plague and Economic Decline. In: CHJ 7 (1941) S. 37; M. M. Postan, Medieval Agrarian Society in its Prime. § 7: England. In: The Cambridge Economic History of Europe 1: The Agrarian Life of the Middle Ages, hg. v. M. M. Postan (²1966) S. 569; ders., Medieval Economy (Anm. 206) S. 37; Bean, Plague (Anm. 206) S. 424; G. Deaux, The Black Death 1347 (1969) S. 144; A. R. Bridbury, Economic Growth. England in the Later Middle Ages (²1975) S. 24; Ziegler, Black Death (Anm. 198) S. 228 ff.; P. Gregg, Black Death to Industrial Revolution. A Social and Economic History of England (1976) S. 7; Hatcher, Plague (Anm. 206) S. 25; Prestwich, The Three Edwards (Anm. 206) S. 256.

220. Vgl. Russell, Population (Anm. 213) S. 217 f., 222; Hatcher, Plague (Anm. 206) S. 25.

221. Vgl. hierzu die Literatur unten in Anm. 224–226.

222. Zur Einführung in die demographischen Probleme und Arbeitstechniken vgl. A. E. Imhof, Einführung in die Historische Demographie (1977) und außerdem unten S. 111, Anm. 51.

223. Vgl. z. B. Saltmarsh, Plague (Anm. 219) S. 34 ff., bes. S. 38; Russell, Population (Anm. 213) S. 260 ff.; Postan, Society (Anm. 219) S. 569; ders., Medieval Economy (Anm. 206) S. 31 ff.; E. A. Wrigley, Bevölkerungsstruktur im Wandel. Methoden und Ergebnisse der Demographie (1969) S. 78; Prestwich, The Three Edwards (Anm. 206) S. 258.

224. Vgl. etwa M. M. Postan, The Fifteenth Century. In: EcHR 9 (1939) S. 166; ders., Some Agrarian Evidence of Declining Population in the Later Middle Ages. In: Ders., Essays on Medieval Agriculture and General Problems of the Medieval Economy (1973) S. 186–213, bes. S. 213 [= Wiederabdruck der Fassung in: EcHR, 2. Ser. 2 (1950)]; Saltmarsh, Plague (Anm. 219) S. 23 ff., bes. S. 28 ff.; J. Schreiner, Pest og prisfall i senmiddelalderen (Avhandlinger utgitt av det Norske Videnskaps – Akademi, 2. Hist.-Fil. Kl. 1948, 1. Abh.) S. 27–37; K. F. Helleiner, Population Movement and Agrarian Depression in the Later Middle Ages. In: CanJEcPS 15 (1949) S. 372 ff.; W. Abel, Die Wüstungen des ausgehenden Mittelalters (³1976) S. 86 ff.

225. Vgl. Russell, Population (Anm. 213) S. 260–281; E. Kosminsky, The Evolution of Feudal Rent in England from the XIth to the XVth Centuries. In: PP 7 (1955) S. 27; G. Duby, Rural Economy and Country Life in the Medieval West (1968) S. 308 ff.; Wrigley, Bevölkerungsstruktur (Anm. 223) S. 78; J. D. Chambers, Population, Economy and Society in Pre-Industrial England (1972) S. 19.

226. Diese Ansicht wurde vor allem von Bean, Plague (Anm. 206) S. 435 vertreten. Vgl. in diesem Sinne auch Bridbury, Economic Growth (Anm. 219) S. 23 und F. R. H. Du Boulay, An Age of Ambition. English Society in the Late Middle Ages (1970) S. 34; J. R. Lander, Conflict and Stability in Fifteenth-Century England (1969) S. 35.

227. Hatcher, Plague (Anm. 206) passim, bes. S. 16 ff., 34 ff., 68 ff.; Prestwich, The Three Edwards (Anm. 206) S. 251.

228. Gottfried, Epidemic Disease (Anm. 207) passim, bes. S. 225 ff. Vgl. auch ders., Population, Plague, and the Sweating Sickness. Demographic Movements in Late Fifteenth-Century England. In: JBS 17 (1977) S. 12 ff.

229. Vgl. Th. R. Malthus, An Essay on the Principle of Population as its Affects the Future Improvement of Society … (1978; dt. Übersetzung: Ders., Das Bevölkerungsgesetz, hg. und übersetzt v. Ch. M. Barth (1977) bes. Kap. 2 und 7 und hierzu neuerdings W. Petersen, Malthus (1979).

230. Zur Frage, ob sich im Laufe des Spätmittelalters die Wetterbedingungen kontinuierlich verschlechtert haben, vgl. E. Le Roy Ladurie, Times of Feast, Times of Famine. A History of Climate, since the Year 1000 (1972) Kap. 6.

231. Vgl. zu dieser Gegenüberstellung auch Gottfried, Epidemic Disease (Anm. 207) S. 7 ff. Zu anderen Erklärungsversuchen vgl. auch unten S. 82.

232. Vgl. in diesem Sinne bereits R. Hoeniger, Der Schwarze Tod in Deutschland. Ein Beitrag zur Geschichte des vierzehnten Jahrhunderts (1882, ND 1973) S. 92 f. sowie M. Dobb, Studies in the Development of Capitalism (²1963, dt. 1970) S. 48 f.; Postan, Some Agrarian Evidence (Anm. 224) S. 213; ders., in: IXe Congrès international des sciences historiques. Paris, 28 août – 3 septembre 1950. I: Rapports (1950) S. 234 ff.; ders., Medieval Economy (Anm. 206) S. 37 ff.; H. A. Miskimin, The Economy of Early Renaissance Europe 1300–1460 (1969) S. 27 ff.; B. Wilkinson, The Later Middle Ages in England

1216–1485 (1969) S.185; Prestwich, The Three Edwards (Anm. 206) S. 264.
233. Vgl. z. B. Saltmarsh, Plague (Anm. 219) S. 41; G. Holmes, The Later Middle Ages 1272–1485 (²1967) S. 136 f. und im Grundsatz auch R. Lee, Population in Preindustrial England. An Econometric Analysis. In: QJEc 87 (1973) S. 604 f.
234. Vgl. Postan, Some Agrarian Evidence (Anm. 224) S. 186 ff.; ders., Medieval Economy (Anm. 206) S. 31 ff.
235. Russell, Population (Anm. 213) S. 246 ff., 280.
236. Vgl. hierzu H. S. Lucas, The Great European Famine of 1315, 1316 und 1317. In: Essays in Economic History 2, hg. v. E. M. Carus-Wilson (1962) S. 49–72 [= ND der Fassung in Speculum 5 (1930)]; I. Kershaw, The Great Famine and Agrarian Crisis in England 1315–1322. In: PP 59 (1973) S. 3–50.
237. Vgl. z. B. J. Z. Titow, Some Evidence of the Thirteenth Century Population Increase. In: EcHR, 2. Ser. 14 (1961) S. 218 ff.; ders., English Rural Society 1200–1350 (1969) S. 64–96; B. H. Slicher van Bath, The Agrarian History of Western Europe A. D. 500–1850 (1963; ND 1966) S. 137 f.; Cantor, The English (Anm. 5) S. 254; E. King, England 1175–1425 (1979) S. 14. Vgl. auch E. Britton, The Community of the Vill (1977) S. 132 ff., der – am Beispiel des Dorfes Broughton/Huntingdonshire – ebenfalls zum Ergebnis gelangt, daß der Bevölkerungstrend zwischen 1288 und 1340 abwärts gerichtet war.
238. Vgl. B. F. Harvey, The Population Trend in England between 1300 and 1348. In: TRHS, 5. Ser. 16 (1966) S. 23–42; Keen, England (Anm. 206) S. 171, Anm. 6. Vgl. hierzu auch E. Miller – J. Hatcher, Medieval England – Rural Society and Economic Change 1086–1348 (1978), die die Frage weitgehend offenlassen und es lediglich für wahrscheinlich halten, daß der Bevölkerungsanstieg nach den Jahren 1315–17 zum Stillstand gekommen sei (ebd. S. 59 f.).
239. Vgl. J. C. Russell, The Preplague Population of England. In: JBS 5,2 (1966) S. 1–21.
240. Vgl. in diesem Sinne etwa Hoeniger, Der Schwarze Tod (Anm. 232) S. 92 f.; Miskimin, Economy (Anm. 232) S. 27; Dobb, Studies (Anm. 232) S. 48.
241. Vgl. Hatcher, Plague (Anm. 206) S. 73.
242. Ebenda S. 55 ff., 72.
243. Gottfried, Epidemic Disease (Anm. 207) S. 225 ff.
244. Rogers, History (Anm. 201) Kap. 4, 13, 15, bes. Kap. 28; ders., England before and after the Black Death. In: Fortnightly Review 3 (1866) S. 191 ff., hier S. 193 ff.
245. Bereits im Jahre 1349 erließ König Eduard III. eine entsprechende Verordnung (The Statutes of the Realm 1 [1810, ND 1963] S. 307 ff.), die dann im Februar 1351 durch das ‚Statute of Labourers‘ bestätigt und erweitert wurde (The Statutes of the Realm 1, S. 311–316). Vgl. hierzu B. H. Putnam, The Enforcement of the Statute of Labourers during the First Decade after the Black Death 1349–1359 (1908); Keen, England (Anm. 206) S. 173.
246. Die hierfür einschlägigen Quellen sind zusammengestellt bei R. B. Dobson, The Peasants' Revolt of 1381 (1970). Zur Sache vgl. Ch. Oman, The Great Revolt of 1381 (1906; Neuaufl. mit einer Einleitung v. E. B. Fryde 1969); R. H. Hilton – H. Fagan, Der englische Bauernaufstand von 1381 (1953); E. Searle – R. Burghart, The Defense of England and the Peasants' Revolt. In:

Viator 3 (1972) S. 365–388; R. H. Hilton, Bond Men Made Free. Medieval Peasant Movements and the English Rising of 1381 (1973); ders., Soziale Programme im englischen Aufstand von 1381. In: Revolte und Revolution in Europa, hg. v. P. Blickle (HZ, Beiheft 4, N. F. 1975) S. 31–46; J. L. Bolton, The Medieval English Economy 1150–1500 (1980) S. 213 ff.

247. Zur Entwicklung der Löhne und Preise vgl. Rogers, History (Anm. 201) passim, bes. Kap. 13 und 15; W. H. Beveridge, The Yield and Price of Corn in the Middle Ages. In: Essays in Economic History 1, hg. v. E. M. Carus-Wilson (1954, ND 1966) S. 13–25 [= Wiederabdruck der Fassung in: EcHR 1929]; ders., Wages in the Winchester Manors. In: EcHR 7 (1936) S. 22–43; E. H. Phelps Brown – S. V. Hopkins, Seven Centuries of Building Wages. In: Essays in Economic History 2, hg. v. E. M. Carus-Wilson (1962) S. 168–178 [= Wiederabdruck der Fassung in: Economica 1955]; dies., Seven Centuries of Prices of Consumables, Compared with Builders' Wage-Rates. In: Ebenda S. 179–196 [= Wiederabdruck der Fassung in: Economica 1956]; D. L. Farmer, Some Grain Price Movements in Thirteenth Century England. In: EcHR, 2. Ser. 10 (1957/58) S. 207–220.

248. Vgl. z. B. G. A. Holmes, The Estates of the Higher Nobility in Fourteenth-Century England (1957) S. 114, der berechnet hat, daß das Einkommen der von ihm untersuchten Laienherrschaften noch Anfang der siebziger Jahre nur um 10% unter dem der Jahre vor der Pest lag. Vgl. auch Keen, England (Anm. 206) S. 192 f.; Prestwich, The Three Edwards (Anm. 206) S. 260 ff.; Bolton, Economy (Anm. 246) S. 209 ff.

249. A. E. Levett, The Black Death on the Estates of the See of Winchester. In: Oxford Studies in Social and Legal History, hg. v. P. Vinogradoff 5 (1916, ND 1974) S. 134; Ziegler, Black Death (Anm. 198) S. 249; Bridbury, Black Death (Anm. 205) S. 585.

249a. Für das Umland der Stadt Braunschweig hat neuerdings H. Hoffmann, Das Braunschweigische Umland in der Agrarkrise des 14. Jahrhunderts. In: DA 37 (1981) S. 162–286 eine interessante Parallele aufgezeigt, wonach auch hier „der Schwarze Tod von 1350 nicht auf einen Schlag die Landwirtschaft oder genauer gesagt: die grundherrlichen Einkünfte ruiniert hat, sondern daß es dazu einer oder gar zwei weiterer Pestwellen bedurft hat" (S. 222).

250. Vgl. oben S. 52.

251. Vgl. Keen, England (Anm. 206) S. 173.

252. Das Statut wurde von 1352–1359 durch spezielle Richterkommissionen in jeder Grafschaft, die vier Mal im Jahre tagten, überwacht. In der Zeit danach wurde diese Aufgabe von den Friedensrichtern übernommen; vgl. Putnam, Enforcement (Anm. 245) Kap. 1 und zur Durchsetzung in der Praxis bes. S. 220 f.; Keen, England (Anm. 206) S. 173.

253. Vgl. oben Anm. 234.

254. Vgl. z. B. Ziegler, Black Death (Anm. 198) S. 235; Prestwich, The Three Edwards (Anm. 206) S. 262.

255. Bridbury, Black Death (Anm. 205) S. 577–592. Vgl. auch ders., Before the Black Death. In: EcHR, 2. Ser. 30 (1977) S. 393–410 und B. Murphy, A History of the British Economy 1086–1970 (1973) S. 67 f.

256. Zu den Auswirkungen monetärer Faktoren auf die Kaufkraft und die Preise vgl. neuerdings vor allem M. Mate, The Role of Gold Coinage in the English

Economy, 1338–1400. In: The Numismatic Chronicle 138 (1978) S. 126–141 sowie auch N.J. Mayhew, Numismatic Evidence and Falling Prices in the Fourteenth Century. In: EcHR, 2. Ser. 27 (1974) S. 1–15.

257. Der Umwandlungsprozeß der von den Bauern geschuldeten Arbeitsleistungen in Geldrenten, bzw. die Beschäftigung von Lohnarbeitern auf den grundherrlichen Gütern, war im Jahre 1348 in England noch keineswegs überall so weit fortgeschritten, daß der Grundherr die gesamte benötigte Arbeit mit Geld entlohnen mußte; vgl. hierzu die Zusammenstellung der Forschungsergebnisse bei Ziegler, Black Death (Anm. 198) S. 240 ff.

258. Zur europäischen Agrardepression im 15. Jahrhundert vgl. allgemein W. Abel, Agrarkrisen und Agrarkonjunktur (³1978); ders., Strukturen und Krisen der spätmittelalterlichen Wirtschaft (Quellen und Forschungen zur Agrargeschichte 32, 1980); F. Graus, Vom „Schwarzen Tod" zur Reformation. Der krisenhafte Charakter des europäischen Spätmittelalters. In: Revolte und Revolution in Europa, hg. v. P. Blickle (HZ, Beiheft 4, N. F. 1975) S. 10–30, bes. 14 ff.; U. Dirlmeier, Untersuchungen zu Einkommensverhältnissen und Lebenshaltungskosten in oberdeutschen Städten des Spätmittelalters (Mitte 14. bis Anfang 16. Jahrhundert) (Abh. der Heidelberger Ak. d. Wiss., Phil.-hist. Kl. 1978) S. 13 ff. und speziell für England vor allem M. Postan, The Fifteenth Century (Anm. 224) S. 160 ff. und – die bisherige Forschung zusammenfassend – Hatcher, Plague (Anm. 206) S. 35 ff. Demgegenüber vertrat vor allem A. F. Bridbury, Economic Growth (Anm. 219) die Auffassung, daß das 15. Jahrhundert für England – auch infolge des nachlassenden Bevölkerungsdrucks – nicht als eine Zeit wirtschaftlicher Depression, sondern vielmehr als eine Ära vitalen Wachstums und relativer Prosperität zu bewerten sei; vgl. ähnlich auch Du Boulay, An Age of Ambition (Anm. 226) S. 14 f., 40 ff. Wenn man einmal die wesentlich differenzierter verlaufene Entwicklung im Bereiche der städtischen Gewerbe, der Tuchproduktion und des Handels, auf die Bridbury weitgehend seine Argumentation stützt, ausklammert und allein den Agrarsektor betrachtet, so deuten gewichtige Anzeichen – wie anhaltende Knappheit an Arbeitskräften bei hohem Lohnniveau, verbunden mit niedrigen Preisen für landwirtschaftliche Produkte und einem zunehmenden Wertverfall des Grund und Bodens, der nur mehr zum Teil bebaut wurde – auf eine tiefgreifende Depression hin, die auch zu einem entsprechenden Rückgang des „Nationaleinkommens" führte. Andererseits ist natürlich zuzugeben, daß der zum Teil dramatische Bevölkerungsrückgang im 14. und 15. Jahrhundert für die Kleinbauern und Lohnarbeiter, die die Masse der ländlichen Bevölkerung stellten, insofern günstige Bedingungen schuf, als die Überlebenden nunmehr einen entsprechend größeren Anteil an den zur Verfügung stehenden Ressourcen erlangten und zudem noch vom gesteigerten Wert ihrer Arbeitskraft in der Form höherer Löhne bei niedrigen Preisen profitieren konnten, so daß nicht ausgeschlossen werden kann, daß dem absoluten Einkommensrückgang – pro Kopf der Bevölkerung gerechnet – ein Einkommenszuwachs gegenüberstand. Man fragt sich allerdings, ob man wirklich von einem Jahrhundert „wirtschaftlicher Blüte" sprechen sollte, wenn diese „Blüte" allein von dem Umstand abhing, daß eine überdurchschnittlich hohe Todesrate den Kreis der Überlebenden gering hielt; vgl. in diesem Sinne auch Hatcher, Plague (Anm. 206) S. 73.

259. Vgl. hierzu R.H.Hilton, The Decline of Serfdom in Medieval England (1969); ders., Bond Men (Anm.246); ders., The English Peasantry in the Later Middle Ages (1975); C.Dyer, A Redistribution of Incomes in Fifteenth-Century England? In: Peasants, Knights and Heretics. Studies in Medieval English Social History, hg. v. R.H.Hilton (1976) S.192–215; B.J.Harris, Landlords and Tenants in England in the Later Middle Ages: The Buckingham Estates. In: Ebenda S.216–220.

260. Zu den spätmittelalterlichen Wüstungen vgl. allgemein Abel, Wüstungen (Anm.224) und speziell für England M.W.Beresford, The Lost Villages of England (⁴1963); M.W.Beresford – J.G.Hurst (Hg.), Deserted Medieval Villages (²1973); Bolton, Economy (Anm.246) S.218ff.

261. Zur Enclosure-Bewegung im 15.Jahrhundert vgl. R.H.Hilton, A Study in the Pre-History of English Enclosure in the Fifteenth Century. In: Studi in onore di A.Sapori 1 (1957) S.675–685; Keen, England (Anm.206) S.195ff.; W.E.Tate, The Enclosure Movement (1967); H.S.A.Fox, The Chronology of Enclosure and Economic Development in Medieval Devon. In: EcHR, 2.Ser. 28 (1975) S.181–202; C.J.Dahlmann, The Open Field System and Beyond (1980) S.146ff. Zur weiteren Entwicklung der Enclosure-Bewegung vgl. unten S.108, Anm.28.

262. Hatcher, Plague (Anm.206) S.73.

II. Prosperität und Krise.
Grundprobleme und Forschungsschwerpunkte
der englischen Geschichte in der frühen Neuzeit

Von H. Haan

1. Zum Epochencharakter der frühen Neuzeit

„Der Beginn der Neuzeit ist ein vielschichtig abgefächerter Vorgang, je nachdem ob Ereignisse und Ereigniszusammenhänge oder ob soziale, ökonomische oder politische Strukturen und deren Wandel in den Blick gerückt werden".[1] Bis in die jüngste Vergangenheit hinein wurde die frühe Neuzeit in erster Linie politisch und kirchenpolitisch interpretiert: als Zeitalter der „Kirchenspaltung und Konfessionsbildung",[2] als Gründungsepoche des „modernen Staates"[3] oder als Entstehungszeit des „neuzeitlichen Mächte-Europas".[4] Die folgenden Ausführungen gehen demgegenüber davon aus, daß die von der traditionellen Geschichtsschreibung so stark hervorgehobenen politischen und religiösen Aufbruchserscheinungen des 16., 17. und 18. Jahrhunderts nur Teilaspekte eines umfassenderen „Modernisierungsprozesses"[5] darstellen, in dessen Mittelpunkt die Durchsetzung eines neuen Handlungs- und Verkehrszusammenhangs steht:[6] innergesellschaftlich gesehen, die Durchsetzung der neuzeitlichen bürgerlichen Gesellschaft,[7] als „Differenz, welche zwischen die Familie und den Staat tritt";[8] intergesellschaftlich betrachtet, die Grundlegung der „europäischen Weltwirtschaft"[9] als „eine neue Form der Mehrwertaneignung".[10]

Dieser sämtliche Lebensbereiche umfassende Modernisierungsprozeß, der keineswegs nur als ein „fortschrittlicher" Aufbauprozeß zu definieren ist, sondern ebenso als ein Prozeß der Transformation bzw. der Zerstörung traditioneller Kulturen,[11] hat sich nicht geradlinig und gleichmäßig durchgesetzt, sondern prinzipiell ungeradlinig und diskontinuierlich.[12] Er ist nicht planmäßig und ohne Konflikte von oben gesteuert worden, sondern ist auf mannigfachen Widerstand gestoßen und war mit lang anhaltenden gesellschaftlichen Auseinandersetzungen verbunden – Auseinandersetzungen ideologischer Art, wie sie vor allem in der Kirchenspaltung ihren Ausdruck fanden,[13] und Auseinandersetzungen politischer Natur, die häufig auch militärisch-kriegerisch ausgetragen wurden.[14] Seine Resultate haben sich auf die Menschen, die davon betroffen wurden, sehr unterschiedlich ausgewirkt, sowohl innergesellschaftlich gesehen als auch im internationalen Rahmen. Die zentralen Fragen der historischen Frühneuzeitforschung lauten demnach: Wie ist es zu diesem allgemeinen Modernisierungsprozeß gekommen, wie hat sich dieser Prozeß im einzelnen entfaltet, das heißt, wie hat sich die Sphäre der Ökonomie und der Gesellschaft allmählich von der politischen Herrschaftsordnung einerseits und dem privaten Bereich der Familie andererseits getrennt? Welche Kräfte haben diesen Prozeß vorangetrieben und welche Strömungen haben sich ihm widersetzt? Was hat dieser Prozeß für die Menschen, die ihn erlitten und mitgestaltet haben, konkret bedeutet? Welche Vorteile haben sie dadurch erfahren und welche Opfer mußten sie dafür erbringen? Wie waren Nutzen und Kosten auf die einzelnen Gesellschaftsschichten und die einzelnen Mitglieder des Systems der europäischen Weltwirtschaft verteilt? Und schließlich: Ist diese ganze Modernisierung, wie sie tatsächlich stattgefunden hat, ein notwendiger, unwiderstehbarer Prozeß gewesen, oder hat es in der frühen Neuzeit auch noch alternative Entwicklungsmöglichkeiten gegeben?

Die Diskussion dieser Fragen ist in vollem Gange. Das gilt für die europäische Geschichte im allgemeinen wie für die englische Geschichte im besonderen. Der gegenwärtige Forschungsstand über die frühneuzeitliche Geschichte Englands ist gekennzeichnet durch eine Vielzahl offener Probleme und Kontroversen.[15] Darüber ist im folgenden zu berichten. Dabei versteht es sich von selbst, daß ein vollständiger Literaturbericht in dem vorgegebenen Rahmen dieser allgemeinen Einführung in die englische Geschichte nicht möglich ist.[16] Die folgenden Ausführungen konzentrieren sich auf zwei Schwerpunkte: 1. auf die säkulare Prosperität des 16. Jahrhunderts,[17] mit der die eigentliche „kapitalistische Ära" in England begann,[18] und 2. auf die Krise des 17. Jahrhunderts, die insofern von entscheidender Bedeutung ist, als in ihr die politisch-herrschaftlichen Voraussetzungen entstanden, die dann im 18. Jahrhundert den Aufstieg Englands von einem relativen „Entwicklungsland" zur ersten Weltmacht ermöglicht haben.[19]

2. Die säkulare Prosperität des 16. Jahrhunderts

Das 16. Jahrhundert war für Europa im allgemeinen[20] und für England im besonderen[21] ein Zeitalter der säkularen Prosperität, mit John Maynard Keynes gesprochen: „eine der größten Aufschwungszeiten bis zu den neueren Ereignissen in den Vereinigten Staaten ... In diesen Goldenen Jahren wurde der Kapitalismus geboren".[22] Wie es zu diesem zweiten großen Wirtschaftsaufschwung seit der Wiederentstehung der Städte gekommen ist, welche Kräfte und Entscheidungen somit die europäische Gesellschaft im allgemeinen und die englische im besonderen aus der langen „Krise des späten Mittelalters"[23] herausgeführt haben, ist noch weitgehend umstritten.[24] Auch die Frage, ob die wirtschaftliche Produktivität im Verlauf des 16. Jahrhunderts nur absolut oder auch pro Kopf der Bevölkerung gestie-

gen ist, läßt sich wegen der ungünstigen Quellenlage nur schwer beant-
worten.[25] Die tatsächliche Existenz einer solchen Trendperiode gilt jedoch
heute allgemein als erwiesen.[26]

Die wichtigsten materiellen und bewußtseinsmäßigen Komplementär-
erscheinungen, die den frühkapitalistischen Wirtschaftsaufschwung in
England begleitet haben, waren:

1. eine durchgreifende Kommerzialisierung der Landwirtschaft[27] und –
im Zusammenhang mit dem Abbau militärisch-feudaler Formen der
Grundherrschaft sowie der fortschreitenden Enclosure-Bewegung[28] – die
Grundlegung der klassischen englischen Agrarverfassung mit ihren drei
Hauptelementen: adeliger Großgrundbesitzer, bäuerlich-bürgerlicher
Pächter und Lohnarbeiter;[29]

2. eine zwar nicht revolutionäre,[30] aber doch bemerkenswerte Weiterentwicklung der Produktionstechnik und Produktionsorganisation im Ge-
werbesektor,[31] von der besonders die ländliche Tuchfabrikation betroffen
wurde,[32] sowie der Kohlebergbau bei Newcastle, „the first really large-
scale bulkproducing industry in the western world";[33]

3. die Teilnahme an der Entdeckung und Eroberung neuer Schiffahrts-
wege und neuer Erdteile[34] und damit zusammenhängend die Eingliede-
rung Englands in den neuen Verkehrsverband der europäischen Weltwirtschaft, was sich in einer spürbaren Expansion des englischen Außenhandels niederschlug;[35]

4. eine starke Ausdehnung des englischen Binnenhandels,[36] verbunden
mit einer zunehmenden Vertiefung der innergesellschaftlichen Arbeitstei-
lung (inklusive Wales), die ihren Ausdruck fand a) in der beschleunigten
Trennung von Stadt und Land,[37] und hier insbesondere in dem einzigarti-
gen Aufstieg der Hauptstadt London, deren Bevölkerung von 1500–1640
von 60000 auf 450000 anstieg,[38] b) in der zunehmenden Differenzierung
der beruflichen Tätigkeiten im sekundären und tertiären Wirtschaftssek-
tor[39] und damit zugleich c) in der bemerkenswerten Weiterentwicklung
der Warenproduktion, wobei erstmals die Ware Arbeitskraft zu einem
maßgeblichen Faktor des englischen Wirtschaftslebens wurde;[40]

5. die sogenannte Preisrevolution,[41] das heißt der säkulare Preisanstieg
vor allem der Agrarprodukte, der – bei gleichzeitiger Stagnation der Löhne[42] – eine bisher noch nicht dagewesene Profitinflation zur Folge hatte;[43]

6. die Entwicklung neuer Wertvorstellungen und Lebenseinstellungen,
die insbesondere im Puritanismus,[44] als „a generalized conviction of the
need for independent judgment based on conscience and bible reading",[45]
und im Aufstieg der modernen Wissenschaft[46] ihren Niederschlag fand;[47]
sowie

7. die Entfaltung neuartiger „zivilisierter" Verhaltensweisen,[48] als Ergebnis des „Vorrückens der Scham- und Peinlichkeitsgrenze"[49] und des
„Fortschreitens der Rationalisierung"[50] im Prozeß der Zivilisation.

Hinzu kommt als eine weitere Begleiterscheinung des frühkapitalistischen Wirtschaftsaufschwungs die Verdoppelung der englischen Bevölkerung in der Zeit von 1520 bis 1640[51] und damit wirtschaftlich gesehen a) eine Vermehrung des Produktionsfaktors Arbeit und b) eine Steigerung der Nachfrage insbesondere nach Lebensmitteln.[52] Nach Lawrence Stone ist die Bevölkerungsexplosion „the critical variable of the period" gewesen.[53] Gunnar Heinsohn u. a. haben demgegenüber darauf hingewiesen, daß der Bevölkerungsfaktor sich immer nur innerhalb eines gegebenen wirtschaftlichen, sozialen und institutionellen Kontextes auswirkt,[54] anders formuliert, „daß die Aufzucht von Kindern nicht einem natürlichen Drang folgt, sondern immer eine soziale Entscheidung erfordert, gleichgültig, ob sie dem Interesse des Einzelnen entspricht, oder ob sie ihm durch das jeweils in der Gesellschaft dominierende Interesse aufgeherrscht wird".[55] Nach dieser Interpretation ist die europäische Bevölkerungsexplosion der frühen Neuzeit in erster Linie auf die staatliche Bevölkerungspolitik zurückzuführen,[56] u. a. auf die verschärfte Bestrafung der Kindestötung[57] und auf die systematische Vernichtung von Verhütungswissen[58] inklusive der Verbrennung der „Hebammen-Hexen«, die dieses Wissen bis dahin verwaltet hatten.[59] Inwieweit diese Theorie auch auf die besonderen Verhältnisse in England zutrifft, wäre im einzelnen noch zu prüfen.

Die säkulare Prosperität, die den Gesamtverlauf der wirtschaftlichen Entwicklung in England im 16. Jahrhundert bestimmt hat, wurde von den einzelnen Klassen und Schichten der englischen Gesellschaft und auch von den Mitgliedern ein und derselben gesellschaftlichen Gruppe sehr unterschiedlich erfahren.[60] Verallgemeinerungen hierüber sind immer problematisch.[61] Zwei generelle Tendenzen wird man jedoch ohne Gefahr allzu großer Vereinfachung herausstellen können:

1. die Polarisierung der Gesellschaft in Reiche und Arme: die oberen Schichten (peers, knights, squires, bewaffnete gentry) wurden – infolge ihrer überdurchschnittlich hohen Geburtenrate, durch den Aufstieg von Neureichen, die Zunahme des privat genutzten Grundeigentums und den inflationären Titelverkauf seitens der Regierung – verhältnismäßig zahlreicher und gleichzeitig – als Folge der vermehrten kommerziellen Aktivitäten, der größeren Nachfrage nach professionellen Dienstleistungen, der steigenden Agrarpreise und ihrer gewinnbringenden Beziehungen zum königlichen Hof und zur Regierung – verhältnismäßig reicher;[62] die unteren Schichten (Armenunterstützungsbedürftige, Lehrlinge, Dienstboten und Lohnarbeiter) wurden – infolge von Bevölkerungsvermehrung, fortschreitender Enclosure-Bewegung, tendentieller Arbeitslosigkeit und repressiver Münz- und Steuerpolitik[63] – ebenfalls verhältnismäßig zahlreicher, gleichzeitig aber auch verhältnismäßig ärmer, was vor allem auf die ungleichmäßige Entwicklung von Preisen und Löhnen zurückzuführen ist, die für viele Lohnempfänger – auch dann, wenn diese neben Geldlöhnen noch Naturalleistungen empfingen – einen starken Rückgang der Reallöhne zur Folge hatte;[64]

2. die relative Angleichung der Lebensverhältnisse innerhalb der oberen Schichten, die vor allem auf zwei Faktoren zurückgeht: a) auf den ökonomischen und politischen Machtzuwachs der wohlhabenderen Gentry in Relation zur Hocharistokratie[65] und b) auf den wirtschaftlichen und gesellschaftlichen Aufstieg eines Teiles des gehobenen Bürgertums[66] und einer Minderheit der reicheren Bauern[67] im Vergleich zu der adeligen Großgrundbesitzerklasse insgesamt.

Zu den wichtigsten außerökonomischen institutionellen Veränderungen, die den frühkapitalistischen Wirtschaftsaufschwung in England unterstützt haben und zugleich von diesem selbst provoziert bzw. ermöglicht wurden, sind zu zählen:

1. die Herausbildung der bürgerlichen Familie[68] als „primäres Züchtungsorgan der gesellschaftlich geforderten Triebgewohnheiten und Verhaltensweisen für den Heranwachsenden"[69] sowie, damit zusammenhängend, die Entstehung der spezifisch neuzeitlichen Institution der Kindheit;[70] und

2. die Konzentration der öffentlichen Gewalt im „King of Parliament", ein Prozeß, den G. R. Elton[71] – in kritischer Auseinandersetzung mit dem älteren Whig-Konzept der „New Monarchy" (1485)[72] und der Evolutionstheorie von A. F. Pollard[73] – als „Tudor-Revolution" (1530–1542) bezeichnet hat.[74] Ihr Hauptinitiator war der leitende Minister Heinrichs VIII., Thomas Cromwell.[75] „Das Kernstück der Tudor-Revolution war das Konzept der nationalen Souveränität".[76] Die wichtigsten Veränderungen, die sich aus dieser „Revolution" für die politische Herrschaftsordnung Englands ergaben, waren: die Beseitigung des Dualismus von politischer und kirchlicher Gewalt durch die Unterordnung der Kirche unter den Staat,[77] die militärische und politische Unterwerfung der Magnaten, der Sieg des parlamentarischen Statute-Law, die Grundlegung der nationalen Einigung[78] und die Durchsetzung eines neuartigen, bürokratisch organisierten Regierungsapparates, „freed from the personal activity of either king or entourage".[79]

Die sozialgeschichtliche Bedeutung des „Tudor-Absolutismus" ist nach wie vor umstritten.[80] Soviel wird man jedenfalls heute feststellen können: Als Agenten der bürgerlichen Bewegung haben sich die Tudors kaum verstanden.[81] Die Leitziele ihrer Innenpolitik waren eher konservativ.[82] „Security, not prosperity, was the main object of Tudor economic rule".[83] Indem es den Tudors jedoch gelungen ist, England tatsächlich vor größeren innergesellschaftlichen Auseinandersetzungen zu bewahren[84] – und dies ohne stehendes Heer[85] – haben sie damit unbeabsichtigt auch die Prosperität gefördert und der Entfaltung bürgerlicher Lebensverhältnisse den Weg geebnet.[86]

Der wirtschaftliche Fortschritt des „langen 16. Jahrhunderts" vollzog sich „unter schwierigsten Bedingungen, auf tausenderlei verschiedenen Arten in einem langen, keineswegs immer geradlinigen Prozeß".[87] Nach

G. Imbert lagen die konjunkturellen Höhepunkte in England bei 1530, 1556/58 und 1597, die Tiefpunkte bei 1507, 1540, 1569/71 und 1617/ 20.[88] Um die Jahrhundertwende machte sich eine deutliche Abschwächung der Konjunktur bemerkbar.[89] Zu Beginn der zwanziger Jahre des 17. Jahrhunderts geriet der englische Tuchexport in große Schwierigkeiten.[90] In diesem Zusammenhang entstand die klassische Schrift des englischen Frühmerkantilismus: Th. Muns 'England's Treasure by Forraign Trade'.[91] Etwa zur gleichen Zeit bahnte sich in Kontinentaleuropa ein säkularer Konjunkturumschwung an.[92] Die große Prosperität des 16. Jahrhunderts ging in eine lange Trendperiode der Stagnation und der Depression über,[93] die – zumindest zeitweilig – auch auf England übergriff.[94] Vor diesem Hintergrund hat sich die „Krise des 17. Jahrhunderts" entfaltet,[95] nach E. J. Hobsbawm „the last phase of the general transition from a feudal to a capitalist economy".[96] Von ihr ist im folgenden Abschnitt zu berichten.

3. England in der Krise des 17. Jahrhunderts

Der krisenhafte Charakter des 17. Jahrhunderts und die hervorragende Bedeutung, die diese Geschichtsepoche für die Herausbildung des neuzeitlichen Englands gehabt hat, sind von der Geschichtsschreibung seit je erkannt und gewürdigt worden.[97] Hat in der Vergangenheit in erster Linie die sogenannte „Glorreiche Revolution" von 1688/89 die Aufmerksamkeit auf sich gezogen,[98] so gilt das Interesse in der Gegenwart vor allem den verschiedenartigen Konflikten der vierziger und fünfziger Jahre.[99] Was aber in diesen Jahrzehnten in England tatsächlich geschehen ist, worum die Menschen damals so erbittert gerungen haben, was aus diesem Ringen schließlich hervorgegangen ist, kurz: welche konkrete Bedeutung also die Krise des 17. Jahrhunderts für den Verlauf der englischen Geschichte in der frühen Neuzeit gehabt hat, das ist nach wie vor umstritten – obwohl ganze Generationen von Historikern sich immer wieder darum bemüht haben, den Sinn dieser krisenhaften Geschichtsepoche zu deuten.[100]

a) Die Ursachen des englischen Bürgerkrieges

Im Mittelpunkt der historiographischen Debatte steht die Analyse der Ursachen des englischen Bürgerkrieges und – damit zusammenhängend – das Bemühen, den allgemeinen Charakter der Krise des 17. Jahrhunderts zu bestimmen.

Die Puritanische Revolution. Die Krise des 17. Jahrhunderts in der Sicht der traditionellen Whig-Historiographie

Das klassische Interpretationsmodell, an dem alle alternativen Deutungen des englischen Bürgerkrieges zu messen sind, ist das Konzept der „Puritanischen Revolution". Es enthält die traditionelle Whig-Sicht des 17. Jahrhunderts[101] und ist vor allem von Henry Hallam,[102] Thomas B. Macaulay[103] und Samuel R. Gardiner[104] geprägt worden.[105] In den Augen der Whig-Liberalen ist der englische Bürgerkrieg ein revolutionärer Freiheitskampf gewesen, der notwendig war, um die englische Verfassung, das heißt „the rule of law and the consent of the community", gegen den Stuart-Absolutismus zu verteidigen bzw. vollends durchzusetzen.[106]

Die Geschichte, die uns die Whig-Liberalen von der Krise des 17. Jahrhunderts erzählen, läßt sich grob vereinfacht so zusammenfassen:[107] Unter der großen Elisabeth war die Welt in England noch in Ordnung. Mit dem Regierungsantritt der ruchlosen und zugleich inkompetenten Stuarts verließ die englische Geschichte dann jedoch für nahezu drei Generationen ihre natürlichen Bahnen. Die frühen Stuarts versuchten in England einen ganz und gar unenglischen Despotismus zu errichten und zerstörten damit den von den Tudors geschaffenen Verfassungskompromiß. Zum Glück fand sich in der parlamentarischen Gentry eine mächtige Opposition, die sich im Bündnis mit dem Puritanismus der Stuart-Tyrannei widersetzte und diese schließlich überwand. Die Träger dieser „Puritan Revolution" diskreditierten sich dann jedoch selbst, indem sie sich nach ihrem Sieg dazu hinreißen ließen, Karl I. hinzurichten und das Cromwellsche Militärsystem einzuführen, das dem Wesen der englischen Verfassung nicht minder widersprach als der soeben beseitigte Stuart-Despotismus. So wurde die Restauration notwendig, um die englische Verfassungsentwicklung wieder in eine evolutionäre Bahn zu lenken. Als sich dann herausstellte, daß die Söhne Karls I. aus dem Schicksal ihres Vaters nichts gelernt hatten, indem sie aufs neue am Parlament vorbeizuregieren versuchten, riefen die Whigs gemeinsam mit einigen ungewöhnlich aufgeklärten Tories Wilhelm von Oranien ins Land. Die Männer von 1688/89 waren klug genug, die Fehler der vierziger Jahre nicht zu wiederholen. Sie verzichteten auf alle radikalen Experimente und überließen die Führung des Landes den großen Landlords.[108] So wurde die „Glorreiche Revolution" zum entscheidenden Wendepunkt der englischen Geschichte.[109] Mit ihr begann eine Zeit unaufhaltsamen Fortschritts, unter der maßgeblichen Regie der Whig-Partei.[110]

Das Konzept der „Puritanischen Revolution" hat lange Zeit nahezu kanonische Bedeutung besessen. Mit dem Niedergang des politischen Liberalismus ist jedoch auch die liberale Geschichtskonzeption prinzipiell in Frage gestellt worden, und zwar aus zwei verschiedenen Richtungen: zum einen durch R. H. Tawney und seine Schüler, die die Geschichtserfahrun-

gen und Zukunftserwartungen der Arbeiterbewegung in die Deutung des
17. Jahrhunderts einbrachten;[111] zum anderen im Anschluß an L. Namier,
der eine neue konservative Schule innerhalb der englischen Geschichtsschreibung begründet hat.[112]

*Bürgerliche Revolution versus Revolution der Verzweiflung. Die Gentry-
Kontroverse über die sozialen Ursachen der englischen Revolution*
Der Hauptmangel der traditionellen Whig-Interpretation der Krise des
17. Jahrhunderts ist ihre einseitige Konzentration auf die Ideen- und Verfassungsgeschichte, anders formuliert: die weitgehende Ausblendung der
sozioökonomischen Voraussetzungen, die die ideologischen und verfassungspolitischen Auseinandersetzungen des englischen Bürgerkrieges
wenn nicht direkt verursacht, so doch zumindest indirekt ermöglicht und
ihren Verlauf maßgeblich mit bestimmt haben. Der erste Publizist, der den
Blick auf die soziale Dimension dieser Krise gelenkt hat, war der liberal-
konservative französische Politiker und Historiker François Guizot, der
mit der Erforschung der englischen Revolution des 17. Jahrhunderts seine
eigenen Erfahrungen mit den revolutionären Erschütterungen des
19. Jahrhunderts zu verarbeiten suchte.[113] Etwa gleichzeitig mit Guizot
haben auch Karl Marx und Friedrich Engels die sozialgeschichtliche Bedeutung der englischen Revolution erkannt und herausgearbeitet.[114] Bis
diese Perspektive in die akademische Geschichtsschreibung Eingang fand,
sollten jedoch noch weitere hundert Jahre vergehen.[115] Die beiden Historiker, die die sozialgeschichtliche Revision der traditionellen Whig-
Deutung des englischen Bürgerkrieges im wesentlichen in Gang gesetzt
haben, waren R. H. Tawney[116] und Chr. Hill,[117] von denen jeder auf seine
Art und Weise an die Geschichtskonzeption von Marx und Engels anknüpfte.[118]

Der allgemeine Bezugsrahmen, in dem Tawney und Hill die Krise des
17. Jahrhunderts zu erfassen suchen, ist das Konzept der „Bürgerlichen
Revolution".[119] Danach ist der englische Bürgerkrieg „das zwangsläufige
Resultat einer historischen Situation, in der der weitere Fortschritt des Kapitalismus unmöglich geworden war ohne die Überwindung einer politischen Herrschaftsordnung, die die bürgerliche Entwicklung in jeder Hinsicht einengte und behinderte".[120] Der unmittelbare Ausgangspunkt des
Tawneyschen Revisionismus ist die „Gleichgewichtstheorie" des James
Harrington,[121] die davon ausgeht, daß Veränderungen in der „balance of
property" zwangsläufig auch Veränderungen in der „balance of power"
nach sich ziehen: „So wie ... das Verhältnis oder Gleichgewicht des Eigentums an Grund und Boden ist, so ist auch die Art der (politischen) Herrschaft".[122] Tawney übernahm dieses Axiom und wandte es, wie das auch
bereits Harrington selbst getan hatte, auf die Vorgeschichte der englischen
Revolution an. Nach Tawney fand in England in dem Jahrhundert vor
Ausbruch des Bürgerkrieges im Gefolge des frühkapitalistischen Wirt-

schaftsaufschwungs und der diesen begleitenden säkularen Geldentwertung ein grundlegender Wechsel in der Relation der Eigentumsverhältnisse statt, dergestalt, daß die traditionelle feudale Herrschaftsklasse, die Aristokratie – Eigentümer mit relativ fixem Einkommen und unflexiblen Konsumgewohnheiten –, das Übergewicht an Grund und Boden verlor und eine neue (Mittel-)Klasse, die Gentry, die sich der bürgerlichen Entwicklung besser anzupassen verstand, das Übergewicht gewann. Dem folgte zwangsläufig der politische Machtzuwachs der Gentry in Gestalt des Aufstiegs des House of Commons. Die Krone unterstützte diesen Prozeß zunächst in der Absicht, dadurch ihre eigene Stellung gegenüber den Magnaten zu befestigen. Als die Stuarts sich dann dem politischen Aufstieg der Gentry entgegenstellten, kam es zum Konflikt zwischen Krone und Parlament, der schließlich in den Bürgerkrieg einmündete, der die endgültige Übernahme der politischen Gewalt durch die neue bürgerliche Eigentümerklasse zur Folge hatte. Damit war das Gleichgewicht zwischen der „balance of property" und der „balance of power" wiederhergestellt und zugleich die Voraussetzung für die weitere Entfaltung bürgerlich-kapitalistischer Lebensverhältnisse in England geschaffen.

Die Tawneysche (und Hillsche)[123] Deutung des englischen Bürgerkrieges als einer bürgerlichen Revolution löste in den fünfziger Jahren die wahrscheinlich größte Debatte aus, die die englische Geschichtsschreibung in diesem Jahrhundert erlebt hat: die sogenannte Gentry-Kontroverse.[124] Der Hauptkontrahent von Tawney war dabei H. R. Trevor-Roper.[125] Der unmittelbare Ausgangspunkt von Trevor-Roper war der gleiche wie derjenige Tawneys: die soziale Mobilität im Jahrhundert vor dem Ausbruch der Revolution. Nach Trevor-Roper wurde der soziale Auf- und Abstieg im vorrevolutionären England jedoch nicht primär von der Entwicklung der Eigentumsverhältnisse bestimmt, folglich auch nicht von der spezifischen Art und Weise der Eigentumsnutzung, sondern in erster Linie von der Gunst des königlichen Hofes, vom Zugang zu öffentlichen Ämtern und der Ausnutzung von Einnahmequellen im Bereich von Handel und Recht.[126] Die entscheidende Markierungslinie innerhalb der gehobenen englischen Gesellschaft verlief demnach nicht zwischen niedergehender Aristokratie und aufsteigender Gentry, sondern zwischen denjenigen Familien – aus Aristokratie, Gentry und bäuerlich-bürgerlicher Herkunft –, die Zugang zum Hof und zu öffentlichen Ämtern besaßen (court lawyers, court officials, court peers, court merchants etc.), und denjenigen Familien, denen dieser Zugang mangels Beziehung, Ausbildung oder Glück versperrt blieb, die deshalb darauf angewiesen waren, allein von den infolge der Geldentwertung tendenziell abnehmenden Einnahmen aus ihrem Landbesitz zu leben und denen somit der gesellschaftliche Abstieg drohte. Diese sogenannte „mere gentry", die sich bewußtseinsmäßig als religiöse Dissenters – als radikale Puritaner oder als Katholiken – zu erkennen gab, war nach Trevor-Roper der eigentliche Träger der Puritani-

schen Revolution. Sie stellte die Männer, die 1640/41 als „Country-Par-
tei" das „Court-System" überwanden, die daran anschließend den Bürgerkrieg gegen Karl I. entfachten und schließlich als radikale Independenten
die Führung der New Model Army übernahmen und Cromwell an die
Macht brachten. Dabei war die „mere gentry" von Hause aus zutiefst konservativ eingestellt. Sie besaß keinerlei revolutionäre Intention. Wogegen
sie kämpfte, war nicht die Monarchie an und für sich, sondern „the vast,
oppressive, ever-extending apparatus of parasitic bureaucracy which had
grown up around the throne and above the economy of England".[127] Bei
diesem Konflikt handelte es sich nach Trevor-Roper um ein allgemeines
europäisches Phänomen: den Aufstand der traditionellen Gesellschaft gegen den Renaissance-Staat. Diese Auseinandersetzung endete auf dem
Kontinent im allgemeinen mit dem Sieg der neuen absolutistischen Staatsgewalt, in England ging daraus infolge der Unfähigkeit der Stuarts der
Zusammenbruch der Monarchie hervor.

Zwei einander diametral entgegengesetzte sozialgeschichtliche Rekon-
struktionen des englischen Bürgerkrieges standen sich somit gegenüber:
auf der einen Seite das Konzept der bürgerlichen Revolution, das heißt die
Deutung des Bürgerkrieges als politische Machtergreifung der im Verlauf des frühkapitalistischen Wirtschaftsaufschwungs emporgestiegenen,
bürgerlich denkenden und handelnden Gentry-Klasse; auf der anderen
Seite das Konzept der Revolution der Verzweiflung, nämlich der konservative Versuch einer infolge der kapitalistischen Entwicklung vom wirtschaftlichen Abstieg bedrohten Adelsklasse, das Rad der Geschichte zu-
rückzudrehen und die traditionell-feudalen Handlungs- und Herrschaftsverhältnisse in England wiederherzustellen. Keine dieser beiden Interpretationen hat sich indessen voll durchsetzen können.[128] „Neither ‚the rise of
the gentry' nor ‚the decline of the gentry' ever happened".[129] „Die Gentry
war keine ökonomische Klasse. Sie war eine soziale und rechtliche Klasse.
In wirtschaftlicher Hinsicht war sie gespalten".[130] Ein Teil der Gentry ist
im Verlauf des frühkapitalistischen Wirtschaftsaufschwungs sicher aufge-
stiegen; ein anderer Teil – vermutlich der kleinere – ist abgestiegen. Die
Ursachen für Aufstieg und Niedergang waren komplex und hingen keineswegs nur oder auch nur in erster Linie mit dem Phänomen der Preisrevolution zusammen. Auch die Tawneysche These, der Erfolg der aufstei-
genden Gentry sei im wesentlichen der bürgerlich-kapitalistischen Wirt-
schaftsgesinnung dieser Gesellschaftsschicht zuzuschreiben, ist in dieser
Form wohl nicht haltbar, wenngleich nicht zu übersehen ist, daß diejenigen Gentlemen, die nur von ihren Renten lebten, es sicher schwerer hatten, als diejenigen, die eigene ökonomische Aktivitäten entfalteten – in der
Landwirtschaft, in der Industrie oder im Handel. Diese Feststellung gilt
indessen nicht nur für die Gentry, sondern prinzipiell auch für die Aristokratie.[131] Auf der anderen Seite ist die Bedeutung, die die Gunst des Hofes
und die Praxis der Ämtervergabe für die soziale Mobilität im vorrevolutio-

nären England gehabt haben, von Trevor-Roper zweifellos überschätzt worden.[132] Wichtiger waren allgemein politische und militärpolitische Gesichtspunkte.[133] Daneben haben auch biologische Daten eine im einzelnen allerdings schwer zu gewichtende Rolle gespielt, insbesondere die Todesraten der Pächter, von denen die Häufigkeit neuer Pachtvereinbarungen und damit die Möglichkeit der Rentenerhöhung wesentlich mit abhingen.[134] In Anbetracht dieser Vielzahl von Faktoren, die – von Region zu Region zudem in sehr unterschiedlicher Weise[135] – Aufstieg und Niedergang der Gentry im 16. und frühen 17. Jahrhundert bestimmt haben, ist es sehr unwahrscheinlich, daß diese Gesellschaftsschicht über ein ausgeprägtes, ökonomisch begründetes Klassenbewußtsein verfügte.[136] „Das nahezu paradoxe Resultat der Gentry-Kontroverse ist mithin die Erkenntnis, daß vor Ausbruch der Englischen Revolution im Bereich der politisch aktionsfähigen englischen Führungsschicht keine großen homogenen sozialen Gruppen bestanden, deren politische Zielsetzungen sich aus der Identität der jeweiligen ökonomischen Interessen ableiten ließen. In diesem Sinne läßt sich eine direkte Kausalverbindung von sozialem Wandel und Revolution nicht herstellen",[137] weder im Sinne einer bürgerlichen Revolution noch auf der Linie einer Revolution der Verzweiflung.[138]

Die Krise der Aristokratie. Die englische Revolution im Spiegel der Systemtheorie

Die Gentry-Kontroverse hat den Anstoß zu zahlreichen Falluntersuchungen über einzelne Familien und Familiengruppen auf regionaler Basis gegeben.[139] Die wichtigste davon ist Lawrence Stones ‚Crisis of the Aristocracy', die sich mit den „Peers" beschäftigt.[140] Der Ausgangspunkt von Stone, der sich selbst als einen unorthodoxen Neoliberalen versteht, ist eine modifizierte Version der Tawney-These, die Verschiebung des Machtgefüges zwischen Aristokratie und Gentry im Verlauf des frühkapitalistischen Wirtschaftsaufschwungs: „Ich argumentierte, daß die Aristokratie an militärischer Macht, an Landbesitz und an Prestige verlor, daß ihr Realeinkommen unter Elisabeth … stark zurückging, zu Beginn des 17. Jahrhunderts dann aber … ebenso stark wieder anstieg".[141] Das ermöglichte es der Aristokratie, ihren aufwendigen Lebensstil beizubehalten, reichte aber nicht dazu aus, den Macht- und Prestigeverlust wieder wettzumachen, den die Magnaten gegenüber der gehobenen Gentry erlitten hatten. Damit aber war auch die Position der Krone entscheidend geschwächt. Als der König und die Kirche ihre unpopuläre Verfassungs- und Religionspolitik begannen, standen sie ohne Bündnispartner da. Die Reduktion der Adelsmacht ist für Stone der entscheidende Faktor auf dem Weg in den Bürgerkrieg, zwar nicht im Sinne einer unmittelbaren Ursache, wohl aber im Sinne einer Vorbedingung, die es ermöglicht hat, daß die königliche Finanz- und Religionspolitik dann den Zusammenbruch der öffentlichen Ordnung tatsächlich verursachen konnte.[142]

Später hat Stone seine Argumentationsweise – unter dem Einfluß der von Chalmers Johnson entwickelten Systemtheorie[143] – erheblich erweitert[144] und neben dem relativen Niedergang des Hochadels noch drei weitere Hauptfaktoren in den Katalog seiner „Preconditions" der Revolution aufgenommen: 1. das Scheitern der Krone beim Aufbau einer stehenden Armee und einer zuverlässigen Lokalverwaltung; 2. die zunehmende Ausbreitung des Puritanismus und – daraus resultierend – das wachsende Bewußtsein in großen Teilen der besitzenden und unteren Mittelschichten für die Notwendigkeit grundlegender Veränderungen in Staat und Kirche; und 3. der Vertrauensschwund in die Integrität der hohen staatlichen und kirchlichen Amtsträger.[145] Keiner dieser Faktoren war für sich allein genommen so wirkungsmächtig, daß er den Zusammenbruch des Regierungssystems und den Ausbruch des Bürgerkrieges zwangsläufig notwendig machte. Alle Faktoren zusammen aber, in Verbindung mit weiteren sekundären Bedingungen, machten nach Stone eine gewisse Reorganisation der politischen Herrschaftsordnung fast unvermeidbar und eine Reform der Kirchenverfassung zumindest sehr wahrscheinlich, sei es auf dem Wege friedlicher Evolution oder aber unter Gewaltanwendung.

Die Stonesche Deutung der Krise des 17. Jahrhunderts ist in der Literatur auf große Resonanz gestoßen und hat insgesamt gesehen wohl überwiegend Zustimmung gefunden. Ihr Hauptmangel ist darin zu sehen, daß sie nicht hinreichend deutlich macht, was nun eigentlich den revolutionären Charakter der Krise des 17. Jahrhunderts ausmachte bzw. wann diese Revolution präzise stattfand.[146] Bestand sie in dem Zusammenbruch der königlichen Autorität 1640, der seinerseits aus der Unfähigkeit Karls I. resultierte, mit der schottischen Invasion fertig zu werden?[147] Oder war sie die Hinrichtung des Königs 1649 und die Errichtung des Commonwealth, als Konsequenz der Eskalation der gesellschaftlichen Auseinandersetzungen in der zweiten Hälfte der vierziger Jahre? Diese Frage wird von Stone nicht eindeutig beantwortet. Auf der einen Seite übernimmt er, als erste sogenannte „basis presupposition", den bekannten Aphorismus Harringtons: „The dissolution of this government caused the war, not the war the dissolution of this government".[148] Danach wäre die Revolution in dem seit langem vorbereiteten Zusammenbruch der traditionellen Institutionen von Staat und Kirche zu sehen. Auf der anderen Seite enthält Stones zweite „basic presupposition", die den revolutionären Charakter des Bürgerkrieges zu belegen sucht, eine ganze Reihe von Errungenschaften, die eindeutig und ausschließlich den späten vierziger Jahren zuzuschreiben sind.[149] Was diese Errungenschaften ermöglicht hat, bleibt weitgehend offen. Die Stonesche Argumentation erscheint somit schlüssig, insoweit sie sich auf den Zusammenbruch des politischen Systems 1640/41 bezieht, sie versagt jedoch dort, wo es darum geht, die institutionellen Transformationen der späten vierziger Jahre zu erklären, die es nach Stone rechtfertigen, den Bürgerkrieg als Revolution zu bezeichnen.[150]

*Die große Rebellion ohne Vorgeschichte. Der englische Bürgerkrieg in der
Sicht der konservativen Geschichtsschreibung*
Sowohl das Konzept der „Puritanischen Revolution" als auch die verschiedenen sozialgeschichtlich orientierten Erklärungsansätze der Krise
des 17. Jahrhunderts gehen von zwei Grundannahmen aus: 1. daß der englische Bürgerkrieg mehr oder weniger zwangsläufig gewesen ist und 2. daß
er wichtige Folgen für die weitere Entwicklung Englands gehabt hat. Es
gibt indessen auch eine ganz andere Sichtweise: Danach ist der Bürgerkrieg im wesentlichen zufällig entstanden, ein Produkt von Fehlentschei-
dungen und Mißverständnissen, ohne Vorgeschichte und ohne große Resultate. Die klassische Ausführung dieser Interpretation ist die ‚History of
the Rebellion‘ des Earl of Clarendon, die erste große Darstellung des englischen Bürgerkrieges überhaupt.[151] Für Clarendon ist der Bürgerkrieg die
letzte und heftigste der zahlreichen Adelsverschwörungen, die England
auf seinem Weg in die Neuzeit begleitet haben. Die von den Whig-Histo-
rikern so stark betonten ideologischen Gegensätze und die von der neueren sozialgeschichtlich orientierten Literatur hervorgehobenen materiellen
Streitpunkte interessieren Clarendon höchstens am Rande. Sein Standpunkt ist der des pragmatischen Regierungsmannes, des Insiders, der davon überzeugt ist, daß Aufstände und Rebellionen immer sinnlos sind. Für
ihn liegt die Hauptursache des Bürgerkrieges in der Inkompetenz der
Stuarts und ihrer Ratgeber. „Government collapsed, ... because the men at
the top were weak and muddleheaded, and gave unprecedented opportu-
nities to ideologues and schemers".[152]

Clarendons ‚History of the Rebellion‘, deren erkenntnisleitende Interessen den Standpunkt der Königspartei des Bürgerkrieges reflektieren, ist
das Vorbild der Tory-Geschichtsschreibung des 18. und 19. Jahrhunderts
geworden.[153] Nach konservativer Ideologie sind Revolutionen stets ver-
meidbar,[154] führt illegale Gewaltanwendung letzten Endes immer zur
Diktatur.[155] Während der Vorherrschaft der Whig-Historiographie hat
die konservative Deutung der Krise des 17. Jahrhunderts ein bloßes Schat-
tendasein gefristet. Im Zuge der „Namieran Revolution"[156] ist sie jedoch
wiederentdeckt worden, und zwar zuerst von G. R. Elton,[157] dessen bereits
in anderem Zusammenhang besprochenes Konzept der „Tudor-Revolution" mit einer gezielten Abwertung der Revolution des 17. Jahrhunderts
verbunden ist.[158] Für Elton ist die Vorgeschichte des Bürgerkrieges auf
den Zusammenbruch des Regierungssystems reduziert. Dieser selbst erfolgte nicht strukturell bedingt notwendig: „It broke down because the
early Stuart governments could not manage or persuade, because they
were incompetent, sometimes corrupt, and frequently just ignorant of
what was going on or needed doing." Und was aus diesem „Jahrhundert der Revolution" schließlich herauskam, war nicht mehr als
„eine bloße Anpassung der Funktionsmethode der überlieferten Verfassung".[159]

Eltons Thesen und Fragestellungen sind inzwischen vielfach aufgenommen und weitergeführt worden.[160] Auf diese Weise hat sich eine neokonservative Deutung der Krise des 17. Jahrhunderts herausgebildet, als deren wichtigste Vertreter Conrad Russell,[161] Kevin Sharpe,[162] Paul Christianson,[163] James E. Farnell[164] und Mark A. Kishlansky[165] zu nennen sind. Die von diesen Historikern publizierten Arbeiten enthalten im einzelnen sehr unterschiedliche Aussagen und Interpretationsansätze. Was sie miteinander verbindet, sind vor allem drei Momente: 1. die eindeutige Absage an die Vorstellung, der englische Bürgerkrieg sei von der Sache her notwendig und unvermeidbar gewesen;[166] 2. die „generelle Reduzierung der historischen Rolle des Parlaments im Vorfeld der Englischen Revolution";[167] sowie 3. die Hervorhebung der „ungebrochenen politischen Vormachtstellung der englischen adligen Führungsschicht, wobei Klientelverhältnisse nach dem Muster der römischen Nobilität die solide Machtbasis für diese Position lieferten".[168] Der englische Hochadel war es auch, der nach dieser neokonservativen Interpretation den harten Kern der Opposition gegen die Krone darstellte. Sein politisches Leitbild war das Ideal einer an Livius bzw. Machiavelli[169] orientierten aristokratischen Republik. Der Versuch, dieses Ideal in die Wirklichkeit umzusetzen, löste schließlich den Bürgerkrieg aus.[170]

Diese, hier nur sehr grob zusammengefaßte neokonservative Deutung der Krise des 17. Jahrhunderts erfreut sich zur Zeit relativ großer Zustimmung innerhalb der englischen und amerikanischen Geschichtsschreibung.[171] Ihre Hauptleistung ist in zwei Punkten zu sehen: zum einen in der nachdrücklichen Betonung des subjektiven Momentes und damit auch der politischen Perspektive der englischen Revolution, die im Verlauf der Gentry-Kontroverse stark in den Hintergrund zurückgedrängt worden ist; und zum anderen in der Wiederentdeckung der relativ starken Position des Hochadels im politischen System Englands zu Beginn des 17. Jahrhunderts, die von der Whig-Historiographie und der neueren Sozialgeschichte wohl unterschätzt worden ist. Der Hauptmangel des Konzepts der „Great Rebellion" ist – abgesehen davon, daß manche der darin enthaltenen, zum Teil sehr weit gehenden Thesen quellenmäßig nicht ausreichend oder überhaupt nicht belegt sind – die ziemlich einseitige Konzentration auf die Intentionen und Entscheidungen der kleinen aristokratischen Herrschaftsklasse,[172] so daß für einen politischen Antagonismus prinzipieller Natur in dieser Geschichtsdeutung kaum Platz ist.[173] Mit Christopher Hill gesprochen: „Mighty revolutions should not be dismissed as the unfortunate mistakes of incompetent politicians, or as the product of the skill and greed of a few cunning men".[174]

b) Die Entfaltung der Krise

Die Mehrzahl der Historiker geht heute davon aus, daß England im Verlauf der vierziger Jahre des 17. Jahrhunderts nicht eine, sondern zwei Revolutionen erlebte, die sich nach Herkunft und Zielsetzung deutlich voneinander unterscheiden: eine politische Revolution, die im wesentlichen innerhalb der herrschenden Klasse stattfand und objektiv auf die Durchsetzung einer neuen Staatsordnung abzielte, und eine „Volksrevolution", die für mehr Demokratie und größere soziale Gerechtigkeit eintrat.[175] Diese zweite Revolution hat nicht tatsächlich stattgefunden, aber sie drohte im Verlauf des Bürgerkrieges auszubrechen, und als solche Drohung hat sie die Auseinandersetzungen innerhalb der englischen Herrschaftsklasse maßgeblich mit bestimmt.

Die politische Revolution

Der englische Bürgerkrieg war – seinem Ursprung nach und in der Hauptsache – kein Klassenkampf im Sinne einer Auseinandersetzung zweier in ihrer ökonomischen Basis und in ihren ökonomischen Interessen durchaus verschiedenen, fest zu umreißenden Teile der Gesellschaft, sondern ein Konflikt innerhalb der englischen Führungsschichten, in dem es um die Reorganisation der politischen Herrschaftsordnung ging.[176] Die politische Revolution entwickelte sich in drei Etappen: Sie begann mit der forcierten Reformpolitik des Langen Parlaments (1640/42), die in der Literatur auch als „konstitutionelle Revolution" firmiert.[177] Die zweite Etappe entfaltete sich im Verlauf des ersten Bürgerkrieges (1642/46). Den Abschluß und Höhepunkt der politischen Revolution bildete die Phase zwischen dem zweiten Bürgerkrieg und der Errichtung der englischen Republik.

Die konstitutionelle Revolution wurde von der sogenannten „Country-Allianz" getragen. Ihre Entstehung, Entfaltung und schließliche Wiederauflösung hat die Geschichtsschreibung in jüngster Zeit wiederholt beschäftigt.[178] Der Country-Begriff ist der Terminologie des 17. Jahrhunderts entnommen. Die Opposition, die er bezeichnet, setzte sich aus zwei Bewegungen zusammen, die von ihrem Ursprung her nur wenig miteinander gemeinsam hatten: zum einen aus dem sogenannten „pure country", d. i. die allgemeine Bewegung bzw. Mentalität der regionalen Eliten, eine Art von Regionalismus, der sich prinzipiell gegen den von den Stuarts betriebenen Ausbau der staatlichen Administration und damit zusammenhängend auch gegen die ganze Lebensweise des Hofes (court) richtete; zum anderen aus dem sogenannten „official country", das die relativ kleine Gruppe derjenigen Mitglieder der politischen Nation bezeichnet, die sich von Hof und Regierung ausgeschlossen sahen und über die Opposition im Parlament ein politisches Amt anstrebten. Diese beiden Strömungen haben sich im Verlauf der Vorgeschichte der Revolution allmählich zusammengefunden. Das Programm dieser Country-Allianz war zunächst rein defensiv auf die Abwehr der Stuart-Offensive und die Verteidigung der traditionellen Verfassungsstruktur ausgerichtet, wie sie in der Formel „King in Parliament" zum Ausdruck kam. Als sich jedoch im Verlauf der Auseinandersetzungen zwischen Krone und Parlament herausstellte, daß sich die staatliche Souveränität in dieser Formel nicht mehr fassen ließ, gingen die politisch aktiven Mitglieder der Country-Allianz allmählich von einer bloß defensiven zu einer offensiven Strategie über, die das Parlament zum entscheidenden Faktor des englischen Verfassungslebens zu machen suchte.[179]

Die konstitutionelle Revolution vollzog sich formal gesehen völlig legal. Die Reformgesetze, die in dieser Phase erlassen wurden, trugen ausnahmslos die Unterschrift des Königs.[180] Die Mitwirkung des Königs an der Verfassungsreform erfolgte jedoch nicht freiwillig. Karl I. sah sich dazu aufgrund seiner isolierten Stellung mehr oder weniger gezwungen. „Hinter der Fassade der Legalität hatte die Revolution bereits begonnen".[181] Revolutionär waren vor allem die Art und Weise, wie das Parlament seine Reformpolitik vorbereitete, sowie die Methoden, deren es sich zur Durchsetzung seiner Ziele bediente, insbesondere das enge Zusammenspiel zwischen den politischen Führungsgruppen im Unterhaus und den Petitionen, Demonstrationen und sonstigen Aktivitäten der Londoner Bevölkerung.

In dem Maße, in dem die Errungenschaften der Reformpolitik des Langen Parlaments auf politischen Pressionen und revolutionären Methoden beruhten, wuchs jedoch auch die Zahl der Gegner dieser Politik sowohl innerhalb als auch außerhalb des Parlaments, brach die Country-Allianz allmählich auseinander, wechselten die gemäßigten Mitglieder der politischen Nation auf die Seite des Königs über.[182] Die Entstehung der Königspartei ist der leitende Gesichtspunkt der neueren historischen Arbeiten zum Übergang der konstitutionellen Revolution in den Bürgerkrieg.[183] Der Zerfall der Country-Allianz wird heute vor allem auf vier Ursachen zurückgeführt: 1. die zunehmende Radikalisierung der Parlamentsmehrheit, wie sie insbesondere in den „Nineteen Propositions" zum Ausdruck kommt;[184] 2. die scheinbar wachsende Konzessionsbereitschaft des Monarchen;[185] 3. die drohende Abschaffung der Bischofsverfassung;[186] und 4. die zunehmende Politisierung der außerparlamentarischen Öffentlichkeit, die bei einem Großteil der politischen Eliten Furcht vor einer Volksherrschaft weckte.[187]

Mit der Auflösung der Country-Allianz und dem Ausbruch des Bürgerkrieges im Anschluß an den irischen Aufstand[188] im Herbst 1642 stellt sich dem Historiker zunächst die Frage nach den Unterscheidungsmerkmalen der beiden Parteien, die sich nun als „Cavaliers" und „Roundheads" gegenübertraten. Die grundlegenden Untersuchungen von D. Brunton und D. Pennington über die Zusammensetzung des Langen Parlaments[189] sowie die Zusammenstellung von Einzelbiographien der Abgeordneten von

M. F. Keeler[190] haben ergeben, daß im engeren Sinne ökonomische Gesichtspunkte bei der Konstituierung der Bürgerkriegsparteien keine Rolle
gespielt haben.[191] Gentlemen, Rechtsanwälte und Kaufleute, aufgestiege-
ne und abgestiegene Mitglieder aus der Gentry waren auf beiden Seiten
nahezu gleichmäßig vertreten. Offenkundig ist lediglich der Altersunter-
schied zwischen den beiden Fraktionen, wobei die Royalisten im Durch-
schnitt 11 Jahre jünger waren als ihre Kontrahenten – eine Erkenntnis, die
zwar zu allerhand Spekulationen Anlaß gegeben hat,[192] die jedoch für sich
allein genommen nicht allzuviel besagt. In keinem Fall lassen sich daraus
definitive Schlußfolgerungen über den sozialpolitischen Charakter der
beiden Bürgerkriegsparteien ziehen.

Davon abgesehen sind die Arbeiten von Brunton, Pennington und Keeler ja auch nur für die Parteiergreifung der Mitglieder des Parlaments auf-
schlußreich. Wie sich die englische Bevölkerung insgesamt gesehen im
Bürgerkrieg verhalten hat, läßt sich nur schwer feststellen.[193] Das Bürgertum verhielt sich neutral bzw. war in sich gespalten. Das Kleinbürgertum
(und auch die kleineren Bauern)[194] neigten überwiegend der Parlamentspartei zu, die reicheren Kaufleute hingegen ergriffen, wenn sie sich überhaupt engagierten, eher für den König Partei, in dem sie den Beschützer
ihrer Privilegien sahen. Die wichtige soziale Schicht der Juristen war auf
beiden Seiten vertreten,[195] das gleiche gilt für die gehobene Gentry. Be-
merkenswert ist sicher, daß die wirtschaftlich weiter entwickelten Gebiete
innerhalb Gesamtenglands, also der Süden und der Osten, wie auch die
weiter entwickelten Gebiete innerhalb einzelner Regionen, das heißt vor
allem die Hafenstädte und Industriegegenden, in stärkerem Maße der
Parlamentspartei zuneigten, während die weniger entwickelten Land-
schaften, insbesondere West- und Nordengland, mehr zum König hielten.[196] Das spricht sicher nicht für die These Trevor-Ropers, daß die
Roundheads generell den Rückschritt verkörperten. Ob sich daraus aber
umgekehrt der Schluß ziehen läßt, daß die Parlamentspartei im englischen
Bürgerkrieg prinzipiell den Fortschritt vertrat, ist noch sehr die Frage. Die
regionale Parteinahme läßt sich möglicherweise auch anders erklären. Zu
bedenken gibt auch, daß ein Großteil der englischen Bevölkerung sich
nicht freiwillig, sondern gezwungenermaßen im Bürgerkrieg engagiert
hat.[197] Die starke Tendenz zur Neutralität erscheint kaum dazu geeignet,
die generelle Deutung des Bürgerkrieges als Klassenkampf zu unterstüt-
zen.[198]

Der Verlauf des Bürgerkrieges selbst und die Resultate, die er hervorgebracht hat, sind wenig kontrovers.[199] Die beiden entscheidenden Faktoren,
die den Ausschlag für den Sieg der Parlamentspartei gaben, waren: 1. ihre
ökonomisch-fiskalische Überlegenheit, die zum einen auf der Kontrolle
der wirtschaftlich weiter entwickelten Regionen, zum anderen auf einer
neuartigen Finanzpolitik beruhte; und 2. ihre militärische Überlegenheit,
die vor allem auf die Gründung der „New Model Army" zurückzuführen

ist.[200] Dabei sind die Erfolge dieser Armee zumindest anfangs weniger auf allgemein organisatorische bzw. ideologische Faktoren zurückzuführen als vielmehr darauf, daß die „New Model Army" mit Sir Thomas Fairfax als Oberbefehlshaber und Oliver Cromwell als General-Leutnant und Kommandant der Kavallerie ein neues Kommando erhielt, das im Gegensatz zu dem alten Kommando unter den Aristokraten Essex und Manchester energisch und kompromißlos den totalen militärischen Sieg über den König anstrebte.

Dieses Revirement an der Spitze des Parlamentsheeres war das Ergebnis heftiger politischer Auseinandersetzungen innerhalb des Parlamentes zwischen der gemäßigten Friedenspartei, die den Ausgleich mit dem König suchte und bereit war, dafür auch politische Konzessionen zu machen, und der radikaleren Kriegspartei, die die Voraussetzung für den Frieden in der bedingungslosen Kapitulation Karls I. erblickte, wobei letztere schließlich die Oberhand behielt.[201] Die tatsächliche Kapitulation des Königs führte dann jedoch nicht den sofortigen Frieden herbei, sondern hatte im Gegenteil eine fortschreitende Radikalisierung zur Folge.[202] Die wichtigsten Stationen, die diese Entwicklung markieren, sind: die offene Gegenrevolution der presbyterianischen Parlamentsmehrheit (26.7. 1647)[203] und die dadurch provozierte Machtübernahme der Armee in London (4.8. 1647), der zweite Bürgerkrieg (Sommer 1648), die Säuberung des Parlaments, der sogenannte „Pride's Purge", aus dem das Rumpfparlament hervorgegangen ist (6.12. 1648),[204] die Einleitung des Gerichtsverfahrens gegen Karl I. (28.12. 1648), die Verkündung der Volkssouveränität als Basis der englischen Staatsverfassung (4.1. 1649),[205] die öffentliche Hinrichtung Karls I. (30.1. 1649),[206] die Abschaffung des Oberhauses (6.2. 1649) und schließlich die Ausrufung der Republik (17.3. 1649).[207] Damit war die politische Revolution in England vollendet.[208]

Die Ursachen dieser Radikalisierung der englischen Revolution sind komplex. Vier Faktoren verdienen in diesem Zusammenhang besondere Beachtung: 1. die kompromißlose Haltung des Königs, der trotz seiner militärischen Niederlage – aus dem Wissen heraus, daß die überwältigende Mehrheit der Sieger im Bürgerkrieg nicht an die Abschaffung der Monarchie dachte – zu keinerlei Zugeständnissen bereit war; 2. die zu große Nachgiebigkeit der Parlamentsmehrheit, die den König in seiner kompromißlosen Haltung bestärkte; 3. die Unzufriedenheit in den Reihen der Armee, die sich u.a. in der Selbstorganisation der Truppe dokumentierte;[209] und 4. die zunehmende Politisierung der außerparlamentarischen Öffentlichkeit, insbesondere in London, „wobei strittig ist, wieweit diese – spontan organisiert – sich als treibende Kraft erwies oder – von oben mobilisiert – lediglich zur Unterstützung bestimmter Aktionen eingesetzt wurde".[210]

Die Revolte in der Revolution

Mit der zuletzt getroffenen Feststellung ist die zweite Revolution in den Blick gerückt, die England in der Mitte des 17. Jahrhunderts erlebt hat, mit Chr. Hill gesprochen: „die Revolte in der Revolution".[211] Dadurch unterscheidet sich die englische Entwicklung in der allgemeinen Krise des 17. Jahrhunderts von der Entwicklung in den meisten anderen Ländern: Während hier die innergesellschaftlichen Auseinandersetzungen weitgehend auf den Konflikt innerhalb der traditionellen Eliten begrenzt blieben, hat sich in England auf dem Höhepunkt der Krise eine eigenständige „Volksrevolution" entfaltet, die – obwohl sie letzten Endes gescheitert ist – die Auseinandersetzungen innerhalb der englischen Führungsschichten doch maßgeblich mit bestimmt hat.[212]

Die wichtigsten Voraussetzungen, die das Zustandekommen dieser Volksrevolution ermöglichten, waren: 1. die schlechte Wirtschaftslage, unter der das Volk besonders zu leiden hatte;[213] 2. die Gespaltenheit der herrschenden Klasse und – als Folge davon – der Niedergang der öffentlichen Ordnung, der den nicht zur politischen Nation gehörenden Gesellschaftsschichten die Möglichkeit eröffnete, ihre Interessen ausnahmsweise öffentlich zu artikulieren;[214] 3. der Zusammenbruch der traditionellen Kirchenordnung, der die Entstehung einer persönlichen Religiosität und die Entwicklung außerreligiöser Weltanschauungen förderte und so – in Zusammenhang mit der neuen Pressefreiheit[215] – einen Prozeß in Gang setzte, der auch bei den nicht privilegierten englischen Bevölkerungsschichten allmählich eigene Klassengefühle entstehen ließ;[216] und 4. auch noch die Insellage Englands, die es den englischen Eliten schwer machte, innergesellschaftliche Spannungen nach außen abzuleiten.[217]

Der Hauptträger der englischen Volksrevolution war nicht das Volk schlechthin, sondern „the middle sort of people", das heißt „the main body of landholding peasants and independent master-craftmen".[218] Die „middle sort of people" waren vor allem an einer Reform des Wahlrechts und an der Absicherung der individuellen Freiheitsrechte interessiert. Sie artikulierten ihre Interessen in Flugschriften und Petitionen, bildeten eigene Organisationen und veranstalteten Massendemonstrationen, die in der herrschenden Klasse die Erinnerung an die Volksaufstände des 16. Jahrhunderts weckten.[219] Die Angst vor der Errichtung einer Volksherrschaft bildete ein wichtiges Moment bei der Konstituierung der Bürgerkriegsparteien. Nach B. Manning entstand die Königspartei im wesentlichen „from dislike of popular tumults: it was less the party of episcopalians and Straffordians than the party of order", während umgekehrt die „popular party", die im Parlament verblieb, diejenigen Abgeordneten umfaßte, die nach wie vor den König mehr fürchteten als das Volk.[220]

Den Höhepunkt der „Revolte in der Revolution" und zugleich jene Phase, in der die zweite Revolution dahin tendierte, sich zu verselbständigen, bildete die Levellerbewegung.[221] In der Vergangenheit meist völlig übergangen oder als unbedeutende Extremisten abgetan, stehen die Leveller heute im besonderen Blickpunkt der Geschichtsschreibung. „Jede Frage nach der revolutionären Dimension von englischem Bürgerkrieg und Interregnum muß der Antwort auch ein Studium der Levellerbewegung zugrunde legen, die in ihrer kurzen Geschichte geradezu exemplarisch Möglichkeiten und Grenzen der Englischen Revolution demonstrierte".[222] Die Levellerbewegung, mit regionalem Schwerpunkt in der Hauptstadt London,[223] erstreckte sich über den Zeitraum von 1645–1650. Die besonderen Bedingungen, die zu dieser Bewegung geführt haben, waren der militärische Sieg der Parlamentspartei im ersten Bürgerkrieg und, im Anschluß daran, die Entstehung des Dualismus von Parlament und Armee, der es den Levellern ermöglichte, sich als eigene Kraft in die politischen Auseinandersetzungen einzubringen. Im Augenblick ihrer vollen Entfaltung besaß ihre Bewegung nahezu sämtliche Attribute einer politischen Partei im modernen Sinn: ein eigenes, veröffentlichtes Programm,[224] eine ordentliche Parteiführung,[225] eine Mitgliedschaft, die regelmäßig Beiträge zahlte, eine Parteiorganisation, zumindest ansatzweise, und schließlich – in Gestalt des ‚Moderate‘ – auch eine Wochenzeitung, die die Leveller zwar nicht selbst herausgaben, die ihnen jedoch jederzeit für ihre Parteinachrichten zur Verfügung stand.

Die Levellerbewegung war die einzige Gruppierung im englischen Bürgerkrieg, die ihre Interessen und Forderungen nicht in religiöser Form vortrug. Die Grundlage ihrer Argumentation bildete das neuzeitliche Naturrecht.[226] Die Leveller haben eine Vielzahl politischer Abhandlungen und Denkschriften bis zu vollständigen Verfassungsentwürfen hinterlassen,[227] die zu Recht als die bemerkenswertesten Publikationen bezeichnet worden sind, die diese so publikationsfreudige Geschichtsepoche hervorgebracht hat.[228] Die historische Bedeutung des Levellerprogramms ist nach wie vor umstritten.[229] Während die einen die Leveller als die ersten Demokraten der Neuzeit bezeichnen, sehen andere in ihnen die typischen Vertreter des bürgerlichen Besitzindividualismus.[230] In jedem Fall wird man feststellen können, daß die Leveller in der Krise des 17. Jahrhunderts im Sinne des Zeitgeistes den radikalen politischen Fortschritt verkörperten. „For a short time, and perhaps for the first time, there came on the stage of history a group of men proclaiming ideas of liberty not liberties, equality not privilege, fraternity not deference".[231]

Die Wahl- und Grundrechtsforderungen der Levellers gingen weit über das hinaus, was der Mehrheit des Parlaments als erstrebenswert erschien. Die einzige Chance, die Revolution in ihrem Sinne zu radikalisieren, lag für die Leveller in der Verbindung mit der Armee. Diese Allianz ist – nach vielversprechendem Beginn[232] – letzten Endes am Widerstand Cromwells und der anderen Militärführer gescheitert.[233] „Die Leveller wurden von Cromwell und seinen Verbündeten zweimal besiegt – zuerst 1647 und dann erneut 1649 – und die ‚Revolution‘, die sie erstrebten, fand niemals wirklich statt. Aber die gemäßigtere Revolution, die von Cromwell und anderen durchgeführt wurde, war durchgreifender und wirkungsvoller, als sie es ohne den Beitrag gewesen wäre, den die Leveller sowohl als Verbündete als auch als Gegner Cromwells ... geleistet haben".[234]

Die Levellerbewegung war ihrem Wesen nach eine politische Bewegung der englischen Kleineigentümer. Die eigentumslosen Schichten haben die Leveller zeitweilig unterstützt. Auf dem Höhepunkt der Krise haben sie sich jedoch von ihnen getrennt und sich als eigene soziale Bewegung in der Revolution organisiert.[235]

Die besonderen Voraussetzungen für die Konstituierung einer selbständigen sozialrevolutionären Bewegung waren: 1. die Niederlage der Leveller, die ihrerseits durch den Abfall der eigentumslosen Schichten endgültig besiegelt wurde; 2. die Hinrichtung Karls I. und 3. die Ausrufung des Commonwealth, an die sich besonders im englischen „Volk" große Erwartungen knüpften. Die Art und Weise, in der die Eigentumslosen ihre Zukunftsvorstellungen formulierten und ihre Forderungen in die Revolution einbrachten, war im Unterschied zur Levellerbewegung wieder spezifisch religiös geprägt. Die besondere Form des Klassenbewußtseins der unteren Bevölkerungsschichten, das sich im Verlauf der Krise des 17. Jahrhunderts entwickelte, war die „lower-class independency", die ihren organisatorischen Niederschlag in der Sektenbewegung fand.[236] Der entscheidende Unterschied zwischen den klassischen Independenten, den parlamentarischen Gegnern der Presbyterianer,[237] und der „lower-class independency" ist darin zu sehen, daß die klassischen Independenten-Kongregationen sowohl Auserwählte als auch Verdammte umfaßten (unter der Leitung der ersteren), während die Independenten-Sekten sich nur aus Auserwählten zusammensetzten,[238] wobei das Kriterium der Auserwählung nicht mehr im Erfolg und Besitz lag, sondern in der inneren Berufung durch Gott, die prinzipiell für jedermann möglich war – sogar für jede Frau.[239] Damit verbunden war die radikale Absage an die Trennung zwischen Laien und Priestern,[240] positiv formuliert: die Aufforderung an jeden Gläubigen, nicht nur seine eigenen, besonderen Gotteserfahrungen, sondern auch seine eigenen, ganz persönlichen Überzeugungen von einem guten Leben öffentlich zu artikulieren und damit die allgemeine herrschende Moral bzw. die verallgemeinerte Moral der Herrschenden in Gestalt der offiziellen Religion in Frage zu stellen.[241]

Die soziale Bewegung, die sich auf der Höhe der Krise des 17. Jahrhunderts entfaltete, war keine einheitliche, parteimäßig organisierte Bewegung, sondern setzte sich aus zahlreichen separaten Aktionsgemeinschaften zusammen, darunter die Family of Love,[242] die Diggers,[243] die Baptisten,[244] die Quäker,[245] die Ranters[246] und die Fifth Monarchy Men.[247] Daneben gab es auch noch die sogenannten Seekers, die Aufklärung über Gott prinzipiell nicht mehr in der Kirche erwarteten, sondern auf die innere Erleuchtung in privater Umgebung hofften[248] – „not customarily to make a trade of it, for fleshly ends, but occasionally as the Light is pleased to manifest himself in me".[249] Was alle diese unorthodoxen Religionsbündnisse bzw. sozialrevolutionären Aktionsgemeinschaften miteinander verband, war die Tradition des Chiliasmus, d. h. die Erwartung der Wiederkehr Christi auf Erden zwecks Errichtung eines tausendjährigen Friedensreiches unter der Regierung der Heiligen.[250] Die konkreten programmatischen Schlußfolgerungen, die die einzelnen Sekten und Vereinigungen aus dieser Zukunftserwartung zogen, waren durchaus verschieden. Während die Fifth Monarchy Men sich als politische Kadergruppe verstanden, die aktiv, auch mit gewaltsamen Mitteln, darum bemüht war, das aus der Revolution hervorgegangene Regiment Cromwells den göttlichen Geboten anzupassen und damit der Wiederkehr Christi vorzuarbeiten,[251] hatte die Besetzung des St. George Hill durch die Diggers wohl in erster Linie die Funktion, ein eschatologisches Zeichen zu setzen, das sowohl das Volk als auch die Herrschenden zum Nachdenken veranlassen und damit einen Bewußtseinswandel in Gang setzen sollte, der Gewaltanwendung letzten Endes überflüssig machen würde.[252] Der Digger Gerrard Winstanley gilt im übrigen als einer der ersten Vertreter des utopischen Sozialismus,[253] der bereits im Ansatz die Arbeitswertlehre des 19. Jahrhunderts vorwegnahm.[254] Daß solche Vorstellungen im englischen Bürgerkrieg nicht nur artikuliert wurden, sondern darüber hinaus auf relativ große, wenn auch kaum zu quantifizierende Resonanz stießen,[255] macht das Besondere der „allgemeinen Krise des 17. Jahrhunderts" in England aus.

c) Die Bedeutung der Krise des 17. Jahrhunderts und die Rückkehr zu Stabilität und Prosperität im 18. Jahrhundert

Die Revolte in der englischen Revolution ist gescheitert. Das gilt für die politische Bewegung der Levellers ebenso wie für die soziale Bewegung der Independenten-Sekten. „The City on a Hill was not built in England".[256] Die Verteilung des Eigentums zwischen den sozialen Gruppen ist von der Revolution kaum berührt worden.[257] Auch die Rechtstradition ist im wesentlichen erhalten geblieben und nicht durch ein neues revolutionäres Recht beiseite gesetzt worden.[258] Die politische Nation hat sich nicht prinzipiell erweitert. Die Zahl der Wahlberechtigten, die sich in der ersten Hälfte des 17. Jahrhunderts und insbesondere zwischen 1614 und 1628 beträchtlich erhöhte,[259] ist im nachrevolutionären England sogar wieder zurückgegangen.[260] Die politische Partizipation hat sich generell verengt.[261] Gleichzeitig haben sich die politischen und gesellschaftlichen Verhältnisse in einem seit langem nicht mehr gekannten Ausmaß stabilisiert,[262] was allerdings nicht heißt, daß es im nachrevolutionären England keine sozialen Konflikte mehr gegeben hat.[263] Die Gesamtstruktur des politisch-sozialen Systems ist durch die vorhandenen Vorbehalte und Protestbewegungen jedoch nicht weiter in Frage gestellt worden. Hat das 17. Jahrhundert in der Geschichtsschreibung das Etikett „Jahrhundert der Krise" gefunden, so wird das 18. Jahrhundert von den meisten Historikern als ein Jahrhundert der Stabilität und der Prosperität gedeutet.[264]

Obwohl viele der im Bürgerkrieg artikulierten Alternativen – und zumal die sozialpolitischen – sich letzten Endes nicht durchgesetzt haben, bleibt als Ergebnis doch festzuhalten, daß England in den vierziger Jahren des 17. Jahrhunderts eine „wirkliche Revolution" erlebt hat,[265] eine Revolution allerdings, die nur von wenigen gewollt und geplant war, die sich vielmehr überwiegend über die Köpfe der Beteiligten und Betroffenen hinweg entfaltet hat.[266] Das Hauptergebnis der englischen Revolution war die Zerschlagung der königlichen Bürokratie, nach Christopher Hill das wichtigste einzelne Ereignis der ganzen britischen Geschichte. „Der Staat, den Thomas Cromwell um 1530 errichtet hatte – die Möglichkeit der Zentralregierung, ohne Parlament zu regieren, und ihre Macht über die Lokalpolitik – wurde 1641 vom Tisch gefegt".[267] Daran hat auch die Restauration von 1660 nichts mehr geändert, die im übrigen manche Veränderung der vierziger und fünfziger Jahre wieder rückgängig machte.[268]

Die Kehrseite der Entmachtung der königlichen Bürokratie war die Emanzipation der englischen Lokalgewalten. Die politische Entwicklung des nachrevolutionären Englands ist gekennzeichnet durch das Regiment des „Local Selfgovernment".[269] Das Hauptorgan der lokalen Selbstverwaltung waren die Friedensrichter (Justices of the Peace), die formell zwar vom Monarchen ernannt wurden und von diesem auch wieder abgesetzt werden konnten, faktisch jedoch vom Lord-Lieutnant der County nach Rücksprache mit den amtierenden Friedensrichtern ausgewählt wurden und immer mehr als unabsetzbar galten.[270] Der Versuch Jakobs II., diese Entwicklung wieder rückgängig zu machen, löste die „Glorreiche Revolution" aus, die das Übergewicht der lokalen Gewalten endgültig bestätigte.[271] Ihre Koordination auf nationaler Ebene besorgte in erster Linie das Parlament, das seit 1688 rechtlich definiert zu einer periodisch zu wählenden und einzuberufenden Versammlung wurde.[272] Die Bedeutung dieser Einrichtung darf indessen nicht überschätzt werden. Das Parlament war im 18. Jahrhundert in erster Linie ein Instrument der Oberschichten zur Durchsetzung lokaler Interessen, mit Barrington Moore gesprochen „ein Komitee von Gutsbesitzern".[273]

„Die vom Zentrum wegführende Machtverlagerung – das Ergebnis zweier Revolutionen – war von großer Dauerhaftigkeit. Es läßt sich sogar behaupten, daß es nicht in erster Linie die Machtverteilung zwischen Krone und Parlament gewesen ist, die zunächst durch die Revolutionen des 17. Jahrhunderts verändert worden war – der Monarch blieb auch unter Wilhelm III. und Queen Anne ein bedeutsamer, von Historikern oft unterschätzter Faktor – sondern das Verhältnis zwischen Zentralgewalt und Lokalgewalt".[274] Die Hauptnutznießer dieser Entwicklung waren die adeligen Großgrundbesitzer (die Whig-Aristokratie), die nun als „natural rulers" des Landes sowohl in den Counties und Parishes als auch im Parlament die Herrschaft ausübten. Die personelle Zusammensetzung der „landed classes" hat sich trotz der gewaltigen Bodenspekulationen der vierziger Jahre im Verlauf der Revolution kaum verändert.[275] Ihre Machtposition ist jedoch eindeutig gestiegen. Das gilt in politischer wie in wirtschaftlicher Hinsicht.

Die Beurteilung der politischen Entwicklung Englands im 18. Jahrhundert ist lange Zeit maßgeblich durch die Arbeiten Lewis Namiers und seiner Schüler geprägt worden, die im wesentlichen die Entscheidungszentren am Hof und die Zusammensetzung des Unterhauses zum Gegenstand haben.[276] Das Hauptaxiom des sogenannten Namierismus lautet: „All that matters in politics is social power, the top people in the country, great families and their interests, and high-sounding liberal ideologies are just a facade".[277] Neuere Untersuchungen haben demgegenüber gezeigt, daß – entgegen der Verfassungstheorie der Zeitgenossen – Regierung und Parlament im England des 18. Jahrhunderts keinen autonomen Machtbereich zur Verfügung hatten.[278] Sowohl in der Innen- als auch in der Außenpolitik *konnten* außerhalb des Parlaments organisierte Interessengruppen – freilich oft unter Mitwirkung von parlamentarischen Minderheiten – zum ausschlaggebenden Faktor in der politischen Entscheidungsfindung werden,[279] wobei die Träger solchen öffentlichen Protestes das bestehende Herrschaftsgefüge jedoch nicht prinzipiell anzutasten versuchten.[280] Auch in der Frage der Existenz von Parteien ist die Position Namiers und seiner Schüler inzwischen für verschiedene Perioden des 18. Jahrhunderts entschieden kritisiert worden, ohne daß sich aus dieser Kritik jedoch bisher ein allgemein akzeptierter Parteien-Begriff ergeben hat.[281] Ein weiteres Problem, das heute kontrovers diskutiert wird, ist die Bewertung der Parlamentswahlen bzw. die Stellung der Wahlberechtigten im politischen System. Dabei hat sich herausgestellt, daß die Vorstellung von einer prinzipiell manipulierten und unmündigen Wählerschaft zu korrigieren ist.[282]

Die wichtigste sozioökonomische Veränderung, die die Revolution in England bewirkt hat, war die Aufhebung des Lehnswesens und des Vormundschaftsgerichtes.[283] Dadurch wurden die Grundeigentümer aus ihrer bisherigen Abhängigkeit von der Krone befreit.[284] Sie wurden zu tatsächlichen Eigentümern ihrer Liegenschaften und konnten von nun an langfristig planen und investieren. Das feudale System wurde indessen nur nach oben, aber nicht nach unten abgeschafft. „Copyholder erhielten keine Eigentumstitel auf ihr Land, sie blieben von den Großgrundbesitzern abhängig, die willkürlich Erbgebühren festsetzen durften, wodurch sie Pächter, die ihnen nicht paßten, praktisch vertreiben konnten".[285] Mit dem Wegfall der königlichen Kontrolle fielen zugleich die letzten Hindernisse, die den Einhegungen bisher noch im Wege standen.[286] Das ausgehende 17. und die erste Hälfte des 18. Jahrhunderts ist gekennzeichnet durch ei-

nen rapiden Rückgang der auf eigenem Grund und Boden wirtschaften-
den Kleinbauern.[287] Barrington Moore sieht darin – „obwohl die Schlußfolgerung brutal und herzlos erscheinen mag" – einen Vorzug der spezifischen Modernisierung Englands: „Das bedeutete, daß in England der
Übergang zur modernen Welt vonstatten gehen konnte ohne das riesige
Reservoir von konservativen und reaktionären Kräften, wie es in gewissen
historischen Zeitpunkten in Deutschland und Japan vorhanden war, von
Indien ganz zu schweigen. Und es bedeutete natürlich auch, daß die Möglichkeit von Bauernrevolutionen, wie sie in Rußland und China stattgefunden haben, von der Tagesordnung der Geschichte gestrichen wurde".[288]

Neben den adeligen Großgrundbesitzern sind auch die Eliten des städtischen Bürgertums aus der Revolution gestärkt hervorgegangen, zumindest in wirtschaftlicher Hinsicht.[289] Sie profitierten vom Wegfall der königlichen Kontrolle über die Vergabe von Monopolen, vom Rückzug der
Regierung aus der Armenfürsorge und Gewerbeverfassung sowie der sogenannten „financial revolution", d.h. der Etablierung eines Finanzsy-
stems, das zugleich hohe Staatsverschuldung und sichere Anlagemöglich-
keiten bedeutete.[290] Und sie kamen darüber hinaus in den Genuß der
Früchte der expansionistischen Außenpolitik Oliver Cromwells und seiner
Nachfolger,[291] symbolisiert in der Navigationsakte von 1650/51.[292] „Die
Navigationsgesetze markieren den Übergang von einer Wirtschaftsform,
deren Grundlage Monopolgesellschaften waren, zu einer vollständigen
Integration des englischen Handels auf der Basis eines nationalen Mono-
pols, wobei der Staat eine führende Rolle übernahm".[293] Das System ist
auch dem Handwerk und Gewerbe zugute gekommen, weil es die Nieder-
lande aus dem Inlandmarkt heraushielt und die kolonialen und überseeischen Märkte ausdehnte.[294] Auf diese Weise hat die Revolution wesentlich
mit dazu beigetragen, daß die englische Wirtschaft – nach dem säkularen
Konjunkturwechsel des frühen 17. Jahrhunderts[295] – deutlich früher als die
Wirtschaft der kontinental-europäischen Staaten zur Prosperität zurückge-
kehrt ist,[296] die England dann im 18. Jahrhundert auf den Weg zur industriellen Revolution geführt hat.[297]

Die Bedeutung der englischen Revolution liegt jedoch nicht nur in den
tatsächlichen Veränderungen, die sie bewirkt hat, sondern zugleich und
vielleicht sogar in erster Linie in dem ideellen Vermächtnis, das sie hinterlassen hat.[298] „Es ist diese ‚legacy of ideas' ", die es nach Lawrence Stone
rechtfertigt, „die Krise des 17. Jahrhunderts in England als erste große Revolution" der neueren Geschichte zu bezeichnen.[299] Die gesellschaftlichen
Gruppen, die aus dem englischen Bürgerkrieg als unmittelbare Sieger hervorgegangen sind, haben alles darangesetzt, die Erinnerung an die politischen Theorien der Levellers und die sozialen Utopien der Diggers zu ver-
drängen und die Wiederholung ähnlicher Protestbewegungen zu verhindern.[300] Die traditionelle Geschichtsschreibung hat sie dabei unterstützt,
indem sie den Blick der Nachwelt auf den „coup d'état" von 1688 gelenkt

und damit von den eigentlich revolutionären Phänomenen der vierziger Jahre abgelenkt hat.[301] Die Ideen von Lilburne und Winstanley, von Vane und Milton sind gleichwohl nicht in Vergessenheit geraten.[302] Sie haben die nachfolgenden Generationen ermutigt, sich für mehr Freiheit und größere soziale Gerechtigkeit einzusetzen.[303] Sie stellen auch heute noch ein Vermächtnis dar, das es in einem fortgesetzten Prozeß der inhaltlichen Konkretisierung und materiellen Sicherung zu verwirklichen gilt. Geschichtsschreibung und Geschichtsunterricht haben die Möglichkeit, an dieser Aufgabe mitzuwirken.[304]

Anmerkungen

1. R. Koselleck (Hg.), Studien zum Beginn der modernen Welt (1977) S. 6. Zum Epochencharakter der frühen Neuzeit vgl. ferner I. Mieck, Periodisierung und Terminologie der frühen Neuzeit. Zur Diskussion der letzten beiden Jahrzehnte. In: GWU 19 (1968) S. 357–373; J. Kunisch, Über den Epochencharakter der frühen Neuzeit. In: Fs. f. K. D. Erdmann (1975) S. 150–161; E. Hinrichs, Einführung in die Geschichte der frühen Neuzeit (1980), hier S. 9 f.

2. So etwa die bekannten Handbuchzusammenfassungen von E. W. Zeeden, zuletzt: Hegemonialkriege und Glaubenskämpfe 1556–1648 (Propyläen-Geschichte Europas 2) (1977); ebenso E. Hassinger, Das Werden des neuzeitlichen Europas 1300–1600 (²1957), mit der provozierenden Einleitung: „Wir haben uns dafür entschieden, das Geschehen dieser Epoche als Kirchengeschichte darzustellen . . ." (S. XVI).

3. In diesem Sinne etwa G. Ritter, Die Neugestaltung Deutschlands und Europas im 16. Jahrhundert . . . (1950, ND 1967), hier S. 12: „Wenn wir mit dem Beginn des sechzehnten Jahrhunderts einen neuen Abschnitt europäischer Geschichte ansetzen, so zwingt uns dazu unter anderem (und mehr als anderes) die Tatsache, daß eben damals in den Hauptländern Europas, vor allem im Westen und Süden, der ,moderne Staat' nach langer Vorbereitung ins Leben trat . . ." Vgl. unter diesem Aspekt auch Ch. Tilly (Hg.), The Formation of National States in Western Europe (1975) und G. Poggi, The Development of the Modern State. A Sociological Introduction (1978).

4. Vgl. J. Engel, Von der spätmittelalterlichen republica christiana zum Mächte-Europa der Neuzeit. In: Th. Schieder (Hg.), Handbuch der europäischen Geschichte 3 (1971) S. 1–443, hier S. 24 f.: „Der allgemeine Teil dieses Bandes erblickt die Einheit der Epoche . . . in der Umwandlung der spätmittelalterlichen respublica christiana zu dem neuzeitlichen Mächte-Europa."

5. Zur Problematik des Modernisierungsbegriffes und zu den Möglichkeiten, die dieses Konzept der neuzeitlichen Geschichtsschreibung bietet, vgl. allgemein H.-U. Wehler, Modernisierungstheorie und Geschichte (1975). Speziell zu England: H.-Chr. Schröder, Die neuere englische Geschichte im Lichte einiger Modernisierungstheoreme. In: R. Koselleck (Anm. 1) S. 30–67 und E. A. Wrigley, The Process of Modernization and the Industrial Revolution in England. In: JIH 3 (1972) S. 225–259.

6. Als neuesten „Versuch" einer Zusammenfassung dieses Prozesses in gesamteuropäischem Rahmen vgl. R. van Dülmen, Formierung der europäischen Gesellschaft in der Frühen Neuzeit. In: GG 7 (1981) S. 5–41 (mit reichen Literaturangaben).

7. Zur Geschichte des Begriffs vgl. M. Riedel, Gesellschaft, bürgerliche. In: Ge-
schichtliche Grundbegriffe. Historisches Lexikon zur politisch-sozialen Spra-
che in Deutschland 2 (1975) S. 719–800; ders., Der Begriff der „Bürgerli-
chen Gesellschaft" und das Problem seines geschichtlichen Ursprungs. In:
Ders., Studien zu Hegels Rechtsphilosophie (1969) S. 135–166; G. Schulz,
Die Entstehung der bürgerlichen Gesellschaft. Zur Genesis politischer
Ideen und Begriffe. In: Fs. f. H. Rosenberg, hg. von G. A. Ritter (1970)
S. 3–65.

8. So die klassische Definition von G. W. F. Hegel, Grundlinien der Philosophie
des Rechts (1821, ND 1970) S. 339.

9. Dazu grundlegend I. Wallerstein, The Modern World-System, Capitalist
Agriculture and the Origins of the European World-Economy in the Six-
teenth Century (1974). Dazu kritisch: R. Brenner, The Origins of Capitalist
Development: A Critique of Neo-Smithian Marxism. In: NLR 104 (1977)
S. 25–95 (mit anschließender Debatte in NLR 108, 109); R. A. Dogshon, The
Modern World System. A Spatial Perspective. In: PSt 6 (1977) S. 8–19. Vgl.
auch D. Senghaas (Hg.), Kapitalistische Weltökonomie. Kontroversen über
ihren Ursprung und ihre Entwicklungsdynamik (1979).

10. I. Wallerstein, The Modern World-System (Anm. 9) S. 37 f.: „For what Europe
was to develop and sustain now was a new form of surplus appropriation, a
capitalist world-economy. It was to be based not on direct appropriation of
agricultural surplus in the form either of tribute (as had been the case for
world-empires) or of feudal rents (as had been the system of European feudalism). Instead what would develop now is the appropriation of a surplus which
was based on more efficient and expanded productivity (first in the agriculture
and later in industry) by means of a world market mechanism with the ‚artifi-
cial‘ (that is, nonmarket) assist of state machineries, none of which controlled
the world market in its entirety."

11. R. van Dülmen (Anm. 6) S. 7 f. Vgl. allgemein K. Polanyi, The Great Transformation. The political and economic origins of our time (1944, 11. ND der
Tbausg. 1971, dt. 1977); ders., Ökonomie und Gesellschaft (1979); mit besonderer Berücksichtigung Englands: P. Laslett, The World we have lost
(^{5}1975).

12. Eine relative Geradlinigkeit des Modernisierungsprozesses behauptet demgegenüber – neben M. Weber (Anm. 50) – vor allem N. Elias, Über den Prozeß
der Zivilisation. Soziogenetische und psychogenetische Untersuchungen,
2 Bde. (^{2}1969); dazu kritisch A. Honneth u. a., Soziales Handeln und menschliche Natur. Anthropologische Grundlagen der Sozialwissenschaften (1980)
S. 115–123.

13. Vgl. I. Wallerstein, The Modern World-System (Anm. 9) S. 151: „The central
pan-European ideological controversy of the sixteenth and seventeenth centu-
ries-Reformation versus Counter-Reformation – was inextricably intertwined
with the creation both of the strong states and of the capitalist system . . ." Eine
systematische Klärung der Funktion der Religion in den inner- und interge-

sellschaftlichen Auseinandersetzungen der frühen Neuzeit steht noch aus. Zum Verhältnis von Protestantismus und Kapitalismus vgl. Anm. 45.

14. Vgl. allgemein J. H. Elliot, Revolution and Continuity in Early Modern Europe. In: PP 42 (1969) S. 35–56; R. Forster u. a. (Hg.), Preconditions of Revolution in Early Modern Europe (1970); W. Reinhard, Theorie und Empirie bei der Erforschung frühneuzeitlicher Volksaufstände. In: Fs. E. Hassinger (1977) S. 173–200. Speziell zu den Auseinandersetzungen zwischen Adel und Bauern jetzt grundlegend W. Schulze, Bäuerlicher Widerstand und feudale Herrschaft in der frühen Neuzeit (1980), mit gründlicher Einführung zur Historiographie und zum Forschungsstand (S. 21–48); daneben auch G. Heitz u. a., Bauernbewegungen in Europa vom 16. bis zum 18. Jahrhundert. In: ZfG 28 (1980) S. 442–454; dies., Agrarfrage, bäuerlicher Widerstand und bürgerliche Revolution in der Übergangsphase vom Feudalismus zum Kapitalismus. Ebenda S. 1060–1078. Zur Problematik der bürgerlichen Revolution vgl. Anm. 119.

15. Weitgehend unerschlossen sind nach wie vor zahlreiche Aspekte des Alltagslebens. Vgl. J. H. Plumb, The New World of Children in Eighteenth-century England. In: PP 67 (1975) S. 64–93, hier S. 64: „We have too long neglected some of the most vital fields of human experience, as if unworthy of a professional historians attention ... For eighteenth-century England there is no good history of sex, none of prostitution; not even a good history of attitudes to women. Death has been ignored, and so has food. Animals, except as a part of husbandry or the meat market, have no history. And children are little better served." Das läßt sich in vielen Punkten auch auf das 16. und 17. Jahrhundert übertragen.

16. Vgl. ergänzend die einschlägigen Bibliographien und Forschungsberichte, dazu die bekannten Handbuchdarstellungen, in deutscher Sprache vor allem E. Schulin, England und Schottland vom Ende des Hundertjährigen Krieges bis zum Protektorat Cromwells (1455–1660). In: Th. Schieder (Anm. 4) S. 904–961 und K. Kluxen, Großbritannien von 1660 bis 1783. Ebenda 4 (1968) S. 308–378; daneben ders., Geschichte Englands. Von den Anfängen bis zur Gegenwart (1968, ²1976 – mit einigen Literaturnachträgen).

17. Zur generellen Problematik des Konzepts der langen Wechsellagen und zu den Möglichkeiten, die es dem Frühneuzeithistoriker bietet, vgl. H. Haan, Prosperität und Dreißigjähriger Krieg. In: GG7 (1981) S. 91–118, hier S. 91 ff.

18. K. Marx, Das Kapital 1 (Marx-Engels Werke 23) (1972) S. 743: „Obgleich die ersten Anfänge kapitalistischer Produktion uns schon im 14. und 15. Jahrhundert in einigen Städten am Mittelmeer sporadisch entgegentreten, datiert die kapitalistische Ära erst vom 16. Jahrhundert." Ebenso J. M. Keynes (Anm. 22) und E. A. Wrigley (Anm. 5), der weitgehende Übereinstimmung darüber feststellt, daß die Modernisierung in England seit dem 16. Jahrhundert erfolgt ist (S. 244). Zu alternativen Datierungsvorschlägen, die den Beginn des Modernisierungsprozesses näher an die industrielle Revolution heranrücken, vgl. H. Chr. Schröder (Anm. 5) S. 31.

19. Zur spezifischen Problematik des Entwicklungsdualismus zwischen England und Holland, der von den Zeitgenossen als „challenge of modernity" empfunden wurde, vgl. die aufschlußreichen Ausführungen von H.-Chr. Schröder (Anm. 5) S. 32 ff.

20. Zur gesamteuropäischen Entfaltung der Prosperität des 16. Jahrhunderts vgl. die bekannten Handbuchdarstellungen von E. E. Rich u. a. (Hg.), The Economy of Expanding Europe in the Sixteenth and Seventeenth Centuries (CEHE 4) (1967); R. Mousnier, Les XVIe et XVIIe siècles (HGC 4) (⁵1967) und C. M. Cipolla u. a. (Hg.), Europäische Wirtschaftsgeschichte, 2: Sechzehntes und siebzehntes Jahrhundert (1979); dazu als wichtigste Monographien H. v. d. Wee, The Growth of the Antwerp Market and the European Economy, 14–16. Centuries, 3 Bde. (1963); F. Mauro, Le XVIe siècle européenne. Aspects économiques (1970); H. Kamen, The Iron Century. Social Change in Europe 1550–1660 (1971); M. Malowist, Croissance et régression en Europe. XIVe-XVIIe siècles (1972); F. Braudel, Europäische Expansion und Kapitalismus 1450–1650. In: E. Schulin (Hg.), Universalgeschichte (1974) S. 255–294; Ch. Wilson, The Transformation of Europe 1558–1648 (1976) und zuletzt P. Kriedte, Spätfeudalismus und Handelskapital. Grundlinien der europäischen Wirtschaftsgeschichte vom 16. bis zum Ausgang des 18. Jahrhunderts (1980).

21. Zur spezifischen Entfaltung des frühkapitalistischen Wirtschaftsaufschwungs in England vgl. jetzt vor allem die Zusammenfassungen von B. A. Holderness, Pre-Industrial England. Economy and Society from 1500 to 1750 (1976) und D. C. Coleman, The Economy of England 1450–1750 (1977); daneben aus der älteren Literatur N. G. Clark, The Wealth of England from 1496 to 1760 (1946); P. Ramsey, Tudor Economic Problems (1963); Chr. Hill, Reformation to Industrial Revolution (1967, dt. 1977); L. A. Clarkson, The Pre-Industrial Economy in England, 1500–1750 (1971) und J. D. Chambers, Population, Economy and Society in Pre-Industrial England (1972); dazu als wichtigste Aufsatzsammlungen F. J. Fisher (Hg.), Essays in the Economic and Social History of Tudor and Stuart England (1961); E. M. Carus-Wilson (Hg.), Essays in Economic History, 3 Bde. (1954, 1962) und D. C. Coleman u. a. (Hg.), Trade, Government and Economy in Pre-Industrial England. Essays presented to F. J. Fisher (1976).

22. J. M. Keynes, A Treatise of Money (1930), zit. nach F. Lütge, Studien zur Sozial- und Wirtschaftsgeschichte (1963) S. 394 (mit besonderem Bezug auf die letzten Jahrzehnte des 16. und die beiden ersten Jahrzehnte des 17. Jahrhunderts).

23. Vgl. dazu K.-F. Krieger. Die Pestepidemien (vgl. oben S. 46 ff.), dazu ergänzend, in gesamteuropäischer Perspektive P. Kriedte, Spätmittelalterliche Agrarkrise oder Krise des Feudalismus? In: GG 7 (1981) S. 42–68.

24. Vgl. dazu die große Debatte über die Entstehung des Kapitalismus, ausgehend von M. Dobb, Studies in the Development of Capitalism (1946, dt. 1970) (dazu jetzt R. Brenner, Dobb on the Transition from Feudalism to Capitalism. In: CJEc 2 (1978) S. 121 ff.); daran anschließend das Symposium von P. M. Sweezy u. a., The Transition from Feudalism to Capitalism (1954, dt. 1978) und weiter P. Vilar, Problems of the Formation of Capitalism. In: PP 10 (1956) S. 15–38; A. Klima u. a., La Question de la transition du feodalisme au capitalisme en Europe centrale (16e–18e siècles). In: XI ICHS 4 (1960) S. 84–105 und H. Medick, Vom Feudalismus zum kapitalistischen Weltsystem. Zur Erneuerung der „Übergangs"-Debatte. In: Sowi 8 (1979) S. 128 ff. Die jüngste Zusammenfassung der ganzen Diskussion findet sich in J. Ku-

czynski, Geschichte des Alltags des deutschen Volkes. 2: 1650–1810 (1981), hier das erste Kapitel: Die Übergangsperiode – Eine alte, noch lange aktuelle Diskussion.

25. Zur Quellenlage allgemein W. Kirchner, Einige Bemerkungen über die Quellenlage für quantitative Studien der frühen Neuzeit (1971); vgl. auch die Aufsatzsammlung R. Floud (Hg.), Essays in Quantitative Economic History (1974).

26. Vgl. ergänzend zu der in Anm. 21 aufgeführten Literatur die jüngste Quellendokumentation: S. M. Jack, Trade and Industry in Tudor and Stuart England (Historical Problems. Studies and Documents 27) (1977), hier die sehr nützliche Einleitung: The Problem of Growth in Sixteenth and Seventeenth English Society: the Overall Economic Matrix (S. 15–65).

27. Als Hauptwerke zur englischen Agrarentwicklung im 16. Jahrhundert vgl. J. Thirsk (Hg.), The Agrarian History of England and Wales, 4: 1500–1640 (1967); ders., The Changing Regional Structure of English Agriculture in the Sixteenth and Seventeenth Centuries (1980); E. Kerridge, The Agricultural Revolution (1967); ders., Agrarian Problems in the Sixteenth Century and After (1969) sowie E. J. Jones, Agriculture and the Industrial Revolution (1974); daneben als wichtige Aufsatzsammlungen ders. u. a. (Hg.), Agrarian Change and Economical Development. The Historical Problems (1969) und W. E. Minchinton (Hg.), Essays in Agrarian History 1 (1968). Zum gesamteuropäischen Zusammenhang vgl. W. Abel, Agrarkrisen und Agrarkonjunktur. Eine Geschichte der Land- und Ernährungswirtschaft Mitteleuropas seit dem hohen Mittelalter (³1978) und B. H. Slicher v. Bath, The Agrarian History of Western Europe A. A. 500–1850 (1963).

28. Zu den Anfängen der Enclosure-Bewegung vgl. oben S. 78, Anm. 261; zum Fortgang im 16. Jahrhundert insbesondere M. W. Beresford, The Lost Villages of England (1954, ⁴1963); I. Blanchard, Population Change, Enclosure and the Early Tudor Economy. In: EcHR 2te Ser. 23 (1970) S. 427–445 und J. A. Yelling, Common Field and Enclosure in England 1450–1850 (1977). Zur weiteren Entwicklung im 17. und 18. Jahrhundert vgl. unten Anm. 286, dazu als Bibliographie: J. G. Brewer, Enclosures and the Open Fields. A Bibliography (1972).

29. Dazu grundlegend, in gesamteuropäischer Perspektive R. Brenner, Agrarian Class Structure and Economic Development in Pre-Industrial Europe. In: PP 70 (1976) S. 30–74; daneben auch H. Wunder, Agrarwirtschaft und Klassenstruktur im Übergang vom Feudalismus zum Kapitalismus. In: Sowi 8 (1979) S. 124 ff.

30. Die These einer „early industrial revolution" (1540–1640) von J. U. Nef findet heute kaum noch Zustimmung. Vgl. dazu I. Wallerstein, The Modern World-System (Anm. 9) S. 225 f.: „The most important aspect of the industrial transformation of the ‚second' sixteenth century is not in the novelty of its technology (although there was some), nor in its social organization ... The key change was in the geographical distribution of industry. Up to about 1550, there were nodes of industrial activity in various parts of Europe ... From about 1550, industrial activity began to concentrate in certain states of ‚northwest' Europe", insbesondere in England.

31. Vgl. als allgemeine Einführung D. C. Coleman, Industry in Tudor and Stuart

England (1975); dazu im gesamteuropäischen Kontext P. Kriedte u. a., Industrialisierung vor der Industrialisierung. Gewerbliche Warenproduktion auf dem Land in der Formationsepoche des Kapitalismus (1977), dazu kritisch H. Linde, Proto-Industrialisierung. Zur Justierung eines neuen Leitbegriffs der sozialgeschichtlichen Forschung. In: GG 6 (1980) S. 103–124 und E. Schremmer, Industrialisierung vor der Industrialisierung. Anmerkungen zu einem Konzept der Proto-Industrialisierung. Ebenda S. 420–448.

32. Vgl. P. J. Bowden, The Wool Trade in Tudor and Stuart England (1962); N. Lowe, The Lancashire Textile Industry in the Sixteenth Century (1972).

33. L. Stone (Anm. 144) S. 70.

34. Vgl. D. B. Quinn, England and the Discovery of America 1481–1620 (1974) und K. R. Andrews u. a. (Hg.), The Westward Enterprise. English activities in Ireland, the Atlantic and America 1480–1560 (1978), hier vor allem den Aufsatz von C. Shammas, English commercial development and American colonization, 1560–1620 (S. 151–174). Zum gesamteuropäischen Zusammenhang vgl. J. H. Elliot, The Old World and the New 1492–1650 (1970); P. Chaunu, Conquête et exploitation des nouveaux mondes (XVIᵉ siècle) (²1977); U. Bitterli (Hg.), Die Entdeckung und Eroberung der Welt. 2 Bde. (1980–81).

35. Vgl. zur allgemeinen Einführung R. Davis, English Overseas Trade, 1500–1700 (1973); statistische Angaben bei O. Coleman, England's Export Trade, 1275–1547 (1963); zur Schiffahrt G. V. Scammell, English Merchant Shipping at the End of the Middle Ages ... In: EcHR 2te Ser. 13 (1961) S. 327–340; ders., Shipowning in the Economy and Politics of Early Modern England. In: HJ 15 (1972) S. 385–407; zum Verhältnis von Außenhandel und Politik vgl. R. B. Wernham, Before the Armada. The Growth of English Foreign Policy 1485–1588 (1966) und E. Schulin, Handelsstaat England. Das politische Interesse der Nation am Außenhandel vom 16. bis ins frühe 18. Jahrhundert (1969).

36. Vgl. T. S. Willan, The Inland Trade. Studies in English Internal Trade in the Sixteenth and Seventeenth Centuries (1976) und J. A. Chartres, Internal Trade in England, 1500–1700 (1977).

37. Zum Prozeß der Verstädterung vgl. J. Patten, English Towns 1500–1700 (1978); dazu die Aufsatzsammlungen von C. W. Chalklin u. a. (Hg.), Rural Change and Urban Growth, 1500–1800 (1974); P. Clark (Hg.), The Early Modern Town (1976); ders. u. a. (Hg.), English Towns in Transition, 1500–1700 (1976) und dies., Crisis and Order in English Towns, 1500–1700 (1972); ferner P. Corfield, Urban development in England and Wales in the sixteenth and seventeenth centuries. In: D. C. Coleman, Trade (Anm. 21) S. 214–247; P. Abrams u. a. (Hg.), Towns in Societies. Essays in economic history and historical sociology (1979) und A. Dyer, Growth and decay of English towns 1500–1700. In: UHY 1979, S. 60–72.

38. Vgl. allgemein F. J. Fisher, London as an „engine of Economic Growth". In: J. S. Bromley u. a. (Hg.), Britain and the Netherlands. 4: Metropols ... (1971) S. 3–16; ders., The Growth of London. In: E. W. Ives (Anm. 99) S. 76–86 sowie I. Bog, Das Konsumzentrum London und seine Versorgung 1540–1640. In: Fs. f. F. Lütge (1966) S. 141–205. Für das 17. Jahrhundert grundlegend E. A. Wrigley, A Simple Model of London's Importance in Changing English Society and Economy 1650–1750. In: PP 37 (1967) S. 44–70.

39. Die größere Nachfrage nach professionellen Dienstleistungen bedingte zugleich einen Ausbau des Universitätswesens; vgl. dazu H. Kearney, Scholars and Gentlemen. Universities and Society in Pre-Industrial Britain 1500–1700 (1970) und L. Stone (Hg.), The University in Society. 2 Bde. (1975).

40. Nach C. B. Macpherson (Anm. 122) S. 76 f. waren im England des 17. Jahrhunderts nahezu die Hälfte aller Einwohner reine Lohnempfänger. Nimmt man die Heimarbeiter, die zeitweilig gegen Lohn arbeiteten, dazu, so erhöht sich der Anteil auf zwei Drittel. Chr. Hill (Anm. 21) S. 141 schätzt den Anteil der Lohnarbeiter etwas niedriger ein.

41. Die sogenannte Preisrevolution ist Gegenstand einer Debatte, die bis ins 16. Jahrhundert (J. Bodin) zurückreicht. Inwieweit der Preisanstieg des 16. Jahrhunderts als Indikator des gleichzeitigen Wirtschaftswachstums gelten kann, ist umstritten. Zur Einführung in den gegenwärtigen Stand der Diskussion vgl. R. B. Outhwaite, Inflation in Tudor and Early Stuart England (1969); P. Ramsey (Hg.), The Price Revolution in Sixteenth-Century England (1971); C. E. Challis, Spanish bullion and monetary inflation in England in the later sixteenth century. In: JEEH 4 (1975) S. 381–392. Zum gesamteuropäischen Zusammenhang vgl. F. C. Spooner, Secular Price Movements and Problems in Capital Formation. In: CEHE 2 (1965) S. 128–140; A. Maczak, Preise, Löhne und Lebenshaltungskosten im Europa des 16. Jahrhunderts – ein Beitrag zur Quellenkritik. In: Fs. f. W. Abel, hg. von I. Bog u. a. (1974), Bd. 2 S. 321–344 sowie die Aufsatzsammlung aus den Annales: P. Burke (Hg.), Economy and Society in Early Modern Europe (1972).

42. Dazu grundlegend E. H. Phelps Brown u. a., Seven Centuries of Building Wages (1955); dies., Seven Centuries of the Prices of Consumables, Compared with Builders' Wage-rates (1956) – beides neu gedr. in E. M. Carus-Wilson (Anm. 21) 2 (1962) S. 168–178, 179–196; dies., Wage-rates and Prices: Evidence for Population Pressure in the Sixteenth Century. In: Economia (1957) S. 289–306; W. E. Minchinton, Wage Regulation in Pre-Industrial England (1972). Als Materialsammlung immer noch unersetzt: J. E. Th. Rogers, A History of Agriculture and Prices in England. . .4:1401–1582(1881,ND 1963).

43. So vor allem E. J. Hamilton in diversen Beiträgen; dazu kritisch D. Felix, Profit Inflation and Industrial Growth. In: ScEcHR 70 (1956) S. 441–463 und I. Hammarström, The „Price Revolution" of the Sixteenth Century. In: QJEc 5 (1957) S. 118–154.

44. Der Puritanismus wird nach wie vor kontrovers diskutiert. Vgl. die Debatte zwischen C. H. George und W. M. Lamont: Puritanism as History and Historiography. In: PP 41 (1968) S. 77–104 und PP 44 (1969) S. 133–146; ferner den Forschungsbericht von M. G. Finlayson, Puritanism and Puritans: Labels or Libels? In: CJH 8 (1973) S. 201–223. Aus der Vielzahl von Veröffentlichungen vgl. insbesondere Chr. Hill, Society and Puritanism in Pre-Revolutionary England (1964) (Kap. 1: The Definition of a Puritan); M. M. Knappen, Tudor Puritanism (1966); P. Collinson, The Elizabethan Puritan Movement (1966); dazu die Aufsatzsammlung von H. C. Porter (Hg.), Puritanism in Tudor England (1971) sowie die Literatur in Anm. 45 und 237.

45. L. Stone (Anm. 144) S. 99. – Zum Verhältnis von Puritanismus und Kapitalismus vgl. – im Anschluß an die klassischen Darstellungen von M. Weber, E. Troeltsch und R. H. Tawney (Anm. 116) – jetzt vor allem die Diskussion

zwischen H. F. Kearney und Chr. Hill: Puritanism, Capitalism, and the Scientific Revolution. In: PP 28, 29 (1964) S. 81–101; dazu als neuere Monographien M. J. Kitch, Capitalism and the Reformation (1967) und R. Marx, Religion et société en Angleterre de la réforme à nos jours (1978).

46. Vgl. allgemein A. R. Hall, The Scientific Revolution 1500–1800 ... (1962); ders., Die Geburt der naturwissenschaftlichen Methode, 1630–1720. Von Galilei bis Newton (1965); Ch. Webster, The Great Instauration. Science, Medicine and Reform, 1626–1660 (1975); Q. Skinner, The Foundations of Modern Political Thought. 2 Bde. (1978). Zum Verhältnis von Wissenschaft und Gesellschaft vgl. R. K. Merton, Science, Technology and Society in Seventeenth-Century England (²1970); P. Mathias (Hg.), Science and Society 1600–1900 (1972); H. F. Kearney, Science and Change 1500–1700 (1971); A. G. R. Smith, Science and Society in the Sixteenth and Seventeenth Centuries (1972).

47. Vgl. daneben als wichtige Darstellungen zur allgemeinen Geistes- und Kulturgeschichte K. W. Jordan, Philanthropy in England, 1480–1660. A Study of the Changing Pattern of English Social Aspirations (1959); K. Thomas, Religion and the Decline of Magic. Studies in popular beliefs in sixteenth and seventeenth century England (1971); A. L. Rowse, The Elizabethan Renaissance. 2 Bde. (1971/72); A. McLean, Humanism and the Rise of Science in Tudor England (1972) sowie A. Macfarlane, The Origins of English Individualism. The Family, Property and Social Transition (1978).

48. Dazu grundlegend N. Elias (Anm. 12), das folgende Zitat in Bd. 2 S. 400f.

49. Zum Zusammenhang zwischen kapitalistischer Entwicklung und Sexualunterdrückung vgl. J. van Ussel, Sexualunterdrückung, Geschichte der Sexualfeindschaft (1970, ²1977); E. Shorter, Illegitimacy, Sexual Revolution and Social Change in Modern Europe. In: JIH 2 (1971) S. 237–272; ders., Capitalism, Culture and Sexuality. Some Competing Models. In: SSQ 53 (1972) S. 338–356.

50. Dazu die klassische Formulierung von M. Weber, Wirtschaftsgeschichte (1923) S. 302: „Was letzten Endes den Kapitalismus geschaffen hat, ist die rationale Technik, das rationale Recht, aber auch nicht sie allein; es mußte ergänzend hinzutreten die rationale Gesinnung, die Rationalisierung der Lebensführung, das rationale Wirtschaftsethos." Vgl. W. Schluchter, Die Entwicklung des okzidentalen Rationalismus. Eine Analyse von Max Webers Gesellschaftsgeschichte (1979).

51. Vgl. jetzt grundlegend E. A. Wrigley u. a., The Population History of England 1541–1871. A Reconstruction (1981); ders., Population and History (1969); ders., An Introduction to English Historical Demography (1966); daneben übergreifend auch T. McKlown, The Modern Rise of Population (1976). Zu einzelnen Zeitabschnitten und einzelnen Aspekten vgl. ferner I. Blanchard (Anm. 28); J. Cornwall, English Population in the Early Sixteenth Century. In: EcHR 2te Ser. 23 (1970) S. 32–44; R. Lee, Population in Preindustrial England. An Econometric Analysis. In: QJEc 87 (1973); L. Clarkson, Death, Disease and Famine in Pre-Industrial England (1975); J. Hatcher, Plague, Population and the English Economy 1348–1530 (1977) sowie einige wichtige Beiträge in der Aufsatzsammlung D. V. Glass u. a. (Hg.), Population in History (1965).

52. Vgl. ergänzend zu der in Anm. 38 genannten Literatur J. Thirsk, Economic Policy and Projects. The Development of a Consumer Society in Early Modern England (1978).

53. L. Stone (Anm. 144) S. 67. Ähnlich in gesamteuropäischer Perspektive W. Abel (Anm. 27) S. 104 ff., 144 ff.

54. G. Heinsohn u. a., Menschenproduktion. Allgemeine Bevölkerungslehre der Neuzeit (1979). Vgl. in diesem Zusammenhang, mit besonderer Berücksichtigung der gegenwärtigen Problematik in den sogenannten Entwicklungsländern, Chr. Glaß, Bevölkerungswachstum als Katastrophe. Die ideologische Kontinuität der demographischen und ökologischen Diskussion (1978).

55. G. Heinsohn (Anm. 54) S. 12.

56. Ebenda S. 46 ff.

57. Vgl. dazu den Forschungsbericht von W. L. Langer, Infanticide. A Historical Survey. In: HChQ 1 (1974) S. 353–366, dt. in: Kindheit 1 (1979) S. 329–344; für das 19. Jahrhundert F. Sauer, Infanticide and Abortion in the 19th Century Britain. In: PopSt 32 (1978) S. 81–93.

58. Zur Geschichte der Familienplanung die klassische Studie von E. A. Wrigley, Family Limitation in Pre-Industrial England. In: EcHR 2te Ser. 19 (1966) S. 82–109; dazu jetzt auch W. L. Langer, Checks on Population Growth, 1750–1850. In: SA 226 (1972) S. 93–99; L. Stone, The Family, Sex and Marriage in England 1500–1800 (1977); R. B. Morrow, Family limitation in pre-industrial England: a reappraisal. In: EcHR 2te Ser. 31 (1978) S. 419–428 sowie ein Teil der in Anm. 68 genannten Arbeiten.

59. Zum Hexenwesen vgl. A. MacFarlane, Witchcraft in Tudor and Stuart England. A Regional and Comparative Study (1970); St. Clark, Inversion, Misrule and the Meaning of Witchcraft. In: PP 87 (1980) S. 98–128 und als wichtige Quellenedition B. Rosen (Hg.), Witchcraft (1969). Zum gesamteuropäischen Zusammenhang H. R. Trevor-Roper, Der europäische Hexenwahn des 16. und 17. Jahrhunderts (1970). Neu in C. Honegger (Hg.), Die Hexen der Neuzeit (1979) S. 188 ff.; R. Kieckhefer, European Witch Trials: Their Foundations in Popular and Learned Culture, 1300–1500 (1976) sowie G. Becker u. a., Aus der Zeit der Verzweiflung (1977).

60. Die Anwendung des orthodoxen Klassenmodells auf die frühneuzeitliche Gesellschaft ist problematisch. Nach I. Wallerstein, The Modern World-System (Anm. 9) S. 256 ist das 16. Jahrhundert und insbesondere die Periode zwischen 1540 und 1640 „a period of class *formation*". Speziell zu England: die Beiträge von S. Pollard und E. J. Hobsbawm in H.-U. Wehler (Hg.), Klassen in der europäischen Sozialgeschichte (1979); für das 17. und 18. Jahrhundert: E. P. Thompson, Die englische Gesellschaft im 18. Jahrhundert: Klassenkampf ohne Klasse? In: Ders., Plebeische Kultur und moralische Ökonomie. Aufsätze zur englischen Sozialgeschichte des 18. und 19. Jahrhunderts (1980) S. 246–288; R. S. Neale, Class in English History, 1680–1850 (1981). Zur Kritik: H. Stuke, Bedeutung und Problematik des Klassenbegriffs ... In: U. Engelhardt u. a. (Hg.), Soziale Bewegung und politische Verfassung (1976) S. 46–82.

61. Den besten Überblick über die sozialen Begleiterscheinungen der Prosperität des 16. Jahrhunderts gibt L. Stone, Social mobility in England, 1500–1700. In: PP 33 (1966) S. 16–55. Vgl. ders., Social Change and Revolution in England

1540–1640 (1965, ND 1975 = eine nützliche Zusammenstellung zeitgenössischer Kommentare und historischer Interpretationen); dazu A. Everitt, Social Mobility in Early Modern England. In: PP 33 (1966) S. 56–73; R. Brenner, The Social Basis of English Commercial Expansion, 1550–1650. In: JEcH 32 (1972) S. 361–384.

62. L. Stone, Social mobility (Anm. 61) S. 28 f. Ebenda auch zum folgenden.

63. Dazu jetzt grundlegend C. Challis, The Tudor Coinage (1978).

64. Vgl. ergänzend zu der in Anm. 42 aufgeführten Literatur R. Harvey, Recent research on poverty in Tudor-Stuart England: review and commentary. In: IRSH 24 (1979) S. 237–252; J. Walter u. a., Dearth and the Social Order in Early Modern England. In: PP 71 (1976) S. 22–42. Zum Zusammenhang von Verarmung und Landstreicherei vgl. J. F. Pound, Poverty and Vagrancy in Tudor England (1971); A. L. Beier, Vagrants and the Social Order in Elizabethan England. In: PP 64 (1974) S. 3–29; P. A. Slack, Vagrants and Vagrancy in England, 1598–1664. In: EcHR 2te Ser. 27 (1974) S. 538–556. Zum gesamteuropäischen Zusammenhang: W. Abel, Massenarmut und Hungerkrisen im vorindustriellen Europa (1974); J. P. Gutton, La société et les pauvres en Europe (XVIe–XVIIIe siècle) (1974); Th. Riis (Hg.), Aspects of Poverty in Early Modern Europe (1982).

65. Zur Gentry-Kontroverse und zur Diskussion über die Krise des Adels siehe S. 86 ff.

66. Vgl. die klassische Darstellung von L. B. Wright, Middle-Class Culture in Elizabethan England (1935, ND 1965), dazu an neueren Veröffentlichungen vor allem J. W. Gould, The Rise of the Entrepreneur (1969) und C. H. George, The Making of the English Bourgeoisie, 1500–1750. In: SS 35 (1971) S. 385–414. Zur Kritik an der These vom Aufstieg des Bürgertums vgl. H. J. Hexter, The Myth of the Middle Class in Tudor England. In: Ders., Reappraisals in History (1961) S. 71–116; kritisch dazu K. G. Davies, The Mess of the Middle Class. In: PP 22 (1962) S. 77–83.

67. Vgl. grundlegend M. Campbell, The English Yeoman under Elizabeth and the Early Stuarts (1959).

68. Vgl. den Forschungsbericht von F. D. Dow, The early modern family. In: History 63 (1978) S. 239–245; dazu als wichtigste neuere Veröffentlichungen L. Stone, The Rise of the Nuclear Family in Early Modern England: The Patriarchal Stage. In: Ch. E. Rosenberg (Hg.), The Family in History (1975) S. 13–57; ders., The Family (Anm. 58); zum Vergleich von England und Frankreich vgl. A. Armengaud, La famille et l'enfant en France et en Angleterre du XVIe au XVIIIe siècle (1975) und J.-L. Flandrin, Familles. Parenté, maison, sexualité dans l'ancienne societé (1976, dt. 1978); in gesamteuropäischer Sicht W. Conze (Hg.), Sozialgeschichte der Familie in der Neuzeit Europas (1976), hier vor allem H. Medick, Zur strukturellen Funktion von Haushalt und Familie im Übergang von der traditionellen Agrargesellschaft zum industriellen Kapitalismus ... (S. 254–282); E. Shorter, Die Geburt der modernen Familie (1977); M. Mitterauer, Grundtypen alteuropäischer Sozialformen. Haus und Gemeinde in vorindustriellen Gesellschaften (1979); P. Laslett, Family life and illicit love in earlier generations (²1978); ders. u. a. (Hg.), Household and Family in Past Time. Comparative Studies in the Size and Structure of the Domestic Group over the Last Three Centuries in Eng-

land, France ... (1972); M.Anderson, The Western Family Since the Sixteenth Century (1979).

69. N.Elias (Anm. 12) Bd. 1 S.259. – Zur allgemeinen Entwicklung des englischen Erziehungssystems vgl. J.Simon, Education and Society in Tudor England (1966, ND 1979); L.Stone, The Educational Revolution in England 1560–1640. In: PP 28 (1964) S.41–80; J.Lawson u.a., A Social History of Education in England (1973); D.Cressy (Hg.), Education in Tudor and Stuart England (1975).

70. Vgl. ergänzend zu der in Anm.68 aufgeführten Literatur grundlegend I.Pinchbeck u.a., Children in English Society. Bd. 1: From Tudor Times to the Eighteenth Century (1969); dies., Kindheit und Familie im vorrestaurativen England. In: H.Rosenbaum (Hg.), Familie und Gesellschaftsstruktur. Materialien zu den sozioökonomischen Bedingungen von Familienformen (1974) S.151–165; zum 18.Jahrhundert: J.H.Plumb (Anm. 15). In gesamteuropäischer Perspektive: Ph.Ariès, L'enfant et la vie familiale dans l'ancien régime (1960, dt. 1975); L. de Mause (Hg.), The History of Childhood (1974, dt. 1977).

71. Vgl. u.a. G.R.Elton, The Tudor Revolution in Government (1953, ND 1974); ders., England under the Tudors (1955, ²1974); ders., The Tudor Constitution: Documents and Commentary (1960); ders., Parliament in the sixteenth century: Functions and Fortunes. In: HJ 22 (1979) S.255–278. Vgl. Anm.75 und 157.

72. Vgl. L.B.Smith, The „Taste for Tudors" since 1940. In: E.Ch.Furber (Hg.), Changing Views on British History ... (1966) S.101–118, hier S.102f.: „Crudely, the ,Whig' view can be stated as follows: a Lancastrian parliamentary experiment, which collapsed under the impact of economic, political, and moral ineptitude, was followed by Henry VII who created the ,new monarchy', ruled despotically, curbed the nobility, cultivated the mercantile and landed classes, and sacrificed liberty to security."

73. Vgl. insbesondere A.F.Pollard, The Evolution of Parliament (1920); ders., History of England 1547–1603 (1910); ders., Henry VIII (1905, ND 1963).

74. Das Konzept der Tudor-Revolution ist in der Literatur weitgehend übernommen worden, so auch von K.Kluxen, Geschichte Englands (Anm. 16), für den die „Tudor-Revolution" neben der „normannischen Revolution" und der „viktorianischen Revolution" „einen der drei großen Wandlungsprozesse der englischen Geschichte" darstellt (S.200). Zur Kritik an dem Konzept vgl. die Diskussion zwischen P.Williams, G.L.Harriss, J.P.Cooper und G.R.Elton in PP 25 (1963) S.3–58; 26 (1963) S.110–112; 29 (1964) S.26–49; 31 (1965) S.87–96; 32 (1965) S.103–109. Vgl. ferner den Forschungsbericht von B.Bradshaw, The Tudor Commonwealth: reform and revision. In: HJ 22 (1979) S.455–476 sowie J.H.Hurstfield (Anm.79) und P.Williams, The Tudor Regime (1981) (mit ausführlicher Bibliographie).

75. Vgl. G.R.Elton, Reform and Renewal. Thomas Cromwell and the Common Weal (1973); ders., Policy and Police. The Enforcement of the Reformation in the Age of Thomas Cromwell (1972); dazu jetzt auch B.W.Beckingsale, Thomas Cromwell. Tudor Minister (1978) sowie G.L.Harriss, Thomas Cromwell's „new principle" of taxation. In: EHR 93 (1978) S.721–738. Vgl.

auch den Forschungsbericht von V. Gabrieli, Thomas Cromwell (1485–1540) nella litterature e nella storia. In: La Cultura 16 (1978) S. 376–408.

76. G. R. Elton, England (Anm. 71) S. 160.

77. Zur englischen Reformation vgl. grundlegend A. G. Dickens, The English Reformation (1964); dazu ergänzend C. Cross, Church and People 1450–1660. The Triumph of the Laity in the English Church (1976); R. O'Day u. a. (Hg.), Continuity and Change. Personal and Administration of the Church in England 1500–1642 (1976); D. Baker, Reform and Reformation: England and the continent c. 1500–c. 1750 (1979) sowie W. J. Mommsen (Hg.), Stadtbürgertum und Adel in der Reformation. Studien zur Sozialgeschichte der Reformation in England und Deutschland (1979), hier vor allem den Forschungsbericht von Chr. Haigh, Some Aspects of the Recent Historiography of the English Reformation S. 88–106. Zu den sozioökonomischen Begleiterscheinungen der Reformation vgl. vor allem Chr. Hill, Economic Problems of the Church from Archbishop Whitgift to the Long Parliament (1956) und F. Heal u. a. (Hg.), Church and Society in England: Henry VIII to James I (1977); R. O'Day u. a. (Hg.), Princes and Paupers in the English Church, 1500–1800 (1981). Speziell zur Frage der Klöstersäkularisation: J. Youings, The Dissolution of the Monasteries (1971); D. Knowles, Bare Ruined Choirs. The Dissolution of the English Monasteries (1976); N. L. Jones, Profiting from the Religious Reform: The Land Rush of 1559. In: HJ 22 (1979) S. 279–294 sowie als neuere Regionalstudie S. Schüler, Die Klöstersäkularisation in Kent 1535–1558 (1980). Zur Lage der Katholiken: J. C. Aveling, The Handle and the Axe. The Catholic recusants in England from reformation to emancipation (1976) und J. Bossy, The English Catholic Community, 1570–1850 (1975).

78. Vgl. D. M. Loades, Politics and the Nation, 1450–1660. Obedience, Resistance and Public Order (1974). Zur Entstehung eines englischen Nationalbewußtseins vgl. auch J. Hurstfield, Freedom, Corruption and Government in Elizabethan England (1973).

79. G. Elton, England (Anm. 71) S. 181. – Nach Elton haben die Tudors nie versucht, despotisch zu regieren. Dazu jetzt kritisch J. Hurstfield, Was there a Tudor despotism after all? In: TRHS 5te Ser. 17 (1967). Vgl. daneben auch E. Wolgast, Absolutismus in England. In: H. Patze (Hg.), Aspekte des europäischen Absolutismus (1979) S. 1–23; zum 17. Jahrhundert J. Daly, The Idea of Absolute Monarchy in Seventeenth-Century England. In: HJ 21 (1978) S. 227–250.

80. Vgl. vor allem P. Anderson, Lineages of the Absolutist State (1974, dt. 1979), dazu kritisch M. Hechter, Lineages of the Capitalist State. In: AJS 82 (1976/ 77) S. 1057–1074. Vgl. ferner E. J. Hobsbawm, Feudalism, Capitalism and the Absolute State . . . In: OH 66 (1976) S. 3–13; Chr. Hill, Social and Economic Consequences of the Henrician Reformation. In: Ders., Puritanism and Revolution (Anm. 99) S. 32–49; W. T. MacCaffrey, Queen Elizabeth and the Making of Policy 1572–1588 (1982).

81. In dieser Hinsicht ist auch die ansonsten anregende Studie L. Koflers, Zur Geschichte der bürgerlichen Gesellschaft (⁴1971) revisionsbedürftig, vgl. hier das Kapitel B, 3: Der fortschrittliche Absolutismus, insb. S. 155 ff.

82. Vgl. G. N. Clark, Wealth (Anm. 21) S. 84, 86: „The new Legislation accepted

and even furthered money economy: it carried forward the limiting of truck, or paying wages in kind. But the general tendency of these enactments was conservative ... The Elizabethan code thus aimed at stabilizing the existing class structure ..." (mit Bezug auf die Armen- und Gewerbegesetzgebung und die Anti-Enclosure-Politik der Tudors).

83. L.Stone, State Control in Sixteenth-Century England. In: EcHR 17 (1948) S.103–120, hier S.111. Das Zitat fährt fort: „The paradox of Tudor administration and perhaps the ultimate cause of the collapse of the whole system is to be found in the extent to which its programme of the paternalist state, or social justice and conservatism was sacrificed to the implementation of the more pressing needs of planned autarky and opportunist war finance. All Tudor governments were the most resolute theoretical opponents of those social changes and those new bourgeois classes from which they are supposed to have derived most support" (S.115).

84. Die schwerste Erschütterung des Tudor-Friedens bildeten die Bauernerhebungen und Volksaufstände um die Jahrhundertmitte. Vgl. dazu A.Fletcher, Tudor Rebellions (²1973); W.R.D.Jones, The mid-Tudor crisis 1539–1563 (1973); J.Cornwall, Revolt of the Peasantry 1549 (1977); J.Youings, The southwestern rebellion of 1549. In: SoH 1 (1979) S.99–122 sowie die Arbeiten von B.R.Manning: Patterns of violence in early Tudor enclosure riots. In: Albion 6 (1974) S.120–133; Violence and social conflict in mid-Tudor rebellions. In: JBS 16 (1977) S.18–40; The Rebellions of 1549 in England (Review Article). In: SCJ 10/2 (1979) S.93–99. Zu Ketts Rebellion, dem größten dieser Aufstände, vgl. St. K.Land, Kett's Rebellion. The Norfolk Rising of 1549 (1977) und D.MacCulloch, Kett's Rebellion in Context. In: PP 84 (1979) S.36–60. Zum Vergleich zwischen England und Frankreich: C.S.L.Davies, Peasant revolt in France and England – a comparision. In: AgHR 21 (1973) S.122–134. Zur Reaktion des Staates auf die Bauernunruhen: J.Loach u.a. (Hg.), The Mid-Tudor Polity c.1540–1560 (1980).

85. Das bedeutete, daß die Steuern in England relativ niedrig waren, was der Wirtschaft zugute kam, andererseits den Aufbau der staatlichen Verwaltung erschwerte. Vgl. Chr.Hill, Von der Reformation (Anm.21) S.101. Vgl. für das 17.Jahrhundert L.G.Schwoerer, „No standing Armies!". The antiarmy ideology in seventeenth-century England (1974).

86. Vgl. K.Polanyi, The Great Transformation (Anm.11) S.38: „England withstood without great damage the calamity of the [sixteenth-century] enclosures only because the Tudors and the Early Stuarts used the power of the Crown to slow down the process of economic improvement until it became socially bearable – employing the power of the central government to relieve the victims of the transformation, and attempting to canalize the process of change so as to make its course less devastating".

87. F.Braudel, Die Geschichte der Zivilisation, 15.–18.Jahrhundert (1971) S.5. Vgl. ders., Qu'est-ce que le XVIe siècle. In: Annales 8 (1953) S.69–73.

88. G.Imbert, Les mouvements de longue durée Kondratieff (1959) S.195 f. Nach F.Mauro (Anm.20) S.215 lagen die Höhepunkte der gesamteuropäischen Konjunktur etwa bei 1500, 1560, 1595/1600, die Tiefpunkte bei 1530, 1575, 1620.

89. Vgl. N.F.Cantor, The English. A History of Politics and Society to 1760

(1968) S. 311 f., 395 f.: „By the second half of the century the general boom was over; in the 1580's it was becoming harder to make money. Until then it had been hard not to make money, but now a gentlemen had to be tough and alert in order to prosper." Zum Rückgang des Exporthandels vgl. J. D. Gould, The crisis in the export trade 1586–1587. In: EHR 71 (1956) S. 212–222; die Erntekrisen von 1587–88, 1597/98 und 1623 behandelt A. B. Appleby, Famine in Tudor and Stuart England (1978).

90. Vgl. B. E. Supple, Commercial Crisis and Change in England 1600–42. A study in the instability of a mercantile economy (1959). Zu dem mißglückten Projekt, statt halbfertiger Tücher voll bearbeitete zu exportieren, vgl. immer noch A. Friis, Alderman Cockayne's Project and the Cloth Trade (1927).

91. Vgl. dazu P. Dockès, Thomas Mun als Theoretiker der nationalen Handelsbilanz. In: JbNSt 179 (1966) S. 429–444 und B. E. Supple, Thomas Mun and the commercial crisis, 1623. In: BIHR 27 (1954). Dazu die allgemeinen Überblikke von D. C. Coleman (Hg.), Revisions in Mercantilism (1969) und F. Blaich, Die Epoche des Merkantilismus (1973).

92. Vgl. grundlegend E. J. Hobsbawm, The General Crisis of the European Economy in the seventeenth Century (1954). In: T. Aston (Anm. 95) S. 5–59 und R. Romano, Tra XVI et XVII secolo. Una crisi economica 1619–1622. In: RStI 74 (1962) S. 480–531; ders., Encore la crise de 1619–1622. In: Annales 19 (1964) S. 31–37. Vgl. ferner P. Chaunu, Le renversement de la tendance mayeure des prix et des activités au XVIIe siècle ... In: Fs. für A. Fanfani 4 (1962) S. 219–255; ders., Réflexions sur le tournant des années 1630–1650. In CH 12 (1967) S. 249–268; J. Topolsky, The socalled economic crisis of the seventeenth century in Europe (1962).

93. Vgl. P. Chaunu, Europäische Kultur im Zeitalter des Barock (1968); J. de Vries, Economy of Europe in an Age of Crisis 1600–1750 (1976). Zur Sonderstellung Hollands vgl. I. Schöffer, Did Holland's Golden Age co-incide with a Period of Crisis. In: AHN 1 (1966) S. 82–107.

94. Vgl. neben B. E. Supple (Anm. 90) vor allem Ch. Wilson, England's Apprenticeship 1603–1763 (1965).

95. Zum gesamteuropäischen Kontext der Krise des 17. Jahrhunderts vgl. im Anschluß an J. Merriman, Six Contemporaneous Revolutions (1938) jetzt vor allem die Aufsatzsammlungen von T. Aston (Hg.), Crisis in Europe 1560–1660 (1965) (= Dokumentation der durch E. J. Hobsbawm und H. R. Trevor-Roper in PP ausgelösten Diskussion) und P. Parker u. a. (Hg.), The General Crisis of the Seventeenth Century (1978); daneben J. V. Polisensky, The Thirty Years'War and the Crises and Revolutions of Seventeenth Century Europe. In: PP 39 (1968) S. 34–43; H. Langer, Eine neue „Krise des Feudalismus"? Zur Diskussion um die sogenannte Krise des 17. Jahrhunderts. In: ZfG 19 (1971) S. 1395–1420; D. Parker, Europe's Seventeenth Century Crisis: A Marxist Reappraisal. In: OH 56 (1973); I. Wallerstein, The „Crisis of the Seventeenth Century". In: NLR 110 (1978) S. 65–73; D. Maland, Europe at War 1600–1650 (1979). Zur Kritik an der Krisentheorie vor allem A. D. Lublinskaya, French Absolutism: the Crucial Phase 1620–1629 (1968), hier das 1. Kap.

96. E. J. Hobsbawm, The General Crisis (Anm. 92) S. 5. Ebenda: „In discussing the seventeenth century crisis we are really asking one of the fundamental ques-

tions about the rise of capitalism: Why did the expansion of the later fifteenth and sixteenth centuries not lead straight into the epoch of the eighteenth and nineteenth century Industrial Revolution? What, in other words, were the obstacles in the way of capitalist expansion?"

97. Vgl. als Gesamtüberblick, der bis ins 17.Jahrhundert zurückreicht, R.C. Richardson, The Debate on the English Revolution (1977).

98. Die ältere Literatur zur „Glorreichen Revolution" findet sich bei J.R.Jones, The Revolution of 1688 in England (1972), die neuere ist in Anm. 271 aufgeführt.

99. Vgl. zuletzt R.Ashton, The English Civil War: Conservatism and Revolution 1603–1649 (1978); dazu als wichtige Aufsatzsammlungen Chr.Hill, Puritanism and Revolution. Studies in Interpretation of the English Revolution of the 17th Century (1958, ⁴1969); E.W.Ives (Hg.), The English Revolution 1600–1660 (1968); W.A.Aiken (Hg.), Conflict in Stuart England (1970); R.H.Parry, The English Civil War and After, 1642–1658 (1970); B.Manning (Hg.), Politics, Religion and the English Civil War (1973); C.Russell (Hg.), The Origins of the English Civil War (1973); Pocock (Anm. 271); I.Roy, The English civil war and English society. In: B.Bond u.a. (Hg.), War and society: a yearbook of military history (1975) S. 24–43. Neuere Quellenpublikationen: St.E. Prall (Hg.), The Puritan Revolution, A Documentary History (1968); O.Lutaud (Hg.), Les deux révolutions d'Angleterre: documents politiques, sociaux, religieux (1978). Zur Gesamtinterpretation des 17.Jahrhunderts vgl. darüber hinaus Chr.Hill, The Century of Revolution 1603–1714 (1961, ND 1975); ders., Change and Continuity in Seventeenth Century England (1975); P.Seaver, Seventeenth Century England. Society in an Age of Revolution (1976); J.P.Kenyon, Stuart England (1978); M.Ashley, The House of Stuart. Its Rise and Fall (1980) sowie Seventeenth-Century England. A changing Culture. 1: Primary Sources. Hg. von A.Hughes, 2: Modern Studies. Hg. von W.R.Owens (1980); in gesamteuropäischem Zusammenhang zuletzt G.Barudio, Das Zeitalter des Absolutismus und der Aufklärung 1648–1779 (Fischer Weltgeschichte 25) (1981), hier S. 314 ff.

100. Die beste Einführung in den gegenwärtigen Forschungsstand ist P.Wende, Probleme der Englischen Revolution (1980). Ihr verdanken die folgenden Ausführungen wesentliche Anregungen.

101. Vgl. allgemein H.Butterfield, The Whig Interpretation of History (1931, ND 1965).

102. H.Hallam, The constitutional History of England from the Accession of Henry VII to the Death of George II. 2 Bde. (1827).

103. T.B.Macaulay, The History of England from the Accession of James II. 5 Bde. (1849–55, ND in 4 Bden. 1953). Vgl. H.R.Trevor-Roper, Macaulay and the Glorious Revolution. In: Ders., Historical Essays (1957) S.249–253.

104. S.R.Gardiner, History of England from the Accession of James I to the Outbreak of the Civil War 1603–1642. 10 Bde. (²1883/84); ders., History of the Great Civil War 1642–49. 4 Bde. (1893); ders., History of the Commonwealth and the Protectorate 1649–56. 4 Bde. (²1903); ders., The first two Stuarts and the Puritan Revolution 1603–1660 (1876, ND 1970). Die Werke Gardiners umfassen den Zeitraum von 1603–1656. Vgl. als Fortsetzung C.H.Firth, The Last Years of the Protectorate, 1656–58. 2 Bde. (1909) und

G. Davies, The Early Stuarts, 1603–1660 ([²]1959); ders., The Restoration of Charles II. 1658–1660 (1955). Über Gardiner vgl. immer noch R. G. Usher, A critical Study of the Historical Method of Samuel Rawson Gardiner (1915).

105. Als Hauptvertreter einer modifizierten Whig-Interpretation im 20. Jahrhundert vgl. G. M. Trevelyan, History of England (1926, ND 1973); ders., England under the Stuarts ([¹²]1925); ders., English Social History (1944); ders., The English Revolution 1688/89 (1938, dt. 1950). Vgl. daneben W. Notestein, The Winning of the Initiative by the House of Commons (1924, ND 1949); J. R. Tanner, English Constitutional Conflicts of the Seventeenth Century (1928); in gewisser Weise auch noch M. M. Reese, The Puritan Impulse. The English Revolution, 1559–1660 (1975).

106. Vgl. N. F. Cantor (Anm. 89) S. 279 ff.

107. Das Folgende in Anlehnung an J. P. Kenyon (Anm. 99) S. 7 f.

108. So vor allem T. B. Macaulay (Anm. 103) und G. M. Trevelyan (Anm. 105).

109. Dem hat sich auch die traditionelle deutsche Geschichtsschreibung angeschlossen. Vgl. etwa W. Hubatsch, Das Zeitalter des Absolutismus 1600–1789 ([³]1970) S. 135: „Das Jahr 1688 muß als Schicksalsjahr in der europäischen Geschichte gelten ...“; dazu auch die aufschlußreiche Kontroverse zwischen A. Kuhn und St. Skalweit in GWU 26 (1975) S. 629–634, 696–702, 771–773.

110. „The history of our country during the last hundred and sixty years is eminently the history of physical, of moral, and of intellectual improvement“ – so T. B. Macaulay, zit. nach R. C. Richardson (Anm. 97) S. 60. Vgl. ebenda S. 59 das Bekenntnis Macaulays zur Whig-Partei.

111. Die wichtigsten Arbeiten von Tawney sind in Anm. 116 aufgeführt. Vgl. dazu allgemein L. Stone, R. H. Tawney. In: PP 21 (1962) S. 73–77; J. M. Winter, R. H. Tawney's Early Political Thought. In: PP 47 (1970) S. 71–96; R. Terrill, R. H. Tawney and His Times. Socialism as Fellowship (1974).

112. Die wichtigsten Werke von Namier sind in Anm. 276 aufgeführt. Vgl. dazu allgemein J. M. Price, Party, Purpose and Pattern – Sir Lewis Namier and his critics. In: JBSt 1 (1961/62); J. Brooke, Namier and Namierism. In: HTh 3 (1963/64) S. 331–347; M. S. Anderson, Historians and Eighteenth-Century Europe 1715–1789 (1979) S. 212 ff.

113. F. Guizot, History of the English Revolution of 1640 (1826); ders., Why was the English Revolution Successful? (1850); ders., Histoire de la république d'Angleterre et de Cromwell. 2 Bde. (1854, erw. Neuaufl. 1862); dazu R. C. Richardson (Anm. 97) S. 64 ff.

114. Marx und Engels haben keine geschlossene Darstellung der englischen Revolution geschrieben. Sie haben sich aber seit den vierziger Jahren des 19. Jahrhunderts immer wieder zu diesem Fragenkomplex geäußert. Eine Zusammenfassung ihrer Kommentare gibt Chr. Hill, The English Civil War interpreted by Marx and Engels. In: SS 12 (1948) S. 130–156.

115. Eine der ersten marxistisch beeinflußten Darstellungen des englischen Bürgerkrieges ist E. Bernstein, Sozialismus und Demokratie in der großen englischen Revolution (Nachdruck der [⁴]1922, 1974). Vgl. dazu H.-Chr. Schröder, Eduard Bernstein als Historiker der Englischen Revolution. In: GG 7 (1981) S. 219–254. Die erste englische Gesamtgeschichte in marxistischer Perspektive, die auch ein langes Kapitel über die Revolution des 17. Jhs. enthält, ist A. L. Morton, A People's History of England (1938, verb. Aufl. 1965, dt. 1956).

116. R. H. Tawney, The Agrarian Problem in the Sixteenth Century (1912, ND 1967); ders., Religion and the Rise of Capitalism (1926, dt. 1946); ders., Harrington's Interpretation of His Age. In: PBA (1941) S. 199–224, neu in: Studies in History. British Academy Lectures (1966); ders., The Rise of the Gentry 1558–1640. In: EcHR 11 (1941) S. 1–38, neu in E. M. Carus-Wilson 1 (Anm. 21); ders., Business and Politics under James I. Lionel Cranfield as Merchant and Minister (1958). Eine vollständige Bibliographie von Tawneys Schriften gibt J. M. Winter, A Bibliography of the Puplished Writings of R. H. Tawney. In: EcHR 2. Ser. 25 (1972) S. 137–153.

117. Vgl. hier vor allem Chr. Hill, The English Revolution 1640 (1940, ³1955, ND 1976) und die daran anknüpfende Quellenedition: The Good Old Cause. The English Revolution of 1640–1660. Its Causes, Course and Consequences. Extracts from Contemp. Sources (1949, ²1969). Die wichtigsten späteren Werke sind in Anm. 21, 44 f., 77, 99, 208, 235 und 303 aufgeführt. Eine vollständige Bibliographie enthält D. Pennington (Hg.), Puritans and Revolutionaries. Essays in Seventeenth Century History Presented to Christ. Hill (1978).

118. Zur Kritik der marxistischen Interpretation des Bürgerkrieges vgl. J. Sanderson, Reflections upon Marxist historiography: the case of the English Civil War. In: B. Chapman u. a. (Hg.), W. J. M. M.: Political Questions (1974) S. 226–251 sowie R. Ashton, The Civil War and the Class Struggle. In: R. H. Parry (Anm. 99) S. 93–110.

119. Zum Konzept der bürgerlichen Revolution vgl. allgemein O. Rammstedt, Zum Problem der „frühbürgerlichen" Revolution. In: KZSS 20 (1968) S. 309–332; G. Schilfert, Die Revolutionen beim Übergang vom Feudalismus zum Kapitalismus. In: ZfG 17 (1969) S. 171–193; ders., Zur Problematik von Klasse, Staat und Nation in der englischen bürgerlichen Revolution. Ebenda 12 (1964) S. 446–459; dazu den Sammelband: Bürgerliche Revolutionen. Probleme des Übergangs vom Feudalismus zum Kapitalismus. Hg. vom Institut für Marxistische Studien und Forschungen (1979).

120. R. Ashton (Anm. 118) S. 93 f. (mit Bezug auf Hill).

121. James Harrington, Commonwealth of Oceana (1656), neu hg. von J. G. Pocock (1977); dazu J. H. Shklar, Ideology Hunting: The Case of James Harrington. In: APSR 8 (1959) S. 662–692; C. Blitzer, An Immortal Commonwealth. The Political Thought of James Harrington (1960).

122. Zit. nach C. B. Macpherson, Harrington: Der Opportunitätsstaat. In: Ders., Die politische Theorie des Besitzindividualismus. Von Hobbes bis Locke (1973) S. 182–218, hier S. 184 f.

123. Der junge Hill lehnte sich in seiner Deutung des Bürgerkrieges ganz an Marx und Engels an. Vgl. Chr. Hill (Anm. 114) S. 133: „Marx and Engels were able to grasp the dualism of the English seventeenth-century revolution: to see that it was at once bourgeois and progressive; that in putting forward the claims of their class the parliamentary leaders of 1640 were also in a real sense speaking for the mass of the population; and yet that because of the inherent contradictions of their position in society they were forced ultimately to turn against the democracy in whose name they had defeated the old order, and to make that compromise with their defeated adversaries which has colored English history and social development ever since."

124. Die Gentry-Kontroverse ist wiederholt zusammengefaßt worden. Vgl. zuletzt D. C. Coleman, The „Gentry" Controversy and The Aristocracy in Crisis. 1558–1641. In: History 51 (1966) S. 165–178 und G. E. Mingay, The Gentry. The Rise and Fall of a Ruling Class (1976), hier S. 50 ff.

125. H. R. Trevor-Roper, The Gentry 1540–1640 (EcR Suppl. 1) (1953); ders., The Outbreak of the Great Rebellion. In: Ders., Historical Essays (1957) S. 189–194; ders., The Social Causes of the Great Rebellion. Ebenda S. 195–205; ders., The General Crisis of the Seventeenth Century (1959/60), neu in T. Aston (Anm. 95) S. 59–96.

126. H. R. Trevor-Roper, The Gentry (Anm. 125) S. 26: „I have already suggested that office rather than land was the basis of many undoubtedly ‚rising‘ families. I would now go further. Instead of the distinction between ‚old‘ and ‚new‘ landlords, between peers and gentry, I would suggest as the significant distinction of Tudor and Stuart landed society, the distinction between ‚court‘ and ‚country‘, between the officeholders and the mere landlords."

127. H. R. Trevor-Roper, The General Crisis (Anm. 125) S. 94.

128. Die wichtigsten Beiträge der weiteren Gentry-Kontroverse sind Chr. Hill, Recent Interpretations of the Civil War (1956), neu in ders., Puritanism and Revolution (Anm. 99) S. 3–31; J. H. Hexter, Storm over the Gentry (1958), erweitert in ders., Reappraisals (Anm. 66) S. 117–162; P. Zagorin, The Social Interpretation of the English Revolution. In: EcHR 19 (1959) S. 376–401; vgl. auch L. Stone (Anm. 140).

129. C. Russell (Anm. 99) S. 7.

130. Chr. Hill (Anm. 128) S. 8.

131. Vgl. L. Stone, The Nobility in Business, 1540–1640. In: EEH 10 (1957) S. 54–61.

132. Im 18. Jahrhundert hat die Praxis der Ämtervergabe allerdings eine größere Bedeutung gehabt. Vgl. H.-Chr. Schröder (Anm. 5) S. 55.

133. Darauf hat vor allem J. H. Hexter (Anm. 128) hingewiesen (S. 143 ff.).

134. Vgl. C. Russell (Anm. 99) S. 6.

135. Vgl. die Literatur in Anm. 139.

136. Vgl. G. E. Mingay (Anm. 124) S. 53 f.

137. P. Wende (Anm. 100) S. 21.

138. Vgl. C. Russell (Anm. 99) S. 6: „Today both these attempts at a social and economic explanation must be regarded as having broken down." Russell deutet indessen selbst die Möglichkeit einer anderen sozialgeschichtlichen Erklärung des Bürgerkrieges an: „In so far as there was a general social change in the century before the Civil War, it was not in the position of the gentry or the peerage, but in the rise of many of the upper yeomanry ... Any new social change explanation will have to be based on the power of these people, most of whom were rising, not so much at the expense of the gentry, as at the expense of small holders and the labouring poor ... But the mechanics of an explanation based on this type of change are far from obvious ..." (S. 8 f.).

139. Vgl. eine Auswahl bei D. C. Coleman, The Economy (Anm. 21) S. 209, 216; dazu ergänzend B. G. Blackwood, The Lancashire Gentry and the Great Rebellion 1640–1660 (1978); J. S. Morrill, The northern gentry and the Great Rebellion. In: NH 15 (1979) S. 66–87 sowie die in Anm. 197 aufgeführte Regionalliteratur.

140. L. Stone, The Crisis of the Aristocracy 1558–1641 (1965); dazu ergänzend ders., Family and Fortune: Studies in Aristocratic Finance in the Sixteenth and Seventeenth Centuries (1973).

141. L. Stone (Anm. 144) S. 29.

142. Ebenda S. 29 f.: „I argued that the change left the King and the Church in a dangerously exposed position when they started adopting highly unpopular religious and constitutional policies and that the débâcle of 1640 was therefore made possible by this prior decline in the power and authority of the peerage."

143. Ch. Johnson, Revolutionary Change (1966, dt. 1966); vgl. dazu L. Stone, Theories of Revolution (1966), neu in ders. (Anm. 144) S. 116 f.

144. L. Stone, The Causes of the English Revolution 1529–1642 (1972).

145. Ebenda S. 116 f.

146. Zur Kritik an Stone vgl. G. E. Aylmer, The Crisis of the Aristocracy 1558–1641. In: PP 32 (1965) S. 113–125; A. Everitt, The peers and the provinces. In: AgHR 16 (1968) S. 60–67; J. H. Hexter, The English aristocracy, its crises, and the English Revolution, 1558–1660. In: JBS 8 (1968) S. 57–69; R. Ashton, The aristocracy in transition. In: EcHR 2te Ser. 22 (1969) S. 308–322; P. Christianson, The causes of the English Revolution: A Reappraisal. In: JBS 15 (1976) S. 40–75.

147. Zu den Beziehungen zwischen England und Schottland in der Zeit des Bürgerkrieges vgl. D. Stevenson, The Scottish Revolution 1637–44 (1973); L. Kaplan, Politics and Religion during the English Revolution. The Scots and the Long Parliament 1643–1645 (1976); dazu zeitlich übergreifend W. Ferguson, Scotland's Relations with England: a Survey to 1707 (1977).

148. Vgl. L. Stone (Anm. 144) S. 48.

149. Ebenda S. 49.

150. Vgl. J. H. Hexter (Anm. 171) S. 14.

151. Edward Hyde, Earl of Clarendon, The History of the Rebellion and Civil Wars in England, 6 Bde. (geschrieben 1640/1670, veröffentlicht 1702/04) neu hg. von W. D. Macray (1888, ND 1958). Vgl. H. R. Trevor-Roper, Clarendon and the Practice of History (1965); ders., Clarendon's ‚History of the Rebellion'. In: HT 29 (1979) S. 73–79; B. H. G. Wormald, Clarendon, Politics, History and Religion, 1640–1660 (1951, ND 1976).

152. So die Zusammenfassung von N. F. Cantor (Anm. 89) S. 413 f. Dem entspricht die Absteckung des zeitlichen Rahmens bei Clarendon: „I shall not lead any man farther back in this journey, for the discovery of the entrance into these dark ways, than the beginning of this king's reign. For I am not so sharp-sighted as those, who have discerned this rebellion contriving from (if not before) the death of Queen Elizabeth . . ."; zit. nach R. C. Richardson (Anm. 97) S. 27.

153. Die wichtigste (gemäßigt-)konservative Darstellung aus dem 18. Jahrhundert ist David Hume, The History of Great Britain. The Reigns of James I and Charles I. 2 Bde. (1754/57, ND 1970). Vgl. dazu U. Voigt, David Hume und das Problem der Geschichte (1975); H. Gogarten, David Hume als Geschichtsschreiber . . . In: AKG 61 (1979) S. 120–153; E. C. Mossner, The Life of David Hume (1980).

154. Vgl. typisch den Begründer der Verschwörungstheorie, William Dugdale, Short View of the Late Troubles in England (1681) und Laurence Echard, History of England. Bd. 1 (1707), hier: „If the House had been freed from half

a dozen popular and discontented members, the disturbances would soon have ended"; zit. nach R.C.Richardson (Anm.97) S.36.

155. Vgl. Chr.Hill (Anm.114) S.131, mit Bezug auf Hume, der das Protektorat Cromwells als Diktatur deutet. Ähnlich auch u.a. L.Kofler (Anm.81) S.351: „Vielleicht haben wir in diesem Akt das erste große geschichtliche Beispiel dafür vor uns, daß die Bourgeoisie niemals davor zurückschreckt, sich der ihr wohltätigen Diktatur zu ergeben, wenn das Volk aus der bürgerlich-demokratischen Phraseologie die Konsequenzen zu ziehen beginnt." Anders dagegen E.Schulin (Anm.16) S.955 und E.W.Ives (Anm.99) S.30f. Vgl. auch die Cromwell-Literatur in Anm.208.

156. Vgl. Anm.112 und 276.

157. Elton hat seine Kritik an der traditionellen Whig-Sicht – wie an der neueren sozialgeschichtlich ausgerichteten Deutung des Bürgerkrieges – vor allem in Rezensionen entwickelt, die jetzt zusammengefaßt sind in ders., Studies in Tudor and Stuart Politics and Government. Papers and Reviews 1946–1972. 2 Bde. (1974).

158. Vgl. hierzu und zum folgenden den wichtigen Forschungsüberblick von P.Wende, Revolution ohne Vorgeschichte? Neue Literatur zur Geschichte der englischen Parlamente des frühen 17.Jahrhunderts. In: HZ 230 (1980) S.364–374, hier S.364.

159. G.R.Elton, The Stuart Century (= Rezension von G.Aylmer, The Struggle for the Constitution 1603–1689 ... [1963]). In: Ders., Studies (Anm.157) Bd.1 S.155–163, hier S.161, 163f.

160. Vgl. schon relativ früh C.V.Wedgwood, The King's Peace 1637–1641 (1955); dies., The King's War, 1641–47 (1958); dies., Thomas Wentworth. First Earl of Strafford 1593–1641. A Revaluation (1961); dies. (Anm.206).

161. C.Russell (Anm.99); ders., The Crisis of Parliaments. English History 1509–1660 (1971); ders., Parliamentary History in Perspective, 1604–1629. In: History 61 (1976) S.1–27; ders., Parliaments and English Politics 1621–1629 (1979).

162. K.Sharpe, Parliamentary History 1603–1629: In or out of Perspective? In: Ders. (Hg.), Faction and Parliament. Essays on Early Stuart History (1978) S.1–42.

163. P.Christianson, The Peers, the People, and parliamentary Management in the First Six Months of the Long Parliament. In: JMH 49 (1977) S.575–599; ders. (Anm.146); ders., From Expectation to Militance. Reformers and Babylon in the First Two Years of the Long Parliament. In: JEH 24 (1973) S.225–244.

164. J.E.Farnell, The Aristocracy and Leadership of Parliament in the English Civil Wars. In: JMH 44 (1972) S.79–86; ders., The Social and Intellectual Basis of London's Role in the English Civil Wars. In: JMH 49 (1977) S.641–660; ders. (Anm.292).

165. M.Kishlansky, The Emergence of Adversary Politics in the Long Parliament. In: JMH 49 (1977) S.617–640; ders., The Army and the Levellers. The Roads to Putney. In: HJ 22 (1979) S.777–824; ders. (Anm.200).

166. So neben den Genannten u.a. auch J.H.Elliot, England and Europe. A Common Malady. In: C.Russell (Anm.99) S.246–257, hier S.249 sowie J.P.Kenyon (Anm.99) S.41ff.

167. P.Wende, Revolution (Anm.158) S.368. Vgl. ebenda S.365f.: „Die Ge-

schichte der frühen Stuart-Zeit war demnach nicht die Geschichte einer kontinuierlich eskalierenden Konfrontation von Krone und Parlament; das Parlament war weder Schauplatz noch Initiator einer verfassungspolitischen Offen-
sive im Kampf um den Besitz der staatlichen Souveränität ... das Parlament
machte keine Opposition, war auch nicht Instrument einer zielstrebig operie-
renden oppositionellen Partei, die als ,Country' dem ,Court' gegenüberstand
... kurzum: das Parlament war ,Point of Contact', nicht ,Point of Conflict'"
(mit Belegen aus der besprochenen Literatur).

168. Ebenda S. 366.

169. Zur Rezeption von Machiavelli vgl. F. Raab, The English Face of Machiavelli
(1964) sowie die Einleitung von J.G. Pocock zu Harringtons ,Oceana'
(Anm. 121).

170. So vor allem Christianson und Farnell. Zu den anderen vgl. P. Wende, Revolution (Anm. 158) S. 369 f.

171. Zur Kritik an diesem neokonservativen Revisionismus vgl. J. H. Hexter, Power Struggle, Parliament, and Liberty in Early Stuart England. In: JMH 50
(1978) S. 1–50; D. Hirst, Unanimity in the Commons, Artistocratic Intrigues,
and the Origins of the English Civil War. Ebenda S. 51–71.

172. Das gilt auch für das Modell der „one class society" von P. Laslett (Anm. 11).
Vgl. dazu kritisch R. C. Richardson (Anm. 97) S. 150 f. (in Anlehnung an
Chr. Hill).

173. Vgl. P. Wende (Anm. 100) S. 54.

174. Chr. Hill (Anm. 128) S. 31.

175. Vgl. u. a. C. Russell (Anm. 99) S. 2 f. und Chr. Hill, The World (Anm. 235)
S. 15; daneben auch W. H. Coates, An Analysis of Major Conflicts in seventeenth-Century England. In: W. A. Aiken (Anm. 99) S. 15–40, der zwischen
drei Revolutionen unterscheidet.

176. Vgl. B. Willms, Revolution und Protest oder Glanz und Elend des bürgerlichen Subjektes ... (1969) S. 17 oder L. Stone (Anm. 144) S. 54. Vgl. auch
Chr. Hill, Von der Reformation (Anm. 21), der deutlich macht, „wie der Bürgerkrieg, der mit einem Aufstand des Adels begann, im Klassenkampf endete"
(S. 103). Dazu im einzelnen unten S. 97 ff.

177. Der daneben auch benutzte Begriff der „konservativen Revolution" –
vgl. etwa P. Wende (Anm. 100) S. 61 – weckt in die Irre gehende Assoziatio-
nen.

178. Vgl. zuerst H. R. Trevor-Roper (Anm. 125), der das Gegensatzpaar „Court"
und „Country" in die jüngere Diskussion eingeführt hat; dazu kritisch P. Zagorin (Anm. 128) insb. S. 394, sowie im Rahmen einer eigenen Synthese ders.,
The Court and the Country. The Beginning of the English Revolution (1969).
Danach grundlegend J. S. Morrill, The Revolt of the Provinces: Conservatives
and Radicals in the English Civil War. 1630–1650 (1976) (dazu die Rezension
von M. Kishlansky in JMH 50 [1978] S. 133 ff.).

179. Vgl. grundlegend J. P. Kenyon, The Stuart Constitution. Documents and
Commentary (1966), hier das 5. Kap.; dazu auch J. R. MacCormack, Revolu-
tionary Politics in the Long Parliament (1973); G. A. Ritter, Divine Right und
Prärogative der englischen Könige 1603–1640 (1963). In: Ders., Parlament
und Demokratie in Großbritannien ... (1972) S. 69–122; C. C. Weston u. a.,
Subjects and Sovereigns. The Great Controversy over Legal Sovereignty in

Stuart England (1981); dazu den Forschungsüberblick von P. Wende (Anm. 100) S. 36 ff. sowie G. E. Aylmer (Anm. 159).

180. Vgl. vor allem den „Triennal Act" sowie die „Acts abolishing Star Chamber" und „High Commission" (1641), gedr. bei J. P. Kenyon (Anm. 179) S. 219–226.

181. P. Wende (Anm. 100) S. 63.

182. Folgende Zahlen illustrieren die Entstehung der royalistischen Partei: Im November 1640 beschloß das Unterhaus ohne Gegenstimmen das impeachment gegen Strafford. Im Mai 1641 stimmten 59 Mitglieder gegen dessen Verurteilung; ein halbes Jahr später konnte nur noch eine knappe Majorität von 11 die „Grand Remonstrance" gegen 148 Abgeordnete verabschieden. Schließlich waren 236 der ursprünglich 552 Vertreter des Unterhauses (= 43%) im Bürgerkrieg mehr oder weniger auf Seiten des Königs engagiert; vgl. P. Wende (Anm. 100) S. 70 f., im Anschluß an Chr. Hill.

183. Zum unmittelbaren Ausbruch des Bürgerkrieges vgl. neben C. Russell (Anm. 99) vor allem B. Manning, The Outbreak of the English Civil War. In: R. H. Parry (Anm. 99) S. 1–21; dazu den Überblick bei P. Wende (Anm. 100) S. 71.

184. „The Nineteen Propositions" (1.6.1642), gedr. bei J. P. Kenyon (Anm. 179) S. 244–247.

185. Vgl. als Beleg „His Majesty's Answer to the Nineteen Propositions" (18.6.1642), gedr. ebenda S. 21–23.

186. Vgl. „Commons' resolutions on ecclesiastical innovations" (1.9.1641), gedr. ebenda S. 258 f.

187. Vgl. hierzu vor allem die Auseinandersetzungen um die Veröffentlichung der „Grand Remonstrance" (1.12.1641), gedr. ebenda S. 228–240.

188. Zur Rolle, die der irische Aufstand beim Ausbruch des Bürgerkrieges gespielt hat, vgl. H. Kearney, Strafford in Ireland (1959); T. Ranger, Strafford in Ireland: A Revaluation. In: T. Aston (Anm. 95) S. 271–294; A. Clarke, The Old English in Ireland 1625–42 (1966); ders., Ireland and the General Crisis. In: PP 48 (1970) S. 79–99; K. S. Bottingheimer, English Money and Irish Land. The „Adventurers" in the Cromwellian Settlement of Ireland (1971); M. MacCurtain, Tudor and Stuart Ireland (1972); T. C. Barnard, Planters and Policies in Cromwellian Ireland. In: PP 61 (1973) S. 31–69; ders., Cromwellian Ireland: English Government and Reform in Ireland 1641–1660 (1975). Über das 17. Jahrhundert hinaus: T. W. Moody, The Ulster Question 1603–1973 (1974); P. Johnson, Ireland: Land of Troubles. A History, from the Twelfth Century, to the Present Day (1980).

189. D. Brunton u. a., Members of the Long Parliament (1954); dazu kritisch Chr. Hill (Anm. 128) S. 14 ff.

190. M. F. Keeler, The Long Parliament 1640–41. A biographical study of its Members (1954). Vgl. in diesem Zusammenhang auch E. G. Aylmer, The King's Servants. The Civil Service of Charles I., 1625–42 (1961, ²1974).

191. Vgl. D. Brunton (Anm. 189) S. 19: „We found that Royalists and Parliamentarians, so far as can be judged from the members of the Long Parliament, were very much the same."

192. C. Russel (Anm. 99) S. 5 sieht in dieser Tatsache einen Beweis für seine These, daß die Parlamentspartei ihrem Wesen nach nicht fortschrittlich war.

N. F. Cantor (Anm. 89) S. 423 f. meint demgegenüber: „On the basis of this elaborate study, therefore, we may conclude that young people can be more conservative than their parents or elder brothers." „We are led to speculate that there was only one truly revolutionary generation, the one schooled in the struggle of the 1620's . . . Once the older generation that had led the fight against the king was no longer on the scence . . ., the revolution collapsed and the course of English history lapsed into the old patterns."

193. Vgl. den Überblick bei Stone (Anm. 144) S. 54 ff.

194. Zum Verhalten der Bauern vgl. B. Manning, The Peasantry and the English Revolution. In: PSt 2 (1975) S. 133–158.

195. Vgl. W. J. Jones, Politics and the Bench. The Judges and the Origins of the English Civil War (1971); B. P. Levack, The Civil Lawyers in England 1603–1641. A Political Study (1973).

196. Zur Haltung der Hauptstadt London beim Ausbruch des Bürgerkrieges vgl. neben J. E. Farnell (Anm. 164) V. Pearl, London and the Outbreak of the Puritan Revolution . . . 1625–1642 (1961); R. Brenner, The Civil War Politics of London's Merchant Community. In: PP 58 (1973) S. 53–107 und zuletzt R. Ashton, The City and the Court 1603–1643 (1979).

197. Zum Problem der Neutralität im Bürgerkrieg vgl. grundlegend J. S. Morrill (Anm. 178), dazu als wichtige Regionalstudien ders., Cheshire 1630–1660: County Government and Society during the English Revolution (1974); J. Wroughton, The Civil War in Bath and North Somerset (1973); D. E. Underdown, Somerset in the Civil Wars and Interregnum (1973); A. M. Everitt, Change in the Provinces. The Seventeenth Century (1969) (grundlegend); ders., The County-Community. In: E. W. Ives (Anm. 99) S. 48–63 (ebenda weitere Beiträge zu dieser Thematik); ders., The Community of Kent and the Great Rebellion 1640–1660 (1966); R. W. Ketton-Cremer, Norfolk in the Civil War (1969); E. Broxapa, The Great Civil War in Lancashire (1642–1651) (²1974); A. Fletcher, A County Community in Peace and War: Sussex 1600–1660 (1975); C. Holmes, The Eastern Association in the English Civil War (1975); A. Andriette, Devon and Exeter in the Civil War (1971); G. C. F. Forster, County Government in Yorkshire During the Interregnum. In: NH 12 (1976) S. 84–104.

198. L. Stone (Anm. 144) S. 56 kommt zu dem Schluß: „None of the polarities of feudal-bourgeois, employer-employee, rich-poor, rising-declining, county-parish gentry seem to have much relevance to what actually happened in the early 1640s." Vgl. in diesem Zusammenhang auch A. Thomson, referiert in W. H. Coates (Anm. 175) S. 19 f.: „The English civil war . . . was a struggle in which two different conceptions of society came to grips. One was a view of society as functional, according to which the various groups and individuals in the population performed their own special functions for the good of the whole . . . The other conception was a newer one. It had been quickened by the commercial revolution and abetted by the Protestant reformation. It was of a society composed of individuals who had no function to perform but who had only rights which the State existed to protect . . ."

199. Zum Kriegsverlauf vgl. zuletzt P. Young u.a., The English Civil War. A military history of the three Civil Wars 1642–1651 (1974); dazu den Überblick bei P. Wende (Anm. 100) S. 76 ff.

200. Die klassische Darstellung über die „New Model Army" ist C. H. Firth, Cromwell's Army (²1962), die jüngste, eingehende Untersuchung M. A. Kishlansky, The Rise of the New Model Army (1979).
201. Die ältere Vorstellung, daß die beiden parlamentarischen Fraktionen „Friedenspartei" und „Kriegspartei" mit den beiden kirchenpolitischen Richtungen der „Presbyterianer" und „Independenten" identisch waren, muß nach dem bisherigen Verlauf der sogenannten „Independenten-Kontroverse" wohl als überholt gelten. Die Kontroverse wurde ausgelöst durch J. H. Hexter, The Problem of the Presbyterian Independents (1938), neu in ders., Reappraisals (Anm. 128) S. 117–162; vgl. daran anschließend die Diskussion zwischen St. Foster, B. Worden, V. Pearl, D. Underdown, G. Yule und J. H. Hexter in: PP 44 (1969) S. 52–75 und 47 (1970) S. 116–146.
202. Vgl. den Überblick bei P. Wende (Anm. 100) S. 85 ff.
203. Vgl. V. Pearl, London's Counter Revolution. In: G. E. Aylmer (Anm. 208) S. 29–56.
204. Vgl. D. Underdown, Pride's Purge. Politics in the Puritan Revolution (1971) und B. Worden, The Rump Parliament, 1648–53 (1974).
205. „Commons' resolutions" (4. 1. 1649), gedr. bei J. P. Kenyon (Anm. 179) S. 324.
206. Vgl. C. V. Wedgwood, The Trial of Charles I (1964, Dt. 1968); dazu das sogenannte politische Testament des Königs: Eikon Basilike (1649), hg. v. Ph. A. Knachel (1966).
207. „An Act for the abolishing the kingly office . . ." (17. 3. 1649), gedr. bei J. P. Kenyon (Anm. 179) S. 342–348.
208. Zur Geschichte des Commonwealth und des Cromwellschen Protektorates vgl. grundlegend I. Roots, The Great Rebellion 1642–60 (1966, ³1972); dazu ergänzend die Sammelwerke von G. E. Aylmer (Hg.), The Interregnum: The Quest for Settlement 1646–1660 (1972) und R. H. Parry (Anm. 99); ferner M. Weinzierl, Das Commonwealth vom Aufstand der Presbyterianer bis zum 2. Staatsstreich der Armee 1659. In: MÖStA 30 (1977) S. 1–33. Zu Cromwell vgl. Chr. Hill, God's Englishman. Oliver Cromwell and the English Revolution (1970); I. Roots (Hg.), Cromwell. A Profile (1973); R. Howell, Cromwell (1977); ders., Cromwell's personality: the problems and promises of a psychohistorical approach. In: Biography 1 (1978) S. 41–60; dazu als Quellensammlung W. C. Abbott (Hg.), The Writings and Speeches of Oliver Cromwell. 4 Bde. (1937/47).
209. Zur Unzufriedenheit in der Armee vgl. L. F. Solt, Saints in Arms: Puritanism and Democracy in Cromwells Army (1959); J. S. Morrill, Mutiny and Discontent in English Provincial Armies 1645–1647. In: PP 56 (1972) S. 49–74; ders., The Army Revolt of 1647. In: Britain and the Netherlands. Hg. von A. C. Duke u. a. Bd. 6 (1977) S. 54–78; J. Gentles, Arrears of Pay and Ideology in the Army Revolt of 1647. In: B. Bond u. a. (Hg.), War and Society (1976) Bd. 1 S. 44–66.
210. P. Wende (Anm. 100) S. 89.
211. Chr. Hill, The World (Anm. 235) S. 14. Zur „zweiten Revolution" vgl. daneben grundlegend B. Manning, The English People and the English Revolution 1640–1649 (1976) (dazu die Rezension von J. Sears McGee in JMH 50 (1978) S. 135–137); A. L. Morton, The plebeian left in the English Revolution. In: WZR 25 (1976) S. 393–402.

212. Vgl. A. Woolrych, Oliver Cromwell and the Rule of the Saints. In: R. H. Parry (Anm. 99) S. 59–77, hier S. 60: „One of the most absorbing aspects of the English Revolution is the political awakening of large classes of men who had hitherto lain outside the political nation."

213. Vgl. R. Marx, Griefs économiques et action révolutionaire dans l'Angleterre de la grande rébellion. In: RHD 92 (1978) S. 71–91.

214. Vgl. B. Manning (Anm. 211) S. 180: „The ruling class was devided, and the attacks on the royalists nobility and gentry were led . . . by parliamentary nobility and gentry. But what was happening was that the people were choosing between one set of rulers and another . . . and this meant that the power lay with the people, at least for the Moment."

215. Zur Entwicklung der Pressegesetzgebung vgl. F. S. Siebert, Freedom of the Press in England, 1476–1776 (1965); J. Frank, The Beginnings of the English Newspaper 1620–1660 (1961); G. Boyce u. a. (Hg.), Newspaper history from the seventeenth century to the present day (1978).

216. Vgl. A. L. Morton (Anm. 246) S. 10: „The Reformation may be regarded as a split within the ruling classes, through which strong forces from below, hitherto repressed, were able to make their way to the surface"; dazu im einzelnen unten S. 99.

217. In den fünfziger Jahren bildete dies ein wichtiges Mittel der Cromwellschen Stabilisierungspolitik; vgl. P. Wende (Anm. 100) S. 115 sowie die Literatur in Anm. 291.

218. B. Manning (Anm. 211) S. 6.

219. Vgl. ergänzend zu der in Anm. 84 aufgeführten Literatur C. S. L. Davies, Les révoltes populaires en Angleterre (1500–1700). In: Annales 24 (1969) S. 24–60.

220. B. Manning (Anm. 211) S. 20.

221. Vgl. O. Lutaud, Le Parti „Niveleur" et la première revolution anglaise. In: RH 227 (1962) S. 77–115, 377–414 (mit guter Bibliographie der älteren Literatur); H. N. Brailsford, The Levellers and the English Revolution, hg. von Chr. Hill (1961); B. Manning, The Levellers. In: E. W. Ives (Anm. 99) S. 144–158; C. Hill, From Lollards to Levellers. In: Rebels and their causes. Essays in honour of A. L. Morton. Hg. von M. Cornforth (1978) S. 49–67; dazu auch die Debatte über die „Gentlemen Levellers" in PP 46, 49 (1970) sowie die Literaturangaben in Anm. 227 und 229.

222. P. Wende (Anm. 100) S. 91.

223. Vgl. J. Gentles, London Levellers in the English Revolution. The Chidleys and their circle. In: JEH 29 (1978) S. 281–309.

224. Vgl. vor allem die drei großen „Agreements of the People" (1647/48/49); vgl. G. E. Aylmer (Anm. 227) S. 88–96, 159–168.

225. Die wichtigsten Levellerführer waren John Lilburne, Richard Overton, William Walwyn und John Wildman; vgl. die Kurzbiographien in G. E. Aylmer (Anm. 227) S. 14 ff. sowie J. Frank (Anm. 229).

226. Vgl. allgemein W. Euchner, Naturrecht und Politik bei John Locke (1969), hier den Exkurs: Traditionelles und modernes Naturrecht (S. 14–44) sowie E. Bloch, Naturrecht und menschliche Würde (1961, ND 1972).

227. W. Haller (Hg.), The Leveller Tracts, 1647–1653 (1944, ND 1967) S. 2. Vgl. als weitere wichtige Quellensammlungen ders. (Hg.), Tracts on Liberty in the

Puritan Revolution, 1648–1657, 3 Bde. (1933/34, ND 1965); D.M.Wolfe, Leveller Manifestoes of the Puritan Revolution (1944, ND 1967). Zwei neuere Auswahleditionen (mit vorzüglicher Einleitung): G.E.Aylmer, The Levellers in the English Revolution (1975) und A.L.Morton, Freedom in Arms (1975); vgl. auch A.S.P.Woodhouse (Anm. 232).

228. Nach L.Stone (Anm. 144) S.49 wurden zwischen 1640 und 1661 insgesamt über 22000 Traktate, Reden, Zeitungen etc. in England publiziert.

229. Zur Analyse des politischen Gehalts der Levellerschriften vgl. vor allem J.Frank, The Levellers: A History of the Writings of three Seventeenth-Century Social Democrats: John Lilburne, Richard Overton, William Walwyn (1955, ND 1969); W.Wittwer, Grundrechte bei den Levellern und der New Model Army. Ein Beitrag zur Vorgeschichte des Menschenrechtsgedankens (1972); M.Gralher, Demokratie und Repräsentation in der Englischen Revolution. Studien zur demokratischen Repräsentation in der Pamphletistik der Leveller im England des 17.Jh. (1973). Dazu übergreifend auch E.Voegelin (Hg.), Zwischen Revolution und Restauration. Politisches Denken im England des 17.Jahrhunderts (1968) sowie die klassische Studie von P.Zagorin, History of Political Thought in the English Revolution (1954) und ferner die Sammelbesprechung R.Saage, Zur politischen Theorie der großen Englischen Revolution. In: NPL 25 (1980) S.170–188. Speziell zu den Eigentums- und Wahlrechtsvorstellungen der Leveller – neben C.B.Macpherson (Anm.230) – P.Wende, „Liberty" und „Property" in der politischen Theorie der Levellers. Ein Beitrag zur Entstehungsgeschichte des politischen Individualismus im England des 17.Jh. In: ZHF 1 (1974) S.147–173 und K.Thomas, The Levellers and the Franchise. In: G.E.Aylmer (Anm. 208) S.57–78; zum Eigentumsbegriff: G.E.Aylmer, The Meaning and Definition of Property in Seventeenth-Century England. In: PP 86 (1980) S.87–98.

230. So vor allem C.B.Macpherson, Die Levellers: Wahlrecht und Freiheit. In: Ders. (Anm.122) S.126–181; daran anschließend die Diskussion mit Chr.Hill in PP 24 (1963) S.75–89. Zur Kritik an Macpherson vgl. ferner J.Viner, „Possessive Individualism" as Original Sin. In: CanJEPS 29 (1963) S.548–559; A.L.Morton (Anm.246) S.197–218; I.Hampsher-Monk, The political theory of the Levellers: Putney, property and Professor Macpherson. In: PolSt 24 (1976) S.397–422.

231. L.Stone (Anm.144) S.146.

232. Den Höhepunkt der Verbindung von Leveller- und Armeebewegung bildete die Putney-Debatte (28./29.10.1647). Sie ist dokumentiert in A.S.P.Woodhouse (Hg.), Puritanism and Liberty, being the Army Debates, 1647–49 (1938, ND 1966). Der Hauptverbündete der Leveller in der Armee war der Colonel Thomas Rainborough; vgl. seine Kurzbiographie in G.E.Aylmer (Anm.227) S.26 ff.; daneben auch Chr.Thompson, Maximilian Petty and the Putney Debate on the Franchise. In: PP 88 (1980) S.63–70 und M.Kishlansky (Anm.165).

233. Eine wichtige Rolle dabei spielte Cromwells Schwiegersohn Henry Ireton, von dem Chr.Hill, Von der Reformation (Anm.21) S.100 die in Putney gemachte Äußerung überliefert: „Für die Freiheit all jener, die einen vererbbaren Anteil am Lande haben (Grundbesitzer) ... ist gesorgt. Und solange das

Eigentum unangetastet bleibt, kann es keine Freiheit für alle geben." Vgl. auch R. W. Ramsey, Henry Ireton (1949).

234. G. E. Aylmer (Anm. 227) S. 9.

235. Die wichtigste neuere Gesamtdarstellung der spezifisch sozialen Bewegungen in der englischen Revolution bietet Chr. Hill, The World Turned Upside Down. Radical Ideas During the English Revolution (1972). Vgl. ders., Intellectual Origins of the English Revolution (1965) und zuletzt ders., Milton and the English Revolution (1977). Zu Milton vgl. daneben auch E. Walesca Tielsch (Hg.), John Milton und der Ursprung des neuzeitlichen Liberalismus. Studienausgabe der politischen Hauptschriften John Miltons in der Zeit der englischen Revolution (1980).

236. Vgl. M. L. Walzer, The Revolution of the Saints. A Study in the Origins of Radical Politics (1965); G. Lewy, Religion and Revolution (1974) (= 17 Fallstudien, u. a. zur Puritanischen Revolution und zu den Fifth Monarchy Men); H. L. Zuck, Christianity and Revolution. Radical Christian Testimonies. 1520–1650 (1975); K. Schmidt, Religion, Versklavung und Befreiung. Von der englischen Reformation bis zur amerikanischen Revolution (1978); M. R. Watts, The dissenters. Bd. 1: From the Reformation to the French Revolution (1978). Speziell zu London: M. Tolmie, The Triumph of the Saints. The Separate Churches of London 1616–1649 (1977).

237. Der Gegensatz zwischen Presbyterianern und klassischen Independenten betraf vor allem die Organisation der Kirchenverfassung. Vgl. L. Kaplan, Presbyterians and Independents in 1643. In: EHR 84 (1969) S. 244–256; J. F. Wilson, Pulpit in Parliament. Puritanism during the English Civil Wars, 1640–1648 (1969); A. B. Worden u. a., Presbyterians, Independents, and Puritans. In: PP 47 (1970) S. 116–146; C. G. Bolam u. a., The English Presbyterians (1968) sowie grundlegend C. Cross, The Church in England 1640–1660. In: G. E. Aylmer (Anm. 208) S. 99–120.

238. Vgl. J. P. Kenyon (Anm. 179) S. 288.

239. Zur Rolle der Frauen in der englischen Revolution vgl. K. Thomas, Women and the Civil War Sects (1958), neu in T. Aston (Anm. 95) S. 317–340; P. Higgins, The Reactions of Women, with special reference to women petitioners. In: P. Manning (Anm. 99); dazu übergreifend A. Plowden, Tudor Women: Queens and Commoners (1979); R. Thompson. Women in Stuart England and America: A comparative study (1974); R. H. Michel, English attitudes towards women, 1640–1700. In: CJH 13 (1978) S. 35–60 sowie Sh. Rowbotham, Im Dunkel der Geschichte. Frauenbewegung in England vom 17. bis zum 20. Jahrhundert (1980).

240. Vgl. etwa Gerrard Winstanley, The Saints Paradice (1648), zit. nach G. H. Sabine (Anm. 243) S. 9 f.: „I do not write anything as to be a teacher of you, for I know you have a teacher within yourselves (which is the spirit) and when your flesh is made subject to him, he will teach you all things and bring all things to your remembrance, so that you shall not need to run after men for instruction . . ."

241. Zur zeitgenössischen Kritik an der Sektenbewegung vgl. Thomas Edwards, Gangraena (1646), auszugsweise in Chr. Hill, The Good Old Cause (Anm. 117) S. 319 ff.

242. Vgl. Chr. Hill, The World (Anm. 235) u. a. S. 26 f.

243. Vgl. als wichtige Quellenedition, mit guter Einführung in die Bewegung der Diggers, G. H. Sabine, The Works of Gerrard Winstanley (1941), dazu die Literatur in Anm. 253.

244. Vgl. C. W. Horle, Quakers and Baptists 1647–1660. In: BQ 26 (1976) S. 344–362; übergreifend: C.-P. Clasen, Anabaptism: A social History 1525–1618 ... (1972); H.-J. Goertz, Die Täufer. Geschichte und Deutung (1980) und als gute Quellenedition G. H. Williams (Hg.), Spiritual and Anabaptist Writers (1957).

245. Vgl. A. Cole, The Quakers and the English Revolution. In: T. Aston (Anm. 95) S. 341–358; R. T. Vann, Quakerism and the Social Structure in the Interregnum. In: PP 43 (1969) S. 71–91; B. Reay, The Quakers, 1659, and the restoration of the monarchy. In: History 63 (1978) S. 193–213; ders., Quaker Opposition to Tithes 1652–1660. In: PP 86 (1980) S. 98–120; H. Barbour, The Quakers in Puritan England (1964); ders. u. a. (Hg.), Early Quaker Writings, 1650–1700 (1973); M. Endy, William Penn and Early Quakerism (1973).

246. Vgl. grundlegend A. L. Morton, The World of the Ranters (1970); daneben J. F. MacGregor, Ranterism and the development of early Quakerism. In: JRH 9 (1977) S. 349–363.

247. Vgl. P. G. Rogers, The Fifth Monarchy Men (1966); B. S. Capp, The Fifth Monarchy Men. A Study in Seventeenth-Century English Millenarianism (1972).

248. Vgl. Chr. Hill, The World (Anm. 235) S. 184 ff.

249. So der junge G. Winstanley, The New Law of Righteousnes (1648), zit. nach G. H. Sabine (Anm. 243) S. 7.

250. Vgl. den historischen Überblick im 1. Kap. von P. G. Rogers (Anm. 247); daneben W. M. Lamont, Godly Rule. Politics and Religion, 1603–60 (1969); N. Cohn, The Pursuit of the Millenium (³1970); P. Toon, Puritans, the Millennium and the Future of Israel: Puritan Eschatology 1600 to 1660 (1970); B. Capp, The Millenium and Eschatology in England. In: PP 57 (1972) S. 156–162; ders., Godly Rule and English Millenarianism (Review Article). In: PP 52 (1971) S. 106–117; B. W. Ball, A Great Expectation: Eschatological Thought in English Protestantism to 1660 (1975); sowie für die nachrevolutionäre Zeit J. F. C. Harrison, The second Coming: Popular Millenarianism, 1780–1850 (1979).

251. Zur Politik der Fifth Monarchy Men im sogenannten „Barebones Parliament" vgl. A. Woolrych, The Calling of Barebone's Parliament. In: EHR 80 (1965) S. 492–513; ders., Oliver Cromwell (Anm. 212), hier S. 76: „After the Restoration, when the royalists looked back on all they hated most in the Great Rebellion, they were more apt to remember the extravagances of the sectaries than the challenge of the Levellers. Perhaps it was because the saints had come a shade nearer to success; perhaps because the Fifth Monarchy movement was somewhat longer adying." Zum Unterschied von Fifth Monarchy Men und Diggers vgl. auch G. H. Sabine (Anm. 243) S. 39.

252. G. Winstanley, The New Law of Righteousnes (1648), zit. nach G. H. Sabine (Anm. 243) S. 182: „I do not speak that any particular men shall go and take their neighbours goods by violence, or robbery (I abhor it) ..."

253. Vgl. W. S. Hudson, Economic and social thought of Gerrard Winstanley. Was

he a seventeenth-century Marxist? In: JMH 18 (1946) S. 1–21; O. Lutand, Winstanley: Socialisme et Christianisme sous Cromwell (1976); J. C. Davis, Gerrard Winstanley and the Restoration of True Magistracy. In: PP 70 (1976) S. 75–93; T. W. Hayes, Winstanley the Digger: a literary analysis of radical ideas in the English revolution (1979) sowie als weitere Quellenedition Chr. Hill (Hg.), The Law of Freedom and other Writings (1973).

254. G. Winstanley, The Law of Freedom (1652), zit. nach Chr. Hill, The Good Old Cause (Anm. 117) S. 386: „No man can be rich but he must be rich either by his own labours or by the labours of other men helping him. If a man have no help from his neighbour he shall never gather an estate of hundreds and thousands a year. If other men help him to work, then are those riches his neighbour's as well as his own . . . Rich men receive all they have from the labourer's hand, and what they give, they give away other men's labours, not their own".

255. In William London, Catalogue of the most vendible books in England (1658) sind mehrere Werke Winstanleys aufgeführt; vgl. W. S. Hudson (Anm. 253) S. 5. Vgl. ferner H. S. Bennett, English Books and Readers 1603–1640 (1970).

256. Chr. Hill (Anm. 128) S. 30. – Die in diesem Abschnitt enthaltenen Formulierungen über „Stabilität und Prosperität im 18. Jahrhundert" sind in enger Zusammenarbeit mit G. Niedhart entstanden.

257. L. Stone (Anm. 144) S. 49: „In terms of the spread of wealth between social groups, and even between individual families, England at the end of the revolution in 1660 was barely distinguishable from England at the beginning in 1640." Ähnlich P. Zagorin (Anm. 128) S. 399. Vgl. auch Anm. 275.

258. Vgl. S. E. Prall, The Agitation for Law Reform during the Puritan Revolution 1640–1660 (1966); D. Veall, The Popular Movement for Law Reform 1640–1660 (1970); dazu auch den vergleichenden Überblick in H. Chr. Schröder, Die amerikanische und die englische Revolution in vergleichender Hinsicht. In: H.-U. Wehler (Hg.), 200 Jahre amerikanische Revolution und moderne Revolutionsforschung (1976) S. 9–37, hier S. 30 f.

259. Vgl. J. H. Plumb, The Growth of the Electorate in England from 1600 to 1715. In: PP 45 (1969) S. 90–116; D. Hirst, The Representative of the People? Voters and Voting in England under the Early Stuarts (1975).

260. Nach Plumb und Holmes (Anm. 259) besaßen – bezogen auf das Vereinigte Königreich – 1715 schätzungsweise 4,7% der englischen Bevölkerung (etwa 15% aller erwachsenen Männer) das Wahlrecht, relativ mehr als nach der Gesetzesreform von 1832, durch die nur 4,2% der Bevölkerung wahlberechtigt wurden. Vgl. H.-Chr. Schröder (Anm. 5) S. 54.

261. Vgl. den Überblick ebenda S. 53 ff.; dazu im einzelnen Anm. 272 u. 280 ff.

262. Dies ist jedoch wohl weniger als „Erstarrung" zu begreifen – so H. Chr. Schröder (Anm. 5) S. 55 –, sondern eher – im Sinne von D. Marshall, Eighteenth Century England (1965) S. 3 – als „balancing of tensions". Vgl. allgemein auch D. Marshall, English People in the Eighteenth Century (1956, ND 1969); J. H. Plumb, Political man. In: J. L. Chlifford (Hg.), Man versus society in eighteenth-century England (1968); ders., The Growth of political Stability in England 1675–1725 (1967); G. Holmes (Hg.), Britain after the Glorious Revolution, 1689–1714 (1969); J. Carswell, From Revolution to Revolution, 1688–1776 (1973); A. D. Baugh (Hg.), Aristocratic Government

and Society in Eighteenth-Century England. The Foundations of Stability (1975); H.T.Dickinson, Liberty and Property: Political Ideology in Eighteenth-Century Britain (1977); L.Stone, Social Mobility (Anm. 61). Vgl. ferner unten S. 102.

263. Vgl. dazu W. J. Shelton, English Hunger and Industrial Disorders. A Study of Social Conflict during the First Decade of George III's Reign (1973); J.S.Cockburn (Hg.), Crime in England 1550–1800 (1977); J.Stephenson, Popular Disturbances in England 1700–1870 (1979) sowie – mit stärkerer Betonung der Vorbehalte gegen das System – D.Hay u.a. (Hg.), Albion's Fatal Tree. Crime and Society in Eighteenth-Century England (1975); E.P. Thompson, Whigs and Hunters: The Origin of the Black Act (1975); ders., Plebeische Kultur (Anm.60).

264. Vgl. ergänzend zu der in Anm. 262 und 263 angegebenen Literatur als Einführung in die wichtigsten Forschungsrichtungen für das 18.Jahrhundert: M.Schlenke, Neue Literatur zur englischen Geschichte im 18.Jahrhundert. In: AKG 47 (1965) S.361–381; M.S.Anderson (Anm. 112); J.Cannon (Hg.), The Whig Ascendancy. Colloquies on Hanoverian England (1981).

265. St.E.Prall (Anm.99) S.XXI.

266. Vgl. P.Wende (Anm. 100) S.122.

267. Chr.Hill, Von der Reformation (Anm.21) S.107.

268. Zur Restauration von 1660 vgl. J.Thirsk, The Restoration (1976); J.R.Jones, Country and Court: England 1658–1714 (1978); ders. (Hg.), The Restored Monarchy, 1660–1688 (1979); J.M.Green, The Re-establishment of the Church of England, 1660–1663 (1978); P.Morrah, Restoration England (1979).

269. Vgl. den Forschungsbericht von J.S.Morrill, English local government in the early modern period (review article). In: Archives 13 (1977) S.41–47 sowie den Überblick in H.-Chr.Schröder (Anm. 5) S.46–49.

270. Vgl. L.Gleason, The Justices of the Peace in England, 1558–1640: a new Eirenarcha (1969); L.M.Boyer, The justice of the peace in England and America from 1506 to 1776: a bibliographic history. In: QJLC 34 (1977) S.315–326; L.K.J.Glassey, Politics and the appointment of justices of the peace (1979).

271. Zur Revolution von 1688/89 vgl. neben J.R.Jones (Anm.98) und G.Holmes, Britain (Anm.262) jetzt vor allem J.R.Western, Monarchy and Revolution. The English State in the 1680's (1972). An die klassische Whig-Sicht knüpfen an M.Ashley, The Glorious Revolution of 1688 (1966) und J.Carswell, The Descent on England (1969). Vgl. ferner St.E.Prall, The Bloodless Revolution in England (1972), die Regionalstudie D.H.Hosford, Nottingham, Nobles, and the North. Aspects of the Revolution of 1688 (1976); J.Childs, The Army, James II, and the Glorious Revolution (1980) sowie zuletzt, in vergleichender Perspektive, J.G.A.Pocock (Hg.), Three British Revolutions: 1641, 1688, 1776 (1980).

272. Durch den „Septennial Act" von 1716 wurde die Legislaturperiode des Parlaments von drei auf sieben Jahre verlängert, womit die Teilnahme der Wählerschaft am politischen Prozeß beträchtlich reduziert wurde. Vgl. H. Chr.Schröder (Anm. 5) S.56.

273. B.Moore, Social Origins of dictatorship and democracy. Lord and peasant in

the making of the modern world (1966, dt. 1969) S. 38. Schon F. M. Maitland, The Constitutional History of England (1908) hat darauf insistiert: „Wir kommen in der Parlamentsgeschichte nicht vorwärts, ohne vom Besitzrecht zu reden"; zit. in G. Barudio (Anm. 99) S. 314.

274. H.-Chr. Schröder (Anm. 5) S. 48.

275. Zu der vorübergehenden Umwälzung der Eigentumsverhältnisse während der Revolution vgl. J. Thirsk, The Sales of Royalist Land during the Interregnum. In: EcHR 2te Ser. 5 (1952) S. 188–205; ders., The Restoration Land Settlement. In: JMH 26 (1954) S. 315–328; H. J. Habakkuk, Public Finance and the Sale of Confiscated Property during the Interregnum. In: EcHR 2te Ser. 15 (1962/63) S. 70–88; ders., Landowners and the Civil War. Ebenda 18 (1965) S. 130–151; ders., The Land Settlement and the Restoration of Charles II. In: TRHS 5te. Ser. 28 (1978) S. 201–222; J. Gentles, The Sales of Crown Lands during the English Revolution. In: EcHR 2te Ser. 26 (1973) S. 614–635; daran anschließend die Kontroverse mit M. Kishlansky in EcHR 2te Ser. 29 (1976) S. 125–135; vgl. ferner J. Gentles, The Sales of Bishops' Lands in the English Revolution, 1646–1660. In: EHR 95 (1980) S. 573–596 sowie die Zusammenfassung der ganzen Debatte: J. V. Beckett, English landownership in the later seventeenth and eighteenth centuries: the debate and the problem. In: EcHR 2te Ser. 30 (1977) S. 567–581. Vgl. ergänzend L. Glow (Mulligan), Property and Parliamentary Politics in the English Civil War 1642–46. In: HSt 16 (1975).

276. Vgl. insb. L. Namier, The Structure of Politics at the Accession of George III (1929, ²1957) und ders., England in the Age of the American Revolution (1930, ²1961). Die auf die sechziger Jahre konzentrierten Arbeiten Namiers wurden von seinen Schülern auf das gesamte Jahrhundert ausgedehnt. Vgl. etwa J. Owen, The Eighteenth Century, 1714–1815 (1975); ders., The Rise of the Pelhams (1957); R. Walcott, English Politics in the Early Eighteenth Century (1956); J. Brooke, The Chatham Administration (1956); G. P. Judd IV (Hg.), Members of Parliament, 1730–1832 (1955). In der von Namier inspirierten ‚History of Parliament' ist bisher erschienen: L. Namier u. J. Brooke, The House of Commons 1754–1790. 3 Bde. (1964) und R. Segdwick, The House of Commons 1715–1754. 2 Bde. (1970).

277. N. F. Cantor (Anm. 89) S. 228 f. Vgl. die Literatur in Anm. 112.

278. Recht frühe Kritik gegen Namier, mit stärkerer Betonung außerparlamentarischer Vorgänge und politisch-ideologischer Fragen, kam von H. Butterfield, George III and the Historians (1957); daran anknüpfend jetzt grundlegend J. Brewer, Party Ideology and Popular Politics at the Accession of George III (1976).

279. Beispiele hierfür finden sich bei P. Langford, The Excise Crisis. Society and Politics in the Age of Walpole (1975) und G. Niedhart, Handel und Krieg in der britischen Weltpolitik 1738–1763 (1979).

280. Auch die in der zweiten Hälfte des 18. Jahrhunderts stärker einsetzende Reformbewegung, die auf eine Weiterentwicklung des Wahlrechts drängte, blieb prinzipiell im Rahmen der bestehenden Ordnung. Die englischen Jakobiner teilten nicht die vorgeschobene Position Thomas Paines. Vgl. dazu G. Lottes, Politische Aufklärung und plebejisches Publikum. Zur Theorie und Praxis des englischen Radikalismus im späten 18. Jahrhundert (1979).

281. Vgl. W.A.Speck, Tory and Whig. The Struggle in the Constituencies 1701–1715 (1970); ders., Stability and strife. England 1714–1760 (1977); J.P.Kenyon, Revolution Principles: The Politics of Party 1689–1720 (1977); G.S.Holmes, British Politics in the Age of Anne (1967); B.W.Hill, The Growth of Parliamentary Parties 1689–1742 (1976); F.O'Gorman, The Rise of Party in England. The Rockingham Whigs 1760–82 (1975); J.Cannon, The Fox-North Coalition. Crisis of the Constitution 1782–84 (1969); D.E. Ginter, Whig Organization in the General Election of 1790 (1967). Wieder näher an der Position Namiers – aber keineswegs identisch mit diesem – befindet sich J.C.D.Clark, The Decline of Party 1740–60. In: EHR 93 (1978) S.499–527. Vgl. auch ders., A General of Party, Opposition and Government 1688–1832. In: HJ 23 (1980) S.295–325.

282. Für die Boroughs vgl. J.A.Phillips, The Structure of Electoral Politics in Unreformed England. In: JBS 19 (1979) S.76–100, mit der These, daß das politische Selbstbewußtsein der Wählerschaft kontinuierlich zugenommen hat. Für die ländliche Wählerschaft vgl. H.Wellenreuther, Repräsentation und Großgrundbesitz in England 1730–1770 (1979), der – allerdings auf nur zwei Beispiele begrenzt und damit noch längst nicht generalisierungsfähig – den für das politische System Englands konstitutiven Zusammenhang von Großgrundbesitz und Repräsentation untersucht. Vgl. auch ders., Korruption und das Wesen der englischen Verfassung im 18. Jahrhundert. In: HZ 234 (1982) S.33ff. G.S.Holmes, The electorate and the national will in the first age of party (1976).

283. Vgl. den Überblick bei Chr.Hill, Von der Reformation (Anm.21) S.116ff. (Die Umwälzung in der Landwirtschaft); dazu ergänzend G.E.Mingay, The agricultural revolution: changes in agriculture, 1650–1880 (1977) und P. Roebuck, Post-Restoration landownership: the impact of the abolition of wardship. In: JBS 18 (1978/79) S.67–85.

284. Die Krone verlor vor allem ihre Vormundschaftsrechte über minderjährige Erben. Zum Ausgleich dafür wurde eine Steuer eingeführt, aber nicht – wie 1610 vorgesehen – in Form einer Grundsteuer, die in erster Linie den Großgrundbesitz getroffen hätte, sondern in Gestalt der Akzise, die vor allem die ärmeren Verbraucher traf. Vgl. allgemein C.Roberts, The constitutional significance of the financial settlement of 1690. In: HJ 20 (1977) S.59–76.

285. Chr.Hill, Von der Reformation (Anm.21) S.117.

286. Zum Fortgang der Enclosure-Bewegung vgl. G.E.Mingay, English Landed Society in the Eighteenth Century (1963, ND 1970); ders., Enclosure and the Small Farmer in the Age of the Industrial Revolution (1968, ND 1973); H.J.Habakkuk, La disparition du paysan anglais. In: Annales 20 (1965) S.649–663; F.M.L.Thomson, The Social Distribution of Landed Property in England since the Sixteenth Century. In: EcHR 2te Ser. 19 (1966) S.505–517; B.Moore (Anm.273) S.40ff. (Die Einhegungen und die Vernichtung des Bauerntums) sowie den Überblick von R.A.Butlin, The enclosure of open field in England, circa 1600–1750: a review: In: H. S.A.Fox u.a. (Hg.), Change in the countryside: essays on rural England 1500–1900 (1979) S.65–82.

287. R.H.Tawney, The Agrarian Problem (Anm.116) S.400: „For the upper classes in the eighteenth century the possession of landed property by a poor man seemed in itself a surprising impertinence which it was the duty of Parlia-

ment to correct, and Parliament responded to the call of its relatives outside the House with the pious zeal of family affection."

288. B. Moore (Anm. 273) S. 50 f.

289. Vgl. den Überblick bei Chr. Hill, Von der Reformation (Anm. 21) S. 124 ff. (Die Umwälzung im Handel; das Empire und die Außenpolitik); daneben auch noch R. Davis, A Commercial Revolution (1967) sowie G. D. Ramsay, Industrial laisser-faire and the policy of Cromwell. In: I. Roots (Anm. 208) S. 136–159.

290. Vgl. P. G. M. Dickson, The Financial Revolution in England. A Study in the Development of Public Credit 1688–1756 (1967).

291. Zur Außenpolitik Cromwells vgl. zuletzt P. Korr, Cromwell and the New Model Foreign Policy. England's Policy toward France 1649–1658 (1975); B. Martin, Außenhandel und Außenpolitik Englands unter Cromwell. In: HZ 218 (1974) S. 571–592. Für das 18. Jahrhundert vgl. neben G. Niedhart (Anm. 279) die einschlägigen Passagen in P. Langford, The Eighteenth Century 1688–1815 (1976) sowie J. R. Jones, Britain and the World 1649–1815 (1980).

292. Vgl. J. E. Farnell, The Navigation Act of 1651, the First Dutch War, and the London Merchant Community. In: EcHR 16 (1964) S. 439–454. Zum Aufstieg der englischen Flotte vgl. jetzt H.-Chr. Junge, Flottenpolitik und Revolution. Die Entstehung der englischen Seemacht während der Herrschaft Cromwells (1980).

293. Chr. Hill, Von der Reformation (Anm. 21) S. 125 f.

294. Vgl. ebenda S. 136 ff. (Industrie und Gewerbe); dazu ergänzend R. Johnson, Adjustment of Empire. The New England colonies in the era of the Glorious Revolution, 1675–1715 (1981).

295. Siehe oben S. 84.

296. Das Wachstum der Wirtschaft im nachrevolutionären England ist dokumentiert in Ph. Deane u. a., British Economic Growth, 1688–1959. Trends and Structure (²1967); A. H. John, Aspects of English Economic Growth in the First Half of the Eighteenth Century. In: E. M. Carus-Wilson (Anm. 21) Bd. 2 S. 360–373. Vgl. daneben W. E. Minchinton (Hg.), The Growth of English Overseas Trade in the Seventeenth and Eighteenth Centuries (1969); A. E. Musson (Hg.), Science, Technology and Economic Growth in the Eighteenth Century (Debates in Economic History) (1972, dt. 1978); H. J. Habakkuk, Population Growth and Economic Development since 1750 (1971); M. W. Flinn, British Population Growth 1700–1850 (1970) sowie P. Mathias, The Transformation of England. Essays in the Economic and Social History of England in the Eighteenth Century (1979). Zum funktionalen Zusammenhang zwischen oligarchischer Verengung der politischen Partizipationsmöglichkeiten im England des 18. Jahrhunderts und gleichzeitigen Neuerungs- und Wachstumsprozessen im ökonomischen Bereich vgl. die interessanten Überlegungen von H.-Chr. Schröder (Anm. 5) S. 59.

297. Vgl. dazu im einzelnen den folgenden Forschungsüberblick von G. Niedhart, unten S. 138 ff.

298. Vgl. P. Zagorin (Anm. 128) S. 399.

299. L. Stone (Anm. 144) S. 147; daran anschließend H.-Chr. Schröder (Anm. 258) S. 34; ähnlich auch N. F. Cantor (Anm. 89) S. 412.

300. Vgl. ebenda S. 413: „It was a nasty lesson that taught them [d. i. die herrschenden Eliten] to fear even the vaguest threat of social upheaval as well as any thorough rationalization in government and society. The Civil War became a collective nightmare that had been shared by the landed classes, a trauma that accounts for their extreme reluctance over the next hundred years to contemplate any fundamental reform or change along democratic lines in government and law."

301. Vgl. St. E. Prall (Anm. 99) S. XXI.

302. Vgl. allgemein Chr. Hill (Anm. 128) S. 30. Speziell zu Vane, der in der Zeit des Interregnums den Gedanken einer „Constitutional Convention" entwickelte, vgl. jetzt M. A. Judson, The Political Thought of Sir Henry Vane the Younger (1969); V. A. Rowe, Sir Henry Vane the Younger (1970).

303. Vgl. H.-Chr. Schröder (Anm. 258) S. 34 f., der das Fortleben der Levellerideen in der amerikanischen Revolution in den Blick rückt. Eine systematische Untersuchung der Rezeptionsgeschichte des radikalen Gedankenguts der englischen Revolution steht noch aus. Vgl. als Ausgangspunkt Chr. Hill, Some Intellectual Consequences of the English Revolution (1980).

304. Vgl. in diesem Sinne A. Kuhn, Die englische Revolution. Ein Unterrichtsentwurf (1974), die in der englischen Revolution des 17. Jahrhunderts „die Entstehungsgeschichte unserer noch nicht vollendeten Demokratie" thematisiert; vgl. dies. in GWU 26 (1975) S. 697. Mit welchen prinzipiellen Widerständen eine solche „zukunftsorientierte" Geschichtskonzeption immer noch zu rechnen hat, zeigt die Besprechung dieses Buches durch St. Skalweit ebenda S. 629–634 und 771–773.

III. Strukturwandel, Reformfähigkeit und Friedenswahrung: Probleme der englischen Geschichte im 19. und 20. Jahrhundert

Von G. Niedhart

1. England im Zeitalter der Industrialisierung: Merkmale der Epoche

Jedem Periodisierungsversuch haftet etwas Willkürliches an, und oft genug sind es arbeitsökonomische Erwägungen, die die Historiker zur Markierung von Einschnitten im historischen Kontinuum veranlassen. Davon ist auch die folgende Vorgehensweise nicht gänzlich frei. Dennoch erscheint es zwingend, das 19. und 20. Jahrhundert als einen eigenständigen Problemzusammenhang zu begreifen. Seine Analyse soll unter drei leitenden Gesichtspunkten erfolgen, die konstitutiv für diesen Abschnitt der englischen Geschichte sind und von der Forschung immer wieder hervorgehoben werden:

1. unter dem Gesichtspunkt des *Strukturwandels,* der mit der industriellen Revolution einsetzte und England als dem ersten Land der westlichen Welt, in dem die Industrialisierung ihren Durchbruch erlebte, die „gründlichste Umwälzung menschlicher Existenz in der Weltgeschichte"[1] brachte, bevor zunächst Kontinentaleuropa, die USA und Japan und schließlich die gesamte übrige Welt von diesem Vorgang erfaßt wurden. „Die industrielle Revolution verwandelte die Menschen von Bauern und Schafhirten in Betätiger von Maschinen, welche mit lebloser Energie angetrieben wurden."[2] Zitate dieser Art verdeutlichen sofort, daß der mit der industriellen Revolution verbundene Strukturwandel nicht nur den wirtschaftlichen, sondern auch den gesellschaftlichen Bereich betraf. Dies führt zum nächsten Hauptgesichtspunkt, unter dem die Forschung die Geschichte Englands im 19. und 20. Jahrhundert immer wieder untersucht hat. Gemeint ist

2. der Gesichtspunkt der *Reformfähigkeit* und *Reformbereitschaft* des politisch-sozialen Systems und seiner Eliten. Welche Lösung wurde für das Kardinalproblem aller Industriegesellschaften des 19. und frühen 20. Jahrhunderts gefunden, das in dem Spannungsverhältnis von vorindustriellen Herrschaftsformen, Organisationsweisen und Handlungsmustern einerseits und der Sprengkraft industriewirtschaftlicher und -gesellschaftlicher Entwicklungen andererseits besteht? Welche Formen der politischen Partizipation und sozial-ökonomischen Steuerung mittels interventionsstaatlicher Instrumente haben die Geschichte Englands seit Beginn des vorigen

Jahrhunderts geprägt? Wie wirkungsvoll erwies sich die allgemeine Tendenz „towards humanitarianism and reform", von der einer der besten Kenner des viktorianischen Zeitalters spricht,[3] um die Schere von sozialökonomischem Strukturwandel und Reformpolitik nicht zu groß werden zu lassen? Strukturwandel und Reformproblematik sind zwei der beherrschenden Themen der innerenglischen Entwicklung, seit die Industrialisierung ihren Siegeszug angetreten hat. Sie stehen in direktem Zusammenhang mit dem

3. Gesichtspunkt, der die englische Geschichte dieses und des letzten Jahrhunderts geprägt hat und der das außenpolitische Konfliktverhalten Großbritanniens betrifft. Komplementär zur Aufgabe der Reform im Innern erwies sich auf außenpolitischem Feld eine Politik der *Friedenswahrung* als zwingend und interessenadäquat. Zwar blieben Kriegsdrohung und Krieg durchaus anerkannte und auch eingesetzte Mittel britischer Außenpolitik. Man wird auch kaum sagen können, daß britische Regierungen um die Überwindung internationaler Drohpolitik und Gewaltstrukturen oder gar um die Abschaffung des Krieges besorgt gewesen sind. Für ihre eigene Position jedoch zogen sie den Zustand des Nicht-Kriegs vor, um die eigene Führungsrolle in der Weltpolitik so kostensparend wie möglich halten zu können. Die wünschenswerte Vermeidung von Krieg mit anderen Großmächten des internationalen Systems war der dritte zentrale Bestandteil britischer Politik und Geschichte im 19. und 20. Jahrhundert.

Aus dem Gesagten folgt, daß die englische Geschichte im Zeitalter der Industrialisierung hier nicht in ihrer Totalität erfaßt werden kann. Es handelt sich aber bei den gewählten Perspektiven nicht um eine willkürliche Verengung, sondern um eine begründete Selektion, die den Zugang zu zentralen Fragen der innenpolitisch-gesellschaftlichen, wirtschaftlichen und außenpolitischen Entwicklung Englands erleichtert.

Gliedert man in die leitenden Gesichtspunkte: industriebedingter Strukturwandel, reformgerichtete Anpassung und friedenswahrende Außenbeziehungen, wäre unter dem Aspekt der Periodisierung mancherlei einzuwenden. So sind Ursprünge und Beginn der industriellen Revolution keineswegs dem 19. Jahrhundert zuzuordnen. Auch das Reformproblem taucht bereits im 18. Jahrhundert – zum Teil auch früher – auf, und die Schlußfolgerung, daß Friedenswahrung ein dem nationalen Interesse des Handelsstaats England optimal entsprechender Zustand sei, wird ebenfalls bereits im 18. Jahrhundert formuliert. Jede Geschichte hat ihre Vorgeschichte, und alle historischen Übergänge sind gleitender und nicht abrupter Art. Darauf aber kommt es hier nicht an. Ausschlaggebend ist vielmehr die Frage, wann Strukturwandel, Reformmaßnahmen und Friedenswahrung dominierend für den weiteren Verlauf der englischen Geschichte geworden sind, wann sie ihren Aspektcharakter verloren haben und ins Zentrum des historischen Prozesses rückten. Dies war zweifellos erst seit dem ersten Drittel des 19. Jahrhunderts der Fall. Immer noch weit entfernt davon, ein voll industrialisiertes Land zu sein, ist England mit allen schon sichtbaren wirtschaftlichen und gesellschaftlichen Konsequenzen doch auf dem Weg dorthin und hat auf breiter Front – und nicht nur im Bereich der Baumwollspinnerei – industrielle Wachstumsraten wie auch bereits Wachstumsschwankungen zu verzeichnen. Insbesondere treten erst zu Beginn des 19. Jahrhunderts gesellschaftliche Kräfte auf den Plan, deren soziale Lage und politische Zielvorstellungen die Reformfrage in politischer, sozialer und ökonomischer Hinsicht zu einem unausweichlichen Problem machen; die die Alternative Reform oder Revolution entstehen lassen. Und schließlich hat sich England nach Beendigung der Napoleonischen Kriege als führende Weltmacht unangefochten etabliert, deren außenpolitisches Ruhebedürfnis klar zutage tritt. Industrieller Ausbau, innere Reformen, prinzipielle außenpolitische Saturiertheit – alles verlangte nach Friedenswahrung. Die Erhaltung des Friedens wurde seit den Tagen Außenminister Castlereaghs immer wieder als überragendes Ziel britischer Außenpolitik angesehen.[4]

2. Wirtschaftlicher und gesellschaftlicher Wandel

a) Vorindustrieller Wandel: Bevölkerungswachstum und Agrarrevolution

Es versteht sich, daß im Unterschied zur reformerischen Wendung in der Innenpolitik und zur friedensorientierten Definition des nationalen Interesses in der Außenpolitik Fragen des Strukturwandels weniger scharf in ein Periodisierungsschema zu pressen sind. Wie bereits gesagt begann England seit der zweiten Hälfte des 18. Jahrhunderts einen Strukturwandel durchzumachen, der das Gesicht des Landes völlig verändern sollte. Seine Ursachen und sein Verlauf haben die Forschung immer wieder mit schwierigen Problemstellungen konfrontiert. Grob gesagt handelt es sich um die Transformation von einer in der Hauptsache agrarisch geprägten zu einer primär industriell ausgerichteten Gesellschaft und Wirtschaft.

Doch das erste qualitativ deutlich ins Auge fallende Merkmal des beginnenden Strukturwandels, das überdurchschnittliche Tempo der Bevölkerungszunahme, war zunächst keineswegs industriell bedingt. Das Bevölkerungswachstum ging dem Beginn der Industrialisierung voraus, bevor es sich in einer in der Forschung allerdings umstrittenen Weise mit ihr verband. War die zwischen 1750 und 1850 erfolgte Verdreifachung der Bevölkerungszahl ein Bedingungsfaktor der Industrialisierung, oder blieb die ansteigende Linie der Bevölkerungszahl nur aufgrund der vollzogenen Industrialisierung ungeknickt? Weiterhin ist umstritten, worauf der Anstieg der Bevölkerungszahl im einzelnen zurückzuführen ist. War der Rückgang der Sterblichkeitsrate ausschlaggebend oder der Anstieg der Geburtenrate? Die ältere Auffassung, die vom Rückgang der Mortalität ausging,[5] blieb nicht ohne Widerspruch. Vertreter der Gegenthese stellten ein Anwachsen der Geburtenrate in den Mittelpunkt.[6] Viel hängt allerdings davon ab, worauf man eine längere Lebenserwartung zurückführt: auf Verbesserungen im Gesundheitswesen oder auf eine allgemeine Anhebung der Lebensbedingungen. Medizinischer Fortschritt und hygienische Verbesserungen konnten erst in der zweiten Hälfte des 19. Jahrhunderts – und auch dann für die Masse der Bevölkerung offenbar nur sehr langsam – greifen,[7] als die Gesamtbevölkerung trotz relativen Rückgangs der Geburtenrate weiter anstieg. Doch hatte der Rückgang der Sterblichkeit in der zweiten Hälfte des 18. Jahrhunderts primär nicht-medizinische Ursachen. Zu nennen ist vor allem die im 18. Jahrhundert erreichte Verbesserung der Einkommens- und Ernährungslage und das vorindustrielle merkantilistische Wachstum.[8]

Insgesamt erscheint es fraglich, ob die zur Verfügung stehenden statistischen Werte ausreichen, das Problem definitiv zu lösen. Eine jüngere Zwischenbilanz des Forschungsstands warnt vor monokausalen Ableitungen der Bevölkerungszunahme und gibt der These von der sinkenden Mortalität ein leichtes Übergewicht.[9] Dagegen legt die bisher methodisch aufwendigste Untersuchung zum Thema den Akzent zur Erklärung der Bevölkerungsexplosion eher auf Realeinkommen, Heiratsverhalten und Geburtenrate.[10] Vielversprechend, wenn auch nur schwer zu generalisieren, sind Untersuchungen, die auf lokalen Daten basieren. Beim Vergleich zwischen einem fast rein agrarischen und einem stärker gewerblich ausgerichteten Dorf ergab sich nicht nur ein unterschiedliches Tempo des Bevölkerungsanstiegs, sondern konnten auch verschiedene Wurzeln dieses Vorgangs angenommen werden. Während im rein ländlichen Bereich, wo die Bevölkerung geringere Zuwachsraten aufwies, ein Rückgang der Mortalität ausschlaggebend gewesen sein dürfte, scheinen im stärker gewerblichen Bereich Senkung des Heiratsalters und Anstieg der Fruchtbarkeit bestimmend gewesen zu sein, so daß aufs Ganze gesehen den steigenden Geburtenzahlen ein größeres Gewicht zur Erklärung der Bevölkerungsexplosion zugesprochen wird.[11]

Unumstritten ist, daß der erste Schub der Bevölkerungsexplosion vorindustriellen Ursprungs war. Ebenso deutlich erscheint, daß die fortgesetzte Zunahme der Bevölkerung im 19. Jahrhundert nur vor dem Hintergrund der Industrialisierung denkbar ist. Nirgends in der Welt wuchs die Bevölkerung so wie in England, dem Vorreiter der Industrialisierung.

Die Mitte des 18. Jahrhunderts – also deutlich vor Beginn der Industrialisierung – einsetzende demographische Revolution brachte für die Bevölkerung zu keinem Zeitpunkt Versorgungsengpässe. Die landwirtschaftliche Produktion war infolge der sogenannten Agrarrevolution, die eine Steigerung der landwirtschaftlichen Erträge brachte, ausreichend.[12] Neben der wirtschaftlichen Modernisierung brachte die Agrarrevolution auch soziale Veränderungen mit sich. Durch die schon lange praktizierten,[13] seit der Mitte des 18. Jahrhunderts aber systematisch betriebenen Einhegungen (enclosures) wurde die bisherige gemeinwirtschaftliche Nutzung des Gemeindelandes durch individuelle Besitzformen abgelöst. Der dadurch erfolgende Konzentrationsprozeß verlief auf Kosten der älteren Dorfgemeinschaft und der ländlichen Unterschichten. Sie konnten die vorher offene Flur nicht mehr nutzen und wurden zur proletarisierten Landarbeiterschaft herabgedrückt. Da gleichzeitig eine Wanderungsbewegung in die Städte stattfand, knüpfte sich an diese Beobachtung die Vermutung, die Einhegungen hätten zu einer massenhaften Landflucht und zur Bildung einer „industriellen Reservearmee" (Karl Marx) geführt, die die industrielle Revolution erst ermöglicht habe. Dem ist allerdings entgegenzuhalten, daß zur Zeit der Einhegungen und der damit einhergehenden Intensivierung der Landwirtschaft eine gesteigerte Nachfrage nach Landarbeitern herrschte und es somit nicht zu einer Entvölkerung des Landes gekommen ist. Zwischen den Einhegungen und dem Beginn der Industrialisierung besteht kein ursächlicher Zusammenhang.[14] Andererseits ist nicht zu verkennen, daß vorindustrielle Wachstumserscheinungen im agrarischen und demographischen Bereich von dem ein neues Zeitalter einleitenden Industriewachstum nicht zu isolieren sind. Der zum großen Teil in die Städte abwandernde Bevölkerungszuwachs hat evidentermaßen direkt mit der Herausbildung einer Industriearbeiterschaft zu tun, die zwar zunächst zahlenmäßig noch sehr klein war, im Laufe der Industrialisierung dann aber zunehmend anstieg. Hinzuweisen ist auch auf die gesteigerte Aufnahmefähigkeit des Binnenmarktes infolge vermehrter Nachfrage. Auf jeden Fall wird man vorindustrielles Wachstum als wesentlichen Impuls für den qualitativen Sprung der industriellen Revolution in Rechnung stellen müssen.

b) Ursachen und Verlauf der industriellen Revolution

Für den eigentlichen Durchbruch der industriellen Revolution findet sich in der wissenschaftlichen Literatur fast ein Überangebot an Bedingungs- und Erklärungsfaktoren, ohne daß deren Gewichtung im einzelnen bisher immer zufriedenstellend bestimmt worden wäre. Im wesentlichen werden von der Forschung neben Bevölkerungsexplosion und Agrarrevolution angeführt: optimale Marktbedingungen sowohl auf den Binnen- wie auf den Außenmärkten bei effizientem Transportsystem, ausreichende Kapitalakkumulation und günstiges Zinsniveau, Erfindungen und technischer Fortschritt, Rohstoffreichtum, sozio-kulturelle Faktoren (soziale Mobilität, liberale Wirtschaftspolitik, freies Konkurrenzsystem mit entsprechender Unternehmermentalität). Einigkeit herrscht im Prinzip darüber, daß es keine monokausale Erklärung des Durchbruchs zur Industrialisierung in England geben kann. Aber die wenigsten Autoren wollen auf eine „Hierarchie der Ursachen"[15] verzichten und sich damit zufriedengeben, von einem Bedingungs- und Wirkungszusammenhang auszugehen, in dem der Stellenwert einzelner Faktoren kaum präzise zu bestimmen ist. Die Skepsis R. M. Hartwells oder K. Borchardts, wonach „in einem interdependenten System das Zurechnungsproblem nicht lösbar" ist,[16] wird im allgemeinen wenig geteilt. Indes spricht viel für diese Position. Auch die mittlerweile in deutscher Übersetzung vorliegenden einschlägigen Bände der ‚Fontana Economic History of Europe' basieren darauf.[17] Dadurch wird der Zugang zu einer überaus verzweigten und oft kontroversen Forschungsdiskussion erleichtert[18] und der Komplexität des Forschungsgegenstandes in angemessener Weise Rechnung getragen. Zugleich wird die Überzeugung vertreten, „daß die verschiedenen ‚wachstumsfördernden Kräfte' im 18. Jahrhundert keine autonomen Variablen, sondern Ausdruck des Wachstums selbst waren".[19]

Dieser Standpunkt wird freilich in wirklich konsequenter Weise von den wenigsten Historikern geteilt, die mit der Frage nach den Ursprüngen der industriellen Revolution, einer der großen und dauerhaften Forschungskontroversen in der neueren englischen Geschichte, befaßt sind. Alle plädieren zwar für ein multikausales Verfahren, gewichten jedoch verschiedene Faktoren in unterschiedlicher Weise. Da eine exakte Quantifizierung nicht möglich ist, kommt es auch innerhalb ein und desselben Œuvres zu Schwankungen. So läßt sich beobachten, daß „selbst eine so sorgfältige Autorin"[20] wie Phyllis Deane, die zu den ausgewiesenen Kennern der Materie gehört, von Akzentschwankungen nicht gänzlich frei ist. Bei ihr rangieren mit wechselnder Gewichtung Agrarrevolution, Bevölkerungswachstum, technischer Fortschritt und steigende Investitionen ganz vorn. An der Spitze ihrer Erklärungsfaktoren steht jeweils die Auslandsnachfrage, auch wenn ein monokausaler Zusammenhang von Außenhandel und allgemeinem Wirtschaftswachstum ängstlich vermieden wird.[21] Sie geht nicht so weit, von der schlechthin konstitutiven Bedeutung des Außenhandels für Wirtschaftswachstum und Industrialisierung zu sprechen.[22]

Damit nimmt Deane eine Prioritätensetzung vor, die wiederum höchst umstritten ist. Denn wenn auch jedermann einräumt, daß Großbritanniens führende Stellung als Handelsmacht seit dem Siebenjährigen Krieg[23] zu den nicht wegzudenkenden Starterleichterungen der industriellen Revolution gehört, so wird doch überwiegend vor einer zu hohen Bewertung der Auslandsnachfrage, der sogenannten „commercial revolution",[24] gewarnt. Für die Frühphase der Industrialisierung erscheint die Massenkaufkraft auf dem Binnenmarkt bedeutsamer,[25] während für den weiteren Verlauf der Entwicklung die stimulierende Wirkung neuer Außenmärkte und Rohstoffquellen plausibel erscheint.[26]

Für die erste Etappe der Industrialisierung aber darf man sich von den enormen Zuwachsraten im Export nicht täuschen lassen und muß den relativ geringen Anteil des Außenhandels am Sozialprodukt Ende des 18. Jahrhunderts sehen.[27] Damit gerät auch eine gern geäußerte Vermutung ins Wanken, das Handelskapital als bedeutsames Element der allgemein zu beobachtenden Kapitalakkumulation sei unverzichtbar für die Finanzierung der Industrieanlagen gewesen. Demgegenüber wird das zur Industrialisierung erforderliche Grundkapital überwiegend vergleichsweise niedrig eingeschätzt.[28] Dies heißt freilich nicht, daß im Einzelfall nicht doch entsprechende Kapitalbereitstellung erforderlich war und auch erfolgte[29] und daß im Verlauf der Industrialisierung – namentlich in Krisenphasen – das Volumen des britischen Kapitalmarkts nicht von Vorteil gewesen wäre, sondern lediglich, daß vor einer isolierten Überbewertung dieses Faktors zu warnen ist.

Ebenso ist gegenüber anderen Erklärungsansätzen zu argumentieren, die etwa mit dem sozialhistorischen Schlüssel die Tür zum Geheimnis des Wirkungszusammenhangs öffnen wollen, der die industrielle Revolution aus sich entlassen hat – sei es unter Hinweis auf die Dynamik und Flexibilität der englischen Gesellschaft,[30] sei es unter Hinweis auf die eher restriktiven, aber „ökonomisch aufgeschlossenen" Elemente des politisch-sozialen Systems, die „Partizipationskrisen" mit wachstumsschädlichen politischen Erschütterungen verhinderten.[31] Dies führt hinüber zu der Frage, wie „modern" das England der industriellen Revolution war und welche Rolle diese „Modernität" mit ihren sozio-kulturellen Indikatoren (Bildungsniveau, Stand der Wissenschaft und Technik, geistiges und religiöses Klima, soziales Gefüge, Unternehmermentalität, Urbanisierung) spielte. Hier scheint wegen der kaum zu leistenden Quantifizierbarkeit noch größere Vorsicht geboten zu sein, sowohl gegenüber Thesen, die diesen Bereich besonders hoch veranschlagen,[32] wie gegenüber Thesen, die das genaue Gegenteil beinhalten und die industrielle Revolution eher als glücklichen Zufall betrachten.[33]

Zugespitzt läuft die Zufallsthese darauf hinaus, die innere Logik der Frage zu leugnen, warum die Industrialisierung ausgerechnet in England ihren Durchbruch erlebte. Versuche dieser Art[34] verweisen darauf, daß Frankreich in wirtschaftlicher Hinsicht ähnlich leistungsfähig war. Nun ist es freilich schlechterdings ein Faktum, daß die industrielle Revolution zuerst in England auftrat, und man wird wohl vermuten dürfen, daß dies kein Zufall war. Wie bereits deutlich geworden ist, versuchen verschiedene Historiker, dafür verschiedene Hauptgründe anzuführen. So meint der schon zitierte Sozialhistoriker H. Perkin, England habe „the right kind of society" gehabt. „France, where social climbing was frustrated, had a political revolution. Britain, where it was not, had an industrial one".[35] Für diese Sicht der Dinge kann man – wie es auch hier geschieht – viel Sympathie haben, exakt beweisen läßt sie sich nicht.

Solange man aber letztlich über den Stand von Vermutungen – und seien sie noch so scharfsinnig – nicht hinausgelangt, sollte man sich vielleicht mit der freilich wenig Aufsehen erregenden Feststellung begnügen, daß Faktoren, die den qualitativen Sprung von der Agrarwirtschaft zur Industriewirtschaft und Dienstleistungsgesellschaft ermöglichten, in England seit den achtziger Jahren des 18. Jahrhunderts gebündelt auftraten, während sie andernorts nur vereinzelt vorkamen.[36] Das heißt, daß in einer relativ kurzen Spanne die Wende zur industriellen Produktion erfolgte. Ob damit allerdings von einem industriellen „take-off" im Sinne rapiden Strukturwandels, bei dem das Stadium der Industrialisierung auf verschiedene andere Stadien folgte, gesprochen werden kann,[37] wird in der Forschung vielfach bezweifelt. Man muß nicht so weit gehen, unter weitgehender Relativierung des umstürzenden Vorgangs der Industrialisierung bzw. der industriellen Revolution[38] nur noch über Jahrhunderte sich erstreckende langfristige Entwicklungstendenzen gelten zu lassen.[39] Aber man kann sehr wohl eine Synthese der „evolutionären" und der „revolutionären" Sehweise anstreben[40] und den Standpunkt vertreten, es habe sich weniger um aufeinanderfolgende Stadien gehandelt, sondern um ein zeitgleiches Nebeneinander verschiedener Stufen und Wirtschaftsformen. Trotz beginnender Industrialisierung, die man Ende des 18. Jahrhunderts anzusetzen hat, entfiel in England an der Wende zum 19. Jahrhundert der größte Prozentsatz des Sozialprodukts immer noch auf die Landwirtschaft; bedeutete das Fabriksystem in der ersten Hälfte des 19. Jahrhunderts zwar eine qualitative Umwälzung, aber keine alles verschlingende Flutwelle.[41] In methodischer Entsprechung dazu hat sich in den letzten Jahren das Interesse auf die „Industrialisierung vor der Industrialisierung", die sogenannte Proto-Industrialisierung, gerichtet.[42]

Industrielle Revolution bedeutet sowohl Zäsur wie langfristige Vorbereitung im Rahmen einer schon expansiven Wirtschaft und langsame Steigerung bis zur definitiven Zurückdrängung des Agrarsektors. Wünschenswert sind weiterhin Untersuchungen, die regional- und lokalgeschichtlich differenzieren[43] und einzelne Branchen behandeln. Zwar sind die Aussagen solcher Studien nur von begrenzter Reichweite, dafür aber meistens verläßlicher als Globalanalysen. Sie sind der empirisch überprüfbare Teil der Forschung zur britischen Industrialisierung, die gewaltige Dimensionen angenommen hat. Und obwohl weniger exakt überprüfbar und anfechtbarer, sind auch größere Synthesen zur industriellen Revolution und weiterer Geschichte der Industrialisierung, die die Einzelforschung verarbeiten und auf den Begriff zu bringen versuchen, immer wieder nötig.

Wie umstritten die Gewichtung von Fallstudien in einem größeren Kontext sein kann, zeigt das Beispiel der Baumwollindustrie. „Wer Industrielle Revolution sagt, meint Baumwolle." Dieses prägnante Statement von E. J. Hobsbawm ist zwar nicht so absolut gemeint, wie es klingt. Hobsbawm löst die Baumwollindustrie keineswegs aus der allgemeinen wirtschaftlichen Entwicklung heraus. Er betont aber, sie sei das „Hauptelement der industriellen Umwandlung" gewesen.[44] Von der Forschung ist diese gängige These nicht unwidersprochen geblieben und modifiziert worden. War die Baumwollindustrie tatsächlich der alles entscheidende Leitsektor in der ersten Phase der Industrialisierung, der alle anderen Wirtschaftszweige mitgerissen hat? Der „leading-sector theory" ist die „aggregate-growth theory" entgegengestellt worden.[45] Danach war die industrielle Revolution das Ergebnis allgemeinen Wachstums und nicht das eines branchenspezifischen Wachstums, zumal die Berührungspunkte der Baumwollindustrie zu anderen Branchen vergleichsweise gering waren und somit ein stimulierender Impuls allein von der Baumwolle her nicht eigentlich vorstellbar ist.[46] Wie dem auch sei, es bleibt eine Tatsache, daß im Bereich der Baumwollindustrie die technisch-organisatorische Umwälzung und Produktionsvermehrung zunächst ungleich ausgeprägter als anderswo war und daß noch am Ende des 19. Jahrhunderts die Baumwollindustrie der zweitgrößte Arbeitgeber in Großbritannien war.[47] Andererseits ist nicht zu leugnen, daß aufs Ganze gesehen – ohne jetzt einen anderen Leitsektor benennen zu wollen – die bescheideneren Anfänge der Eisenindustrie wichtiger waren. „Eisen hat schließlich das Gesicht der industrialisierten Welt geprägt, nicht Baumwolle."[48]

c) Perioden wirtschaftlicher Entwicklung

Wie über Ursprünge und Etappen der Industrialisierung in der Forschung kein einheitliches Bild existiert, so sind auch Wachstumsverlauf und Leistungsfähigkeit der britischen Wirtschaft umstritten. Über die Bewertung einzelner Daten einer Entwicklung, die von der weltbeherrschenden Stellung Großbritanniens als Handels-, Industrie- und Finanzmacht bis zu gefährlichem Schwund an Konkurrenzfähigkeit reichte, herrscht keineswegs Einigkeit.

Die vertraute Phaseneinteilung der britischen Wirtschaftsentwicklung im 19. Jahrhundert mit ihren vier Abschnitten ist zwar immer wieder modifiziert worden, kann aber nach wie vor als brauchbare Orientierung dienen und ist erst jüngst wieder im wesentlichen bestätigt worden.[49] Danach folgte auf eine Anpassungs- und Aufschwungsphase nach den Napoleonischen Kriegen vom Ende der vierziger bis zum Anfang der siebziger Jahre eine wirtschaftliche Hochschwungphase, die von der sogenannten Großen Depression abgelöst wurde, bevor seit den neunziger Jahren eine Erholung eintrat. Insbesondere die Bezeichnung der dritten Phase als Große Depression ist auf Widerspruch gestoßen.[50] Doch es ist nicht zu leugnen, daß die britische Wirtschaft in eine bis dahin ungekannte Konkurrenzsituation geriet,[51] die Großbritanniens Stellung in der Welt zunächst nur relativ und kaum spürbar, später aber – auch in der Erholungsphase vor dem Ersten Weltkrieg – immer stärker berührte – eine Problematik, die nach dem Ersten Weltkrieg in verschärfter Weise andauerte.[52]

Umstritten ist auch das Ausmaß des britischen Wirtschaftswachstums im

19. Jahrhundert. Dabei geht es nicht so sehr um die Zuwachsraten an sich, als um die Relation zu anderen Volkswirtschaften. Vor der Vorstellung, Großbritannien sei schlechterdings ein Modellfall gewesen, wird gewarnt und insbesondere die Inferiorität der französischen Produktion bezweifelt.[53]

Gerade umgekehrt gelagert ist die Kontroverse über die Entwicklung seit dem Ende des 19. Jahrhunderts, in der die britische Wirtschaft nach gängiger Auffassung in einem deutlichen Niedergang begriffen war. Als Kennzeichen dafür wird die mangelnde internationale Konkurrenzfähigkeit der alten Industrien (Baumwolle, Kohle, Eisen, Stahl) angeführt, die Großbritannien einst zu wirtschaftlicher Blüte verholfen hatten. Gegenüber der allgemeinen Auffassung, man habe sich auf seinen Lorbeeren ausgeruht und Modernisierungsmaßnahmen versäumt, wird zu bedenken gegeben, der Verzicht auf forcierte Modernisierung habe durchaus eine ökonomisch rationale Entscheidung dargestellt.[54] Darüber hinaus aber stellt sich bei einer Bestimmung der gesamtwirtschaftlichen Leistungsfähigkeit die Frage, welchen Stellenwert der industrielle Sektor gegenüber anderen Sektoren, namentlich gegenüber dem global orientierten Dienstleistungssektor (Banken, Versicherungen, Handel) einnahm. Klar erkennbar ist, daß der Reichtum des Landes um die Jahrhundertwende neben dem Landbesitz vor allem im Bereich von Handel und Banken konzentriert war,[55] und es spricht viel dafür, daß die Stellung Großbritanniens in der Weltwirtschaft unter den gegebenen Voraussetzungen nicht ungünstig war. So lag die industrielle Gesamtproduktivität höher als diejenige Deutschlands, des europäischen Hauptkonkurrenten, ganz zu schweigen von der nicht-industriellen Rolle Großbritanniens in der Welt. Was den Zeitgenossen und den meisten Historikern „überwiegend als Rückfall Großbritanniens im ökonomischen Wettlauf der großen Industrienationen" erschien und erscheint, kann aus dieser Perspektive als Ausweis erneuten britischen Vorsprungs gedeutet werden.[56]

Freilich zerstörte der Erste Weltkrieg weitgehend den unabdingbaren Rahmen dieser britischen Option, nämlich den Waren- und Finanzfluß einer prinzipiell immer noch liberal verfaßten Weltwirtschaft. Abgesehen vom Substanzverlust, den Großbritannien selbst erlitt, war damit die Rolle vom Bankier der Welt zum größten Teil ausgespielt. Auf dem Gebiet zukunftsträchtiger technischer Innovationen und industrieller Massenproduktion aber hatte Großbritannien den Anschluß verloren. Rückgang der Exporte und hohe permanente Arbeitslosigkeit in den alten Industrien prägten das Bild. Die Anpassung an moderne Methoden der betrieblichen Organisation, der Fertigung und des Marketing blieb unvollkommen.[57] Erst die dreißiger Jahre brachten eine gewisse wirtschaftliche Erholung. Dabei ist umstritten, ob der Aufschwung einseitig das Verdienst der sogenannten neuen Industrien (Fahrzeugbau, Elektroindustrie, Chemie, Nichteisenmetalle) zusammen mit dem florierenden Baugewerbe war,[58] oder ob nicht ein differenzierteres Bild der alten Industrien gezeichnet werden muß.[59] Was man auch zur Rettung der alten Industrien anführen mag, unbestreitbar ist, daß der Erste Weltkrieg für Großbritannien eine empfindliche Reduktion der finanziellen und wirtschaftlichen Basis brachte und damit die weltpolitische Handlungsfähigkeit des Landes entscheidend eingeschränkt wurde.

d) Gesellschaftliche Bewegung und soziale Kosten in der Frühphase
   der Industrialisierung

Die Ressourcenverknappung hatte nicht nur außenpolitische, sondern auch innenpolitisch-gesellschaftliche Konsequenzen. Die Mittel zur Steuerung der Probleme der industriellen Massen- und Klassengesellschaft nach dem Ersten Weltkrieg hingen in beträchtlichem Maß von finanzieller Ausstattung und wirtschaftlichem Entwicklungsstand ab. In der Frühphase der Industrialisierung dagegen hat es der Historiker vorrangig mit der Überlagerung von vorindustriellen gesellschaftlichen Formationen und aus der Industrialisierung erwachsenen sozialen Kräften zu tun. Die Forschung zu den sozialen Auswirkungen der industriellen Revolution gestaltet sich – dem Gegenstand adäquat – wesentlich komplexer als noch vor einiger Zeit. Die durch die Industrialisierung zu ganz neuer Bedeutung gelangten sozialen Schichten, die Mittelschichten und die Arbeiterschaft, blieben noch lange von politischen Entscheidungsprozessen ausgeschlossen und konnten bzw. wollten die Führungsposition von Aristokratie und mittlerem Landbesitz nicht beseitigen. Das England der wirtschaftlichen Blüte in der Mitte des 19. Jahrhunderts wurde politisch keineswegs von den Mittelschichten dominiert.[60] Die neuere Forschung warnt vor der einfachen Vorstellung, sozial-ökonomische Konflikte des 19. Jahrhunderts zwischen Landbesitz und Industriebürgertum, zwischen industriellen Unternehmern und Arbeiterschaft, zwischen Grundbesitzern und Pächtern vorschnell auf das Feld der Politik zu übertragen. Es gab keinen simplen Kausalnexus zwischen sozial-ökonomischen Interessenlagen und politischen Optionen.[61] Zu welch schiefen Ergebnissen eine derartige Annahme führen konnte, zeigt beispielsweise die neuere Debatte um die 1846 erfolgte Beseitigung der Getreideschutzzölle. Nach der herkömmlichen Interpretation war dieses Gesetz ein „Sieg des Mittelstandes über den Adel und der Interessen der Industrie über die Landwirtschaft".[62] Die neuere Forschung hat diese dichotomische Sicht der Dinge in Frage gestellt. Gab es die Konfrontation zwischen landbesitzender Aristokratie und Industrie wirklich in dieser Form? Befanden sich die Führer der beiden nach wie vor ganz klar aristokratisch bestimmten Parteien im Parlament nicht in Übereinstimmung mit einem Großteil des grundbesitzenden Adels, der keineswegs einen Preisverfall seiner Produkte befürchten mußte? Aus der Sicht der politischen Führung ging es überdies darum, Engpässe in der Brotversorgung für eine wachsende Bevölkerung zu verhindern. Entgegen der Propaganda der Führer der Freihandelsbewegung, die sich in der Geschichtsschreibung festgesetzt hat, waren die Gegner der Abschaffung der Getreidezölle in der Hauptsache nicht die großen und mittleren Landbesitzer, sondern vor allem die Pächter, die eine Verschlechterung ihrer ohnehin schmalen wirtschaftlichen Basis befürchteten. Die Öffnung zum Freihandel war nicht nur ein Erfolg der freihändlerisch agitierenden Interessengruppen, sondern beruhte auch auf der überwiegend, wenn auch nicht durchgängig anzutreffenden Kalkulation, der Landbesitz werde keinen Schaden erleiden.[63]

In der Tat fielen die Brotpreise nach 1846 keineswegs, entgegen den Erwartungen, die die Freihändler mit Blick auf die Arbeiterschaft geäußert hatten. Deren soziale Lage und Lebensstandard bilden einen der großen Kontroversbereiche der englischen Sozialgeschichte. Die populäre Sehweise über die Lage der arbeitenden Klasse in England ist durch die 1845 erschienene gleichnamige Schrift von Friedrich Engels geprägt worden.[64] Der dort gezeichnete Kontrast zwischen der Situation des vorindustriellen Arbeiters und der Industriearbeiterschaft konnte kaum schärfer ausfallen. Die industrielle Revolution erschien als Ursache für die Misere der Arbeiterschaft. Bis zum Zweiten Weltkrieg überwog diese Auffassung und wurde danach vor allem von E. J. Hobsbawm und E. P. Thompson vertreten.[65] Sie verkörperten in der Debatte um den Lebensstandard der Arbeiter die Position der „Pessimisten". Ihnen stehen die „Optimisten" gegenüber, zu denen etwa T. S. Ashton, R. M. Hartwell und D. S. Landes gehören.[66] Sie weisen vor allem auf zwei Punkte hin. Zum einen könne nicht davon die Rede sein, daß die vorindustriellen Heimarbeiter in der Textilbranche weniger „ausgebeutet" wurden als die Fabrikarbeiter. Zum anderen glaubt man den Nachweis führen zu können, daß die Reallöhne nicht erst seit den vierziger Jahren des 19. Jahrhunderts stiegen, was auch die „Pessimisten" nicht bestreiten, sondern daß schon in den Jahrzehnten nach den Napoleonischen Kriegen ein leichter Anstieg zu verzeichnen war.

Wie auch immer die Interpretation der kaum zufriedenstellenden statistischen Daten ausfällt, es dürfte unbestritten sein, daß es sich im ersten Drittel des 19. Jahrhunderts nur um sehr geringe und sich auch längst nicht auf alle Gruppen der arbeitenden Bevölkerung erstreckende Steigerungsraten des Realeinkommens gehandelt haben kann[67] und daß die vorindustrielle Armut zunächst weiterbestand. Sie war zwar dem industriellen System nicht direkt anzulasten, erfuhr aber doch mancherorts eine Verschärfung.[68] Nicht zu bestreiten ist allerdings auch, daß nur die Industriewirtschaft den materiellen Bedürfnissen einer sprunghaft gestiegenen Bevölkerungszahl gerecht werden konnte, katastrophale Versorgungskrisen, wie sie etwa in Irland auftraten und millionenfachen Hungertod brachten, vermeiden half und den Lebensstandard der Arbeiterschaft über das bloße Subsistenzniveau hinaus steigen ließ – ungeachtet freilich der Tatsache, daß noch Ende des 19. Jahrhunderts rund ein Drittel der Londoner Bevölkerung in Armut lebte.[69] Die industrielle Revolution war also trotz ihrer fraglos hohen sozialen Kosten, deren konkrete Elendsformen von Engels und anderen Zeitgenossen beschrieben wurden, weder die alleinige Ursache für gesellschaftliche Mißstände und individuelle Not, noch durfte sie ausbleiben, weil sonst der durch die Agrarrevolution erzielte Zuwachs mit weit höheren sozialen Kosten wieder in sich zusammengebrochen wäre.

3. Wandel durch Reformen

a) Reform als Leitbegriff

Die industrielle Revolution war eine Wachstumsbewegung, die von tiefgreifenden sozialen und politischen Veränderungen begleitet wurde.[70] In den hundert Jahren zwischen Wiener Kongreß und Erstem Weltkrieg verzeichnete Großbritannien einen fundamentalen Wandel: „the movement from oligarchy or aristocracy towards democracy".[71] Hervorstechend ist, daß dieser Wandel relativ gewaltfrei verlief. Auftretende Konflikte konnten im wesentlichen durch Konsensbildung gelöst werden. Konfliktlösungen bestanden weder in der Gewalt des obrigkeitsstaatlichen Oktroi noch in der Gewalt der Massen, deren Druckwelle bestehende politische Formen und soziale Strukturen hinweggefegt hätte. Von daher erscheint es angemessen, die Praxis des politisch-sozialen Wandels, der das Land grundlegend umgestaltete, unter den zentralen Begriff der Reform zu stellen. Die Einschätzung des politisch-sozialen Systems hinsichtlich seiner Reformfähigkeit, der politischen Eliten hinsichtlich ihrer Reformbereitschaft und einzelner Reformmaßnahmen hinsichtlich ihrer Qualität bildet denn auch einen zentralen Punkt der Historiographie zur englischen Verfassungs-, Sozial-, Ideen- und Politikgeschichte.

Es versteht sich, daß der Reformbegriff in unterschiedlicher Weise benutzbar ist. Seine Schwäche liegt zweifellos in der allzu großen Bandbreite, zu deren Abdeckung er eingesetzt werden kann. Reformen können unterschiedlicher Qualität und Richtung sein, können einen „liberalen", aber auch einen „konservativen" Grundzug haben. Reformen können autoritäre Herrschaftsformen stabilisieren und damit den Status quo fixieren und wirkliche Veränderungen gerade abblocken. Der sogenannte Aufgeklärte Absolutismus oder die Reformen in Preußen nach 1806 sind Beispiele dafür, daß Reformen keine Weiterentwicklung und Anpassung des politischen Systems mit sich bringen müssen.[72] Dies aber scheint für die Integrationskraft politischer Systeme beim Übergang zum Industriezeitalter und schließlich in der Phase der industriellen Massengesellschaft von ausschlaggebender Bedeutung zu sein. Selbstverständlich hatten Reformmaßnahmen in England *auch* politische Auffangfunktionen und sozial defensive Aspekte. Ausschlaggebend aber ist, daß es über die gesamte hier behandelte Epoche hinweg in England keine systemsprengenden Kräfte gegeben hat, die sich als wirksame Alternativen gegenüber der bestehenden politischen Ordnung erwiesen hätten. Das heißt mit anderen Worten: Es kam stets rechtzeitig zu reformerischen Maßnahmen, die das System liberalisierten und modernisierten, die Großbritannien auf den Weg der parlamentarischen Demokratie und der vom Interventionsstaat garantierten Sozialverfassung brachten.

Eine entscheidende Frage betrifft die Hintergründe der langwierigen, aber sukzessiven Veränderung der spezifischen Adelsherrschaft in Großbritannien, die sich nach der Glorreichen Revolution herausschälte und das ganze 18. Jahrhundert prägte. In der Formulierung von S. Pollard: „Sowohl das Oberhaus wie das Unterhaus des Parlaments, die Landesregierung wie die Lokalbehörden, Gerichtshöfe wie Heer, Kirche wie Kolonialverwaltung stehen völlig unter der Kontrolle des Adels, den man getrost dem Großgrundbesitz gleichsetzen darf. Wie konnte es möglich sein, ohne Revolution dieser allmächtigen Klasse die Herrschaft auf all diesen Gebieten aus den Händen zu reißen und an eine andere Klasse weiterzugeben?"[73]

Bei der Bearbeitung dieser Kernfrage geht die neuere Forschung ausgesprochen oder stillschweigend davon aus, die Erklärungsmuster der älteren Whig-Historiographie überwinden zu müssen.[74] Die einfach schematisierende Unterscheidung in Freunde und Feinde des Fortschritts, in den Status quo verteidigende Tories bzw. Konservative und freiheitsliebende Whigs bzw. Liberale erweist sich als unhaltbar.[75] Dasselbe gilt für eine allzu harmonisierende Sicht, die das politisch-soziale System Großbritanniens sich fast naturgesetzlich auf den Endpunkt der liberalen Demokratie zuentwickeln läßt.[76] Die neuere Forschung macht darauf aufmerksam, daß die Reformer des sich industrialisierenden Englands zunächst keineswegs an Demokratisierung dachten[77] und daß in der politischen Praxis vieles beim alten blieb. Ablesbar ist dies etwa an der bis in die achtziger Jahre fortdauernden Manipulation und Korruption bei Wahlen, an der nach der Reform von 1832 fast unveränderten sozialen Zusammensetzung des Unterhauses und an der nach wie vor wichtigen Stellung von Kirche und Religion für die Gestaltung des politischen Lebens.[78]

In Entsprechung dazu hat die moderne Forschung gefragt, wo auch bei den Kräften der Beharrung, bei den Tories und später den Konservativen, Problem und Notwendigkeit von Reformen in der ersten Hälfte des 19. Jahrhunderts erkannt und angepackt wurden,[79] freilich nicht ohne daß der Vorwurf laut wurde, an die Stelle der alten Whig-Schablone werde eine neue Orthodoxie, nun unter konservativen Vorzeichen, gesetzt.[80]

Ein weiterer Kritikpunkt betrifft die Legende, daß in der zweiten Jahrhunderthälfte Erscheinungen wie „Tory-Demokratie" oder „liberal socialism" eine vergleichsweise krisenfeste Industriegesellschaft eingerichtet hätten.[81] Daraus folgt nicht etwa, das Faktum der Reformtätigkeit nach der Jahrhundertmitte in Zweifel zu ziehen, sondern Bedingungen und Reichweite von Reformen nicht nur auf der Ebene des politischen Handelns zu untersuchen. Über die Wertung politischer Verhaltensweisen hinaus gilt es, den ganzen Bedingungsrahmen für politisches Handeln sichtbar zu machen und Faktoren zu bestimmen, die Gewalt in der politischen Auseinandersetzung auf ein Minimum herabdrückten und an die Stelle von Revolution graduellen Wandel und reformgerichtete Evolution setzten.

Damit soll nicht der Versuch unternommen werden, die Existenz konkreter politischer und sozialer Konfliktlagen zu leugnen, von denen Großbritannien ebenso wie andere Gesellschaften beim Übergang zur Industrialisierung nicht verschont blieb. In der Praxis des Konfliktaustrags aber scheint der Weg der revolutionären Gewalt objektiv überflüssig gewesen zu sein. Er war gleichsam nicht ausgeschildert, auch nicht in der Phase der „offenen Repression" und „aristokratischen Cliquenherrschaft"[82] nach den Napoleonischen Kriegen. Selbstverständlich muß man sich der Gefahr bewußt sein, die darin liegt, den englischen Weg in die Moderne des Industriezeitalters aus der nachträglichen Kenntnis heraus zu beschreiben, daß eben keine Revolution stattgefunden hat. Man wird sich also sehr wohl die in der Forschung umstrittene Frage stellen müssen, wie real möglicherweise Ansätze zu einer neuerlichen – sozialen – Revolution waren, die auf die politische Revolution des 17. Jahrhunderts[83] gefolgt wäre.

War England vor der Wahlrechtsreform von 1832 wirklich „der Revolution nahe"[84] und wie wichtig war das Reformgesetz, um „die mächtigste und fortschrittlichste Nation der Epoche in einer friedlichen Entwicklung"[85] zu halten? Mit anderen Worten: Wie stark war der Druck der außerparlamentarischen Reformer[86] und wie sehr sahen sich Regierung und Parlament seitens der Reformbewegung, die eine Änderung des Wahlrechts verlangte, Pressionen ausgesetzt, so daß sich nicht nur eine diffuse Furcht vor Erschütterungen der bestehenden Ordnung einstellte,[87] sondern die Handlungsfähigkeit der etablierten Institutionen tatsächlich eingeschränkt war? Einer der besten Kenner der englischen Geschichte in der ersten Hälfte des 19. Jahrhunderts gibt darauf eine entschiedene Antwort: „At no time … was revolution physically possible in Britain between 1815 and 1848".[88] Zwar wird die Existenz von revolutionären Ideen nicht geleugnet. Doch fehlte ihren Vertretern eine ausreichende Massenbasis und Organisationsstruktur. Vorrangig – auch für die Chartisten-Bewegung – war das Verlangen nach Reformen im Rahmen des bestehenden Systems. Dieser Befund, dem freilich nicht allgemein zugestimmt wird,[89] trifft schon für die Reformbewegung des ausgehenden 18. Jahrhunderts zu.[90]

b) Reformgesellschaft und Arbeiterschaft

In diesem Zusammenhang hat sich die Forschung immer wieder mit der Frage nach dem revolutionären Potential der englischen Arbeiterschaft befaßt. Zur Debatte steht vornehmlich die erste Hälfte des 19. Jahrhunderts. Denn die ausgehenden vierziger Jahre brachten laut Hobsbawm den „Übergang von der kämpferischen Klassenmobilisierung ... zum gemäßigten und subalternen ‚Labourismus' der zweiten Jahrhunderthälfte".[91] E. J. Hobsbawm markiert zusammen mit E. P. Thompson, J. Foster und anderen[92] eine Position, die vom revolutionären Bewußtsein und Willen der Arbeiterschaft und Gewerkschaftsbewegung[93] ausgeht. Erst mit dem Scheitern des Chartismus sei die „Entmannung" der britischen Arbeiterklasse erfolgt,[94] als die korrumpierbare Arbeiteraristokratie der New Model Trade Unions die Sache der Klassensolidarität verraten habe. Zu Unrecht versuche eine liberal gefärbte Geschichtsschreibung, die Arbeiterbewegung von Anfang an in den Rahmen der britischen Verfassungsordnung zu zwängen und ihre revolutionären Qualitäten zu leugnen.

Sicher wird man gelten lassen müssen, daß der Ende der vierziger Jahre einsetzende Wirtschaftsaufschwung die weitgehende Integration der Arbeiterschaft maßgeblich mitbestimmt und erleichtert hat. Fraglich ist nur, ob tatsächlich eine revolutionäre Spitze vorhanden war, die dadurch abgebogen wurde. Die Einschätzung der Arbeiterschaft war in der Forschung stets umstritten.[95] Die schon im Chartismus angelegte Alternative Reform oder Revolution, die die gesamte Labour-Bewegung durchzieht und in einen gemäßigten reformistischen und einen kleineren linksradikalen Flügel spaltet, findet sich auch in der wissenschaftlichen Literatur wieder, die in vollständiger Entsprechung zu diesem politisch-historischen Gegensatz in zwei Hauptströmungen zerfällt.[96] Darüber hinaus fällt auf, daß im Rahmen der Kontroversen um Lage und Bewußtsein der englischen Arbeiterschaft im 19. Jahrhundert und insbesondere um das Werk von E. P. Thompson wesentlich stärker, als dies in der englischen Geschichtswissenschaft bisher üblich war, ganz grundsätzlich das Problem der Theoriebezogenheit historischer Forschung diskutiert wird.[97]

Im einzelnen ist die Revision der Webbschen Periodisierung der Gewerkschaftsgeschichte[98] hervorzuheben.[99] Damit verbunden hat sich eine Debatte um die Tragfähigkeit des Begriffs Arbeiteraristokratie entwickelt.[100] Manche Historiker wollen an ihm festhalten,[101] andere bezweifeln seine Tauglichkeit als analytische Kategorie.[102] Gefordert und von Befürwortern wie Gegnern des Begriffs als notwendig erachtet werden quellennahe begriffsgeschichtliche Untersuchungen.[103] Allgemein ist festzustellen, daß die frühere Selbstverständlichkeit, mit der der Begriff benutzt wurde, nicht mehr anzutreffen ist. Ursprünglich sollte mit seiner Hilfe das Ende einer vermeintlich revolutionären Arbeiterbewegung plausibel gemacht werden. Verbürgerlichung der Arbeiterführung bei gleichzeitigem Theoriedefizit im politisch-sozialen Bereich hätten die Kapitulation der Arbeiterschaft im Klassenkampf herbeigeführt. In der vielsträngigen Kontroverse, die keineswegs auf zwei Lager – ein marxistisches und ein nicht-marxistisches – reduziert werden kann, sondern zum Teil gravierende Unterschiede innerhalb der „Lager" aufweist, erscheinen vor allem die folgenden Ansätze bedeutsam. Einmal die These, es habe in der Gewerkschaftsbewegung schon immer – und nicht erst seit der Jahrhundertmitte – eine Elite höher qualifizierter und tonangebender Arbeiter gegeben. Weder habe in der Arbeiterschaft vor der Jahrhundertmitte eine klassenbewußte Massenbewegung einheitlichen Zuschnitts existiert, noch danach eine gänzlich angepaßte Führung der Arbeiterschaft.[104]

Neben dieser auf historische Kontinuität abhebenden Sicht findet sich ein Forschungsansatz, der die Frage der Integration der Arbeiterbewegung in das bürgerlich-kapitalistische Industriesystem nicht als spezifisch britisches, sondern als allgemein westliches Phänomen sehen will, das aus der durch Wohlfahrtsstaat, Schulsystem, Arbeitsdisziplin, Familienleben und dergleichen mehr bedingten sozialen Kontrolle resultierte.[105] Ein weiterer Zugang zum Problem liegt in der Analyse politischer und sozialer Strukturen. Welche Rolle spielten das politische System und der vorgegebene rechtliche und institutionelle Rahmen? Waren sie durch ihre Flexibilität und die Gewährung von Spielraum für gesellschaftliche Organisationsformen[106] vielleicht wichtiger für den Prozeß der Integration der britischen Arbeiterschaft in die bestehende Ordnung, die sich selbst wieder als reform- und anpassungsfähig erwies, als die Arbeiteraristokratie, die die Klassensolidarität vergessen habe?

Erhöhte Aufmerksamkeit in der Forschung fand die Zusammenarbeit zwischen den „Klassen" und die Tatsache, daß Klassenbewußtsein der Arbeiterschaft – sei es der Industriearbeiterschaft, sei es der in vorindustriellen Handwerksberufen tätigen Arbeiterschaft – durchaus mit dem Gedanken eines politischen Bündnisses mit den Mittelschichten vereinbar war.[107] Dabei bedeutete das Streben nach „respectability" durchaus nicht totale Identifikation mit den Wertvorstellungen von bürgerlichen Mittelschichten.[108] Wichtig in der Debatte wurde nicht zuletzt auch die Ausdifferenzierung des Klassenbegriffs, die soziale Trennungslinien innerhalb der herkömmlichen Klassen sichtbar machte. Jedenfalls erweist sich das konventionelle Drei-Klassen-Schema als wenig brauchbar, um die soziale Wirklichkeit Englands im Gefolge der industriellen Revolution angemessen beschreiben zu können.[109]

c) Rahmenbedingungen für Reformen oder der englische Sonderweg

Die Frage, warum es im sich industrialisierenden England keine politische Revolution gab, obwohl doch der adlige Großgrundbesitz zunächst fest im Sattel blieb, ist auf unterschiedliche Weise beantwortet worden. Die ältere Whig-Historiographie war der Meinung, die Revolution sei durch die Konzessionsbereitschaft der politisch-sozialen Eliten abgewendet worden.[110] War also das intentionale Handeln entscheidend?[111] Eine Richtung der englischen Sozialgeschichtsschreibung vertritt die These, die Flexibilität der herrschenden Whigs und ihre Politik der Zugeständnisse hätten in Wahrheit manipulatorischen Charakter gehabt. Staatliche Repression sei nur in freiheitlich klingendes Vokabular verpackt gewesen, und die genuin revolutionäre Bewegung des frühen 19. Jahrhunderts sei durch Infiltration seitens der Regierungsbehörden ihrer Wirkung beraubt worden.[112] Wie stand es aber um die revolutionäre Qualität, wenn die Infiltration gelingen konnte?[113] Eine dritte Position bestreitet das Vorhandensein einer revolutionären Gefahr und deutet die englische Gesellschaft als deferentielle Gesellschaft. In ihr seien Loyalität und Ehrerbietung (deference) gegenüber den Oberen in Politik und Gesellschaft ausschlaggebender gewesen als soziale Einbindungen und ökonomische Interessen.[114] Bedeutet aber die Tatsache, daß die die Reformbewegung tragenden Mittel- und Unterschichten einen im Rahmen des bestehenden Systems bleibenden Wandel verlangten, auch, daß sie quasi naturgesetzlich ehrerbietig waren?[115] Geben die von D. C. Moore vorgenommenen Analysen aus dem ländlichen Bereich Aufschluß für das ganze Land, auch für die städtischen Bereiche?[116]

Gegenüber solchen auf eine letzte Ursache zurückgreifenden Ansätzen ist neueren strukturanalytischen Untersuchungen der Vorzug zu geben, wie sie etwa N. Gash oder S. Pollard – um nur zwei neuere Publikationen hervorzuheben – vorgenommen haben.[117] Ihnen zufolge ergibt sich ein komplexes Faktorenbündel mit sich wechselseitig bedingenden Faktoren, die in gewisser Weise auf den Ausgangspunkt dieses Forschungsüberblicks zurücklenken. Es zeigt sich nämlich, daß Faktoren, die schon in der Debatte über die Ursprünge der industriellen Revolution eine Rolle spielten, wieder auftauchen. Hinzuweisen ist auf folgende Punkte: Das soziale Gefüge ist durchlässig, insbesondere im Bereich der besitzenden Schichten.[118] Es gibt keine hermetische Abschließung von sozialen Gruppen aufgrund von Privilegien. Es gibt soziale Klassen, aber auch soziale Differenzierung innerhalb der Klassen und soziale Mobilität in und zwischen den Klassen. Der Adel, der die politische Führungsposition innehat, begreift seine Herrschaftsposition im Kontext von „Verpflichtungsverhältnissen"[119] und verfügt dadurch über eine gute psychologische Einstellung für die rechtzeitige Einleitung von Reformen und die Öffnung des politischen Systems. Längst an den Maßstäben einer kommerzialisierten und leistungsfähigen

Landwirtschaft orientiert, verschließt er sich im ökonomischen Bereich nicht gegenüber den neuen Tendenzen der Industrialisierung. England ist ein reiches Land mit einem Wirtschaftswachstum, das die Bevölkerungsexplosion verkraftet, zu vielfältigen Interessenidentitäten zwischen Agrariern und Bürgertum führt und einen Anstieg der Reallöhne mit sich bringt. Die Reformbewegung bleibt im Rahmen des bestehenden Systems, so daß ein Höchstmaß an innenpolitischer Integration erreicht wird. Systemgegner bleiben isoliert, unorganisiert, ohne Massenbasis. Das politische System mit dem Unterhaus als politischem Mittelpunkt und einer handlungsfähigen Regierung weist ein hohes Maß an Elastizität auf. Im internationalen System hat Großbritannien eine unangefochtene Führungsposition inne. Verkürzt könnte man sagen: Faktoren, die die industrielle Revolution begünstigten, trugen zugleich dazu bei, daß England den Weg der Reform beschritt und eine politisch-soziale Revolution überflüssig wurde.

Hält man sich diese Rahmenbedingungen des britischen Wegs in die Moderne des Industriezeitalters vor Augen, so ergibt sich eine Mischung aus günstigen Konstellationen und spezifischen Leistungen. Die Gunst der Umstände, von denen die britische Entwicklung profitierte, muß in Verbindung mit Reform- und Integrationsbereitschaft der britischen Gesellschaft gesehen werden, die die günstigen Umstände erst politisch und gesellschaftlich wirksam werden ließen. Weder das eine noch das andere wird man isolieren dürfen, will man die Entwicklungsfähigkeit der britischen politischen Kultur in den letzten zweihundert Jahren analysieren. Indem auf die Mischung und auf das wechselseitige Ineinandergreifen günstiger materieller Voraussetzungen, politisch-sozialer Reformpolitik und Integrationsbereitschaft abgehoben wird, entgeht man der Gefahr, die englische Entwicklung zum verbindlichen Modell für die Entwicklung von Industriegesellschaften überhaupt zu machen. Denn es kann kein Zweifel daran bestehen, daß innenpolitischer Grundkonsens und der hohe Grad von Integration untrennbar mit dem britischen Sonderweg verbunden sind, der durch weltpolitische Hegemonialstellung und unangefochtene Führungsposition als Handels-, Industrie- und Finanzmacht in der Mitte des 19. Jahrhunderts ausgezeichnet ist. Schreibt man englische Geschichte als Erfolgsgeschichte, so wird man also nicht nach dem Muster der Whig-Geschichtsschreibung fast ausschließlich die politische Klugheit und Flexibilität der politisch-sozialen Eliten rühmen dürfen, wenngleich auch nicht damit gedient ist, diesen Punkt völlig zu eliminieren. Zweifellos ist die englische Geschichte über weite Strecken der beiden letzten Jahrhunderte eine Erfolgsgeschichte. Aber es versteht sich, daß sie zahlreiche spezifische Faktoren enthielt und nicht in romantischer Verklärung als Vorbild und Gradmesser für andere nationale Entwicklungen – namentlich die deutsche – anzusehen ist. Mit guten Gründen wird man die Debatte um den deutschen Sonderweg auch umdrehen[120] und eher die britische Entwicklung als Sonderweg hinstellen können – ein beneidenswerter Sonderweg freilich, der das liberale System ausbildete, basierend auf den dazu notwendigen materiellen Voraussetzungen und politischen Leistungen.

d) Reformen und die Entfaltung des Interventionsstaats

Im einzelnen haben sich konkrete Reformmaßnahmen im politischen und im sozial-ökonomischen Bereich niedergeschlagen. Zuerst ist auf die 1832 einsetzenden Wahlrechtsreformen einzugehen, die das politische System schrittweise für immer größere Teile der Bevölkerung öffneten.[121] In der neueren Forschung finden sich zwei einander gegenüberstehende Richtungen, die zu unterschiedlichen Deutungen der Zielsetzungen und Beweggründe der politischen Führung kommen. Es überwiegt eine Sicht, die der Regierung Lord Greys zwischen 1830 und 1832 politische Flexibilität bescheinigt. Man habe einige infolge der Industrialisierung eingetretene Anomalien des Repräsentativsystems beseitigen wollen und sich in pragmatischer und vor allem gemäßigter Weise zu Konzessionen gegenüber den Mittelschichten entschlossen. Die Regierung habe sich dabei weder in einer Legitimationskrise befunden noch Reformen ins Auge gefaßt, die das politische System zugunsten der Mittelschichten grundlegend hätten verändern können. Der letzte Punkt, der in der z. B. von N. Gash, J. Cannon oder M. Brock entwickelten Deutung[122] nur einen Aspekt darstellt, rückt in den Arbeiten von D. C. Moore ins Zentrum. Als Gegner der herrschenden Richtung betont Moore in recht einseitiger Weise, es sei bei der Wahlrechtsreform von 1832 keineswegs um Konzessionen gegenüber Gruppen gegangen, die bisher nicht am politischen System partizipieren konnten. Vielmehr liege dem Gesetz eine Theorie zugrunde, nach der England eine deferentielle Gesellschaft habe und die Stellung der landbesitzenden Eliten festgeschrieben werden sollte. Dies zeige sich an entsprechenden Bestimmungen über das Wahlrecht in den ländlichen Gebieten, wo in der Tat die Stellung des Grundbesitzes keinerlei Schmälerung erfuhr und eher noch gestärkt wurde. Vor allem habe man die städtischen Gebiete von den ländlichen Wahlbezirken abschotten wollen. Die Verfechter der Reformgesetze hätten in Wahrheit den sozialdisziplinierenden Effekt der auf „deference" basierenden Gesellschaftsstruktur dauerhaft stabilisieren wollen. Die Vorgänge 1830–32 seien also weniger durch den Begriff „concession" zu charakterisieren als durch den Begriff „cure".[123] Das Verdienst der zahlreichen Einzelarbeiten Moores liegt in der Analyse vor allem ländlicher Wahlvorgänge in einigen ausgewählten Grafschaften. Dies ist jedoch eine zu schmale Grundlage für die daraus abgeleiteten Generalisierungen.

Ein Element der Übereinstimmung besteht in der neueren Forschung zumindest darin, daß die Reform von 1832 weniger dramatische Veränderungen enthielt, als dies in der früheren Whig-Geschichtsschreibung noch angenommen worden ist. Dasselbe gilt auch für die Wahlrechtsreform von 1867. Die neuen Studien von F.B. Smith und M. Cowling[124] beschreiben Vorgeschichte und Verabschiedung des Reformgesetzes in erster Linie im Licht parteipolitischer Auseinandersetzungen und parteitaktischen Kalküls, ohne daß – etwa aus einem demokratischen Impetus heraus – planvoll reformerisch gehandelt worden wäre. Gegenüber einer vereinfachenden Sicht der „Modernisierung"[125] Englands wird deutlich, daß Demokratisierung nicht ohne weiteres der Industrialisierung parallel lief und die Reformen von 1867 keineswegs demokratisch gemeint waren. Umstritten ist abermals die Frage, welches Gewicht der außerparlamentarischen Reformagitation zukommt. Die „Labour School of History"[126] sieht darin die treibende Kraft der Entwicklung,[127] während Cowling ähnlich wie Smith keinerlei revolutionsähnlichen Massendruck zu sehen vermag, der ausschlaggebend gewesen wäre: „Parliament in the sixties was not *afraid* of public agitation: nor was its action *determined* by it."[128] Die Gewichtung von politischen Strömungen, die von unmittelbarer politischer Partizipation ausgeschlossen blieben, und das Ausmaß der Veränderung des politischen Systems bleiben kontroverse Punkte auch im Zusammenhang der nächsten Reformen von 1884/85.[129] Immerhin waren vor dem Ersten Weltkrieg nur 59% der männlichen Erwachsenen im Wahlregister eingetragen.[130]

Der zweite große Bereich, in dem Reformen durchgeführt wurden, betraf gesetzgeberische Maßnahmen vor allem gesellschaftspolitischer Art. Armengesetz, Arbeitszeitbegrenzung für Frauen und Kinder, gesundheitspolitische Regelungen signalisieren die ersten Lebenszeichen des modernen Interventionsstaats, dessen Grundlegung im übrigen bereits während der Napoleonischen Kriege erkennbar ist.[131] Wenn im politischen Denken das laissez faire-Prinzip vorherrschte, so war es in der konkreten Politik nie in seiner reinen Form anzutreffen. Dies gilt insbesondere für den gesellschaftlichen Sektor, während die Wirtschaftspolitik stärker davon geprägt war.[132] Parallel zur politischen Whig-Historiographie, die die Transformation zur Demokratie in den dreißiger Jahren des 19.Jahrhunderts beginnen läßt, gab es auch den Versuch, den Wohlfahrtsstaat des 20.Jahrhunderts ins frühviktorianische Zeitalter zurückzuverfolgen.[133] Dieses Verfahren ist sicherlich dem Untersuchungsgegenstand wenig dienlich,[134] und noch für die große sozialreformerische Gesetzgebung der liberalen Regierung vor dem Ersten Weltkrieg sind Bedenken angemeldet worden, ob der Begriff Wohlfahrtsstaat die historische Realität tatsächlich zu erfassen vermag.[135] Es gibt aber keinen Zweifel, daß sich die Einstellung des Staates gegenüber sozialen Fragen im ersten Drittel des 19.Jahrhunderts zu wandeln begann.[136]

Seit jeher umstritten ist die Bewertung des neuen Poor Law von 1834. Bedeutete es eine liberalstaatliche Wendung mit Verschlechterung der

Lage der Hilfsbedürftigen? Oder ist es weit weniger spektakulär einzuschätzen? Es hängt natürlich von den jeweiligen Maßstäben ab, zu welcher Bewertung man kommt.[137] Insgesamt neigt die neuere Forschung dazu, die Elemente der Kontinuität im reformierten Armengesetz stärker zu betonen. Weder seien bisherige Formen der Unterstützung völlig weggefallen, noch habe es sich verwaltungstechnisch um eine revolutionäre Neuerung gehandelt. Keineswegs habe die zentralstaatlich gelenkte Bürokratie die bisherigen lokalen Kompetenzen mit einem Schlag ausgehöhlt.[138] Die Sozialgesetzgebung zu Beginn des 20. Jahrhunderts erscheint infolgedessen nicht mehr wie bisher als Kehrtwendung gegenüber einer repressiven Armengesetzgebung, sondern als Ausbau schon praktizierter Sozialpolitik.[139]

Umstritten sind auch die Triebkräfte und Anstöße selbst, die zu administrativen Neuerungen führten. Gegenüber einer lange gültigen Auffassung, die die Schriften Jeremy Benthams als wesentlichen Reformanstoß betrachtete, hat O. MacDonagh das Anwachsen regulierender Tätigkeit des Staates, die „nineteenth-century revolution in government", stärker darauf zurückgeführt, die in dieser Zeit langsam expandierende staatliche Bürokratie habe sich ganz pragmatisch mehr an den Notwendigkeiten des Tages, die eine administrative Antwort verlangten, ausgerichtet als an programmatischen Vorentwürfen.[140] MacDonaghs Grundthese hat viel Zustimmung gefunden,[141] aber auch Einwände hervorgerufen. Die Auswirkungen des Benthamschen Utilitarismus seien schlechterdings nicht wegzudisputieren, ganz abgesehen davon, daß Benthams Lehre nicht ohne weiteres mit einer Politik des laissez faire gleichzusetzen sei.[142] Wo immer man in dieser letztlich wenig erkenntnisfördernden Kontroverse steht,[143] zu konstatieren bleibt die Tatsache, daß seit dem ersten Drittel des 19. Jahrhunderts ein unaufhaltsamer Zuwachs an Staatlichkeit erfolgt, die in steigendem Maß regulierend und reformierend das gesellschaftlich-wirtschaftliche Leben zu steuern beginnt, bis der Interventionsstaat voll entfaltet ist.[144]

Motivsuche mit kontroversen Ergebnissen wird auch im Zusammenhang der liberalen Reformen vor und nach dem Ersten Weltkrieg betrieben. Ideengeschichtliche Ansätze[145] sind ebenso zu finden wie Untersuchungen zum politischen Entscheidungshandeln der liberalen Parteiführung[146] in einer Phase wirtschaftlichen und sozialen Strukturwandels nach der Jahrhundertwende. Die immer wieder im Zentrum stehende Frage betrifft die Lebensfähigkeit des liberalen England zu Beginn des 20. Jahrhunderts. Wie stark war die Kraft zum politisch-sozialen Kompromiß noch ausgebildet; bis zu welchem Grad die Fähigkeit zu rationalen Problemlösungen im Rahmen des parlamentarischen Systems auch in einer Zeit wirtschaftlicher Stagnation und zunehmender sozialer Konflikte noch erhalten?[147] Wie tragfähig war der Reformkurs der Liberalen angesichts der sich jetzt auch politisch formierenden Labour-Bewegung? Wie ausgeprägt

waren bei den Liberalen parteitaktisches Kalkül und das Gefühl der sozialen Defensive gegenüber Labour? Wann wurde die entscheidende Veränderung im britischen Parteiengefüge, die Herausbildung einer klassen-
orientierten Partei in Gestalt der Labour Party, signifikant für die britische
Politik: schon vor dem Ersten Weltkrieg, also kurz nach der Gründung
der Partei oder erst später, also im Gefolge des Krieges? Was damit untrennbar zusammenhängt: Wann war der Verfall der Liberalen zu einer
kleinen Partei, die an ihre frühere Rolle nicht mehr anknüpfen konnte, un-
aufhaltbar geworden?[148]

Endgültig hat sich die Labour Party 1924 als Alternative zu den Konser-
vativen an die Stelle der Liberalen schieben können. Liberale Politik der
Nachkriegszeit wird von dieser Perspektive aus oft genug zu sehr im allgemeinen Abwind der Liberalen Partei gesehen. Hinzu kommt das schlechte
Image, das Lloyd George als Premierminister einer liberal-konservativen
Koalitionsregierung in England hatte. Die gründliche Revision K. O. Mor-
gans[149] ist dem wirkungsvoll entgegengetreten, indem er eine schon im
Krieg vorbereitete[150] groß angelegte Politik der Reformen im Innern und
der Friedenswahrung nach außen beschreibt und analysiert, zugleich allerdings auch die Grenzen dieser Politik zeigt.[151] Reformpolitik drohte – was
jedoch angesichts wachsender sozialer Spannungen nach dem Ersten
Weltkrieg nicht wenig war – in taktischer Flexibilität und geschicktem
Krisenmanagement der Regierung steckenzubleiben. Immerhin trug dies
dazu bei, daß die Führung der Arbeiterbewegung, ohne die eigene Klas-
senidentität aufgeben zu müssen, die Verbindlichkeit des parlamentarischen Systems weiterhin anerkannte.[152]

Reformprogramme und staatliche Investitionen zielten nach dem Ersten Weltkrieg vorrangig auf den sozialen Bereich, wie Premierminister
Baldwin 1936 stellvertretend für alle britischen Premierminister der Zwischenkriegszeit feststellen konnte. Reformen im Innern bei gleichzeitiger
Reduzierung der Militärausgaben schienen dringend geboten, um anste-
hende soziale Fragen lösen zu können.[153] Zu nennen wäre etwa der staat-
lich angekurbelte Wohnungsbau, der sowohl zur Belebung des Binnen-
markts in einer Phase rückläufigen Außenhandels diente, als auch als soziale Entwicklungsmaßnahme anzusehen ist.[154] Freilich war der finanzielle Spielraum britischer Regierungen nach dem Ersten Weltkrieg, als eine
klassische Politik des ausgeglichenen Haushalts verfolgt wurde, eng geworden, und es dauerte bis nach 1945, ehe die Labour-Regierung wirklich
einschneidende sozialstaatliche Reformen durchführte.[155]

Für die Ebene des politischen Systems ist umstritten, inwieweit seit dem
Ersten Weltkrieg das liberal-parlamentarische System noch den Rahmen
britischer Politik abgegeben hat und bis zu welchem Grad Parteien und
Parlament noch Träger der Politik waren. Überspitzt erscheint eine These,
die Symptome zwar richtig beobachtet, sie sodann aber vorschnell mit dem
Ganzen gleichsetzt. Danach sei es zu einer „politischen Gleichschaltung"

der verfassungsmäßigen Institutionen durch das an korporationsstaatliche Formen erinnernde Bündnis zwischen Regierung, Gewerkschaften und Arbeitgebern gekommen.[156] Umstritten ist endlich auch die Leistungsfähigkeit des politischen Systems insgesamt, insbesondere für die Zeit nach dem Zweiten Weltkrieg. Unter britischen Politikwissenschaftlern überwiegen gegenwärtig ganz deutlich Skepsis und Krisenbewußtsein, wenn die Frage gestellt wird, ob die politischen Institutionen anpassungsfähig genug sind, um die Probleme des Landes zu lösen.[157] Es könnte sein, daß der überkommene Reformpragmatismus, der im 19. Jahrhundert unter materiell günstigen Voraussetzungen vormoderne politische Orientierungen mit den Gegebenheiten und Erfordernissen der Industriegesellschaft scheinbar mühelos zu integrieren vermochte, seit der Jahrhundertwende vor dem Hintergrund einer langsam schmaler werdenden Ressourcenbasis und erst recht nach dem Zweiten Weltkrieg an die Grenzen seiner Effizienz gekommen ist.

4. Frieden als nationales Interesse

a) Europa- und Weltpolitik im 19. Jahrhundert

Außenpolitisch ist Großbritannien heute auf den Status einer Macht zweiter Ordnung abgesunken.[158] Im gegenwärtigen internationalen System verfügt es nicht mehr über die Handlungsfähigkeit zu autonomer Groß- und Weltmachtpolitik, die über eine lange Periode europäischer und weltgeschichtlicher Entwicklung zum unverrückbaren Signum britischer Politik gehört hat. Die britische Weltstellung gründete sich auf den Vorsprung des Landes als Wirtschafts- und Flottenmacht.[159] Britische Sicherheitspolitik bis zum Zweiten Weltkrieg kreiste um das Problem, diesen Vorsprung nach Möglichkeit zu halten, beziehungsweise ihn nicht allzusehr schrumpfen oder gar ins Gegenteil umschlagen zu lassen. Der optimale Zustand der internationalen Politik zur Erreichung dieses Ziels war der Friedenszustand.

Damit ist das dritte Leitthema angesprochen, unter dem die englische Geschichte des 19. und 20. Jahrhunderts zu sehen ist. Komplementär zur Politik der Reformen im Innern wurde nach außen eine Politik der Friedenswahrung verfolgt. Gewaltminimierung und Kriegsvermeidung, der Primat des inneren und äußeren Friedens[160] bestimmen das Bild der englischen Industriegesellschaft, die sowohl den Aufstieg zur führenden Weltmacht seit der zweiten Hälfte des 18. Jahrhunderts wie – was weit bemerkenswerter ist – den langsamen Abstieg von dieser Position seit der Wende vom 19. zum 20. Jahrhundert zwar nicht ohne Konflikte, aber ohne größere innere Erschütterungen durchlief. Friedenswahrung garantierte einen günstigen außenpolitischen Bedingungsrahmen für diese Entwicklung. Insbesondere in der zweiten Phase war die Vermeidung von übermäßigen außenpolitischen Belastungen angezeigt. Aber auch in den ersten beiden

Dritteln des 19. Jahrhunderts war Friedenswahrung vorteilhaft, um die britische Führungsposition möglichst kostensparend, also unter Vermeidung größerer Kriege, halten zu können. Bei unterschiedlichen Ausgangspositionen wurde Friedenswahrung zwischen den Großmächten des internationalen Systems zum nationalen britischen Interesse. Diese Prioritätensetzung bedeutete, wie bekannt ist, selbstverständlich nicht, daß Kriege überhaupt nicht als Mittel internationalen Konfliktaustrags in Frage kamen. Prinzipiell aber hatten unkriegerische Konfliktlösungen Vorrang.

Um das Ziel zu realisieren, wurde ein außenpolitisches Konfliktverhalten entwickelt, zu dessen Beschreibung immer wieder Schlüsselbegriffe wie Gleichgewichtspolitik, Interventionismus, Nicht-Interventionismus oder Isolationismus herangezogen worden sind. Zu den gängigen Thesen gehört es, die britische Außenpolitik habe zu Beginn des 20. Jahrhunderts eine Kursschwenkung von der „splendid isolation" zu einer Politik der Bündnisabsprachen und Blockbildung vollzogen.[161] Diese als Periodisierungshilfe eingängige Charakterisierung britischer Europa- und Weltpolitik bedarf indes der Korrektur. Britische Außenpolitik folgte nie in dogmatischer Weise nicht-interventionistischem Isolationismus. Vielmehr bedurfte es zur Durchsetzung der zentralen britischen Interessenlagen (Sicherung der imperialen Verbindungslinien, Bewegungsspielraum für den britischen Handel)[162] im 19. Jahrhundert nur selten direkter militärischer Intervention. Das heißt aber nicht, daß sie als Mittel der Politik nicht ins Kalkül gezogen worden wäre und – wie etwa die Opium-Kriege in China oder der Krim-Krieg zeigen – gänzlich darauf verzichtet wurde. Intervention bzw. Nicht-Intervention hingen von konkreten Konstellationen der internationalen Politik ab.[163] Die Veränderungen des internationalen Systems seit den achtziger Jahren des 19. Jahrhunderts brachten in erhöhtem Maß die Notwendigkeit interventionistischer Gleichgewichtspolitik mit sich, ohne daß andererseits der Anspruch auf autonome Entscheidungsfreiheit in einem System ohne automatisch wirkende Bündnisverflechtungen je aufgegeben wurde.[164] Andererseits ist nicht zu übersehen, daß die Kooperation mit Frankreich vor dem Ersten Weltkrieg einen Umfang erreicht hatte, der der britischen Politik de facto trotz formaler Neutralität keine Optionen mehr beließ.[165]

Ähnlich fragwürdig ist die immer wieder auftauchende Vermutung, die politische Öffentlichkeit habe im Laufe des 19. Jahrhunderts in linear steigendem Maß eine Art Kontrollfunktion im außenpolitischen Entscheidungsprozeß geltend gemacht. Insbesondere der Übergang von Castlereagh zu Canning 1822 habe eine tiefe Zäsur in dieser Hinsicht dargestellt. Isolationismus und Bündnisfreiheit seien auch ein Verfassungsargument gewesen, weil Bündnisabsprachen der parlamentarischen und publizistischen Öffentlichkeit in umständlichen Verfahren hätten unterbreitet werden müssen.[166]

Die Frage nach Intervention oder Nicht-Intervention impliziert die tie-

fergehende Frage nach den Begründungen für ein bestimmtes außenpolitisches Konfliktverhalten. Immer wieder hat es Versuche gegeben, die
Komplexität der britischen Außenbeziehungen in wirtschaftliche, finanzielle und politisch-militärische Stränge zu zerlegen. Die wegweisenden
Untersuchungen von D. C. M. Platt[167] haben gezeigt, daß einerseits ein enger Zusammenhang zwischen diesen Faktoren besteht, daß also die politische Führung Großbritanniens bei der Formulierung der Außenpolitik das
Interesse des Industrie- und Handelsstaates internalisiert hatte, daß andererseits aber der Staat weder als Vollzugsorgan wirtschaftlicher Interessen
agierte, noch seinerseits die überseeische wirtschaftliche Expansion im
Zuge des sogenannten Freihandels-Imperialismus[168] oder später des formellen Imperialismus dirigierte.

Freilich scheint die Versuchung immer wieder groß zu sein, eher ein-
strängig zu argumentieren und namentlich ökonomische Faktoren in den
Mittelpunkt von Analysen britischer Politik im 19. Jahrhundert, besonders
aber im Zeitalter des Imperialismus, zu stellen. Auch ein allgemein recht
vorsichtig abwägender Historiker wie P. M. Kennedy, der Methodenplu-
ralismus und multiperspektivische Ansätze verficht, glaubt auf die Frage,
warum der deutsch-britische Antagonismus vor dem Ersten Weltkrieg nur
kriegerisch lösbar war, nur diese lapidare Antwort geben zu können: „The
most profound cause, surely, was economic."[169] Kennedy will damit nicht
sagen, daß wirtschaftliche Faktoren für sich genommen zum Krieg führen
mußten. Aber im gesamten Kontext der deutsch-britischen Gegensätze
scheint ihm dies der ausschlaggebende Faktor zu sein, ohne jedoch präzise
quantifizierbare Angaben darüber machen zu können. In Kennedys Argumentation scheint zwingend zu sein, daß das Deutsche Reich den mariti-
men Rüstungswettlauf um die Jahrhundertwende nicht hätte starten können, wenn seine wirtschaftliche Potenz dies nicht ermöglicht hätte. Aber
umgekehrt folgt nicht, daß die wirtschaftliche Potenz das Wettrüsten und
eine Politik des militärischen Abenteuers notwendigerweise nach sich ziehen mußte. Schließlich kam es auch nicht zu einem britisch-amerikani-
schen Antagonismus, obwohl Großbritannien gegenüber den USA in wirtschaftlicher Hinsicht ähnlich an Boden verlor wie gegenüber Deutschland.

b) Außenpolitik im Zeitalter des Imperialismus

Der britisch-deutsche Gegensatz ist ein Spezialproblem der allgemeinen
Frage nach den Merkmalen britischer Politik im Zeitalter des Imperialismus. Die kaum noch übersehbare Forschung zieht sich immer wieder in
zwei Kontroversen zusammen. Einmal geht es um Epochengrenzen. Ist es
angebracht, den Imperialismus seit den achtziger Jahren des 19. Jahrhunderts als eigene Epoche zu konstituieren? Die zweite, damit zusammen-
hängende, aber wesentlich umfänglichere Kontroverse betrifft die Bestim-
mungsfaktoren imperialistischer Politik.

Zur ersten Frage haben sich in einem nun schon beinahe klassisch zu nennenden Aufsatz J. Gallagher und R. Robinson mit einer entschiedenen Kritik an der traditionellen Epochengrenze geäußert.[170] Sie vertreten die Auffassung, daß es keinen prinzipiellen, sondern nur einen graduellen Unterschied zwischen der überseeischen Einflußnahme im Zeitalter des Freihandels Mitte des 19. Jahrhunderts und zwischen der Expansionsbewegung der letzten beiden Jahrzehnte des 19. Jahrhunderts gibt. Die wirtschaftliche Durchdringung eines Gebiets und das daraus resultierende „informal empire" sei nur eine Variante derselben Politik, die unter anderen Umständen zum Mittel der direkten Herrschaft mit Errichtung eines „formal empire" greife. Der Hinweis auf veränderte äußere Umstände macht indessen schon deutlich, daß die Epoche des formellen Imperialismus – ungeachtet weiterhin praktizierter informeller Herrschaft und ungeachtet auch schon vorher errichteter formeller Herrschaft in Überseegebieten – doch eine andere Qualität hat als die Epoche des Freihandels. Die normale Konkurrenzsituation, die das internationale System in der Mitte des 19. Jahrhunderts auszeichnete, hat sich im Zeitalter des Imperialismus in eine extreme Konkurrenzsituation (Verlust der britischen Führungsposition als weltwirtschaftlicher Führungsmacht und Regulator der internationalen Politik, Wettlauf um Kolonialgebiete, Tendenz zur Blockbildung in der internationalen Politik, Wettrüsten) gewandelt. Daraus folgt zugleich, daß die Politik des Imperialismus ohne die gegebenen Implikationen internationaler Art nicht plausibel zu machen ist[171] und keineswegs eindimensional etwa aus der sogenannten Großen Depression der siebziger Jahre abgeleitet und als Erscheinungsform industriekapitalistischer Entwicklung auf ökonomische Triebkräfte allein zurückgeführt werden kann.[172]

Es versteht sich, daß wirtschaftliche und finanzielle Faktoren bei keiner Imperialismusanalyse fehlen dürfen, zumal für Großbritannien der Status als Weltwirtschaftsmacht untrennbar mit dem allgemeinen Status des Landes im internationalen System gekoppelt war. Aber Außenbeziehungen sind unter dem Gesichtspunkt sowohl ihrer ökonomischen wie ihrer politisch-militärischen Dimension zu sehen.[173] Blickt man auf das Konfliktfeld Außenhandel, so wird dies sofort deutlich. Handelsneid und Handelsrivalität führten zwar zu Reibungen, aber für sich genommen sicher nicht zu einem Konflikt, der zur Überschreitung der Kriegsschwelle geführt hätte. Isoliert man diesen Punkt, so ergibt sich für die deutsch-britischen Beziehungen, also für den Hauptantagonismus vor 1914, trotz unbestreitbarer Interessengegensätze, daß die Fähigkeit zum Kompromiß und arbeitsteiligen Interessenausgleich an der Peripherie des internationalen Systems, wo sich die umkämpften Investitionsmöglichkeiten, Märkte und Rohstoffquellen befanden, durchaus vorhanden war.[174] Der Antagonismus resultierte also primär oder gar allein wohl kaum aus wirtschaftlichen Gegensätzen.

Britische Politik im Zeitalter des Imperialismus wurde nicht quasi deterministisch in die Bahn eines kriegerischen Konfliktaustrags gezwängt, sondern versuchte internationale Konflikte abzubauen, um damit die eigene Position sicherer zu machen. Die Politik der „reluctant imperialists"[175] mündete folgerichtig in die Entente Cordiale 1904 und in das britisch-russische Abkommen von 1907 ein,[176] um das Maß der weltpolitischen Gefährdung zu reduzieren und ein überproportional großes Weltreich zu stabilisieren.[177]

Auch in der engeren Vorgeschichte des Ersten Weltkriegs blieb Großbritannien fundamental an unkriegerischen Konfliktlösungen interessiert. Mehr als andere Staaten, betonte Lloyd George während der Marokkokrise 1911, habe es ein Bedürfnis nach Frieden, weil spezifische Interessen Großbritanniens als „world banker", „international carrier", „large coal exporter", „centre of insurance" und „great manufacturer" durch Krieg nur Einbußen erleiden konnten. Lloyd George betonte den engen Zusammenhang von innerer *und* äußerer Friedenswahrung als Voraussetzung für eine gedeihliche Entwicklung. „Only one circumstance can impair this prospect, war. An industrial war at home – a disturbance abroad."[178] In derselben Rede betonte Lloyd George freilich unmißverständlich, daß es keinen Frieden um jeden Preis geben werde, und er reklamierte sowohl gegenüber Deutschland als auch gegenüber Frankreich ein Mitspracherecht für Großbritannien bei allen Fragen der internationalen Ordnung.[179]

An diesem wie an anderen Punkten der Entwicklung zeigt sich eine bezeichnende Ambivalenz britischer Politik, die Krieg einerseits und primär als systemwidrige Belastung, andererseits aber als systemkonforme Maßnahme erscheinen läßt. Grundsätzlich gilt auch im Zeitalter der imperialistischen Expansion, daß die britische Führung das Land als saturiert betrachtete und lieber am internationalen Status quo festgehalten hätte. Andererseits aber wird britische Saturiertheit vor dem Ersten Weltkrieg mit der eigenen Position als internationaler Führungsmacht gekoppelt, so daß britische Sicherheitspolitik notwendigerweise auf die Sicherung dieses Vorsprungs – vor dem Ersten Weltkrieg vor allem als Seemacht – angelegt ist. In der zeitgenössischen wie späterer Debatte über das außenpolitische Konfliktverhalten Großbritanniens vor 1914 stellt dieses Mischungsverhältnis von defensiven und offensiven Elementen und ihre Gewichtung einen nur schwer aufzulösenden Problemkomplex dar.[180]

c) Die Politik des Appeasement in der Zwischenkriegszeit

Auch in der Zwischenkriegszeit blieben die deutsch-britischen Beziehungen ein zentraler Punkt der Londoner Außenpolitik. Sie verfolgte jetzt das Ziel, das geschlagene Deutschland in das internationale System zu integrieren und einen neuerlichen deutsch-britischen Antagonismus zu vermeiden. Darin lag eine wichtige Voraussetzung für das Hauptziel britischer Politik, für die Stabilisierung des Friedens. Angesichts eines ganzen

Katalogs von Problemen (vor allem Strukturschwächen der britischen Wirtschaft mit hoher Arbeitslosigkeit, Nachlassen der Finanzkraft, strategische Überbeanspruchung in der Weltpolitik, Desintegrationserscheinungen im Weltreich und Commonwealth) war Friedenswahrung im Unterschied zur Zeit vor dem Ersten Weltkrieg nicht nur wünschbar, sondern zwingend geboten, wollte man den Weltmachtstatus erhalten und nicht in die bei einem neuen Krieg zu Recht befürchtete Zweitklassigkeit absinken. Friedensstabilisierung durch internationale Entspannung oder, wie der zeitgenössische Terminus lautete, „international appeasement" hieß also das Ziel britischer Politik, zu dem es keine Alternative gab.

Die sogenannte Appeasement-Politik hat immer wieder zu kontroversen Stellungnahmen geführt und herausgefordert. Obwohl die emotional bedingten Polemiken der fünfziger und sechziger Jahre keine Rolle mehr spielen[181] und nur noch selten politisch-moralisch wertend von den „Fehlern" der Appeasement-Politik gesprochen wird,[182] obwohl ein Grundkonsens über Appeasement als rational zu begründender Krisenstrategie besteht,[183] gibt es dennoch einige Punkte, über die unterschiedlich geurteilt wird. Hand in Hand mit der Bestimmung der realen Handlungsmöglichkeiten britischer Politiker und der daraus folgenden Einsicht, daß Appeasement keineswegs als außenpolitischer Dilettantismus Neville Chamberlains und seiner 1937 beginnenden Regierungszeit einzustufen ist, wurde der zeitliche Rahmen der Appeasement-Politik nicht nur, wie es durchaus angemessen wäre, auf die gesamte Zwischenkriegszeit ausgedehnt, sondern darüber hinausgehend bis ins frühe 19. Jahrhundert zurückverfolgt.[184]

Diese Sicht der Dinge überbetont Momente der Kontinuität, die fraglos bestanden und seit dem 19. Jahrhundert Frieden zum nationalen Interesse werden ließen. Doch gilt es auch, Diskontinuitäten zu beachten. Premierminister Lloyd George stand nach dem Ersten Weltkrieg vor der charakteristischen Doppelaufgabe, Reformen im Innern und Friedenswahrung nach außen leisten zu müssen.[185] Das Problem war zu diesem Zeitpunkt zwar nicht neu, aber es hatte sich noch nie in dieser Schärfe gestellt. Vor dem Ersten Weltkrieg war noch beides finanzierbar gewesen: Sozialreformen und Rüstungsmaßnahmen. Nach dem Krieg war der Spielraum unvergleichlich enger geworden und die Forderung nach Friedenswahrung das Ergebnis einer fundamentalen Schmälerung britischer Machtmittel.[186] In diesem vorher nicht so lähmend wirkenden Widerspruch von Weltmachtanspruch und zu schmaler Ressourcenbasis liegt das für die Zwischenkriegszeit spezifische Moment begründet, das vor dem Ersten Weltkrieg nicht gegeben war. Daher erscheinen Versuche wenig tauglich, den Appeasement-Begriff auch auf frühere Phasen der britischen Politik anzuwenden.

Differenzen gibt es auch über den Endpunkt der Appeasement-Politik. Einerseits wird betont, die Appeasement-Politik sei niemals eine Politik des Friedens um jeden Preis gewesen und habe trotz Friedensbedürfnis zugleich auch immer die Verteidigung des internationalen Systems gegenüber hegemonialen Ansprüchen im Auge gehabt. Die damit gegebene Doppelgleisigkeit von Verhandlungsbereitschaft um der Entspannung willen und von Bereitschaft zum Widerstand gegen die Revolutionierung des internationalen Systems habe bis Kriegsbeginn und möglicherweise darüber hinaus angedauert.[187] Dem wird entgegengehalten, der deutsche Einmarsch in Prag im März 1939 habe eine Wende der britischen Politik von der Konzessionsbereitschaft zum Widerstand eingeleitet, zu der die Regierung nicht zuletzt durch die öffentliche Meinung gezwungen worden sei.[188] Es führt allerdings in die Irre, das Verhältnis zwischen „Regierung" und „öffentlicher Meinung" als Dichotomie zu begreifen. Vielmehr war die Regierung selbst Teil der Öffentlichkeit und hätte Wahlen 1939, die im Zeichen von Friedenspropaganda abgehalten worden wären, sicherlich klar gewonnen. Die Regierung ging jedoch nicht diesen Weg, sondern steuerte einen mittleren Kurs, der die Extreme zu vermeiden suchte: sowohl das Extrem der offensiven Abschreckung als auch das Extrem einer Stillhaltepolitik, die aus Gründen der nationalen Sicherheit nicht möglich war.[189]

Zu den wichtigsten Ergebnissen moderner Appeasement-Forschung gehört die Einbeziehung von innerstaatlichen, gesellschaftlichen und wirtschaftlichen Faktoren in die Analyse. Gefragt wird zunehmend nach den das außenpolitische Handeln einengenden innerbritischen Voraussetzungen der Appeasement-Politik (soziales Gefüge, wirtschaftlicher Entwicklungsstand, finanzielle Lage, militärische Situation, innenpolitisches Kräftefeld). Niemand bezweifelt ernsthaft die Interdependenz von inneren und äußeren Faktoren. Umstritten aber ist die Verlagerung der Problematik auf das Feld der Binnenfaktoren, so daß die Außenpolitik im wesentlichen durch innenpolitisch-gesellschaftliche Konstellationen bedingt erscheint.[190] Aus Angst vor dem Finanzbankrott und aus Rücksicht gegenüber der Labour-Bewegung, um der Erhaltung des bestehenden politisch-sozialen Systems willen habe die Regierung nicht energisch aufrüsten können und sei deshalb primär infolge innenpolitischer Konstellationen zu äußerster außenpolitischer Zurückhaltung gezwungen gewesen. Hier handelt es sich um einen neuen Versuch, die Politik des Appeasement in ihrer Fixierung auf Frieden darzustellen und auf einen zentralen Punkt zurückzuführen.[191] Dadurch wird das langsame Rüstungstempo erklärlich,[192] nicht aber die britische Vorkriegspolitik insgesamt erfaßt. Es bleibt vor allem offen, warum Großbritannien schließlich Deutschland im September 1939 den Krieg erklärte, und es bleibt verkürzt, was immer einen die Innen- wie die Außenpolitik wie das internationale System umfassenden Funktionszusammenhang bildete: die für britisches Krisen- und Konfliktverhalten im 19. und 20. Jahrhundert charakteristische Verbindung von Reformpolitik im Innern und defensiver Positionswahrung unter Vermeidung von Krieg nach außen. Nach dem Ersten Weltkrieg legten innere *und* äußere Zwangslagen die gleichzeitige Verfolgung von innerem Wandel und Konfliktminimierung in den Außenbeziehungen nahe. Doch obwohl Frieden – gemessen am Ziel der Statuswahrung als Weltmacht – gewissermaßen zur Zwangslage wurde, muß der Historiker sich gleichwohl hüten, das politische Handeln allein aus solchen vorgegebenen Strukturmerkmalen abzuleiten. Denn das Interesse am Frieden bis zum Ersten Weltkrieg bzw. das Angewiesensein auf den Frieden in der Zeit danach haben britische Regierungen nicht daran gehindert, dennoch zum Mittel des Krieges zu greifen, wenn die Situation es erforderte.

Anmerkungen

1. E. J. Hobsbawm, Industrie und Empire. Britische Wirtschaftsgeschichte seit 1750. Bd. 1 (²1970) S. 11.
2. C. M. Cipolla und K. Borchardt (Hg.), Europäische Wirtschaftsgeschichte. Bd. 3: Die Industrielle Revolution (1976) S. 1.
3. G. Kitson Clark, The Making of Victorian England (1965) S. 282.
4. Siehe etwa Castlereaghs Zirkulardepesche vom 1.1.1816 an alle diplomatischen Vertretungen im Ausland. Ch. Webster, The Foreign Policy of Castlereagh 1815–1822. Britain and the European Alliance (1963) S. 509 ff.
5. G. T. Griffith, Population Problems in the Age of Malthus (1926, ND 1967); D. V. Glass, Population and Population Movements in England and Wales 1700 to 1850. In: D. V. Glass und D. E. C. Eversley (Hg.), Population in History (1965) S. 221 ff. Diese Aufsatzsammlung stellt ein unverzichtbares Kompendium dar. Vgl. ferner auch M. Drake (Hg.), Population in Industrialisation (1969). Zum methodischen Vergleich siehe auch die Forschungsprobleme zur demographischen Entwicklung im Spätmittelalter oben S. 48 ff.
6. J. T. Krause, Changes in English Fertility and Mortality 1781–1850. In: EcHR 11 (1958/59) S. 52 ff.; H. J. Habakkuk, Population Growth and Economic Development since 1750 (1971).
7. Anders allerdings P. E. Razzell, Population Change in Eighteenth Century England. A Reinterpretation. In: EcHR 18 (1965) S. 312 ff. und ders., The Conquest of Smallpox. The Impact of Inoculation on Smallpox Mortality in Eighteenth-Century Britain (1977). Dagegen wird von F. B. Smith, The People's Health 1830–1910 (1979) selbst noch für das 19. Jahrhundert der Rückgang der Mortalität weniger auf Errungenschaften der Medizin zurückgeführt, sondern eher auf Faktoren wie bessere Ernährung, Wohnungen und Arbeitsbedingungen.
8. Vgl. das Standardwerk D. S. Landes, Der entfesselte Prometheus. Technologischer Wandel und industrielle Entwicklung in Westeuropa von 1750 bis zur Gegenwart (1973) S. 26 f. – Zur merkantilistischen Wachstumspolitik Ch. Wilson, England's Apprenticeship 1603–1763 (1965).
9. R. Lee, Probleme der Bevölkerungsgeschichte in England 1750–1850. Fragestellungen und vorläufige Ergebnisse. In: VSWG 60 (1973) S. 289 ff. So auch N. Tranter, Population since the Industrial Revolution. The Case of England

and Wales (1973); M. Flinn u. a. (Hg.), Scottish Population History from the Seventeenth Century to the 1930s (1977).

10. E. A. Wrigley und R. S. Schofield, The Population History of England 1541–1871. A Reconstruction (1981).

11. D. Levine, Family Formation in an Age of Nascent Capitalism (1977).

12. Siehe dazu E. L. Jones, Agriculture and the Industrial Revolution (1974) und die ausführliche Rezension P. K. O'Brien, Agriculture and the Industrial Revolution. In: EcHR 30 (1977) S. 166 ff. Vgl. allgemein auch J. D. Chambers und G. E. Mingay, The Agricultural Revolution 1750–1880 (1966) und die Quellensammlung G. E. Mingay (Hg.), The Agricultural Revolution. Changes in Agriculture 1650–1880 (1977).

13. Siehe oben S. 54, 81, 102.

14. J. D. Chambers, Enclosure and Labour Supply in the Industrial Revolution. In: EcHR 5 (1953) S. 319 ff., wieder in: Glass/Eversley (Anm. 5) S. 308 ff.; A. Rogers, Industrialisation and the Local Community. In: S. Pollard (Hg.), Region und Industrialisierung. Studien zur Rolle der Region in der Wirtschaftsgeschichte der letzten zwei Jahrhunderte (1980) S. 196 ff.

15. Dazu E. H. Carr, Was ist Geschichte? (1963) S. 89, 101.

16. K. Borchardt, Probleme der ersten Phase der Industriellen Revolution in England. In: VSWG 55 (1968) S. 13. Auf derselben Linie R. M. Hartwell, Die Ursachen der Industriellen Revolution. Ein Essay zur Methodologie. In: R. Braun u. a. (Hg.), Industrielle Revolution. Wirtschaftliche Aspekte (1972) S. 35 ff. Vgl. auch M. S. Anderson, The Origins of the Industrial Revolution. In: Ders., Historians and Eighteenth-Century Europe 1715–1789 (1979) S. 210 f. und E. Fehrenbach, Vom Ancien Régime zum Wiener Kongreß (1981) S. 137 ff.

17. Wie Anm. 2 und Bd. 4: Die Entwicklung der Industriellen Gesellschaften (1977).

18. Dazu verhelfen auch R. M. Hartwell (Hg.), The Causes of the Industrial Revolution in England (1967); H. Böhme, Industrielle Revolution. In: Th. Schieder (Hg.), Revolution und Gesellschaft. Theorie und Praxis der Systemveränderung (1973) S. 47 ff.; Braun (Anm. 16); ders. u. a. (Hg.), Gesellschaft in der Industriellen Revolution (1973).

19. Hartwell (Anm. 16) S. 52.

20. Borchardt (Anm. 16) S. 13.

21. Ph. Deane und H. J. Habakkuk, The Take-off in Britain. In: W. W. Rostow (Hg.), The Economics of Take-off into Sustained Growth (1964) S. 63 ff.; Ph. Deane und W. A. Cole, British Economic Growth 1688–1959 (1964); Ph. Deane, The First Industrial Revolution (1965, ²1979).

22. So K. Berrill, International Trade and the Rate of Economic Growth. In: EcHR 2nd ser. 12 (1959/60) S. 351 ff.

23. Dazu G. Niedhart, Handel und Krieg in der britischen Weltpolitik 1738–1763 (1979).

24. Dazu R. Davis, A Commercial Revolution. English Overseas Trade in the Seventeenth and Eighteenth Centuries (1967).

25. Vgl. D. E. C. Eversley, The Home Market and Economic Growth in England 1750–1780. In: E. L. Jones and G. E. Mingay (Hg.), Land, Labour and Population in the Industrial Revolution. Essays Presented to J. D. Chambers (1967) S. 206 ff.

26. R. Davis, The Industrial Revolution and British Overseas Trade (1979).
27. P. Bairoch, Commerce international et genèse de la révolution industrielle anglaise. In: Annales 28 (1973) S. 541 ff.
28. Zu der ganzen Frage F. Crouzet (Hg.), Capital Formation in the Industrial Revolution (1972).
29. Ein Beispiel gibt T. M. Devine, The Colonial Trades and Industrial Investment in Scotland 1700–1815. In: EcHR 2nd ser. 29 (1976) S. 1 ff.
30. H. J. Perkin, The Social Causes of the British Industrial Revolution. In: TRHS 5th ser. 18 (1968) S. 123 ff. Vgl. allgemein auch ders., The Origins of Modern English Society 1780–1880 (1972).
31. H.-Chr. Schröder, Die neuere englische Geschichte im Lichte einiger Modernisierungstheoreme. In: R. Koselleck (Hg.), Studien zum Beginn der modernen Welt (1977) S. 59 f.
32. M. W. Flinn, Origins of the Industrial Revolution (1966). Vgl. auch B. F. Hoselitz, Unternehmertum und Kapitalbildung in Frankreich und England seit 1700. In: W. Fischer (Hg.), Wirtschafts- und sozialgeschichtliche Probleme der frühen Industrialisierung (1968) S. 285 ff.
33. E. A. Wrigley, The Process of Modernization and the Industrial Revolution in England. In: JIH 3 (1972/73) S. 225 ff.
34. N. F. R. Crafts, Industrial Revolution in England and France: Some Thoughts on the Question „Why Was England First?" In: EcHR 2nd ser. 30 (1977) S. 429 ff. Crafts wehrt sich in einem Satz dagegen, das erste Auftreten der industriellen Revolution in England als *reines* Zufallsprodukt anzusehen, gibt aber nicht an, in welcher Hinsicht es keine zufallsbedingte Erscheinung war, obwohl dies doch das eigentliche Problem ist.
35. Perkin (Anm. 30) S. 127, 137.
36. So auch P. Mathias, The Transformation of England. Essays in the Economic and Social History of England in the Eighteenth Century (1979).
37. W. W. Rostow, The Stages of Economic Growth (1960).
38. Zu den Begriffen O. Büsch, Industrialisierung und Geschichtswissenschaft. Ein Beitrag zur Thematik und Methodologie der historischen Industrialisierungsforschung (²1979) S. 15 ff.
39. Siehe z. B. E. M. Carus-Wilson, An Industrial Revolution of the Thirteenth Century. In: EcHR 11 (1941) S. 39 ff., mit einem Zusatz wieder in: E. M. Carus-Wilson (Hg.), Essays in Economic History. Bd. 1 (1954) S. 41 ff.; J. U. Nef, The Rise of the British Coal Industry (1932); ders., The Progress of Technology and the Growth of Large-scale Industry in Great Britain 1540–1640. In: EcHR 5 (1934) S. 3 ff., auch in Carus-Wilson S. 88 ff. (vgl. dazu auch oben S. 81); E. Pawson, The Early Industrial Revolution. Britain in the Eighteenth Century (1979); I. Geiss, Prometheus und Pandora. Zur Stellung der industriellen Revolution in der Weltgeschichte. In: D. Stegmann u. a. (Hg.), Industrielle Gesellschaft und politisches System. Beiträge zur politischen Sozialgeschichte. Festschrift für Fritz Fischer zum siebzigsten Geburtstag (1978) S. 21 ff.
40. Siehe etwa die Einleitung bei Hartwell (Anm. 18) S. 12 f.
41. Vgl. Büsch (Anm. 38) S. 33 f., 61; Landes (Anm. 8) S. 120; A. E. Musson, Industrial Motive Power in the United Kingdom 1800–1870. In: EcHR 29 (1976) S. 415 ff.; N. McCord, Economic and Social Developments between

1780 and 1830. In: J. Cannon (Hg.), The Whig Ascendancy. Colloquies on Hanoverian England (1981) S. 151 ff. – In extremer Überspitzung wird wegen mangelnder inhaltlicher und zeitlicher Präzisierung der Begriff „industrielle Revolution" überhaupt abgelehnt bei M. Fores, The Myth of a British Industrial Revolution. In: History 66 (1981) S. 181 ff.

42. Mit Blick auch auf England P. Kriedte u. a., Industrialisierung vor der Industrialisierung. Gewerbliche Warenproduktion auf dem Land in der Formationsperiode des Kapitalismus (1977). Zu dem ganzen Ansatz, von dem abzuwarten bleibt, als wie tragfähig er sich erweist, F. Mendels, The „Proto-Industrialization". The First Phase of the Industrialization Process. In: JEH 32 (1972) 241 ff. und in kritischer Auseinandersetzung damit H. Linde, Proto-Industrialisierung. Zur Justierung eines neuen Leitbegriffs der sozialgeschichtlichen Forschung. In: GG 6 (1980) S. 103 ff.

43. Vgl. z. B. C. H. Lee, Regional Structural Change in the Long Run: Great Britain 1841–1971. In: Pollard (Anm. 14) S. 254 ff. Für die europäische Entwicklung insgesamt S. Pollard, Peaceful Conquest. The Industrialization of Europe 1760–1970 (1981).

44. Hobsbawm (Anm. 1) S. 55. Vgl. auch Landes (Anm. 8) S. 53.

45. Hartwell (Anm. 18) S. 13 ff.

46. Vgl. dazu im Anschluß an Deane (Anm. 21) Borchardt (Anm. 16) S. 35.

47. D. A. Farnie, The English Cotton Industry and the World Market 1815–1896 (1979).

48. V. Hentschel, Industrielle Revolution. In: W. Conze u. a. (Hg.), Funk-Kolleg Geschichte. Bd. 2 (1981) S. 185.

49. F. Crouzet, L'Economie de la Grande-Bretagne Victorienne (1978).

50. S. B. Saul, The Myth of the Great Depression 1873–1896 (1969).

51. Siehe etwa – um nur ein Beispiel zu nennen – R. Floud, The British Machine Tool Industry 1850–1914 (1976).

52. R. S. Sayers, A History of Economic Change in England 1880 to 1939 (1967).

53. P. O'Brien und C. Keyder, Economic Growth in Britain and France 1780–1914. Two Paths to the Twentieth Century (1978).

54. D. N. McCloskey, Enterprise and Trade in Victorian Britain (1981). Ein Überblick zur Forschungslage findet sich bei Crouzet (Anm. 49).

55. W. D. Rubinstein, Men of Property. The Very Wealthy in Britain since the Industrial Revolution (1981).

56. W. J. Mommsen, Zur Entwicklung des Englandbildes der Deutschen seit dem Ende des 18. Jahrhunderts. In: L. Kettenacker u. a. (Hg.), Studien zur Geschichte Englands und der deutsch-britischen Beziehungen. Festschrift für Paul Kluke (1981) S. 394. Vgl. auch S. B. Saul, Industrialisation and De-Industrialisation? The Interaction of the German and British Economies before the First World War (German Historical Institute London, The 1979 Annual Lecture, 1980); M. J. Wiener, English Culture and the Decline of the Industrial Spirit 1850–1980 (1981).

57. Gute Überblicke finden sich bei S. Pollard, The Development of the British Economy 1914–1967 (²1969); D. H. Aldcroft, The Inter-War Economy: Britain 1919–1939 (1970). Als Beispiel für die Mischung aus modernen Verkaufsmethoden und überkommenen Praktiken C. A. Wurm, Der Exporthandel und die britische Wirtschaft 1919–1939. In: VSWG 68 (1981) S. 191 ff. Zur Ein-

führung in die Forschung B. W. E. Alford, Depression and Recovery? British Economic Growth 1918–1939 (1972).

58. H. W. Richardson, Economic Recovery in Britain 1932–1939 (1967).

59. N. K. Buxton und D. H. Aldcroft (Hg.), British Industry between the Wars. Instability and Industrial Development 1919–39 (1979).

60. W. L. Arnstein, The Myth of the Triumphant Victorian Middle Class. In: Historian 37 (1975) S. 205 ff.

61. Dieser ganze Komplex rangiert bei Kitson Clark (Anm. 3) S. 5 ff. unter den vordringlichen Revisionspunkten der neueren Forschung zum englischen 19. Jahrhundert. Dazu und zu anderen Schwerpunkten der neueren Sozialgeschichte sehr informativ und vorzüglich differenzierend G. Himmelfarb, The Writing of Social History. Recent Studies of 19th Century England. In: JBS 11 (1971/72) S. 148 ff.

62. K. Kluxen, Geschichte Englands. Von den Anfängen bis zur Gegenwart (²1976) S. 573.

63. D. C. Moore, The Corn Laws and High Farming. In: EcHR 18 (1965) S. 544 ff.; W. O. Aydelotte, The Country Gentlemen and the Repeal of the Corn Laws. In: EHR 82 (1967) S. 47 ff.; E. L. Jones, The Development of English Agriculture 1815–1873 (1968); S. Fairlie, The 19th Century Corn Law Reconsidered. In: EcHR 2nd ser. 18 (1965) S. 562 ff.; dies., The Corn Laws and British Wheat Production 1829–76. In: EcHR 22 (1969) S. 88 ff. Schon in den Jahren nach den Napoleonischen Kriegen ist in wirtschaftlich leistungsfähige Betriebe, die sich nicht auf Schutzzölle angewiesen sahen, und weniger leistungsfähige Betriebe, die nach staatlicher Protektion verlangten, zu unterscheiden. Dazu B. Hilton, Corn, Cash, Commerce. The Economic Policies of the Tory Governments 1815–1830 (1977). Als neuerer Überblick T. L. Crosby, English Farmers and the Politics of Protection 1815–1852 (1977). Zur Preisentwicklung auf dem Getreidemarkt W. Vamplew, The Protection of English Cereal Producers: The Corn Laws Reassessed. In: EcHR 30 (1980) S. 382 ff.

64. Am leichtesten greifbar in der von W. Kumpmann hg. Taschenbuchausgabe (1973). Unverzichtbar die kritisch kommentierte englischsprachige Edition: F. Engels, The Condition of the Working Class in England. Hg. v. W. O. Henderson und W. H. Chaloner (²1971).

65. E. J. Hobsbawm, The British Standard of Living 1790–1850. In: EcHR 10 (1957) S. 46 ff., deutsch in: W. Fischer und G. Bajor (Hg.), Die soziale Frage. Neuere Studien zur Lage der Fabrikarbeiter in den Frühphasen der Industrialisierung (1967) S. 74 ff.; ders., Labouring Men. Studies in the History of Labour (1963); ders. und R. M. Hartwell, The Standard of Living during the Industrial Revolution: A Discussion. In: EcHR 2nd ser. 16 (1963) S. 119 ff.; E. P. Thompson, The Making of the English Working Class (²1968). Zum historiographischen Kontext G. G. Iggers, Neue Geschichtswissenschaft. Vom Historismus zur historischen Sozialwissenschaft (1978) S. 193 ff.

66. T. S. Ashton, The Standard of Life of Workers in England 1790–1830. In: Journal of Economic History, Suppl. IX (1949), deutsch in: Fischer/Bajor (Anm. 65) S. 51 ff.; R. M. Hartwell, The Rising Standard of Living in England 1800–1850. In: EcHR 2nd ser. 13 (1961) S. 397 ff., deutsch in: Fischer/Bajor (Anm. 65) S. 102 ff.; D. S. Landes, The Standard of Living in the Industrial

Revolution Reconsidered. In: O.Büsch u.a. (Hg.), Industrialisierung und „Europäische Wirtschaft" im 19.Jahrhundert (1976) S.65 ff. Weitere Literatur bei Borchardt (Anm. 16) S.47 ff. Der gesamte Komplex wird präsentiert bei A.J. Taylor (Hg.), The Standard of Living in Britain in the Industrial Revolution (1975) und The Long Debate on Poverty. Eight Essays on Industrialisation and „the Condition of England". Hg. v. Institute of Economic Affairs (1972). In aller Kürze finden sich die wesentlichen Punkte bei R.M.Hartwell, The Standard of Living Controversy: A Summary. In: Ders. (Hg.), The Industrial Revolution (1970) S.167 ff. Als Beitrag zur Diskussion vornehmlich im Spiegel zeitgenössischer Schriften E.Nolte, Das Fabriksystem, das Elend und der Staat. Aspekte der Auseinandersetzung um die „Verelendungstheorie" im England der industriellen Revolution. In: Ders., Marxismus, Faschismus, Kalter Krieg. Vorträge und Aufsätze 1964–1976 (1977) S.15 ff.

67. M.W.Flinn, Trends in Real Wages 1750–1850. In: EcHR 27 (1974) S.395 ff.
68. Sehr instruktiv dazu W.J.Mommsen, Die Lage der Unterschichten in der Durchbruchkrise der industriellen Revolution in England 1825–1847. In: H.Mommsen und W.Schulze (Hg.), Vom Elend der Handarbeit. Probleme historischer Unterschichtenforschung (1981) S.274 ff.
69. W.Mock, Die Wiederentdeckung der Armut in der Phase der „mature economy". Das Beispiel Charles Booth. In: ebd. S.418 ff.
70. Hartwell (Anm. 18) Einleitung S. 3.
71. Kitson Clark (Anm. 3) S.282.
72. G.Niedhart, Aufgeklärter Absolutismus oder Rationalisierung der Herrschaft. In: ZHF 6 (1979) S.199 ff.; B.Vogel, Die „allgemeine Gewerbefreiheit" als bürokratische Modernisierungsstrategie in Preußen. Eine Problemskizze zur Reformpolitik Hardenbergs. In: Stegmann (Anm. 39) S.59 ff.
73. S.Pollard, Soziale Ungleichheit und Klassenstrukturen in England: Mittelund Oberklassen. In: H.-U.Wehler (Hg.), Klassen in der europäischen Sozialgeschichte (1979) S.35 f.
74. Man mag darin gereizt die gegenteilige Gefahr erblicken: „Every schoolchild is now taught as an article of dogmatic faith that ‚the Whig interpretation of history' is false. Is the Tory interpretation any better?" J.Hart, Nineteenth-Century Social Reform: a Tory Interpretation of History. In: PP 31 (1965) S.39.
75. Allgemein zu dieser Problematik H.Butterfield, The Whig Interpretation of History (1931, ND 1965). Als Beispiel für eine sehr instruktive Fallstudie: A.D.Kriegel, Liberty and Whiggery in Early Nineteenth-Century England. In: JMH 52 (1980) S.253 ff.
76. Vgl. A.M.Birke, Wahlrechtsreform und Wählerbewegung in England. Zum Verhältnis von Parlamentarismus und Demokratisierung in der Viktorianischen Zeit. In: O.Büsch (Hg.), Wählerbewegung in der europäischen Geschichte (1980) S.211 ff.
77. Vor dieser Tendenz der Whig-Historiographie warnt z.B. S.Volkov, Enactment and Repeal of Combination Acts: England and Prussia Compared. In: Jahrbuch des Instituts für deutsche Geschichte (Tel-Aviv) 9 (1980) S.311.
78. Siehe dazu N.Gash, Politics in the Age of Peel (²1977); ders., Reaction and Reconstruction in English Politics 1832–1852 (1965); C.O'Leary, The Elimination of Corrupt Practices in British Elections 1868–1911 (1962); J.Prest,

Politics in the Age of Cobden (1977); W. O. Aydelotte, The House of Commons in the 1840s. In: History 39 (1954) S. 249 ff.; ders., The Business Interests of the Gentry in the Parliament of 1841–47. In: Kitson Clark (Anm. 3) S. 290 ff.; ders., Voting Patterns in the British House of Commons in the 1840s. In: Comparative Studies in Society and History 5 (1962/63) No. 2, S. 134 ff. Fast übermäßig werden Kontinuitätslinien betont bei Kitson Clark, (Anm. 3) passim, wo insbesondere die Bedeutung des Faktors Kirche hervorgehoben wird. Siehe dazu auch G. J. T. Machin, Politics and the Churches in Great Britain 1832 to 1868 (1977).

79. Vgl. W. R. Brock, Lord Liverpool and Liberal Toryism 1820 to 1827 ([2]1967); J. E. Cookson, Lord Liverpool's Administration. The Crucial Years 1815–1822 (1975); E. Nolte, Lord Liverpool und die Heraufkunft der „Massen". Ein Aspekt des Übergangs vom Ancien Régime zum modernen Staat in England. In: H. Berding u. a. (Hg.), Vom Staat des Ancien Régime zum modernen Parteienstaat. Festschrift für Theodor Schieder (1978), S. 155 ff. und den Literaturbericht W. D. Gruner, „British Interest" und Friedenssicherung. Zur Interaktion von britischer Innen- und Außenpolitik im frühen 19. Jahrhundert. In: HZ 224 (1977) S. 92 ff.

80. Kritisiert wird vor allem die Tendenz, Peel als alleinigen Architekten des „Victorian compromise" hinzustellen. Vgl. I. D. C. Newbold, Whiggery and the Dilemma of Reform: Liberals, Radicals and the Melbourne Administration 1835–39. In: BIHR 53 (1980) S. 229 ff.; D. Beales, Peel, Russell and Reform. In: HJ 17 (1974) S. 873 ff. Siehe auch oben Anm. 74.

81. G. Schmidt, Politischer Liberalismus, „Landed Interests" und Organisierte Arbeiterschaft 1850–1880. Ein deutsch-englischer Vergleich. In: L. Gall (Hg.), Liberalismus ([2]1980) S. 232 ff. Wie Schmidt weist auch H. Schissler, Die Junker. Zur Sozialgeschichte und historischen Bedeutung der agrarischen Elite in Preußen. In: H.-J. Puhle und H.-U. Wehler (Hg.), Preußen im Rückblick (GG Sonderheft 6, 1980) S. 89 ff. auf die Schwierigkeiten der Vergleichbarkeit zwischen der deutschen und englischen Entwicklung hin. Man müsse die günstigere Ausgangslage Englands berücksichtigen, bevor man England vorschnell zum Vorbild macht, an dem alles gemessen wird. Aber auch sie stellt die „Fähigkeit der englischen aristokratischen Oberschicht" heraus, „aufstrebende und ökonomisch erstarkende Schichten politisch zu integrieren" (S. 117). „Die Fähigkeit zur ‚friedlichen Lösung' sozialer Konflikte bleibt aber das hervorstechende Merkmal der englischen Entwicklung, während es zu den charakteristischen Zügen des deutschen Kaiserreiches gehörte, innere Spannungen zu unterdrücken, sie mit dem Stigma der Illegitimität zu versehen, Sündenböcke für ihre Existenz verantwortlich zu machen und schließlich innere Konflikte durch die Militarisierung der Gesellschaft zu kanalisieren und nach außen abzuleiten" (S. 119).

82. Begriffe bei W. J. Mommsen, Großbritannien vom Ancien Régime zur bürgerlichen Industriegesellschaft 1770–1867. In: Handbuch der europäischen Geschichte, Bd. 5: Europa von der Französischen Revolution zu den nationalstaatlichen Bewegungen des 19. Jahrhunderts, hg. v. W. Bußmann (1981) S. 338, 347.

83. Letztlich offen bleibt die Frage bei Mommsen (Anm. 82) S. 355. Zu den revolutionären Dimensionen des 17. Jahrhunderts siehe oben S. 84 ff.

84. C.P.Hill, British Economic and Social History 1700–1939 (²1961) S.263 und im Anschluß daran H.Setzer, Wahlsystem und Parteienentwicklung in England. Wege zur Demokratisierung der Institutionen 1832 bis 1948 (1973) S.32.

85. Kluxen (Anm.62) S.555.

86. Vor einer Überbewertung der Birmingham Political Union warnt C.Flick, The Birmingham Political Union and the Movements for Reform in Britain 1830–1839 (1979).

87. Zur Frage der subjektiv empfundenen Revolutionsgefahr W.D.Gruner, Der Einfluß der französischen Julirevolution auf die britische Innen- und Außenpolitik 1830/31 (Ms. 1980). Gekürzt in: Francia 9 (1981).

88. N.Gash, Aristocracy and People. Britain 1815–1865 (1979) S.7. Vgl. auch M.I.Thomis und P.Holt, Threats of Revolution in Britain 1789–1848 (1977); J.Stephenson, Popular Disturbances in England 1700–1870 (1979). – Gegen die als „whiggish interpretation" eingestufte Deutung J.Belchem, Republicanism, Popular Constitutionalism and the Radical Platform in Early Nineteenth-Century England. In: SH 6 (1981) S.1ff. – Für die Entwicklung seit der Jahrhundertmitte und das nach wie vor nicht entscheidend ins Gewicht fallende Ausmaß politischer Gewalt vgl. D.C.Richter, Riotous Victorians (1981).

89. So z.B. nicht von Thompson (Anm.65). Kritisch zu Thompson R.Currie und R.M.Hartwell, The Making of the English Working Class? In: EcHR 18 (1965) S.633ff.; G.Best, The Making of the English Working Class. In: HJ 8 (1965) S.271ff. Weniger kritisch D.Groh in seiner Einführung zu E.P. Thompson, Plebe[j]ische Kultur und moralische Ökonomie. Aufsätze zur englischen Sozialgeschichte des 18. und 19.Jahrhunderts (1980).

90. A.Goodwin, The Friends of Liberty. The English Democratic Movement in the Age of the French Revolution (1979); G.Lottes, Politische Aufklärung und plebejisches Publikum. Zur Theorie und Praxis des englischen Radikalismus im späten 18.Jahrhundert (1979).

91. E.J.Hobsbawm, Soziale Ungleichheit und Klassenstrukturen in England: Die Arbeiterklasse. In: Wehler (Anm.73) S.58. Nicht gar so verächtlich beschreibt S.Pollard das „neue Kapitel", das in den vierziger Jahren beginnt und der Arbeiterschaft in zunehmendem Maß bürgerliche Wertvorstellungen beschert: Englische Arbeiterkultur im Zeitalter der Industrialisierung. In: GG 5 (1979) S.150ff.

92. Thompson (Anm.65); J.Foster, Class Struggle and Industrial Revolution. Early Industrial Capitalism in Three English Towns (1974). Vgl. z.B. auch G.A.Williams, The Merthyr Rising (1978); E.H.Haraszti, Chartism (1978); M.Vester, Die Entstehung des Proletariats als Lernprozeß. Die Entstehung antikapitalistischer Theorie und Praxis in England 1792–1848 (1970).

93. S. und B.Webb, The History of Trade Unionism (²1920).

94. So R.Harrison in einer Rezension zu D.Kynaston, King Labour: The British Working Class 1850–1914 (1976). In: History 62 (1977) S.529. Vgl. auch R.Harrison (Hg.), Independent Collier: the Coalminer as Archetypal Proletarian Reconsidered (1978), wo für die Jahrzehnte zwischen 1850 und 1880 der Auffassung entgegengetreten wird, die Bergarbeiter seien ein klassenbewußtes Proletariat mit Gruppensolidarität, der Bergmann sei gewisser-

maßen der Archetyp des Proletariers gewesen. Vielmehr habe man auf möglichst hohe Löhne und gute Kooperation mit den Arbeitgebern gesehen.
95. Siehe als ein Beispiel J.R. Dinwiddy/J.L. Baxter/F.K. Donelly, Debate: The „Black Lamp" in Yorkshire 1801–1802. In: PP 64 (1974) S. 113 ff.
96. Gegen die „Whig interpretation of Labour history" polemisiert vom Standpunkt der Linken S. Macintyre, A Proletarian Science. Marxism in Britain 1917–1933 (1980) S. 2 f.
97. F.K. Donelly, Ideology and Early English Working-Class History: Edward Thompson and his Critics. In: SH 1 (1976) H. 2, S. 219 ff.; G. Eley und K. Nield, Why Does Social History Ignore Politics? In: SH 5 (1980) S. 249 ff. Zu neueren Tendenzen in der englischen Sozialgeschichte H. Perkin, Social History in Britain. In: Journal of Social History 10 (1976/77) S. 129 ff.; P. Alter, Zeitschriftenporträt: ,Social History' und ,History Workshop'. In: GG 7 (1981) S. 142 ff.
98. Siehe oben Anm. 93.
99. A.E. Musson, The Webbs and their Phasing of Trade Union Development between the 1830s and the 1860s. In: SSLHB 4 (1962) S. 6 ff.; ders., British Trade Unions 1800–1875 (1972); H. Pelling, A History of British Trade Unionism (³1976).
100. Zum Problem der Arbeiteraristokratie auch mit Blick auf England vgl. G. Beier, Das Problem der Arbeiteraristokratie im 19. und 20. Jahrhundert. Zur Sozialgeschichte einer umstrittenen Kategorie. In: Herkunft und Mandat. Beiträge zur Führungsproblematik in der Arbeiterbewegung (1976) S. 9 ff. Eine Zusammenfassung der einschlägigen Forschung bietet R. Gray, The Aristocracy of Labour in Nineteenth-Century Britain, c. 1850–1900 (1981). Verschiedene knappe Statements zur Kontroverse von E.J. Hobsbawm, R. Gray, H.F. Moorhouse, K. McClelland, J. Field, J. Baxter und M.A. Shepherd finden sich in: SSLHB 40 (1980) S. 6 ff.
101. So einer der Pioniere auf diesem Feld: E.J. Hobsbawm, The Aristocracy of Labour Reconsidered. In: International Economic History Congress Edinburgh (1978) S. 457 ff. (hektogr. Ms.). Zu den Anfängen seiner viele Impulse vermittelnden Forschung ders., Labouring Men (1964).
102. M.A. Shepherd, The Origins and Incidence of the Term „Labour Aristocracy". In: SSLHB 37 (1978) S. 51 ff.; H.F. Moorhouse, The Significance of the Labour Aristocracy. In: SH 6 (1981) S. 229 ff.
103. Siehe etwa G. McLennan, The „Labour Aristocracy" and „Incorporation": Notes on some Terms in the Social History of the Working Class. In: SH 6 (1981) S. 71 ff.
104. A.E. Musson, Class Struggle and the Labour Aristocracy 1830–60. In: SH 1 (1976) S. 335 ff. Konträr dazu J. Foster, Some Comments on ,Class Struggle and the Labour Aristocracy 1830–60'. Ebd. S. 357 ff.
105. H.F. Moorhouse, The Marxist Theory of the Labour Aristocracy. In: SH 3 (1978) S. 61 ff. Vgl. auch A. Reid, Politics and Economics in the Formation of the British Working Class. A Response to H.F. Moorhouse. Ebd. S. 347 ff. H.F. Moorhouse, History, Sociology and the Quiescence of the British Working Class: a Reply to Reid. In: SH 4 (1979) S. 481 ff. A. Reid, Response. Ebd. S. 491 ff. – Vgl. auch A.P. Donajgrodzki (Hg.), Social Control in Nineteenth Century Britain (1977).

106. Dazu – insbesondere zum Rechtsinstitut des Trust – A. M. Birke, Pluralismus und Gewerkschaftsautonomie in England. Entstehungsgeschichte einer politischen Theorie (1978).
107. Siehe z. B. die ausführliche Rezension von B. Harrison über die 2. Aufl. von Thompson (Anm. 65) in: EHR 86 (1971) S. 574 ff.; D. S. Gadian, Class Consciousness in Oldham and other North-West Industrial Towns 1830–1850. In: HJ 21 (1978) S. 161 ff. Vgl. auch D. J. Rowe, The Failure of London Chartism. In: HJ 11 (1968) S. 472 ff.
108. Dazu T. R. Tholfsen, Working Class Radicalism in Mid-Victorian England (1976). Bei Abschluß des Manuskripts lag noch nicht vor J. E. Cronin (Hg.), Social Conflict and Political Order in Modern Britain (1982).
109. A. Briggs, The Language of Class in Early Nineteenth Century England. In: Ders. u. J. Saville (Hg.), Essays in Labour History (1967) S. 43 ff.; R. S. Neale, Class und Class-Consciousness in Early Nineteenth-Century England: Three Classes or Five? In: VS 12 (1968) S. 5 ff. und ders., Class in English History 1680–1850 (1981). Als Einstieg in die Problematik P. Hollis (Hg.), Class and Conflict in Nineteenth-Century England 1815–1850 (1973) und R. J. Morris, Class and Class Consciousness in the Industrial Revolution 1780–1850 (1979).
110. Klassisch dafür G. M. Trevelyan, Lord Grey and the Reform Bill (1920); ders., British History in the Nineteenth Century and After 1782–1919 (1937).
111. Eine umfassende Überwindung dieses Standpunkts brachte A. Briggs, The Age of Improvement (1959, ²1979).
112. Thompson (Anm. 65).
113. Dazu Thomis und Holt (Anm. 88) S. 126.
114. D. C. Moore, The Politics of Deference. A Study of the Mid-nineteenth Century English Political System (1976). Moore stellt damit – wenn auch in etwas modifizierter Weise – einen Begriff in den Mittelpunkt seiner durch dieses Buch zusammengefaßten zahlreichen Untersuchungen, der schon zeitgenössischen Ursprungs ist und insbesondere von W. Bagehot in seiner nun schon als klassisch eingestuften und erstmals 1867 erschienenen Schrift ‚The English Constitution‘ (Paperback-Ausgabe hg. v. R. H. S. Crossman 1963) zum analytischen Schlüsselbegriff gemacht wurde.
115. Dazu auch R. W. Davis, Deference and Aristocracy in the Time of the Great Reform Act. In: AHR 81 (1976) S. 532 ff. Kavanagh, der allerdings nicht in erster Linie das 19. Jahrhundert im Auge hat, weist sehr zu Recht darauf hin, daß *deference* keine naturgegebene Begabung oder Reaktionsweise darstellt, sondern nur zusammen mit der realen Möglichkeit der Partizipation der deferentiellen Gruppen am politischen System gedacht werden kann. D. Kavanagh, The Deferential English: A Comparative Critique. In: Government and Opposition 6 (1971) S. 353. – Eine Konkretisierung anderer Art erfährt der *deference*-Begriff bei H. Newby, The Deferential Worker: A Study of Farm Workers in East Anglia (1977), wo anhand der Landarbeiterschaft der dialektische Zusammenhang von „dependence" und „deference" herausgearbeitet wird.
116. Vgl. D. Beales, Victorian Politics Observed. In: HJ 21 (1978) S. 697 ff.
117. Gash (Anm. 88); Pollard (Anm. 73).
118. Vgl. für einen wichtigen Punkt H. Perkin, Die Rekrutierung der Eliten in der

britischen Gesellschaft seit 1880. In: GG 3 (1977) S. 485 ff.; ders., The Recruitment of Elites in British Society since 1880. In: Journal of Social History 12 (1978/79) S. 222 ff.

119. Dazu H. Wellenreuther, Repräsentation und Großgrundbesitz in England 1730–1770 (1979).

120. Entschieden zu weit geht dabei allerdings G. Eley, Deutscher Sonderweg und englisches Vorbild. In: D. Blackbourn und G. Eley, Mythen deutscher Geschichtsschreibung (1980) S. 7 ff. Warnungen vor der allzu simplen Vorstellung, Deutschland habe im Verlauf seines „Sonderwegs" das englische Vorbild verfehlt, finden sich etwa bei K. Rohe, Zur Typologie politischer Kulturen in westlichen Demokratien. Überlegungen am Beispiel Großbritanniens und Deutschlands. In: H. Dollinger u. a. (Hg.), Weltpolitik, Europagedanke, Regionalismus (1982) S. 581 ff.; G. Schmidt, Effizienz und Flexibilität politisch-sozialer Systeme. Die deutsche und die englische Politik 1918/19. In: VZG 25 (1977) S. 137 ff.; H. Döring, Skeptische Anmerkungen zur deutschen Rezeption des englischen Parlamentarismus 1917/18. In: L. Albertin und W. Link (Hg.), Politische Parteien auf dem Weg zur parlamentarischen Demokratie in Deutschland (1981) S. 127 ff. Vgl. auch oben Anm. 81.

121. Die wesentlichen Punkte diskutieren J. Cannon, New Lamps for Old: The End of Hanoverian England. In: Cannon (Anm. 41) S. 100 ff. und K. Kluxen, Die Umformung des parlamentarischen Regierungssystems in Großbritannien beim Übergang zur Massendemokratie. In: Ders. (Hg.), Parlamentarismus (⁵1980) S. 112 ff.

122. Gash (Anm. 88); J. Cannon, Parliamentary Reform 1640–1832 (1973); M. Brock, The Great Reform Act (1973). Auf knappem Raum gibt einen guten Problemüberblick N. McCord, Some Difficulties of Parliamentary Reform. In: HJ 4 (1967) S. 376 ff. Zur Einführung in Grundpositionen der Forschung vgl. auch W. H. Maehl (Hg.), The Reform Bill of 1832. Why not Revolution? (1967).

123. Neben Moore (Anm. 114) vgl. ders., Concession or Cure: The Sociological Premises of the First Reform Act. In: HJ 9 (1966) S. 39 ff. Kritisch dazu E. P. Hennock, The Sociological Premises of the First Reform Act: A Critical Note. In: VS 14 (1970/71) S. 321 ff. Vgl. auch J. Milton-Smith, Earl Grey's Cabinet and the Objects of Parliamentary Reform. In: HJ 15 (1972) S. 55 ff.; T. J. Nossiter, Influence, Opinion and Political Idioms in Reformed England: Case Studies from the North-East 1832–1874 (1975).

124. F. B. Smith, The Making of the Second Reform Bill (1966); M. Cowling, 1867: Disraeli, Gladstone and Revolution (1967).

125. Allgemeiner Problemaufriß H.-U. Wehler, Modernisierungstheorie und Geschichte (1975).

126. So Cowling (Anm. 124) S. 314 in einem Epilog seines Buches zur Forschungslage: „The Limitations of Historical Knowledge". Einen immer noch nützlichen Forschungsbericht hat H. J. Hanham vorgelegt: The Reformed Electoral System in Great Britain 1832–1914 (Historical Association Pamphlet No. 69, 1968).

127. R. Harrison, Before the Socialists. Studies in Labour and Politics 1861 to 1881 (1965).

128. Cowling (Anm. 124) S. 3 (Hervorhebung im Original). Vgl. auch McCord

(Anm. 122) S. 383 f. Vorsichtig kritisiert H. Pelling die Entschiedenheit Cowlings in diesem Punkt. Man könne die Stimmung des Landes „as a factor in the thoughts of the parliamentarians" nicht ignorieren. Die Agitation der Jahre 1866/67 müsse „some impact upon the behaviour of M. P. s" gehabt haben. HJ 11 (1968) S. 595. Von der relativ leichten Integrierbarkeit politischer Pressure Groups spricht D. A. Hamer, The Politics of Electoral Pressure. A Study in the History of Victorian Reform Agitations (1977).

129. Gegen die Vorstellung einer „newly popular constitution", die sich bei P. Marsh, The Discipline of Popular Government: Lord Salisbury's Domestic Statecraft 1881–1902 (1978) findet, erhebt P. Smith in einer Rezension in: EHR 95 (1980) S. 870 ff. entschiedene Bedenken.

130. N. Blewett, The Franchise in the United Kingdom 1885–1918. In: PP 32 (1965) S. 27 ff. Zur Wahlrechtsreform von 1918 vgl. M. Pugh, Electoral Reform in War and Peace 1906–1918 (1978).

131. Dazu C. Emsley, British Society and the French Wars 1793–1815 (1979).

132. Dazu A. J. Taylor, Laissez-faire and State Intervention in Nineteenth-Century Britain (1972). Vgl. auch F. Bédarida, L'Angleterre victorienne paradigme du laissez-faire? In: RH 261 (1979) S. 79 ff. Gegenüber dieser einleuchtenden Argumentation will zur Beschreibung britischer Sozialpolitik in der Mitte des 19. Jahrhunderts an der älteren Forschung festhalten E. J. Evans (Hg.), Social Policy 1830–1914. Individualism, Collectivism and the Origins of the Welfare State (1978). Verschiedene Stadien der Entwicklung unterscheidet H. Perkin, Individualism and Collectivism in Nineteenth-Century Britain: A False Antithesis. In: JBS 17 (1977) S. 105 ff.

133. D. Roberts, Victorian Origins of the British Welfare State (1960). Modifizierend aber ders., Paternalism in Early Victorian England (1979).

134. U. R. Q. Henriques, Before the Welfare State. Social Administration in Early Industrial Britain (1979).

135. Dazu J. R. Hay, The Origins of the Liberal Welfare Reforms 1906–1914 (1975).

136. Zur Ausgangslage N. Gash, After Waterloo: British Society and the Legacy of the Napoleonic Wars. In: TRHS 5. Serie 28 (1978) S. 145 ff.

137. Eine verstehende Rechtfertigung findet sich etwa bei D. Roberts, How Cruel Was the Victorian Poor Law? In: HJ 6 (1963) S. 97 ff. Dagegen schlägt sich für U. Henriques, How Cruel Was the Victorian Poor Law? In: HJ 11 (1968) S. 365 im Gesetz das Klasseninteresse des Gesetzgebers nieder: „The law was oppressive."

138. A. Brundage, The Landed Interest and the New Poor Law. A Reappraisal of the Revolution in Government. In: EHR 87 (1972) S. 27 ff.; ders., The Making of the New Poor Law. The Politics of Inquiry, Enactment and Implementation 1832–39 (1978). Vgl. zum Gesamtproblem auch D. Fraser (Hg.), The New Poor Law in the Nineteenth Century (1976).

139. P. Thane (Hg.), The Origins of British Social Policy (1978). Siehe auch schon J. Harris, Unemployment and Politics. A Study in English Social Policy 1886–1914 (1972).

140. O. MacDonagh, The Nineteenth-Century Revolution in Government: A Reappraisal. In: HJ 1 (1958) S. 52 ff. Vgl. auch ders., A Pattern of Government Growth 1800–60: The Passenger Acts and their Enforcement (1961) und ders., Early Victorian Government 1830–1870 (1977).

141. Vgl. u. a. H. Strachan, The Early Victorian Army and the Nineteenth-Century Revolution in Government. In: EHR 95 (1980) S. 808: „Practical requirements dictate the evolution of administrative change."

142. H. Parris, The Nineteenth-Century Revolution in Government: A Reappraisal Reappraised. In: HJ 3 (1960) S. 17 ff.; ders., Constitutional Bureaucracy. The Development of British Central Administration since the Eighteenth Century (1969); Hart (Anm. 74); L. J. Hume, Jeremy Bentham and the Nineteenth-Century Revolution in Government. In: HJ 10 (1967) S. 361 ff.; ders., Bentham and Bureaucracy (1981). Eine mittlere Position bezieht P. Dunkley, Emigration and the State 1803–1842: The Nineteenth-Century Revolution in Government Reconsidered. In: HJ 23 (1980) S. 353 ff. Er gibt zu bedenken, ob nicht im Einzelfall doch der individuelle und durch Bentham geprägte Impetus einzelner Reformer höher zu bewerten ist als die sachadäquate und quasi eigengesetzliche Reaktion einer entstehenden Bürokratie auf soziale Fragen.

143. Gegen einseitige Verkürzung der Argumentation und für Überwindung festgefahrener Positionen plädiert R. Thompson, The Charity Commission and the Age of Reform (1979).

144. Einen guten Überblick zum gesamten Themenbereich bietet V. Cromwell (Hg.), Revolution or Evolution. British Government in the Nineteenth Century (1977). Zur Forschungsentwicklung insgesamt vgl. V. Cromwell, Interpretation of Nineteenth-Century Administration. In: VS 9 (1966) S. 245 ff.; G. Sutherland, Recent Trends in Administrative History. In: VS 13 (1970) S. 408 ff.

145. H. V. Emy, Liberals, Radicals and Social Politics 1892–1914 (1973).

146. Siehe z. B. P. Rowland, The Last Liberal Governments. 2 Bde. (1968–71).

147. Dazu die Aufsatzsammlung A. O'Day (Hg.), The Edwardian Age: Conflict and Stability 1900–1914 (1979). Zu einzelnen Bruchstellen des liberalen Systems vor dem Ersten Weltkrieg P. Kennedy und A. Nicholls (Hg.), Nationalist and Racialist Movements in Britain and Germany before 1914 (1981). Hingewiesen sei jetzt schon auf K. Rohe, Imperialismus als postliberale Gesellschaftstheorie. Die Erosion des liberalen Paradigmas in Großbritannien 1880–1914 (erscheint 1983).

148. Die strukturellen Schwächen des New Liberalism vor dem Ersten Weltkrieg, aus dessen Umarmungsversuchen die Labour-Bewegung sich vor allem auf der Ebene der Wahlkreise befreien konnte, betonen etwa M. Petter, The Progressive Alliance. In: History 58 (1973) S. 45 ff.; B. B. Gilbert, David Lloyd George: The Reform of British Land-Holding and the Budget of 1914. In: HJ 21 (1978) S. 117 ff.; R. McKibbin, The Evolution of the Labour Party 1910–1924 (1974). Die Lebensfähigkeit und programmatische Konsistenz der Liberalen und die Rolle der Labour Party als Junior-Partner der Lib-Lab-Wahlformation stellen heraus P. F. Clarke, Lancashire and the New Liberalism (1971) und M. Freeden, The New Liberalism. An Ideology of Social Reform (1978). Eine spezielle Kontroverse hat sich über die Bedeutung der Wahlrechtsreform von 1918 entwickelt. Vgl. dazu H. C. G. Matthew/R. I. McKibbin/J. A. Kay, The Franchise Factor and the Rise of the Labour Party. In: EHR 91 (1976) S. 723 ff.; P. F. Clarke, Liberals, Labour and the Franchise. In: EHR 92 (1977) S. 582 ff. Gegenüber diesen auf die soziale Basis der Parteien abhebenden Beiträgen möchte zusätzliches Gewicht auf wahl-

geographische Gesichtspunkte legen J.P.D.Dunbabin, British Elections in the Nineteenth and Twentieth Century, a Regional Approach. In: EHR 95 (1980) S.241ff.

149. K.O.Morgan, Consensus and Disunity. The Lloyd George Coalition Government 1918–1922 (1979).

150. Dazu J.Turner, Lloyd George's Secretariat (1980), wo die Auffassung zurückgewiesen wird, Lloyd George sei einer sozialimperialistischen Politik gefolgt, seine Politik könne auf präventiv angelegte Reformen antisozialen und illiberalen Zuschnitts im Innern und imperialistische Machtentfaltung nach außen reduziert werden. Damit richtet sich Turner vor allem gegen R.J.Scally, The Origins of the Lloyd George Coalition. The Politics of Social Imperialism 1900–1918 (1975). Anzumerken ist, daß der Begriff „social imperialism" im Gegensatz zu einem weit verbreiteten Gebrauch im deutschen Sprachbereich sowohl Imperialismus wie Reformpolitik impliziert. Vgl. dazu G.Eley, Defining Social Imperialism: Use and Abuse of an Idea. In: SH 1 (1976) S.265ff.

151. Vgl. auch G.Schmidt, Politische Tradition und wirtschaftliche Faktoren in der britischen Friedensstrategie 1918/19. In: VFZ 29 (1981) S.163.

152. Darin sieht B.-J.Wendt, „Deutsche Revolution" – „Labour Unrest". Systembedingungen der Streikbewegungen in Deutschland und England 1918–1921. In: ASG 20 (1980) S.24ff. ein höheres Maß an Effizienz des politischen Systems in England, als Schmidt (Anm.120) es zugestehen möchte.

153. Baldwin am 9.3.1936 im Unterhaus: „In the postwar years we had to choose between … a policy of disarmament, social reform and latterly financial rehabilitation and … a heavy expenditure on armaments. Under a powerful impulse for development every government of every party elected for the former". G.Schmidt, England in der Krise. Grundzüge und Grundlagen der britischen Appeasement-Politik (1930–1937) (1981) S.418.

154. Zur Entwicklung dorthin P.Addison, The Road to 1945. British Politics and the Second World War (1975).

155. H.W.Richardson und D.H.Aldcroft, Building in the British Economy between the Wars (1968).

156. K.Middlemas, Politics in Industrial Society. The Experience of the British System since 1911 (1979).

157. D.Kavanagh und R.Rose (Hg.), New Trends in British Politics. Issues for Research (1977). Vgl. auch H.Setzer, Zur Lage des parlamentarischen Regierungssystems in Großbritannien. In: Frankfurter Hefte 36 (1981) H.4, S.21ff.

158. F.S.Northedge, Descent from Power. British Foreign Policy 1945–1973 (1974). Zur Einordnung in einen längeren Prozeß des Machtverfalls D.Dilks (Hg.), Retreat from Power. Studies in Britain's Foreign Policy of the Twentieth Century. 2 Bde. (1981).

159. Sehr guter Überblick bei P.M.Kennedy, The Rise and Fall of British Naval Mastery (1976, dt. 1978).

160. Siehe dazu den Forschungsbericht G.Niedhart, Appeasement: Zur Inflationierung eines Begriffs und zum Primat des Friedens im industrialisierten England. In: NPL 26 (1981) S.171ff.

161. G.W.Monger, The End of Isolation: British Foreign Policy 1900–1907 (1963).

162. Vgl. den Forschungsbericht K.Hildebrand, „British Interests" und „Pax Britannica". Grundfragen englischer Außenpolitik im 19. und 20.Jahrhundert. In: HZ 221 (1975) S.623ff.

163. C.Howard, Britain and the Casus Belli 1822–1902. A Study of Britain's International Position from Canning to Salisbury (1974). Zur britischen Position im internationalen System vgl. A.Sked (Hg.), Europe's Balance of Power 1815–1848 (1979); F.R.Bridge und R.Bullen, The Great Powers and the European States System 1815–1914 (1980).

164. Zum Problem knapp und übersichtlich Chr.Howard, The Policy of Isolation. In: HJ 10 (1967) S.77ff. Am Beispiel der britischen Reaktion auf die deutsche Reichsgründung erörtert diese Problematik K.Hildebrand, Großbritannien und die deutsche Reichsgründung. In: HZ Beiheft 6 (1980) S.9ff. Zur prinzipiellen Kontinuität britischer Politik auch in der Vorgeschichte des Ersten Weltkriegs Z.S.Steiner, Britain and the Origins of the First World War (1977).

165. Vgl. dazu J.Steinberg, Diplomatie als Wille und Vorstellung. Die Berliner Mission Lord Haldanes im Februar 1912. In: H.Schottelius und W.Deist (Hg.), Marine und Marinepolitik im kaiserlichen Deutschland 1871–1914 (1972) S.263ff.; G.Schmidt, Rationalismus und Irrationalismus in der englischen Flottenpolitik. In: Ebd. S.283ff.; K.Wilson, To the Western Front: British War Plans and the „Military Entente" with France before the First World War. In: BJIS 3 (1977) S.151ff.

166. Zur Relativierung all dieser Annahmen S.Lambert, A Century of Diplomatic Blue Books. In: HJ 10 (1967) S.125ff.

167. Angeführt wird nur D.C.M.Platt, Finance, Trade, and Politics in British Foreign Policy 1815–1914 (1968).

168. Grundlegend für diese Position J.Gallagher und R.Robinson, The Imperialism of Free Trade 1815–1914. In: EcHR 4 (1953/54) S.1ff., deutsch in: H. U.Wehler (Hg.), Imperialismus (1972) S.183ff. Zur ganzen Frage der Sammelband W.R.Louis (Hg.), Imperialism. The Robinson and Gallagher Controversy (1976).

169. P.M.Kennedy, The Rise of the Anglo-German Antagonism 1860–1914 (1980) S.464.

170. Siehe oben Anm.168.

171. Wie sehr gut gezeigt wird bei S.L.Cooney, The Rosecrance Model of Domestic-Foreign Linkage and the Politics of Imperial Expansion. In: BJIS 1 (1975) S.131ff. Vgl. auch C.C.Eldridge, England's Mission: the Imperial Idea in the Age of Gladstone and Disraeli (1973).

172. So aber P.J.Cain, Economic Foundations of British Overseas Expansion 1815–1914 (1980); P.J.Cain und A.G.Hopkins, The Political Economy of British Expansion Overseas 1750–1914. In: EcHR 33 (1980) S.463ff. Es sei eigens vermerkt, daß Kennedy (Anm.169) S.58 eine Deutung des Imperialismus allein aus ökonomischen Motiven zurückweist. Vgl. insgesamt zu seinem Ansatz auch P.M.Kennedy, The Realities behind Diplomacy: Background Influences on British External Policy 1865–1980 (1981). Zur Frage der Einflußfaktoren und Zwänge, die in Entscheidungen der politischen Führung einflossen, auch B.Porter, British Foreign Policy in the Nineteenth Century. In: HJ 23 (1980) S.193ff.

173. Überzeugende multiperspektivische Ansätze finden sich bei B. Porter, The Lion's Share. A Short History of British Imperialism 1850–1970 (1976); C. C. Eldridge, Victorian Imperialism (1978); W. J. Mommsen, Der europäische Imperialismus (1979). Immer wieder hinzuweisen ist auch auf K. Rohe, Ursachen und Bedingungen des modernen britischen Imperialismus vor 1914. In: W. J. Mommsen (Hg.), Der moderne Imperialismus (1971) S. 60 ff.

174. Dazu G. Schöllgen, Die deutsch-englische Orientpolitik der Vorkriegsjahre 1908 bis 1914. In: GWU 30 (1979) S. 668 ff.; ders., Richard von Kühlmann und das deutsch-englische Verhältnis 1912–1914. Zur Bedeutung der Peripherie in der europäischen Vorkriegspolitik. In: HZ 230 (1980) S. 293 ff.

175. C. J. Lowe, The Reluctant Imperialists. British Foreign Policy 1878–1902. 2 Bde. (1967).

176. Dazu K. Wormer, Großbritannien, Rußland und Deutschland. Studien zur britischen Weltreichpolitik am Vorabend des Ersten Weltkriegs (1980).

177. Auf die britische Weltreichspolitik wird hier nicht weiter eingegangen. Es steht aber außer Frage, daß Friedenswahrung eine wichtige Voraussetzung für die Bewahrung des Weltreichs und Commonwealths darstellte, ebenso wie die Reformen, die zum Wandel vom Empire zum Commonwealth führten. Aus der umfangreichen Literatur sei nur genannt W. D. McIntyre, The Commonwealth of Nations. Origins and Impact 1869–1971 (1977); M. Beloff, Imperial Sunset. Bd. 1: Britain's Liberal Empire 1897–1921 (1969); R. F. Holland, Britain and the Commonwealth Alliance 1918–1939 (1981).

178. Lloyd George in Aufzeichnungen zu seiner bekannten Mansion House-Rede am 21. 7. 1911. T. Boyle, New Light on Lloyd George's Mansion House Speech. In: HJ 23 (1980) S. 433.

179. Vgl. K. Wilson, The Agadir Crisis, the Mansion House Speech, and the Double-Edgedness of Agreements. In: HJ 15 (1972) S. 513 ff.

180. Er ist paradigmatisch greifbar anhand der Debatte im Foreign Office Anfang 1907 über die Einschätzung Deutschlands als Faktor der internationalen Politik und die daraus resultierende Deutschlandpolitik Großbritanniens. Während E. Crowe, Leiter der Westeuropaabteilung im Foreign Office, in seinem berühmten Memorandum vom 1. 1. 1907 den „Idealzustand", „mit allen anderen Staaten in ehrenhaftem Frieden zu leben", eher an ein statisches Verständnis des internationalen Systems mit Großbritannien als prädominanter Macht knüpfte, warnte Sanderson, Permanent Under-Secretary im Foreign Office 1894–1906, vor einer allzu statischen Sicht der internationalen Politik, weil man dann Deutschland als „großer und wachsender Nation" nicht flexibel genug begegnen könne: „Es ist mir manchmal so vorgekommen, daß einem Ausländer, der unsere Presse liest, das britische Reich wie ein ungeheurer Riese erscheinen muß, der sich über den Erdball reckt, mit gichtisch-dicken, sich nach allen Richtungen streckenden Fingern und Zehen, denen man sich nicht nähern kann, ohne ihm ein Gekreisch zu entlocken." Zitiert hier nach der deutschen Übersetzung bei E. Hölzle (Hg.), Quellen zur Entstehung des Ersten Weltkrieges. Internationale Dokumente 1901–1914 (1978) S. 32 ff. Englisches Original: British Documents on the Origins of the War 1898–1914. Bd. 3 (1928) S. 397 ff.

181. Zum Verlauf der Appeasement-Debatte vgl. D. C. Watt, Appeasement. The Rise of a Revisionist School? In: Political Quarterly 36 (1965) S. 191 ff.,

deutsch in: G. Niedhart (Hg.), Kriegsbeginn 1939 (1976) S. 302 ff.; ders., The Historiography of Appeasement. In: A. Sked und Chr. Cook (Hg.), Crisis and Controversy. Essays in Honour of A. J. P. Taylor (1976) S. 110 ff.; B.-J. Wendt, Aspekte der deutschen Appeasement-Forschung. In: Internationales Jahrbuch für Geschichts- und Geographie-Unterricht 17 (1976) S. 248 ff.; J. A. S. Grenville, Contemporary Trends in the Study of the British „Appeasement" Policies of the 1930s. In: Ebd. S. 236 ff. Zum neuesten Forschungsstand die Sammelbände L. Kettenacker und W. J. Mommsen (Hg.), The Fascist Challenge and the Policy of Appeasement (1982); K. Rohe (Hg.), Die Westmächte und das Dritte Reich (1982).

182. W. Hofer, Wege oder Irrwege der Forschung? Erneute Auseinandersetzung mit „erneuten Betrachtungen" von A. J. P. Taylor. In: W. Pöls (Hg.), Staat und Gesellschaft im politischen Wandel. Beiträge zur Geschichte der modernen Welt (1979) S. 535; W. Laqueur, The Political Psychology of Appeasement (1980) S. 129 ff.

183. G. Niedhart, Appeasement: die britische Antwort auf die Krise des Weltreichs und des internationalen Systems vor dem Zweiten Weltkrieg. In: HZ 226 (1978) S. 67 ff.

184. So etwa K. Bourne, The Foreign Policy of Victorian England 1830–1902 (1970); P. M. Kennedy, The Tradition of Appeasement in British Foreign Policy 1865–1939. In: BJIS 2 (1976) S. 195 ff.; E. L. Presseisen, Amiens and Munich. Comparisons in Appeasement (1978); W. D. Gruner, The British Political, Social and Economic System and the Decision for Peace and War. Reflections on Anglo-German Relations 1800–1939. In: BJIS 6 (1980) S. 189 ff.

185. Dazu Schmidt (Anm. 151).

186. P. M. Kennedy, Strategy versus Finance in Twentieth-Century Great Britain. In: International History Review 3 (1981) S. 44 ff.; G. C. Peden, British Rearmament and the Treasury 1932–1939 (1979).

187. Aus einem ganz anderen Begründungszusammenhang heraus vertritt auch die marxistische Geschichtswissenschaft diese Position. Aufgrund ihres Antikommunismus habe die britische Regierung der deutschen Expansion keine Hindernisse in den Weg gelegt. Vgl. etwa die Memoiren des sowjetischen Diplomaten und Historikers I. M. Maiski, Memoiren eines sowjetischen Botschafters (1967). Kürzlich wieder sehr massiv mit dem durch nichts bewiesenen Vorwurf, die Westmächte hätten die deutsche Aggression auf die Sowjetunion lenken wollen, O. Rscheschewski, Gegen Verfälschung der Geschichte. Zu einigen Konzeptionen der bürgerlichen Literatur über den Zweiten Weltkrieg. In: Probleme des Friedens und des Sozialismus 23 (1980) S. 696 f.

188. L. Kettenacker, Die Diplomatie der Ohnmacht. Die gescheiterte Friedensstrategie der britischen Regierung vor Ausbruch des Zweiten Weltkrieges. In: W. Benz und H. Graml (Hg.), Sommer 1939. Die Großmächte und der europäische Krieg (1979) S. 223 ff. Zusammenfassung der Forschung bei A. Hillgruber, Forschungsstand und Literatur zum Ausbruch des Zweiten Weltkrieges. In: Ebd. S. 337 ff. Auch separat publiziert unter dem Titel: Zur Entstehung des Zweiten Weltkrieges. Forschungsstand und Literatur (1980).

189. Dazu G. Niedhart, Die britisch-französische Garantieerklärung für Polen vom 31. März 1939: außenpolitischer Kurswechsel der Westmächte? In: Francia. Forschungen zur Westeuropäischen Geschichte 2 (1974) S. 597 ff.

190. So Schmidt (Anm. 153). Zusammenfassung der Thesen dieser bedeutsamen Strukturanalyse der Appeasement-Politik: G. Schmidt, Politisches System und Appeasement-Politik 1930–1937. Zur Scharnierfunktion der Rüstungspolitik für die britische Innen- und Außenpolitik. In: MGM 1979, H. 2, S. 37 ff. Es sollte zur Klarstellung betont werden, daß Schmidt nicht einem „Primat der Innenpolitik" huldigt. „Diese Studie, die die britische Außenpolitik zum Gegenstand hat, intendiert nicht, englische Politik aus einem gesamtgesellschaftlichen Zusammenhang zu erklären; vielmehr bescheidet sie sich damit, Bezüge zwischen einer bestimmten Außenpolitik und denjenigen Momenten des politisch-sozialen Systems aufzuweisen, die unter bestimmten Gesichtspunkten vor allem auf das Außenverhalten einwirken." Schmidt (Anm. 153) S. 39. Im weiteren Verlauf der Untersuchung rücken aber fraglos innergesellschaftliche Faktoren als Erklärungsfaktoren in den Mittelpunkt. „Da man die innenpolitischen Aspekte der Aufrüstung, nämlich Belastung der Industrie und sozialpolitischen Immobilismus, besonders hoch veranschlagte, wurden die einzelnen außenpolitischen Krisen nicht primär als außenpolitische Problemfälle diskutiert; die Konzentration auf die wirtschaftlich-finanziellen, psychologischen und gesellschaftspolitischen Implikationen der Aufrüstung trübte den Blick für die außenpolitischen Probleme selbst." S. 619.

191. Mehr auf den wirtschaftlichen bzw. militärischen Sektor zielen die grundlegenden Studien B.-J. Wendt, Economic Appeasement. Handel und Finanz in der britischen Deutschland-Politik 1933–1939 (1971); R. Meyers, Britische Sicherheitspolitik 1934–1938. Studien zum außen- und sicherheitspolitischen Entscheidungsprozeß (1976).

192. Siehe auch R. A. C. Parker, British Rearmament 1936–39: Treasury, Trade Unions and Skilled Labour. In: EHR 96 (1981) S. 306 ff.

IV. Allgemeine Hilfsmittel zum Studium der englischen Geschichte

Von H. Haan, K.-F. Krieger, G. Niedhart

1. Allgemeine Einführungen und Nachweise von Hilfsmitteln

L. G. Brandon, History. A Guide to Advanced Study (1976). – A. E. Day, History. A Reference Handbook (1977). – G. R. Elton, The Practice of History (1967). – H. P. R. Finberg (Hg.), Approaches to History (1962). – G. Kitson Clark, Guide for Research Students Working on Historical Subjects (²1968). – A. Marwick, The Nature of History (1970). – A. T. Milne, Historical Study in Great Britain. In: Historical Study in the West, hg. v. B. C. Shafer (1968) S. 131–171. – H. Perkin (Hg.), History. An Introduction for the Intending Student (1970). – H. J. Poulton, The Historian's Handbook: A Descriptive Guide to Reference Works (1972). – E. P. Sheehy, Guide to Reference Books (⁹1976). – A. J. Walford (Hg.), Guide to Reference Material. Bd. 2: Social and Historical Sciences, Philosophy and Religion (³1975). – Walford's Concise Guide to Reference Material, hg. v. Library Association (1981).

2. Bibliographien

a) Allgemeine Bibliographien

E. M. Coulter und M. Gerstenfeld, Historical Bibliographies (1965). – A. F. Toomey, A World Bibliography of Bibliographies 1964–1974. 2 Bde. (1977).

Das Standardhilfsmittel für bibliographische Recherchen zu allen Bereichen der englischen bzw. britischen Geschichte: Bibliography of British History, hg. v. American Historical Association und Royal Historical Society of Great Britain. Die jeweils einzelne Epochen abdeckenden Bände verzeichnen sowohl Quellen als auch Literatur: Bibliography of British History to 1485, hg. v. E. B. Graves (1975). Der Hg. hat 1980 eine Liste mit Ergänzungen und Richtigstellungen herausgebracht, die beim Institute of Historical Research der Universität London (Senate House, London WC1E 7HU) erhältlich ist. – Tudor Period 1485–1603, hg. v. C. Read (²1959, ND 1978). – Stuart Period 1603–1714, hg. v. G. Davies und M. F. Keeler (²1970). – The Eighteenth Century 1714–1789, hg. v. S. Pargellis und D. J. Medley (1951, ND 1977). Ein Supplement von A. T. Milne und A. N. Newman ist in Vorbereitung. – Bibliography of British History 1789–1851, hg. v. L. M. Brown und I. R. Christie (1977). – Bibliography of British History 1851–1914, hg. v. H. J. Hanham (1976). *Weitere allgemeinere bibliographische Hilfsmittel:* A Bibliography of Modern History, hg. v. J. Roach (1968). – Handbook for History Teachers, hg. v. W. H. Burston und C. W. Green (²1972). – L. B. Frewer,

Bibliography of Historical Writings Published in Great Britain and the Empire 1940–45 (1949). – Bibliography of Historical Works Issued in the United Kingdom: 1946–1956, hg. v. J. C. Lancaster (1957). 1957–60, 1961–65 und 1966–70, jeweils hg. v. W. Kellaway (1962, 1967, 1972). 1971–75, hg. v. R. Taylor (1977). – R. A. Peddie, Subject Index of Books Published before 1880. 4 Bde. (1933–48). Für ab 1881 erschienene Literatur: British Museum, Subject Index of the Modern Works Added to the Library (1902 ff., fortlaufend).
Laufende Bibliographien: The English Catalogue of Books (Berichtszeitraum 1801 ff.). The British National Bibliography (Berichtszeitraum 1951 ff.). – International Bibliography of Historical Sciences (1930 ff.). – Writings on British History 1901–1933. 5 Bde. (1968–70). 1934–1945. 8 Bde. (1937–60). Als laufende Bibliographie für die Zeit nach dem Zweiten Weltkrieg fortgesetzt. Zuletzt: Writings on British History 1965–66 (1981). – Annual Bulletin of Historical Literature, hg. v. Historical Association (1911 ff.). – Annual Bibliography of British and Irish History, hg. v. G. R. Elton (1976 ff., Berichtszeitraum 1975 ff.). – Social Science Research Council. Research Supported by the SSRC (1967 ff.). – Research in Progress in English and History, hg. v. S. T. Bindoff und J. T. Boulton (1971 ff.).

b) Bibliographien zu einzelnen Epochen

Mittelalter: International Medieval Bibliography, hg. v. R. S. Hoyt und P. H. Sawyer (1967 ff.). – J. P. Alcock, Archaeological Bibliography for Great Britain and Ireland (1978). – W. Bonser, A Romano-British Bibliography 55 B.C.-A.D. 449. 2 Bde. (1964). – Ders., An Anglo-Saxon and Celtic Bibliography 450–1087. 2 Bde. (1957). – M. Altschul, Anglo-Norman England 1066–1154 (1969). – B. Wilkinson, The High Middle Ages in England 1154–1377 (1978). – D. J. Guth, Late-Medieval England 1377–1485 (1976). – C. P. Farrar und A. P. Evans, Bibliography of English Translations from Medieval Sources (1946).
16.–18. Jahrhundert: A Short Title Catalogue of Books Printed in England, Scotland and Ireland, and of English Books Printed Abroad 1475–1640, hg. v. A. W. Pollard u. a. (1926, ND 1946). – Short Title Catalogue of Books Printed in England, Scotland, Ireland, Wales and British America and of English Books Printed in other Countries 1641–1700, hg. v. D. G. Wing. 3 Bde. (1945–51, ²1972 ff.). Ergänzend: D. G. Wing, A Gallery of Ghosts: Books Published between 1641 and 1700 not Found in the Short Title Catalogue (1967). – H. Miller und A. Newman, Early Modern British History 1485–1760 (1970). – M. Levine, Tudor England 1485–1603 (1968). – J. S. Morrill, Seventeenth-Century Britain 1603–1714 (1980). – W. L. Sachse, Restoration England 1660–1689 (1971). – C. L. Grose, A Select Bibliography of British History 1660–1760 (1939, ND 1967). – Ders., Studies of 1931 to 1940 on British History 1660–1760. In: JMH 12 (1940) S. 515–534. – W. T. Morgan, A Bibliography of British History 1700–1715. 5 Bde. (1934–42). – I. R. Christie, British History Since 1760. A Select Bibliography (1970). – Jahresbibliography zum 18. Jahrhundert in: Philological Quarterly 1970 ff.
19.–20. Jahrhundert: D. Nicholls, Nineteenth-Century Britain 1815–1914 (1978). – M. Sadleir, Excursions in Victorian Bibliography (1922, ND 1974). – J. Altholz, Victorian England 1837–1901 (1970). – R. W. Stewart, Benjamin Disraeli: A List of Writings by Him, and Writings about Him with Notes (1972). – Jahresbibliographie zum 19. Jahrhundert in: VS 1957/58 ff. – A. F. Havighurst,

Modern England 1901–1970 (1976). – C.L.Mowat, British History Since 1926. A Select Bibliography (1960). – B.Krikler und W.Laqueur (Hg.), A Reader's Guide to Contemporary History (1972). – F.Woods, A Bibliography of the Works of Sir Winston Churchill (²1969). – Wichtig zur Erfassung von Quellen und Literatur zur englischen Geschichte im 20.Jahrhundert schließlich die laufende „Bibliographie zur Zeitgeschichte" in: Vierteljahrshefte für Zeitgeschichte.

c) Bibliographien zu einzelnen Teilbereichen

Regierung und Verfassung: S.B.Chrimes und I.A.Roots, English Constitutional History. A Select Bibliography (1958). – J.Palmer, Government and Parliament in Britain. A Bibliography (²1964). – Public Administration. A Select List of Books and Periodicals (1964).

Recht: W.H.Maxwell, A Bibliography of English Law. 3 Bde. (1925–33, Supplements 4 Bde. 1939–49). – A Legal Bibliography of the British Commonwealth of Nations, hg. v. W.H.Maxwell u.a. 7 Bde. (²1955–64). – J.H.Beale, A Bibliography of Early English Law Books (1926, Supplement hg. v. R.B.Anderson 1943). – D.S.Bland, A Bibliography of the Inns of Court and Chancery (SSoc. 1965). – J.D.Cowley (Hg.), A Bibliography of Abridgements, Digests, Dictionaries and Indexes of English Law to the Year 1800 (SSoc. 1932).

Sozial- und Wirtschaftsgeschichte: W.H.Chaloner und R.C.Richardson, British Economic and Social History. A Bibliographical Guide (1976). – Jahresbibliographie zur britischen und irischen Wirtschafts- und Sozialgeschichte in: EcHR. – J.B.Williams, A Guide to the Printed Materials for English Social and Economic History 1750–1850. 2 Bde. (1926, ND 1966). – D.D.Reeves, Resources for the Study of Economic History. A Preliminary Guide to Pre-Twentieth Century Printed Material in Collections in Certain American and British Libraries (1961). – Catalogue of the Goldsmiths' Library of Economic Literature, hg. v. M.Canney und D.Knott. 4 Bde. (1970ff.). Katalog einer der bedeutendsten Bibliotheken ihrer Art. – Jahresbibliographie zur Agrargeschichte seit 1974 in: AgHR. – J.G.Brewer, Enclosures and the Open Fields. A Bibliography (1972). – H.Hall, A Select Bibliography for the Study, Sources and Literature of English Mediaeval Economic History (1914, ND 1960). – G.Ottley, A Bibliography of British Railway History (1965). – J.F.C.Harrison und D.Thompson, Bibliography of the Chartist Movement 1837–1976 (1978). – G.S.Bain und G.B.Woolven, A Bibliography of British Industrial Relations 1880–1970 (1979). – Modern British Society. A Bibliography, hg. v. J.Westergaard u.a. (²1977). Hauptsächlich zum 20.Jahrhundert. – T.R.Thomson, A Catalogue of British Family Histories (³1976). – M.Ritchie, Women's Studies: A Checklist of Bibliographies (1980).

Politische und gesellschaftliche Gruppen: E.Dolléans und M.Crozier, Movements Ouvrier et Socialiste. Chronologie et Bibliographie. Angleterre, France, Allemagne, Etats-Unis 1750–1918 (1950). – H.Smith, The British Labour Movement to 1970. A Bibliography (1981). – E.R.Frow und E. und M.Katanka, The History of British Trade Unionism: A Select Bibliography (1969). – Jahresbibliographie zur britischen Arbeiterbewegung in: SSLHB. – P.Rees, Fascism in Britain (1979).

Kirche: O.Chadwick, The History of the Church. A Select Bibliography (³1973). – The Bibliography of Reform 1450–1648. Relating to the United Kingdom and Ireland for the Years 1955–1970, hg. v. D.Baker (1975). – J.H.Pollen, Sources for the History of Roman Catholics in England, Ireland and Scotland 1533–1795 (1921).

Bildung und Wissenschaft: E. H. Cordeaux und D. H. Merry, A Bibliography of Printed Works Relating to the University of Oxford (1968). – T. Kelly, A Select Bibliography of Adult Education in Great Britain (²1962). – K. J. Rider, History of Science and Technology. A Select Bibliography for Students (²1970).

Kunst und Literatur: Annual Bibliography of the History of British Art, hg. v. Courtauld Institute of Art (1936 ff.).

The Cambridge Bibliography of English Literature, hg. v. F. N. W. Bateson. 4 Bde. (1941, Supplement hg. v. G. Watson 1957). The New Cambridge Bibliography of English Literature, hg. v. G. Watson. 5 Bde. (1974–77). – Annual Bibliography of English Language and Literature (1920 ff.).

Flotte und Militär: R. G. Albion, Naval and Maritime History. An Annotated Bibliography (⁴1973). – G. E. Manwaring, A Bibliography of British Naval History (1930). – R. Higham (Hg.), A Guide to the Sources of British Military History (1972).

Kolonialreich und Commonwealth: J. Flint, Books on the British Empire and Commonwealth (1968). – W. P. Morrell, British Overseas Expansion and the History of the Commonwealth. A Select Bibliography (²1970). – R. Warwick (Hg.), Handbook of Library Holdings of Commonwealth Literature (²1977). – E. Lewin, Subject Catalogue of the Royal Empire Society. 4 Bde. (1930–37). – Ders., Best Books on the British Empire (²1945). – L. H. Gipson, A Bibliographical Guide to the History of the British Empire 1748–1776 (1968). – Commonwealth Bibliographies, hg. v. Commonwealth Institute London (1974 ff.). – W. S. Livingston (Hg.), Federalism in the Commonwealth. A Bibliographical Commentary (1963).

Außenpolitik: Foreign Affairs Bibliography. A Selected and Annotated List of Books on International Relations (1933 ff.). – The Foreign Affairs 50-Year Bibliography. New Evaluations of Significant Books on International Relations 1920–1970, hg. v. B. Dexter (1972). – J. P. Halstead und S. Porcari, Modern European Imperialism. A Bibliography of Books and Articles 1815–1972. Bd. 1: General and British Empire (1974). – H.-U. Wehler, Bibliographie zum Imperialismus (1977). – G. M. Bayliss, Bibliographic Guide to the Two World Wars. An Annotated Survey of English Language Reference Materials (1977). – A. G. S. Enser, A Subject Bibliography of the First World War. Books in English 1914–1978 (1979). – A. G. S. Enser, A Subject Bibliography of the Second World War. Books in English 1939–1974 (1977). – J. Ziegler, World War II: Books in English 1945–1965 (1971). – K. Sainsbury, International History 1939–1970. A Select Bibliography (1973). – C. A. Cosgrove, A Reader's Guide to Britain and the European Communities (1970). – Britische Europaideen 1940–1970. Eine Bibliographie, bearb. v. W. Böttcher u. a. 2 Bde. (1971–73). – Das britische Parlament und Europa 1940–1972, hg. v. W. Böttcher (1975).

Regional- und Lokalgeschichte: L. Pollock und I. McAllister, A Bibliography of United Kingdom Politics: Scotland, Wales and Northern Ireland (1980). – A Bibliography of the History of Wales (²1962). – Jahresbibliographie zur walisischen Geschichte in: WHR. – P. D. Hancock, Bibliography of Works Relating to Scotland 1916–1950. 2 Bde. (1960). – H. W. Meikle u. a., Scotland. A Select Bibliography (1950). – Jahresbibliographie der Zeitschriftenliteratur zur schottischen Geschichte in: SHR. – E. M. Johnston, Irish History. A Select Bibliography (1972). –

C. Maxwell, A Short Bibliography of Irish History (1921). – J. Carty, Bibliography of Irish History 1870–1911 (1940). – Ders., Bibliography of Irish History 1912–21 (1936). – T. W. Moody (Hg.), Irish Historiography 1936–70 (1971). – D. O'Corrain, A Handlist of Publications on Early Irish History. In: Historical Studies 10. Papers Read before the 11th Irish Conference of Historians (1976) S. 172–203. – P. W. A. Asplin, Medieval Ireland 1170–1495. A Bibliography of Secondary Works (1971). – Jahresbibliographie zur irischen Geschichte in: IHS. – F. G. Emmison (Hg.), English Local History Handlist. A Select Bibliography and List of Sources for the Study of Local History and Antiquities (⁴1969). – C. Gross, A Bibliography of British Municipal History (²1966). – G. Martin und S. McIntyre (Hg.), A Bibliography of British and Irish Municipal History. Bd. 1: General Works (1972). – A. Sutcliffe, The History of Urban and Regional Planning. An Annotated Bibliography (1981). – Jahresbibliographie zur Stadtgeschichte in: Urban History Yearbook.

Historiographie: A. S. Birkos und L. A. Tambs, Historiography, Method, History Teaching: A Bibliography of Books and Articles in English 1965–1973 (1975). – L. D. Stephens (Hg.), Historiography. A Bibliography (1975). – L. M. Munby (Hg.), Marxism and History. A Bibliography of English Language Works (1967). – A Bibliography of Arnold J. Toynbee, hg. v. S. F. Morton (1980). – C. Wrigley, A. J. P. Taylor. A Complete Annotated Bibliography and Guide to his Historical and other Writings (1980).

3. Verzeichnisse von Hochschulschriften

R. R. Bilboul (Hg.), Retrospective Index to Theses of Great Britain and Ireland 1716–1950. Bd. 1: Social Sciences and Humanities (1975). – Index to Theses Accepted for Higher Degrees by the Universities of Great Britain and Ireland (1950 ff.). – Comprehensive Dissertation Index. 37 Bde. (1973). Erfaßt die Jahre 1861–1972. Für die Folgezeit jährliche Ergänzungsbände. – Dissertation Abstracts International. Abstracts of Dissertations and Monographs in Microform (1938 ff.). – Research in British Universities, Polytechnics and Colleges, hg. v. British Library, Britisches Museum London. Teil 3: Social Sciences (1980 ff.). Ersetzt die ältere Bibliographie Scientific Research in British Universities and Colleges. – Historical Research for University Degrees in the United Kingdom, hg. v. Institute of Historical Research, Universität London. Zwei Teile: Theses Completed and Theses in Progress (1933 ff.). – W. F. Kuehl, Dissertations in History. An Index to Dissertations Completed in History Departments of United States and Canadian Universities 1873–1960 (1965). Supplement 1961–70 (1972). – History Theses 1901–70: Historical Research for Higher Degrees in the Universities of the United Kingdom, hg. v. P. M. Jacobs (1976). – S. P. Bell, Dissertations on British History 1815–1914. An Index to British and American Theses (1974). – V. F. Gilbert und C. Holmes, Theses and Dissertations in Economic and Social History in Yorkshire Universities 1920–74 (1975).

4. Literaturberichte neueren Datums

a) Zur gesamten englischen Geschichte und zu einzelnen Epochen

E. C. Furber (Hg.), Changing Views on British History. Essays on Historical Writing since 1939 (1966). – R. Schlatter (Hg.), Changing Views of British History (erscheint 1983).

Mittelalter: F. Trautz, Literaturbericht über die Geschichte Englands im Mittelalter. Veröffentlichungen 1945–1962/63. In: HZ, Sonderheft 2 (1965) S. 108–259. – D. Whitelock, Changing Currents in Anglo-Saxon Studies (1958). – G. Fellows Jensen, The Vikings in England. A Review. In: ASE 4 (1975) S. 181–206. – H. R. Loyn, The Vikings in Britain (1977). – E. J. Kealey, Recent Writing about Anglo-Norman England. In: British Studies Monitor 9 (1979) S. 3–22. – E. King, Domesday Studies. In: History 58 (1973) S. 403–409. – S. B. Chrimes, The Fifteenth Century. In: History 48 (1963) S. 18–27. – D. J. Guth, Fifteenth-Century England: Recent Scholarship and Future Directions. In: British Studies Monitor 7 (1976/77) S. 3–50. – B. Wilkinson, Fact and Fancy in Fifteenth-Century English History. In: Speculum 42 (1967) S. 673–692.

Gesamte Neuzeit: G. R. Elton, Literaturberichte über die englische Geschichte der Neuzeit 1485–1945. Veröffentlichungen 1945 bis Mai 1967. In: HZ, Sonderheft 3 (1969) S. 1–132. Erweiterte Fassung: Modern Historians on British History 1485–1945. A Critical Bibliography 1945–1969 (1970). – C. Howard, Literaturbericht über englische Geschichte der Neuzeit. Veröffentlichungen 1950 bis 1959. In: HZ, Sonderheft 1 (1962) S. 88–122. – P. Kluke, Ein Jahrzehnt englischer Geschichtsschreibung. Bericht über die Literatur zur Neueren Geschichte 1939–1949. In: HZ 173 (1952) S. 352–396.

16.–18. Jahrhundert: R. Walcott, The Tudor-Stuart Period of English History 1485–1714. A Review of Changing Interpretations (Service Center for Teachers of History 1964). – C. S. L. Davies, Pre-Industrial England. In: History 62 (1977) S. 433–438. – E. Schulin, Vom Tudorstaat zur Revolution. Einige Neuerscheinungen zur englischen Geschichte des 16. und 17. Jahrhunderts. In: HZ 220 (1975) S. 619–641. – D. Knowles, The Eltonian Revolution in Early Tudor History. In: HJ 17 (1974) S. 867–872. – B. Bradshaw, The Tudor Commonwealth: Reform and Revision. In: HJ 22 (1979) S. 455–476. – J. Hurstfield, The Political Morality of Early Stuart Statesmen. In: History 56 (1971) S. 235–243. – M. L. Schwarz, James I and the Historians. Toward a Reconsideration. In: JBS 13 (1973/74) No. 2, S. 114–134. – P. H. Hardacre, Writings on Oliver Cromwell since 1929. In: JMH 33 (1961) S. 1–14. – J. E. Farnell, The Aristocracy and Leadership of Parliament in the English Civil Wars. In: JMH 44 (1972) S. 79–86. – P. Wende, Revolution ohne Vorgeschichte? Neue Literatur zur Geschichte der englischen Parlamente des frühen 17. Jahrhunderts. In: HZ 230 (1980) S. 363–374. – R. Ashton, Revolutionaries and Rumpers. In: HJ 18 (1975) S. 178–187. – C. Holmes, New Light on the New Model. In: HJ 24 (1981) S. 505–508. – H.-C. Junge, „The Fittest Subject for a King's Quarrel": Politik, Militär und Gesellschaft in England 1640–1660. Bemerkungen zur neueren Literatur. In: MGM 29 (1981) S. 143–163. – J. S. Morrill, Provincial Squires and „Middling Sorts" in the Great Rebellion. In: HJ 20 (1977) S. 229–236. – R. Saage, Zur politischen Theorie der großen englischen Revolution.

In: NPL 25 (1980) S. 170–188. – J. S. Morrill, In Search of „Popery and Arbitrary Rule". In: HJ 20 (1977) S. 961–970. – R. R. Johnson, Politics Redefined: An Assessment of Recent Writings on the Late Stuart Period of English History 1660–1714. In: William and Mary Quarterly 35 (1978) S. 691–732. – M. Schlenke, Neue Literatur zur englischen Geschichte im 18. Jahrhundert. In: Archiv für Kulturgeschichte 47 (1965) S. 361–381. – B. W. Hill, Men and Parliament in the Eighteenth Century. In: History 57 (1972) S. 234–240. – H. T. Dickinson, Party, Principle and Public Opinion in Eighteenth Century Politics. In: History 61 (1976) S. 231–237. – L. Colley und M. Goldie, The Principles and Practice of Eighteenth-Century Party. In: HJ 22 (1979) S. 239–246. – J. Dinwiddy, Party Politics and Ideology in the Early Years of George III's Reign. In: HJ 20 (1977) S. 983–989. – J. Brewer, Rockingham, Burke and Whig Political Argument. In: HJ 18 (1975) S. 188–201.

19.–20. Jahrhundert: R. K. Webb, English History 1815–1914 (Service Center for Teachers of History 1967). – D. Nicholls, Nineteenth-Century English History: Materials for Teaching and Study. In: VS 19 (1975/76) S. 345–377. – W. D. Gruner, „British Interest" und Friedenssicherung. Zur Interaktion von britischer Innen- und Außenpolitik im frühen 19. Jahrhundert. In: HZ 224 (1977) S. 92–104. – D. Beales, Peel, Russell and Reform. In: HJ 17 (1974) S. 873–882. – J. White, A Panegyric on Edwardian Progressivism. In: JBS 16 (1976/77) No. 2, S. 143–152. – A. Porter, In Memoriam Joseph Chamberlain. A Review of Periodical Literature 1960–1973. In: JICH 3 (1974/75) S. 292–297. – Ders., Joseph Chamberlain: A Radical Reappraised? In: JICH 6 (1977/78) S. 330–336. – D. Brooks, Lloyd George, For and Against. In: HJ 24 (1981) S. 223–230. – P. Stead, 1922 and All That. In: HJ 17 (1974) S. 201–208. – B. C. Malament, Baldwin Re-restored? In: JMH 44 (1972) S. 87–96. – J. C. Doherty, Ein großer Mann mit vielen Fehlern. Winston Churchill in der neuesten Forschung. In: GWU 29 (1978) S. 409–427.

b) Regierung, Verfassung, Recht

G. Hollenberg, Die britische Verfassung aus deutscher Sicht. In: NPL 17 (1972) S. 372–388. – S. B. Chrimes, Recent Contributions to the Study of the Administrative History of Medieval England. In: Annali della Fondazione Italiana per la Storia Amministrativa 1 (1964) S. 431–436. – M. T. Clanchy, Law, Government and Society in Medieval England. In: History 59 (1974) S. 73–78. – G. R. Elton, Government by Edict? In: HJ 8 (1965) S. 266–271. – Ders., Mid-Tudor Finance. In: HJ 20 (1977) S. 737–740. – T. K. Rabb, Parliament and Society in Early Stuart England: The Legacy of Wallace Notestein. In: AHR 77 (1972) S. 705–714. – D. Hirst, Parliament, Law and War in the 1620s. In: HJ 23 (1980) S. 455–461. – R. M. Smuts, Parliament, the Petition of Right and Politics. In: JMH 50 (1978) S. 712–719. – D. Beales, Victorian Politics Observed. In: HJ 21 (1978) S. 697–707. – R. M. Macleod, Statesmen Undisguised. In: AHR 78 (1973) S. 1386–1405. – T. J. Nossiter, Recent Work on English Elections 1832–1935. In: Political Studies 18 (1970) S. 525–528. – S. Patterson, The British House of Commons as a Focus for Political Research. In: British Journal of Political Science 3 (1973) S. 363–381.

c) Sozial- und Wirtschaftsgeschichte

Research in Economic and Social History. Reviews of Current Research, hg. v. Social Science Research Council (1971). – N. B. Harte, Trends in Publications on the Economic and Social History of Great Britain and Ireland 1925–1974. In: EcHR 30 (1977) S. 20–39.

Gesellschaft: Über neuere Tendenzen sozialgeschichtlicher Forschungen informiert ein Newsletter der Social History Society (c/o Department of History, University, Lancaster LA1 4YG). – P. Alter, Zeitschriftenporträt: ‚Social History‘ und ‚History Workshop‘. In: GG 7 (1981) S. 142–148. – G. Eley und K. Nield, Why does Social History Ignore Politics? In: SH 5 (1980) S. 249–271. – H. Perkin, Social History in Britain. In: Journal of Social History 10 (1976/77) S. 129–143. – K. Wrightson, Villages, Villagers and Village Studies. In: HJ 18 (1975) S. 632–639. – E. King, On the Village Green. In: History 66 (1981) S. 426–435. – C. Hill, Sex, Marriage and the Family in England. In: EcHR 31 (1978) S. 450–463. – R. Trumbach, Europe and its Families: A Review Essay of Lawrence Stone, The Family, Sex and Marriage in England 1500–1800. In: Journal of Social History 13 (1979) S. 136–143. – R. B. Outhwaite, Population Change, Family Structure and the Good of Counting. In: HJ 22 (1979) S. 229–237. – T. K. Hareven, Die Familie in historischer Perspektive. Laufende Arbeiten in England und in den Vereinigten Staaten. In: GG 1 (1975) S. 370–386. – J. Styles, Criminal Records. HJ 20 (1977) S. 977–981. – V. Bailey, Crime, Criminal Justice and Authority in England. In: SSLHB 40 (1980) S. 36–46. – G. Himmelfarb, The Writing of Social History. Recent Studies of Nineteenth-Century England. In: JBS 11 (1971/72) S. 148–170. – D. Spring, Some Reflections on Social History in the Nineteenth Century. In: VS 4 (1960) S. 55–64. – M. A. Crowther, British Social History. In: HJ 20 (1977) S. 991–999. – H. Pelling, State Intervention and Social Legislation in Great Britain before 1914. In: HJ 10 (1967) S. 462–466. – G. Sutherland, Social Policy in the Inter-War Years. In: HJ 16 (1973) S. 420–431. – D. Bythell, The History of the Poor. In: EHR 89 (1974) S. 365–377. – D. Cannadine, The Theory and Practice of the English Leisure Classes. In: HJ 21 (1978) S. 445–467. – C. Binfield, Temperance and the Cause of God. In: History 57 (1972) S. 403–410.

Gesellschaftliche Gruppen: R. Price, The Making of Working-Class History. In: VS 20 (1976/77) S. 69–74. – G. Best, The Making of the English Working Class. In: HJ 8 (1965) S. 271–281. – R. Harrison, From Labour History to Social History? In: History 60 (1975) S. 236–239. – B.-J. Wendt, Historische Aspekte der englischen Arbeiterbewegung. In: ASG 19 (1979) S. 527–564. – H. Pelling, Working Class Conservatives. In: HJ 13 (1970) S. 339–343. – S. Macintyre, Some Recent Labour History. In: HJ 22 (1979) S. 721–730. – R. G. Neville und J. Benson, Labour in the Coalfields. A Select Critical Bibliography. In: SSLHB 31 (1975) S. 45–59. – S. Pollard, Englische Arbeiterkultur im Zeitalter der Industrialisierung. In: GG 5 (1979) S. 150–166. – J. S. Hurt, Education and the Working Classes. In: SSLHB 30 (1975) S. 42–54 und 31 (1975) S. 20–44. – A. Reid und S. Tolliday, The General Strike 1926. In: HJ 20 (1977) S. 1001–1012. – A. Sutcliffe, Working Class Housing in Nineteenth-Century Britain. A Review of Recent Research. In: SSLHB 24 (1972) S. 40–51. – S. Wichert, Zwischen Klassenkampf und Wohlfahrtsstaat. Großbritanniens „Linke" im 20. Jahrhundert. In: NPL 16 (1971) S. 221–241. –

W. H. Maehl, „Jerusalem Deferred": Recent Writing in the History of the British Labor Movement. In: JMH 41 (1969) S. 335–367. – B. Kanner (Hg.), The Women of England from Anglo-Saxon Times to the Present: Interpretative Bibliographical Essays (1980). – R. J. Evans, The History of European Women: A Critical Survey of Recent Research. In: JMH 52 (1980) S. 656–675. – Ders., Women's History: The Limits of Reclamation. In: SH 5 (1980) S. 273–281. – P. Hollis, Working Women. In: History 62 (1977) S. 439–445.

Wirtschaft: E. Kerridge, British Field Systems. In: AgHR 24 (1976) S. 48–50. – S. L. Thrupp, Economy and Society in Medieval England. In: JBS 2 (1962) S. 1–13. – D. C. Coleman, Early Modern Economic England. In: EcHR 25 (1972) S. 690–696. – Ders., Texts for Pre-Industrial Times. In: HJ 21 (1978) S. 187–191. – C. E. Challis, Currency and the Economy in Mid-Tudor England. In: EcHR 25 (1972) S. 313–322. – E. Schulin, Englands Außenhandel im 17./18. Jahrhundert. In: VSWG 48 (1961) S. 503–537. – K. Borchardt, Probleme der ersten Phase der Industriellen Revolution in England. Ein bibliographischer Bericht über wirtschaftsgeschichtliche Publikationen und den Stand der Forschung im englischen Sprachraum. In: VSWG 55 (1968) S. 1–62. – M. S. Anderson, The Origins of the Industrial Revolution. In: Ders., Historians and Eighteenth-Century Europe 1715–1789 (1979) S. 191–211. – E. Fehrenbach, Streitfragen über die Ursachen der englischen industriellen Revolution. In: Dies., Vom Ancien Régime zum Wiener Kongreß (1981) S. 137–142. – P. K. O'Brien, Agriculture and the Industrial Revolution. In: EcHR 30 (1977) S. 166–181. – R. Symonds, Preservation and Perspectives in Industrial Archaeology. In: History 57 (1972) S. 82–88. – G. Alderman, The Victorian Transport Revolution. In: HJ 14 (1971) S. 635–644. – R. Meyers, Die vierte Teilstreitkraft. Industrie, Handel und Finanz in der britischen Aufrüstung der dreißiger Jahre. In: NPL 26 (1981) S. 191–212.

d) Kirchengeschichte

C. Haigh, Some Aspects of the Recent Historiography of the English Reformation. In: W. J. Mommsen (Hg.), Stadtbürgertum und Adel in der Reformation (1979) S. 88–106. – T. E. Morrissey, A. G. Dickens and the Men of the Sixteenth Century. In: AHR 77 (1972) S. 453–462. – F. Heal, The Church of England and its Opponents from Reformation to Revolution. In: HJ 24 (1981) S. 201–210. – R. A. Beddard, Sheldon and Anglican Recovery. In: HJ 19 (1976) S. 1005–1017. – C. Haigh, The Fall of a Church or the Rise of a Sect? Post-Reformation Catholicism in England. In: HJ 21 (1978) S. 181–186. – D. M. Thompson, The Making of the English Religious Classes. In: HJ 22 (1979) S. 477–491. – R. A. Soloway, Church and Society: Recent Trends in Nineteenth Century Religious History. In: JBS 11 (1971/72) No. 2, S. 142–159.

e) Politische Ideengeschichte

J. H. Tully, Current Thinking about Sixteenth- and Seventeenth-Century Political Theory. In: HJ 24 (1981) S. 475–484. – S. R. Letwin, Justice, Authority and Jurisprudence. In: HJ 16 (1973) S. 411–419. – S. Collini, Liberalism and the Legacy of Mill. In: HJ 20 (1977) S. 237–254. – Ders., Political Theory and the „Science of Society" in Victorian Britain. In: HJ 23 (1980) S. 203–231. – P. Wittig, Intellektuelle in der Politik: Zur Entwicklung des englischen Fabier-Sozialismus. In: NPL 25 (1980) S. 43–61.

f) Militärgeschichte

H. Strachan, The British Army and Society. In: HJ 22 (1979) S. 247–254.

g) Weltreich und Commonwealth

R. W. Winks (Hg.), Historiography of the British Empire – Commonwealth. Trends, Interpretations and Resources (1966). – M. Beloff, The Commonwealth as History. In: JICH 1 (1972/73) S. 107–111. – C. E. Carrington, The Historian and Empire-Commonwealth History. In: JICH 3 (1974/75) S. 408–418. – G. Martin, Was there a British Empire? In: HJ 15 (1972) S. 562–569. – E. Stokes, Uneconomic Imperialism. In: HJ 18 (1975) S. 409–416. – P. Burroughs, The Determinants of Colonial Self-Government. In: JICH 6 (1977/78) S. 314–329. – R. Tamchina, Commonwealth und Appeasement: Die Politik der britischen Dominions. In: NPL 17 (1972) S. 471–489. – D. Carlton, The Dominions and the Gathering Storm. In: JICH 6 (1977/78) S. 172–175. – N. Canny, The Anglo-American Colonial Experience. In: HJ 24 (1981) S. 485–503. – M. D. Kaplanoff, England, America and the American Revolution. In: HJ 21 (1978) S. 409–427. – D. H. Murdoch, „Now Wait for Last Year": Historians, the American Colonies and the Revolution. In: HJ 23 (1980) S. 949–966. – G. J. Henman, Slavery and Emancipation in the British Caribbean. In: JICH 6 (1977/78) S. 166–171. – R. J. Moore, Recent Historical Writing on the Modern British Empire and Commonwealth: Later Imperial India. In: JICH 4 (1975/76) S. 55–76. – H. Spodek, Pluralist Politics in British India. The Cambridge Cluster of Historians of Modern India. In: AHR 84 (1979) S. 688–707. – R. E. Frykenberg, The Partition of India: A Quarter Century After. In: AHR 77 (1972) S. 463–472. – A. J. Stockwell, The Historiography of Malaysia: Recent Writings in English on the History of the Area since 1874. In: JICH 5 (1976/77) S. 82–110. – G. Martin, Two Cheers for Lord Glenelg. In: JICH 7 (1978/79) S. 213–227 (Neuseeland in der ersten Hälfte des 19. Jahrhunderts).

h) Außenpolitik

S. Lambert, A Century of Diplomatic Blue Books. In: HJ 10 (1967) S. 125–131. – G. Niedhart, Appeasement: Zur Inflationierung eines Begriffs und zum Primat des Friedens im industrialisierten England. In: NPL 26 (1981) S. 171–190. – K. Hildebrand, „British Interests" und „Pax Britannica". Grundfragen englischer Außenpolitik im 19. und 20. Jahrhundert. In: HZ 221 (1975) S. 623–639. – Z. Steiner, Finance, Trade and Politics in British Foreign Policy 1815–1914. In: HJ 13 (1970) S. 545–552. – B. Porter, British Foreign Policy in the Nineteenth Century. In: HJ 23 (1980) S. 193–202. – K. Hildebrand, Imperialismus, Wettrüsten und Kriegsausbruch 1914. In: NPL 20 (1975) S. 160–194 und 339–364. – P. M. Kennedy, The Theory and Practice of Imperialism. In: HJ 20 (1977) S. 761–769. – H. Pogge v. Strandmann und A. Smith, The German Empire in Africa and British Perspectives. A Historiographical Essay. In: Britain and Germany in Africa, hg. v. P. Gifford u. a. (1967) S. 709–795. – R. Langhorne, The Foreign Office before 1914. In:

HJ 16 (1973) S.857–864. – G.Schmidt, Britische Strategie und Außenpolitik. Wahlchancen und Determinanten britischer Sicherheitspolitik im Zeitalter der neuen Weltmächte 1897–1929. In: MGM 1 (1971) S.197–218. – G.Schmidt, Strategie und Außenpolitik des „Troubled Giant". In: MGM 2 (1973) S.200–220. – G.Schmidt, Außenpolitik und Kriegsziele Englands 1905–1922. In: NPL 18 (1973) S.359–372. – D.Lammers, Arno Mayer and the British Decision for War: 1914. In: JBS 12 (1972/73) S.137–165. – D.C.Watt, Appeasement. The Rise of a Revisionist School? In: Political Quarterly 36 (1965) S.191–213, dt. in: Kriegsbeginn 1939, hg. v. G.Niedhart (1976) S.302–334. – D.C.Watt, The Historiography of Appeasement. In: Crisis and Controversy. Essays in Honour of A.J.P.Taylor, hg. v. A.Sked und C.Cook (1976) S.110–129. – J.A.S.Grenville, Contemporary Trends in the Study of the British „Appeasement" Policies of the 1930s. In: Internationales Jahrbuch für Geschichts- und Geographieunterricht 17 (1976) S.236–247. – B.-J.Wendt, Aspekte der deutschen Appeasement-Forschung. In: Ebd. S.248–275. – G.Niedhart, Friede als nationales Interesse: Großbritannien in der Vorgeschichte des Zweiten Weltkriegs. In: NPL 17 (1972) S.451–470. – Ders., Europa in der britischen Weltpolitik vor dem Zweiten Weltkrieg. In: Francia 5 (1977) S.789–797. – Ders., Weltherrschaft versus World Appeasement. Konkurrierende Friedensmodelle und außenpolitisches Konfliktverhalten europäischer Großmächte im 20.Jahrhundert. In: NPL 23 (1978) S.281–291. – A.Hillgruber, Forschungsstand und Literatur zum Ausbruch des Zweiten Weltkrieges. In: Sommer 1939, hg. v. W.Benz und H.Graml (1979) S.337–364, auch separat publiziert u.d.T.: Zur Entstehung des Zweiten Weltkrieges. Forschungsstand und Literatur (1980). – B.-J.Wendt, Der blockierte Dialog. Neuere Literatur zu den deutsch-englischen Beziehungen in den dreißiger Jahren. In: MGM 17 (1975) S.201–211. – P.M.Kennedy, „Appeasement" and British Defence Policy in the Inter-War Years. In: BJIS 4 (1978) S.161–177. – R.Meyers, Die vierte Teilstreitkraft. Industrie, Handel und Finanz in der britischen Aufrüstung der dreißiger Jahre. In: NPL 26 (1981) S.191–212. – D.Reynolds, Competitive Co-operation: Anglo-American Relations in World War Two. In: HJ 23 (1980) S.233–245. – J.P.Barber, British Foreign Policy: A Review of Some Recent Literature. In: BJIS 1 (1975) S.272–282 (für die Zeit nach dem Zweiten Weltkrieg).

i) Regional- und Lokalgeschichte

F.M.L.Thompson, Country Matters. In: History 66 (1981) S.436–439. – J.Morrill, The Diversity of Local History. In: HJ 24 (1981) S.717–729. – E.D.Steele, Ireland for the Irish. In: History 57 (1972) S.240–248. – D.Bowen, Ireland's Two Nations. In: JICH 1 (1972/73) S.385–390. – C.Townshend, Modernization and Nationalism: Perspectives in Recent Irish History. In: History 66 (1981) S.233–243.

5. Nachschlagewerke

a) Allgemeine Nachschlagewerke

Encyclopaedia Britannica. 30 Bde. (1974) (und frühere Auflagen!). – J.Schmidt-Liebich, Daten der englischen Geschichte (1977). – Annual Register (1758ff.). – Pears Cyclopaedia. A Book of Background Information and Reference for Everyday Use (1897ff.). – Statesman's Year Book (1864ff.). – Whitaker's Almanac (1868ff.). – Britain. An Official Handbook, hg. v. HMSO (1950ff.). – The Macmillan Guide to the United Kingdom 1978–79, hg. v. A.Bax und S.Fairfield (1978).

Angaben zu Regierungszusammensetzung, Staatsapparat, Wahlen, politischen und gesellschaftlichen Gruppen sowie Statistiken aus dem gesellschaftlichen und wirtschaftlichen Bereich finden sich in den folgenden Bänden: K.Powell und C.Cook, English Historical Facts 1485–1603 (1977). – C.Cook und J.Wroughton, English Historical Facts 1603–1688 (1980). – C.Cook und J.Stevenson, British Historical Facts 1760–1830 (1980). – C.Cook und B.Keith, British Historical Facts 1830–1900 (1975). – D.Butler und A.Sloman, British Political Facts (⁵1980).

Allgemeine historische Lexika: A Dictionary of British History, hg. v. J.P.Kenyon (1981). – The Illustrated Dictionary of British History, hg. v. A.Marwick (1980). – Steinberg's Dictionary of British History, hg. v. S.H.Steinberg und J.H.Evans (²1970). – A Dictionary of British History, hg. v. J.A.Brendon (1937). – The Dictionary of English History, hg. v. F.J.C.Hearnshaw u.a. (²1928, ND 1971). – The Penguin Dictionary of English and European History 1485–1789, hg. v. E.N.Williams (1980). – A.W.Palmer, Dictionary of Modern History 1789–1945 (1970). – The Penguin Dictionary of Twentieth Century History 1900–1978, hg. v. A.Palmer (1979). – F.E.Huggett, A Dictionary of British History 1815–1973 (1974).

b) Lexika und Nachschlagewerke zu einzelnen Bereichen

Verfassung und Recht: An Encyclopaedia of Parliament, hg. v. N.Wilding und P.Laundy (⁴1972). – A Parliamentary Dictionary, hg. v. L.A.Abraham und S.C.Hawtrey (²1964). – E.Jowitt und C.Walsh, The Dictionary of English Law. 2 Bde. (²1977). – J.Burke, Osborn's Concise Law Dictionary (⁶1976).

Gesellschaft, Wirtschaft: A Dictionary of British Social History, hg. v. L.W.Cowie (1973). – Concise Encyclopedia of Industrial Relations, hg. v. A.Marsh (1978). – R.H.I.Palgrave (Hg.), Dictionary of Political Economy. 3 Bde. (1894–99, neu hg. v. H.Higgs 1925–26). – D.W.Pearce, The Macmillan Dictionary of Modern Economics (1981).

Parteien: Lexikon zur Geschichte der Parteien in Europa, hg. v. F.Wende (1981).

Gewerkschaften: Historical Directory of Trade Unions, hg. v. A.Marsh und V.Ryan. 4 Bde. (1980ff.). – Trade Union Handbook. A Guide and Directory to the Structure, Membership, Policy and Personnel of British Trade Unions, hg. v. A.Marsh (²1980).

Kirche: Dictionary of Church History, hg. v. S.L.Ollard u.a. (³1948). – The Oxford Dictionary of the Christian Church, hg. v. F.L.Cross (²1958). – The Concise Oxford Dictionary of the Christian Church, hg. v. E.A.Livingstone (1977). –

J. S. Purvis, Dictionary of Ecclesiastical Terms (1962). – A Catholic Dictionary of Theology (1962 ff.). – New Catholic Encyclopedia. 15 Bde. (1966–67). – B. Little, Abbeys and Priories in England and Wales (1979). – R. Midmer, English Medieval Monasteries 1066–1540 (1979). – F. R. H. Du Boulay, Handlist of Medieval Ecclesiastical Terms (1952). – L. Butler u. a., Medieval Monasteries of Great Britain (1979).

Schottland und Irland: G. Donaldson und R. S. Morpeth, A Dictionary of Scottish History (1977). – D. J. Hickey und J. E. Doherty, Dictionary of Irish History since 1800 (1981).

Commonwealth: C. Cook und J. Paxton, Commonwealth Political Facts (1979). *Flotte:* P. Kemp (Hg.), The Oxford Companion to Ships and the Sea (1976). – G. Uden und R. Cooper, A Dictionary of British Ships and Seamen (1980).

c) Biographische Lexika und Namenlisten

Allgemeine Lexika: Dictionary of National Biography. 22 Bde. (1908–09). Umfaßt die Zeit bis 1900. Für das 20. Jahrhundert erscheinen seit 1912 Zehnjahresbände, zuletzt The Dictionary of National Biography 1961–1970, hg. v. E. T. Williams und C. S. Nicholls (1981). Ergänzungen und Korrekturen erscheinen in: BIHR, bis 1966 zusammengefaßt in: Dictionary of National Biography. Corrections and Additions, hg. v. Institute of Historical Research, University of London (1966). – Concise Dictionary of National Biography. 2 Bde. (1903–1961). – Who's Who in History (1960 ff.). Nach Epochen gegliedertes biographisches Nachschlagewerk. – Who's Who (1847 ff.). – Who Was Who (1920 ff.). Erfaßt die Zeit seit 1897. – Biography Index. A Quarterly Index to Biographical Material in Books and Magazines (1946 ff.). – Siehe auch unten S. 207.

Einzelne Zeitabschnitte: J. V. Reel, Index to Biographies of Englishmen 1000–1485 Found in Dissertations and Theses (1975). – Lives of the Tudor Age 1485–1603, hg. v. Ann Hoffmann (1977). – Who's Who in Shakespeare's England, hg. v. A. und V. Palmer (1981). – Lives of the Stuart Age 1603–1714, hg. v. E. Riddell und P. Hanks (1976). – Biographia Britannica, hg. v. A. Kippis. 5 Bde. (²1778–93, ND 1974). – Lives of the Georgian Age 1714–1837, hg. v. Laurence Urdang Associates (1978). – A. Valentine, The British Establishment 1760–1784. An Eighteenth-Century Biographical Dictionary. 2 Bde. (1970). – F. Boase, Modern English Biography 1851–1900. 6 Bde. (1892–1921, ND 1965).

Krone und Regierungsapparat: Handbook of British Chronology, hg. v. M. Powicke und E. B. Fryde (²1961). Auflistung staatlicher und kirchlicher Amtsträger mit genauen Angaben über die Dauer der Amtsführung. – J. Haydn, The Book of Dignities (1890). – D. A. Pickrill, Ministers of the Crown (1982). – R. Somerville, Office-Holders in the Duchy and County Palatine of Lancaster from 1603 (1972). – Office-Holders in Modern Britain. Bd. 1: Treasury Officials 1660–1870 (1972). Bd. 2: Officials of the Secretaries of State 1660–1782 (1973). Bd. 3: Officials of the Board of Trade 1660–1870 (1974). Bd. 4: Admirality Officials 1660–1870 (1975). Bd. 5: Home Office Officials 1782–1870 (1975). Bd. 6: Colonial Office Officials 1794–1870 (1976). Bd. 7: Navy Board Officials 1600–1832 (1978). Bd. 8: Foreign Office Officials 1782–1870 (1979). Bd. 1–6 hg. v. J. C. Sainty, Bd. 7–8 hg. v. J. M. Collinge. – D. B. Horn, British Diplomatic Representatives 1689–1789 (1932). – S. T. Bindoff u. a., British Diplomatic Representatives 1789–1852 (1934). – Repertorium der diplomatischen Vertreter aller Länder seit dem Westfälischen Frieden. 3 Bde. (1936–65). – A Biographical Dictionary of the British Colonial Governor (1980ff.).

Recht: E. Foss, Biographia Juridica. A Biographical Dictionary of the Judges of England 1066–1870 (1870).

Parlament: J. C. Wedgwood und A. D. Holt, History of Parliament. Biographies of the Members of the Commons House 1439–1509. 2 Bde. (1936). – Register of Ministers and of the Members of both Houses 1439–1509 (1938). – P. W. Hasler, The Commons 1558–1603. 3 Bde. (1982). – M. F. Keeler, The Long Parliament 1640–41: A Biographical Study of its Members (1954). – R. Sedgwick, The House of Commons 1715–1754. 2 Bde. (1970). – L. Namier und J. Brooke, The House of Commons 1754–90. 3 Bde. (1964). – G. P. Judd, Members of Parliament 1734–1832 (1955). – Dod's Parliamentary Companion (1832ff.). – Who's Who of British Members of Parliament, hg. v. M. Stenton und S. Lees. 4 Bde. (1976–81). Umfaßt die Zeit von 1832 bis 1979. Bd. 5: Registerband, hg. v. S. Lees (1982). – Officers of the House of Lords 1485 to 1971, hg. v. J. C. Sainty (1971).

Parteien, politische Strömungen: The Biographical Dictionary of British Radicals in the Seventeenth Century, hg. v. R. L. Greaves und R. Zaller (1981ff.). – Biographical Dictionary of Modern British Radicals, hg. v. J. O. Baylen und N. J. Gossman. 3 Bde. (1979ff.). – Dictionary of Labour Biography, hg. v. J. M. Bellamy und J. Saville. 5 Bde. (1972–79).

Wirtschaft: Who's Who in Economics. A Biographical Dictionary of Major Economists 1700–1980, hg. v. M. Blaug und P. Sturgess (1982).

Militär: J. Keegan und A. Wheatcroft, Who's Who in Military History from 1453 to the Present Day (1976).

Kirche: J. Le Neve, Fasti Ecclesiae Anglicanae, or a Calendar of the Principal Ecclesiastical Dignitaries in England and Wales ... to the Year 1715. Corrected and Continued to the Present Time by T. D. Hardy. 3 Bde. (1854). Seit 1962 sind die Fasti Ecclesiae Anglicanae in mehreren Serien im Auftrag des Londoner Institute of Historical Research neu herausgekommen. Für die Zeit 1066–1300 bisher 3 Bde. (1968ff.); 1300–1541 12 Bde. (1962–67); 1541–1837 bisher 7 Bde. (1969ff.). – A. B. Emden, A Survey of Dominicans in England 1268–1538 (1967). – D. H. Farmer, The Oxford History of Saints (1978). – N. Orme, The Minor Clergy of Exeter Cathedral 1300–1548 (1980). – F. G. Anstruther, The Seminary Priests: A Dictionary of the Secular Clergy of England and Wales 1558–1850. Bd. 1 (1968).

Bildung und Kultur: A. B. Emden, A Biographical Register of the University of Cambridge to 1500 (1963). – J. und J. A. Venn, Alumni Cantabrigienses. Teil I bis 1751. 3 Bde. (1922–27). – A. B. Emden, A Biographical Register of the University of Oxford to A. D. 1500. 3 Bde. (1957–59). – Ders., A Biographical Register of the University of Oxford 1501 to 1540 (1974). – J. Foster, Alumni Oxonienses 1500–1714. 4 Bde. (1891–92). – Ders., Alumni Oxonienses 1715–1886. 4 Bde. (1887–88). – D. E. R. Watt, A Biographical Dictionary of Scottish Graduates to A. D. 1410 (1977). – S. J. Kunitz und H. Haycraft, British Authors before 1800. A Biographical Dictionary (1952). – H. M. Colvin, Biographical Dictionary of English Architects 1660–1840 (1954).

Wales, Schottland, Irland: Dictionary of Welsh Biography to 1940 (1959). – G. Donaldson und R. S. Morpeth, Who's Who in Scottish History (1973). – H. Boylan, A Dictionary of Irish Biography (1978).

d) Statistische Nachschlagewerke

Allgemein: B.R.Mitchell, European Historical Statistics 1750–1976 (²1980). – B.R.Mitchell und Ph.Deane, Abstract of British Historical Statistics (1962). – B.R.Mitchell und H.G.Jones, Second Abstract of British Historical Statistics (1971). – C.Cook und J.Stevenson, Longman Atlas of Modern British History. A Visual Guide to British Society and Politics 1700–1970 (1978). – Statistical Abstract for the United Kingdom (1854–1939/40, jährlich). – Annual Abstract of Statistics (1946 ff.). – W.F.Maunder (Hg.), Reviews of United Kingdom Statistical Sources (1974 ff.). – M.G.Kendall (Hg.), The Sources and Nature of the Statistics of the United Kingdom. 2 Bde. (1952–57). – Government Statistics: A Brief Guide to Sources, hg. v. Central Statistical Office London (1979).

Einzelne Bereiche: Ph.Deane und W.A.Cole, British Economic Growth 1688–1959. Trends and Structure (1964). – G.N.Clark, Guide to English Commercial Statistics 1696–1782 (1938). – W.Schlote, Entwicklung und Strukturwandlungen des englischen Außenhandels von 1700 bis zur Gegenwart (1938). – E.B.Schumpeter, English Overseas Trade Statistics 1697–1808 (1960). – A Century of Agricultural Statistics, Great Britain 1866–1966, hg. v. Ministry of Agriculture, Fisheries and Food (1968). – C.H.Feinstein, Statistical Tables of National Income, Expenditure and Output of the United Kingdom 1855–1965 (1977). – C.H.Lee, British Regional Employment Statistics 1841–1971 (1979). – British Labour Statistics: Historical Abstract 1806–1968, hg. v. Department of Employment (1971). – A.H.Halsey (Hg.), Trends in British Society since 1900. A Guide to the Changing Social Structure of Britain (1972). – W.E.Vaughan und A.J.Fitzpatrick (Hg.), Irish Historical Statistics: Population 1821–1971 (1978).

Wahlergebnisse: T.T.Mackie und R.Rose, The International Almanac of Electoral History (1974). – British Parliamentary Election Results 1832–1970, hg. v. F.W.S.Craig. 4 Bde. (1972–77). – British Electoral Facts 1885–1975, hg. v. F.W.S.Craig (1976). – Minor Parties at British Parliamentary Elections 1885–1974, hg. v. F.W.S.Craig (1975). – C.Cook und J.Ramsden (Hg.), By-Elections in British Politics (1973). – M.Kinnear, The British Voter. An Atlas and Survey since 1885 (²1981). – Dod's Electoral Facts 1832–1853, hg. v. H.J.Hanham (1972, zuerst 1853). – F.H.McCalmont's Parliamentary Poll Book. British Parliamentary Election Results 1832–1918, hg. v. J.R.Vincent und M.Stenton (1971). – B.M.Walker (Hg.), Parliamentary Election Results in Ireland 1801–1922 (1978). – C.O'Leary, Irish Elections 1918–1977: Parties, Voters and Proportional Representation (1979). – S.Elliot, Northern Ireland Parliamentary Election Results 1921–1972 (1973).

6. Zeitschriften

Im folgenden werden historische Fachzeitschriften aufgeführt, die entweder in Großbritannien veröffentlicht werden oder in ihrem Aufsatz- und Rezensionsteil regelmäßig Beiträge zur englischen Geschichte enthalten. Vgl. im übrigen J.L. Kirby, A Guide to Historical Periodicals in the English Language (1970) und D.Woodworth, Guide to Current British Journals. 2 Bde. (²1973). – Systematische Erfassung der Zeitschriftenliteratur zur Neueren und Neuesten Geschichte in: Historical Abstracts. Bibliography of the World's Periodical Literature (1955 ff.). Regelmäßige Übersichten der Zeitschriftenliteratur finden sich außer in der ‚Internationalen Bibliographie der Zeitschriftenliteratur' in folgenden Zeitschriften: EHR, EcHR, AHR (1976 ff. unter dem Titel Recently Published Articles separat publiziert), HZ. Vgl. ferner Combined Retrospective Index to Journals in History 1838–1974. 11 Bde. (1977). Für Zeitschriftenliteratur des 19. Jahrhunderts siehe auch unten S. 215.

Zeitschriften zum gesamten Bereich der englischen Geschichte: English Historical Review (1886 ff.). – Transactions of the Royal Historical Society (1872 ff.). – History (1912 ff.). – History Today (1951 ff.). – Bulletin of the Institute of Historical Research (1923 ff.). – Bulletin of the John Rylands Library (1903 ff.). – American Historical Review (1895 ff.). – Historische Zeitschrift (1859 ff.).

Einzelne Zeitabschnitte: Journal of Medieval History (1975 ff.). – Speculum (1926 ff.). – Nottingham Medieval Studies (1957 ff.). – Archaeological Journal (1845 ff.). – Antiquaries Journal (1921 ff.). – Britannia (1970 ff.). – Antiquity. A Quarterly Review of Archaeology (1927 ff.). – Medieval Archaeology (1957 ff.). – Anglo Saxon England (1972 ff.). – Cambridge Medieval Celtic Studies (1981 ff.). – The Historical Journal (1958 ff.). Fortsetzung von Cambridge Historical Journal (1923 ff.). – Journal of British Studies (1961 ff.). – European Studies Review (1971 ff.). – Huntingdon Library Quarterly (1931 ff.). – British Journal for Eighteenth-Century Studies (1978 ff.). – Victorian Studies (1957/58 ff.). – Journal of Contemporary History (1966 ff.).

Einzelne Teilbereiche

Regierung, Verfassung, Recht: British Journal of Political Science (1971 ff.). – Government and Opposition (1965 ff.). – Political Studies (1953 ff.). – Political Quarterly (1930 ff.). – Parliamentary Affairs (1947/48 ff.). – Law Quarterly Review (1885 ff.).

Wirtschaft: Economic History Review (1927 ff.). – Journal of Economic History (1941 ff.). – Business History (1958 ff.). – Agricultural History Review (1953 ff.). – Journal of Transport History (1953/54–1965/66, 2. Serie 1971/72 ff.). – Journal of Industrial Archaeology (1964–65). – Industrial Archaeology. The Journal of the History of Industry and Technology (1966–74). – Industrial Archaeology Review (1976 ff.).

Sozialgeschichte, Demographie: Past and Present (1952 ff.). – Comparative Studies in Society and History (1958/59 ff.). – Social History (1976 ff.). – History Workshop. A Journal of Socialist Historians (1976 ff.). – Society for the Study of Labour History. Bulletin (1960 ff.). – British Journal of Industrial Relations (1963 ff.). – Population Studies. A Quarterly Journal of Demography (1947 ff.). – Local Population Studies (1968 ff.).

Kirche: Journal of Ecclesiastical History (1950 ff.).

Politisches Denken: History of Political Thought (1980 ff.).

Erziehung, Wissenschaft: History of Education (1972 ff.). – British Journal for the History of Science (1962/63 ff.).

Außenpolitik, Weltreich und Commonwealth, Flotte: International Affairs (1922 ff.). – Review of International Studies (1981 ff.). Fortsetzung von: British Journal of International Studies (1975–80). – Journal of Imperial and Commonwealth History (1972 ff.). – Mariner's Mirror (1911 ff.).

Regional- und Lokalgeschichte: The Welsh History Review (1960 ff.). – Scottish

Historical Review (1903 ff.). – Irish Historical Review (1938 ff.). – Studia Hibernica (1961 ff.). – Northern History (1966 ff.). – Midland History (1971 ff.). Fortsetzung von: University of Birmingham Historical Journal (1947 ff.). – Southern History (1979 ff.). – London Journal (1975 ff.). – Urban History Yearbook (1974 ff.). – The Local Historian (1968 ff.). Fortsetzung von: The Amateur Historian (1952 ff.).
Hilfswissenschaften und Methode: Archives. Journal of the British Records Association (1949 ff.). – Journal of Historical Geography (1975 ff.). – British Numismatic Journal (1903/04 ff.). – Genealogical Quarterly (1932 ff.). – Oral History. The Journal of the Oral History Society (1971 ff.).

7. Forschungseinrichtungen und Bibliotheken

Nachweise von Forschungsstätten: Aslib Directory. Bd. 2: Information Sources in Medicine, the Social Sciences and the Humanities (1970). – S. A. Roberts, Research Libraries and Collections in the United Kingdom (1979). – G. Kitson Clark und G. R. Elton, Guide to Research Facilities in History in the Universities of Great Britain and Ireland (²1965). – S. E. Harcup (Hg.), Historical, Archaeological and Kindred Societies in the British Isles (²1968). – R. H. C. Davis, Record Societies in England. In: History 60 (1975) S. 239–246. – Directory of National Organisations (Information for Local Historians 1, 1978). – S. C. Hutchison, The History of the Royal Academy 1768–1968 (1968). – R. A. Humphreys, The Royal Historical Society 1868–1968 (1969). – T. Reese, The History of the Royal Commonwealth Society 1868–1968 (1968).

Wichtige Adressen: Erste Anlaufstelle für deutsche Historiker, die in englischen Bibliotheken und Archiven arbeiten wollen, ist das Deutsche Historische Institut in London (42 Russell Square, London WC1B 5DA). Genannt sei weiterhin das Institute of Historical Research der Universität London (Senate House, Malet Street, London WC1E 7HU). In der Bundesrepublik Deutschland hat sich ein „Arbeitskreis deutsche Englandforschung" konstituiert, der Tagungen veranstaltet und Informationen über laufende Arbeiten sammelt und weitergibt. Kontaktadresse: Prof. Dr. G. Schmidt, Lehrstuhl für Internationale Politik, Ruhr-Universität, Postfach 102148, 4630 Bochum 1. Stellvertretend für verschiedene Historische Seminare und Forschungseinrichtungen an deutschen Universitäten, wo sich Schwerpunkte zur englischen Geschichte gebildet haben, sei die „Arbeitsstelle für die neuere Geschichte Großbritanniens und des Commonwealth" an der Universität Münster genannt (Spiekerhof 40, 4400 Münster). Dort finden sich neben einschlägiger Literatur auch umfangreiche Mikrofilmbestände (Kabinettsprotokolle und -akten seit dem Ersten Weltkrieg, einzelne Aktenbestände verschiedener Ministerien sowie gedruckte, aber nur schwer zugängliche Materialien wie die Protokolle der Jahreskonferenzen der Konservativen Partei und der Labour Party). Informationen über laufende Arbeiten zur englischen Geschichte an deutschen Universitäten findet man in: Jahrbuch der historischen Forschung in der Bundesrepublik Deutschland (1974 ff.).

Publikationen von Forschungseinrichtungen: E. L. C. Mullins, Texts and Calendars. An Analytical Guide to Serial Publications (²1978). Auflistung von Quellenpublikationen, die in Reihenwerken von staatlichen Stellen oder nichtstaatlichen

Forschungseinrichtungen erschienen sind. – E. L. C. Mullins, A Guide to the Historical and Archaeological Publications of Societies in England and Wales 1901–1933 (1968). – A. T. Milne, Centenary Guide to the Publications of the Royal Historical Society 1868–1968, and the Former Camden Society 1838–97 (1968). – D. Knowles, Great Historical Enterprises. The Rolls Series. In: TRHS 5. Ser. 11 (1961) S. 137–159. – Camden Society. Publications (1838 ff.). Mehrere Serien. – Early English Text Society. Publications (1864 ff.). – English Place-Name Society. Publications (1924 ff.). – Hakluyt Society. Quellenpublikationen zu überseeischen Entdeckungsreisen in mehreren Serien (1847 ff.). – Jewish Historical Society of England. Transactions (1895 ff.). – Navy Records Society. Publications (1894 ff.). – Pipe Roll Society. Publications (1884 ff., 2. Serie 1925 ff.). – Selden Society. Publications (1888 ff.). – A. K. R. Kiralfy und G. H. Jones, General Guide to the Society's Publications (SSoc. 1960).

Bibliotheken: R. B. Downs, British and Irish Library Resources. A Bibliographical Guide (²1981). – R. Irwin und R. Stavely (Hg.), The Libraries of London (²1961). – P. Morgan, Oxford Libraries Outside the Bodleian. A Guide (1972). – Von den gedruckten Bibliothekskatalogen werden wegen ihrer überragenden Bedeutung nur die beiden folgenden angeführt: British Museum (jetzt British Library), General Catalogue of Printed Books. 263 Bde. (1960–66). Dazu für die ab 1956 erschienene Literatur regelmäßig erscheinende Supplement-Bde., zuletzt: Five-Year Supplement 1971–1975. 13 Bde. (1978–79). Im Erscheinen begriffen: The British Library General Catalogue of Printed Books to 1975. 360 Bde. (1981 ff.). Für den neuesten Stand jeweils: Annual Report of the British Library. – Katalog der British Library for Political and Economic Science (London School of Economics and Political Science): A London Bibliography of Social Sciences (1931 ff.).

V. Hilfsmittel zur Quellenerschließung

1. Epochenübergreifende Hilfsmittel
Von K.-F. Krieger und G. Niedhart

a) Quellenkunden und Quellenverzeichnisse

Die meisten der greifbaren Quellenkunden und Quellenverzeichnisse sind epochenorientiert angelegt, so daß im folgenden nur wenige Nachweise anzuführen sind. Allgemein hingewiesen sei auf die Reihe The Sources of History: Studies in the Uses of Historical Evidence, hg. v. G. R. Elton (1969 ff.). Vgl. ferner J. J. Bagley, Historical Interpretation. Bd. 1: Sources of English Medieval History 1066–1540. Bd. 2: 1540 to the Present Day (1972). – H. Hall, Studies in English Official Historical Documents (1908). – Handlist of Record Publications, hg. v. British Records Association (1951).

Quellenkunden und Quellenverzeichnisse zu einzelnen Teilbereichen:

Recht: W. S. Holdsworth, Sources and Literature of English Law (1925). – P. H. Winfield, The Chief Sources of English Legal History (1925). – J. H. Baker (Hg.), Legal Records and the Historian (1978). – English Legal Manuscripts, hg. v. J. H. Baker (1975 ff.). – H. E. Raven-Hart und M. Johnston, Bibliography of Registers (Printed) of the Universities, Inns of Court, Colleges, and Schools of Great Britain and Ireland. In: BIHR 9 (1931/32) S. 19–30, 65–83, 154–170. – H. McKechnie (Hg.), An Introductory Survey of the Sources and Literature of Scots Law (1936).

Kirche: D. Baker (Hg.), The Materials, Sources and Methods of Ecclesiastical History (1975). – J. S. Purvis, An Introduction to Ecclesiastical Records (1953). – D. M. Owen, The Records of the Established Church of England: Excluding Parochial Records (1970). – C. J. Kitching, The Central Records of the Church of England: A Report and Survey Presented to the Pilgrim and Radcliffe Trustees (1976). – W. E. Tate, The Parish Chest. A Study of the Records of Parochial Administration in England (³1969). – [H. J. Todd,] Catalogue of Manuscripts in the Library of Lambeth Palace (1812). – E. G. W. Bill, A Catalogue of Manuscripts in Lambeth Palace Library (1972). – J. C. Cox, Churchwardens' Accounts from the Fourteenth to the Sixteenth Century (1913).

Militär: R. Higham (Hg.), A Guide to the Sources of British Military History (1972).

Architektur: H. M. Colvin (Hg.), English Architectural History. A Guide to Sources (²1976).

Regional- und Lokalgeschichte: H. M. Paton, The Scottish Records. Their History and Value (1933). – Handlist of Scottish and Welsh Record Publications, hg. v. British Records Association (1954). – B. Webster, Scotland from the Eleventh Century to 1603 (1975). – R. J. Hayes, Manuscript Sources for the History of Irish Civilisation. 11 Bde. (1965). – F.G.Emmison und I.Gray, County Records (²1973). – W.B.Stephens, Sources for English Local History (²1981). – J.Youings, Local Record Sources in Print and Progress 1972–1976 (1977). – A.N.L.Munby (Hg.), Short Guides to Records (1972). Zuerst erschienen in: History 47 (1962) – 56 (1971). Insgesamt 24 Beiträge über verschiedenste Quellenbestände, in erster Linie zu lokalhistorischen Fragen. – W.E.Tate, Parish Chest (siehe oben unter Kirche). – J.West, Village Records (1962). – L.J.Redstone und F.W.Steer, Local Records. Their Nature and Care (1953). – A.H.Thompson, Parish History and Records (1919). – J.C.Cox, How to Write the History of a Parish (⁵1909). – F.J.C.Hearnshaw, Municipal Records (1918).

b) Archive

Einführungen: Guide to the Public Records (HMSO 1949). – V.H.Galbraith, An Introduction to the Use of the Public Records (²1952). – F.G.Emmison, Introduction to Archives (1964). – J.M.Thomson, The Public Records of Scotland (1922).

Public Record Office London und andere Zentralarchive: British National Archives (Government Publications, Sectional List No. 24, HMSO 1980). Regelmäßig erscheinende und bei HMSO (Atlantic House, Holborn Viaduct, LondonEC1P 1BN) kostenlos erhältliche Broschüre über die Publikationen der britischen Staatsarchive. – Guide to the Contents of the Public Record Office. 3 Bde. (1963–69). Für den jeweils neuesten Stand: Report of the Keeper of Public Records (jährlich). Für einzelne seiner Bestände hat das PRO zahlreiche Lists and Indexes veröffentlicht. Darüber hinaus macht die List and Index Society (c/o PRO, Ruskin Avenue, Kew, Richmond TW9 4DU) für ihre Mitglieder seit 1965 weitere detaillierte Verzeichnisse von Archivalien zugänglich, die ansonsten nur im Archiv selbst eingesehen werden können. – M.F.Bond, Select List of Classes of Records in the House of Lords Record Office (House of Lords Record Office Memorandum No. 1, 1973). – M.Livingstone, Guide to the Public Records of Scotland Deposited in H.M.General Register House (1905). – H.Wood, Guide to the Records Deposited in the Public Record Office of Ireland (1919). – H.Wood, The Public Records of Ireland before and after 1922. In: TRHS 4. Serie 13 (1930) S. 17–49. – M.Griffith, A Short Guide to the Public Record Office of Dublin. In: IHS 8 (1952/53) S. 45–58.

Regional- und Lokalarchive: E.G.Franz, Die englischen County-Archive und ihre Bestände. In: Archivalische Zeitschrift 64 (1968) S. 41–68. – F.G.Emmison und W.J.Smith, Material for Theses in Local Record Offices (1980). – F.G.Emmison, Archives and Local History (1966). – P.E.Jones und R.Smith, A Guide to the Records in the Corporation of London Record Office and the Guildhall Library Muniment Room (1951).

Nichtstaatliche Archivalien: Archivalien in Privatbesitz (Nachlässe, Akten nichtstaatlicher Institutionen) werden in vorbildlicher Weise von der Royal Commission on Historical Manuscripts erfaßt. Über ihre Publikationen, insbesondere über die seit 1870 erscheinenden ,Reports', informiert die Broschüre: Publications of the Royal Commission on Historical Manuscripts (Government Publications, Sectional List No. 17, HMSO 1980). Zur Lokalisierung von nichtstaatlichen Archivalien: Record Repositories in Great Britain, hg. v. Historical Manuscripts Commission (⁶1979). Neuerdings beginnt die Kommission, Guides to Sources for British History herauszubringen, wo Quellenbestände zu einzelnen Politikern und historischen Teilbereichen (u. a. Außenpolitik, Wissenschaftsgeschichte, Wirtschaftsgeschichte) erfaßt werden. Im Jahr 1945 hat die Kommission das National Register of Archives ins Leben gerufen, wo nicht veröffentlichte Verzeichnisse über Archivalien außerhalb der staatlichen Zentralarchive erstellt werden. Adresse: Quality House, Quality Court, Chancery Lane, London WC2A 1HP.

Eine spezielle Sammelstelle für Archivalien vornehmlich zur Arbeiterbewegung und zu den Sozialbeziehungen in der englischen Industriegesellschaft existiert an der Universität von Warwick (Modern Records Centre, University of Warwick Library, Coventry CV4 7AL). Vgl. dazu R. Storey und J. Druker, Guide to the Modern Records Centre University of Warwick (1977). Auch zum Archiv der Labour Party gibt es eine Übersicht: Labour Party Library, Guide to the Archives (1976).

Manuskriptbestände in Bibliotheken: P. Hepworth, Archives and Manuscripts in Libraries (²1964). – T. C. Skeat, The Catalogues of the Manuscript Collections in the British Museum (²1962). – M. A. E. Nickson, The British Library: Guide to the Catalogues and Indexes of the Department of Manuscripts (1978). – A Catalogue of the Manuscripts Preserved in the Library of the University of Cambridge, hg. v. C. Hardwick und H. R. Luard. 5 Bde. (1856–67). – Cambridge University Library. Summary Guide of Accessions of Western Manuscripts (other than Medieval) since 1867, hg. v. A. E. B. Owen (1966). – A Summary Catalogue of Western Manuscripts in the Bodleian Library, hg. v. F. Madan und H. H. E. Craster. 7 Bde. (1895–1953). – D. M. Smith, A Guide to the Archive Collections in the Borthwick Institute of Historical Research [York] (1973).

c) Übergreifende Hilfswissenschaften

Chronologie: Handbook of British Chronology, hg. v. M. Powicke und E. B. Fryde (²1961). – C. R. Cheney, Handbook of Dates for Students of British History (²1970). – D. C. Douglas, Time and the Hour (1977). – R. L. Poole, Studies in Chronology and History, hg. v. A. L. Poole (1934, ND 1969). – K. Harrison, Easter Cycles and the Equinox in the British Isles. In: ASE 7 (1978) S. 1–8.

Genealogie: C. R. Humphery-Smith, A Genealogist's Bibliography (1976). – Ders., Introduction to Medieval Genealogy. In: Family History 9 (1975) S. 3–15 Teil 1. – Ders., An Introduction to Medieval Genealogy. Teil 2: Bibliography and Glossary (1976). – G. B. Barrow, The Genealogist's Guide. An Index to Printed British Pedigrees and Family Histories (1977). – P. W. Filby, American and British Genealogy and Heraldry: A Select List of Books (²1975). – A Guide to Genealogical Sources in Guildhall Library, hg. v. Corporation of London (²1979). – M. J. Kaminkow, A New Bibliography of British Genealogy with Notes (1965). – T. R. Thomson, A Catalogue of British Family Histories (³1976). – A. R. Wagner, English Genealogy (²1972). – P. Spufford und A. J. Camp, The Genealogist's Handbook. Being an Introduction to the Pursuit of Genealogy (⁵1969). – N. Currer-Briggs (Hg.), A Handbook of British Family History. A Guide to Methods and Sources (1979). – H. B. George, Genealogical Tables Illustrative of Modern History, hg. v. J. R. H. Weaver (1930). – G. E. Cokayne, The Complete Peerage of England, Scotland, Ireland, Great Britain and the United Kingdom, Extant, Extinct or Dormant. 13 Bde. (1910–59). – Burke's Genealogical and Heraldic History of the Peerage, Baronetage and Knightage (1826 ff.) Bis heute regelmäßige Neuauflagen. –

B. Burke, A Genealogical History of the Dormant, Abeyant, Forfeited and Extinct Peerages of the British Empire (1883, ND 1962). – J. Burke, A Genealogical and Heraldic History of the Commoners of Great Britain and Ireland. 3 Bde. (1833–35). 18. Aufl. u. d. T.: Burke's Genealogical and Heraldic History of the Landed Gentry, hg. v. P. Townend. 3 Bde. (1965–72). – K. B. Poole, Historic Heraldic Families (1975). – Für genealogische Nachweise und Adelslisten siehe auch Handbook of British Chronology (oben unter Chronologie). – B. Cottle, The Penguin Dictionary of Surnames (²1978). – P. A. Reaney, The Origin of English Surnames (1967). – P. H. Reaney und R. M. Wilson, A Dictionary of British Surnames (²1976). – E. G. Withycombe, The Oxford Dictionary of English Christian Names (³1977).

Philologie: A. C. Baugh, A History of English Language (²1957). – K. Jackson, Language and History in Early Britain. A Chronological Survey of the Brittonic Languages, First to Twelfth Centuries (1953). – E. Ekwall, Contributions to the History of Old English Dialects (1917). – A. Holder, Alt-celtischer Sprachschatz. 2 Bde. und 2 Teilbde. (1896–1908, Suppl. Bde. 1908–13). – J. M. Jones, A Grammar of Old Irish (1946). – J. Vising, Anglo-Norman Language and Literature (1923). – C. Moorman, Editing the Middle English Manuscript (1975). – K. Voretzsch, Einführung in das Studium der altfranzösischen Literatur (³1925). – C. Marchello-Nizia, Histoire de la langue française aux XIVᵉ et XVᵉ siècles (1979). – J. H. Baker, Manual of Law French (1979). – E. A. Gooder, Latin for Local History (²1978). – C. T. Martin, The Record Interpreter. A Collection of Abbreviations, Latin Words and Names Used in English Historical Manuscripts and Records (³1949, ND 1967).

Lexika: Oxford English Dictionary. 12 Bde. und Suppl. Bd. (1933). Neuer Suppl. Bd. (1972). – The Shorter Oxford English Dictionary (³1944, zahlreiche verb. Nachdrucke). – W. W. Skeat, An Etymological Dictionary of the English Language Arranged on an Historical Basis (⁴1910, ND 1935). – Oxford Dictionary of English Etymology, hg. v. C. T. Onions (1966). – J. Wright, The English Dialect Dictionary. 6 Bde. (1898–1905, ND 1923). – A. Souter, A Glossary of Later Latin to 600 A. D. (1949). – R. E. Latham (Hg.), Revised Medieval Latin Word-List from British and Irish Sources (1965). – J. R. C. Hall, A Concise Anglo-Saxon Dictionary for the Use of Students (⁴1960). – J. Bosworth, An Anglo-Saxon Dictionary, Based on the Manuscripts Collections of J. Bosworth, hg. v. T. N. Toller (1882–98). Suppl. Bde. (1908–21). – A Microfiche Concordance to Old English, hg. v. R. L. Venezky und A. di P. Healey (1980). Erhältlich bei Dictionary of Old English Project, c/o The Centre for Medieval Studies, University of Toronto, Toronto, Kanada. – Middle English Dictionary, hg. v. H. Kurath u. a. (1952 ff.). – H. Bradley (Hg.), A Middle English Dictionary (1940). – W. A. Craigie und A. J. Aitken, A Dictionary of the Older Scottish Tongue, from the Twelfth Century to the End of the Seventeenth (1931 ff.). Spurrell's English-Welsh Dictionary, hg. v. J. B. Anwyl (¹¹1937). Spurrell's Welsh-English Dictionary, hg. v. J. B. Anwyl (¹³1937). – R. M. Nance, A New Cornish-English Dictionary (1938). Ders., An English Cornish Dictionary (1952). – R. Thurneysen, Handbuch des Alt-Irischen. 2 Bde. (1909, verb. u. erw. engl. Übers.: A Grammar of Old Irish, bearb. v. D. A. Binchy und O. Bergin. 2 Bde. ²1946–49). – Royal Irish Academy. Dictionary of the Irish Language, Based Mainly on Old and Middle Irish Materials (1913 ff.). – A. Tobler, Altfranzösisches Wörterbuch, hg. v. E. Lommatzsch (²1955 ff.). – F. Godefroy, Dictionnaire de l'ancienne langue française et de tous ses dialectes, du IXᵉ au XVᵉ siècle. 10 Bde. (1881–1902).

Historische Geographie: A. R. H. Baker, Progress in Historical Geography (1972).

– H. C. Darby (Hg.), An Historical Geography of England before 1800 (1936, ND 1948 u. ö.). – H. C. Darby (Hg.), A New Historical Geography of England (1973). – R. A. Dodgshon und R. A. Butlin (Hg.), An Historical Geography of England and Wales (1978). – S. Lewis, A Topographical Dictionary of England with Atlas. 5 Bde. (⁷1849). – J. Wreford Watson und J. B. Sissons (Hg.), The British Isles. A Systematic Geography (1964). – A. R. H. Baker u. a., Geographical Interpretations of Historical Sources (1970). – M. Morgan, Historical Sources in Geography (1979). – M. W. Beresford, History on the Ground. Six Studies in Maps and Landscapes (²1971). – W. G. Hoskins, The Making of the English Landscape (1955). – J. A. Steers, The Coastline of England and Wales (1969). – C. Fox, The Personality of Britain. Its Influence on Inhabitant and Invader in Prehistoric and Early Historic Time (⁴1943). – C. Britton, A Meteorological Chronology to A. D. 1450 (1937).

Ortsnamen: E. Ekwall, The Concise Oxford Dictionary of English Place-Names (⁴1960). – K. Forster, A Pronouncing Dictionary of English Place-Names (1981). – M. Gelling, Signposts to the Past. Place-Names and the History of England (1978). – W. Addison, Understanding English Place-Names (1978). – K. Cameron, English Place-Names (³1977). – G. J. Copley, English Place-Names and their Origin (²1971). – P. H. Reaney, The Origin of English Place-Names (1960). – I. H. Adams, Agrarian Landscape Terms. A Glossary for Historical Geography (1976). – K. Cameron (Hg.), Place-Name Evidence for the Anglo-Saxon Invasion and Scandinavian Settlements (1975). – W. F. H. Nicolaisen, Scottish Place-Names (1976).

Karten: J. B. Harley, Ordnance Survey Maps. A Descriptive Manual (1975). – J. B. Harley und C. W. Phillips, The Historian's Guide to Ordnance Survey Maps (1964). – W. A. Seymour (Hg.), A History of the Ordnance Survey (1981). – Early Maps of the British Isles A. D. 1000–1579, hg. v. G. R. Crone (1961). – T. Chubb, The Printed Maps in the Atlases of Great Britain and Ireland. A Bibliography 1579–1870 (1927). – British Library. Catalogue of Printed Maps, Charts and Plans. 16 Bde. (1967). Ten-Year Supplement 1965–1974 (1978). – J. B. Harley, Maps for the Local Historian. A Guide to the British Sources (1972). – Historic Towns. Maps and Plans of Towns and Cities in the British Isles with Historical Commentaries from the Earliest Times to 1800, hg. v. M. D. Lobel (1969 ff.).

Atlanten: G. S. P. Freeman-Grenville, Atlas of British History. From Prehistoric Times until 1978 (1979). – M. Falkus und J. Gillingham, Historical Atlas of Britain (1981). – British History Atlas, hg. v. M. Gilbert (1968). – D. Hill, An Atlas of Anglo-Saxon England 700–1066 (1981). – C. Cook und J. Stevenson, Longman Atlas of Modern British History (1978). – W. Rees, An Historical Atlas of Wales (²1967). – P. McNeill und R. Nicholson (Hg.), An Historical Atlas of Scotland 400–1600 (1975). – R. D. Edwards, An Atlas of Irish History (²1981).

Metrologie: Dictionary of English Weights and Measures, hg. v. R. E. Zupko (1968). – R. E. Zupko, British Weights and Measures. A History from Antiquity to the Seventeenth Century (1977). – Ders., The Weights and Measures of Scotland before the Union. In: SHR 56 (1977) S. 119–145. – Ph. Grierson, English Linear Measures. An Essay in Origins (1972). – B. Kisch, Scales and Weights (²1966). – F. C. Lane, Tonnages, Medieval and Modern. In: EcHR 17 (1964) S. 213–233. – E. A. Moody und M. Clagett, Medieval Science of Weights (1952).

Statistik: R. Floud, An Introduction to Quantitative Methods for Historians (²1979). Dt. u. d. T.: Einführung in quantitative Methoden für Historiker (1981).

2. Hilfsmittel zur Frühzeit und zum Mittelalter
Von K.-F. Krieger

a) Quellenkunden und -verzeichnisse

Ausführliche Quellenkunden bzw. -verzeichnisse enthalten die einschlägigen Bibliographien zur englischen Geschichte, wie Graves (siehe oben S. 187), Wilkinson, High Middle Ages (oben S. 188), Guth (oben S. 188) und die entsprechenden Abschnitte bei Elton, Annual Bibliography (oben S. 188).

Eine grundlegende Einführung in die erzählenden Quellen zur mittelalterlichen Geschichte Englands (bis 1307) bietet: A. Gransden, Historical Writing in England ca. 550–1307 (1974). Vgl. Außerdem noch Th. D. Hardy, Descriptive Catalogue of Materials Relating to the History of Great Britain and Ireland to 1327. 3 Bde. in 4 Teilen (RS 1862–71). – W. Stubbs, Historical Introductions to the Rolls Series, hg. v. A. Hassall (1902). – J. Taylor, The Use of Medieval Chronicles (1965). – Ders., Medieval Historical Writing in Yorkshire (St. Anthony's Hall Publ. 19, 1961). – G. R. Elton, England 1200–1640 (The Sources of History 1969). – J. J. Bagley, Historical Interpretation. Bd. 1: Sources of Medieval History 1066–1540 (1972). – B. Smalley, Historians in the Middle Ages (1974). – W. Ullmann, Law and Politics in the Middle Ages. An Introduction to the Sources of Medieval Political Ideas (The Sources of History 1975). – K. C. Newton, Medieval Local Records (1971).

Zu den Quellen der mittelalterlichen Geschichte Schottlands, Irlands und Wales' vgl.:

B. Webster, Scotland from the Eleventh Century to 1603 (The Sources of History 1975). – K. Hughes, Early Christian Ireland. Introduction to the Sources (The Sources of History 1972). – A. P. Smyth, The Earliest Irish Annals. Their First Contemporary Entries and the Earliest Centres of Recording. In: PRIA 72, Section C (1972) S. 1–48. – R. I. Jack, Medieval Wales (ca. 400–1542) (The Sources of History 1972).

b) Bibliothekskataloge und Archivinventare

N. R. Ker, Medieval Libraries of Great Britain. A List of Surviving Books ([2]1964). – Ders., Medieval Manuscripts in British Libraries. Bde. 1 u. 2 (1969–77) [Bd. 3 noch nicht erschienen]. – H. Gneuss, A Preliminary List of Manuscripts Written or Owned in England. In: ASE 9 (1981) S. 1–60. – M. B. Parkes, The Medieval Manuscripts of Keble College, Oxford. A Descriptive Catalogue with Summery Discriptions (1979). – Catalogue of the Collection of Medieval Manuscripts Bequeathed to the Bodleian Library Oxford by J. F. R. Lyell, hg. v. A. de la Mare (1971). – Ch. R. Cheney, The Records of Medieval England (1956). – Guide to the Contents of the Public Record Office (oben S. 205). – P. E. Jones und R. Smith, A Guide to the Records of the Corporation of London Records Office and the Guildhall Library Muniment Room (1951). – G. R. C. Davies, Medieval Cartularies of Great Britain. A Short Catalogue (1958). – A. D. Frankforter, The Episcopal Registers of Medieval England. An Inventory. In: British Studies Monitor 6/2 (1976) S. 3–22.

c) Verzeichnisse mittelalterlicher Autoren

Die in *lateinischer* Sprache schreibenden Chronisten Englands und Irlands sind erfaßt in:
J. F. Willard, J. H. Baxter und C. Johnson, An Index of British and Irish Latin Writers, A. D. 400–1520 (1932).
Zur *mittelenglischen* Literatur ist heranzuziehen:
J. E. A. Wells, A Manual of Writings in Middle English, 1050–1400. 9 Bde. (1916, mit mehreren Ergänzungen 1919–52).
Eine Neuausgabe des wichtigen Werkes wird z. Zt. von der *Modern Language Association of America, New Haven/Conn.* unter der Leitung von J. B. Severs in Angriff genommen, von der bisher 2 Bde (1967–70) vorliegen.

d) Hilfswissenschaften

Archäologie und Luftbildphotographie (vgl. auch unten S. 230 f.)

Zur allgemeinen Einführung in Methodik und Schrifttum der britischen Archäologie ist heranzuziehen:
L. R. Laing, The Archaeology of Late Celtic Britain and Ireland c. 400–1200 A.D. (1975). – D. M. Browne, Reader's Guide to Books on British Archaeology (1975). – D. Miles, An Introduction to Archaeology (1978). – D. R. Brothwell und E. Higgs, Science in Archaeology. A Comprehensive Survey of Progress and Research (²1969). – T. G. Hassall, Urban Archaeology in England, 1975. In: European Towns. Their Archaeology and Early History, hg. v. M. W. Barley (1977) S. 3–18. – P. L. Drewett (Hg.), Archaeology in Sussex to A.D. 1500. Essays for Eric Holden (1978). – J. Dyer, Southern England. An Archaeological Guide (1973). – E. W. MacKie, Scotland. An Archaeological Guide, from the Earliest Time to the 12th Century (1975). – P. Harbison, The Archaeology of Ireland (1976).
Den Zugang zu den *einzelnen Fundstellen* eröffnen:
Inventaria Archaeologica. An Illustrated Card-Inventory of Important Associated Finds in Archaeology (1955 ff.).

Detaillierte Berichte über Fundstellen und Ausgrabungen bieten die seit 1911 für einzelne Grafschaften und Städte erscheinenden *Inventories* der *Royal Commission on the Ancient and Historical Monuments and Constructions;* die einzelnen Bände sind aufgelistet bei Graves Nrn. 737–739. Vgl. hierzu außerdem R. L. S. Bruce-Mitford, Recent Archaeological Excavations in Britain (1956). – P. J. Fowler (Hg.), Recent Work in Rural Archaeology (1975). – P. Clayton, Archaeological Sites of Britain (1976). – C. H. Houlder, Wales – An Archeological Guide. The Prehistoric, Roman and Early Medieval Find Monuments (1975).

Über neue Ausgrabungsarbeiten wie auch über neueres Schrifttum berichten die Zeitschriften *Antiquity* und *Archaeological Journal* sowie die vom *Council for British Archaeology* herausgegebene, jährlich erscheinende *Archaeological Bibliography for Great Britain and Ireland.*

Zur *Luftbildphotographie* vgl. J. K. S. St. Joseph, The Uses of Air Photography. Nature and Man in a New Perspective (1966). – M. W. Beresford und J. K. S. St. Joseph, Medieval England. An Aerial Survey (1958).

Paläographie und Faksimileausgaben

Zur Einführung ist heranzuziehen:
R. B. Haselden, Scientific Aids for the Study of Manuscripts (1935). – B. Bischoff, Paläographie des römischen Altertums und des abendländischen Mittelalters (1979). – N. Denholm-Young, Handwriting in England and Wales (²1964). – L. C. Hector, The Handwriting of English Documents (²1966) [für Urkunden]. – Ders., Palaeography and Medieval Forgery (1959). – H. E. P. Grieve, Essex County Record Office. Examples of English Handwriting, 1150–1750 (²1959).

Zu den einzelnen Schriftarten und -epochen vgl.:
T. A. M. Bishop, English Caroline Minuscule (Oxford Palaeographic Handbooks 1971). – N. R. Ker, Manuscripts in the Century after the Norman Conquest (1960). – C. E. Wright, English Vernacular Hands from the 12th to the 15th Centuries (1960). – S. H. Thomson, Latin Book Hands of the Later Middle Ages 1100–1500 (1969). – Ch. Johnson und C. H. Jenkinson, English Court Hand, A. D. 1066 to 1500, Illustrated Chiefly from the Public Records. 2 Teile (1915, ND 1967). – M. B. Parkes, English Cursive Book Hands 1250–1500 (²1980). – W. M. Lindsay, Early Irish Minuscule Script (1910). – Ders., Early Welsh Script (1912).

Zur Auflösung der Abkürzungen ist immer noch unentbehrlich:
A. Capelli, Lexicon abbreviaturarum. Dt. Ausgabe (²1928); vgl. hierzu ergänzend noch A. Pelzer, Abréviations latines médiévales (1964). – Ch. T. Martin, The Record Interpreter. A Collection of Abbreviations, Latin Words and Names Used in English Historical Manuscripts and Records (³1949, ND 1967).

An Faksimileausgaben englischer Handschriften sind zu nennen:
Early English Manuscripts in Facsimile, hg. v. B. Colgrave u. a. (1951 ff.). – A. Bruckner und R. Marichal, Chartae antiquiores. A Facsimile Edition of All Latin Charters Prior to the Ninth Century (1954 ff.). – E. A. Lowe, English Uncial (1960) [enthält 40 Faksimileabbildungen aus angelsächsischer Zeit mit Erläuterungen]. – T. A. M. Bishop, Scriptores Regis. Facsimiles to Identify and Illustrate the Hands of Royal Scribes in the Original Charters of Henry I, Stephen, and Henry II (1961). – T. A. M. Bishop und P. Chaplais, Facsimiles of English Royal Writs to A. D. 1100 Presented to Vivian Hunter Galbraith (1957). – P. Chaplais, English Royal Documents. King John to Henry VI 1199–1461 (1971). – Ders., Diplomatic Documents (Chancery and Exchequer). Bd. 1 (1101–1272) (HMSO 1964) [Bde. 2 (1307–27) und 3 (1327–40) sind in Vorbereitung].

Eine Sammlung illustrierter Handschriften liegt vor in dem auf 6 Bde. angelegten Werk: A Survey of Manuscripts Illuminated in the British Isles. Bisher erschienen: Bd. 1: Insular Manuscripts, 6th to the 9th Century, hg. v. J. J. G. Alexander (1978); Bd. 2: Anglo-Saxon Manuscripts 900–1066, hg. v. E. Temple (1976); Bd. 3: Romanesque Manuscripts 1066–1190, hg. v. C. M. Kauffmann (1975).

Urkundenlehre (Diplomatik)

Eine umfassende Darstellung zur englischen Diplomatik liegt nicht vor. Zur Einführung vgl.:
H. Hall, Studies in English Official Historical Documents (1908). – V. H. Galbraith, Studies in the Public Records (1948). – K. Major, The Teaching and Study of Diplomatic in England. In: Archives VIII, 39 (1968) S. 114–118. – M. T. Clanchy, From Memory to Written Record. England 1066–1307 (1979).

Zu Spezialproblemen vgl. außerdem F. M. Stenton, The Latin Charters of the Anglo-Saxon Period (1955). – R. Drögereit, Gab es eine angelsächsische Königskanzlei? In: AUF 13 (1935) S. 335–436. – G. Barraclough, The Anglo-Saxon Writ (unten S. 229). – C. R. Cheney, English Bishops' Chanceries 1100–1250 (1950). – Ders., Notaries Public in England in the Thirteenth and Fourteenth Centuries (1972). – S. Keynes, The Diplomas of King Aethelred „the Unready" 987–1016. A Study in their Use as Historical Evidence (1980).

An *Formularsammlungen* sind heranzuziehen: H. Hall, A Formular Book of English Official Historical Documents. 2 Teile (1908/09). – Formularies Which Bear on the History of Oxford, c. 1204–1420, hg. v. H. E. Salter, W. A. Pantin, H. G. Richardson. 2 Bde. (OHS N. S. 4 u. 5, 1942). – Legal and Manorial Formularies, Edited from Originals at the British Museum and the Public Record Office, in Memory of Julius Parnell Gilson (1933).

Siegelkunde (Sphragistik)

Zur Einführung vgl. H. S. Kingsford, Seals (1920). – Ch. H. Jenkinson, A Guide to Seals in the Public Record Office (HMSO ²1968) [mit Literatur].

Verzeichnisse und Beschreibungen einzelner Siegel mit Abbildungen finden sich in: W. de G. Birch, Catalogue of Seals in the Department of Manuscripts in the British Museum. 6 Bde. (1887–1900). – H. Laing, Description Catalogue of Impressions from Ancient Scottish Seals, Royal, Baronial, Ecclesiastical, and Municipal ... from 1094 to the Commonwealth (1850, Supplem. 1886). – L. C. Loyd und D. M. Stenton, Sir Christopher Hatton's Book of Seals (1950). – A. B. Wyon und A. Wyon, The Great Seals of England, from the Earliest Period to the Present Time (1887). – R. H. Ellis, Catalogue of Seals in the Public Record Office 1 (HMSO 1978). – T. A. Heslop, English Seals from the Mid-9th Century to 1100. In: JBAA 133 (1980) S. 1–16.

Wappenkunde (Heraldik)

Einführungen und Lehrbücher: A. C. Fox-Davies, A Complete Guide to Heraldry (²1961). – A. R. Wagner, Heralds and Heraldry in the Middle Ages. An Inquiry into the Growth of the Armorial Function of Heralds (²1956). – J. Franklyn, Heraldry (1965). – D. L. Galbreath, Lehrbuch der Heraldik (1978). – R. Marks und A. Payne, British Heraldry from its Origins to c. 1800 (1978). – Th. Innes of Learney, Scots Heraldry. A Practical Handbook (²1956).

Wappensammlungen und Nachschlagewerke: O. Neubecker und W. Rentzmann, Wappenbilderlexikon (1974). – J. Franklyn und J. Tanner, An Encyclopaedic Dictionary of Heraldry (1970).

Münzkunde (Numismatik)

Bibliographien: E. E. Clain-Stefanelli, Select Numismatic Bibliography (1965). – Ph. Grierson, Bibliographie numismatique (1966). – Numismatic Literature, hg. v. The American Numismatic Society (1947/49 ff.) [halbjährlich erscheinende Bibliographie zum numismatischen Schrifttum].

Einführungsliteratur und Handbücher zur britischen Münz- und Geldgeschichte: C. G. Brooke, English Coins from the Seventh Century to the Present Day (³1950) [Standardwerk]. – P. Seaby, The Story of English Coinage (1952). –

C.H.V. Sutherland, The English Coinage 600–1900 (1973). – H.W. Bradley, A Handbook of Coins of the British Isles (1978). – R.L. Kenyon, The Gold Coins of England (1884). – E. Hawkins, The Silver Coins of England. 3. Aufl. hg. v. R.L. Kenyon (1887). – Ph. Grierson, Later Medieval Numismatics (11th–16th Centuries). Selected Studies (1979). – E. Burns, The Coinage of Scotland. 3 Bde. (1887). – P. Nolan, A Monetary History of Ireland. 2 Bde. (1926/28).

Nachschlagewerke: F.v. Schrötter, Wörterbuch zur Münzkunde (1930). – F. Engel, Tabellen alter Münzen, Maße und Gewichte zum Gebrauch für Archivbenutzer (²1970).

Münzpublikationen und Verzeichnisse: G.C. Brooke, A Catalogue of English Coins in the British Museum. The Norman Kings. 2 Bde. (1916). – H.A. Grueber, Handbook of the Coins of Great Britain and Ireland in the British Museum (1899). – D.F. Allen, A Catalogue of English Coins in the British Museum. The Cross and Crosslets („Tealby") Type of Henry II (1951). – J.D.A. Thompson, Inventory of British Coin Hoards, A.D. 600–1500 (1956).

Zu den einzelnen Epochen vgl. auch unten S. 223f., 231.

3. Hilfsmittel zur Neuzeit: Quellenkunden und Quellenverzeichnisse
Von G. Niedhart

a) Gesamte Neuzeit und einzelne Zeitabschnitte

Neben den im folgenden aufgeführten Quellenkunden und Quellenverzeichnissen sei auch auf die oben S. 187ff. genannten allgemeinen und einschlägigen Bibliographien verwiesen, die oft über Quellenbestände Auskunft geben. Zu spezifisch neuzeitlichen Archivalien siehe oben S. 206f.

Einen die gesamte Neuzeit erfassenden Versuch einer Quellenkunde, die wichtige Punkte berührt, insgesamt aber zu wenig Systematik aufweist, hat unternommen J.J. Bagley, Historical Interpretation. Bd. 2: Sources of English History 1540 to the Present Day (1972).

In zunehmendem Maß sind unveröffentlichte neuzeitliche Quellenbestände in Form von Mikrofilmen erhältlich. Bezugsquellen sind zum einen die Archive selbst. Zum anderen werden Mikrofilmbestände von darauf spezialisierten Verlagen und Firmen angeboten. Ein umfangreiches Mikrofilmprogramm, das bedeutende Quellenkomplexe bequem zugänglich macht, hat Harvester Press gestartet. Über den jeweils neuesten Stand informiert Harvester Press Microform Publications, 17 Ship Street, Brighton, Sussex BN1 1AD. Hinzuweisen ist ferner auf EP Microform Ltd., Academic Publishers of Microfilm and Microfiche, East Ardsley, Wakefield WF3 2AT. – Vgl. allgemein S.C. Dodson, Microform Research Collections. A Guide (1978) und A.V. Carleton, Guide to Microforms in Print. 2 Bde. (1981).

Einzelne Zeitabschnitte: Eine gute Orientierung bieten die Einführungstexte der Herausgeber in den Bänden der English Historical Documents (siehe unten S. 263f.). Vgl. ferner G.R. Elton, England 1200–1640 (1969). – E.S. Upton, Guide to Sources of English History from 1603 to 1660 in Reports of the Royal Commission on Historical Manuscripts (1952). – L. Madden, How to Find out about the Victorian Period: A Guide to Sources of Information (1970). – R. Storey und L. Madden, Primary Sources of Victorian Studies. A Guide to the Location and Use of Unpublished Materials (1977). – Sources in British Political History 1900–1951, hg. v. C.Cook. Bd. 1: A Guide to the Archives of Selected Organisations and Societies (1975). Bd. 2: A Guide to the Private Papers of Selected Public Servants (1975). Bde. 3 und 4: A Guide to the Private Papers of Members of Parliament (1977). Bd. 5: A Guide to the Private Papers of Selected Writers, Intellectuals and Publicists (1978). – C.L.Mowat, Great Britain since 1914 (1970). – S.L.Mayer und W.J. Koenig (Hg.), The Two World Wars. A Guide to Manuscript Collections in the United Kingdom (1976).

Zur frühneuzeitlichen *Paläographie:* G.E.Dawson und L.Kennedy-Skipton, Elizabethan Handwriting 1500–1650. A Guide to the Reading of Documents and Manuscripts (1966). – H.Jenkinson, The Later Court Hands in England: From the 15th to the 17th Century (1927).

b) Nachlässe, Tagebücher, Memoiren

T.R.Thomson, A Catalogue of British Family Histories (³1976). – P.Hepworth (Hg.), Select Biographical Sources. The Library Association Manuscripts Survey (1971). – J.Brooke, The Prime Ministers' Papers 1801–1902. A Survey of the Privately Preserved Papers of those Statesmen who Held the Office of Prime Minister during the Nineteenth Century (1968). – C.Hazlehurst und C.Woodland, A Guide to the Papers of British Cabinet Ministers 1900–1951 (1974). – W.Matthews (Hg.), British Diaries. An Annotated Bibliography of British Diaries Written between 1442 and 1942 (1967). – J.Aitken, English Diaries of the Sixteenth, Seventeenth and Eighteenth Centuries (1941). – E.Bourcier, Les journaux privés en Angleterre de 1600 à 1660 (1976). – J.S.Batts, British Manuscript Diaries of the Nineteenth Century. An Annotated Listing (1976). – W.Matthews (Hg.), British Autobiographies. An Annotated Bibliography of British Autobiographies Published or Written before 1951 (1968).

c) Publizistische Quellen

Bibliothekskataloge: British Library. Catalogue of the Newspaper Library Colindale. 8 Bde. (1975). – R.T.Milford und D.M.Sutherland, Catalogue of English Newspapers and Periodicals in the Bodleian Library 1622–1800 (1936).

Zeitungen und Zeitschriften: F.A.Mumby, Publishing and Bookselling. A History from the Earliest Time to the Present Day. With a Bibliography by W.H.Peet (1930). – R.M.Wiles, Serial Publications in England before 1750 (1957). – K.K.Weed und R.P.Bond, Studies of British Newspapers and Periodicals from their Beginnings to 1800. A Bibliography (1946). – The Times. Tercentenary Handlist of English and Welsh Newspapers, Magazines and Reviews (1920, ND 1966). Betrifft die Jahre 1620–1919. – R.S.Crane und F.B.Kaye, Census of British Newspapers and Periodicals 1620–1800 (1927). – G.A.Cranfield, Hand-List of English Provincial Newspapers and Periodicals 1700–1760 (1952). – G.A.Cranfield, The Development of the Provincial Newspaper 1700–1760 (1962). – Palmer's Index to the Times Newspapers 1790–1941 (1868–1943, ND 1965). – Times Index (1906 ff.). – Subject Index to Periodicals (1915 ff.). Fortsetzung: British Humanities Index, hg. v. Library Association London (1962 ff.). – Victorian Periodicals: A Guide to Research, hg. v. J.Don Vann und R.T.Van Arsdel (1978). – Poole's Index to

Periodical Literature 1802–1881. 2 Bde. (1882, ND 1963). 5 Suppl. Bde. für den Zeitraum 1882–1907 (1887–1908). – The Waterloo Directory of Victorian Periodicals 1824–1900 (1977). – The Wellesley Index to Victorian Periodicals 1824–1900, hg. v. W.E.Houghton und E.R.Houghton (1966ff.). – W.S.Ward, British Periodicals and Newspapers 1789–1832. A Bibliography of Secondary Sources (1974). – J.H.Wiener, A Descriptive Finding List of Unstamped British Periodicals 1830–1836 (1970).

Filme, Bilder: P.Sorlin, The Film in History. Restaging the Past (1980). – P.Smith (Hg.), The Historian and the Film (1976). – British Universities Film Council. Films for Historians (1974). – J.A.S.Grenville (Hg.), Film Section. In: History 56 (1971)ff. Regelmäßig erscheinende Berichte über historisch relevantes Filmmaterial. – H.Evans u.a., The Picture Researcher's Handbook (1979). – E.Olivers (Hg.), Researcher's Guide to British Film and Television Collections (1981).

d) Oral History

R.Samuel, Oral History in Großbritannien. In: Lebenserfahrung und kollektives Gedächtnis. Die Praxis der „Oral History", hg. v. L.Niethammer (1980) S.55–73. – P.Thompson, The Voice of the Past. Oral History (1978).

e) Regierung, Verfassung, Recht

Krone und Regierung: A Bibliography of Royal Proclamations of the Tudor and Stuart Sovereigns and Others Published under Authority 1485–1714, hg. v. R.R.Steele. 2 Bde. (1910). – E.R.Adair, The Sources for the History of the Council in the Sixteenth and Seventeenth Centuries (1924). – Über die Akten des Cabinet Office seit dem 19.Jahrhundert informieren die Bde.4, 9, 11 und 17 in der Reihe der vom PRO hg. Handbooks (1964–75). – Zu einzelnen Ressorts: Classes of Departmental Papers 1906–1939 (PRO Handbook No.10, 1966). – Zu verschiedenen Aspekten der Regierungstätigkeit im Lichte der Parliamentary Papers: V.Cromwell u.a., Aspects of Government in Nineteenth Century Britain (1978). – Regierungsamtliche Veröffentlichungen: J.G.Ollé, An Introduction to British Government Publications (²1973). – J.E.Pemberton, British Official Publications (²1973). – Annual Catalogues of British Official and Parliamentary Publications 1894–1909 and 1910–1919 (1975). – Annual Consolidated Lists of British Government Publications 1920–1935, 1936–1950, 1951–1960 (1974). – Catalogue of British Official Publications Not Published by HMSO (1980ff.). – S.Richard, Directory of British Official Publications. A Guide to Sources (1981). Verzeichnet staatliche und andere Institutionen, deren Veröffentlichungen nicht bei HMSO erscheinen und gibt eine allgemeine Einführung in Geschichte und Praxis regierungsamtlicher Publikationen.

Parlament: M.Bond, Guide to the Records of Parliament (1971). – S.Lambert, The Clerks and Records of the House of Commons 1600–1640. In: BIHR 43 (1970) S.215–231. – D.Menhennet, The Journals of the House of Commons (House of Commons Library, Doc.7, 1971). – J.E.Neale, The Commons' Journals of the Tudor Period. In: TRHS 4. Serie 3 (1920) S.136–170. – A.F.Pollard, The Authenticity of the Lords' Journals in the 16th Century. In: TRHS 3. Serie 8 (1914)

S. 17–40. – G.R.Elton, The Early Journals of the House of Lords. In: EHR 89 (1974) S.481–512. – D.Hayton und C.Jones (Hg.), A Register of Parliamentary Lists 1660–1761 (1979). – A.Newman (Hg.), The Parliamentary Lists of the Early Eighteenth Century: Their Compilation and Use (1973). *Gesetze:* Index to Statutes in Force 1235–1974 (HMSO 1977). – Chronological Table of the Statutes: Covering the Period from 1235 to the End of 1977 (1979). – Index to Local and Personal Acts 1801–1947 (1949). *Parlamentsdebatten:* A Bibliography of Parliamentary Debates of Great Britain (House of Commons Library, Doc. 2, 1956). – General Collections of Reports of Parliamentary Debates for the Period since 1660. In: BIHR 10 (1932/33) S.171–177. – H.H.Bellot, Parliamentary Printing 1660–1837. In: BIHR 11 (1933/34) S.85–98. – M.Ransome, The Reliability of Contemporary Reporting of the Debates of the House of Commons 1727–41. In: BIHR 19 (1942/43) S.67–79. – P.D.G.Thomas, Sources for Debates of the House of Commons 1768–1774. In: BIHR, Spec. Suppl. No.4 (1959). – P.D.G.Thomas, The Beginning of Parliamentary Reporting in Newspapers 1768–1774. In: EHR 74 (1959) S.623–636. – A.Aspinall, The Reporting and Publishing of the House of Commons' Debates 1771–1834. In: Essays Presented to Sir Lewis Namier, hg. v. R. Pares und A.J.P.Taylor (1956) S.227–257. – H.D.Jordan, The Reports of Parliamentary Debates 1803–1908. In: Economica 11 (1931) S.473–449. – M.Macdonagh, The Reporters' Gallery (1913). *Parliamentary Papers:* P. und G.Ford, A Guide to Parliamentary Papers (³1972). – British Parliamentary Papers: Catalogues and Indexes. In: BIHR 11 (1933/34) S.24–30. – British Parliamentary Papers in the Irish University Press 1000-Volume Series 1801–99: Check List (1972). – Catalogue of British Parliamentary Papers (Irish Academic Press 1977). – P.und G.Ford, Hansard's Catalogue and Breviate of Parliamentary Papers 1696–1834 (1953). – Dies., Select List of British Parliamentary Papers 1833–1899 (1953). – Dies., A Breviate of Parliamentary Papers 1900–16 (1957). – Dies., A Breviate of Parliamentary Papers 1917–39 (1951). – Dies., A Breviate of Parliamentary Papers 1940–54 (1961). – S.Lambert, List of House of Commons Sessional Papers 1701–1750 (List and Index Society 1968). – H.V.Jones, Catalogue of Parliamentary Papers 1800–1901 (1901). – A Finding List of British Royal Commission Reports 1860–1935 (1935). – General Index to the Bills, Reports and Papers Printed by Order of the House of Commons, and to the Reports and Papers Presented by Command 1900 to 1948/49 (HMSO 1960). – F.Rodgers, Serial Publications in the British Parliamentary Papers 1900–1968. A Bibliography (1971).

Recht: siehe oben S.205.

f) Gesellschaft und Wirtschaft

J.B.Williams (Hg.), A Guide to the Printed Materials for English Social and Economic History 1750–1850. 2 Bde. (1926, ND 1966). – Records of Interest for Social Scientists 1919 to 1939. 3 Bde. (PRO Handbooks 14, 16, 18, 1971–78).

Sozialgeschichtliche Einzelfragen: A.J.Camp, Wills and their Whereabouts (1974). – J.S.W.Gibson, Wills and where to Find them (1974). – M.Barrow, Women 1870–1928. A Select Guide to Printed and Archival Sources in the United Kingdom (1981). – P.S.Bagwell, Industrial Relations (Government and Society in 19th-Century Britain: Commentaries on British Parliamentary Papers, 1974). –

The Census and Social Structure. An Interpretative Guide to 19th Century Censuses for England and Wales (1978).
Arbeiterschaft und Arbeiterbewegung: Verzeichnisse von Archivalien regelmäßig in: SSLBH. – A. Clinton, The History of Trades Councils. In: SSLHB 29 (1974) S. 37–50. – I. MacDougall (Hg.), A Catalogue of some Labour Records in Scotland and some Scots Records Outside Scotland (1978). – R. Harrison u.a. (Hg.), The Warwick-Guide to British Labour Periodicals 1790–1970. A Check List (1977). – G. B. Woolven, Publications of the Independent Labour Party 1893–1932 (1977). Ergänzungen dazu in: SSLHB 35 (1977) S. 35–41. – Labour Party Bibliography, hg. v. Labour Party (o. J. [1967]). Verzeichnet Parteipublikationen bis 1966.
Demographie: T. H. Hollingsworth, Historical Demography (1969). – J. C. Cox, The Parish Registers of England (1910). – National Index of Parish Registers, hg. für die Society of Genealogists v. D. J. Steel. 12 Bde. (1966 ff.). Bd. 1 (1968) mit wichtiger quellenkundlicher Einführung. – Original Parish Registers in Record Offices and Libraries, hg. v. J. A. Tallis (1974). Dazu 3 Suppl. Bde. (1976–80). – L. Bradley, A Glossary for Local Population Studies (²1978). – J. Thirsk, Sources of Information on Population 1500–1760, and Unexplored Sources in Local Records (1965). – D. V. Glass und P. A. M. Taylor, Population and Emigration (Government and Society in 19th-Century Britain: Commentaries on British Parliamentary Papers, 1976).
Wirtschaft: C. Wilson und G. Parker (Hg.), An Introduction to the Sources of European Economic History 1500–1800. Bd. 1: Western Europe (1977). – L. W. Hanson (Hg.), Contemporary Printed Sources for British and Irish Economic History 1701–1750 (1963). – H. S. Cobb, Sources for Economic History amongst the Parliamentary Records in the House of Lords Record Office. In: EcHR 19 (1966/67) S. 154–174. – Business Archives, hg. v. Business Archives Council London (1957 ff.). – The Sources of Business History in Reports of the National Register of Archives, hg. v. National Register of Archives (1964 ff.). – J. M. Stratton u. a. (Hg.), Agricultural Records. A. D. 220–1977 (²1978). – J. Thirsk, The Content and Sources of English Agrarian History after 1500. In: AgHR 3 (1955) S. 66–79. – R. P. Sturges, Economists' Papers 1750–1950. A Guide to Archive and other Manuscript Sources for the History of British and Irish Economic Thought (1975).
Industrielle Archäologie: J. Butt und I. Donnachie, Industrial Archaeology in the British Isles (1979). – A. Raistrick, Industrial Archaeology: An Historical Survey (1973). – R. A. Buchanan, Industrial Archaeology in Britain (1972).

g) Kirche

A. S. Herbert, Historical Catalogue of Printed Editions of the English Bible 1525–1961 (1968). – P. Milward, Religious Controversies of the Elizabethan Age. A Survey of Printed Sources (1977). – Calendars and Indexes to the Letters and Papers of the Archbishops of Canterbury in Lambeth Palace Library (1975 ff.). – Archives of Religious Bodies and Organisations other than the Church of England (1936). – W. R. Powell, The Sources for the History of Protestants Nonconformist Churches in England. In: BIHR 25 (1952) S. 213–227. Ergänzend dazu R. B. Rose in: BIHR 31 (1958) S. 79–83. – J. H. Pollen, Sources for the History of Roman Catholics in England, Ireland and Scotland from the Reformation Period to that of

Emancipation, 1533 to 1759 (1921). – T.H.Clancy, English Catholic Books 1641–1700. A Bibliography (1974). – Siehe auch oben S.205.

h) Wissenschaft, Erziehung und Bildung

D.Knight, Sources for the History of Science 1660–1914 (1975). – C.Fox u.a., Education (Government and Society in 19th-Century Britain. Commentaries on British Parliamentary Papers 1977). – H.E.Raven-Hart und M.Johnston, Bibliography of the Registers (Printed) of the Universities, Inns of Court, Colleges, and Schools of Great Britain and Ireland. In: BIHR 9 (1931/32) S.19–30, 65–83, 154–170.

i) Flotte, Militär

G.E.Manwaring, A Bibliography of British Naval History. A Bibliographical and Historical Guide to Printed and Manuscript Sources (1930). – P.Mathias und A.W.H.Pearsall, Shipping: A Survey of Historical Records (1971). – Siehe auch oben S.205.

j) Weltreich und Commonwealth

C.S.S.Higham, The Colonial Entry Books. A Brief Guide to the Colonial Records in the Public Record Office before 1696 (1921). – The Records of the Colonial and Dominions Offices (PRO Handbooks No. 3, 1964). – J.Parker, Books to Build an Empire. A Bibliographical History of English Overseas Interests to 1620 (1965). – L.H.Gipson, The British Empire before the American Revolution. Bd.15: A Guide to Manuscripts Relating to the History of the British Empire 1748–1776 (1970). – M.I.Adam u.a., Guide to the Principal Parliamentary Papers Relating to the Dominions 1812–1911 (1913). – A.R.Hewitt, Guide to Resources for Commonwealth Studies in London, Oxford and Cambridge, with Bibliographical and other Information (1957). – C.A.Jones, Britain and the Dominions. A Guide to Business and Related Records in the United Kingdom Concerning Australia, Canada, New Zealand and South Africa (1978). – W.Forster, A Guide to the India Office Records 1600–1858 (1919). – S.C.Sutton, Guide to the India Office Library with a Note to the India Office Records (²1967). – P.Jones, Britain and Palestine 1914–1948. Archival Sources for the British Mandate (1979).

k) Außenpolitik

An Index of British Treaties 1101–1968, hg. v. C.Parry und C.Hopkins. 3 Bde. (1970). – D.H.Thomas und L.M.Case (Hg.), Guide to the Diplomatic Archives of Western Europe (1959). – M.Toscano, The History of Treaties and International Politics. Bd.1: An Introduction to the History of Treaties and International Politics: The Documentary and Memoir Sources (1966). – F.G.Davenport, Materials for English Diplomatic History 1509–1783. In: Historical Manuscripts Commission, 18th Report (1917) S.357–402. – The Records of the Foreign Office 1782–1939 (PRO Handbook No.13, 1969). – Index to the Correspondence of the Foreign Office (1920ff., ND 1966ff.). Register der Foreign Office-Akten, das zunächst für den internen Gebrauch bestimmt war und nach der Freigabe der Akten nachgedruckt wurde. – The Second World War. A Guide to Documents in the Public Record Office (PRO Handbook No. 15, 1972). – H. Temperley und L. M. Penson, A Century of Diplomatic Blue Books 1814–1914 (1938, ND 1966). – R. Vogel, A Breviate of British Diplomatic Blue Books 1919–1939 (1963). – D. Steeds und I. Nish, China, Japan and Nineteenth-Century Britain (Government and Society in 19th-Century Britain. Commentaries on British Parliamentary Papers, 1977). – S. Aster, British Foreign Policy 1918–1945: A Guide to Research and Research Materials (1982).

l) Regional- und Lokalgeschichte

G. E. Aylmer und J. S. Morrill, The Civil War and Interregnum: Sources for Local Historians (1979). – W. R. Powell, Local History from Blue Books: Sessional Papers of the House of Commons (1962). – A. und J. Maltby, Ireland in the Nineteenth Century: A Breviate of Official Publications (1979). – A. Maltby (Hg.), The Government of Northern Ireland 1922–1972. A Catalogue and Breviate of Parliamentary Papers (1974). – Siehe auch oben S. 205.

VI. Quellen

1. Quellen zur Frühzeit und zum Mittelalter
Von K.-F. Krieger

a) Übergreifende Quellensammlungen

Zur *allgemeinen Geschichte* sind vor allem folgende Quellensammlungen zu nennen: English Historical Documents. Bd. 1: ca. 500–1042, hg. v. D.Whitelock ([2]1979); Bd. 2: 1042–1189, hg. v. D.C.Douglas und G.W.Greenaway (1953, ND 1968); Bd. 3: 1189–1327, hg. v. H.Rothwell (1975); Bd. 4: 1327–1485, hg. v. A.R.Myers (1969). – J.J.Bagley und P.B.Rowley (Hg.), A Documentary History of England. Bd. 1: 1066–1540 (1960). – B.L.Blakeley und J.Collins, Documents in English History. Early Times to the Present (1975). – Vetera monumenta Hibernorum et Scotorum historiam illustrantia (1216–1547), hg. v. A.Theiner (1864, ND 1969). – W.C. Dickinson, G.Donaldson und I.A.Milne (Hg.), A Source Book of Scottish History. 3 Bde. ([2]1958–61). – Ch.O'Conor, Rerum Hibernicarum scriptores veteres. 4 Bde. (1814–26).

Zur *Kirchen- und Verfassungsgeschichte* sowie zur *Sozial- und Wirtschaftsgeschichte* vgl. außerdem:
J.Stephenson, The Church Historians of England. 5 Bde. in 8 Teilen (1853–58). – H.Gee und W.J.Hardy, Documents Illustrative of English Church History, A.D. 314–1700 (1896). – D. Wilkins, Concilia Magnae Britanniae et Hiberniae, A.D. 446–1718. 4 Bde. (1737). – A.W.Haddan und W.Stubbs, Councils and Ecclesiastical Documents Relating to Great Britain and Ireland. 3 Bde. (1869–79, ND 1965). – Councils and Synods. With Other Documents Relating to the English Church. Bd. 1 (Teil I u. II): A.D. 871–1204, hg. v. D.Whitelock u.a. (1981); Bd. 2 (Teil I u. II): A.D. 1205–1313, hg. v. F.M.Powicke u. C.R.Cheney (1964) [wird fortgesetzt]. – Vgl. hierzu auch unten S. 260.
W.Stubbs, Select Charters and other Illustrations of English Constituional History from the Earliest Times to the Reign of Edward the First (1870, 9. verb. Aufl., hg. v. H.W.C.Davis 1913). – G.B.Adams und H.M.Stephens (Hg.), Select Documents of English Constitutional History (1902). – C.Stephenson und F.G.Marcham (Hg.), Sources of English Constitutional History. A Selection of Documents from A.D. 600 to the Present (1937). – S.B.Chrimes und A.L.Brown (Hg.), Select Documents of English Constitional History 1307–1485 (1961). – Vgl. hierzu auch unten S. 228, 245 ff., 250 ff.
G.G.Coulton (Hg.), Social Life in Britain from the Conquest to the Reformation (1918, ND 1968). – H.J.Smit (Hg.), Bronnen tot de geschiedenis van den handel met Engeland, Schotland en Ireland 1150–1485. 2 Bde. (1928). – A.C.Chibnall (Hg.), Early Taxation Returns, Taxation of Personal Property in 1332 and Later (1966). – W.D.Macray (Hg.), Beaumont Papers. Letters Relating to the Family of

Beaumont, of Whitley, Yorkshire from the Fifteenth to the Seventeenth Centuries
(1884). – M. M. Chibnall (Hg.), Select Documents of the English Lands of the Abbey of Bec (Camden Soc., 3. Ser. 73, 1951). – Vgl. außerdem unten S. 260 ff.

b) Quellen von den Anfängen bis zum Ende der römischen Besetzung

Für den hier angesprochenen Zeitraum kommen *literarische* Quellen im engeren
Sinne nur in relativ beschränktem Umfange in Betracht. Es handelt sich um Darstellungen, Reiseberichte oder auch nur um Einzelhinweise bei den antiken griechi-
schen und römischen Autoren, die – soweit sie auf England Bezug nehmen – bei
Graves Nr. 2025 mit den heute heranzuziehenden Editionen zusammengestellt sind
(vgl. hierzu auch C. G. Stevens, Ancient Writers of Britain. In: Antiquity 1 [1927]
S. 189–196).

Von den literarischen Quellen im weiteren Sinne sind vor allem zu nennen:
O. Cuntz (Hg.), Itineraria Antonini Augusti et Burdigalense (Itineraria Romana 1,
1929).

Beim *Itinerarium provinciarum Antonini Augusti* handelt es sich im wesentlichen
um eine wahrscheinlich im 3. Jahrhundert n. Chr. aufgezeichnete, aber lediglich in
einer Redaktion des beginnenden 4. Jahrhunderts überlieferte Straßenbeschrei-
bung, die Angaben über die wichtigsten Städte und Orte des römischen Reiches sowie die zugehörigen Straßenverbindungen mit den entsprechenden Entfernungs-
angaben enthält. Vgl. hierzu im einzelnen die Literatur bei Graves Nr. 2029 und
zur Frage der Entstehungsgeschichte auch die Kontroverse zwischen D. v. Berchem, Les itinéraires de Caracalla et l'Itinéraire Antonin. In: Actes du IXe congrès
international d'études sur les frontières Romaines (1974) S. 301–307 und N. Reed,
Pattern and Purpose in the Antonine Itinerary. In: AJPhil 99 (1978) S. 228–254.
Für den britannischen Teil ist außerdem besonders wichtig: A. L. F. Rivet, The British Section of the Antonine Itinerary. In: Britannia 1 (1970) S. 34–82.

Um eine für den praktischen Gebrauch besonders schmal gestaltete Straßenkarte
des römischen Reiches handelt es sich bei sogenannten *Tabula itineraria Peutinge-*
riana, die – benannt nach ihrem Besitzer im 16. Jahrhundert, dem Augsburger Bürger Konrad Peutinger, und überliefert in einer Kopie vom Jahre 1265 – wahrscheinlich im 3. oder 4. Jahrhundert angefertigt wurde, wobei allerdings der Britannien betreffende Teil unvollständig ist. Das Werk liegt nun in einer vollständigen
Faksimileausgabe im Originalformat (mit Angabe der modernen Ortsnamen) vor:
E. Weber (Hg.), Tabula Peutingeriana. Codex Vindobonensis 324 (1976). Vgl.
hierzu auch die bei Graves Nr. 2032 genannte Literatur.

O. Seeck, *Notitia dignitatum* (1876, ND 1962).

In dieser Quelle ist ein offizielles Register der militärischen und zivilen Würden-
träger des römischen Reiches mit Angaben über den Verwendungsort und die Anzahl der unterstellten Truppen überliefert, das als eine Art „Staatshandbuch" für
den täglichen Dienstgebrauch wahrscheinlich zu Beginn des 5. Jahrhunderts aufgezeichnet wurde; vgl. hierzu die Literatur bei Graves Nr. 2030 und neuerdings auch
J. H. Ward, The British Sections of the Notitia Dignitatum. An Alternative Interpretation. In: Britannia 4 (1973) S. 253–263. – R. Goodborn und Ph. Bartholomew,
Aspects of the Notitia Dignitatum (Brit.Arch.Rep. Suppl.Ser. 15, 1976). – R. Grigg,
Portrait-Bearing Codicils in the Illustrations of the Notitia Dignitatum? In: JRS 69
(1979) S. 107–124.

Im Rahmen dieses Abschnittes kommt in Anbetracht der Dürftigkeit der überlieferten schriftlichen Quellen naturgemäß dem *archäologischen* und *numismatischen* Material besondere Bedeutung zu. Zum Stand der *archäologischen Forschung* vgl. für den hier interessierenden Zeitabschnitt insbesondere:

N. Thomas, A Guide to Prehistoric England (1960). – J. Hawkes, A Guide to the Prehistoric and Roman Monuments in England and Wales (²1973). – R. G. Collingwood und I. Richmond, The Archaeology of Roman Britain. With a Chapter by B. R. Hartley on Samian Ware (²1969).

Über die neuesten Entdeckungen und Grabungsergebnisse wird fortlaufend in der Zeitschrift *Britannia* unter der Rubrik *Roman Britain* berichtet.

Den Zugang zu den noch sichtbaren Denkmälern der Römerzeit eröffnet:

R. J. A. Wilson, A Guide to Roman Remains in Britain. With a Foreword by J. M. C. Toynbee (1975).

Vgl. außerdem auch D. J. Breeze und B. Dobson, Hadrian's Wall (1976). – J. Forde-Johnston, Hadrian's Wall (1978). – A. S. Robertson, The Antonine Wall (1970).

In diesem Zusammenhang sind auch die vom *Ordnance Survey* herausgegebenen Kartenwerke mit der Angabe der archäologischen Fundstellen zu nennen:

Map of Roman Britain (⁴1978). – Map of Southern Britain in the Iron Age (1962). – Map of the Antonine Wall (1969). – Map of the Hadrian's Wall (1964).

Das *epigraphische Material* liegt vor in:

R. G. Collingwood und R. P. Wright (Hg.), The Roman Inscriptions of Britain. Bd. 1: Inscriptions on Stone (1965). Eine gut kommentierte Teilauswahl mit englischer Übersetzung bietet: A. R. Burn, The Romans in Britain. An Anthology of Inscriptions (²1969).

In diesem Zusammenhang sei auf einen aufsehenerregenden epigraphischen Fund im weiteren Sinne, die *Vindolanda-Schreibtafeln,* besonders hingewiesen. Es handelt sich um einen Bestand beschrifteter hölzerner Schreibtafeln, die durch einen glücklichen Zufall im Jahre 1973 im Rahmen der Grabungsarbeiten um die römische Lagerstadt Vindolanda am Hadrianswall entdeckt wurden und unversehrt geborgen werden konnten. Die bisher entzifferten Stücke machen deutlich, daß es sich um relativ genau datierbare (85–105 n. Chr.) Privatkorrespondenzen und Abrechnungen handelt, die das Alltagsleben der Legionäre (z. B. Lieferung von Lebensmitteln, Kleidern und Ausrüstungsgegenständen) betrafen. Die volle Bedeutung des Fundes als historische Quelle läßt sich z. Zt. noch nicht abschätzen; man wird jedoch kaum in der Annahme fehlgehen, daß die Entdeckung neue Erkenntnisse über die allgemeinen Lebensbedingungen einer römischen Grenzgarnison wie auch über die Entwicklung der lateinischen Sprache und Schrift im Alltagsmilieu bringen wird. Zur Einführung in den Gegenstand vgl. R. Birley, Vindolanda. A Roman Frontier Post on Hadrian's Wall (1977) S. 132–157. – A. K. Bowman und J. D. Thomas, The Vindolanda Writing Tablets (1974). – A. K. Bowman, The Vindolanda Writing Tablets and the Development of the Roman Book Form. In: Zeitschr. für Papyrologie und Epigraphik 18 (1975) S. 237–252.

Zum *numismatischen Material* vgl. bereits oben S. 213 f. und außerdem für die *vorrömische Zeit:*

J. Evans, The Coins of the Ancient Britons (1864, Suppl. 1890). – R. P. Mack, The Coinage of Ancient Britain (1953).

Für die *römische Zeit* ist heranzuziehen:

C.H.V.Sutherland, Coinage and Currency in Roman Britain (1937). – G.Askew, The Coinage of Roman Britain (1951).

c) Quellen zur angelsächsisch-skandinavischen Epoche (ca. 450–1066)

Quellensammlungen und Handschriftenverzeichnisse

Eine vorzüglich kommentierte Auswahl der in Betracht kommenden Quellen bieten (in englischer Übersetzung) die beiden ersten Bände der *English Historical Documents* (siehe oben S. 221).
Vgl. außerdem F.E.Harmer (Hg.), Select English Historical Documents of the Ninth and Tenth Centuries (1914). – M.Ashdown (Hg.), English and Norse Documents Relating to the Reign of Ethelred the Unready (1930).
Die bisher bekanntgewordenen Handschriften in angelsächsischer Sprache sind erfaßt in:
N.R.Ker, Catalogue of Manuscripts Containing Anglo-Saxon (1957). – Ders., A Supplement to Catalogue of Manuscripts Containing Anglo-Saxon. In: ASE 5 (1976) S. 121–32. – Vgl. auch Gneuss (oben S. 210). Über neuere Ergänzungen berichtet fortlaufend die Zeitschrift *Scriptorium* (1946 ff.).
Zu den ältesten lateinischen Handschriften vgl.:
E.A.Lowe, Codices Latini antiquiores. Bd. 1 (1931–71), Bd. 2 (²1972).

Erzählende Quellen

Unter den für die angelsächsisch-skandinavische Epoche überlieferten erzählenden Quellen nehmen zwei Werke, die *Kirchengeschichte* des *Beda Venerabilis* und die sogenannte *Angelsächsische Chronik* eine Sonderstellung ein.
Beda Venerabilis (geb. 672/73, † 735) lebte als Mönch in der Abtei Jarrow/Northumbrien. Seine Schriften, vor allem seine *Kirchengeschichte,* lassen ein Maß an Gelehrsamkeit und Fähigkeit zur historischen Analyse erkennen, das in dieser Zeit sonst weder in England noch auf dem Kontinent erreicht wurde, und weisen den Autor als einen vorzüglichen Gewährsmann für die von ihm beschriebene Epoche aus.
Seine bedeutendste Schrift, die *Historica ecclesiastica gentis Anglorum,* setzt nach einer kurzen Einleitung über die geographischen Verhältnisse der britischen Inseln, ihre römische Vergangenheit und die angelsächsische Landnahme, mit der Missionierung durch den Hl.Augustin (592) ein und reicht bis zum Jahre 731. Das Werk liegt heute in einer modernen Ausgabe mit englischer Übersetzung vor:
B.Colgrave und R.A.B.Mynors (Hg.), Bede's Ecclesiastical History of the English People (OMT 1969).
Wegen ihrer vorzüglichen Kommentierung ist daneben aber auch noch die alte Ausgabe von Ch.Plummer (Hg.), Baedae historia ecclesiastica gentis Anglorum. Venerabilis Baedae opera historica. 2 Bde. (1896) sowie als Hilfsmittel zur Erschließung auch P.F.Jones, A Concordance to the Historia Ecclesiastica of Bede (Medieval Academy of America 2, 1929) heranzuziehen. Eine deutsche Übersetzung des von B.Colgrave und R.A.B.Mynors edierten Textes wird z.Zt. mit Einleitung, Anmerkungen und Glossar von G.Spitzbart im Rahmen der von der Wissenschaftlichen Buchgesellschaft, Darmstadt, hg. Reihe *Texte zur Forschung* vorbereitet.
Zur umfangreichen Literatur über Beda und sein Werk vgl. die Angaben bei Graves

Nr. 2148 und Gransden S. 13–28 sowie P. H. Blair, The Historical Writings of Bede. In: La Storiografia Altomedioevale (Settimane di studio del Centro Italiano di studi sull' alto medioevo 17, 1970) S. 197–221. – Ders., The Age of Bede (1970). – G. Bonner, Bede and Medieval Civilization. In: ASE 2 (1973) S. 71–90. – Ders., (Hg.), Famulus Christi. Essays in Commemoration of the Thirteenth Centenary of the Birth of the Venerable Bede (1976). – K. Harrison, The Framework of Anglo-Saxon History to A. D. 900 (1976) S. 76–119. – J. N. Stephens, Bede's Ecclesiastical History. In: History 62 (1977) S. 1–14. – R. T. Farrell (Hg.), Bede and Anglo-Saxon England. Papers in Honour of the 1300th Anniversary of the Birth of Bede, Given at Cornell University in 1973 and 1974 (Brit. Arch. Rep. 46, 1978). – J. T. Rosenthal, Bede's Ecclesiastical History and the Material Conditions of Anglo-Saxon Life. In: JBS 19 (1979) S. 1–17. – R. Ray, Bede's Vera Lex Historiae. In: Speculum 55 (1980) S. 1–21. – H. J. Diesner, Fragen der Macht- und Herrschaftsstruktur bei Beda (Abh. Mainz 8, 1980).

Bei der *Angelsächsischen Chronik* handelt es sich um eine, vielleicht von König Alfred d. G. im Jahre 893 in Auftrag gegebene Sammlung und Neubearbeitung älterer in der angelsächsischen Volkssprache überlieferter Annalenwerke. Diese Neuredaktion wurde dann wahrscheinlich an zahlreiche Abteien quer durch ganz England versandt, die das Werk kopierten und in jeweils unterschiedlichen Einzelversionen zum Teil bis zum Jahre 1154 weiterführten. Wenn auch die Art der Überlieferung – die Alfredsche Redaktion selbst liegt nicht mehr vor und muß aus den unterschiedlichen, zum Teil wesentlich jüngeren Fassungen erschlossen werden – der Forschung manche Probleme aufgibt, so besteht doch über den hohen Quellenwert der Sammlung – jedenfalls für die Zeit ab dem endenden 6. Jahrhundert – kaum ein Zweifel. Die beste Edition liegt vor in:
Ch. Plummer und D. Whitelock (Hg.), Two of the Saxon Chronicles Parallel. 2 Bde (²1952), die allerdings nicht die gesamte Überlieferung berücksichtigt. Als Ergänzung ist daher immer noch die alte, editorisch allerdings nicht befriedigende Ausgabe von B. Thorpe (Hg.), The Anglo-Saxon Chronicle. 2 Bde. (RS 1861) von Nutzen. Eine auf 23 Bde. angelegte Neuausgabe, die die gesamte Überlieferung erfassen soll, wird z. Zt. unter der Leitung von D. Dumville und S. Keynes vorbereitet und soll ab Frühjahr 1982 unter dem Titel *Anglo-Saxon Chronicle. A Collaborative Edition* erscheinen. Als Übersetzung ist heranzuziehen: The Anglo-Saxon Chronicle. A Revised Translation, hg. v. D. Whitelock, D. Douglas und S. I. Tucker (1961).

Zur Textüberlieferung und zum Quellenwert vgl. D. Whitelock, English Historical Documents 1 (oben S. 221) S. 109–116, 135 f. – Graves Nr. 2142. – R. Wenskus, ‚Angelsächsische Chronik'. In: RLGA 1 (²1973) S. 318 ff. – Gransden S. 29–41 mit den jeweiligen Literaturangaben sowie neuerdings auch K. Harrison, The Framework of Anglo-Saxon History to A. D. 900 (1976) S. 120–141. – A. Lutz, Zur Rekonstruktion der Version G der Angelsächsischen Chronik. In: Anglia 95 (1977) S. 1–19. – J. Bately, The Compilation of the Anglo-Saxon Chronicle 60 BC to AD 890. Vocabulary as Evidence. In: PBA 64 (1978) S. 93–129. – Ders., World History in the Anglo-Saxon Chronicle. Its Sources and Separateness from the Old English Orosius. In: ASE 8 (1979) S. 177–194.

Für die Zeit vor dem endenden 6. Jahrhundert bieten Beda und die Angelsächsische Chronik nur wenige, zum Teil auf legendäre Überlieferung zurückgehende Notizen. Für diese Epoche, die man wegen der Dürftigkeit der Überlieferung auch

Englands „Dark Age" genannt hat, vgl. allgemein D.N.Dumville, Sub-Roman Britain. History and Legend. In: History 62 (1977) S. 173–192.

Als Quelle ist hier zunächst das Werk eines zu Beginn des 6.Jahrhunderts in Südwestengland lebenden Briten, mit Namen Gildas (geb. um 495, † 570), heranzuziehen, der in seiner Schrift De excidio et conquestu Britanniae, beginnend mit der Zeit der römischen Besetzung, auch über die angelsächsische Eroberung und Besiedlung berichtet. Wer allerdings hier – ausgehend vom Titel – eine umfassende Schilderung der angelsächsischen Landnahme und ihrer Folgen erwartet, sieht sich getäuscht. Der Autor scheint nur über die Verhältnisse in Südwestengland unterrichtet gewesen zu sein, er bietet zudem nur wenige präzise Angaben und Daten; dennoch neigt die moderne Forschung dazu, den Quellenwert der Schrift relativ hoch einzuschätzen, zumal es sich um die einzige Quelle handelt, die für diese Epoche englischer Geschichte als zeitgenössisch gelten kann.

Die beste Edition bietet zur Zeit noch:

Th. Mommsen (Hg.), Gildas, De excidio et conquestu Britanniae. In: MGH AA 13 (1894) S. 1–85.

Der Text Mommsens ist mit einer englischen Übersetzung, einer historischen Einführung sowie einer Zusammenstellung anderer Textvarianten wieder abgedruckt bei M. Winterbottom (Hg.), Gildas. The Ruin of Britain and other Works (1978).

Zur Kritik an der Ausgabe Mommsens vgl. W.H.Davies, Gildas. Some Textual Notes and Corrections. In: PBSchR 15 (1939) S.42–48. – P.Grosjean, Remarques sur le De Excidio attribué à Gildas. In: Bull. Du Cange 25 (1955) S.155–176. – M.Winterbottom, Notes on the Text of Gildas. In: JThSt N.S. 27 (1976) S.132–140. – Dumville, Sub-Roman Britain (oben) S. 179ff.

Zum Quellenwerk und zur Datierung des Werkes vgl. Graves Nr.2162 und Gransden S. 1–7 sowie auch M. Miller, Bede's Use of Gildas. In: EHR 90 (1975) S.241–261. – Ders., Relative and Absolute Publication Dates of Gildas's De Excidio in Medieval Scholarship. In: BBCS 26 (1975) S. 169–174. – Th. D. O'Sullivan, The Excidio of Gildas. Its Authenticity and Date (1978). – E. A. Thompson, Gildas and the History of Britain. In: Britannia 10 (1979) S. 203–226.

Noch geringer als bei Gildas ist der Aussagewert der Historia Brittonum des Nennius zu veranschlagen. Es handelt sich um eine wahrscheinlich um das Jahr 830 verfaßte Schrift, die – ohne erkennbares Ordnungsprinzip – ganz unterschiedliche Beiträge, wie eine Beschreibung Britanniens, Traktate über die Geschichte der Briten und das Leben einzelner Heiliger sowie Genealogien der Königsfamilien und eine Liste der britischen Städte, aneinanderreiht, die insgesamt gesehen neben vielen Irrtümern und Mißverständnissen nur wenige historisch zuverlässige Angaben enthalten.

Die Schrift liegt bisher nur in einer veralteten Ausgabe vor: Nennius et l'histoire Brittonum. Étude critique, suivie d'une édition des diverses versions de ce texte, hg. v. F.Lot (1934). Eine moderne Edition wird zur Zeit von D.N.Dumville vorbereitet. Vgl. hierzu vorläufig D.N.Dumville, Nennius and the Historia Brittonum. In: Studia Celtica 10/11 (1975/76) S.78–95. – Ders., On the North British Section of the Historia Brittonum. In: WHR 8 (1977) S.345–354.

Neben den bisher angeführten Quellen sind für die angelsächsisch-skandinavische Epoche noch von Bedeutung:

The Chronicle of Aethelweard, hg. (mit engl. Übersetzung) v. A.Campbell (Med. Texts 1962).

Es handelt sich um die Chronik eines angelsächsischen Ealdormannes, der dieses Amt von ca. 975 bis 1005 bekleidete. Die Chronik nimmt insofern eine Sonderstellung ein, als hier erstmalig für die englische Geschichte eine Laienchronik vorliegt, die zudem nicht in der angelsächsischen Volkssprache, sondern in der Gelehrtensprache Latein abgefaßt ist. Vgl. hierzu die Literatur bei Graves Nr. 2140 sowie Gransden S. 42–45.

Königsbiographien
Asser's Life of Alfred, Together with the Annals of Saint Neots, Erroneously Ascribed to Asser, hg. v. W. H. Stevenson (1904, ND mit Lit.-Nachtrag v. D. Whitelock 1959). Zur früher umstrittenen Autorschaft Assers, Bischofs von Sherborne († 910), vgl. heute D. Whitelock, The Genuine Asser (1967) und Gransden S. 46–53.

Encomium Emmae reginae, hg. v. A. Campbell (RHS Camden, 3. Ser. 72, 1949) [zeitgenössische Chronik eines Mönchs von St. Omer, reicht von 1012 bis 1042; vgl. hierzu neuerdings M. M. Campbell, The Encomium Emmae Reginae. Personal Panegyric or Political Propaganda? In: Annuale Mediaevale 19 (1979) S. 27–45]. – Vita Aedwardi regis qui apud Westmonasterium requiescit. The Life of the King Edward who Rests at Westminster, Attributed to a Monk of St. Bertin, hg. v. F. Barlow (Med. Texts 1962) [zur Frage der Autorschaft und Datierung vgl. die Literatur bei Graves Nr. 2171 sowie Gransden S. 60 ff.].

Von einigem Wert sind auch die überlieferten *Königsgenealogien* und *-listen;* vgl. hierzu neuerdings D. N. Dumville (Hg.), The Anglian Collection of Royal Genealogies and Regnal Lists. In: ASE 5 (1976) S. 23–50. – Ders., Kingship, Genealogies and Regnal Lists. In: P. H. Sawyer und I. N. Wood (Hg.), Early Medieval Kingship (1977) S. 72–104.

Heiligenviten und andere Lebensbeschreibungen
Vgl. hierzu allgemein B. Colgrave, The Earliest Saints' Lives Written in England. In: PBA 44 (1958) S. 35–60. – Anglo-Saxon Saints and Heroes, hg. v. C. Albertson (1967) [enthält die Lebensbeschreibungen der Heiligen, bzw. Bischöfe oder Äbte Cuthbert, Wilfried, Guthlac, Ceolfrith, Willibrord und Bonifatius sowie Bedas Geschichte der Äbte von Wearmouth und Jarrow]. – Three Lives of English Saints, hg. v. M. Winterbottom (1972) [enthält Aelfrics und Wulfstans Lebensbeschreibungen des Hl. Ethelwold sowie Abbos Lebensbeschreibung des Hl. Edmund]. – The Anglo-Saxon Missionaries in Germany. Being the Lives of SS. Willibrord, Boniface, Sturm, Leoba, and Lebuin. Together with The Hodoeporicon of St. Willibald, and a Section from the Correspondence of St. Boniface (1954). – Aethelwulf, De Abbatibus, hg. v. A. Campbell (1967). – Adomnán, Life of Columba, hg. v. A. O. und M. O. Anderson (1961). – Memorials of St. Dunstan, hg. v. W. Stubbs (RS 1874). – Vita Oswaldi archiepiscopi Eboracensis auctore anonymo, hg. v. J. Raine. In: Historians of the Church of York and its Archbishops 1 (RS 1879) S. 399–475. – The Life of Bishop Wilfried by Eddius Stephanus, hg. (mit engl. Übersetzung) v. B. Colgrave (1927).

Zu den *keltischen* erzählenden Quellen vgl. im einzelnen die Nachweise bei Hughes (oben S. 210), Jack (oben S. 210) sowie Smyth (oben S. 210).

Briefe und Lehrschriften

Sancti Columbani opera, hg. v. G.S.M.Walker (Scriptores Latini Hiberniae 2, 1957). – Aldhelmi opera, hg. v. R.Ehwald. 3 Teile in einem Band (MGH AA 15, 1913–19). – Sancti Bonifacii opera omnia, hg. v. J.A.Giles. 2 Bde. (Patres Ecclesiae Anglicanae 1844). – Documenta de S.Patricio Hibernorum apostulo ex libro Armachano, hg. v. E.Hogan. 2 Bde. (1882–89).

Dokumentarische Quellen

Gesetze und andere Rechtstexte

Als Standardwerk ist hierfür nach wie vor heranzuziehen: Die Gesetze der Angelsachsen, hg. (mit deutscher Übersetzung) v. F.Liebermann. 3 Bde. (1898–1916) [wichtig vor allem durch das ausführliche Glossar (Bd. 2) und den vorzüglichen Kommentar (Bd. 3)].
Vgl. außerdem K.A.Eckhardt (Hg.), Gesetze der Angelsachsen 601–925 (1958) [Ausgabe und deutsche Übersetzung der Gesetze von Aethelberth bis Athelstan]. – B.Thorpe und R.Price (Hg.), Ancient Laws and Institutes of England, with an English Translation of the Saxon, also Monumenta Ecclesiastica. 2 Bde. (1840).
Die zwischen 1110 und 1118 aufgezeichneten sogenannten Gesetze Heinrichs I., die neben der Krönungscharta Heinrichs altes angelsächsisches Gewohnheitsrecht enthalten, liegen in einer Neuausgabe vor:
Leges Henrici Primi, hg. (mit engl. Übersetzung) v. L.J.Downer (1972).
Vgl. hierzu auch die Literatur bei Graves Nr. 2186.
Zur angelsächsischen Gesetzgebung und Rechtsentwicklung allgemein vgl. neben der Literatur bei Graves S. 300f. neuerdings auch C.P.Wormald, Lex Scripta and Verbum Regis. Legislation and Germanic Kingship, from Euric to Cnut. In: P.H.Sawyer und J.N.Wood (Hg.), Early Medieval Kingship (1977) S. 105–38.

Urkunden

Da nur relativ wenige Editionen vorliegen, die modernen Ansprüchen genügen, sollte man beim Studium angelsächsischer Urkunden zunächst zu einem unentbehrlichen Standardwerk greifen, das die bisher bekannt gewordenen Urkunden auflistet und den Zugang zu den einzelnen Editionen eröffnet:
P.H.Sawyer, Anglo-Saxon Charters. An Annotated List and Bibliography (RHS Guides and Handbooks 8, 1968).
Zu den Fortschritten auf dem Felde der Urkundenedition in jüngster Zeit vgl. auch N.Brooks, Anglo-Saxon Charters. The Work of the Last Twenty Years. In: ASE 3 (1974) S. 211–231 und M.Gelling, Recent Work on Anglo-Saxon Charters. In: Local Historian 13 (1978) S. 209–215.
Eine umfassende Neuedition der Diplome (charters) mit detaillierten Erläuterungen und Glossaren, gegliedert nach den jeweiligen archivalischen Provenienzbeständen, wird zur Zeit von einem Ausschuß der British Academy und der Royal Historical Society in Angriff genommen. Bisher sind erschienen:
Anglo-Saxon Charters. Bd. 1: The Charters of Rochester, hg. v. A.Campbell (British Academy 1973). – Anglo-Saxon Charters. Bd. 2: Charters of Burton Abbey, hg. v. P.H.Sawyer (British Academy 1979).
Bis zum vollständigen Erscheinen der Reihe ist man noch auf die älteren, editorisch allerdings nicht immer befriedigenden Urkundensammlungen angewiesen:

J.M.Kemble (Hg.), Codex diplomaticus aevi Saxonici. 6 Bde. (Engl.Hist.Soc. 1839–48) [enthält 1369 Urkunden vom Jahre 604 bis ca. 1061; vgl. die Literatur bei Graves Nr. 2201]. – W. de G. Birch (Hg.), Cartularium Saxonicum. A Collection of Charters Relating to Anglo-Saxon History (A.D. 430–975). 3 Bde. (1885–93, ND 1963) und Indexband: Index Saxonicus. An Index to the Names of Persons in Cartularium Saxonicum (1899, ND 1963) [enthält 1354 zum großen Teil bei Kemble nicht erfaßte Stücke]. – Anglo-Saxon Charters, hg. (mit engl. Übersetzung) v. A.J.Robertson (1939, ²1957) [gute Edition, erfaßt aber nur einen Teilbereich].

Vor allem als Hilfsmittel für den Regionalhistoriker ist das von *H.P.R.Finberg* und *C.Hart* ins Werk gesetzte Unternehmen gedacht, die einzelnen angelsächsischen Diplome, soweit sie Rechte an Grund und Boden betreffen, listenmäßig nach Grafschaften geordnet (mit Angabe der Druckorte) zu erfassen. Im Rahmen dieses Vorhabens ist bisher als letzter Band erschienen: The Early Charters of Northern England and the North Midlands, hg. v. C.J.R.Hart (1975). Die früheren Bände sind aufgelistet bei Brooks, Anglo-Saxon Charters (oben S.228) S.213.

Von den Diplomen (charters) sind die *wills* (letztwillige Verfügungen) als eine eigenständige Urkundengruppe zu unterscheiden. Hierfür liegt eine zuverlässige Ausgabe mit Erläuterungen vor in: Anglo-Saxon Wills, hg. (mit engl. Übersetzung und Anmerkungen) v. D.Whitelock und H.D.Hazeltine (Cambridge Studies in English Legal History 1930). Als Nachtrag vgl. außerdem The Will of Aethelgifu, hg. v. D.Whitelock, N.Ker und Lord Rennell (1968).

Eine Besonderheit im Vergleich zum kontinentalen Urkundenwesen bilden die sogenannten *writs (brevia)*. Es handelt sich dabei um kurze, am ehesten den festländischen Mandaten vergleichbare Befehle und Mitteilungen an Einzelpersonen, die ausnahmslos in der angelsächsischen Volkssprache abgefaßt und mit einem Wachssiegel beglaubigt waren, und die vor allem von der Krone gegenüber den lokalen Amtsträgern als Instrumentarium zur Ausführung von Verwaltungsanweisungen eingesetzt wurden. Eine moderne Edition der überlieferten angelsächsischen writs liegt (mit engl. Übersetzung und Erläuterungen) vor in: F.E.Harmer (Hg.), Anglo-Saxon Writs (1952).

Vgl. hierzu auch G.Barraclough, The Anglo-Saxon Writ. In: History N.S. 39 (1954) S.193–215.

Mönchsregeln und liturgische Quellen
Hier sind hervorzuheben:
Regularis concordia Anglicae nationis monachorum sanctimonialiumque, hg. (mit engl. Übersetzung) v. Dom Th.Symons (Nelson's Med. Classics 1953). – C.E. Hohler (Hg.), Some Service Books of the Later Saxon Church. In: D.Parsons (Hg.), Tenth Century Studies (1975) S.60–83.

Sonstige Quellen

Unter den sonstigen Quellen ist an erster Stelle der berühmte *Teppich von Bayeux* zu nennen. Es handelt sich um einen fast 40 Meter langen und gut einen halben Meter breiten Wandbehang aus Leinen, auf den mit farbiger Wolle eine fortlaufende und mit kurzen lateinischen Texten erläuterte Szenenfolge zur Schlacht von Hastings (1066) und ihrer Vorgeschichte aufgestickt ist. Wenn auch Datierung und

Entstehungsgeschichte des Werkes im einzelnen umstritten sind, so besteht doch in der Forschung darüber Einigkeit, daß es sich hierbei um ein (zumindest im weiteren Sinne) zeitgenössisches Dokument mit hohem historischem Aussagewert handelt, das in dieser Form für das gesamte Abendland Einmaligkeit beanspruchen kann.

Eine mustergültige Ausgabe und Kommentierung liegt vor in: Der Wandteppich von Bayeux. Ein Hauptwerk mittelalterlicher Kunst, mit einführenden Essays von Sir F. M. Stenton u. a. (1957), wo allerdings nicht alle Szenen in der Form von Farbtafeln wiedergegeben werden. Eine Reproduktion des Teppichs ausschließlich in Farbe bieten dagegen: K. M. Setton, 900 Years Ago. The Norman Conquest. In: National Geographic 130 (1966) S. 206–251 und neuerdings auch L. Thorpe, The Bayeux Tapestry and the Norman Invasion (The Folio Society 1973) [mit aufschlußreichem Kommentar]. Zur Bedeutung des Teppichs vgl. auch C. H. Gibbs-Smith. The Bayeux Tapestry (1973). – O. K. Werckmeister, The Political Ideology of the Bayeux Tapestry. In: Studi Medievali, 3. Ser. 17 (1976) S. 35–95. – N. P. Brooks und H. E. Walker, The Authority and Interpretation of the Bayeux Tapestry. In: Proceedings of the Battle Conference on Anglo-Norman Studies I, 1978, hg. v. R. A. Brown (1979) S. 1–34. – J. B. McNulty, The Lady Aelfgyva in the Bayeux Tapestry. In: Speculum 55 (1980) S. 659–668.

Auch im Rahmen dieser Epoche kommt dem *archäologischen* und *numismatischen Material* eine hohe Bedeutung zu. Eine gute Einführung in den Stand der Forschung bieten: D. M. Wilson (Hg.), The Archaeology of Anglo-Saxon England (1976). – Archaeology and Anglo-Saxon Society. In: Problems in Economic and Social Archaeology, hg. v. G. de Sieveking, I. H. Longworth und K. E. Wilson (1976) S. 309–322. – R. L. S. Bruce-Mitford, Aspects of Anglo-Saxon Archaeology. Sutton Hoo and other Discoveries (1974). – C. Hills, The Archaeology of Anglo-Saxon England in the Pagan Period. A Review. In: ASE 8 (1979) S. 297–329. – S. Ch. Hawkes, D. Brown und J. Campbell (Hg.), Anglo-Saxon Studies in Archaeology and History I (Brit.Arch.Rep. 72, 1979).

Über neue Ausgrabungen und Entdeckungen informiert regelmäßig der Abschnitt *Medieval Britain (Teil I)* in der Zeitschrift *Medieval Archaeology.* Vgl. auch die fortlaufend erscheinenden Abhandlungen der Reihe *British Archaeological Reports (1974ff.).*

Auf einen spektakulären Fund, das *Schiffsgrab von Sutton Hoo,* sei noch besonders hingewiesen. Es handelt sich um ein 1939 entdecktes und mittlerweile geborgenes, ca. 26 Meter langes Schiff, das am Ostufer des Flusses Deben unweit der ostanglischen Königsresidenz Rendlesham/Suffolk unter einem vier Meter hohen Hügel vergraben war und in seinem Innern eine Schatzkammer mit wertvollen Grabbeigaben, wie Waffen, Helmen, Münzen u. a., enthielt. Die kostbare Ausstattung deutet auf das Begräbnis eines ostanglischen Königs (um 625) hin, wobei jedoch zahlreiche Fragen – wie z. B. u. a. auch die genaue Datierung – bis heute noch nicht eindeutig geklärt werden konnten.

Die beste Einführung in den Gegenstand und die damit verbundenen Probleme bietet vorerst: R. L. S. Bruce-Mitford, The Sutton Hoo Ship-Burial. A Handbook (²1972). Vom gleichen Autor wird eine umfassende Publikation der Ausgrabungs- und Forschungsergebnisse in vier Bänden vorbereitet. Hiervon ist bis jetzt erschienen:

Ders., The Sutton Hoo Ship-Burial. Bd. 1: Excavations, Background, the Ship, Dating and Inventory (1975); Bd. 2: Arms, Armour and Regalia (1977). Vgl. hierzu auch R.L.S. Bruce-Mitford, The Sutton Hoo Ship Burial. Reflections after Thirty Years (1979) sowie B. Grohskopf, The Treasure of Sutton Hoo. Ship-Burial for an Anglo-Saxon King (1971). – M. Briddle, A. Binns, J.M. Cameron, D.M. Metcalf, R.I. Page, C. Sparrow und F.L. Warren, Sutton Hoo Published. A Review. In: ASE 6 (1977) S. 249–265.

Den Zugang zum *epigraphischen Material* eröffnen: E. Okasha, Hand-List of Anglo-Saxon Non Runic Inscriptions (1971). – R.I. Page, An Introduction to English Runes (1973). Zu den angelsächsischen Runeninschriften vgl. auch A. Becker, Franks Casket. Zu den Bildern und Inschriften des Runenkästchens von Auzon (1973).

Zur Einführung in das *numismatische Material* vgl.: M. Dolley, Anglo-Saxon Pennies (1964). – Ders., Viking Coins of the Danelaw and Dublin (1965). – R.H.M. Dolley (Hg.), Anglo-Saxon Coins (1961). – S. Lyon, Some Problems in Interpreting Anglo-Saxon Coinage. In: ASE 5 (1976) S. 173–224. – D.W. Dykes, Anglo-Saxon Coins in the National Museum of Wales (1977). – Ph. Grierson, Dark Age Numismatics. Selected Studies (1979).

Den Zugang zum Material selbst eröffnet die Reihe *Sylloge of Coins of the British Isles, hg. v. d. British Academy (1958ff.),* die in zahlreichen Bänden Ablichtungen meist aus der Angelsachsenzeit stammender englischer Münzen mit kurzen Erläuterungen bietet. Die ersten 12 Bände sind bei Graves Nr. 704 aufgelistet; als letzter Band ist bisher erschienen: A. Gunstone, A Sylloge of Coins of the British Isles. Bd. 27: Coins in the Lincolnshire Collections (1980).

Als Quellen für die Geschichte des angelsächsisch-skandinavischen Englands sind auch die überlieferten *Ortsnamen* von einiger Bedeutung, die wichtige Erkenntnisse über die Besiedlungsverhältnisse des Landes beisteuern. Vgl. zur Einführung: K. Cameron, English-Place-Names (³1977). – K. Cameron und M. Gelling (Hg.), Place-Name Evidence for the Anglo-Saxon Invasion and Scandinavian Settlements. Eight Studies (Engl. Place Name Soc. 1975). – K. Cameron, The Significance of English Place-Names. In: PBA 62 (1976) S. 135–155. – G. Fellows-Jensen, Place-Name Research and Northern History. A Survey. In: Northern History 8 (1973) S. 1–23.

Als Beispiele für neuere Einzeluntersuchungen vgl. die fortlaufend in der Reihe der *English Place-Name Society* zu einzelnen Grafschaften erscheinenden Studien sowie G. Fellows-Jensen, Place-Names and Settlements in the North Riding of Yorkshire. In: Northern History 14 (1978) S. 19–46.

Unter den sonstigen Quellen sei endlich noch kurz auf die Fülle der *altenglischen Reim- und Prosaliteratur* verwiesen, in die folgende Werke einführen: A.C. Baugh (Hg.), A Literary History of England. Bd. 1, Teil 1 (1967). – W.F. Bolton, A History of Anglo-Latin Literature 597–1066. Bd. 1 (1967). – S.B. Greenfield, A Critical History of Old English Literature (1965). – E.G. Stanley (Hg.), Continuations and Beginnings. Studies in Old English Literature (1966). – C.L. Wrenn, A Study of Old English Literature (1967). – K.H. Göller, Geschichte der altenglischen Literatur (1971). – M.M. Gatch, Beginnings Continued. A Decade of Studies of Old English Prose. In: ASE 5 (1976) S. 225–243. – S. Greenfield und F.C. Robinson, Bibliography of Publications on Old English Literature to the

End of 1972 (1980). – E.G.Stanley, The Scholarly Recovery of the Significance of
Anglo-Saxon Records in Prose and Verse. A New Bibliography. In: ASE 9 (1981)
S.223–262.

Die einzelnen Ausgaben sind auch verzeichnet in:
F.C.Robinson, Old English Literature. A Select Bibliography (1970) und Graves
Nrn.2325–2348 (angelsächs. Literatur), Nrn.2381–2404 (kelt. Literatur),
Nr.2436–2451 (skand. Literatur).

d) Quellen zur Geschichte Englands von 1066 bis zum ausgehenden 15.Jahrhundert

Quellensammlungen

Hier sind an erster Stelle wieder die entsprechenden Bände der *English Historical
Documents* zu nennen, die eine vorzüglich kommentierte Auswahl erzählender und
urkundlicher Quellen (in englischer Übersetzung) bieten (vgl. oben S.221).

Zur Person *Thomas Beckets,* Erzbischofs von Canterbury, und seinem berühmten
Konflikt mit König Heinrich II. liegt eine Zusammenstellung des zeitgenössischen
Materials vor:
Materials for the History of Thomas Becket, hg. v. J.C.Robertson und J.B.Shep-
pard. 7 Bde. (RS 1875–85); vgl. hierzu ergänzend auch A.Duggan, Thomas
Becket. A Textual History of his Letters (1980).

Ebenso sind zur großen Auseinandersetzung zwischen König Heinrich III. und
seinen Baronen im 13.Jahrhundert sowie zum Konziliarismus in England Quellensammlungen erschienen:
Documents of the Baronial Movement of Reform and Rebellion 1258–1267, hg. v.
J.J.Sanders und R.F.Treharne (OMT 1973). – C.M.D.Crowder (Hg.), Unity,
Heresy and Reform 1378–1460. The Conciliar Response to the Great Schism (Documents of Medieval History 3, 1977).

Erzählende Quellen

Die mit der normannischen Eroberung einsetzende politische und kulturelle Neu-
orientierung Englands, die das Land auf Kosten seiner traditionellen Bindungen zu
Skandinavien dem lateinisch-romanischen Kulturkreis öffnete, spiegelt sich auch in
den für die Zeit nach 1066 überlieferten erzählenden Quellen wider, die sich sowohl durch ihre Fülle als auch durch ihren neuen erweiterten Gesichtskreis erheblich von der mehr „insular" geprägten Überlieferung der angelsächsisch-skandinavischen Epoche unterscheiden. Mit Ausnahme der Angelsächsischen Chronik (vgl.
oben S.225), die in einer Variante bis 1154 fortgeführt wurde (The Peterborough
Chronicle, 1070–1154, hg. v. C.Clark, [²1970]), wurde von nun an die angelsächsische Volkssprache in der Geschichtsschreibung von der anglo-normannischen Umgangssprache der neuen Herren bzw. von der Gelehrtensprache Latein verdrängt,
bis seit dem endenden 14.Jahrhundert wieder die neue englische Volkssprache an
Bedeutung gewann und sich auch zum Teil in den Geschichtswerken durchsetzen
konnte.

Zur Einführung vgl. Gransden S.92–517 (bis 1307) sowie auch R.R.Darlington,
Anglo-Norman Historians (1947). – V.H.Galbraith, Historical Research in Me-
dieval England (1951). – J.Taylor, Medieval Historical Writing in Yorkshire
(St.Anthony's Hall Publ. 19, 1961). – Ders., The Use of Medieval Chronicles

(1965). – J.J.Bagley, Historical Interpretation I: Sources of English Medieval History 1066–1540 (1973). – Ch.L.Kingsford, English Historical Literature in the Fifteenth Century (1913, ND 1972).

Nützliche Zusammenstellungen von erzählenden Quellen zur Geschichte einzelner Abteien, Städte und Persönlichkeiten bieten: Annales monastici (A.D. 1–1432), hg. v. H.R.Luard. 5 Bde. (RS 1864–69). – Chronica monasterii S.Albani (A.D. 793–1488), hg. v. H.T.Riley. 12 Bde. (RS 1863–76). – Chronicles of the Reigns of Stephen, Henry II, and Richard I, hg. v. R.Howlett. 4 Bde. (RS 1884–89). – Chronicles of the Reigns of Edward I and Edward II, hg. v. W.Stubbs. 2 Bde. (RS 1882–83). – Memorials of Henry V, hg. v. C.A.Cole (RS 1858). – Chronicles of London, hg. v. Ch.L.Kingsford (1905). – Ungedruckte anglo-normannische Geschichtsquellen, hg. v. F.Liebermann (1879). – Chronicles of the White Rose of York. A Series of Fragments, Proclamations, Letters, and other Contemporary Documents Relating to the Reign of Edward IV, hg. v. J.A.Giles (1845). – Three Fifteenth Century Chronicles, with Historical Memoranda by J.Stowe, hg. v. J.Gairdner (Camden Ser. N.S. 28, 1880).

Die erzählenden Quellen, die für die hier behandelte Epoche in Frage kommen, sind im einzelnen vollständig – in alphabetischer Reihenfolge – aufgelistet bei Graves Nr. 2744–2984. In Anbetracht der Fülle des Materials muß sich der folgende Überblick darauf beschränken, lediglich einen kleinen Teil der überlieferten Quellen – gewissermaßen exemplarisch – im einzelnen vorzustellen.

11.Jahrhundert

Zur normannischen Eroberung und für die Zeit des endenden 11.Jahrhunderts sind neben den verschiedenen Fassungen der Angelsächsischen Chronik (oben S.225), die die Ereignisse aus angelsächsischer Sicht schildern, vor allem drei Werke zu nennen:

Guillaume de Jumièges, Gesta Normannorum ducum, hg. v. J.Marx (Société de l'histoire de Normandie 1914) [eine Neuausgabe wird z.Zt. von E.M.C.van Houts vorbereitet].

Es handelt sich um das kurz nach 1070 fertiggestellte Werk eines Mönchs der Abtei von Jumièges/Normandie, das nach einem kurzen Abriß über die Anfänge der Normandie in chronologischer Reihenfolge die Lebensbeschreibungen der einzelnen Herzöge aneinanderreiht. Wenn der Autor auch aus seiner Parteinahme für Wilhelm den Eroberer kein Hehl macht, so gilt seine Darstellung doch als eine wertvolle Quelle zur Geschichte der normannischen Eroberung Englands. Vgl. hierzu die Literatur bei Graves Nr. 2908 und Gransden S.94–97 sowie R.H.C. Davis, William of Jumièges, Robert Curthose and the Norman Succession. In: EHR 95 (1980) S.597–606.

Wesentlich apologetischeren Charakter hat dagegen die zweite zeitgenössische Quelle, die aus normannischer Sicht die Eroberung Englands schildert: Guillaume de Poitiers, Histoire de Guillaume le Conquérant, hg. (mit franz. Übersetzung) v. R.Foreville (1952).

Wilhelm von Poitiers, ebenfalls Normanne, war Archidiakon von Lisieux und Kaplan Wilhelm des Eroberers. Er verfaßte sein Werk, das eine Lebensbeschreibung Herzog Wilhelms von seiner Kindheit bis zum Jahre 1067 bietet, um 1073/ 74. Obwohl der Autor der unmittelbaren Umgebung Wilhelms angehörte und so mit den Verhältnissen am Hof bestens vertraut war, leidet der historische Aussagewert seiner Schrift empfindlich durch das Bestreben, Handlungsweise und Charakter seines Herrn um jeden Preis zu rechtfertigen und zu glorifizieren. Vgl. hierzu im einzelnen die Literatur bei Graves Nr. 2943 und Gransden S. 99–102.

Vielleicht ebenfalls um ein zeitgenössisches Zeugnis handelt es sich endlich bei der dritten Quelle, dem sogenannten *Carmen de Hastingae Proelio*, einem Gedicht zur Schlacht von Hastings. Der Hinweis bei dem normannischen Schriftsteller Ordericus Vitalis (vgl. unten S. 234f.), wonach Bischof Wido von Amiens (1058–76) noch vor seiner Reise nach England im Jahre 1067 ein Gedicht über die Schlacht von Hastings verfaßt habe, hat einen Teil der Forschung dazu bewogen, in Wido von Amiens den Autor dieser Quelle zu sehen, was bedeuten würde, daß es sich bei dem Gedicht – wegen seiner unmittelbaren zeitlichen Nähe zu dem beschriebenen Ereignis – um das wichtigste Zeugnis zur Schlacht von Hastings handeln würde. Diese auch von den Bearbeitern der neuesten Edition der Quelle geteilte Ansicht ist jedoch in jüngster Zeit auf entschiedenen Widerspruch gestoßen; vgl. R. H. C. Davis, The Carmen de Hastingae Proelio. In: EHR 93 (1978) S. 242–261, der die Auffassung vertritt, daß es sich bei dem Gedicht um eine Kompilation des 12. Jahrhunderts ohne unmittelbaren Quellenwert für die Schlacht von Hastings handle. Zur Problematik insgesamt vgl. auch Gransden S. 97f. – R. H. C. Davis, L. J. Engels u. a., The Carmen de Hastingae Proelio. A Discussion. In: Proceedings of the Battle Conference on Anglo-Norman Studies II, 1979, hg. v. R. A. Brown (1980) S. 1–20.

Als Edition ist heute heranzuziehen:

The Carmen de Hastingae Proelio of Guy Bishop of Amiens, hg. v. C. Morton und H. Muntz (OMT ²1972).

Für die letzten Jahrzehnte des 11. Jahrhunderts sind noch folgende Quellen hervorzuheben:

Eadmeri historia novorum in Anglia, hg. v. M. Rule (RS 1884). – Eadmer, The Life of St. Anselm, Archbishop of Canterbury, hg. (mit engl. Übersetzung) v. R. W. Southern (OMT ²1972).

Eadmer, ein Mönch der Kirche von Canterbury, gehörte zu den engsten Vertrauten des Hl. Anselm, Erzbischof von Canterbury (1093–1109). Der Autor schildert in den beiden Werken, die zwischen 1093 und 1125 entstanden sind, als ein mit den Geschehnissen bestens vertrauter Augenzeuge – zum Teil unter Verwendung früher angefertigter eigener Aufzeichnungen und offizieller Dokumente – die Geschichte des Erzbistums Canterbury vor allem unter dem Pontifikat des Erzbischofs Anselm, wobei in der Forschung wohl Einigkeit über den hohen Aussagewert der beiden Quellen zur Geschichte des englischen Investiturstreites unter den Königen Wilhelm II. und Heinrich I. besteht.

Zum Leben und Werk Eadmers vgl. die bei Graves Nr. 2863 genannte Literatur sowie Gransden S. 129–142 und M. Brett, A Note on the Historia Novorum of Eadmer. In: Scriptorium 33 (1979) S. 56–58.

Orderici Vitalis historiae ecclesiasticae libri tredecim (A. D. 1–1141), hg. v. A. Le Prévost und L. Delisle. 5 Bde. (Société de l'histoire de France 1838–55).

Eine neue Edition dieser wichtigen Quelle wird z. Zt. von M. Chibnall vorbereitet. Bisher ist erschienen: Orderic Vitalis, The Ecclesiastical History of Orderic Vitalis, hg. (mit engl. Übersetzung) v. M. Chibnall. Bd. 1: Bücher I u. II (1980), Bd. 2: Bücher III u. IV (1969), Bd. 3: Bücher V u. VI (1972), Bd. 4: Bücher VII u. VIII (1973), Bd. 6: Bücher XI, XII u. XIII (1978).

Ordericus Vitalis wurde als Sohn eines Normannen im Jahre 1075 in England geboren und wurde 1085 Mönch in der Abtei St. Evroul/Normandie. Seine dreizehn Bände umfassende *Kirchengeschichte,* die zwischen 1123 und 1141 fertiggestellt wurde, gilt trotz mancher Ungenauigkeiten und Irrtümer als bedeutsame Quelle zur Geschichte Englands und der Normandie, vor allem für die Zeit von 1066 bis 1141. Vgl. hierzu H. Wolters, Ordericus Vitalis. Ein Beitrag zur kluniazensischen Geschichtsschreibung (1955) und die bei Graves Nr. 2937 angegebene Literatur sowie Gransden S. 151–165, die Bemerkungen von M. Chibnall im Rahmen der Neuedition und dies., Charter and Chronicle. The Use of Archive Sources by Norman Historians. In: Church and Government in the Middle Ages. Essays Presented to C. R. Cheney on his 70th Birthday, hg. v. C. N. L. Brooke, D. E. Luscombe u. a. (1976) S. 1–17, bes. 12–17.

12. Jahrhundert
Hier denkt man zunächst an *Wilhelm von Malmesbury* (geb. um 1095), dem es – gestützt auf die reichen Bibliotheksbestände der Abtei Malmesbury/Wiltshire – gelungen ist, an die von Beda und Aethelweard (vgl. oben S. 224–227) begründete historiographische Tradition anzuknüpfen und die vielfältige angelsächsische und normannische Überlieferung zu einem umfassenden Geschichtswerk zu verarbeiten. Von seinen Schriften sind vor allem zu nennen:
Willelmi Malmesbiriensis monachi de gestis regum Anglorum libri quinque, hg. v. W. Stubbs. 2 Bde. (RS 1887–92) [behandelt die Geschichte Englands von der Ankunft der Angelsachsen bis zum Jahre 1120; wertvoll auch wegen der benutzten, heute nicht mehr auffindbaren Quellen]. – The Historia Novella by William of Malmesbury, hg. (mit engl. Übersetzung) v. K. R. Potter (Nelson's Med. Texts 1955) [geschrieben 1140 – ca. 1142, behandelt die aus der Sicht des Autors jüngsten Zeitereignisse, wobei auch der Umstand, daß Wilhelm eindeutig zu Gunsten der Königin Mathilde und des Earl Robert von Gloucester Partei ergreift, den Quellenwert der Schrift kaum mindert; vgl. Graves Nr. 2921 und Gransden S. 182 f.]. – Willelmi Malmesbiriensis monachi de gestis pontificum Anglorum libri quinque, hg. v. N. E. S. A. Hamilton (RS 1870) [abgefaßt 1125, enthält eine Geschichte der Bischöfe und Äbte Englands vom Jahre 601 bis ins 12. Jahrhundert].
Zur Persönlichkeit und zum Werk Wilhelms von Malmesbury vgl. H. Farmer, William of Malmesbury's Life and Work. In: JEH 13 (1962) S. 39–54, die Angaben bei Graves Nr. 2921 und Gransden S. 166–185 sowie auch J. J. N. McGurk, William of Malmesbury. In: History Today 26 (1976) S. 707–714. – J. G. Haahr, The Concept of Kingship in William of Malmesbury's Gesta Regum and Historia Novella. In: Med. Studies 38 (1976) S. 351–371. – R. Thomson, William of Malmesbury as Historian and Man of Letters. In: JEH 29 (1978) S. 378–413. – Ders., The Reading of William of Malmesbury. Further Additions and Reflections. In: Revue Bénédictine 89 (1979) S. 313–324.
Unter den Quellen zur Geschichte König Stephans ist noch hervorzuheben:
Gesta Stephani, hg. (mit engl. Übersetzung) v. K. R. Potter mit einer neuen Einleitung und Anmerkungen von R. H. C. Davis (Med. Texts ²1976).
Zum Problem der Autorschaft vgl. R. H. C. Davis, The Autorship of the Gesta Stephani. In: EHR 77 (1962) S. 209, der die Schrift dem Bischof von Bath, Robert von Lewes, zuweisen will; skeptisch hierzu Gransden S. 189 f.
Gefördert vom königlichen Hofe, erlebte die englische Geschichtsschreibung

unter den ersten Königen aus dem Hause Anjou-Plantagenet gegen Ende des
12.Jahrhunderts noch einmal einen beachtlichen Aufschwung, so daß man gerade-
zu von einem „goldenen Zeitalter" der englischen Historiographie gesprochen hat.
Hier sind vor allem zu nennen:
Gesta regis Henrici secundi Benedicti abbatis. The Chronicle of the Reigns of
Henry II and Richard I, A.D. 1169–1192, Known Commonly under the Name of
Benedict of Peterborough, hg. v. W.Stubbs. 2 Bde. (RS 1867).

Die von einem unbekannten Autor verfaßte Schrift läßt ein starkes Interesse an
Rechts- und Verwaltungsfragen erkennen und gilt als eine wertvolle Quelle für die
Zeit der ersten Plantagenet-Könige; vgl. hierzu Gransden S.222f.
Chronica magistri Rogeri de Houdene, hg. v. W.Stubbs. 4 Bde. (RS 1868–71).

Als Autor hat die Forschung *Roger von Howden* oder *Hoveden,* einen königlichen Amtsträger, der in der unmittelbaren Umgebung der Könige Heinrich II. und
Richard I. nachweisbar ist, identifiziert. Die Chronik selbst behandelt die Geschichte Englands von 732–1201, wobei vor allem der letzte Teil (von 1192–1201)
als zeitgenössisches Dokument von hohem Range gilt, nicht zuletzt auch deshalb,
weil der Autor als eine Vertrauensperson am königlichen Hofe auch Zugang zu offiziellen Dokumenten hatte, die er auch reichlich in seine Darstellung einfließen
ließ. Der Umstand, daß Roger für die Zeit von 1170 bis 1192 die unter dem Namen
Benedikt von Peterborough bekannt gewordene Chronik (vgl. oben) weitgehend
wörtlich verarbeitet hat, hat einen Teil der Forschung dazu bewogen, in Roger
auch den Autor dieser Chronik zu sehen (vgl. D.M.Stenton, Roger of Howden
and Benedict. In: EHR 58 [1953] S.574–582), wogegen allerdings von anderer Seite Widerspruch erhoben wurde (vgl. Gransden S.227ff.).
Giraldi Cambrensis opera, hg. v. J.S.Brewer, J.F.Dimock und G.F.Warner. 8 Bde.
(RS 1861–91). – Expugnatio Hibernica. The Conquest of Ireland by Giraldus
Cambrensis, hg. v. A.B.Scott und F.X.Martin (1978).

Der um 1146/47 in Pembrokshire geborene Autor bekleidete nach dem Studium
in Paris und England das Amt eines Archidiakons in Brecon (ca. 1174–1203) und
versuchte vergeblich, nachdem er zweimal vorgeschlagen worden war, den Bi-
schofsstuhl von St.David's/Wales zu erringen. Aus seinem umfassenden literarischen Werk sind für den Historiker vor allem seine *Topographia Hibernica* (in der
Erstfassung 1188 erschienen), die *Expugnatio Hibernica* (1166–1185) sowie das *Iti-*
nerarium Cambriae (Bericht über die Reise Erzbischofs Baldwins zur Kreuzzugs-
predigt nach Wales im Jahre 1188) und die *Descriptio Cambriae* (in der Erstfassung
1194 erschienen) interessant. Alle Schriften bieten wertvolle Informationen nicht
nur über die sozialen und geographischen Verhältnisse in Irland und Wales, sondern auch über die Regierungsweise und den Lebensstil der Könige Heinrich II.
und Richard I. Vgl. hierzu E.A.Williams, A Bibliography of Giraldus Cambrensis
c. 1147 – c. 1223. In: NLWJ 12 (1961) S.97–140, die Angaben bei Graves Nr.2881
und Gransden S.244ff. sowie D.Walker, Gerald of Wales. A Review of Recent
Work. In: JHSCW 24 (1975) S.9–12. – J.J.N.McGurk, Gerald of Wales
1146–1223. Teil 1: Early Life and Works. In: History Today 25 (1975) S.255–261;
Teil 2: 1188–1223. In: Ebenda S.340–347, 376. – M.Richter, Giraldus Cambrensis. The Growth of the Welsh Nation (²1976).
William of Newburgh, Historia rerum Anglicarum (1066–1198, with a Continuation to 1289), hg. v. R.Howlett. In: Chronicles of the Reigns of Stephen, Henry II,
and Richard I (vgl. oben S.233). Bd.1, S.1–408; Bd.2, S.409–583.

Über das Leben des Autors ist nur bekannt, daß er um 1135/36 geboren wurde und Kanoniker des Augustinerklosters von Newburgh war. Die in den Jahren 1196–1198 abgefaßte Chronik, die mit der normannischen Eroberung einsetzt, gilt nicht nur als eine Quelle ersten Ranges, sondern auch als eine literarische Meisterleistung, die eine bemerkenswerte Fähigkeit des Autors zu kritischer Distanz und historischer Analyse erkennen läßt. Vgl. hierzu die Literatur bei Graves Nr. 2932 und Gransden S. 263–268.

13. Jahrhundert

Im Rahmen der englischen Geschichtsschreibung des 13. Jahrhunderts spielte die historiographische Tradition der St. Albans-Abtei – vertreten durch die Chronisten Roger von Wendower und Matthew Paris – eine beherrschende Rolle.

Über *Roger von Wendower* ist nur bekannt, daß er zeitweise Prior der St. Albans-Niederlassung von Belvoir war und im Jahre 1236 gestorben ist.

Eine befriedigende Gesamtedition seiner Chronik *Flores historiarum* liegt nicht vor. Die älteste Edition (Rogeri de Wendower chronica sive flores historiarum, hg. v. H. O. Coxe. 5 Bde. Engl. Hist. Soc. 1841–45) bietet den vollständigen Text von 447–1234, berücksichtigt aber nicht die gesamte Überlieferung. Keinen Fortschritt brachte auch eine neuere Teiledition des Textes von 1154–1234 (The Flowers of History by Roger of Wendower, hg. v. H. G. Hewlett. 3 Bde. [RS 1886–89]), da der Autor den weitgehend fehlerhaften Text seines Vorgängers zu Grunde legte; vgl. hierzu die Besprechung von W. Stephenson. In: EHR 3 (1888) S. 353–360.

Die von Matthew Paris herangezogene Version der *Flores historiarum* (vgl. hierzu unten S. 237 ff.) schließlich ist (in Kleindruck) abgedruckt bei Matthew Paris. Chronica majora, hg. v. H. R. Luard. Bde. 1–3 (RS 1872–76), wobei die Ergänzungen und Korrekturen von Matthew Paris durch Normaldruck kenntlich gemacht sind.

Die Chronik erscheint vor allem für die Zeit von 1202–1234 als eine wertvolle zeitgenössische Quelle, die allerdings eine ausgesprochen einseitig-feindselige Haltung gegenüber König Johann erkennen läßt und insoweit nur mit Vorsicht heranzuziehen ist.

Matthew Paris gilt als der bedeutendste Chronist des mittelalterlichen England. Geboren um 1200, wurde er 1217 Mönch der Abtei St. Albans, wo er nach dem Tode Rogers von Wendower (1236) dessen historiographische Tradition aufnahm und zu einem neuen Höhepunkt führte. Sein literarisches Werk imponiert nicht nur durch die Fülle des bewältigten Stoffes, sondern auch durch die Weite des geistigen Horizonts und die Fähigkeit, sich auf vielfältige Weise die erforderlichen Informationen zu beschaffen. So wertete er nicht nur eine Vielzahl dokumentarischer Quellen – wie etwa Königs- und Papsturkunden – aus, sondern versuchte auch, durch einen ausgedehnten Briefwechsel und die Befragung von Augenzeugen seine Informationsbasis zu erweitern; vgl. hierzu die Zusammenstellung der nachweisbaren Freunde und Informanten bei R. Vaughan, Matthew Paris (Cambridge Studies in Med. Life and Thought 6, 1958, erg. ND 1979) S. 13–17.

Aus seinem umfangreichen historischen Werk ist vor allem zu nennen: Matthew Paris, Chronica majora, hg. v. H. R. Luard. 7 Bde. (RS 1872–83).

Der ältere Teil der monumentalen Chronik bietet eine überarbeitete und mit Ergänzungen versehene Fassung der *Flores historiarum* des Roger von Wendower, während die jüngeren Abschnitte (ab 1235 bis 1259) von Matthew Paris in eigener Verantwortung und ohne weitere literarische Vorlagen erstellt wurden.

Matthew Paris, Historia Anglorum, hg. v. F. Madden. 3 Bde. (RS 1866–69).
Bei der um 1250 begonnenen Chronik handelt es sich im wesentlichen um einen
– auf die englische Geschichte beschränkten – Extrakt aus den Chronica majora, der
allerdings für den behandelten Zeitraum (1067–1235) noch zusätzliches, in den
Chronica majora nicht enthaltenes Material bietet.

Zum Leben und Werk des Autors vgl. R. Vaughan (a. a. O.) und die Literaturangaben bei Graves Nr. 2941 und Gransden S. 356 ff. sowie auch K. Schnith, England
in einer sich wandelnden Welt (1189–1259). Studien zu Roger Wendower und
Matthäus Paris (1974). – H.-E. Hilpert, Kaiser- und Papstbriefe in den Chronica
majora des Matthaeus Paris (1981).

Ein gewisses Gegenstück zur St. Albans-Schule bildet die weniger bekannte, bis
ins 12. Jahrhundert zurückreichende historiographische Tradition an der Bury
St. Edmunds-Abtei, wobei hier für das 13. Jahrhundert vor allem zu nennen ist:
The Chronicle of Bury St. Edmunds 1212–1301, hg. (mit engl. Übersetzung) v.
A. Gransden (Nelson's Med. Texts 1964). Zur Autorschaft vgl. die Bemerkungen in
der genannten Edition sowie Gransden S. 395 ff.

Für die Regierungszeit König Eduards I. sind vor allem drei Chronisten aus dem
Norden Englands hervorzuheben:
Chronicon vulgo dictum Chronicon Thomae Wykes (1066–1289), hg. v.
H. R. Luard. In: Annales monastici (vgl. oben S. 233) 4, S. 6–319. Vgl. hierzu
N. Denholm-Young, Thomas de Wykes and his Chronicle. In: EHR 61 (1946)
S. 157–179 und Gransden S. 463–470.
The Chronicle of Pierre de Langtoft in French Verse (from Brutus to 1307), hg.
(mit engl. Übersetzung) v. Th. Wright. 2 Bde. (RS 1866–68). Vgl. hierzu M. D.
Legge, Anglo-Norman in the Cloisters (1950) und Gransden S. 476 ff.
The Chronicle of Walter of Guisborough, hg. v. H. Rothwell (Camden Soc., 3. Ser.
89, 1957). Vgl. hierzu Gransden S. 470 ff.

Zur Geschichte Londons und seinen Beziehungen zum König im 13. Jahrhun-
dert vgl. vor allem:
De antiquis legibus liber: Cronica majorum et vicecomitum Londonarium
1188–1274 (with Later Additions in French to 20 Edward II), hg. v. Th. Stapleton
(Camden Soc. 1846).
Die Chronik stammt wahrscheinlich von dem Londoner Aldermann Arnold Fitz
Thedmar, einem Angehörigen des Londoner Patriziats, und bietet vor allem zur
Haltung Londons in den Auseinandersetzungen König Heinrichs III. mit den Ba-
ronen reiches Material; vgl. hierzu Gransden S. 509–517.

14. Jahrhundert
Die historiographische Tradition der St. Albans-Schule wurde für das 14. und beginnende 15. Jahrhundert vor allem von Thomas Walsingham († um 1422) fortgesetzt. Aus seinem umfangreichen literarischen Werk verdienen seine Chroniken zur
englischen Geschichte und zur Geschichte der Könige Richard II. und Heinrich IV. besonderes Interesse. Vgl. vor allem:
Historia Anglicana (1272–1422), hg. v. H. T. Riley. 2 Bde. (RS 1863–64). – Chronicon Angliae, 1328–1388, auctore monacho quondam Sancti Albani, hg. v. E. M.
Thompson (RS 1874). – Annales Ricardi secundi et Henrici quarti regum Angliae
(1392–1406), hg. v. H. T. Riley. In: Ders. (Hg.), Johannis de Trokelowe et Henrici
de Blaneforde chronica et annales (RS 1866) S. 153–420.

Obwohl der Autor deutliche Vorurteile – etwa gegen Johann von Gaunt oder (später) König Richard II. erkennen läßt, gilt sein Werk für die Zeit ab 1376 als zeitgenössische Quelle ersten Ranges. Zur (früher umstrittenen) Autorschaft Walsinghams und zu seinem Werk vgl. V.H.Galbraith, Thomas Walsingham and the St.Albans Chronicle. In: EHR 47 (1932) S. 12–30 und ders. (Hg.), The St.Albans Chronicle, 1406–1420 (1937) S.IX–LXXI (Einleitung).

Ein weiteres Zentrum historiographischer Aktivität bildete die Benediktinerabtei *Westminster*. So wurde die Chronik des Matthew Paris hier unter dem Titel *Flores historiarum* von verschiedenen Händen bis zum Jahre 1326 fortgeführt, wobei der letzte Abschnitt (von 1307–1326), der wahrscheinlich aus der Feder *Roberts von Reading* stammt, als wichtiges zeitgenössisches Zeugnis zur Geschichte König Eduards II. gilt:

Flores historiarum (from the Creation to 1326), hg. v. H.R.Luard. 3 Bde. (RS 1890). Vgl. hierzu T.F.Tout, The Westminster Chronicle Attributed to Robert of Reading. In: EHR 31 (1961) S.450–464 und die Literatur bei Graves Nr.2871.

Der letzte, wahrscheinlich von Robert von Reading bearbeitete Abschnitt der *Flores historiarum* wurde dann von *Johann von Reading*, ebenfalls Mönch von Westminster, bis zum Jahre 1367 fortgeführt:

Chronica Johannis de Reading et anonymi Cantuarensis 1346–1367, hg. v. J.Tait (1914).

Obwohl literarisch von minderer Qualität, bietet die Chronik vor allem für die Zeit ab 1356 verläßliche Informationen.

Wichtige Chroniken sind auch aus dem Kreise der englischen Augustinerklöster überliefert. Hier ist vor allem die Chronik des *Henry Knighton*, eines Kanonikers des Stiftes St.Mary-of-the-Meadows/Leicester zu nennen:

Knighton, Henry, Chronicon, hg. v. J.R.Lumby. 2 Bde. (RS 1889–1895). – Zur Kritik an der Edition vgl. J.Tait. In: EHR 11 (1896) S.568f.

Die Chronik, die mit dem Jahre 1066 einsetzt und – mit einer Lücke für die Zeit von 1366–1377 – bis 1395 reicht, gilt als eine der Hauptquellen für die Regierungszeit König Richards II. Gegen die Annahme des Herausgebers, daß der letzte Abschnitt der Chronik (von 1377–1395) nicht von Knighton stamme, sondern von einem Unbekannten fortgesetzt wurde, erscheint heute die Autorschaft Knightons für die ganze Chronik gesichert; vgl. hierzu V.H.Galbraith, The Chronicle of Henry Knighton. In: Fritz Saxl, 1890–1948. Knowledge and Learning: A Volume of Memorial Essays, hg. v. D.J.Gordon (1957) S.136–145.

Aus dem Augustinerkloster *Bridlington* stammt der Autor einer wichtigen Quelle für die Regierungszeit König Eduards II.:

Gesta Edwardi de Carnarvan auctore canonico Bridlingtoniensi, cum continuatione (gesta Edwardi tertii) ad A.D. 1377, hg. v. W.Stubbs, Chronicles of the Reigns of Edward I and Edward II (vgl. oben S.233), 2, S.25–151.

Eine bedeutsame Rolle im Rahmen der englischen Historiographie des 14.Jahrhunderts spielten auch Kleriker, die in weltlichem Dienste standen. Hier sind vor allem zu nennen:

Vita Edwardi II (1307–48), hg. v. W.Stubbs, Chronicles of the Reigns of Edward I and Edward II (vgl. oben S.233), 2, S.155–294.

Der für die Regierungszeit König Eduards II. einschlägige Teil der Chronik (1307–1326) bietet wertvolle Informationen über den König und seine Umgebung und läßt keinerlei bekannte Quellenvorlagen erkennen. Als Autor kommt sicher nur ein Kleriker in weltlichem Dienste, vielleicht John Walwyn, Kanoniker von Herford und St. Paul, in Betracht; vgl. N. Denholm-Young, The Authorship of Vita Edwardi Secundi. In: EHR 71 (1956) S. 189–211.

Murimuth, Adam, Continuatio chronicarum (1307–1347), hg. v. E. M. Thompson (RS 1889).

Der Autor, ein Kanoniker der Abtei St. Paul/London, war mehrfach·in diplomatischen Missionen für König Eduard II. tätig. Seine Chronik bietet vor allem im letzten Teil (1337–1347) wertvolle Informationen für die Feldzüge König Eduards III. in Frankreich.

Avesbury, Robert von, De gestis mirabilibus regis Edwardi tertii (to 1356), hg. v. E. M. Thompson (RS 1889).

Die Chronik behandelt vor allem die militärischen Ereignisse im Hundertjährigen Krieg bis zum Jahre 1356.

Usk, Adam von, Chronicon 1377–1421, hg. (mit engl. Übersetzung) von E. M. Thompson (Royal Soc. of Literature ²1904).

Der Autor, ein Waliser, gehörte der Kommission an, die im Jahre 1399 über die Absetzung König Richards II. befand. Seine Chronik gilt als eine bedeutsame Quelle, besonders für die letzten Jahre König Richards II.

Über die Feldzüge des *Schwarzen Prinzen* in Frankreich liegt die Chronik eines Augenzeugen, die vor allem für die kastilische Expedition von Wert ist, nun in einer Neuausgabe vor:

D. B. Tyson, (Hg.), La Vie du Prince Noir, by Chandos Herald. Edited from the Manuscript in the University of London Library (Beihefte zur Zeitschr. für rom. Philologie 14, 1975). Vgl. hierzu auch die Literatur bei Graves Nr. 2812 sowie neuerdings auch J. Harvey, The Black Prince and his Age (1976). – R. Barber, The Life and Compaigns of the Black Prince (1979).

Zur Geschichte des Hundertjährigen Krieges wie auch zur Geschichte Englands im 14. Jahrhundert ist endlich noch die Chronik des *Jean Froissart* († ca. 1410), eines der berühmtesten mittelalterlichen Chronisten Frankreichs, zu nennen. Die beste Ausgabe liegt vor in:

Jean Froissart, Chroniques, hg. v. S. Luce, G. Raynaud, L. u. A. Mirot. (Bisher) 14 Bde. (bis 1388 reichend) (1869–1967, wird fortgesetzt). Für die noch fehlende Zeitspanne ist heranzuziehen: Jean Froissart, Chroniques, hg. v. Kervyn de Lettenhove. 26 Teile in 25 Bden. (1867–77) [wertvoll auch wegen der zahlreich abgedruckten Urkunden und wegen des ausführlichen Registers].

Der aus Valenciennes stammende Autor verbrachte selbst mehrere Jahre in England, u. a. von 1361–1368 als Sekretär der Königin Philippa. Wenn auch der Quellenwert der Chronik unter vielen Ungenauigkeiten und Irrtümern leidet, so dürfte es doch zu weit gehen, die Verläßlichkeit des Werkes grundsätzlich in Frage zu stellen (vgl. in diesem Sinne etwa A. Molinier, Les sources de l'histoire de France. Bd. 4 [1904] S. 12–14), vor allem, was die lebendige Schilderung des englischen Hoflebens unter König Eduard III. angeht, zu dem der Autor persönlich Zutritt hatte. Zur Persönlichkeit Froissarts und zu seinem Werk vgl. F. S. Shears, Froissart, Chronicler and Poet (1930). – G. G. Coulton, The Chronicler of European Chivalry (1930). – J. Bastin, Froissart, Chroniquer, romancier et poète (1941) sowie die weitere Literatur bei Graves Nr. 2874 und J. J. N. Palmer (Hg.), Froissart: Historian (1981). – G. Jäger, Aspekte des Krieges und der „Chevalerie" im 14. Jahrhundert in

Frankreich. Untersuchungen zu Jean Froissarts Chroniques (Geist und Werk der Zeiten 60, 1981).

15. Jahrhundert

Im 15. Jahrhundert verliert die an den englischen Klöstern gepflegte Geschichtsschreibung stark an Bedeutung. Für die ersten Jahrzehnte ist vor allem die *St. Albans Chronicle* des St. Albans Chronisten *Thomas Walsingham* (vgl. bereits oben S. 238f.) von Bedeutung:

Walsingham, Thomas, The St. Albans Chronicle, 1406–20, hg. v. V. H. Galbraith (1937) [mit instruktiver Einleitung].

Wertvoll für die Ereignisse um die Schlacht von Azincourt und die Belagerung von Harfleur ist auch die aus der Feder eines unbekannten Kaplans Heinrichs V. stammende Chronik:

Gesta Heinrici quinti, hg. v. F. Taylor und J. S. Roskell (1975). Zum Problem der Autorschaft vgl. die Literatur bei Graves Nr. 2877 und die Einleitung in der angeführten Edition.

Als wichtige Quelle für die zweite Hälfte des 15. Jahrhunderts gelten die Fortsetzungen der *Crowland-Chronik* eines unbekannten Geistlichen:

Historiae Croylandensis continuatio, hg. v. W. Fulman. In: Ders., Rerum Anglicarum Scriptores 1 (1684) S. 451–593.

Es handelt sich um drei Fortsetzungen einer unter dem Namen *Ingulf* überlieferten, aber wahrscheinlich erst im 14. oder beginnenden 15. Jahrhundert erstellten Chronik der Crowland-Abtei, die die Zeiträume 1149 bis 1470, 1459 bis 1486 und Oktober 1485 bis April 1486 abdecken. Vom Autor läßt sich nur sagen, daß er mit der York-Partei sympathisierte, Richard III. allerdings ablehnend gegenüberstand. Nicht beweisen läßt sich dagegen die These Kingsfords (oben S. 233), S. 179–184, wonach der Autor Berater König Eduards IV. und Mitglied einer besonderen diplomatischen Mission im Jahre 1471 gewesen sein soll; vgl. hierzu die kritischen Einwände bei J. G. Edwards, The Second Continuation of the Crowland Chronicle. Was it Written in Ten Days? In: BIHR 39 (1966) S. 117–129.

Im Rahmen der Historiographie des 15. Jahrhunderts gewinnen die Chroniken von Laien zunehmend an Bedeutung. Hier sind vor allem zu nennen:

Hardyng, John, Chronicle from the Earliest Period of English History (to 1461), hg. v. H. Ellis (1812) [eine neue Edition wird zur Zeit von C. Peterson vorbereitet].

Der Autor, der persönlich an der Schlacht von Azincourt teilgenommen hatte, war lange Jahre hindurch königlicher Amtmann auf der Burg Kyme/Lincolnshire. Seine Chronik ist in zwei Fassungen überliefert, deren eine sich an König Heinrich VI. mit der Aufforderung wendet, seine Regierung zu reformieren, während die andere, die deutlich mit der York-Partei sympathisiert, an die Adresse Eduards IV. gerichtet ist. Die Chronik bietet vor allem für die Zeit vom Regierungsantritt Heinrichs IV. wertvolles Material; vgl. hierzu Kingsford (oben S. 233) S. 140–149.

The Great Chronicle of London, hg. v. A. H. Thomas und I. D. Thornley (1938).

Nach dem handschriftlichen Befund besteht die Chronik aus zwei Teilen. Während der erste Teil um die Mitte des 15. Jahrhunderts niedergeschrieben wurde und den Zeitraum von 1189 bis 1439 erfaßt, stammt der zweite Teil, der von 1439 bis 1512 reicht, wahrscheinlich aus der Feder des Londoner Sheriffs Robert Fabyan († 1513), von dem auch noch eine andere Chronik überliefert ist (vgl. Graves

Nr. 2866). Besonders der Fabyan zugeschriebene Teil der Chronik bietet eine bedeutsame Quelle nicht nur für die Londoner Stadtgeschichte, sondern auch für die allgemeine Geschichte des Landes. Zu weiteren Londoner Chroniken des 15. Jahrhunderts vgl. Graves Nrn. 2742, 2823, 2886.

Von einem Laien dürfte endlich auch der letzte Abschnitt (von 1377–1461) einer von Wilhelm Caxton im Jahre 1480 gedruckten Chronik, genannt *Brut* (nach Brutus, mit dem das Werk beginnt), stammen. Eine Gesamtausgabe des Werkes, das in zahlreichen Handschriften verbreitet war, bietet:
The Brut, or the Chronicles of England, hg. v. F. W. D. Brie. 2 Teile (EETS, Orig. Ser. 131, 136, 1906–08).

Der hier interessierende Abschnitt liegt auch in einer Teilausgabe vor: An English Chronicle of the Reigns of Richard II, Henry IV, Henry V, and Henry VI (1377–1461), hg. v. J. S. Davies (Camden Soc. 1856).

Zwischen 1461 und 1471 verfaßt, bietet dieser Teil des *Brut* wertvolle Informationen zur Geschichte Heinrichs VI., vor allem zur Rebellion des Jack Cade. Vgl. hierzu Kingsford (oben S. 233), S. 113–139.

Sonstige literarische Quellen

Politische Gedichte, Lieder und Lehrschriften

Den Zugang zur politischen und satirischen Reimliteratur des englischen Mittelalters eröffnen mehrere nützliche Sammlungen:
Anglo-Latin Satirical Poets and Epigrammatists of the Twelfth Century, hg. v. Th. Wright. 2 Bde. (RS 1872). – Anglo-Norman Political Songs, hg. v. I. S. T. Aspin (Anglo Norman Text Soc. 11, 1953). – Historical Poems of the XIVth and XVth Centuries, hg. v. R. H. Robbins (1959). – Political Songs of England, from the Reign of John to that of Edward II, hg. (mit engl. Übersetzung) v. Th. Wright (Camden Soc., Old. Ser. 1839). – Political Poems and Songs Relating to English History, from the Accession of Edward III to that of Richard II, hg. v. Th. Wright. 2 Bde. (1859–61). Zur Kommentierung vgl. die Literatur bei Graves Nrn. 7042, 7043, 7046, 7048–49 und für das 15. Jahrhundert V. J. Scattergood, Politics and Poetry in the Fifteenth Century (1971).

Aus der Fülle der politischen Lehr- und Streitschriften seien hier genannt:
Joannis Saresberiensis episcopi Carnotensis Policraticus sive de nugis aurialium et vestigiis philosophorum, hg. v. C. C. J. Webb. 2 Bde. (1909).

Der *Policraticus,* ein Werk aus der Feder des Bischofs Johann von Salisbury († 1180), das dem Erzbischof von Canterbury, Thomas Becket, gewidmet war, befaßt sich mit den Prinzipien der Regierung und der Staatskunst und prangert die Mißstände in Kirche und weltlicher Verwaltung zur Zeit König Heinrichs II. an. Vgl. hierzu die Literatur bei D. C. Douglas und G. W. Greenaway, English Historical Documents (oben S. 221), S. 784, zu Nr. 170 und J. Dickinson, The Medieval Conception of Kingship as Developed in the Policraticus. In: Speculum 1 (1926) S. 308–337. – B. Helbling-Gloor, Natur und Aberglauben im Policraticus des Johann von Salisbury (Geist und Werk der Zeiten 1, 1956). – A. Linder, John of Salisbury's Policraticus in Thirteenth Century England. In: JWCI 40 (1977) S. 276–282. – K. Guth, Johannes von Salisbury (1115/20–1180). Studien zur Kirchen-, Kultur- und Sozialgeschichte Westeuropas im 12. Jahrhundert (1978). – W. Ullmann, John of Salisbury's Policraticus in the Later Middle Ages. In: Geschichtsschreibung und

geistiges Leben im Mittelalter, hg. v. K. Hauck und H. Mordek (1978) S. 519–545.
– M. Kerner, Johannes von Salisbury und die logische Struktur seines Policraticus
(1978).

De principis instructione liber. In: Giraldi Cambrensis opera (oben S. 236). Bd. 8
(RS 1891). – Giraldus Cambrensis, Speculum Duorum or a Mirror of Two Men,
hg. v. M. Richter, Y. Lefèvre und R. B. C. Huygens, mit engl. Übersetzung v.
B. Dawson (1974). Beide Traktate stammen aus der Feder des Gerald von Wales
(siehe oben S. 236). Während der erste heftige Angriffe gegen die Regierungsweise
König Heinrichs II. enthält, spiegelt der zweite eine sehr persönliche Auseinandersetzung zwischen dem Autor und seinem Neffen, dem Archidiakon von Brecon, in
der Form eines „offenen Briefes" wider. Vgl. hierzu auch die Literatur oben S. 236.

De speculo regis Edwardi III seu tractatu quem de mala regni administratione
conscripsit Simon Islip, cum utraque ejusdem recensione manuscripta nunc primum
edita, hg. v. J. Moisant (1891).

Der sicher nicht von Simon Islip, sondern vielleicht von Simon Meopham, Erzbischof von Canterbury, oder von Wilhelm von Pagula zwischen 1330 und 1333 verfaßte Traktat wendet sich an den jungen König Eduard III. mit der beschwörend
vorgetragenen Forderung, der Beraubung der Kirche durch den königlichen Hof
Einhalt zu gebieten. Zur Frage der Autorschaft vgl. J. Tait, On the Date and
Authorship of the Speculum Regis Edwardi. In: EHR 16 (1901) S. 110–115. –
L. E. Boyle, William of Pegula and the Speculum Regis Edwardi III. In: Med. Studies 32 (1970) S. 329–336.

Historia sive narratio de modo et forma mirabilis parliamenti apud Westmonasterium anno domini millesimo ccclxxxvi, regni vero regis Ricardi secundi
post conquestum anno decimo per Thomam Fauent clericum indictata, hg. v.
M. McKisack (Camden Misc. 14, 1926).

Es handelt sich um ein politisches Pamphlet zur Rechtfertigung der „Appellan-
ten" des Parlaments von 1386, verfaßt um 1388.

The Libelle of Englyshe Polycye. A Peom on the Use of Sea Power, 1436, hg.
v. Sir G. Warner (1926). Deutsche Übersetzung: W. Hertzberg, The Libell of
Englyshe Polycye (1878).

Der von einem unbekannten Verfasser stammende Traktat setzt sich kritisch mit
der Regierungspolitik der Beaufort-Partei auseinander und fordert für England die
Erringung der Seeherrschaft als Voraussetzung für politische Macht und wirtschaftlichen Wohlstand; vgl. zur Überlieferung und zu den Intentionen des Autors
die Einleitung in Warners Edition sowie F. Taylor, Some Manuscripts of the Libelle
of Englyshe Polycye. In: BJRL 24 (1940) S. 376–418. – G. A. Holmes, The Libel of
English Polity. In: EHR 76 (1961) S. 193–216.

William of Worcester, The Boke of Noblesse, hg. v. J. G. Nichols (Roxburghe
Club 77, 1860).

Der Traktat aus der Feder des Chronisten Wilhelm von Worcester († 1480) ver-
herrlicht die Welt des kämpferischen adligen Rittertums und beklagt bitter die englischen Verluste auf dem Festland als Folge des Hundertjährigen Krieges. Vgl.
hierzu K. B. McFarlane, William Worcester. In: Studies Presented to Sir Hilary
Jenkinson, hg. v. J. C. Davies (1957) S. 196–221.

Theologische und philosophische Briefwechsel und Lehrschriften
Die wichtigsten Werke sind bei Graves Nrn. 6521–6664 (mit Literatur) aufgelistet.

Wegen ihrer grundsätzlichen Bedeutung für die englische und europäische Geistesgeschichte sei auf folgende Autoren und ihr Werk an dieser Stelle besonders hingewiesen:

Anselm, Erzbischof von Canterbury († 1109)
S. Anselmi Cantuariensis archiepiscopi opera omnia, hg. v. F. S. Schmitt. 7 Bde. (1938–61).
Zur Person und zum Werk Erzbischof Anselms vgl. die Literatur bei Graves Nrn. 6526–6535 und neuerdings auch B. Ward, Anselm of Canterbury, a Monastic Scholar (1977). – W. Fröhlich, Die Entstehung der Briefsammlung Anselms von Canterbury. In: HJb 100 (1980) S. 457–466.

Robert Grosseteste, Bischof von Lincoln († 1253)
Die philosophischen Werke des Robert von Grosseteste, Bischofs von Lincoln, hg. v. L. Baur (Beiträge zur Geschichte der Philosophie und Theologie des Mittelalters 9, 1912). – Roberti Grosseteste episcopi Lincolniensis (1235–53) epistolae, hg. v. H. R. Luard (RS 1861). Vgl. hierzu grundlegend S. H. Thomson, The Writings of Robert Grosseteste (1940) sowie die Literatur bei Graves Nrn. 6576–6586 und J. Beumer, Robert Grosseteste von Lincoln, der angebliche Begründer der Franziskanerschule. In: Franziskanische Studien 57 (1975) S. 183–195. – K. D. Hill, Robert Grosseteste and his Work on Greek Translation. In: The Orthodox Churches and the West, hg. v. D. Baker (1976) S. 213–222.

Wilhelm von Ockham († 1347)
Guillelmi de Ockham opera politica. 3 Bde. Bd. 1 hg. v. J. G. Sikes, B. L. Manning und R. F. Bennett; Bde. 2 u. 3 hg. v. H. S. Offler (1940–56). Zur Persönlichkeit und zum Werk Wilhelm von Ockhams vgl. J. P. Reilly (Jr.), Ockham Bibliography 1950–67. In: Franziskan. Studien 28 (1969) S. 197–214 sowie A. S. McGrade, Ockham and the Birth of Individual Rights. In: Authority and Power. Studies on Medieval Law and Government Presented to Walter Ullmann on his Seventieth Birthday, hg. v. B. Tierney und P. Linehan (1980) S. 149–166 und die bei Graves Nrn. 6613–6627 angeführte Literatur.

John Wyclif († 1384)
Eine Übersicht über die Schriften des englischen Reformators bieten: W. W. Shirley und J. Loserth, A Catalogue of the Original Works of John Wyclif (²1924).
Aus dem literarischen Werk John Wyclifs hat die *Wyclif Society* insgesamt 36 Bände veröffentlicht:
Wyclif, Latin Works. 36 Bde. (Wyclif Soc. 1883–1922).
Das Editionsvorhaben wurde in der Reihe *Studies and Texts in Medieval Thought* fortgeführt. Im Rahmen dieser Reihe sind bisher an weiteren Editionen erschienen: John Wycliffe, Summa de ente, hg. v. S. H. Thomson (1956). – Johannis Wyclif, Tractatus de Trinitate, hg. v. A. du Pont-Breck (1962).
Zur Persönlichkeit und zum Werk Wyclifs vgl. aus der Fülle der Literatur die Angaben bei Graves zu Nr. 664 und Nrn. 6649–6664, die beiden Biographien von B. H. Workman, John Wyclif. 2 Bde. (1926) und K. B. McFarlane, John Wycliffe and the Beginnings of English Non-Conformity (1952) sowie L. J. Daly, Wyclif's Political Theory. A Century of Study. In: Medievalia et Humanistica, N. S. 4 (1973) S. 177–187.

Juristische Lehrschriften und Traktate

Wichtige Quellen zur englischen Rechts- und Verfassungsgeschichte bilden naturgemäß die juristischen Lehrschriften und Traktate, die meist aus der Feder geschulter Rechtsgelehrter stammen. Von grundsätzlicher Bedeutung sind dabei zunächst die Abhandlungen, die sich auf das *allgemeine Recht* beziehen. Für das 12. Jahrhundert ist hier zu nennen:

Tractatus de legibus et consuetudinibus regni Anglie qui Glanvilla vocatur, hg. v. G. D. G. Hall (Med. Texts 1965).

Der Autor des zwischen 1187 und 1189 verfaßten Traktats ist unbekannt. Alle bisherigen Versuche, die Schrift bestimmten Personen (Glanville, Hubert Walter, Geoffrey fitz Peter) zuzuordnen, bleiben letztlich nicht beweisbare Vermutungen; vgl. hierzu D. M. Stenton, Pleas before the King or his Justices, 1198–1212. Bd. 1 (SSoc 67, 1953) S. 9–25. – R. W. Southern, A Note on the Text of Glanville. In: EHR 65 (1950) S. 81–89 und die Einleitung der Edition von G. D. G. Hall. Auf jeden Fall war der Autor eng mit der Rechtspraxis am königlichen Hof vertraut, und seine Schrift bietet wertvolle Informationen über die Entwicklung des *common law* zur Zeit König Heinrichs II., vor allem am Beispiel der mit königlichen *writs* eingeleiteten Rechtsverfahren. Zur Kommentierung vgl. die juristische Spezialliteratur bei Graves Nr. 2989.

Einen Höhepunkt erlebte diese Form der Darstellung und Kommentierung des geltenden Rechts im 13. Jahrhundert durch das Werk des bedeutendsten mittelalterlichen Juristen Englands, *Henry de Bracton* († 1268).

Bracton oder Bratton wurde im Jahre 1264 Kanzler der Kathedralkirche von Exeter und ist mehrfach im Dienste König Heinrichs III. bezeugt. Sein großes Werk *De legibus et consuetudinibus Angliae* bietet eine systematische, teilweise vom römischen Recht beeinflußte Darstellung des materiellen englischen Rechts (ohne Prozeßrecht) im 13. Jahrhundert. Als maßgebende Ausgabe ist heranzuziehen:

Bracton, Henry de, De legibus et consuetudinibus regni Angliae, hg. v. G. E. Woodbine. 3 Bde. (1915–40). Von S. E. Thorne wurde auf der Grundlage des (leicht verbesserten) Woodbineschen Textes eine umfassende, auf insgesamt 5 Bde. angelegte Neuausgabe mit englischer Übersetzung und Kommentar in Angriff genommen, von der mittlerweile 4 Bde. erschienen sind: Bracton on the Laws and Customs of England, hg. v. G. E. Woodbine, Translated with Revisions and Notes by S. E. Thorne. Bde. 1–4 (1968–77).

Zum Einstieg in die Überlieferungsgeschichte des Werkes und die damit verbundene Problematik sowie zu den einzelnen von der Forschung diskutierten Spezialproblemen ist von den grundlegenden Ausführungen S. E. Thornes in seiner Neuausgabe auszugehen (vgl. hierzu auch die Besprechungen v. G. D. G. Hall. In: AJLH 13 [1969] S. 304–308. – A. A. Schiller. In: Speculum 45 [1970] S. 492–498. – P. R. Hyams. In: EHR 93 [1978] S. 864–866). Zum Leben und Werk Bractons vgl. im übrigen auch W. Fesefeldt, Englische Staatstheorie des 13. Jahrhunderts. Henry Bracton und sein Werk (1962). – B. Tierney, Bracton on Government. In: Speculum 38 (1963) S. 295–317. – E. Lewis, King above Law. Quod principi placuit in Bracton. In: Speculum 39 (1964) S. 241–269. – A Bracton Symposion. In: Tulane Law Review 42 (1968) S. 455–602 sowie die weitere bei Graves Nr. 2985 aufgelistete Spezialliteratur.

Für das Ende des 13. Jahrhunderts sind zwei Neubearbeitungen des Bracton-

schen Werkes überliefert, die – bei aller Anlehnung an ihre Vorlage – daneben durchaus originäres Gedankengut erkennen lassen:
Britton. The French Text Carefully Revised, with an English Translation, hg. v. F. M. Nichols. 2 Bde. (1865).
Das von einem Teil der Forschung John le Breton, Bischof von Herford, zugeschriebene Werk wurde um 1291 verfaßt; vgl. zur Autorschaft und zum Werk selbst vor allem F. M. Nichols in der Einleitung seiner Edition und G. Turner (Hg.), Brevia placitata (unten S. 247) S. XXX.

Fleta, hg. (mit engl. Übersetzung) v. H. G. Richardson und G. O. Sayles. Bisher erschienen: Bde. 2 u. 3 (SSoc. 72, 79, 1953–72). [Der noch ausstehende erste Band soll die Einleitung, Anmerkungen und das Register enthalten].

Der von einem unbekannten Verfasser um 1290 erstellte Traktat enthält neben einem Abriß des Bractonschen Werkes einen Kommentar zur Gesetzgebung Eduards II. sowie eine Beschreibung der Gerichtshöfe und der königlichen Hofhaltung. Zur Frage der Autorschaft vgl. N. Denholm-Young, Who Wrote Fleta? In: EHR 58 (1943) S. 1–12. – Ders., Matthew Cheker. In: EHR 59 (1944) S. 252–257. Zum Werk selbst vgl. E. H. Kantorowicz, The Prologue to Fleta and the School of Petrus de Vinea. In: Speculum 32 (1957) S. 231–249.

Für das 15. Jahrhundert ist endlich noch ein Autor zu nennen, der Rechtstraktate von grundsätzlicher Bedeutung für die allgemeine Rechts- und Verfassungsgeschichte verfaßt hat, *Sir John Fortescue* († um 1479).

Sir John Fortescue, Richter am königlichen Gerichtshof *The King's Bench,* war ein überzeugter Anhänger des Hauses Lancaster, für das er in seinen Schriften auch deutlich Partei ergriff. Nachdem er schon 1463, um einer Anklage wegen Hochverrats zu entgehen, England verlassen hatte, geriet er in der Schlacht von Tewkesbury (1471) als Gefangener in die Hand König Eduards IV., der ihm erst gegen das Versprechen, alles gegen den Thronanspruch des Hauses York Geschriebene zu widerrufen, Verzeihung gewährte. In seinen beiden Hauptwerken *De laudibus legum Angliae* und *The Governance of England* vergleicht Fortescue die englische Rechtsordnung mit der auf dem Festland, wobei er in einem leidenschaftlichen Plädoyer versucht, die Vorzüge einer verfassungsmäßig begrenzten Regierungsgewalt, wie er sie in England verwirklicht sieht, gegenüber einer despotischen, unumschränkten Herrschergewalt herauszustellen.

Als Ausgaben sind heranzuziehen:
Fortescue, Sir John, De laudibus legum Angliae, hg. (mit engl. Übersetzung) v. S. B. Chrimes (1942). – Fortescue, Sir John, The Governance of England. Otherwise Called the Difference between an Absolute and Limited Monarchy, hg. v. Ch. Plummer (1926).
Zum Leben und Werk Fortescues vgl. vor allem die Einleitungen der genannten Editionen und die bei Graves Nr. 2988 aufgelistete Spezialliteratur.

Neben den genannten Rechtstraktaten zur allgemeinen Rechtsentwicklung ist auch eine Fülle von Abhandlungen zu *einzelnen Teilgebieten* des Rechts oder der Verwaltungspraxis überliefert. Hier ist an erster Stelle der berühmte, aus der Feder des Richard Fitz-Neal, Schatzmeisters König Heinrichs II. und Bischofs von London († 1198), stammende Traktat *Dialogus de Scaccario* zu nennen, der in der Form eines Dialogs zwischen Meister und Schüler Ursprung, Organisation und Arbeitsweise des Schatzamtes beschreibt:
De Necessariis Observantiis Scaccarii Dialogus Commonly Called Dialogus de

Scaccario by Richard, Son of Nigel, Treasurer of England and Bishop of London, hg. v. A. Hughes, C. G. Crump und C. Johnson (1902). Eine Ausgabe mit deutscher Übersetzung liegt vor in: Richard von Ely, Schatzmeister Heinrichs II., Dialog über das Schatzamt (Dialogus de scaccario), eingel., übersetzt u. erläutert v. M. Siegrist (1963).

Zur Persönlichkeit des Autors und zum Werk selbst vgl. F. Liebermann, Einleitung in den Dialogus de Scaccario (1875). – H. G. Richardson, Richard fitz-Neal and the Dialogus de Scaccario. In: EHR 43 (1928) S. 161–171, 321–340.

Zum *Prozeßrecht* vgl. die bei Graves Nrn. 2992–3002 zusammengestellten Traktate, wobei vor allem zu nennen sind:

Brevia placitata, hg. v. G. J. Turner und T. F. T. Plucknett (SSoc. 66, 1947/51).

Der bedeutsame, aus dem 13. Jahrhundert stammende Traktat eines unbekannten Autors beschreibt das Klageverfahren vor den königlichen Gerichtshöfen:

Four Thirteenth-Century Law Tracts, hg. v. G. E. Woodbine (1910). Vgl. hierzu Graves Nr. 2996.

Zur Verfahrensweise und Zusammensetzung des *Parlaments* zu Beginn des 14. Jahrhunderts vgl. den Traktat eines unbekannten Verfassers, der nun in einer Neuausgabe vorliegt:

Modus tenendi parliamentum, hg. v. N. Pronay und J. Taylor. In: Parliamentary Texts of the Later Middle Ages (1980) S. 13–114.

Die Datierung der Schrift ist in der Forschung umstritten, wobei die einzelnen Ansätze vom Ende des 13. Jahrhunderts bis zur Regierungszeit König Richards II. reichen; vgl. hierzu die Literatur bei Graves Nrn. 3347–3355 und zur Schrift selbst die Erläuterungen bei B. Wilkinson, The Constitutional History of England, 1216–1399, with Select Documents. Bd. 2 (1958) S. 323–358 sowie vor allem die Einleitung in der angegebenen Neuausgabe (S. 13–63).

Zum *Immobilienrecht* und zu den einzelnen Formen der *Grundstücksleihe* vgl. den berühmten Traktat des *Sir Thomas Littleton* († 1481), der im 17. Jahrhundert von Sir Edward Coke mit einem ausführlichen Kommentar versehen wurde und in dieser Form maßgeblich das englische Immobilienrecht der Folgezeit beeinflußt hat:

Lyttleton, his Treatise of Tenures, in French and English. A New Edition to which are Added the Ancient Treatise of the Olde Tenures and the Customs of Kent, hg. v. T. E. Tomlins (1841). Zur umfangreichen Literatur vgl. Graves Nr. 2990.

Zur *Domänenverwaltung* im Rahmen der adligen Grundherrschaft liegen einige kleinere, aus dem 13. Jahrhundert stammende Traktate vor, die interessante Einblicke in das System der adligen Grundherrschaft des 13. Jahrhunderts gewähren:

Walter of Henley and other Treatises on Estate Management and Accounting, hg. v. D. Oschinsky (1971).

Zum *Kaufmannsrecht* vgl. den von einem unbekannten Verfasser um 1280 aufgezeichneten Traktat *Lex mercatoria*, abgedruckt in: Little Red Book of Bristol, hg. v. F. B. Bickley. Bd. 1 (1900) S. 57–85. Eine englische Übersetzung mit Kommentar bietet: R. R. Teetor, England's Earliest Treatise on the Law Merchant. The Essay on the Lex Mercatoria from the Little Red Book of Bristol. In: AJLH 6 (1962) S. 178–210. Vgl. hierzu und zum Kaufmannsrecht auch K.-F. Krieger, Der Rechtsschutz der deutschen Hansekaufleute in England unter König Eduard I. (1272–1307). In: Stadt und Land in der Geschichte des Ostseeraumes, hg. v. K. Friedland (1973) S. 45 ff.

Für den Bereich des *Seerechts* ist die berühmte, von einem unbekannten Verfasser im 13. Jahrhundert aufgezeichnete Sammlung der *Rôles d'Oléron* zu nennen, die als Quelle des gemeinen Seerechts im ganzen Atlantikraum verbreitet war und von hier aus auch die Seerechtsentwicklung des Nord- und Ostseeraumes maßgeblich beeinflußt hat. Die älteste überlieferte, zu Beginn des 14. Jahrhunderts aufgezeichnete Handschrift ist mit einer deutschen Übersetzung abgedruckt bei:
K.-F. Krieger, Ursprung und Wurzeln der Rôles d'Oléron (Quellen und Darstellungen zur Hansischen Geschichte 15, 1970). Zur Datierung und zum Inhalt der Sammlung vgl. ebenda passim (mit der älteren Literatur). Keine neuen Erkenntnisse bringt der – auf veralteter Literatur beruhende – Beitrag von T. J. Runyan, The Rolls of Oleron and the Admiralty Court in Fourteenth Century England. In: AJLH 19 (1975) S. 95–111.

Persönliche Korrespondenzen und Tagebücher
Wichtige Quellen, vor allem zur Wirtschafts-, Sozial- und Kulturgeschichte, bilden die für das englische Mittelalter relativ reich überlieferten persönlichen Korrespondenzen und Tagebücher. Hier sind zu nennen:
The Stonor Letters and Papers, 1290–1483, hg. v. Ch. L. Kingsford. 2 Bde. (Camden Ser., 3. Ser. 29/30, 1919). Vgl. ergänzend hierzu auch: Supplementary Stonor Letters and Papers, 1314–1482 (Camden Ser. 34, 1924).
    Aufschlußreiche Einblicke in die Lebensverhältnisse des englischen Landadels im 15. Jahrhundert gewährt die Korrespondenz der *Paston Familie* aus Norfolk, der Persönlichkeiten von hohem Range, wie z. B. Sir John Fastolf, angehörten:
The Paston Letters, 1422–1509, hg. v. J. Gairdner. 6 Bde. ([2]1904). Eine neue, auf drei Bände angelegte Edition wird zur Zeit von N. David vorbereitet. Bisher sind die Bände 1 (1972) und 2 (1976) erschienen.
    Zur Familie und zum historischen Hintergrund vgl. H. S. Bennett, The Pastons and their England. Studies in an Age of Transition ([2]1932, ND 1968).
    In die Welt einer englischen Kaufmannsfamilie des 15. Jahrhunderts und ihre Handelsbeziehungen führt dagegen der Briefwechsel der *Cely Familie*:
The Cely Papers. Selections from the Correspondence and Memoranda of the Cely Family, Merchants of the Staple. A. D. 1475–1488, hg. v. H. E. Malden (RHS Camden Ser., 3. Ser. 1, 1900). – The Cely Letters 1472–1488, hg. v. A. Hanham (EETS 273, 1975).
    Interessante kulturgeschichtliche und geographische Details enthält endlich auch ein von *Wilhelm von Worcester* († 1480) anläßlich einer Reise von Norwich nach Cornwall verfaßtes Tagebuch:
William Worcester, Itineraries, hg. v. J. H. Harvey (OMT 1969) [enthält das gesamte Werk, mit Ausnahme des für Bristol einschlägigen Teiles]. Vgl. hierzu ergänzend J. Dallaway, Antiquities of Bristowe (1834). Zu Wilhelm von Worcester und seinem Werk vgl. im übrigen bereits oben S. 243.

Anglo-normannische und mittelenglische Reim- und Prosaliteratur
Zu den literarischen Quellen im weiteren Sinne ist auch die Fülle der anglo-normannischen und mittelenglischen Reim- und Prosaliteratur zu rechnen.
    Die *anglo-normannische* Literatur ist erfaßt in:
J. Vising, Anglo-Norman Language and Literature (1923) [Neuausgabe in Vorbereitung].

Zur *mittelenglischen* Literatur vgl. die Zusammenstellungen bei:
J.E.Wells (oben S.211). – C.F.Brown und R.H.Robbins, Index of Middle English
Verse (1943) und Suppl.-Bd., hg. v. R.H.Robbins und J.L.Cutler (1965). –
L.T.Tucker und A.R.Benham, A Bibliography of Fifteenth Century Literature
with Special Reference to the History of English Culture. In: University Washing-
ton Publ. in Language and Literature 2, Nr. 3 (1928) S.113–274.

Zur Einführung vgl. auch die entsprechenden Abschnitte bei: A.C.Baugh, A Li-
terary History of England (1948). – R.T.Davies, Medieval English Lyrics (1963). –
M.D.Legge, Anglo-Norman Literature and its Background (1963). – R.W.Acker-
mann, Backgrounds to Medieval English Literature (1967). – G.Kane, Middle
English Literature (1951). – E.G.Stanley (Hg.), Continuations and Beginnings.
Studies in Old English Literature (1966). – H.Bennett, Chaucer and the Fifteenth
Century (Oxford History of English Literature 2, 1, 1974).

Einige für den Historiker wichtige Werke sind mit Angabe der Editionen und
Spezialliteratur aufgelistet bei Graves Nrn.6999–7041. Wertvolle Informationen
zur englischen Kultur- und Sozialgeschichte des 14.Jahrhunderts liefern dabei vor
allem zwei berühmte Werke, William Langlands *Piers Plowman* und Geoffrey
Chaucers *Canterbury Tales*. Als Ausgaben sind heranzuziehen:
The Vision of William Concerning Piers Plowman Together with Vita de Dowel,
Dobet, et Dobest, by William Langland, hg. v. W.W.Skeat. 4 Teile in 5 Bden.
(EETS, Orig.Ser. 28, 38, 54, 67, 81, 1867–85). Eine auf vier Bände angelegte Neuausgabe ist in Vorbereitung. Bisher ist erschienen: Piers Plowman, The A Version.
Will's Version of Piers Plowman and Do-Well, hg. v. G.Kane (1960). – Piers
Plowman, The B Version. Will's Visions of Piers Plowman, Do-Well, Do-Better
and Do-Best, hg. v. G.Kane und E.T.Donaldson (1975). Vgl. außerdem noch William Langland, The Vision of Piers Plowman. A Critical Edition of the B-Text, hg.
v. A.V.C.Schmidt (1978). – Piers Plowman by William Langland. An Edition of
the C-Text, hg. v. D.Pearsall (1979).
The Text of the Canterbury Tales Studied on the Basis of All Known Manuscripts, hg. v. J.M.Manly und E.Rickert. 8 Bde. (1940).

Zur umfangreichen Literatur vgl. die Angaben bei Graves Nrn.7021–7029,
Nrn.6999–7014 und zum historischen Hintergrund der beiden Werke auch
G.Mathew, The Court of Richard II (1968) sowie D.C.Fowler, Piers Plowman.
In: Recent Middle English Scholarship and Criticism: Survey and Desiderata, hg.
v. J.B.Severs (1971) S.9–28 [Forschungsbericht]. – G.Bourquin, Piers Plowman.
Études sur la génèse littéraire des trois versions. 2 Bde. (1978). – T.Dunning und
T.P.Dolan (Hg.), Piers Plowman. An Interpretation of the A Text (²1980). –
D.N.Baker, From Plowing to Penitence. Piers Plowman and Fourteenth-Century
Theology. In: Speculum 55 (1980) S.715–725. – M.E.Goldsmith, The Figure of
Piers Plowman (Piers Plowman Studies 2, 1981). – A.P.Baldwin, The Theme of
Government in Piers Plowman (1981). – H.Newstead, Chaucer's Canterbury
Tales. In: Recent Middle English Scholarship and Criticism: Survey and Desi-
derata, hg. v. J.B.Severs (1971) S.97–107 [Forschungsbericht]. – Th.Wolpers,
Bürgerliches bei Chaucer. Mit einer Skizze des spätmittelalterlichen London. In:
Über Bürger, Stadt und städtische Literatur im Spätmittelalter. Bericht über Kollo-
quien der Kommission zur Erforschung der Kultur des Spätmittelalters
1975–1977, hg. v. J.Fleckenstein und K.Stackmann (Abh.Ak.Göttingen, 3.Folge,
121, 1980) S.216–288.

Dokumentarische Quellen

Der in England im Vergleich zum Kontinent relativ früh einsetzende Ausbau von zentralen und regionalen Verwaltungsinstitutionen führte seit der Mitte des 12. Jahrhunderts zu einer zunehmenden und im folgenden Jahrhundert sprunghaft anwachsenden „Verschriftlichung" der Herrschaftsausübung, die sich in einer Fülle dokumentarischen Schriftgutes in der Form von Diplomen, formlosen Einzelanweisungen, Mitteilungen und Rechtsentscheidungen sowie Abrechnungen und Bestandsverzeichnissen u.a.m. niedergeschlagen hat. Günstige äußere Umstände, wie die Tatsache, daß diese Bestände weitgehend von Verlusten – bedingt durch kriegerische Ereignisse, Plünderungen und Brandkatastrophen – verschont geblieben sind, haben mit dazu beigetragen, daß die Überlieferungssituation für die dokumentarischen Quellen des Mittelalters in England geradezu als optimal und – im Vergleich etwa zu kontinentalen Verhältnissen – auch als einmalig bezeichnet werden kann.

Die große Masse dieses Materials wird in dem berühmten englischen Zentralarchiv, dem *Public Record Office,* verwahrt. Eine Übersicht über die gedruckten wie auch die noch nicht veröffentlichten Bestände dieses weitgehend nach dem Provenienzsystem gegliederten Archivs bietet der offizielle Archivführer *Guide to the Contents of the Public Record Office* (siehe oben S. 206), wobei für die mittelalterlichen Bestände vor allem der 1. Band einschlägig ist. Ein Teil der Bestände ist auch beschrieben bei F. Trautz, Die Könige von England und das Reich 1272–1377 (1961) S. 42–59.

Als erste Einführungen in die Arbeitsweise mit dem mittelalterlichen Verwaltungsschriftgut, den *public records,* vgl.:
V. H. Galbraith, An Introduction to the Use of the Public Records (³1963). – Ders., Studies in the Public Records (1948, ND 1949). – J. H. Baker, Unprinted Sources of English Legal History. In: LLJ 44 (1971) S. 302–313 (mit Hinweisen auf die Bestände anderer Archive).

Rechtssatzungen

Hier sind heranzuziehen:
Statutes of the Realm (1101–1713), hg. v. A. Luders, T. E. Tomlins, J. Raithby u. a. 11 Bde. (RC 1810–28).

Die Sammlung entspricht editorisch nicht immer modernen wissenschaftlichen Ansprüchen. Vgl. hierzu wie auch zur Interpretation einzelner Gesetze die Literatur bei Graves Nrn. 3327–3 346.

Urkunden und Akten zur Geschichte des Königtums und seiner zentralen Institutionen

Hier sind zunächst einige Publikationen von allgemeiner Bedeutung zu nennen, deren Material aus dem Schriftgut verschiedener Institutionen stammt:
Chartes des libertés anglaises, 1100–1305, hg. v. Ch. Bémont (1892). – Lettres de rois, reines et autres personnages du cours de France et d'Angleterre, depuis Louis VII jusqu'à Henri IV, tirées des archives de Londres par Bréquigny, hg. v. J. J. Champollion-Figeac. Documents inédits. 2 Bde. (1839–47). – Letters of the Kings of England (Rich. I – Charles I), hg. v. J. O. Halliwell. 2 Bde. (1846, ND 1848). – Royal and Other Historical Letters Illustrative of the Reign of Henry III,

from the Originals in the Public Record Office, hg. v. W. W. Shirley. 2 Bde. (RS 1862–66). – Letters and Papers Illustrative of the Reigns of Richard III and Henry VII, hg. v. J. Gairdner. 2 Bde. (RS 1861–63). – E. L. G. Stones und G. G. Simpson (Hg.), Edward I and the Throne of Scotland. An Edition of the Record Sources for the Great Cause (1979). – M. Prestwich, Documents Illustrating the Crisis of 1297–98 in England (Camden Soc., 4. Ser. 24, 1980).

Für die Beziehungen zum Kontinent ist immer noch wichtig: Foedera, conventiones, literae, et cujuscunque generis acta publica inter reges Angliae et alios quosvis imperatores, reges, pontifices, principes, vel communitates ... tractata (1101–1654), hg. v. Th. Rymer und G. Holmes. 10 Bde. (^{3}1740–45, ND 1967). Vgl. hierzu auch ergänzend T. D. Hardy, Syllabus of Documents in Rymer's Foedera. 3 Bde. (HMSO 1869–85).

Das Werk ist teilweise überholt durch die Edition der *Treaty Rolls* (vgl. unten S. 253), die viele der hier verkürzt und fehlerhaft abgedruckten Stücke in vollständiger bzw. verbesserter Form wiedergibt.

Den größten und wertvollsten Bestand des Public Record Office bildet das überlieferte Schriftgut der *königlichen Kanzlei (chancery)*. Die bereits im mittelalterlichen England behördenmäßig ausgestattete Kanzlei, an deren Spitze der Kanzler als Bewahrer des großen königlichen Siegels *(Great Seal)* stand, löste sich seit dem 14. Jahrhundert vom königlichen Hof und erhielt von nun an – während der König mit seinem Hofe nach wie vor das Land bereiste – in London eine feste Dauerresidenz *(Chancery Lane)*. Die Zuständigkeit der Kanzlei erstreckte sich auf die Ausfertigung und Registrierung der gesamten königlichen Korrespondenz, die unter dem *Großen Siegel* beglaubigt wurde, worunter der Sache nach sowohl Privilegien, Mandate und Einzelanweisungen an Amtsträger als auch die diplomatische Korrespondenz mit fremden Mächten fielen.

Seit der Regierungszeit König Richards I. ist die Registrierung des ausgehenden Schriftgutes bezeugt, die sowohl in der Form wörtlicher, z. T. stark abgekürzter Kopien als auch in der Art regestenmäßig erstellter Inhaltsangaben erfolgte, wobei man im Gegensatz zum Kontinent die einzelnen beschriebenen Blätter nicht in Bücherform zusammenheftete, sondern jeweils an den Enden zu fortlaufenden Streifen zusammennähte, die dann in Rollenform aufbewahrt wurden *(rolls)*.

Zu dem vor dem Beginn der Registrierung überlieferten Schriftgut der Kanzlei vgl. vor allem:
Regesta regum Anglo-Normannorum 1066–1154, hg. v. H. W. C. Davis, R. J. Whitwell, Ch. Johnson, H. A. Cronne und R. H. C. Davis. 4 Bde. (1913–69). Vgl. außerdem auch Ancient Charters, Royal and Private Prior to 1200 (1095–1200), hg. v. J. H. Round (Pipe Roll Soc. 10, 1888). – Cartae antiquae, Rolls 1–10, hg. v. L. Landon (Pipe Roll Soc. 17, 1939); Rolls 11–20, hg. v. J. C. Davies (Pipe Roll Soc. N. S. 33, 1960) [es handelt sich hierbei um eine im 13. Jahrhundert von der Kanzlei erstellte Serie, in die Abschriften älterer, von den Antragstellern zu Beweiszwecken vorgelegter Urkunden aufgenommen wurden, wobei es sich bei vielen der registrierten Stücke um Fälschungen handelt; vgl. hierzu Guide to the Contents of the Public Record Office (oben S. 206) 1, S. 15]. – Calendar of Documents Preserved in France Illustrative of the History of Great Britain and Ireland, hg. v. J. H. Round, Bd. 1 (918–1206) (RS 1899). – Recueil des actes de Henri II concernant les provinces françaises et les affaires de France. Œuvre posthume de L. Delisle, hg. v. E. Berger. 3 Bde. (1916–27).

Die Aufgliederung des registrierten Schriftgutes in den heute überlieferten Serien beruht weitgehend auf einer Differenzierung nach rein urkundlich-formalen Kriterien (z. B. Charter Rolls, Close Rolls, Patent Rolls usw.). Von den durch den Druck erschlossenen Serien sind vor allem zu nennen:

Charter Rolls

Rotuli chartarum in Turri Londinensi asservati, 1199–1216, hg. v. T. D. Hardy (RC 1837); fortgesetzt unter dem Titel: Calendar of the Charter Rolls 1226–1516. 6 Bde. (HMSO 1903–27).

Die Serie enthält die in der Kanzlei registrierten offiziellen Privilegien der Krone an Einzelpersonen und Körperschaften (mit hängendem Siegel).

Unter den feierlichen Privilegien der Krone nimmt die berühmte Freiheitsurkunde *Magna Charta* eine Sonderstellung ein. Die Urkunde ist mit anderen zeitgenössischen Dokumenten abgedruckt in dem grundlegenden Werk: J. C. Holt, Magna Carta (1965, ND 1969) S. 316–37. Vgl. außerdem ders., A Vernicular French Text of Magna Carta 1215. In: EHR 89 (1974) S. 346–364 und zur Überlieferung auch J. C. Fox, The Originals of the Great Charter of 1215. In: EHR 39 (1924) S. 321–336. Zur Kommentierung der einzelnen Bestimmungen ist immer noch unentbehrlich: W. S. McKechnie, Magna Carta. A Commentary on the Great Charter of King John (²1914, ND 1960). Vgl. auch die Literatur bei Graves Nrn. 3279–3292 und J. C. Holt, Magna Carta and the Idea of Liberty (1972).

Close Rolls (litterae clausae)

Rotuli litterarum clausarum in Turri Londinensi asservati, 1204–27, hg. v. T. D. Hardy. 2 Bde. (RC 1833–44); fortgesetzt unter dem Titel: Close Rolls of the Reign of Henry III (1227–1272). 14 Bde. (HMSO 1902–38). Close Rolls (Supplementary) of the Reign of Henry III, Preserved in the Public Record Office 1244–1266, hg. v. A. Morton (1975). – Calendar of the Close Rolls (1272–1485). 45 Bde. (HMSO 1892–1954). Zur Ergänzung vgl. auch Calendar of Chancery Rolls, Various 1277–1326 (HMSO 1912) S. 1–156 (Supplem. Close Rolls).

Die Serie enthält an bestimmte Einzelpersonen oder Personengruppen gerichtete, verschlossene Anweisungen und Mitteilungen des Königs, die sich auf die verschiedensten Lebensbereiche erstreckten. Zur Aufschlüsselung der Serie vgl. auch Repertorium fontium historiae medii aevi. Bd. 1: Series collectionum (1962) S. 574 ff. – Mullins, Texts (vgl. oben S. 203 f.) S. 18 ff.

Patent Rolls (litterae patentes)

Rotuli litterarum patentium in Turri Londinensi asservati (1201–16), hg. v. T. D. Hardy (RC 1835); fortgesetzt unter dem Titel: Patent Rolls of the Reign of Henry III (1216–32). 2 Bde. (HMSO 1901–03). – Calendar of the Patent Rolls Preserved in the P.R.O. (1232–1509). 52 Bde. (HMSO 1891–1916).

Die Serie enthält an Einzelpersonen oder an Personengruppen gerichtete Anweisungen, Mitteilungen, Vollmachten und Vergünstigungen des Königs in der Form der „Offenbriefe" mit Hängesiegel. Zum Inhalt vgl. auch Guide to the Contents of the Public Record Office (oben S. 206) 1, S. 23 f.

Fine Rolls
Rotuli de oblatis (1, 2, 3, 9 John) et finibus (6, 7, 15, 17, 18 John) in Turri Londinensi asservati, hg. v. T. D. Hardy (RC 1835); fortgesetzt unter dem Titel: Excerpta e rotulis finium in Turri Londinensi asservatis, 1216–72, hg. v. Ch. Roberts. 2 Bde. (RC 1835–36). – Calendar of the Fine Rolls (1272–1509) (HMSO 1911–62).

In dieser Serie wurden vor allem die zahlreichen Gebühren verzeichnet, die dem König aus den verschiedensten Anlässen (z. B. Privilegienerteilungen und -bestätigungen) gezahlt wurden.

Liberate Rolls
Rotuli de liberate ac de misis et praestitis, regnante Johanne, hg. v. T. D. Hardy (RC 1844); fortgesetzt unter dem Titel: Calendar of the Liberate Rolls (1226–72). 6 Bde. (HMSO 1917–64) [Der Druck der Serie wird fortgesetzt].

Die Serie enthält die unter dem *Großen Siegel* beurkundeten Zahlungsanweisungen des Königs an das Schatzamt zu Gunsten der jeweils genannten Personen.

Treaty Rolls
Treaty Rolls Preserved in the P.R.O. Bd. 1 (1235–1325), hg. v. P. Chaplais (HMSO 1956). Bd. 2 (1337–39), hg. v. J. Ferguson (1972) [wird fortgesetzt].

Die früher teilweise unter den Namen *French Rolls* und *Almain Rolls* laufende Serie enthält zahlreiche Verträge, Geleitsbriefe, Gesandtschaftsvollmachten und diplomatische Korrespondenzen mit fremden Mächten. Wenn auch ein großer Teil dieses Bestandes bereits in dem Werk von T. Rymer (vgl. oben S. 251) veröffentlicht ist, so bringt die oben angeführte Ausgabe doch zahlreiche Ergänzungen und Berichtigungen zu den bei Rymer oft verkürzt oder fehlerhaft wiedergegebenen Texten.

Schatzamt und königlicher Haushalt
Das Schatzamt leitete seinen Namen *scaccarium, exchequer* von der schachbrettartig gemusterten Tischdecke her, mit der der Tisch, an dem die eingehenden Gelder abgerechnet und gezählt wurden, bedeckt war. Wie die anderen Zentralbehörden, ist auch dieses Amt aus der *curia regis*, dem königlichen Rat, erwachsen. Bereits seit der Regierungszeit König Heinrichs I. ist es als selbständige Institution nachweisbar, die in sich „die Funktionen eines Rechnungshofes, eines Finanz- und Verwaltungsgerichtes und einer Zentralkasse vereinigte" (F. Trautz [oben S. 250] S. 46). Zur Arbeitsweise und zur historischen Entwicklung dieser Behörde vgl. vor allem den bereits oben S. 246 f. genannten berühmten *Dialog über das Schatzamt* aus der Feder des Schatzmeisters König Heinrichs II. sowie Guide to the Contents of the Public Record Office (oben S. 206) 1, S. 45 ff. – F. Trautz (oben S. 250) S. 46 ff. sowie die Literatur bei Graves Nrn. 3133–3141 und 3229–3270.

Das umfangreiche überlieferte Schriftgut besteht in der Hauptsache aus Bestands- und Güterverzeichnissen, den Abrechnungen der Sheriffs und anderer Amtsträger, dem sich mit der Abrechnung und der Einforderung königlicher Ansprüche ergebenden Schriftverkehr sowie aus den Aufzeichnungen über Ein- und Auszahlungen mit den entsprechenden Anweisungen des Königs. Zu den Prozeßakten des Exchequer-Gerichtshofes, der für Rechtsstreitigkeiten um finanzielle Forderungen und Einkünfte der Krone zuständig war, vgl. unten S. 258.

Von den im Druck vorliegenden Beständen ist zunächst Englands berühmteste mittelalterliche Quelle, das bereits vor der Institutionalisierung des Schatzamtes erstellte, später hier in der Abteilung *Treasury of the Receipt of the Exchequer* verwahrte *Domesday Book* zu nennen. Es handelt sich dabei um das Ergebnis einer großangelegten, ganz England erfassenden Bestandsaufnahme, die – geordnet nach Grafschaften – in der Art eines Grundkatasters minutiöse Angaben über die Liegenschaften, ihren Wert und Steuerertrag, die jeweiligen Besitz- und Bevölkerungsverhältnisse, den Viehbestand u. a. m. jeweils für zwei Stichdaten, nämlich für das Jahr 1066 und für den Zeitpunkt der Abfassung (1086), bietet. Das Verzeichnis beruht der Sache nach auf den Erhebungen königlicher Kommissare, die auf Befehl König Wilhelms im Jahre 1068 die einzelnen Grafschaften bereisten und an Ort und Stelle durch eidliche Befragung der ortsansässigen Bevölkerung die entsprechenden Angaben ermittelten, wobei allerdings die Art und Weise, wie dieses Material dann in dem zweibändigen überlieferten Bestandsverzeichnis Aufnahme fand, im einzelnen noch weitgehend ungeklärt ist. Das hohe Maß an Beweiskraft, das bereits die Zeitgenossen dem Werk zubilligten, kommt bereits in der seit dem 12. Jahrhundert nachweisbaren Bezeichnung als *Domesday Book* zum Ausdruck, was soviel wie ‚Buch des Jüngsten Gerichts' bedeutete und wohl klarstellen sollte, daß die hier enthaltenen Ermittlungen und Feststellungen so unangreifbar seien, wie dereinst die Urteilsfindung im Jüngsten Gericht.

Als Ausgabe ist immer noch heranzuziehen: Domesday Book seu liber censualis Wilhelmi primi regis Angliae. 4 Bde. Bde. 1 u. 2 hg. v. A. Farley (1783). Bde. 3 u. 4 hg. v. H. Ellis (1816).

Eine nach einzelnen Grafschaften geordnete Neuausgabe mit englischer Übersetzung und Kommentierung wird seit 1975 unter der Leitung von J. Morris in Angriff genommen. Bisher sind folgende Bde. erschienen: Domesday Book, Text and Translation, hg. v. J. Morris. Bde. 3: Surrey, 11: Middlesex, 19: Huntingdonshire (1975); Bde. 12: Hertfordshire, 24: Staffordshire (1976); Bde. 2: Sussex, 20: Bedfordshire, 23: Warwickshire, 28: Nottinghamshire (1976/77); Bde. 26: Cheshire, 13: Buckinghamshire, 14: Oxfordshire (1978); Bde. 5: Berkshire, 6: Wiltshire, 10: Cornwall, 21: Northamptonshire, 22: Leicestershire, 27: Derbyshire (1979); Bde. 8: Somerset, 29: Rutland (1980). Übersetzungen des Textes in Englisch – bezogen auf die einzelnen Grafschaften – finden sich auch in den jeweiligen Bänden der *Victorian History of the Counties of England* (unten S. 286). Zu weiteren im Zusammenhang mit dem Domesday Book stehenden Quellen vgl. Graves Nrn. 3010–3014, 3065–3076. Zur Entstehungsgeschichte, Interpretation und Bedeutung des Domesday Book ist eine Fülle von Literatur erschienen; vgl. hierzu die Angaben bei Graves Nrn. 3009, 3015–3064 sowie R. W. Finn, An Introduction to Domesday Book (1963). – Ders., Domesday Book. A Guide (1973). – V. H. Galbraith, The Making of Domesday Book (1961). – Ders., Domesday Book. Its Place in Administrative History (1974) – S. Harvey, Domesday Book and its Predecessors. In: EHR 86 (1971) S. 753–773. – Dies., Domesday Book and Anglo-Norman Governance. In: TRHS, 5. Ser. 25 (1975) S. 175–193. – Dies., Evidence for Settlement Study: Domesday Book. In: English Medieval Settlement, hg. v. P. H. Sawyer (1979) S. 105–109. – Dies., Recent Domesday Studies. In: EHR 95 (1980) S. 121–133. – F. F. Kreisler, Domesday Book and the Anglo-Norman Synthesis. In: Order and Innovation in the Middle Ages. Essays in Honour of Joseph R. Strayer, hg. v. W. C. Jordan u. a. (1976) S. 3–16. – E. King, Domesday Studies. In: History

58 (1973) S. 403–409. – H. C. Darby, Domesday England (1977). – H. R. Loyn, Domesday Book. In: Proceedings of the Battle Conference on Anglo-Norman Studies I, 1978, hg. v. R. A. Brown (1979) S. 121–130.

Aus dem Archivgut des Schatzamtes sind außerdem folgende, wenigstens teilweise im Druck erschlossene Serien zu nennen:

Pipe Rolls

Der Name dieser Serie (pipe = Röhre) rührt wohl von der Art der Registrierung und Aufbewahrung des Schriftgutes her, die sich von der der Kanzlei deutlich unterscheidet. Im Gegensatz zu der in der Kanzlei üblichen Tradition wurden aus den einzelnen Blättern nicht fortlaufende Rollen gebildet, sondern je zwei beidseitig beschriebene Blätter mit dem typischen Längsformat (ca. 1,50 m lang und ca. 50 cm breit) wurden an der Schmalseite zusammengenäht, wobei dann jeweils etwa 50–60 dieser Doppelblätter zu einer Art Block zusammengeheftet wurden, der wiederum eingerollt aufbewahrt wurde und so von seiner Form her an eine Röhre erinnerte (vgl. hierzu F. Trautz [oben S. 250] S. 48). Die Reihe besteht in der Hauptsache aus den nach Grafschaften geordneten Abrechnungen der Sheriffs. Daneben wurden innerhalb der Reihe auch die Foreign Accounts (Abrechnungen anderer, außerhalb des Wirkungsbereichs der Sheriffs entstandener Einnahmen und Ausgaben) registriert, die dann seit der Regierung Eduards III. eine eigene Serie bildeten.

Die Veröffentlichung der Pipe Rolls ist noch nicht allzuweit fortgeschritten und umfaßt bisher lediglich den Zeitraum von der ältesten, für die Jahre 1129/30 überlieferten Pipe Roll bis zur Zeit Heinrichs III. (1241/42); zu den einzelnen Ausgaben vgl. die Zusammenstellung bei Graves Nrn. 3077–3082 sowie The Great Roll of the Pipe for the Second Year of the Reign of King Henry III, hg. v. E. P. Ebden (Pipe Roll Soc. N. S. 39, 1972) – The Great Roll of the Pipe for the Third Year of King Henry III, Michaelmas 1219 (Pipe Roll Soc. 1976).

Subsidy Rolls

Die bereits für die Regierungszeit König Heinrichs II. einsetzende Serie enthält Abrechnungen über von Weltlichen und Geistlichen erbrachte Steuerleistungen, Ablösesummen über die Befreiung vom Lehndienst, Zinsleistungen für die Überlassung von Grund und Boden, Ehrengeschenke u. a. m.

Die Serie ist nur zu einem geringen Teil durch Editionen erschlossen; vgl. hierzu die Zusammenstellung bei Graves Nrn. 3142–3146.

Memoranda Rolls

Hierunter sind zwei Registraturserien des Schatzamtes zu verstehen, die keine eigentlichen Abrechnungen, sondern die Unterlagen und Korrespondenzen zur Eintreibung der königlichen Forderungen enthalten. Für die Anmahnung und Durchsetzung der königlichen Ansprüche waren seit dem 13. Jahrhundert zwei Beamte zuständig, der *King's Remembrancer* und der *Lord Treasurer's Remembrancer,* unter deren Leitung jeweils eine der beiden Serien geführt wurde (vgl. hierzu neuerdings D. Crook, The Early Remembrancers of the Exchequer. In: BIHR 53 [1980] S. 11–23).

Die Veröffentlichung dieser in Bruchstücken für 1199 und fortlaufend ab 1217 erhaltenen und für die englische Finanzgeschichte wichtigen Reihen steckt noch in den Anfängen. Bisher ist lediglich erschienen: The Memoranda Roll for the Mi-

chaelmas Term 1 John, Together with Fragments of the Originalia Rolls of
1195–6, hg. [mit informativer Einleitung] v. H. G. Richardson (Pipe Roll Soc. N.S.
21, 1943). – The Memoranda Roll 10 John, hg. v. R. A. Brown (Pipe Roll Soc. N.S.
31, 1955/57). – The Memoranda Roll of the King's Remembrancer for Michaelmas 1230 – Trinity 1231, hg. v. Ch. Robinson (Pipe Roll Soc. N.S. 11, 1933).

Königlicher Haushalt *(household)*
Mit zunehmender Institutionalisierung der königlichen Hofhaltung entwickelte
sich neben der *Kammer (chamber)* vor allem die königliche *Garderobe (wardrobe)* zu
einer wichtigen Behörde, die im Gegensatz zu anderen zentralen Institutionen regelmäßig dem Einfluß des Königs unterworfen blieb. In ihren Aufgabenbereich fiel
die Verwaltung der Mobiliengüter des königlichen Haushaltes, wie Hausrat, Klei-
der, Waffen und Ausrüstungsgegenstände, sowie die Rechnungsführung über besondere Einkünfte. Darüber hinaus nahm sie aber vor allem die Funktion einer
„privaten Kanzlei" des Königs wahr (vgl. Tout, Chapters [s. unten] 1, S. 19), die
diesen in die Lage versetzte, unabhängig von der seinem Einfluß teilweise entzoge-
nen *Kanzlei (chancery)*, Schriftstücke unter den kleinen königlichen Siegeln *(Privy
Seal, Secret Seal, Griffin Seal, Signet)* zu beglaubigen. Dem *custos garderobae (keeper
of the wardrobe)* als dem Leiter der Behörde war als Kontrollorgan der *controller*
zugeordnet, der eine Gegenrechnung *(contrarotulus)* über die Einnahmen und Ausgaben zu erstellen hatte und dem zunächst auch die Aufbewahrung des königlichen
Privatsiegels *(Privy Seal)* anvertraut war, bis hierfür dann im Laufe des 14. Jahrhunderts ein besonderer Beamter bestellt wurde. Ihre Einkünfte bezog die Garderobe
in der Regel vom Schatzamt, zuweilen aber auch aus Anleihen von fremden Kauf-
leuten.

Zur Geschichte des königlichen Haushalts vgl. das grundlegende Werk von
T. F. Tout, Chapters in the Administrative History of Medieval England. The
Wardrobe, the Chamber and the Small Seals. 6 Bde. (1920–33, verb. ND 1967) so-
wie speziell für das 15. Jahrhundert A. R. Myers, The Household of Edward IV.
The Black Book and the Ordinance of 1478 (1959).

Von den die Geschichte des königlichen Haushalts betreffenden Quellenpublikationen sind besonders hervorzuheben: Collection of Ordinances and Regula-
tions for the Government of the Royal Household, Edward III – William and Mary
(SocAntL 1790). – Constitutio domus regis. In: De necessariis observantiis scaccarii
dialogus Commonly Called Dialogus de Scaccario (oben S. 246f.) S. 128–135 [es
handelt sich um eine aus dem 12. Jahrhundert stammende Aufzeichnung über die
Organisation des königlichen Haushalts]. – List of Documents Relating to the
Household and Wardrobe. John – Edward I, hg. v. HMSO (Public Record Office
Handbook 7, 1964). – A. R. Myers (Hg.), The Household of Edward IV. The
Black Book and the Ordinance of 1478 (1959).

Zu den Einnahmen und Ausgaben der Garderobe vgl.: Accounts of the Expenses
of the Great Wardrobe of Edward III, 1344–49, hg. v. N. H. Nicolas. In: Archaeologia 31 (1846) S. 5–103. – Extracts from the Rotulus Familiae, 18 Edward I, hg. v.
S. Lysons. In: Archaeologia 15 (1806) S. 350–362 [enthält die Ausgaben der königlichen Familie über einen Zeitraum von 17 Wochen]. – Roll of Expenses of Edward I at Rhuddlan Castle in Wales (A. D. 1281–82), hg. v. S. Lysons (mit engl.
Übersetzung v. J. Brand). In: Archaeologia 16 (1812) S. 32–79. – Building Accounts
of King Henry III, hg. v. H. M. Colvin (1971).

Eine Sammlung königlicher Briefe, die unter dem *Signet* beglaubigt wurden, liegt neuerdings vor in: J.L.Kirby (Hg.), Calendar of Signet Letters of Henry IV and Henry V (1399–1422) (HMSO 1978).

Zentrale königliche Gerichtshöfe
Die in England im Vergleich zum Kontinent schon früh zu beobachtende Tendenz zur Institutionalisierung von Verwaltung und Rechtsprechung machte auch vor der königlichen Gerichtsbarkeit nicht halt. Schon seit dem 12.Jahrhundert setzte hier ein Prozeß der Spezialisierung und Differenzierung nach verschiedenen Aufgaben- und Zuständigkeitsbereichen ein, der dazu führte, daß sich aus dem zentralen Beratungs- und Gerichtsorgan des Königs, der *curia regis,* nach und nach eine Reihe von Sondergerichtshöfen mit speziellen Kompetenzbereichen herauslöste. So wurde schon unter König Heinrich II. zwischen Klagen unterschieden, die vor dem König persönlich (coram rege) und solchen, die in der *Bank (bench)* von Westminster oder vor den königlichen Reiserichtern *(justices in eyre)* verhandelt wurden, woraus sich die Gerichtshöfe *Court of the King's Bench, Court of Common Bench* oder *Court of Common Pleas* sowie die Gerichtshöfe der *Justices Itinerant* oder *Justices in Eyre* entwickelten. Ebenfalls bereits seit dem 12.Jahrhundert besaß der Gerichtshof des Schatzamtes *(Exchequer of Pleas)* eine Sonderkompetenz für Streitigkeiten in Fiskalsachen. Im Laufe des 13. und 14.Jahrhunderts kamen weitere Sondergerichtshöfe mit speziellen Aufgabenbereichen hinzu, wie etwa das Kanzleigericht *(Court of Chancery),* der *Exchequer of the Jews,* der *Court of Admiralty* und Gerichtshöfe in Forstangelegenheiten (vgl. hierzu auch A.Harding, The Law Courts of Medieval England [1973]).

An allgemeinen Quellensammlungen zur königlichen Gerichtsbarkeit sind zunächst zu nennen:
Bracton's Notebook. A Collection of (1990) Cases Decided in the King's Courts during the Reign of Henry III, Annotated by a Lawyer of that Time, Seemingly Henry of Bratton, hg. v. F.W.Maitland. 3 Bde. (1887). – Placita Anglo-Normannica. Law Cases from William I to Richard I, Preserved in Historical Records, hg. v. M.M.Bigelow (1879). – Rotuli Curiae Regis. Rolls and Records of the Court Held before the King's Justiciars or Justices, hg. v. F.Palgrave. 2 Bde. (RC 1835). – Select Pleas of the Crown (1200–1225), hg. v. F.W.Maitland (SSoc. 1, 1887/88). – Medieval Legal Records, hg. v. R.F.Hunnisett und J.B.Post (1978).

Zu den einzelnen Rechtsgebieten und zur Verfahrensweise vor den königlichen Gerichten vgl.:
Complete Collection of State Trials and Proceedings for High Treason and other Crimes and Misdemeanors from the Earliest Times to 1820, hg. v. T.B.Howell und T.J.Howell. 33 Bde. (1809–26) [Gesamtregister, bearb. v. D.Jardine (1818)]. – Original Documents Illustrative of the Administration of the Criminal Law in the Time of Edward I, hg. v. F.M.Nichols. In: Archaeologia 40 (1866) S.89–105. – Placita de Quo Warranto, Edward I – Edward III in curia receptae scaccarii Westm. asservata, hg. v. W.Illingworth (RC 1818). – Quo Warranto Proceedings in the Reign of Edward I, 1278–1294, hg. v. D.W.Sutherland (1963). – Select Cases Concerning the Law Merchant, hg. v. Ch.Gross und H.Hall. 3 Bde. (Selden Soc. 23, 1908; 46, 1929; 49, 1932). – Select Civil Pleas (1200–1203), hg. v. W.P.Baildon (SSoc. 3, 1889/90). – Early Registers of Writs, hg. v. E.de Haas und G.D.G.Hall (SSoc. 87, 1970). – Royal Writs in England from the Conquest to

Glanvill, hg. v. R. C. van Caenegem (SSoc. 77, 1959). – Select Cases of Procedure without Writ under Henry III, hg. v. H. G. Richardson und G. O. Sayles (SSoc 60, 1941).

Feet of Fines, 28 Henry II – 10 Richard I (1182–99) (Pipe Roll Soc. Publ. 17, 1894; 20, 1896; 23, 1898; 24, 1900). – Fines sive pedes finium (1195–1214), hg. v. J. Hunter. 2 Bde (RC 1835–44).

Hierbei handelt es sich um Streitigkeiten um Landbesitz, die mit Zustimmung des betroffenen Gerichtshofes durch Vergleich zwischen den Parteien beigelegt wurden, wobei eine Abschrift, genannt *foot*, zu Beweiszwecken bei Gericht aufbewahrt wurde; vgl. hierzu die Bemerkungen mit der angegebenen Literatur bei Graves S. 525.

Zu den überlieferten *Prozeßakten* der einzelnen Gerichtshöfe vgl. folgende Sammlungen:

Curia Regis und Court of the King's Bench
Curia Regis Rolls, Preserved in the P. R. O., hg. v. HMSO [bisher sind 16 Bde. (1922–79) erschienen]. Vgl. hierzu C. T. Flower, Introduction to the Curia Regis Rolls, 1199–1230 (SSoc. 62, 1943/44). – Placita Coram Domino Rege. Pleas of the Court of King's Bench, Trinity Term, 25 Edward I (1297), hg. v. W. P. Phillimore (Brit. Record Soc., Index Library 19, 1898). – Select Cases before the King's Council 1243–1482, hg. v. I. S. Leadam und J. F. Baldwin (SSoc. 35, 1918). – Select Cases in the Court of the King's Bench (1272–1422), hg. v. G. O. Sayles. 7 Bde. (SSoc. 55, 1936; 47, 1938; 48, 1939; 74, 1955; 76, 1957; 82, 1965; 88, 1971). Vgl. hierzu auch M. Hastings, The Court of Common Pleas in Fifteenth-Century England (1947). – R. V. Turner, The Origins of Common Pleas and the King's Bench. In: AJLH 21 (1977) S. 238–254. – M. Blatcher, The Court of King's Bench 1450–1550. A Study in Self-Help (1978).

Exchequer of Pleas
Select Cases in the Exchequer of Pleas (1236–1304), hg. v. H. Jenkinson und B. Formoy (SSoc. 4, 1931).

Zur Funktion und Arbeitsweise des Gerichtshofes vgl. auch W. H. Bryson, The Equity Side of the Exchequer. Its Jurisdiction, Administration, Procedures and Records (1975).

Justices Itinerant
Select Bills in Eyre (1292–1333), hg. v. W. C. Bolland (SSoc. 30, 1914).

Zu den für einzelne Grafschaften veröffentlichten *Eyre-Rolls* vgl. die Zusammenstellung bei Graves Nrn. 3522–3643 und dazu noch Civil Pleas of the Wiltshire Eyre 1249, hg. v. M. T. Clanchy (Wiltshire Record Soc. 1971). – The London Eyre of 1276, hg. v. M. Weinbaum (London Record Soc. 1976). – The Roll and Writ-File of the Berkshire Eyre of 1248, hg. v. M. T. Clanchy (SSoc. 1973).

Court of Chancery
Calendar of Proceedings in Chancery in the Reign of Elizabeth, with Earlier Examples. Bd. 1 (RC 1827) [enthält Beispiele aus der Zeit Richards II. bis Heinrichs VII.]. – Select Cases in Chancery (1364–1471), hg. v. W. P. Baildon (SSoc. 10,

1896). – A Calendar of Early Chancery Proceedings Relating to West Country Shipping 1388–1493, hg. v. D. A. Gardiner (1976).

Exchequer of the Jews
Calendar of the Plea Rolls of the Exchequer of the Jews. Bde. 1 u. 2 (1218–75), hg. v. J. M. Rigg (JHSE 1905–10); Bd. 3 (1275–77), hg. v. H. Jenkinson (JHSE 1929). – Select Pleas, Starrs and other Records from the Rolls of the Exchequer of the Jews (1220–84), hg. v. J. M. Rigg (SSoc. 15, 1901/02).

Court of Admiralty
Select Pleas in the Court of Admiralty, hg. v. R. G. Marsden. 2 Bde. (SSoc. 6, 1892/94; 11, 1897). – Monumenta Juridica. The Black Book of the Admiralty, hg. v. T. Twiss. 4 Bde. (RS 1871/76).

Gerichtsbarkeit in Forstsachen
Select Pleas of the Forest (1209–34), hg. v. G. J. Turner (SSoc. 13, 1899/1901). Vgl. hierzu auch D. J. Stagg (Hg.), A Calendar of New Forest Documents 1244–1334 (1979).

Von besonderer Bedeutung für die Rechts- und Verfassungsgeschichte sind endlich noch die überlieferten *Year Books.* Hierbei handelt es sich um protokollartige Aufzeichnungen in Altfranzösisch (Law French) über Gerichtsverhandlungen vor den königlichen Gerichtshöfen, die die Argumentation der Parteien in Rede und Widerrede nahezu wörtlich wiedergeben und damit ein lebendiges Abbild mittelalterlicher Prozeßwirklichkeit bieten. Die Reihe, die unter König Eduard I. im Jahre 1292 einsetzt und bis 1535 reicht, liegt nur zum Teil im Druck vor. Vgl. hierzu die Auflistung der bisher erschienenen Bände, die die Regierungszeiten der Könige Eduard II., Eduard III., Richard II., Heinrich V., Heinrich VI. und Edward IV. betreffen, bei Graves Nrn. 3647–3652 und dazu neuerdings noch Year Books of Richard II. 2 Richard II 1378–1379, hg. v. M. S. Arnold (1975). Zur allgemeinen Einführung vgl. W. C. Bolland, The Year Books (1921). – Ders., A Manual of Year Book Studies (1925).

Urkunden und Akten zur Geschichte des Parlaments
Hier sind als immer noch unentbehrliche – wenn auch modernen wissenschaftlichen Ansprüchen nicht mehr genügende – Materialsammlungen zu nennen:
W. Prynne (Hg.), A Brief Register, Kalendar and Survey of the Several Kinds of all Parliamentary Writs. 4 Bde. (1659–64). – Rotuli parliamentorum, ut et petitiones et placita in parliamento 1278–1503. 6 Bde. (1832).
Ergänzend hierzu ist heranzuziehen:
Records of the Parliament at Westminster in 1305, hg. v. F. W. Maitland (RS 1893). – Rotuli parliamentorum Anglie hactenus inediti, 1279–1373, hg. v. H. G. Richardson und G. O. Sayles (Camden Soc. 3. Ser. 51, 1935). – Parliamentary Texts of the Later Middle Ages, hg. v. N. Pronay und J. Taylor (1980). Vgl. außerdem auch Parliamentary Writs and Writs of Military Summons Edw. I – Edw. II, hg. v. F. Palgrave. 2 Bde. in 4 Teilen (RC 1827–34) und oben S. 243, 247.

Urkunden und Akten zur Geschichte der Kirche und der Universitäten
Zu den *Papsturkunden,* die England betrafen, vgl.:
Papsturkunden in England, hg. v. W. Holtzmann. 3 Bde. (Abh.Ges. Göttingen,
N.F. 25, 1–2; 3. Folge 14/15, 33 [1930–52]). – Calendar of Entries in the Papal Re-
gisters Relating to Great Britain and Ireland. Papal Letters (1198–1492), hg. v.
W. H. Bliss und J. A. Twemlow. 14 Bde. (HMSO 1893–1960). – Selected Letters of
Pope Innocent III Concerning England (1198–1216), hg. (mit engl. Übersetzung)
v. C. R. Cheney und W. H. Semple (Med. Texts 1953). – Collection of Papal Letters
Adressed to Recipients in England and Wales (1216–1303). In: Journ. of the Soc.
of Archivists 6 (1978) S. 92–94. Vgl. hierzu auch W. E. Lunt, Financial Relations of
the Papacy with England to 1327 (1939). – Ders., Financial Relations of the Papacy
with England 1327–1534 (1962).
    Zu den überlieferten Registern der *englischen Bistümer* vgl. allgemein C. R. Fow-
ler, Episcopal Registers of England and Wales (1918). – A. D. Frankforter, The
Episcopal Registers of Medieval England. An Inventory. In: British Studies Monitor 6/2 (1976) S. 3–22. – Guide to the Bishops' Registers of England and Wales, hg.
v. D. M. Smith (RHS 1981) sowie im einzelnen die Zusammenstellung bei Graves
Nrn. 5584–5878.
    Im Auftrage der *British Academy* wird zur Zeit eine umfangreiche Sammlung von
Urkunden und Akten englischer Bistümer in Angriff genommen. Als erster Band
dieses Projektes liegt bisher vor: D. M. Smith (Hg.), English Episcopal Acta. Bd. 1:
Lincoln 1067–1185 (1980).
    Zum überlieferten urkundlichen Schriftgut der *englischen Klöster* und *Ordensge-
meinschaften* vgl. die Zusammenstellung bei Graves Nrn. 5906–6425.
    Zur Geschichte der englischen Universitäten sind die Quellenpublikationen bei
Graves Nrn. 7051–7082 zusammengestellt. Vgl. dabei insbesondere:
Munimenta Academica, or Documents Illustrative of Academical Life and Studies
at Oxford, hg. v. H. Anstey. 2 Bde. (RS 1868). – Statuta antiqua universitatis Oxo-
niensis, hg. v. S. Gibson (1931). – Documents Relating to the University and Col-
leges of Cambridge, Published by Direction of the Commissioners Appointed to
Inquire into the State ... of the University and the Colleges. 3 Bde. (1852). – The
Original Statutes of Cambridge University, hg. (mit engl. Übersetzung) v.
M. B. Hackett (1970).

*Urkunden und Akten zur Geschichte der Lehnsverfassung, der adligen
Grundherrschaft und der mittelalterlichen Agrarverfassung*
Zur Einführung vgl. R. H. Hilton, The Content and Sources of English Agrarian
History before 1500. In: AgHR 3 (1955) S. 3–19. Von den Quellen selbst ist zunächst das bereits angeführte *Domesday Book* (oben S. 254 f.) zu nennen, das auch
Angaben über die feudalen Besitzverhältnisse und die grundherrlichen Einkünfte
enthält. Symptomatisch für die straffe Lehnsherrschaft des Königs und die dadurch
bedingte besondere Struktur der englischen Lehnsverfassung sind die zahlreichen,
systematisch durchgeführten und schriftlich festgehaltenen Untersuchungen über
die Rechte der Krone gegenüber den einzelnen Kronvasallen.
    Hier sind an erster Stelle die automatisch beim Tode eines Kronvasallen einset-
zenden Untersuchungen über den Wert des betroffenen Lehngutes und die Besitzverhältnisse *(inquisitiones post mortem)* zu nennen, die nicht nur Lehnsverschwei-
gungen vorbeugen, sondern der Krone auch die Wahrnehmung ihrer Rechte auf

Zahlung der Lehnware *(relevium)*, auf Vormundschaftsführung, Lehnsheimfall und Leistung der Lehnsdienste gewährleisten sollten. Die seit der Regierungszeit König Heinrichs III. überlieferten und bis ins 17. Jahrhundert reichenden Untersuchungen sind für die hier interessierende Zeitepoche nur zum Teil in Publikationen erschlossen:

Calendar of Inquisitions Post Mortem and other Analogous Documents in the Public Record Office (Hen. III – 15 Rich. II). 16 Bde. (HMSO 1904–74). Vgl. ergänzend hierzu auch Calendarium inquisitionum post mortem sive escaetarum (Hen. III – Rich. III), hg. v. J. Caley und J. Bayley. 4 Bde. (RC 1806–28) sowie für einzelne Grafschaften die Zusammenstellung bei Graves S. 630–636.

Daneben wurden auch aus besonderen Anlässen Untersuchungen über die Rechte der Krone gegenüber den Kronvasallen durchgeführt. So wurden im Jahre 1302 – wahrscheinlich, um eine Abgabe von den Kronvasallen anläßlich der Verheiratung der Tochter König Eduards I. erheben zu können – einzelne, zwischen 1198 und 1293 erfolgte Untersuchungen zu einem Sammelband zusammengestellt, der in dieser Form wertvolle Informationen über die Ritterlehen, ihren Wert, die Höhe des bezahlten Schildgeldes u. a. m. enthält. Als Ausgabe ist heranzuziehen:

Liber Feodorum. The Book of Fees Commonly Called Testa de Nevill (1198–1293), Reformed from the Earliest MSS, by the Deputy Keeper of the Records. 2 Bde. in 3 Teilen (1920–31); vgl. hierzu die Literatur bei Graves Nr. 4337.

Ähnliches Material enthält eine andere Sammlung entsprechender in der Zeit von 1284 bis 1431 durchgeführter Untersuchungen:

Inquisitions and Assessments Relating to Feudal Aids, with other Analogous Documents Preserved in the Public Record Office, 1284–1431. 6 Bde. (HMSO 1899–1920).

Gegen die zunehmenden Übergriffe der Sheriffs und anderer Kronbeamter wie auch zum Schutze der Kronrechte wurden bereits von König Heinrich III., besonders aber von König Eduard I., in den Jahren 1274 und 1279 offizielle Untersuchungen über die Besitzverhältnisse sowie die Rechte des Adels und der Krone angeordnet, die jeweils in den einzelnen Hundertschaften von einer Jury durchgeführt und deren Ergebnisse in den *Hundred Rolls* schriftlich festgehalten wurden:

Rotuli hundredorum temp. Hen. III et Edw. I in Turri Lond. et in curia receptae scaccarii West. asservati. 2 Bde. (RC 1812–1818).

Reiches Material über *Grundstücksveräußerungen* und *letztwillige Verfügungen* enthalten die Sammlungen:

Descriptive Catalogue of Ancient Deeds in the Public Record Office. 6 Bde. (HMSO 1890–1915). Für einzelne Grafschaften vgl. die Zusammenstellung bei Graves S. 638–647.

Abstracts of Ancient Wills (1300–1488). In: Collectanea topographica et genealogica, hg. v. J. G. Nichols. Bd. 3 (1836) S. 99–106. – The Fifty Earliest English Wills in the Court of Probate, London, 1387–1439, 1454, hg. v. F. J. Furnivall (EETS, Orig. Ser. 78, 1882). Für einzelne Grafschaften vgl. die Zusammenstellung bei Graves S. 649–654.

Wertvolle Erkenntnisse zur Struktur der adligen Grundherrschaft und zur englischen Agrarverfassung insgesamt liefern auch die erhaltenen Abrechnungen, Bestands- und Ausgabenverzeichnisse sowie die Prozeßakten der lehns- und grund-

herrlichen Gerichte *(Honour Courts, Manorial Courts)*. Hier sind insbesondere zu
nennen:
Manners and Household Expenses of England in the Thirteenth and Fifteenth
Centuries, hg. v. T. H. Turner (1841). – Compota domestica familiarum de Buking-
ham et d'Angoulême, hg. v. W. B. D. D. Turnbull (1836). – Ministers' Accounts for
West Wales, 1277–1306. Teil 1: Text and Translation, hg. v. M. Rhys (Cymmrodo-
rion Record Soc. 1936). – Accounts of the Ministers' for the Lands of the Crown in
West Wales for the Financial Year 1352–3, hg. v. W. Rees. In: BBCS 10 (1939/41)
S. 60–83, 139–156, 256–71. – Manorial Records of Cuxham, Oxfordshire, ca.
1200–1359, hg. v. P. D. A. Harvey (1976).

Urkunden und Akten zur Stadt- und Handelsgeschichte
Zur englischen Stadtgeschichte sind vor allem zwei Quellensammlungen hervorzu-
heben:
British Borough Charters, 1042–1216, hg. v. A. Ballard (1913). – British Borough
Charters, 1216–1307, hg. v. A. Ballard und J. Tait (1923). – British Borough Char-
ters, 1307–1660, hg. v. M. Weinbaum (1943).
Borough Customs, hg. v. M. Bateson. 2 Bde. (SSoc. 18, 1904; 21, 1906).
Für *London* vgl. vor allem:
Calendar of Coroners' Rolls of the City of London, 1300–1378, hg. v. R. R. Sharpe
(1914). – Calendar of Early Mayors' Court Rolls Preserved among the Archives of
the Corporation of the City of London at the Guildhall A. D. 1298–1307, hg. v.
A. H. Thomas (1924). – Calendar of Letter-Books of the City of London, hg. v.
R. R. Sharpe. Letter-Books A–L Ed. I – Hen. VII. 11 Bde. (1899–1912). – Calendar
of Plea and Memoranda Rolls Preserved among the Archives of the Corporation of
the City of London at the Guildhall, A. D. 1323–1482. Bde. 1–4, hg. v. A. H. Thomas. Bde. 5 u. 6, hg. v. Ph. E. Jones (1926–61). – Munimenta Gildhallae Londoniensis. Liber Albus, Liber Custumarum et Liber Horn, hg. v. H. T. Riley. 3 Bde. in
4 Teilen (RS 1859–62).
Zu den Londoner Gilden und Handwerkerzünften vgl. auch das Material bei
Graves Nrn. 5182–5204.
Zu den *anderen englischen Städten* vgl. die nach Grafschaften geordnete Zusam-
menstellung bei Graves Nrn. 5028–5147A, 5205–5311, 5312–5324.
Zur *allgemeinen Handelsgeschichte* vgl.:
Hanseakten aus England, 1275–1412, hg. v. K. Kunze (Hansische Geschichtsquel-
len 6, 1891). – J. M. Lappenberg (Hg.), Urkundliche Geschichte des hansischen
Stahlhofes zu London (1851). – The Ordinance Book of the Merchants of the
Staple, hg. v. E. E. Rich (1937). – E. B. Fryde, The Wool Accounts of William de la
Pole. A Study of Some Aspects of the English Wool Trade at the Start of the Hund-
red Years War (St. Anthony's Hall Publ. 25, 1964).

2. Quellen zur Neuzeit
Von G. Niedhart

Es versteht sich, daß im folgenden nur eine sehr begrenzte Auswahl publizierter Quellen und Quellensammlungen getroffen wird. Insbesondere fehlen fast völlig Memoiren, Briefe und Tagebücher – wichtige Regierungsmitglieder ausgenommen (unten S. 267 ff.) – und publizistische Quellen sowie Quellen zur Lokalgeschichte, deren Auflistung den Rahmen dieser Einführung bei weitem gesprengt hätte. Diese Materialien sind jedoch in den oben angeführten einschlägigen Bibliographien, Quellenkunden und Quellenverzeichnissen mühelos auffindbar. Primär wurde Wert darauf gelegt, Quellensammlungen zu verzeichnen, die einen ersten Zugang zu einzelnen Zeitabschnitten und Problemkreisen vermitteln.

a) Gesamte Neuzeit und einzelne Zeitabschnitte

L. B. und J. R. Smith, The Past Speaks: Sources and Problems in English History to 1688 (1981). – W. L. Arnstein, The Past Speaks: Sources and Problems in British History since 1688 (1981). – B. L. Blakeley und J. Collins, Documents in English History. Early Times to the Present (1975). – Cardinal Documents in British History, hg. v. R. L. Schuyler und C. C. Weston (1961). – E. N. Williams, A Documentary History of England 1559–1931 (1965). – J. H. Wiener (Hg.), Great Britain: The Lion at Home. A Documentary History of Domestic Policy 1689–1973. 4 Bde. (1974). – Society and Politics in England 1780–1960, hg. v. J. F. C. Harrison (1965). – Contemporary Sources and Opinions in Modern British History, hg. v. L. Evans und Ph. J. Pledger. 2 Bde. (1967). – They Saw it Happen. 4 Bde. (1956 ff.). – Augenzeugenberichte 55 v. Chr. – 1940. – The British Political Tradition, hg. v. A. Bullock und F. W. Deakin (1949 ff.). Quellenbände zu verschiedenen Themen. – W. H. Dunham und S. Pargellis (Hg.), Complaint and Reform in England 1436–1714. Fifty Writings of the Time on Politics, Religions, Society, Economics, Architecture, Science and Education (1968).

16. Jahrhundert: English Historical Documents 1485–1558, hg. v. C. H. Williams (EHD Bd. 5, 1967). – A. F. Pollard, The Reign of Henry VII from Contemporary Sources. 3 Bde. (1913). – A. G. Dickens und D. Carr, The Reformation in England to the Accession of Elizabeth I (1967). – C. H. Williams, England under the Early Tudors (1925). – P. F. Tytler (Hg.), England under the Reigns of Edward VI and Mary. 2 Bde. (1839). – A. Nicoll, The Elizabethans Introduced. A Picture-Document History (1956). – Tudor Tracts 1532–1588, hg. v. A. F. Pollard (1903). – Th. Smith, De Republica Anglorum (1583), hg. v. M. Dewar (1982). Wichtige zeitgenössische Darstellung.

17. Jahrhundert: A. Hughes (Hg.), Seventeenth Century England: A Changing Culture. Bd. 1: Primary Sources (1980). – Stuart Tracts 1603–1693, hg. v. C. H. Firth (1903). – Later Stuart Tracts, hg. v. G. A. Aitken (1903). – Collection of Scarce and Valuable Tracts, hg. v. W. Scott. 13 Bde. (1809–15). – C. Hill und E. Dell (Hg.), The Good Old Cause. The English Revolution of 1640–1660 (²1969). – C. Blitzer (Hg.), The Commonwealth of England. Documents of the English Civil Wars, the Commonwealth and Protectorate 1641–1660 (1963). – S. E. Prall (Hg.), The Puritan Revolution. A Documentary History (1969). –

J.R.Powell und E.K.Timings (Hg.), Documents Relating to the Civil War 1642–1648 (1963). – Puritanism and Liberty. Being the Army Debates 1647–49, hg. v. A.S.P.Woodhouse (1938). – W.J.Jones, Politics and the Bench. The Judges and the Origins of the English Civil War (1971). – J.S.Morrill, The Revolt of the Provinces. Conservatives and Radicals in the English Civil War 1630–1650 (1976). – W.Haller (Hg.), Tracts on Liberty in the Puritan Revolution 1638–1647. 3 Bde. (1934, ND 1965). – G.E.Aylmer (Hg.), The Levellers in the English Revolution (1975). – D.M.Wolfe (Hg.), Leveller Manifestoes of the Puritan Revolution (1944, ND 1967). – English Historical Documents 1660–1714, hg. v. A.Browning (EHD Bd.8, 1953). – T.G.Stone (Hg.), England under the Restoration 1660–1688 (1923). – J.Thirsk, The Restoration (1976). – G.Holmes und W.A.Speck, The Divided Society. Parties and Politics in England 1694–1716 (1967). – Ein berühmtes Tagebuch: Diary of Samuel Pepys 1660–1669, hg. v. R.Latham und W.Matthews. 11 Bde. (1970ff.).

18. Jahrhundert: English Historical Documents 1714–1783, hg. v. D.B.Horn und M.Ransome (EHD Bd.10, 1957). – Select Documents for Queen Anne's Reign, hg. v. G.M.Trevelyan (1929). – The Debate on the American Revolution 1761–1783, hg. v. M.Beloff (²1960). – The Debate on the French Revolution 1789–1800, hg. v. A.Cobban (²1960). – Politics and Literature in the Eighteenth Century, hg. v. H.T.Dickinson (1974). – Wichtige persönliche Quellen: J.Hervey, Some Materials towards Memoirs of the Reign of King George II. Hg. v. R.Sedgwick. 3 Bde. (1931). – The Yale Edition of Horace Walpole's Correspondence, hg. v. W.S.Lewis. 39 Bde. (1937–74). – Correspondence of Edmund Burke, hg. v. T.W.Copeland u.a. 10 Bde. (1958–78). – The Speeches of Edmund Burke. 4 Bde. (1816). – The Works of Edmund Burke. 8 Bde. (1894–1900). – In Zukunft verbindliche Edition: The Writings and Speeches of Edmund Burke. 12 Bde. (Oxford University Press 1981ff.). – J.Almon, The Correspondence of the Late John Wilkes. 5 Bde. (1805).

19. Jahrhundert: English Historical Documents 1783–1832, hg. v. A.Aspinall und E.A.Smith (EHD Bd.11, 1959). – English Historical Documents 1833–1874, hg. v. G.M.Young und W.D.Handcock (EHD Bd.12, Teil 1, 1956). – English Historical Documents 1874–1914, hg. v. W.D.Handcock (EHD Bd.12, Teil 2, 1977). – British Politics in the Nineteenth Century, hg. v. E.C.Black (1969). – British Radicals and Reformers 1789–1832, hg. v. W.Keutsch (1971). – N.Gash, The Age of Peel (1968). – Panorama 1842–1865. The World of the Early Victorians as Seen through the Eyes of the Illustrated London News, hg. v. L. de Vries (1967). – Nineteenth-Century Opinion. An Anthology of Extracts from the First Fifty Volumes of the Nineteenth Century, 1877–1901 (1951). – The Greville Memoirs 1814–1860, hg. v. L.Strachey und R.Fulford. 8 Bde. (1938).

20. Jahrhundert: J.H.Bettey (Hg.), English Historical Documents 1906–1939 (1967). – D.Read, Documents from Edwardian England 1901–15 (1973). – K.O.Morgan, The Age of Lloyd George (1971). – D.Flower und J.Reeves (Hg.), The War 1939–1945 (1960).

b) Regierung, Verfassung, Recht

Gesetzessammlungen: Statutes of the Realm, hg. v. A.Luders u.a. 11 Bde. (1810–28). Maßgebende Sammlung für die Zeit bis 1713. – Statutes at Large from

Magna Carta to 1806, hg. v. D.Pickering. 46 Bde. (1762–1807). – The Statutes. Second Revised Edition, 16 Bde. (1888–1900). Umfaßt die Zeit 1235–1886. Für die Folgezeit: The Public General Acts (1888 ff.).

Allgemeine Quellensammlungen zu Verfassungsrecht und Verfassungsgeschichte: D. L. Keir und F. H. Lawson, Cases in Constitutional Law (⁵1967). – G. Wilson, Cases and Materials on Constitutional and Administrative Law (1966). – Sources of English Constitutional History. A Selection of Documents from AD 600 to the Present, hg. v. C. Stephenson und F. G. Marcham. 3 Bde. (1937, ND 2 Bde. 1972). – Select Speeches on the Constitution, hg. v. C. S. Emden. 2 Bde. (1939). – J. R. Tanner, Tudor Constitutional Documents 1485– 1603 (1922). – The Tudor Constitution, hg. v. G. R. Elton (1962). – Select Statutes and other Constitutional Documents Illustrative of the Reigns of Elizabeth and James I, hg. v. G. W. Prothero (³1906). – English Constitutional Conflicts of the Seventeenth Century 1603–1689, hg. v. J. R. Tanner (1928). – The Stuart Constitution 1603–1688, hg. v. J. P. Kenyon (1966). – Die englischen Freiheitsrechte des 17. Jahrhunderts, bearb. v. E. Keller (²1962). – Constitutional Documents of the Reign of James I (1603–1625) (1930). – S. R. Gardiner, Constitutional Documents of the Puritan Revolution 1625–1660 (1869, ND 1980). – Acts and Ordinances of the Interregnum 1642–1660, hg. v. C. H. Firth und R. S. Rait. 3 Bde. (1911). – Select Statutes, Cases and Documents to Illustrate English Constitutional History 1660–1832. With a Supplement from 1832 to 1894, hg. v. C. G. Robertson (⁶1935). – Source Book of Constitutional History from 1660, hg. v. D. O. Dykes (1930). – The Law and Working of the Constitution: Documents 1660–1914, hg. v. W. C. Costin und J. S. Watson. 2 Bde. (²1961–64). – E. N. Williams, The Eighteenth-Century Constitution 1688–1815 (1965). – The Nineteenth-Century Constitution 1815–1914, hg. v. H. J. Hanham (1969). – English Constitutional Documents since 1832, hg. v. E. M. Violette (1936). – I. W. Jennings und G. A. Ritter, Das britische Regierungssystem. Leitfaden und Quellenbuch (²1970).

Krone: H. van Thal, The Royal Letter Book. Being a Collection of Royal Letters from the Reign of William I to George V (1937). – Tudor Royal Proclamations, hg. v. P. L. Hughes und J. F. Larkin. 3 Bde. (1964–69). Zur Ergänzung dazu: R. W. Heinze, The Proclamations of the Tudor Kings (1976) und F. A. Youngs, The Proclamations of the Tudor Queens (1976). – The Public Speaking of Queen Elizabeth: Selections from her Official Addresses (1951). – Letters of Queen Elizabeth, hg. v. G. B. Harrison (1935). – B. P. Wolffe, The Crown Lands 1461–1536. An Aspect of Yorkist and Early Tudor Government (1970). – M. Levine, Tudor Dynastic Problems 1460–1571 (1973). – Stuart Royal Proclamations, hg. v. J. F. Larkin und P. L. Hughes, Bd. 1 (1973). – The Political Works of James I, hg. v. C. H. McIlwain (1918, ND 1965). – The Letters, Speeches and Proclamations of King Charles I, hg. v. C. Petrie (1935). – Letters of Queen Henrietta Maria, hg. v. M. A. E. Green (1857). – Letters, Speeches and Declarations of King Charles II. hg. v. A. Bryant (1935). – The Life of James the Second, Collected out of Memoirs Writ of his Own Hand, hg. v. J. S. Clarke. 2 Bde. (1816). – Correspondentie van Willem III en van Hans Willem Bentinck, eersten Graf van Portland, hg. v. N. Japikse. 6 Bde. (1927–37). – Wilhelm III. von Oranien und Georg Friedrich von Waldeck, hg. v. P. L. Müller. 2 Bde. (1873–80). – Lettres et Mémoires de Marie reine d'Angleterre, hg. v. Mechthild, Comtesse Bentinck (1880). – Letters of Two Queens, hg. v. A. B. Bathurst (1924). Maria II. und Anna. – The Letters and Diplomatic Instructions of Queen Anne, hg. v. B. C. Brown (1935). – Letters from George III to Lord Bute 1756–1766, hg. v. R. Sedgwick (1939). – The Correspondence of King George the Third from 1760 to December 1783, hg. v. J. Fortescue. 6 Bde. (1927–28). Siehe dazu aber L. B. Namier, Additions and Corrections to Sir John Fortescue's Edition (1938). – The Later Correspondence of George III, hg. v. A. Aspinall. 5 Bde. (1962–70). – The Correspondence of George, Prince of Wales 1770–1812, hg. v. A. Aspinall. 8 Bde. (1963–71). – The Letters of King George IV 1812–30, hg. v. A. Aspinall. 3 Bde. (1938). – Letters of Queen Victoria. 3 Serien, 9 Bde. (1907–32). – S. Lee, King Edward VII. 2 Bde. (1925–27). – H. Nicolson, King George V (1952, dt. 1954). – Duke of Windsor, A King's Story (1951). – J. W. Wheeler-Bennett, King George VI (1958).

Zentrale Regierungsbehörden 16. bis 18. Jahrhundert: Die meisten mittelalterlichen Institutionen und Archivalien sowohl im Bereich der staatlichen Zentralverwaltung als auch im Rechtswesen bleiben auch in der frühen Neuzeit von Bedeutung. Eine scharfe Trennung zwischen „Mittelalter und „Neuzeit" ist also weder möglich noch angemessen. Dies zeigt sich etwa im Schriftverkehr der königlichen Kanzlei (verschiedene Rolls-Serien), der Verwaltung der Staatsfinanzen und der zentralen Gerichtshöfe. Die entsprechenden Aktenbestände laufen meist bis ins 17. Jahrhundert, gelegentlich auch bis ins 19. Jahrhundert weiter. Für Einzelheiten siehe oben S. 250 ff. und Elton (oben S. 214). Für detailliertere Auflistungen Guide to the Contents of the Public Record Office, 3 Bde. (1963–69). Für im Druck vorliegende Materialien British National Archives (oben S. 206) und Mullins (oben S. 203).

Den besten Einstieg in die staatliche Behördenorganisation und deren Quellen vermitteln die Quellenbände von Elton, Kenyon, Williams, Hanham und Jennings/ Ritter (oben S. 265) sowie die Bände der EHD (oben S. 263 f.). Von spezifischer Bedeutung für die Neuzeit sind die State Papers, die von der Tätigkeit der seit dem 16. Jahrhundert zu zentraler Stellung gelangenden Secretaries of State zeugen. Unverzichtbar dazu – obwohl in Einzelpunkten nicht unumstritten – G. R. Elton, The Tudor Revolution in Government (1953). Einen ersten bequemen Zugang zu den State Papers erhält man durch die vom PRO veröffentlichten Calendars (Auszüge und Regesten), die in zwei Serien (State Papers, Domestic und State Papers, Foreign) die Zeit seit Eduard VI. abdecken. Für die Außenbeziehungen sind ergänzend Calendars von Quellenbeständen in italienischen, französischen und spanischen Archiven hinzuzuziehen. Im einzelnen wieder British National Archives und Mullins.

Verschiedene Bestände der State Papers, Domestic sind als Mikrofilm erhältlich (Harvester Press Microform Publications, siehe oben S. 214).

Für die frühen Tudors: Letters and Papers Illustrative of the Reigns of Richard III and Henry VII, hg. v. J. Gairdner. 2 Bde. (1861–63). – Letters and Papers, Foreign and Domestic, of the Reign of Henry VIII, hg. v. J. S. Brewer u. a. 21 Bde. (1862–1932).

Weitere Quellen zur Regierungstätigkeit: Proceedings and Ordinances of the Privy Council of England 1386–1542, hg. v. N. H. Nicolas. 7 Bde. (1834–37). – Acts of the Privy Council of England, hg. v. J. R. Dasent u. a. 46 Bde. (1890–1964). Betrifft die Zeit 1542–1631. – The Report of the Royal Commission of 1552, hg. v. W. C. Richardson (1974). Wichtige, ausführlich kommentierte Quellenedition zur Verwaltungs- und Finanzgeschichte. – Calendar of Treasury Papers. 1557–1728, hg. v. J. Redington. 6 Bde. (1868–89). – Calendar of Treasury Books and Papers 1660–1714, hg. v. W. A. Shaw. 32 Bde. (1904–62). – Calendar of Treasury Books and Papers 1729–1745, hg. v. W. A. Shaw. 5 Bde. (1898–1903). – H. Roseveare, The Treasury 1660–1870 (1973). – Calendar of Home Office Papers, George III, hg. v. J. Redington und R. A. Roberts. 4 Bde. (1878–99).

Regierungssystem und Regierungspolitik 19. bis 20. Jahrhundert: British Prime Ministers of the Nineteenth Century. Policies and Speeches, hg. v. J. H. Park (1950, ND 1970). – V. Cromwell (Hg.), Revolution or Evolution. British Government in the Nineteenth Century (1977). – Wichtige Quelle zur Verfassungstheorie und -wirklichkeit in der Mitte des 19. Jahrhunderts, die zum Klassiker der politischen Literatur geworden ist: W. Bagehot, The English Constitution (1867, ²1872). Neuere Ausgabe mit einer Einleitung von R. H. S. Crossman (1963), deutsche Übersetzung von K. Streifthau (1971). – G. Le May, British Government 1914–53. Selected Documents (1955). – Documents on Contemporary British Government, hg. v. M. Minogue. 2 Bde. (1977). – The Most Gracious Speeches to Parliament 1900–1974. Statements of Government Policy and Achievements, hg. v. F. W. S. Craig (1975). – Umfangreiche Archivalien aus den Royal Archives in Windsor Castle und dem PRO, die das Kabinett im 19. und 20. Jahrhundert betreffen, sind als Mikrofilm erhältlich (Harvester Press Microform Publications, siehe oben S. 214).

Wichtige Regierungsmitglieder und Regierungsbeamte: Verschiedentlich sind auch Biographien vermerkt, die sich in besonderer Weise durch die Wiedergabe reichen Quellenmaterials auszeichnen. Die Untergliederung in die gewählten Zeitabschnitte stellt nur ein grobes Schema dar, um die Orientierung für den Benutzer zu erleichtern. Zu beachten ist jedoch, daß die Tätigkeit mancher Politiker, die im folgenden aufgeführt sind, die gewählten zeitlichen Grenzen überschreiten konnte. Gleichwohl sind sie nur einmal genannt, es sei denn, Publikationen lassen sich einem bestimmten Abschnitt klar zuordnen.

16. Jahrhundert (1485–1603): Collections of State Papers Left by William *Cecil,* Lord Burghley, hg. v. S. Haynes und W. Murdin, 2 Bde. (1740–59). – R. B. Merriman, Life and Letters of Thomas *Cromwell* (1902). – F. H. Egerton, A Compilation of Various Authentic Evidences and Historical Authorities Tending to Illustrate the Life and Character of Thomas *Egerton* (1793, beste Ausgabe mit zahlreichen Dokumenten 1816). – N. H. Nicolas, Memoirs of the Life and Times of Christopher *Hatton* (1847). – The Correspondence of Sir Thomas *More,* hg. v. E. F. Rogers (1947). – St Thomas *More:* Selected Letters, hg. v. E. F. Rogers (1961). – Salisbury (Cecil, Burghley): Calendar of the Manuscripts of the … Marquis of *Salisbury,* hg. v. Royal Commission on Historical Manuscripts. 24 Bde. (1883–1976). Betrifft die Zeit 1306–1668. – Journal of Sir Francis *Walsingham* 1570–1583, hg. v. C. T. Martin (1871). – C. Read, Mr. Secretary *Walsingham* and the Policy of Queen Elizabeth. 3 Bde. (1925, ND 1967). – G. Cavendish, The Life and Death of Cardinal *Wolsey,* hg. v. R. S. Sylvester (1959). – Th. Wright, Queen Elizabeth and Her Times. 2 Bde. (1838). Briefe wichtiger Regierungsmitglieder.

17. Jahrhundert (1603–1688): F. *Bacon,* Collected Works, hg. v. J. Spedding u. a. 14 Bde. (1857–74). – Letters of the Duke and Duchess of *Buckingham* Chiefly Addressed to King James I of England, hg. v. T. G. Stevenson (1834). – Edward Hyde, Earl of *Clarendon,* The History of the Rebellion and Civil Wars in England, hg. v. W. D. Macray. 5 Bde. (1888, ND 1958). – Ders., The Life of Edward, Earl of Clarendon. Being a Continuation of the History of the Great Rebellion from the Restoration to his Banishment in 1667 (1759). – Ders., State Papers collected by Edward, Earl of Clarendon, Commencing 1621, hg. v. R. Scrope und T. Monkhouse, 3 Bde. (1767–86). – Calendar of the Clarendon State Papers, hg. v. O. Ogle u. a. 4 Bde. (1869–1932). – T. H. Lister, The Life and Administration of Edward, First Earl of Clarendon. 3 Bde (1837–38). In Bd. 3 Korrespondenz 1660–67. – The Correspondence of Henry Hyde, [Second] Earl of Clarendon, and of His Brother, Laurence Hyde, Earl of Rochester, with the Diary of Lord Clarendon from 1687 to 1690, hg. v. S. W. Singer. 2 Bde. (1828). – Selections from the Papers of William *Clarke,* Secretary to the Council of the Army, hg. v. C. H. Firth. 4 Bde. (1891–1901). – The Writings and Speeches of Oliver *Cromwell,* hg. v. W. C. Abbott. 4 Bde. (1937–47). – M. Ashley (Hg.), Great Lives Observed: *Cromwell* (1969). – J. P. Kenyon, *Halifax:* Complete Works (1969). – H. C. Foxcroft, The Life and Letters of Sir George Savile, First Marquis of *Halifax.* 2 Bde. (1898). – The *Nicholas* Papers. Correspondence of Sir Edward Nicholas, Secretary of State, hg. v. G. F. Warner. 4 Bde. (1886–1920). – A. Browning, Thomas *Osborne,* Earl of Danby and Duke of Leeds 1632–1712. 3 Bde. (1944–51). – The Lives of ... Francis *North,* Baron Guilford, ... Sir Dudley North, and ... Rev. Dr. John North ... with the Autobiography of Roger North, hg. v. A. Jessopp. 3 Bde. (1890). – The *Rochester –* Savile Letters 1671–1680, hg. v. J. H. Wilson (1941). – Memoirs, Letters and Speeches of Anthony Ashley Cooper, First Earl of *Shaftesbury,* hg. v. W. D. Christie (1859). – W. D. Christie, A Life of Anthony Ashley Cooper, First Earl of *Shaftesbury* 1621–1683. 2 Bde. (1871). – The Earl of *Strafford's* Letters and Despatches, hg. v. W. Knowler. 2 Bde. (1739). – The Wentworth Papers 1597–1628 [*Strafford*], hg v. J. P. Cooper (1973). – A Collection of State Papers of John *Thurloe,* Secretary First to the Council of State and Afterwards to the Two Protectorates, hg. v. T. Birch. 7 Bde. (1742). – S. F. v. Bischoffshausen, Die Politik des Protectors Oliver Cromwell in der Auffassung und Tätigkeit seines Ministers, des Staatssekretärs John *Thurloe* (1899). Mit Dokumentenanhang.

1688–1760: Correspondence of John, Fourth Duke of *Bedford,* hg. v. Lord John Russell. 3 Bde. (1842–46). – Letters and Correspondence of Lord Viscount *Bolingbroke* During the Time He was Secretary of State to Queen Anne, hg. v. G. Parke. 4 Bde. (1798). – The Works of Lord *Bolingbroke.* 4 Bde. (1844, ND 1967). – The Letters of Philip Dormer Stanhope, Fourth Earl of *Chesterfield,* hg. v. B. Dobrée. 6 Bde. (1932). – Private Correspondence of *Chesterfield* and Newcastle 1744–1746, hg. v. R. Lodge (1930). – The Private Diary of William, First Earl *Cowper,* hg. v. E. C. Hawtrey (1833). – Earl of Ilchester, Henry *Fox,* First Lord Holland. 2 Bde. (1920). – H. F. H. Elliot, The Life of Sidney, Earl *Godolphin,* Lord High Treasurer of England 1702–1710 (1888). Siehe auch unter Marlborough. – The *Grenville* Papers. Being the Correspondence of Richard Grenville, Earl Temple and the Right Hon. George Grenville, hg. v. W. J. Smith. 4 Bde. (1852–53). – P. C. Yorke, The Life and Correspondence of Philip Yorke, Earl of *Hardwicke.* 3 Bde. (1913). – Memoirs and Correspondence of George, Lord *Lyttelton,* from 1734 to 1773, hg. v. R. Phillimore. 2 Bde. (1845). – Memoirs of the Duke of *Marlborough,* with his Original Correspondence, hg. v. W. Coxe. 3 Bde. (1818–19, ³1837–48 hg. v. J. Wade). – H. L. Snyder, *Marlborough –* Godolphin Correspondence. 3 Bde. (1975). – *Newcastle* siehe oben unter Chesterfield. Vgl. ferner R. Browning, The Duke of Newcastle (1975). – W. Coxe, Memoirs of the Administration of the Right

Honourable Henry *Pelham.* 2 Bde. (1829). – Correspondence of William *Pitt,* Earl of Chatham, hg. v. W.S.Taylor and J.H.Pringle. 4 Bde. (1838–39). – Letters from William *Pitt* to Lord Bute 1755–1758, hg. v. R.Sedgwick. In: Essays Presented to Sir Lewis Namier (1956) S.108–166. – Private and Original Correspondence of *Shrewsbury,* hg. v. W.Coxe (1821). – Letters Illustrative of the Reign of William III from 1696 to 1708 Addressed to the Duke of Shrewsbury by J. *Vernon,* Secretary of State, hg. v. G.P.R.James. 3 Bde. (1841). – W.Coxe, Memoirs of the Life and Administration of Sir Robert *Walpole.* 4 Bde. (1816).

1760–1812: G.Pellew, The Life and Correspondence of Henry *Addington,* First Viscount Sidmouth. 3 Bde. (1847). – H.Twiss, The Public and Private Life of Lord Chancellor *Eldon,* with Selections from his Correspondence. 3 Bde. (1844). – Memorials and Correspondence of Charles James *Fox,* hg. v. Lord John Russell. 4 Bde. (1853–57). – Autobiography and Political Correspondence of Augustus Henry, Third Duke of *Grafton,* hg. v. W.R.Anson (1898). – The Political Memoranda of Francis, Fifth Duke of *Leeds,* hg. v. O.Browning (1884). – A Narrative of the Changes in the Ministry 1765–1767, Told by the Duke of *Newcastle,* hg. v. M.Bateson (1898). – The Correspondence of King George the Third with Lord *North* from 1768 to 1783, hg. v. W.B.Donne. 2 Bde. (1867). – R.Lucas, Lord *North,* Second Earl of Guilford 1732–92. 2 Bde. (1913). – S.Walpole, The Life of the Rt. Hon. Spencer *Perceval.* 2 Bde. (1876). – The Speeches of William *Pitt* [d.J.]. 4 Bde. (1806). – P.H.Earl Stanhope, Life of the Rt.Hon.William *Pitt.* 3 Bde. (⁴1879). – Memoirs of the Marquis of *Rockingham* and his Contemporaries, hg. v. G.Thomas, Earl of Albemarle. 2 Bde. (1852). – The Fourth Earl of *Sandwich.* Diplomatic Correspondence 1763–65, hg. v. F.Spencer (1961). – Lord Edmond Fitzmaurice, Life of William, Earl of *Shelburne.* 3 Bde. (1875–76). – Memoirs and Correspondence of Richard, Marquess *Wellesley,* hg. v. R.R.Pearce. 3 Bde. (1846).

1812–1868: F. Balfour, The Life of George, Forth Earl of *Aberdeen.* 2 Bde. (1923). – The Correspondence of Lord *Aberdeen* and Princess Lieven, hg. v. E.J. Parry. 2 Bde. (1938). – D. Le Marchant, Memoir of John Charles, Viscount *Althorp,* Third Earl Spencer (1876). – Journals and Correspondence of Francis Thornhill *Baring,* 1808– 1852, hg. v. Earl of Northbrook und F.H.Baring (1905).– Some Official Correspondence of George *Canning,* hg. v. E.J.Stapleton. 2 Bde. (1887). – The Speeches of George *Canning.* 6 Bde. (³1836). – Memoirs and Correspondence of Viscount *Castlereagh,* hg. v. C.W.Vane, Third Marquess of Londonderry, 12 Bde. (1848–53). – H.Maxwell, The Life and Letters of George William Frederick, Fourth Earl of *Clarendon.* 2 Bde. (1913). – S.J.Reid, The Life and Letters of the First Earl of *Durham.* 2 Bde. (1906). – W.D.Jones, „Prosperity" Frederick John Robinson. The Life of Viscount *Goderich,* 1782–1859 (1967). – The Life and Letters of Sir James *Graham* 1792–1861, hg. v. C.S.Parker. 2 Bde. (1907). – The Correspondence of Earl *Grey* and William IV, November 1830 to June 1832, hg. v. Henry George, Third Earl Grey. 2 Bde. (1867). – The Correspondence of Princess Lieven and Earl *Grey,* hg. v. G.de Strange. 2 Bde. (1890). – G.M.Trevelyan, Lord *Grey* of the Reform Bill (1920). – Lord Stanmore, Sidney *Herbert,* Lord Herbert of Lea. 2 Bde. (1906). – The *Holland* House Diaries 1831–1840, hg. v. A.D.Kriegel (1977). – The *Huskisson* Papers 1797–1830, hg. v. L.Melville. 2 Bde. (1931). – C.D.Yonge, The Life and Administration of Robert Banks Jenkinson, Second Earl of *Liverpool.* 3 Bde. (1868). – Th.Martin, A Life of Lord Lyndhurst (1883). – Earl of *Malmesbury,* Memoirs of an Ex-Minister. 2 Bde. (³1884). – Lord

Melbourne's Papers, hg. v. L.C. Sanders (1889). – The *Palmerston* Papers: Gladstone and Palmerston Correspondence 1851–1865, hg. v. P.Guedalla (1928). – Regina vs. *Palmerston.* The Correspondence between Queen Victoria and her Foreign and Prime Minister 1837–1865, hg. v. B.Connell (1962). – H.L.Bulwer u.a., The Life of Henry John Temple, Viscount *Palmerston,* with Selections from his Diaries and Correspondence. 5 Bde. (1870–76). – Sir Robert *Peel* from his Private Papers, hg. v. C.S.Parker. 3 Bde. (1891–99). – The Private Letters of Sir Robert *Peel,* hg. v. G.Peel (1920). – Memoirs by the Right Hon. Sir Robert *Peel,* hg. v. Lord Stanhope und E.Cardwell. 2 Bde. (1856–57). – R. *Peel,* Speeches. 4 Bde. (1853). – N.Gash, Mr. Secretary *Peel:* The Life of Robert Peel to 1830 (1961). – Ders., Sir Robert *Peel.* The Life after 1830 (1972). – The Early Correspondence of Lord John *Russell,* hg. v. R.Russell. 2 Bde. (1913). – The Later Correspondence of Lord John *Russell* 1840–1878, hg. v. G.P.Gooch. 2 Bde. (1930). – Selections from Speeches of Earl *Russell,* 1817 to 1848, and from Despatches, 1859 to 1865. 2 Bde. (1870). – S.Walpole, The Life of Lord John *Russell.* 2 Bde. (1889). – Disraeli, Derby and the Conservative Party: Journals and Memoirs of Edward Henry, Lord *Stanley,* 1849–1869, hg. v. J.Vincent (1978). – Despatches, Correspondence and Memoranda from 1818 to 1832 of the Duke of *Wellington,* hg. v. Second Duke of Wellington. 8 Bde. (1867–80). – *Wellington:* Political Correspondence 1833 – November 1834, hg. v. J.Brooke und J.Gandy (1976). – G.R.Gleig, History of the Life of Arthur, Duke of *Wellington.* 4 Bde. (1858–60).

1868–1918: Lord *Asquith,* Memories and Reflections 1852–1927. 2 Bde. (1928). – Speeches by the Earl of Oxford and *Asquith,* hg. v. J.B.Herbert (1927). – J.A. Spender und C.Asquith, Life of Herbert Henry *Asquith,* Lord Oxford and Asquith. 2 Bde. (1932). – B.E.C. Dugdale, Arthur James *Balfour.* 2 Bde. (1936). – The Diaries of John *Bright,* hg. v. R.A.J.Walling (1930). – J. *Bright,* Speeches on Questions of Public Policy, hg. v. J.E.T.Rogers. 2 Bde. (1868). – J. *Bright,* Public Addresses, hg. v. J.E.T.Rogers (1879). – Letters of the Rt. Hon. Henry Austin *Bruce.* 2 Bde. (1902). – J.A.Spender, The Life of the Rt. Hon. Sir Henry *Campbell-Bannerman.* 2 Bde. (1923). – Lord *Carlingford's* Journal. Reflections of a Cabinet Minister 1885, hg. v. A.B. Cooke und J.R.Vincent (1971). – Austen *Chamberlain,* Politics from Inside (1936). – C.A.Petrie, The Life and Letters of the Rt. Hon. Sir Austen *Chamberlain.* 2 Bde. (1939–40). – Joseph *Chamberlain,* A Political Memoir 1880–1892, hg. v. C.H.D.Howard (1953). – Mr. *Chamberlain's* Speeches, hg. v. C.W.Boyd. 2 Bde. (1914). – J.L.Garvin und J.Amery, The Life of Joseph *Chamberlain.* 6 Bde. (1932–69). – E.S.E.Childers, The Life and Correspondence of the Rt.Hon. H.C.E. *Childers* 1827–1896. 2 Bde. (1901). – Speeches of the Rt.Hon. Lord Randolph *Churchill* 1880–1888, hg. v. L.J.Jennings. 2 Bde. (1889). – Winston *Churchill,* My Early Life (1930). – Ders., The World Crisis 1911–14 (1923). – Ders., Complete Speeches 1897–1963, hg. v. R.R.James. 8 Bde. (1974). – R.S.Churchill und M.Gilbert, Winston S. *Churchill* (1966ff.). – The Diary of Gathorne Hardy, later Lord *Cranbrook* 1866–1892, hg. v. N.E.Johnson (1981). – Speeches and Addresses of Edward Henry, 15th Earl of *Derby.* 2 Bde. (1893). – Selected Speeches of the late Rt. Hon. the Earl of Beaconsfield [*Disraeli*], hg. v. T.E.Kebbel. 2 Bde. (1882). – *Disraeli.* Rede im Kristallpalast am 24.Juni 1872, hg. v. H.Viebrock (1968). – W.F.Monnypenny u. G.E.Buckle, The Life of Benjamin *Disraeli,* Earl of Beaconsfield. 6 Bde. (1910–20, in 2 Bden. 1929). – Zusammenstellung der Veröffentlichungen *Disraelis* bei R.Blake, Disraeli (1966). – W.E. *Gladstone,*

Gleanings of Past Years. 7 Bde. (1879). – Ders., Later Gleanings (1897). – The *Gladstone* Diaries, hg. v. M. R. D. Foot und H. C. G. Matthew. 10 Bde. (1968 ff.). – The Prime Ministers' Papers: W. E. *Gladstone*, hg. v. J. Brooke und M. Sorensen. 4 Bde. (1971–82). – The Queen and Mr. *Gladstone*, hg. v. P. Guedalla. 2 Bde. (1933). – The Political Correspondence of Mr. *Gladstone* and Lord *Granville* 1868–1876, hg. v. A. Ramm. 2 Bde. (1952). – The Political Correspondence of Mr. Gladstone and Lord Granville 1876–1886, hg. v. A. Ramm. 2 Bde. (1962). – W. E. *Gladstone*, Midlothian Speeches 1879, hg. v. M. R. D. Foot (1971). – A. T. Bassett, *Gladstone's* Speeches: Descriptive Index and Bibliography (1916). – The *Gladstone* Papers, hg. v. British Museum (1953). Katalog des Nachlasses. – Lord *Goschen* and His Friends. The Goschen Letters, hg. v. P. Colson (1946). – A. R. D. Elliot, The Life of George Joachim *Goschen*, First Viscount Goschen 1831–1907. 2 Bde. (1911). – Lord Edmond Fitzmaurice, The Life of Granville George Leveson-Gower, Second Earl *Granville*. 2 Bde. (1905). Siehe auch unter Gladstone. – Viscount *Grey*, Twenty-Five Years 1892–1916. 2 Bde. (1925, dt. 1926). – E. *Grey*, Speeches on Foreign Affairs 1904–14, hg. v. P. Knaplund (1931). – R. B. *Haldane*, Before the War (1920). – Ders., An Autobiography (1929). – A. G. Gardiner, The Life of Sir William *Harcourt*. 2 Bde. (1923). – Ch. Hardinge, Old Diplomacy. The Reminiscences of Lord Hardinge of Penhurst (1947). – V. A. Hicks Beach, Life of Sir Michael *Hicks Beach*, Earl St. Aldwyn. 2 Bde. (1932). – Inside Asquith's Cabinet: From the Diaries of Charles *Hobhouse*, hg. v. E. David (1977). – John, Earl of *Kimberley*, A Journal of Events during the Gladstone Ministry 1868–1874, hg. v. E. Drus (1958). – D. *Lloyd George*, War Memoirs. 6 Bde. (1933–36). – R. *Lowe*, Speeches and Letters on Reform (1867). – A. P. Martin, Life and Letters of the Rt. Hon. Robert *Lowe*, Viscount Sherbrooke. 2 Bde. (1893). – Viscount *Morley*, Recollections. 2 Bde. (1917). – A. Lang, Life, Letters and Diaries of Sir Stafford *Northcote*, First Earl of Iddesleigh. 2 Bde. (1890). – Marquess of Crewe, Lord *Rosebery*. 2 Bde. (1931). – Lord *Salisbury* on Politics. A Selection from his Articles in the Quarterly Review 1860–1883, hg. v. P. Smith (1972). – G. Gascoyne-Cecil, Life of Robert, Marquis of *Salisbury*. 4 Bde. (1921–32). Unvollständig. Zur Ergänzung: A. L. Kennedy, *Salisbury* 1830–1903 (1953). Es fehlen adäquate Ausgaben von Briefen und Reden.

Seit 1918: L. S. *Amery*, My Political Life. 3 Bde. (1955). – The Leo *Amery* Diaries, hg. v. J. Barnes und D. Nicholson. Bd. 1: 1896–1929 (1980). – C. R. *Attlee*, As it Happened (1954). – F. Williams, A Prime Minister [*Attlee*] Remembers (1961). – S. *Baldwin*, This Torch of Freedom. Speeches and Addresses (1935). – Ders., Services of our Lives. Last Speeches as Prime Minister (1937). – K. Middlemas und J. Barnes, *Baldwin*. A Biography (1969). – W. *Beveridge*, Power and Influence (1953). – A. Bullock, The Life and Times of Ernest *Bevin*. 2 Bde. (1960–67). – G. *Brown*, In My Way (1970). – Lord *Butler*, The Art of the Possible. Memoirs (1971). – The Diaries of Sir Alexander *Cadogan* 1938–1945, hg. v. D. Dilks (1971). – Austen *Chamberlain*, Peace in Our Time: Addresses on Europe and the Empire (1928). Siehe auch den vorhergehenden Abschnitt. – Neville *Chamberlain*, In Search of Peace. Speeches 1937–1938, hg. v. A. Bryant (o. J.). – K. Feiling, The Life of Neville *Chamberlain* (1947). – W. S. *Churchill*, The Second World War. 6 Bde. (1948–54). Siehe auch den vorhergehenden Abschnitt und Woods (oben S. 189). – J. R. *Clynes*, Memoirs. 2 Bde. (1937–38). – R. *Crossman*, The Diaries of a Cabinet Minister. 3 Bde. (1975–77). – Earl of Ronaldshay, The Life of Lord *Curzon*, 3 Bde.

(1928). – H. *Dalton*, Memoirs. 3 Bde. (1953–62). – A. *Douglas-Home*, The Way the Wind Blows (1976). – Earl of Avon, The *Eden* Memoirs. 3 Bde. (1960–65). – A. *Eden*, Foreign Affairs (1939, ND 1971). – D. Carlton, Anthony *Eden* (1981). – Earl of *Halifax*, Fulness of Days (1957). – Viscount *Halifax*, Speeches on Foreign Policy, hg. v. H. H. E. Craster (1940). – Earl of Birkenhead, *Halifax. The Life of Lord Halifax* (1965). – S. Roskill, *Hankey:* Man of Secrets. 3 Bde. (1972–78). – Viscount Templewood *[S. Hoare]*, Nine Troubled Years (1954). – R. J. Minney, The Private Papers of *Hore-Belisha* (1960). – Whitehall Diary [Th. *Jones*], hg. v. K. Middlemas. 3 Bde. (1969–71). – Th. *Jones*, A Diary with Letters 1931–1950 (1954). – H. A. Taylor, Jix, Viscount Brentford. Being the Authoritative and Official Biography of the Rt. Hon. William *Joynson-Hicks* (1933). – D. *Lloyd George*, The Truth about the Peace Treaties. 2 Bde. (1938). – Ramsay *MacDonald's* Political Writings, hg. v. B. Barker (1972). – D. Marquand, Ramsay *MacDonald* (1977). – H. *Macmillan*, Memoirs. 6 Bde. (1966–73). – H. *Morrison*, Government and Parliament. A Survey from the Inside (²1959). – Ders., An Autobiography (1960). – Lord *Simon*, Retrospect (1952). – P. *Snowden*, An Autobiography. 2 Bde. (1934). – Lord *Strang*, Home and Abroad (1956). – Lord *Vansittart*, The Mist Procession (1958). – H. *Wilson*, The Labour Government 1964–1970. A Personal Record (1971). – Ders., The Governance of Britain (1976).

Parlament: Über die Debatten und Beschlüsse in beiden Häusern des Parlaments sind wir in recht unterschiedlichem Maß orientiert. Wörtliche Protokolle aller Reden gibt es erst seit 1909. Für die Zeit davor sind wir indes trotz der Praxis, in der dritten Person und häufig nur resümierend zu berichten, vergleichsweise gut informiert. Für die Debatten bis zum Ende des 18. Jahrhunderts ist heranzuziehen: W. Cobbett, Parliamentary History of England from the Norman Conquest in 1066 to the Year 1803. 36 Bde. (1806–20). Daneben sind verschiedene Editionen zu einzelnen Parlamenten greifbar: Proceedings in the Parliaments of Elizabeth I, hg v. T. E. Hartley (1981 ff.). – Proceedings in Parliament 1610, hg. v. E. R. Foster. 2 Bde. (1966). – Commons' Debates 1921, hg. v. W. Notestein u. a. 7 Bde. (1935). – Debates in the House of Commons in 1625, hg. v. S. R. Gardiner (1873). – Commons' Debates 1628, hg. v. R. C. Johnson u. a. 5 Bde. (1977 ff.). – The Commons' Debates for 1629, hg. v. W. Notestein und F. H. Relf (1921). – Proceedings of the Short Parliament of 1640, hg. v. E. S. Cope und W. H. Coates (1977). – Debates of the House of Commons from the Year 1667 to the Year 1694, hg. v. A. Grey. 10 Bde. (1769).

Über Tagesordnung, Gesetze, Abstimmungsergebnisse, selten auch über den Verlauf von Debatten, informieren die *Journals*, die im Unterschied zu den obigen Quellen offiziellen Charakter haben: Journals of the House of Lords 1509 to Date (1767 ff.) und Journals of the House of Commons 1547 to Date (1742 ff.). Seit 1803 werden die Parlamentsdebatten im sog. *Hansard* gedruckt, genannt nach der gleichnamigen Druckerfamilie. Die ersten vier Serien der *Parliamentary Debates* bis 1908 brachten keine getrennte Veröffentlichung der Debatten von Ober- und Unterhaus. Dies geschah erst mit der 1909 einsetzenden fünften Serie.

Neben den Debatten sind die Parlamentsdrucksachen *(Parliamentary* oder *Sessional Papers)* von eminentem Quellenwert für alle Bereiche der englischen Geschichte. Sie sind für die frühere Zeit nur unvollständig, seit 1801 aber lückenlos erhalten und werden einschließlich hilfreicher Registerbände nach den Sitzungspe-

rioden publiziert. Umfangreiche Nachdrucke hat Irish University Press veranstaltet (oben S. 217).
Quellen zu speziellen Aspekten des englischen bzw. britischen Parlamentarismus: P. L. Hughes und R. F. Fries, Crown and Parliament in Tudor-Stuart England (1959). – Parliament in Elizabethan England: John Hooker's Order and Usage, hg. v. V. F. Snow (1977). – P. Jupp (Hg.), British and Irish Elections 1784–1831 (1973). – J. P. Conacher (Hg.), The Emergence of British Parliamentary Democracy in the Nineteenth Century. The Passing of the Reform Acts of 1832, 1867 and 1884/5 (1971). – W. L. Guttsman (Hg.), A Plea for Democracy: An Edited Selection from the 1867 Essays on Reform and Questions for a Reformed Parliament (1967). – H. Viebrock (Hg.), Robert Lowe. John Bright (1970). Reden zur Wahlrechtsreform 1866/67. – F. W. S. Craig (Hg.), Boundaries of Parliamentary Constituencies 1885–1972 (1972). – J. G. Sainty und D. Dewar (Hg.), Divisions in the House of Lords. An Analytical List 1685 to 1857 (1976).

Rechtsgeschichte: The English Reports. 176 Bde. (1900–30). Law Reports 1220–1865. – The Law Reports (1865 ff.). Verschiedene Serien für einzelne Gerichte. – A Complete Collection of State Trials and Proceedings for High Treason and other Crimes and Misdemeanors, hg. v. T. B. Howell. 33 Bde. (1816–26). Betrifft die Zeit bis 1820. – Reports of State Trials. New Series 1820–1858, hg. v. J. MacDonell und J. E. P. Wallis. 8 Bde. (1888–98).

Frühneuzeitliche Gerichtshöfe: C. G. Bayne und W. H. Dunham (Hg.), Select Cases in the Council of Henry VII (SSoc. 1958). – G. Bradford (Hg.), Proceedings in the Court of Star Chamber in the Reigns of Henry VII and Henry VIII (Somerset Record Society 1911). – I. S. Leadam (Hg.), Select Cases before the King's Council in Star Chamber. 2 Bde. (SSoc. 1903–11). – S. R. Gardiner (Hg.), Reports of Cases in the Court of Star Chamber and High Commission (1886). – I. S. Leadam (Hg.), Select Cases in the Court of Requests 1497–1559 (SSoc. 1898).

Zeitgenössische Kompendien und Kommentare: J. Godbolt, Reports of Certain Cases Arising in the Several Courts of Record at Westminster (1652). – J. Dyer, Reports of Cases in the Reigns of Hen. VIII, Edw. VI, Q. Mary and Q. Elizabeth. 3 Bde. (1794). – E. Plowden, The Commentaries or Reports ... Containing Diverse Cases ... 2 Bde. (1792). – E. Coke, Institutes of the Laws of England. 4 Bde. (1628–44). – Ders., Les reports de Edward Coke. 13 Bde. (1600–59). – Ders., The Reports of Sir Edward Coke in English. 7 Bde. (1738). – W. Blackstone, Commentaries on the Laws of England. 4 Bde. (1765–69). – G. Jones (Hg.), The Sovereignty of the Law: Selections from Blackstone's Commentaries on the Laws of England (1973).

Inns of Court: The Records of the Honourable Society of Lincoln's Inn, hg. v. W. P. Baildon. 4 Bde. (1897–1902). – The Records of the Society of Lincoln's Inn: Admissions 1420–1893, hg. v. W. P. Baildon. 2 Bde. (1896). – Calendar of Inner Temple Records, hg. v. F. A. Inderwick und R. A. Roberts. 5 Bde. (1896–1936). – Middle Temple Records: Minutes of Parliament 1501–1703, hg. v. C. T. Martin. 4 Bde. (1904–05). – Register of Admissions to the Honourable Society of the Middle Temple from the 15th Century to the Year 1944, hg. v. H. A. C. Sturgess. 3 Bde. (1949). – The Middle Temple Bench Book. Being a Register of Benchers ... from the Earliest Records to the Present Time, hg. v. J. B. Williamson (²1937). – The Register of Admissions to Gray's Inn 1521–1889, hg. v. J. Foster (1889).

c) Gesellschaft und Wirtschaft

Documents in English Economic History, hg. v. B.W.Clapp, H.E.S.Fisher und
A.R.J.Jurica. Bd. 1: England from 1000 to 1760 (1977). Bd.2: England since 1760
(1976). – R.H.Campbell und J.B.A.Dow, Source Book of Scottish Economic and
Social History (1968). – R.L.Tames (Hg.), Documents of the Industrial Revolution 1750–1850 (1971). – P.Lane (Hg.), Documents on British Economic and Social History 1750–1967. 3 Bde. (1968–69). – R.W.Breach und R.M.Hartwell
(Hg.), British Economy and Society 1870–1970. Documents, Descriptions, Statistics (1972).

Gesellschaft und Sozialpolitik: J.Hurstfield und A.G.R.Smith, Elizabethan
People. State and Society (1972). – L.Stone, Social Change and Revolution in Eng-
land 1540–1640 (1965). – J.F.Naylor, The British Aristocracy and the Peerage Bill
of 1719 (1968). – J.F.C.Harrison (Hg.), Society and Politics in England
1780–1960 (1965). – E.R.Pike, Human Documents of the Industrial Revolution in
Britain (1967). – Ders., Human Documents of Adam Smith's Time (1973). – Ders.,
Human Documents of the Victorian Golden Age 1850–70 (1967). – Ders., Human
Documents of the Age of the Forsytes (1969). – Ders., Human Documents of the
Lloyd George Era (1972). – J.T.Ward, The Age of Change 1770–1870. Docu-
ments in Social History (1975). – J.Evans (Hg.), The Victorians (1966). – E.C.
Black (Hg.), Victorian Culture and Society (1974). – J.J.Spengler (Hg.), Popula-
tion Problems in the Victorian Age. 2 Bde. (1973). – P.Keating (Hg.), Into Un-
known England 1866–1913. Selections from the Social Explorers (1976). – M.Bruce,
(Hg.), The Rise of the Welfare State. English Social Policy 1601–1971 (1973). –
E.J.Evans (Hg.), Social Policy 1830–1914. Individualism, Collectivism and the
Origins of the Welfare State (1978). – M.E.Rose (Hg.), The English Poor Law
1780–1930 (1971). – Report from His Majesty's Commission for Inquiring into the
Administration and Practical Operation of the Poor Laws. The Poor Law Report
of 1834, hg. v. S.G. und E.O.A.Checkland (1974). – B.Watkin (Hg.), Documents
on Health and Social Services, 1834 to the Present Day (1975). – J.R.Hay (Hg.),
The Development of the British Welfare State 1880–1975 (1978).

Gesellschaftliche Gruppen: W.L.Guttsman (Hg.), The English Ruling Class
(1969). – P.E.Razzell und R.W.Wainwright (Hg.), The Victorian Working Class:
Selections from Letters to the Morning Chronicle (1973). – C.J.Wrigley (Hg.),
The Working Classes in the Victorian Age. 4 Bde. (1973). – J.Burnett (Hg.), Useful
Toil. Autobiographies of Working People from the 1820s to the 1920s (1974). –
D.Vincent (Hg.), Testaments of Radicalism (1980). – H.Mayhew, London Labour
and the London Poor. 4 Bde. (1861–62, neu hg. v. J.D.Rosenberg 1968). –
E.Chadwick, Report on the Sanitary Condition of the Labouring Population of
Great Britain [1842], hg. v. M.W.Flinn (1965). – J.Saville (Hg.), Working Condi-
tions in the Victorian Age (1973). – M.Berg (Hg.), Technology and Toil in Nine-
teenth Century Britain (1979). – G.D.H.Cole und A.W.Filson (Hg.), British
Working Class Movements. Select Documents 1789–1875 (1951). – F.C.Mather
(Hg.), Chartism and Society. An Anthology of Documents (1980). – D.Thompson,
The Early Chartists (1971). – Y.V.Kovalev (Hg.), An Anthology of Chartist Liter-
ature (1957). – M.Morris (Hg.), From Cobbett to the Chartists 1815–1848 (1948).
– J.B.Jefferys (Hg.), Labour's Formative Years 1849–1879 (1948). – E.J.Hobs-
bawm (Hg.), Labour's Turning Point 1880–1900 (²1974). – R.C.K.Ensor (Hg.),

Modern Socialism, as Set Forth by Socialists in their Speeches, Writings and Programmes (³1910). – E. Hellerstein u. a. (Hg.), Victorian Women: A Documentary Account of Women's Lives in Nineteenth-Century England, France and the United States (1981). – P. Hollis (Hg.), Women in Public 1850–1900. Documents of the Victorian Women's Movement (1979).
Wirtschaft: R. H. Tawney und E. Power (Hg.), Tudor Economic Documents. 3 Bde. (1924). – J. Thirsk und J. P. Cooper (Hg.), Seventeenth-Century Economic Documents (1972). – J. R. McCulloch (Hg.), Early English Tracts on Commerce (1859, ND 1952). – W. E. Lingelbach (Hg.), The Merchant Adventurers of England. Their Laws and Ordinances with other Documents (1902). – S. M. Jack, Trade and Industry in Tudor and Stuart England (1977). – C. T. Carr, Select Charters of Trading Companies 1530–1707 (1913). – N. McCord, Free Trade. Theory and Practice from Adam Smith to Keynes (1970). – J. T. Ward, The Factory System. Bd. 1 (1970). – W. H. B. Court, British Economic History 1870–1914. Commentary and Documents (1965). – I. M. Drummond, British Economic Policy and the Empire 1919–1939 (1972). – W. A. Shaw (Hg.), Select Tracts and Documents Illustrative of English Monetary History 1626–1730 (1896, ND 1935). – T. E. G. Gregory (Hg.), Select Statutes, Documents and Reports Relating to British Banking 1832–1928. 2 Bde. (1929). – E. Kerridge, Agrarian Problems in the Sixteenth Century and After (1969). – G. E. Mingay (Hg.), The Agricultural Revolution. Changes in Agriculture 1650–1880 (1977)

d) Politische Parteien und Interessengruppen

A. Beattie, English Party Politics. 2 Bde. (1970). – J. D. Lees und R. Kimber (Hg.), Political Parties in Modern Britain (1972). – Political Party Year Books 1885–1948. 128 Bde. (1974). Nachdrucke von Jahrbüchern der Konservativen Partei 1885–1939, der Labour Party 1895–1948 und der Liberalen Partei 1887–1939 (Harvester Press). – Mikrofilme der Protokolle der Jahreskonferenzen der Konservativen Partei (1867 ff.) und der Labour Party (1900 ff.) bei EP Microform Ltd. (siehe oben S. 214). – Die Archivalien verschiedener Parteien und politischer Gruppen seit Ende des 19. Jahrhunderts sind als Mikrofilme erhältlich bei Harvester Press Microform Publications und EP Microfilm Ltd. (siehe oben S. 214). – F. W. S. Craig (Hg.), British General Election Manifestos 1900–1973 (1975).
Labour Party: F. Bealey (Hg.), The Social and Political Thought of the British Labour Party (1970). – P. Stansky (Hg.), The Left and the War. The British Labour Party and World War I (1969).
Interessengruppen und Gewerkschaften: G. Wootton, Pressure Groups in Britain 1720–1970. An Essay in Interpretation with Original Documents (1975). – Archiv des Trades Union Congress und gewerkschaftliche Broschüren als Mikrofilm bei Harvester Press Microform Publications (siehe oben S. 214). – Mikrofilme der gedruckten Protokolle der Jahreskonferenzen des Gewerkschaftsdachverbandes TUC (1869 ff.) bei EP Microform Ltd. (siehe oben S. 214). – J. T. Ward und W. H. Fraser (Hg.), Workers and Employers: Documents on Trade Unions and Industrial Relations since the Early Nineteenth Century (1980). – Trade Unions in the Victorian Age. Debates on the Issue from 19th Century Critical Journals, mit einer Einführung von G. W. Crompton. 3 Bde. (1973). – A. Aspinall, Early English Trade Unions (1949). – W. Milne-Bailey, Trade Union Documents (1929). –

E. Frow und M. Katanka (Hg.), 1868. Year of the Unions (1968). – N. Robertson und K. I. Sams, British Trade Unionism. Select Documents. 2 Bde. (1972). – R. und E. Frow und M. Katanka, Strikes. A Documentary History (1971). – R. A. Leeson, Strike: A Live History 1887–1971 (1973). – Lord Citrine, Men and Work (1964). – Ders., Two Carreers (1967).

e) Kirchen

Concilia Magnae Britanniae et Hiberniae 446–1718, hg. v. D. Wilkins. 4 Bde. (1737). – H. Gee und W. J. Hardy, Documents Illustrative of English Church History 314–1700 (1896). – E. Cardwell, Documentary Annals of the Reformed Church of England. 2 Bde. (1839–44). – A. G. Dickens und D. Carr (Hg.), The Reformation in England (1967). – N. Pocock (Hg.), Records of the Reformation: The Divorce 1527–33. 2 Bde. (1870). – C. Cross, The Royal Supremacy in the Elizabethan Church (1969). – A. G. Dickens (Hg.), Tudor Treatises (1959). – Valor Ecclesiasticus, hg. v. J. Caley und J. Hunter. 6 Bde. (1810–34). Im Zuge der Reformation angeordnete Aufstellung kirchlicher Pfründen in England und Wales. – J. Youings, The Dissolution of the Monasteries (1971). – G. H. Cook (Hg.), Letters to Cromwell and others on the Suppression of the Monasteries (1965). – C. Lloyd, Formularies of Faith Put Forth by Authority during the Reign of Henry VIII (1825). – A. W. Pollard, Records of the English Bible. The Documents Relating to the Translation and Publication of the Bible in English 1525–1611 (1911). – J. I. Mombert, English Versions of the Bible (1883). – N. Pocock (Hg.), Troubles Connected with the Prayer Book of 1549 (1884). – E. Cardwell (Hg.), A History of Conferences and other Proceedings Connected with the Book of Common Prayer from the Year 1558 to the Year 1690 (1849). – The Book of Common Prayer 1559, hg. v. J. E. Booty (1976). – H. C. Porter, Puritanism in Tudor England (1970). – W. H. Frere und C. E. Douglas (Hg.), Puritan Manifestoes (1954). – G. Gould (Hg.), Documents Relating to the Settlement of the Church of England by the Act of Uniformity of 1662 (1862). – R. P. Flindall (Hg.), The Church of England 1815–1948: A Documentary History (1972). – D. Nicholls, Church and State in Britain since 1820 (1967). – A. O. J. Cockshut, Religious Controversies of the Nineteenth Century: Selected Documents (1966). – E. R. Norman, Anti-Catholicism in Victorian England (1968). – G. L. Turner (Hg.), Original Records of Early Nonconformity. 3 Bde. (1911). – J. Briggs und I. Sellers, Victorian Nonconformity (1973). – D. M. Thompson, Nonconformity in the Nineteenth Century (1972).

f) Politisches Denken

Einzelne politische Denker und Theoretiker sind aus Raumgründen nicht aufgeführt. Vgl. dazu die Angaben in den einschlägigen Bibliographien. Allgemeine Quellensammlungen: E. K. Bramsted und K. J. Melhuish (Hg.), Western Liberalism. A History in Documents from Locke to Croce (1978). – W. Harrison (Hg.), Sources in British Political Thought 1593–1900 (1965).

Einzelfragen: E. M. Nugent (Hg.), The Thought and Culture of the English Renaissance (1956). – R. J. White (Hg.), The Conservative Tradition (²1964). – A. Bullock und M. Shock (Hg.), The Liberal Tradition. From Fox to Keynes (1956). – S. Maccoby (Hg.), The English Radical Tradition 1763–1914 (1952). – H. Pelling

(Hg.), The Challenge of Socialism (1954). – E. Royle (Hg.), The Infidel Tradition from Paine to Bradlaugh (1976).

g) Bildung und Erziehung

A. F. Leach (Hg.), Educational Charters and Documents 598–1909 (1911). – D. W. Sylvester (Hg.), Educational Documents 800–1816 (1970). – M. Hyndman, Schools and Schooling in England and Wales. A Documentary History (1978). – D. Cressy, Education in Tudor and Stuart England (1975). – J. S. Maclure (Hg.), Educational Documents: England and Wales 1816 to the Present Day (⁴1979). – A. E. Dyson und J. Lovelock (Hg.), Education and Democracy (1975). – J. M. Goldstrom (Hg.), Education. Elementary Education 1780–1900 (1972). – P. H. J. H. Gosden, How they were Taught. An Anthology of Contemporary Accounts of Learning and Teaching in England 1800–1950 (1969). – J. Murphy, The Education Act 1870. Text and Commentary (1972). – M. Sanderson (Hg.), The Universities in the Nineteenth Century (1975).

h) Flotte

H. W. Hodges und E. S. Hughes (Hg.), Select Naval Documents (1922). – J. S. Bromley (Hg.), The Manning of the Royal Navy: Selected Public Pamphlets 1693–1873 (1976).

i) Weltreich und Commonwealth

Calendar of State Papers, Colonial. 44 Bde. (1860–1970). Betrifft die Zeit 1574–1738. – Acts of the Privy Council, Colonial Series 1613–1783, hg. v. W. L. Grant und J. Munro. 6 Bde. (1908–12). – Journals of the Board of Trade and Plantations 1704–1782. 14 Bde. (1920–38). – L. W. Labaree (Hg.), Royal Instructions to British Colonial Governors 1670–1776. 2 Bde. (1935). – G. Bennett (Hg.), The Concept of Empire. Burke to Attlee 1774–1947 (1953). – A. B. Keith (Hg.), Select Speeches and Documents on British Colonial Policy 1763–1917. 2 Bde. (1918). – Ders. (Hg.), Speeches and Documents on the British Dominions 1918–1931 (1932). – N. Mansergh (Hg.), Documents and Speeches on British Commonwealth Affairs 1931–1952. 2 Bde. (1953). – Ders. (Hg.), Documents and Speeches on Commonwealth Affairs 1952–1962 (1963). – V. Harlow und F. Madden, British Colonial Developments 1774–1834. Select Documents (1953). – K. Bell und W. P. Morrell, Select Documents on British Colonial Policy 1830–1860 (1928, ND 1969). – I. M. Cumpston, The Growth of the British Commonwealth 1880–1932 (1973). – M. Ollivier, The Colonial and Imperial Conferences 1887–1937. 3 Bde. (1954). – J. Eayrs (Hg.), The Commonwealth and Suez: A Documentary Survey (1964). – J. Simmons (Hg.), From Empire to Commonwealth. Principles of British Imperial Government (1952). – F. Madden (Hg.), Imperial Constitutional Documents 1765–1965 (1967). – H. E. Egerton (Hg.), Federations and Unions within the British Empire (²1924). – M. Wight (Hg.), British Colonial Constitutions (1952). – R. M. Dawson (Hg.), The Development of Dominion Status 1900–1936 (1937, ND 1965). – I. Jennings und C. M. Young, Constitutional Laws of the British Commonwealth (³1957).

Amerika: New American World. A Documentary History of North America to 1612, hg. v. D.B.Quinn. 5 Bde. (1979). – C.S.Brigham (Hg.), British Royal Proclamations Relating to America 1603–1783 (1911). – American Colonial Documents to 1776, hg. v. M.Jensen (EHD Bd.9, 1964). – L.B.Wright und E.W.Fowler (Hg.), English Colonisation of North America (1968). – L.F.Stock (Hg.), Proceedings and Debates of the British Parliaments Respecting North America. 5 Bde. (1924–42). – Correspondence of William Pitt when Secretary of State with Colonial Governors and Military and Naval Commissioners in America, hg. v. G.S.Kimball. 2 Bde. (1906, ND 1969). – K.G.Davies (Hg.), Documents of the American Revolution 1770–1783. 21 Bde. (1972–81). – T.R.Adams u. C.Bonwick (Hg.). British Pamphlets Relating to the American Revolution (Mikrofilm bei EP Microform Ltd., siehe oben S.214). – E.Donnan, Documents Illustrative of the History of the Slave Trade to America. 3 Bde. (1930–32).

Afrika: C.W.Newbury (Hg.), British Policy towards West Africa: Select Documents. Bd.1: 1786–1874 (1965). Bd.2: 1875–1914 (1971). – R.J.Gavin und J.A. Betlev (Hg.), The Scramble for Africa: Documents on the Berlin West African Conference and Related Subjects 1884–1885 (1973).

Indien: P.J.Marshall, Problems of Empire: Britain and India 1742–1813 (1968). – British Policy in Asia: India Office Memoranda 1850–1950 (Microfiche, Mansell Publishing London, 1980). – Constitutional Relations between Britain and India. The Transfer of Power, hg. v. N.Mansergh (1970ff.).

j) Außenpolitik

J.H.Wiener (Hg.), Great Britain: Foreign Policy and the Span of Empire 1689–1971. A Documentary History. 4 Bde. (1972). – E.R.Jones, Selected Speeches on British Foreign Policy 1738–1914 (1914).

16.–18. Jahrhundert: Für das 16. und 17. Jahrhundert sind die Calendars der State Papers (oben S.266) heranzuziehen. – C.Jenkinson, A Collections of all the Treaties of Peace, Alliance and Commerce between Great Britain and other Powers 1648–1783 (1785, ND 1968). – British Diplomatic Instructions 1689–1789. 7 Bde. (1922–34).

19. Jahrhundert (bis 1914): British and Foreign State Papers (1815ff., jährlich). – M.Hurst (Hg.), Key Treaties for the Great Powers 1814–1914. 2 Bde. (1974). – J.Joll (Hg.), Britain and Europe. Pitt to Churchill 1793–1940 (²1961). – H.W.V.Temperley und L.M.Penson, Foundations of British Foreign Policy from Pitt (1792) to Salisbury (1902) (1938, ND 1966). – K.Bourne, The Foreign Policy of Victorian England 1830–1902 (1970). – R.Glover, Britain at Bay. Defence against Bonaparte 1803–14 (1973). – C.K.Webster (Hg.), British Diplomacy 1813–1815. Selected Documents Dealing with the Reconstruction of Europe (1921). – Ders., Select Documents on Britain and the Independence of Latin America 1812–30. 2 Bde. (1938). – Ders., The Foreign Policy of Palmerston 1830–1841. 2 Bde. (1951). Mit umfangreichem Quellenanhang. – W.J.Mommsen, Imperialismus. Seine geistigen, politischen und wirtschaftlichen Grundlagen (1977). Enthält auch Statistiken und Texte zum britischen Imperialismus. – H.Viebrock (Hg.), Rhetorik und Weltpolitik. Eine interdisziplinäre Untersuchung politischer Reden von W.E.Gladstone, J.Chamberlain und B.v.Bülow (1974). – C.J.Lowe, The Reluctant Imperialists. British Foreign Policy 1878–1902. 2 Bde. (1967). – S.Koss

(Hg.), The Anatomy of an Antiwar Movement. The Pro-Boers (1973). – C.J.Lowe und M.L.Dockrill, The Mirage of Power. British Foreign Policy 1902–1922. 3 Bde. (1972). – British Documents on the Origins of the War 1898–1914, hg. v. G.P.Gooch und H.Temperley. 11 Bde. (1926–38, ND 1967. Dt. hg. v. H.Lutz, 1928 ff.). – I.Geiss (Hg.), Julikrise und Kriegsausbruch 1914. 2 Bde. (1963–64). *20. Jahrhundert:* J.A.S.Grenville, The Major International Treaties 1914–1973: A History and Guide with Texts (1974). – Documents on International Affairs, hg. v. J.W.Wheeler-Bennett u.a. (1929–73). Betrifft die Jahre 1928–1963. – Documents on British Foreign Policy 1919–1939, mehrere Serien (1946 ff.). – Anglo-Vatican Relations 1914–1939, hg. v. T.E.Hachey (1972). – M.Gilbert, Britain and Germany between the Wars (1964). – A.P.Adamthwaite, The Making of the Second World War (²1979). – D.C.Watt, Documents on the Suez Crisis (1957). – D.C.Watt und J.Mayall (Hg.), Current British Foreign Policy (1971 ff.). Dokumente für die Zeit ab 1970.

k) Schottland und Irland

W.C.Dickinson u.a. (Hg.), A Source Book of Scottish History. 3 Bde. (1958–61). – G.Donaldson, Scottish Historical Documents (1970). – E.Curtis und R.B.McDowell (Hg.), Irish Historical Documents 1172–1922 (1943, ND 1977). – J.Carty (Hg.), Ireland from the Flight of the Earls to Grattan's Parliament 1607–1782. A Documentary Record (1949). – Ders. (Hg.), Ireland from Grattan's Parliament to the Great Famine 1783–1850. A Documentary Record (1949). – Ders. (Hg.), Ireland from the Great Famine to the Treaty 1851–1921. A Documentary Record (1951). – C.Maxwell (Hg.), Irish History from Contemporary Sources 1509–1610 (1923). – A.C.Hepburn (Hg.), Conflict of Nationality in Modern Ireland (1980).

VII. Epochenübergreifende Literatur

Von H. Haan, K.-F. Krieger, G. Niedhart

Die folgende knappe Auswahl enthält Werke, die den gesamten Zeitraum der englischen Geschichte behandeln oder wenigsten zwei der Epochen Mittelalter, frühe Neuzeit oder 19./20. Jahrhundert berühren. Literatur, die nur einen dieser Zeitabschnitte zum Gegenstand hat, findet sich in den entsprechenden im Vorwort erwähnten Darstellungen zur englischen Geschichte, die auf der Grundlage dieser Einführung konzipiert sind.

1. Reihenwerke und Gesamtdarstellungen

a) Reihenwerke

Auf die Nennung von Einzelbänden der Reihen wird verzichtet. Sie finden sich im Literaturverzeichnis der entsprechenden Darstellungsbände.

Europäische Geschichte: Cambridge Modern History. 13 Bde. (1920–26). – New Cambridge Modern History. 14 Bde. (1957–79). – Oxford History of Modern Europe. 16 Bde. (1954 ff.). – Handbuch der europäischen Geschichte. 7 Bde. (1968 ff.). – Propyläen Geschichte Europas. 6 Bde. (1975 ff.).

Englische Geschichte: A History of England, hg. v. C. Oman. 8 Bde. (1904–55). – The Political History of England, hg. v. W. Hunt und R. L. Poole. 12 Bde. (1905–10). – The Oxford History of England, hg. v. G. Clark. 15 Bde. in 16 Teilen (1934–81). – Pelican History of England. 9 Bde. (1950–65). – A History of England, hg. v. W. N. Medlicott. 11 Bde. (1955 ff.). – A History of England, hg. v. C. Brooke und D. Mack Smith. 8 Bde. (1960 ff.). – The Blandford History Series, hg. v. R. W. Harris. 5 Bde. (1963). – A History of England, hg. v. L. B. Smith. 4 Bde. (1966). – The Harbrace History of England, hg. v. J. M. Blum. 4 Bde. (1973). – The Paladin History of England, hg. v. R. Blake. 10 Bde. (1974 ff.). – The New History of England, hg. v. A. G. Dickens und N. Gash. 10 Bde. (1977 ff.).

b) Gesamtdarstellungen

J. Bowle, The English Experience. A Survey of English History from Early to Modern Times (1971). – N. F. Cantor, The English. A History of Politics and Society to 1760 (1968). – N. F. Cantor und M. S. Werthman (Hg.), The English Tradition. Modern Studies in English History. 2 Bde. (1967). – G. Clark, English History. A Survey (1971). – K. Feiling, A History of England. From the Coming of the English to 1918 (1950). – I. Fetscher, Großbritannien. Gesellschaft, Politik, Wirtschaft (³1978). – A. Goodman, A History of England from Edward II to James I (1977). – H. Händel, Großbritannien. 2 Bde. (1979–81). – H. Jäger, Großbritannien (1976).

– K. Kluxen, Geschichte Englands (²1976). – A. L. Morton, A People's History of England (1938, verb. Aufl. 1965). – H. Preller, Geschichte Englands. 2 Bde. (⁴1967). – J. Randle, Understanding Britain. A History of the British People and their Culture (1981). – J. Ridley, The History of England (1981). – C. und D. Roberts, A History of England. 2 Bde. (1980). – L. C. B. Seaman, A New History of England 410–1975 (1981). – K. B. Smellie, Great Britain since 1688 (1962). – G. M. Trevelyan, History of England (1926, dt. 2 Bde., ³1947). – Ders., Illustrated History of England (mit einer Einf. v. A. Briggs 1973). – R. K. Webb, Modern England. From the Eighteenth Century to the Present (²1980). – R. J. White, A Short History of England (1979). – D. W. Harris, A History of England (1967).

2. Verfassung, Regierung, Recht

C. R. Lovell, English Constitutional and Legal History (1962). – K. Loewenstein, Staatsrecht und Staatspraxis von Großbritannien. 2 Bde. (1967). – G. A. Ritter, Parlament und Demokratie in Großbritannien. Studien zur Entwicklung und Struktur des politischen Systems (1972).

Verfassung: F. W. Maitland, Constitutional History of England (1908, ND 1963). – T. P. Taswell und E. Langmead, English Constitutional History (¹¹1960). – S. B. Chrimes, English Constitutional History (⁴1967). – D. L. Keir, Constitutional History of Modern Britain since 1485 (⁹1969). – J. Hatschek, Englische Verfassungsgeschichte bis zum Regierungsantritt der Königin Viktoria, bearb. v. W. Kienast und G. A. Ritter (1978). – I. Jennings, The Law and the Constitution (⁵1959). – J. D. B. Mitchell, Constitutional Law (1964). – E. C. S. Wade und A. W. Bradley, Constitutional Law (⁷1965). – K. Kluxen, Grundzüge der mittelalterlichen Verfassungsgeschichte Englands. G. Lottes, Grundzüge der neueren englischen Verfassungsgeschichte (beide Bde. in Kürze bei der Wiss. Buchgesellschaft Darmstadt).

Regierung: A. H. Dodd, The Growth of Responsible Government from James I to Victoria (1956). – C. S. Emden, The People and the Constitution. Being a History of the Development of the People's Influence in British Government (²1956). – Lord Blake, The Office of Prime Minister (1975). – H. van Thal (Hg.), The Prime Ministers. 2 Bde. (1974–75). – D. Butler (Hg.), Coalitions in British Politics (1978). – E. W. Cohen, The Growth of the British Civil Service 1780–1939 (1941, ND 1965). – H. Parris, Constitutional Bureaucracy. The Development of British Central Administration since the Eighteenth Century (1969). – H. Roseveare, The Treasury. The Evolution of a British Institution (1969). – N. A. M. Rodger, The Admirality (1979). – H. Robinson, The British Post Office (1948). – C. Reith, A Short History of the British Police (1948). – T. A. Critchley, A History of Police in England and Wales (²1978). – S. und B. Webb, English Local Government. 9 Bde. (1906–29, ND 1963 mit kommentierenden Einleitungen und unter Einschluß zweier weiterer Bände: English Poor Law Policy und The History of Liquor Licensing). – J. J. Clarke, A History of Local Government of the United Kingdom (1955). – I. Gladwin, The Sheriff. The Man and his Office (1974).

Parlament: K. Loewenstein, Der britische Parlamentarismus (1964). – A. F. Pollard, The Evolution of Parliament (²1926). – K. R. Mackenzie, The English Parliament (²1968). – E. B. Fryde und E. Miller (Hg.), Historical Studies of the English

Parliament. 2 Bde. (1970). – F.Thompson, A Short History of Parliament 1295–1642 (1953). J.Cannon, Parliamentary Reform 1640–1832 (1973). – P.Marsden, The Officers of the Commons 1363–1978 (1979). *Recht:* J.H.Baker, An Introduction to English Legal History (²1979). – W.Holdsworth, A History of English Law. 18 Bde., vollendet v. A.L.Goodhart und H.G.Hanbury (1923–72). – E.Jenks, A Short History of English Law from the Earliest Times (⁶1949). – A.Harding, A Social History of English Law (1966). – A.Babington, The Rule of Law in Britain from the Roman Occupation to the Present Day (1978). – G.Radbruch, Der Geist des englischen Rechts (⁵1965). – M.Hale, The History of the Common Law of England, hg. v. C.M.Gray (1971). – T.F.T.Plucknett, A Concise History of the Common Law (⁵1965). – L.Radzinowicz, A History of English Criminal Law and its Administration from 1750. 4 Bde. (1948–68).

3. Gesellschaft und Wirtschaft

Social and Economic History of England, hg. v. A.Briggs. 11 Bde. (1962 ff.). – Handbuch der europäischen Wirtschafts- und Sozialgeschichte, hg. v. H.Kellenbenz. 6 Bde. (1980ff.). – P.Gregg, Black Death to Industrial Revolution. A Social and Economic History of England (1976). – P.Gregg, A Social and Economic History of Britain 1700–1965 (⁵1966). – C.P.Hill, British Economic and Social History 1700–1975 (⁴1977). – R.B.Jones, Economic and Social History of England 1700–1977 (1979). – R.H.Campbell, Scotland since 1707 (1965).

Gesellschaft: Pelican Social History of Britain, hg. v. J.H.Plumb (1982ff.). – G.M.Trevelyan, Illustrated English Social History (mit einer Einf. v. A.Briggs 1978). – P.S.Fry, 2000 Years of British Life. A Social History of England, Wales, Scotland and Ireland (1976). – H.Perkin, The Origins of Modern English Society 1780–1880 (1969). – D.Fraser, The Evolution of the British Welfare State. A History of Social Policy since the Industrial Revolution (1973). – D. Owen, English Philanthropy 1660–1960 (1964). – English Life Series, hg. v. P.Quennell (1960ff.). – M. und C.H.B.Quennell, A History of Everyday Things in England. 5 Bde. (1918–68). – T.C.Smout, A History of the Scottish People 1560–1830 (²1970). – J.Hicks, The Social Framework (³1960). – R.S.Neale, Class in English History 1680–1850 (1981). – G.E.Mingay, The Gentry. The Rise and Fall of a Ruling Class (1976). – D.M.Stenton, The English Woman in History (1957). – I.Pinchbeck und M.Hewitt, Children in English Society. 2 Bde. (1969–73). – C.Roth, A History of the Jews in England (³1964). – G.D.H.Cole und R.Postgate, The Common People 1746–1946 (⁴1961). – J.L. und L.B.Hammond, The Town Labourer 1760–1832 (²1920). – Dies., The Village Labourer 1760–1832 (neu hg. v. G.E. Mingay 1978). – G.E.Fussell, The English Rural Labourer (1949). G.E. und K.R.Fussell, The English Countryman: His Life and Work 1500–1900 (1955). – Dies., The English Countrywoman. A Farmhouse Social History 1500–1900 (1953). – J.E.T.Rogers, Six Centuries of Work and Wages (1884). – J.Burnett, A History of the Cost of Living (1969). – J.Stephenson, Popular Disturbances in England 1700–1870 (1979). – A.Charlesworth, An Atlas of Rural Protest in Britain 1549–1900 (1982). – G.Rudé, Die Volksmassen in der Geschichte. Unruhen, Aufstände und Revolutionen in England und Frankreich 1730–1848 (²1979).

Demographie: E.A.Wrigley (Hg.), Introduction to English Historical Demography (1966). – M.Drake, Historical Demography. Problems and Prospects (1974). – D.V.Glass, Numbering the People (1973). – J.Overbeek, History of Population Theories (1974). – D.V.Glass und D.E.C.Eversley (Hg.), Population in History. Essays in Historical Demography (1965). – E.A.Wrigley und R.S.Schofield, The Population History of England 1541–1871. A Reconstruction (1981). – M.W.Flinn, British Population Growth 1700–1850 (1970). – H.J.Habakkuk, Population Growth and Economic Development since 1750 (1971). – N.Tranter, Population since the Industrial Revolution. The Case of England and Wales (1973). – M.Flinn u.a. (Hg.), Scottish Population History. From the Seventeenth Century to the 1930s (1977).

Wirtschaft: G.Hawke, Economics for Historians (1980). – Cambridge Economic History of Europe (1941ff.). – Europäische Wirtschaftsgeschichte, hg. v. C.M.Cipolla und K.Borchardt. 5 Bde. (1976–80). – E.M.Carus-Wilson (Hg.), Essays in Economic History. 3 Bde. (1954–62). – S.Pollard und D.W.Crossley, The Wealth of Britain 1085–1966 (1968). – B.Murphy, A History of the British Economy 1086–1970 (1973). – E.Lipson, The Economic History of England. Bd. 1: The Middle Ages (¹²1962). Bd.2 und 3: The Age of Mercantilism (⁶1961). – P.King, The Development of the English Economy to 1750 (1971). – J.H.Clapham, A Concise Economic History of Great Britain to 1750 (1951). – W.H.B.Court, A Concise Economic History of Great Britain from 1750 to Present Times (1954). – J.H.Clapham, An Economic History of Modern Britain. 3 Bde. (1926–38, ND 1951–64). – P.Deane und W.A.Cole, British Economic Growth 1688–1959. Trends and Structure (1964). – P.Mathias, The First Industrial Nation. An Economic History of Britain 1700–1914 (1969). – R.Floud und D.McCloskey (Hg.), The Economic History of Britain since 1700. 2 Bde. (1981). – D.S.Landes, Der entfesselte Prometheus. Technologischer Wandel und industrielle Entwicklung in Westeuropa von 1750 bis zur Gegenwart (1973, engl. 1969). – E.J.Hobsbawm, Industrie und Empire. Britische Wirtschaftsgeschichte seit 1750. 2 Bde. (1969, engl. 1968). – S.G.E.Lythe, An Economic History of Scotland 1100–1939 (1975). – B.Lenman, An Economic History of Modern Scotland 1660–1976 (1977). – J.Clapham, The Bank of England. 2 Bde. (1944). – A.E.Feaveryear, The Pound Sterling (²1963). – C.R.Josset, Money in Britain. A History of Currencies (1971). – W.H.Beveridge u.a., Prices and Wages in England from the Twelfth to the Nineteenth Century. Bd.1 (1939). – T.C.Barker und C.I.Savage, An Economic History of Transport in Britain (1975). – H.J.Dyos und D.H.Aldcroft, British Transport. An Economic Survey from the Seventeenth Century to the Twentieth (1969). – W.Albert, The Turnpike Road System in England 1663–1840 (1972). – S.Pollard, Peaceful Conquest. The Industrialization of Europe 1760–1970 (1981). – A.E. Musson, The Growth of British Industry (1979). – W.G.Hoffmann, British Industry 1700–1950 (1955). – W.H.B.Court, The Rise of the Midland Industries 1600–1838 (1938). – J. de L.Mann, The Cloth Industry in the West of England from 1640 to 1880 (1971). – C.K.Hyde, Technological Change and the British Iron Industry 1700–1870 (1977). – N.K.Buxton, The Economic Development of the British Coal Industry from the Industrial Revolution to the Present Day (1979). – C.Singer u.a. (Hg.), The History of Technology. 5 Bde. (1954–58). – W.Schlote, Entwicklung und Strukturwandlungen des englischen Außenhandels von 1750 bis zur Gegenwart (1938). – T.C.Barker u.a., Business

History (1970). – E. Roll, A History of Economic Thought (³1954). – The Agrarian History of England and Wales, hg. v. H.P.R.Finberg und J.Thirsk. 8 Bde. (1967ff.). – P. Wormell, Anatomy of Agriculture. A Study of Britain's Greatest Industry (1978). – G.E.Fussell, Farming Techniques from Prehistoric to Modern Times (1966). J.D.Chambers und E.G.Mingay, The Agricultural Revolution 1750–1880 (1966). – J.E.T. Rogers, History of Agriculture and Prices in England 1259–1793. 7 Bde. (1866–1902). – A.R.H.Baker und R.A.Butlin (Hg.), Studies of Field Systems in the British Isles (1973). – Ch. und Chr.Orwin, The Open Fields (Neuaufl. mit einer Einl. v. J.Thirsk 1967). – J.A.Yelling, Common Field and Enclosure in England 1450–1850 (1977). – M.E. Turner, English Parliamentary Enclosure. Its Historical Geography and Economic History (1980). – N.S.B.Gras, The Evolution of the English Corn Market from the Twelfth to the Eighteenth Century (²1967). – D.G.Barnes, The History of the English Corn Laws 1660–1846 (1930).

4. Kirchen

W.R.W.Stephens und W.Hunt, A History of the English Church. 9 Bde. (1899–1910). – J.C.Dickinson (Hg.), An Ecclesiastical History of England. 5 Bde. (1961ff.). – J.R.H.Moorman, A History of the Church in England (³1973). – A.D.Gilbert, Religion and Society in Industrial England: Church, Chapel and Social Change 1740–1914 (1976). – E.R.Norman, Church and Society in England 1770–1970 (1976). – J.H.S.Burleigh, A Church History of Scotland (1960). – D.Knowles, The Religious Orders in England. 4 Bde. (1948–59). - J.Bossy, The English Catholic Community 1570–1850 (1975).

5. Bildung und Erziehung

W.H.G.Armytage, 400 Years of English Education (1964). – T.Kelly, A History of Adult Education in Great Britain (1970). – C.Martin, A Short History of English Schools 1750–1965 (1979). – V.H.H.Green, The Universities (1969). – L. Stone (Hg.), The University in Society. Bd. 1: Oxford and Cambridge from the 14th to the Early 19th Century (1974). – V.H.H.Green, A History of Oxford University (1974).

6. Kunst, Architektur, Literatur

The Oxford History of English Art, hg. v. S.R.Boase (1949ff.). – M.Pointon, History of Art: A Students' Handbook (1980). – B.Allsopp und U.Clark, English Architecture. An Introduction to the Architectural History of England from the Bronze Age to the Present Day (1979). – D.Watkin, English Architecture. A Concise History (1979). – Buildings of England, hg. v. N.Pevsner. 46 Bde. (1951–74). – The Buildings of Scotland, hg. v. N.Pevsner. 11 Bde. (1978ff.). – E.Rowan (Hg.), Art in Wales, 2000 BC – AD 1850 (1978). – Oxford History of English Literature, hg. v. F.P.Wilson und B.Dobrée. 12 Bde. (1945ff.).

7. Politisches Denken

W. Harrison, Conflict and Compromise. History of British Political Thought 1593–1900 (1965). – A. Quinton, The Politics of Imperfection. The Religious and Secular Traditions of Conservative Thought in England from Hooker to Oakeshott (1978).

8. Presse, öffentliche Meinung

G. A. Cranfield, The Press and Society: From Caxton to Northcliffe (1978). – G. Boyce u. a. (Hg.), Newspaper History from the Seventeenth Century to the Present Day (1978). – M. D. George, English Political Caricature. 2 Bde. (1959). – M. W. Jones, The Cartoon History of Britain (1971).

9. Politische Parteien

I. Jennings, Party Politics. 3 Bde. (1960–62). – I. Bulmer-Thomas, The Growth of the British Party System. 2 Bde. (²1967). – A. Beattie, English Party Politics. 2 Bde. (1970). – Lord Butler (Hg.), The Conservatives. A History from their Origins to 1965 (1977).

10. Flotte, Militär

P. M. Kennedy, Aufstieg und Verfall der britischen Seemacht (1978, engl. 1976). – G. J. Marcus, A Naval History of England. 4 Bde. (1961 ff.). – M. A. Lewis, History of the British Navy (1959). – O. Warner, The British Navy. A Concise History (1975). – C. Lloyd, The Nation and the Navy. A History of Naval Life and Policy (1961). – C. D. Barnett, Britain and Her Army 1509–1970. A Military, Political and Social Survey (1970).

11. Weltreich

The Cambridge History of the British Empire. 8 Bde. (1929–63). – J. A. Williamson, A Short History of British Expansion. 2 Bde. (1964–65). – G. S. Graham, A Concise History of the British Empire (1970). – J. Bowle, The Imperial Achievement. The Rise and Transformation of the British Empire (1974). – R. Hyam und G. Martin, Reappraisals in British Imperial History (1975). – J. M. Ward, Colonial Self-Government: The British Experience 1759–1856 (1976). – L. C. A. Knowles, The Economic Development of the British Overseas Empire 1763–1914. 3 Bde. (1924). – K. E. Knorr, British Colonial Theories 1570–1850 (1944, ND 1963).

12. Außenpolitik

Lord Strang, Britain in World Affairs. A Survey of the Fluctuations in British Power and Influence: Henry VIII to Elizabeth II (1961). – R. W. Seton-Watson, Britain in Europe 1789–1914 (1937). – Cambridge History of British Foreign Policy 1783–1919, hg. v. A. W. Ward und G. P. Gooch. 3 Bde. (1922–23).

13. Regional- und Lokalgeschichte

England: Victoria History of the Counties of England (1901 ff.). Noch nicht abgeschlossen.
Wales, Schottland, Irland: M. Hechter, Internal Colonialism. The Celtic Fringe in British National Development 1536–1966 (1975). – A. H. Williams, An Introduction to the History of Wales. 2 Bde. (1941–48). – A History of Wales, hg. v. G. Williams. 6 Bde. (1981 ff.). – The Edinburgh History of Scotland, hg. v. G. Donaldson. 4 Bde. (1965 ff.). – New History of Scotland, hg. v. J. Wormald. 8 Bde. (1981 ff.). – W. C. Dickinson und G. S. Pryde, A New History of Scotland. 2 Bde. (1961–62). – W. C. Dickinson, Scotland from the Earliest Times to 1603, hg. v. A. A. M. Duncan (³1977). – J. D. Mackie, A History of Scotland (²1978). – G. Donaldson, Scotland. The Shaping of a Nation (1980). – A New History of Ireland, hg. v. T. W. Moody u. a. 9 Bde. (1976 ff.). – T. W. Moody und F. X. Martin (Hg.), The Course of Irish History (1967). – J. C. Beckett, Geschichte Irlands (²1977, engl. ⁶1979). – P. Johnson, Ireland: Land of Troubles. A History from the Twelfth Century to the Present Day (1980). – J. C. Beckett, The Making of Modern Ireland 1603–1923 (²1981). – T. W. Moody, The Ulster Question 1603–1973 (1974).
Lokalgeschichte: H. P. R. Finberg und V. H. T. Skipp, Local History. Objective and Pursuit (1967). – W. G. Hoskins, Local History in England (²1972). – A. Rogers, Approaches to Local History (²1977). – W. B. Stephens, Teaching Local History (1977). – English Urban History 1500–1870. 4 Bde. (Open University 1977–78). – H. J. Dyos (Hg.), The Study of Urban History (1968). – A. Everitt (Hg.), Perspectives in English Urban History (1973). – P. Abrams u. a. (Hg.), Towns in Societies (1979). – H. A. Merewether und A. J. Stephens, The History of the Boroughs and Municipal Corporations of the United Kingdom. 3 Bde. (1835, ND mit einer neuen Einl. v. G. H. Martin 1972). – D. J. Olsen, Town Planning in London. The 18th and 19th Centuries (1964). – S. E. Rasmussen, London: The Unique City (1960). – C. Trent, Greater London: Its Growth and Development During Two Thousand Years (1965).

14. Historiographie

J. R. Hale (Hg.), The Evolution of British Historiography. From Bacon to Namier (1964). – C. A. Beard, An Introduction to the English Historians (1906, ND 1968). – A. J. Grant, English Historians (1906). – E. L. Woodward, British Historians (1943). – J. Cannon (Hg.), The Historian at Work (1980). – A. Gransden, Historical Writing in England. Bd. 1: c. 550 to c. 1307 (1974). Bd. 2: c. 1307 to the Early Sixteenth Century (1983). – H. Butterfield, The Whig Interpretation of History (1931, ND 1965). – Ders., The Englishman and His History (1944, ND 1970). J. W. Burrow, A Liberal Descent. Victorian Historians and the English Past (1981). – D. C. Watt (Hg.), Contemporary History in Europe (1969), – G. G. Iggers, Neue Geschichtswissenschaft. Vom Historismus zur historischen Sozialwissenschaft. Ein internationaler Vergleich (1978, engl. 1975). – G. G. Iggers und H. T. Parker (Hg.), International Handbook of Historical Studies. Contemporary Research and Theory (1980).

Abkürzungen

Abh. Ak. Göttingen = Abhandlungen der Akademie der Wissenschaften in Göttingen, Phil.-Hist. Klasse
Abh. Ges. Göttingen = Abhandlungen der Gesellschaft der Wissenschaften zu Göttingen, Phil.-Hist. Klasse
Abh. Mainz = Abhandlungen der Akademie der Wissenschaften und der Literatur, Mainz. Geistes- und sozialwissenschaftliche Klasse
AgHR = Agricultural History Review
AHN = Acta Historiae Neerlandica
AHR = American Historical Review
AJLH = American Journal of Legal History
AJPhil = American Journal of Philology
AJS = American Journal of Sociology
AKG = Archiv für Kulturgeschichte
AntJ = Antiquaries Journal
APSR = American Political Science Review
ASE = Anglo Saxon England
ASG = Archiv für Sozialgeschichte
AUF = Archiv für Urkundenforschung
BBCS = Bulletin of the Board of Celtic Studies
Bd. = Band
BIHR = Bulletin of the Institute of Historical Research
BJIS = British Journal of International Studies
BJRL = Bulletin of the John Rylands Library
BM = British Museum
BQ = Baptist Quarterly
Brit. Arch. Rep. = British Archaeological Reports
Bull. = Bulletin
Camden Misc. = Camden Miscellanea
CanJEPS = Canadian Journal of Economics and Political Science
CEHE = Cambridge Economic History of Europe
CH = Cahiers d'histoire
CHJ = Cambridge Historical Journal
CJEc = Cambridge Journal of Economics
CJH = Canadian Journal of History
DA = Deutsches Archiv für Erforschung des Mittelalters
EcHR = Economic History Review
EEH = Explorations in Entrepreneurial History
EETS = Early English Text Society
EHD = English Historical Documents
EHR = English Historical Review
Engl. Hist. Soc. = English Historical Society

Frühmittelalt. Stud. = Frühmittelalterliche Studien
GG = Geschichte und Gesellschaft
Gransden = A. Gransden, Historical Writing in England c. 550–1307 (1974)
Graves = E. B. Graves, A Bibliography of English History to 1485 (1975)
GWU = Geschichte in Wissenschaft und Unterricht
HChQ = History of Childhood Quaterly
HGC = Histoire générale du civilisations
HJ = The Historical Journal
HJb = Historisches Jahrbuch
HMSO = Her Majesty's Stationery Office
HRG = Handwörterbuch zur deutschen Rechtsgeschichte
HSt = Historical Studies
HT = History Today
HTh = History and Theory
HZ = Historische Zeitschrift
ICHS = International Congress of Historical Sciences
IHS = Irish Historical Studies
IRSH = International Review of Social History
Jb = Jahrbuch
JBAA = Journal of the British Archaeological Association
JbNSt = Jahrbuch für Nationalökonomie und Statistik
JBS = Journal of British Studies
JEcH = Journal of Economic History
JEEH = Journal of European Economic History
JEH = Journal of Ecclesiastical History
JHI = Journal of the History of Ideas
JHistG = Journal of Historical Geography
JHSCW = Journal of the Historical Society of the Church of Wales
JHSE = Jewish Historical Society of England
JICH = Journal of Imperial and Commonwealth History
JIH = Journal of Interdisciplinary History
JMH = Journal of Modern History
JRH = Journal of Religious History
JRS = The Journal of Roman Studies
JSA = Journal of the Society of Archivists
JThSt = Journal of Theological Studies
JWCI = Journal of the Warburg and Courtauld Institutes
KZSS = Kölner Zeitschrift für Soziologie und Sozialpsychologie
LLJ = Law Library Journal
MA = Medieval Archaeology
Med. = Medieval
MGH AA = Monumenta Germaniae Historica. Auctores antiquissimi
MGM = Militärgeschichtliche Mitteilungen
MÖStA = Mitteilungen des Österreichischen Staatsarchivs
ND = Neudruck
N. F. = Neue Folge
NH = Northern History
NLR = New Left Review

NLWJ = Journal of the National Library of Wales
NPL = Neue Politische Literatur
N.S. = Neue Serie
OH = Our History
OHS = Oxford Historical Society
OMT = Oxford Medieval Texts
PBA = Proceedings of the British Academy
PBSchR = Papers of the British School at Rome
PolSt = Political Studies
PopSt = Population Studies
PP = Past and Present
PRIA = Proceedings of the Royal Irish Academy
P.R.O. = Public Record Office
PSt = Peasant Studies
Publ. = Publications
QJEc = Quarterly Journal of Economics
QJLL = Quarterly Journal of the Library of Congress
RC = Record Commission
RH = Revue historique
RHS = Royal Historical Society
RLGA = Reallexikon der Germanischen Altertumskunde
RS = Rolls Series
RStI = Rivista Storica Italiana
SA = Scientific American
ScEcHR = Scandinavian Economic History Review
SCJ = Sixteenth Century Journal
ScotJPEc = Scottish Journal of Political Economy
SH = Social History
SHR = Scottish Historical Review
Soc. = Society
SocAntL = Society of Antiquaries of London
SoH = Southern History
SoWi = Sozialwissenschaftliche Informationen für Unterricht und Studium
SS = Science and Society
SSoc. = Selden Society
SSLHB = Society for the Study of Labour History, Bulletin
SSQ = Social Science Quarterly
TRHS = Transactions of the Royal Historical Society
UBHJ = University of Birmingham Historical Journal
UHY = Urban History Yearbook
VS = Victorian Studies
VSWG = Vierteljahrsschrift für Sozial- und Wirtschaftsgeschichte
VFZ = Vierteljahrshefte für Zeitgeschichte
WHR = The Welsh History Review
WZR = Wissenschaftliche Zeitschrift der Wilhelm Pieck Universität Rostock
ZfG = Zeitschrift für Geschichtswissenschaft
ZHF = Zeitschrift für historische Forschung

Autoren-, Herausgeber- und Quellenregister

Abbo, Lebensbeschreibung des Hl.
  Edmund, 227
Abbott, W.C., 127, 268
Abel, W., 74, 77, 78, 108, 112, 113
Aberdeen, Earl of, 269
Åberg, N., 65
Abraham, L.A., 198
Abrams, P., 109, 286
Ackermann, R.W., 249
Adair, E.R., 216
Adam, M.I., 219
Adams, G.B., 57, 221
Adams, I.H., 209
Adams, T.R., 278
Adamthwaite, A.P., 279
Addington, H[enry], 269
Addison, P., 181
Addison, W., 209
Adhelmi opera, 228
Adomnán, Life of Columba, 227
Aelfric, Lebensbeschreibung
  des Hl. Ethelwold, 227
Aethelweard, Chronik, 226, 227, 235
Aethelwulf, De Abbatibus, 227
Aiken, W.A., 118, 124
Aitken, A.J., 208
Aitken, G.A., 263
Aitken, J., 215
Albert, W., 283
Albertin, L., 178
Albertson, C., 227
Albion, R.G., 190
Alcock, J.P., 188
Alcock, L., 67, 68
Aldcroft, D.H., 171, 172, 181, 283
Alderman, G., 195
Alexander, J.J.G., 212
Alford, B.W.E.., 172
Allen, D.F., 214
Allsopp, B., 284
Almain Rolls s. Rolls

Almon, J., 264
Alston, L., 263
Alko, P., 176, 194
Altholz, J., 188
Altschul, M., 188
Amery, J., 270
Amery, L.S., 271
Ancient Charters s. Charters
Ancient Deeds, 261
Anderson, A.O., 227
Anderson, M., 114
Anderson, M.O., 227
Anderson, M.S., 119, 133, 169, 195
Anderson, P., 115
Anderson, R.B., 189
Anderson, W., 58
Andrews, K.R., 109
Andriette, A., 126
Angelsächsische Chronik, 66, 224,
  225, 233
Anglo-Latin Satirical Poets and Epi-
  grammatists, 242
Anglo-Norman Political Songs, 242
Anglo-Saxon Charters, s. Charters
Anglo-Saxon Missionaries in Germa-
  ny, 227
Anglo-Saxon Wills, s. Wills
Anglo-Saxon Writs, s. Writs
Anna, Kgn., 266
Annales monastici, 233, 238
Anselm, Ebf. v. Canterbury, Opera
  omnia, 244
Anson, W.R., 269
Anstey, H., 260
Anstruther, F.G., 200
Anwyl, J.B., 208
Appleby, A.B., 117
Arbeiter, 218, 274, 275
Ariès, Ph., 114
Armengaud, A., 113
Armitage, E.S., 62

Armytage, W. H. G., 284
Arnold Fitz Thedmar, 238
Arnold, M. S., 259
Arnstein, W. L., 172, 263
Ashdown, M., 224
Ashe, G., 67
Ashley, M., 118, 133, 268
Ashton, R., 118, 120, 122, 126, 192
Ashton, T. S., 149, 172
Askew, G., 224
Aspin, J. S. T., 242
Aspinall, A., 217, 264, 266, 276
Asplin, P. W. A., 191
Asquith, Lord, 270
Asser's Life of Alfred, 227
Aster, S., 220
Aston, T., 117, 121, 125, 130, 131
Attlee, Clement R., 271
Außenpolitik, 219, 220, 278, 279
Aveling, J. C., 115
Avesbury, Robert v., Chronik 240
Avon, Earl of, 272
Aydelotte, W. O., 172, 174
Aylmer, G. E., 122, 123, 125, 127–130,
    220, 264

Babington, A., 282
Bacon, Francis, 267
Bagehot, W., 177, 267
Bagley, J. J., 205, 210, 214, 221, 233
Bagwell, P. S., 217
Baildon, W. P., 257, 258, 273
Bailey, V., 194
Bain, G. S., 189
Bairoch, P., 170
Bajor, G., 172
Baker, A. R. H., 69, 208, 209, 284
Baker, D., 115, 205, 244, 249
Baker, J. H., 205, 208, 250, 282
Bakka, E., 66
Baldwin, A. P., 249
Baldwin, J. F., 258
Baldwin, Stanley, 271
Balfour, F., 269
Ball, B. W., 131
Ballard, A., 262
Barber, J. P., 197
Barber, R., 67, 240

Barbour, H., 131
Baring, F. H., 269
Baring, Francis T., 269
Barker, B., 272
Barker, T. C., 283
Barley, M. W., 68, 211
Barlow, F., 56, 61–63, 227
Barnard, T. C., 125
Barnes, D. G., 284
Barnes, J., 271
Barnett, C. D., 285
Barraclough, G., 213, 229
Barrow, G. B., 207
Barrow, G. W. S., 59
Barrow, M., 217
Barth, Ch. M., 74
Bartholomew, Ph., 222
Barudio, G., 118, 134
Bassett, A. T., 271
Bastin, J., 240
Bately, J., 225
Bateson, F. N. W., 190
Bateson, M., 262, 269
Bathurst, A. B., 266
Batts, J. S., 215
Baugh, A. C., 208, 231, 249
Baugh, A. D., 132
Baur, L., 244
Bax, A., 198
Baxter, J., 176
Baxter, J. H., 211
Baxter, J. L., 176
Bayeux, Teppich v., 23, 64, 229, 230
Baylen, J. O., 200
Bayliss, G. M., 190
Bayne, C. G., 273
Beale, J. H., 189
Beales, D., 174, 177, 193
Bealey, F., 275
Bean, J. M. W., 72, 73, 74
Beard, C. A., 286
Beattie, A., 275, 285
Beaumont Papers, 221
Becker, A., 231
Becker, G., 112
Becket, Thomas, Ebf. v. Canterbury,
    232, 242
Beckett, J. C., 286

Beckett, J. V., 134
Beckingsale, B. W., 114
Beda Venerabilis, 35, 36, 224, 225, 235
Beda, Geschichte der Äbte von Wear-
    mouth und Jarrow, 227
Beda, Kirchengeschichte, 64, 66, 224
Bédarida, F., 179
Beddard, R. A., 195
Bedford, Duke of, 268
Beier, A. L., 113
Beier, G., 176
Belchem, J., 175
Bell, K., 277
Bell, S. P., 191
Bellamy, J. M., 200
Beloff, M., 183, 196, 264
Bellot, H. H., 217
Bémont, Ch., 250
Benham, A. R., 249
Bennett, G., 277
Bennett, H. S., 132, 248, 249
Bennett, R. F., 244
Benson, J., 194
Bentham, J., 159
Benz, W., 184, 197
Berchem, D. v., 222
Berding, H., 174
Beresford, M. W., 69, 78, 108, 209, 211
Berg, M., 274
Berger, E., 251
Bergin, O., 208
Bernstein, E., 119
Berrill, K., 169
Best, G., 175, 194
Bettey, J. H., 164
Beumer, J., 244
Beveridge, W. H., 76, 271, 283
Bickley, F. B., 247
Bigelow, M. M., 257
Bilboul, R. R., 191
Bildmaterial, 216
Bildung, 219, 277
Bill, E. G. W., 205
Binchy, D. A., 208
Bindhoff, S. T., 188, 199
Binfield, C., 194
Binns, A., 231
Biraben, J.-N., 73

Birch, T., 268
Birch, W. de G., 213, 229
Birke, A. M., 173, 177
Birkenhead, Earl of, 272
Birkos, A. S., 191
Birley, R., 223
Bischoff, B., 212
Bischoffshausen, S. F. v., 268
Bishop, T. A. M., 212
Bitterli, U., 109
Black, E. C., 264, 274
Blackbourn, D., 178
Blackstone, W., 273
Blackwood, B. G., 121
Black Book, 256
Blaich, F., 117
Blair, P. H., 64, 225
Blake, R., 271, 280, 281
Blakely, B. L., 221, 263
Blanchard, J., 108, 111
Bland, D. S., 189
Blatcher, M., 258
Blaug, M., 200
Blewett, N., 179
Blickle, P., 77
Bliss, W. H., 260
Blitzer, C., 120, 263
Bloch, E., 128
Bloch, M., 57
Blue Books, 220
Blum, J. M., 280
Boase, F., 199
Boase, S. R., 284
Bodet, G. P., 69
Böhme, H. 169
Böttcher, W., 190
Bog, I., 109, 110
Bolam, C. G., 130
Bolingbroke, Viscount, 268
Bolland, W. C., 258, 259
Bolton, J. L., 76, 78
Bolton, W. F., 231
Bond, B., 118, 127
Bond, M., 216
Bond, M. F., 206
Bond, R. P., 215
Bonner, G., 225
Bonser, W., 188

Boockmann, H., 54, 58
Booty, J.E., 276
Borchardt, K., 143, 168, 169, 171, 173, 195, 283
Borough Customs, 262
Bossy, J., 115, 284
Bosworth, J., 208
Bottingheimer, K.S., 125
Boulay, F.R.H.Du., 199
Boulton, J.T., 188
Bourcier, E., 215
Bourne, K., 184, 278
Bourquin, G., 249
Bowden, P.J., 109
Bowen, D., 197
Bowle, J., 280, 285
Bowman, A.K., 223
Bowsky, W.M., 72
Boyce, G., 128
Boyd, C.W., 270
Boyer, L.M., 133
Boylan, H., 200
Boyle, L.E., 243
Boyle, T., 183
Boyse, G., 285
Bracton, Henry de, De legibus et consuetudinibus Angliae, 245, Notebook, 257
Bradford, G., 273
Bradley, A.W., 281
Bradley, H., 208
Bradley, H.W., 214
Bradley, L., 218
Bradshaw, B., 119, 192
Brailsford, H.N., 128
Bramsted, E.K., 276
Brand, J., 256
Brandel, F., 107, 116
Brandon, L.G., 187
Braun, R., 169
Breach, R.W., 274
Breeze, D.J., 223
Brendon, J.A., 198
Brenner, R., 105, 107, 108, 113, 126
Brett, M., 234
brevia s. writs
brevia placitata, 247
Brewer, J., 139, 193

Brewer, J.G., 108, 189
Brewer, J.S., 236, 266
Bridbury, A., 53, 72–74, 76, 77
Briddle, M., 231
Bridge, F.R. 182
Brie, F.W.D., 242
Briggs, A., 177, 281, 282
Briggs, J., 276
Brigham, C.S., 278
Bright, John, 270, 273
British Borough Charters, 262
British Diplomatic Instructions, 278
British Documents and the Origins of the War, 183, 279
British and Foreign State Papers, 278
British Library, (Britisches Museum), 191, 215
Britton, 246
Britton, C., 209
Britton, E., 75
Brock, M., 157, 178
Brock, W.R., 174
Bromley, J.S., 109, 277
Brøndsted, J., 65
Brooke, C., 280
Brooke, C.G., 213, 214
Brooke, C.N.L., 235
Brooke, J., 119, 134, 200, 215, 270, 271
Brooke, Z.N., 61
Brooks, D., 193
Brooks, N.P., 64, 228–230
Brothwell, D.R., 211
Brown, A.L., 221
Brown, B.C., 266
Brown, C.F., 249
Brown, D., 66, 230
Brown, E.A.R., 57
Brown, G., 271
Brown, L.M., 187
Brown, R.A., 22, 23, 55–57, 59–64, 230, 234, 255, 256
Browne, D.M., 211
Browning, A., 264, 268
Browning, O., 269
Browning, R., 269
Broxapa, E., 126
Bruce, Henry, A., 270
Bruce, M., 274

Bruce-Mitford, R.L.S., 211, 230, 231
Bruckner, A., 212
Brundage, A., 179
Brunner, O., 19, 57
Brunton, D., 94, 95, 125
Brut, 242
Bryant, A., 265, 271
Bryson, W.H., 258
Buchanan, R.A., 218
Buckingham, Duke of, 268
Buckle, G.E., 271
Büsch, D., 170, 173
Bullen, R., 182
Bullock, A., 263, 271, 277
Bulmer-Thomas, I., 285
Bulst, N., 72, 73
Bulwer, H.L., 270
Burghart, R., 75
Burghley, Lord, 267
Burke, B., 208
Burke, Edmund, 264
Burke, J., 198, 208
Burke, P., 110
Burleigh, J.H.S., 284
Burn, A.R., 223
Burnett, J., 274, 282
Burns, E., 214
Burroughs, P., 196
Burrow, J.W., 287
Burston, W.H., 187
Bury St. Edmunds, Chronik v., 238
Business Archives, 218
Bußmann, W., 174
Butler, D., 198, 281
Butler, L., 199
Butler, R.A. (Lord), 271, 285
Butlin, R.A., 135, 209, 284
Butt, J., 218
Butterfield, H., 118, 134, 173, 287
Buxton, N.K., 172, 283
Bythell, D., 194

Cadogan, A., 271
Caenegem, R.C.v., 57, 258
Cain, P.J., 182
Calendar Clarendon State Papers, 268
Calendar of Documents Preserved in
     France, 251

Calendar of Early Chancery
     Proceedings, 259
Calendar of Home Office Papers, 267
Calendar Manuscripts Marquis of
     Salisburg, 267
Calendar of New Forest Documents,
     259
Calendar of the Plea Rolls of the Ex-
     chequer of the Jews, 259
Calendar of Proceedings in Chancery,
     258
Calendar of Signet Letters of
     Henry IV and Henry V, 257
Calendar of State Papers, 266, 277
Calendar of Treasury, 267
Caley, J., 276
Calmette, J., 57
Cam, H., 57
Camden Society, 204
Cameron, J.M., 231
Cameron, K., 66, 209, 231
Camp, A.J., 207, 217
Campbell, J., 60, 226–228, 230
Campbell, M., 113
Campbell, R.H., 274, 282
Cannadine, D., 194
Canney, M., 189
Canning, George, 269
Cannon, J., 133, 135, 157, 171, 178,
     282, 286
Canny, N., 196
Cantor, N.F., 55, 75, 116, 119, 122,
     126, 134, 136, 137, 280
Capelli, A., 212
Capp, B.S., 131
Cardwell, E., 276
Carleton, A.V., 214
Carlingford, Lord, 270
Carlton, G., 196
Carmen de Hastingae proelio, 60, 234
Carr, C.T., 275
Carr, D., 263, 276
Carr, E.H., 169
Carrington, C.E., 196
Carswell, J., 132, 133
Cartae antiquae, 251
Cartularium Saxonicum, 229
Carty, J., 191, 279

Carus-Wilson, E. M., 75, 76, 197, 110, 120, 136, 170, 283
Case, L. M., 219
Castlereagh, Viscount, 269
Catalogue of Manuscripts Containing Anglo Saxon, 224
Cavendish, G., 267
Cecil, William, 267
Cely Papers, 248
Chadwick, E., 274
Chadwick, N. K., 68
Chadwick, O., 189
Chadwick, S., 66
Chalklin, C. W., 109
Challis, C. E., 110, 113, 195
Chaloner, W. H., 172, 189
Chamberlain, Austen, 270, 271
Chamberlain, Joseph, 270
Chamberlain, Neville, 271, 272
Chambers, J. D., 74, 107, 169, 284
Champollion-Figeac, J. J., 250
Chancery Rolls, s. Rolls
Chandos Herald – La Vie du Prince Noir, 240
Chaplais, P., 212, 253
Chapman, B., 120
Charles I., 265
Charles II., 265
Charlesworth, A., 282
Charter Rolls, s. Rolls, 252
Charters – Ancient Charters, 251
Charters – angelsächs., 59, 228, 229
Charters – British Borough Charters, 262
Charters de l'abbaye de Jumièges, 60
Chartes des libertés anglaises, 250
Chartres, J. A., 109
Chatham, Earl of, 269
Chaucer, Geoffrey, 249
Chaunu, P., 109, 117
Checkland, S. G., 274
Cheney, C. R., 207, 210, 213, 221, 260
Chesterfield, Earl of, 268
Chevallier, C. T., 56
Chew, H. M., 56
Chibnall, A. C., 221
Chibnall, M., 61, 222, 234, 235
Childers, E. S. E., 270

Childs, J., 133
Chlifford, J. L., 132
Chrimes, S. B., 189, 192, 221, 246, 281
Christianson, P., 92, 122–124
Christie, J. R., 187, 188
Christie, W. D., 268
Chronica monasterii S. Albani, 233
Chronicle of Aethelweard, s. Aethelweard
Chronicles of London, 233
Chronicles of the Reigns of Edward I and Edward II, 233
Chronicles of the Reigns of Stephen, Henry II. and Richard I, 233
Chronicles of the White Rose of York, 233
Chubb, T., 209
Churchill, Randolph, 270
Churchill, R. S., 270
Churchill, Winston, 270, 272
Cipolla, C. M., 107, 168, 283
Citrine, Lord, 276
Clagett, M., 209
Clain-Stefanelli, E. E., 213
Clanchy, M. T., 193, 212, 258
Clancy, T. H., 219
Clapham, J. H., 283
Clapp, B. W., 274
Clarendon, Earl of, 268
Clark, C., 232
Clark, G., 280
Clark, G. N., 107, 115, 201
Clark, J. C. D., 135
Clark, P., 109
Clark, St., 112
Clark, U., 284
Clarke, A., 125
Clarke, J. J., 281
Clarke, J. S., 265
Clarke, M. V., 44, 71
Clarke, P. F., 180
Clarke, William, 268
Clarkson, J. D., 107
Clarkson, L., 111
Clasen, C.-P., 131
Clayton, P., 211
Clinton, A., 218
Close Rolls, s. Rolls

Clynes, J. R., 272
Coates, W. H., 124, 126, 272
Cobb, H. S., 218
Cobban, A., 264
Cobbett, W., 272
Cockburn, J. S., 133
Cockshut, A. O. J., 276
Codex diplomaticus aevi Saxonici, 229
Codices Latini antiquiores, 224
Cohn, N., 131
Cohen, E. W., 281
Cokayne, G. E., 207
Coke, Sir Edward, 247, 273
Cole, A., 131
Cole, C. A., 233
Cole, G. D. H., 274, 282
Cole, W. A., 169, 201, 283
Coleman, D. C., 107–109, 117, 121. 195
Coleman, O., 109
Colgrave, B., 64, 212, 224, 227
Colley, L., 193
Collinge, J. M., 199
Collingwood, R. G., 64, 223
Collini, S., 195
Collins, J., 221, 263
Collinson, P., 110
Colson, P., 271
Colvin, H. M., 200, 205, 256
Commonwealth, 219, 277, 278
Commonwealth Institute London, 190
Complete Collection of State Trials, 257
Conacher, J. P., 273
Concilia Magnae Britanniae et Hiberniae, 221, 276
Connell, B., 270
Constitutio domus regis, 256
Conze, W., 57, 113, 171
Cook, C., 184, 197–199, 201, 209, 215
Cook, D. R., 59, 62
Cook, G. H., 276
Cooke, A. B., 270
Cookson, J. E., 174
Cooney, S. L., 182
Cooper, J. P., 114, 268, 275
Cooper, R., 199
Cope, E. S., 272

Copeland, T. W., 264
Copley, G. J., 67, 209
Cordeaux, E. H., 190
Corfield, P., 109
Cornforth, M., 128
Cornwall, J., 111, 116
Cosgrove, C. A., 190
Costin, W. C., 265
Cottle, B., 208
Coulborn, R., 57
Coulter, E. M., 187
Coulton, G. G., 72, 73, 221, 240
Council for British Archaeology, 211
Councils and Ecclesiastical Documents, 221
Court, W. H. B., 275, 283
Cowie, L. W., 198
Cowley, J. D., 189
Cowling, M., 158, 178, 179
Cowper, Earl, 268
Cox, B., 67
Cox, J. C., 205, 206, 218
Coxe, H. O., 237
Coxe, W., 269
Crafts, N. F. R., 170
Craig, F. W. S., 201, 267, 273, 275
Craigie, W. A., 208
Cranbrook, Lord, 270
Crane, R. S., 215
Cranfield, G. A., 215, 285
Craster, H. H. E., 207, 272
Crawford, O. G. S., 69
Cressy, D., 114, 277
Crew, Marquess of, 271
Critchley, T. A., 281
Crompton, G. W., 276
Cromwell, Oliver, 268
Cromwell, V., 180, 216, 267
Crone, G. R., 209
Cronica majorum et vicecomitum Londonarium, 238
Cronin, J. E., 177
Cronne, H. A., 55, 251
Crook, D., 255
Crosby, T. L., 172
Cross, C., 115, 130, 276
Cross, F. L., 198
Crossley, D. W., 283

Crossman, Richard, 177, 267, 272
Crouzet, F., 170, 171
Crowder, C. M. D., 232
Crowland-Chronik, 241
Crowther, M. A., 194
Crozier, M., 189
Crump, C. G., 247
Cumpston, I. M., 277
Cuntz, O., 222
Curia Regis Rolls s. Rolls
Currie, R., 175
Curtis, E., 279
Curver-Briggs, N., 207
Cutler, J. L., 249
Cuttino, G. P., 69, 71

Dahlmann, C. J., 78
Dallaway, J., 248
Dalton, Hugh, 272
Daly, J., 115
Daly, L. J., 244
Danstrup, J., 65
Darby, H. C., 209, 255
Darlington, R. R., 56, 63, 232
Dasent, J. R., 267
Davenport, F. G., 219
David, E., 271
David, N., 248
Davies, C. S. L., 116, 128, 192
Davies, G., 119, 187
Davies, G. R. C., 210
Davis, J. C., 243, 251
Davies, J. D. G., 55
Davies, J. S., 242
Davies, K. G., 113, 278
Davies, R. G., 70, 71
Davies, R. T., 249
Davies, W. H., 69, 226
Davis, H. W. C., 221, 251
Davis, J. C., 132
Davis, R., 109, 136, 169, 170
Davis, R. H. C., 60, 203, 233–235, 251
Davis, R. W., 177
Dawson, B., 243
Dawson, G. E., 215
Dawson, R. M., 278
Day, A. E., 187
De bello Gothico, s. Prokop

De excidio et conquestu Britanniae,
   s. Gildas
De Republica Anglorum, 263
De speculo regis Edwardi III, 243
Deakin, F. W., 263
Deane, Ph., 136, 143, 169, 171, 201,
   283
Deaux, G., 73
Deeds, s. Ancient Deeds
Delisle, L., 234, 251
Dell, E., 263
Demographie, 218
Denholm-Young, N., 212, 238, 240,
   246
Denton, J. H., 70, 71
Derby, Earl of, 270
Devine, T. M., 170
Dexler, B., 190
Dialogus de Scaccario, 246, 247, 253,
   256
Dickens, A. G., 115, 263, 276, 280
Dickinson, H. T., 133, 193, 264
Dickinson, J., 242
Dickinson, J. C., 284
Dickinson, W. C., 221, 279, 286
Dickson, P. G. M., 136
Diesner, H. J., 225
Dilks, D., 181, 271
Dimock, J. F., 236
Dinwiddy, J., 176, 193
Dirlmeier, U., 77
Disraeli, Benjamin, 270, 271
Dobb, M., 74, 75, 107
Dobrée, B., 268, 284
Dobson, B., 223
Dobson, R. B., 75
Dockès, P., 117
Dockrill, M. L., 279
Documents of the Baronial Movement
   of Reform and Rebellion, 232
Documents British Foreign Policy, 279
Documents Illustrative of English
   Church History, 221
Documents Relating to the University
   and Colleges of Cambridge, 260
Dodd, A. H., 281
Dodgshon, R. A., 69, 209
Dodgson, J. M., 66

Dodson, S.C., 214
Döring, H., 178
Dogshon, R.A., 105
Doherty, J.C., 193
Doherty, J.E., 199
Dolan, T.P., 249
Dolléans, E., 189
Dolley, M., 231
Dollinger, H., 178
Domesday Book, 31, 32, 59, 60, 254, 255, 260
Domesday cartula, 24
Donajgrodzki, A.P., 176
Donaldson, E.T., 249
Donaldson, G., 199, 200, 221, 279, 286
Donelly, F.K., 176
Donnachie, I., 218
Donnan, E., 278
Donne, W.B., 269
Dopsch, A., 64
Douglas, D.C., 55, 59–63, 207, 221, 225, 242
Douglas-Home, A., 272
Dow, F.D., 113
Dow, J.B.A., 274
Downer, L.J., 228
Downs, R.B., 204
Drake, M., 168, 283
Drewett, P.L., 211
Drögereit, R., 65, 213
Druker, J., 207
Drummond, I.M., 275
Drus, E., 271
Du Boulay, F.R.H., 74, 77
Duby, G., 74
Dülmen, R.v., 105
Dugdale, B.E.C., 270
Dugdale, W., 122
Duggan, A., 232
Duke, A.C., 127
Dumwille, D.N., 67, 225–227
Dunbabin, J.P.D., 181
Duncan, A.A.M., 286
Dunham, W.H., 263, 273
Dunkley, P., 180
Dunning, G.C., 66
Dunning, T., 249
Dyer, A., 109

Dyer, C., 78
Dyer, J., 211, 273
Dykes, D.O., 265
Dykes, D.W., 231
Dyos, H.J., 283, 286
Dyson, A.E., 277

Eadmer, 234
– Historia novorum in Anglia, 234
– The Life of St. Anselm, Archbishop of Canterbury, 234
Early Taxation Returns, 221
Eayrs, J., 277
Ebden, E.P., 255
Ebhardt, B., 58
Echard, L., 122
Eckhardt, K.A., 228
Eddius Stephanus – Life of Bishop Wilfried, 227
Eden, Anthony, 272
Eduard, der Schwarze Prinz, 240
Edwards, J.G., 44, 69–72, 241
Edwards, R.D., 209
Egerton, F.H., 267
Egerton, H.E., 277
Ehwald, R., 228
Ekwall, E., 63, 68, 208, 209
Eldridge, C.C., 182, 183
Eley, G., 176, 178, 181, 194
Elias, N., 105, 111, 114
Elizabeth I., 265
Elliot, A.R.D., 271
Elliot, H.F.H., 268
Elliot, J.H., 106, 109, 123
Elliot, S., 201
Ellis, H., 241, 254
Ellis, R.H., 213
Elton, G.R., 83, 91, 92, 114, 115, 123, 187, 188, 192, 193, 203, 205, 210, 214, 217, 265, 266
Emden, A.B., 200
Emden, C.S., 265, 281
Emmison, F.G., 191, 206
Empire, s. Weltreich
Emsley, C., 179
Emy, H.V., 180
Encomium Emmae reginae, 227
Endy, M., 131

Engel, F., 214
Engel, J., 104
Engelhardt, U., 112
Engels, F., 86, 119, 120, 149, 150, 172
Engels, L. J., 60, 234
English Historical Documents, 214,
  224, 232, 266
  Bd. 1: ca. 500–1042, 64, 221, 225
  Bd. 2: 1042–1189, 55, 221, 242
  Bd. 3: 1189–1327, 221
  Bd. 4: 1327–1485, 221
  Bd. 5: 1485–1558, 263
  Bd. 8: 1660–1714, 264
  Bd. 9 American Colonial Doc., 278
  Bd. 10: 1714–1783, 264
  Bd. 11: 1783–1832, 264
  Bd. 12, Teil 1 u. 2: 1833–1914, 264
English Place – Name Society, 204
English Reports, 273
Enser, A. G. S., 190
Ensor, R. C. K., 275
Erziehung, 219, 277
Euchner, W., 128
Evans, A. P., 188
Evans, E. J., 179, 274
Evans, H., 216
Evans, J., 223, 274
Evans, J. H., 198
Evans, L., 263
Evans, R. J., 195
Everitt, A., 113, 122, 126, 286
Eversley, D. E. C., 168, 169, 283
Evison, V. J., 65, 66
Exchequer, s. Schatzamt
Eyre-Rolls, s. Rolls.

Fabyan, Robert, 241, 242
Fagan, H., 75
Fairfield, S., 198
Fairlie, S., 172
Falkus, M., 209
Farley, A., 59, 254
Farmer, D. H., 200
Farmer, D. L., 76
Farmer, H., 235
Farnell, J. E., 92, 123, 124, 126, 136,
  192
Farnie, D. A., 171

Farrar, C. P., 188
Farrell, R. T., 225
Fastolf, Sir John, 248
Feaveryear, A. E., 283
Feet of Fines, 258
Fehrenbach, E., 169, 195
Feiling, K., 271, 280
Feinstein, C. H., 201
Felix, D., 110
Fellows Jensen, G., 66, 192, 231
Ferguson, J., 253
Ferguson, W., 122
Fesefeldt, W., 245
Fetscher, I., 280
Feudal Documents from the Abbey of
  Bury St. Edmunds, 60
Field, J., 176
Filby, P. W., 207
Filmmaterial, 216
Filson, A. W., 274
Finberg, H. P. R., 64, 67, 69, 229, 284,
  286
Fine Rolls, s. Rolls
Finlayson, M. G., 110
Finn, R. W., 63, 254
Finnberg, H. P. R., 187
Firth, C. H., 118, 127, 263, 265, 268
Fischer, W., 170, 172
Fisher, D. J. V., 65, 66, 68, 69
Fisher, F. J., 107, 109
Fisher, H. E. S., 274
Fitzpatrick, A. J., 201
Flandrin, J.-L., 113
Fleckenstein, J., 54, 249
Fleta, 246
Fletscher, A., 116, 126
Flick, C., 175
Flindall, R. P., 276
Flinn, M. W., 136, 169, 170, 173, 274,
  283
Flint, J., 190
Flotte, 219, 277
Floud, R., 108, 171, 283
Flower, C. T., 258
Flower, D., 264
Förster, M., 68
Foot, M. R. D., 271
Ford, G., 217

Ford, P., 217
Forde-Johnston, J., 223
Foreign Accouts, 255
Foreign Office, 219
Fores, M., 171
Foreville, R., 59
Formoy, B., 258
Forster, G.C.F., 126
Forster, K., 209
Forster, R., 106
Forster, W., 219
Fortescue, Sir John, De laudibus
  legum Angliae, The Governance of
  England, 246
Fortescue, J., 266
Foss, E., 200
Foster, E.R., 272
Foster, J., 153, 175, 176, 200, 274
Foster, St., 127
Four Thirteenth-Century Law Tracts,
  247
Fourquin, G., 57
Fowler, C.R., 260
Fowler, D.C., 249
Fowler, P.J., 68, 211
Fox, Charles James, 269
Fox, C., 69, 209, 219
Fox, H.S.A., 78, 135
Fox, Henry, 268
Fox, J.C., 252
Foxcroft, H.C., 268
Fox-Davies, A.C., 213
Frank, J., 128, 129
Frankforter, A.D., 210, 260
Franklyn, J., 213
Franz, E.G., 206
Fraser, D., 179, 282
Fraser, W.H., 275
Frauen, 217, 275
Freeden, M., 180
Freeman, E.A., 15–18, 55, 68
Freeman-Grenville, G.S.P., 209
French Rolls, s. Rolls
Frere, S., 68, 69
Frere, W.H., 276
Frewer, L.B., 187
Friedland, K., 247
Fries, R.F., 273

Friis, A., 117
Fröhlich, W., 244
Froissart, Jean, Chroniques, 240
Frow, E.R., 189, 276
Fry, P.S., 282
Fryde, E.B., 70, 71, 73, 75, 199, 207,
  262, 281
Frykenberg, R.E., 196
Fulford, R., 264
Fulman, W., 241
Furber, E.Ch., 114, 192
Furnivall, F.J., 261
Fussell, G.E., 282, 284
Fussell, K.R., 282

Gabrieli, V., 115
Gadian, D.S., 177
Gairdner, J., 233, 248, 251, 266
Galbraith, V.H., 59, 206, 212, 232,
  239, 241, 250, 254
Galbreath, D.L., 213
Gall, L., 174
Gallagher, J., 164, 182
Gandy, J., 270
Ganshof, F.L., 58
Gardiner, A.G., 271
Gardiner, D.A., 259
Gardiner, S.R., 85, 118, 119, 265, 272,
  273
Garvin, J.L., 270
Gash, N., 155, 157, 173, 175, 177–179,
  264, 270, 280
Gatch, M.M., 231
Gavin, R.J., 278
Gee, H., 221, 276
Geiss, I., 170, 279
Gelling, M., 66, 67, 209, 228, 231
Gentles, J., 127, 128, 134
Geoffrey fitz Peter, 245
George III., 266
George IV., 266
George, C.H., 110, 113
George, H.B., 207
George, M.D., 284
Gerald von Wales, s. Giraldus
  Cambrensis
Gerichtshöfe, 257–259, 273
Gerstenfeld, M., 187

Gesellschaft, 217, 218, 274, 275
Gesetze, 217, 265
Gesetze der Angelsachsen, 228
Gesetze Heinrichs I., 228
Gesta Edwardi de Carnarvan, 239
Gesta Guillelmi ducis Normannorum
    et regis Anglorum s. Poitiers, Wilhelm v.
Gesta Heinrici quinti, 241
Gesta Normannorum ducum,
    s. Jumièges
Gesta regis Henrici secundi Benedicti
    abbatis, 236
Gesta Stephani, 235
Gewerkschaften, 275, 276
Gibbs-Smith, C. H., 230
Gibson, J. S. W., 217
Gibson, M., 61
Gibson, S., 260
Gifford, P., 196
Gilbert, A. D., 284
Gilbert, B. B., 180
Gilbert, M., 209, 270, 279
Gilbert, V. F., 191
Gildas, 66, 226
Gildas, De excidio et conquestu
    Britanniae, 226
Giles, J. A., 228, 233
Gillingham, J., 209
Ginter, D. E., 135
Gipson, L. H., 190, 219
Giraldus Cambrensis, 236, 237
– Opera, 236
– Expugnatio Hibernica, 236
– Topographia Hibernica, 236
– Itinerarium Cambriae, 236
– Descriptio Cambriae, 236
– De principis instructione liber, 243
– Speculum Duorum, 243
Gladwin, I., 281
Gladstone, William E., 271
Glanville, s. Tractatus de legibus
Glaß, Chr., 112
Glass, D. V., 111, 168, 218, 283
Glassey, L. K. J., 133
Gleason, L., 133
Gleig, G. R., 270
Glover, R., 278

Glow, L., 134
Gneist, R., 55
Gneuss, H., 210, 224
Godbolt, J., 273
Godefroy, F., 208
Godfrey, J., 63
Godolphin, Earl, 268, 269
Göller, K. H., 231
Goertz, H.-J., 131
Gogarten, H., 122
Goldie, M., 193
Goldsmith, M. E., 249
Goldstrom, J. M., 277
Gooch, G. P., 270, 279, 286
Goodborn, R., 222
Gooder, E. A., 208
Goodhart, A. L., 282
Goodman, A., 55, 280
Goodwin, A., 175
Gordon, D. J., 239
Goschen, Lord, 271
Gosden, P. H. J. H., 277
Gossman, N. J., 200
Gottfried, R. S., 50, 51, 73–75
Gould, G., 276
Gould, J. D., 117
Gould, J. W., 113
Grafton, Duke of, 269
Graham, G. S., 285
Graham, James, 269
Gralher, M., 129
Graml, H., 184, 197
Grandsen, A., 55, 59, 210, 225–227,
    232–238, 286
Grant, A. J., 286
Grant, W. L., 277
Granville, Lord, 271
Gras, N. S. B., 284
Graus, F., 77
Graves, E. B., 70, 187, 210, 211,
    222–229, 231–247, 249, 250,
    252–255, 258–262
Gray, C. M., 282
Gray, I., 206
Gray, R., 176
Great Chronicle of London, 241
Greaves, R. L., 200
Green, C. W., 187

Green, J.M., 133
Green, M.A.E., 265
Green, V.H.H., 284
Greenaway, G.W., 55, 221, 242
Greenfield, S.B., 231
Gregg, P., 73, 282
Gregory, T.E.G., 275
Grenville, J.A.S., 184, 197, 216, 279
Grenville, Richard, 268
Greville, Charles C.F., 264
Grey, Earl, 269
Grey, Viscount, 271
Grey, A., 272
Grierson, Ph., 209, 213, 214, 231
Grieve, H.E.P., 212
Griffith, G.T., 168
Griffith, M., 206
Grigg, R., 222
Grimes, W.F., 66
Groh, D., 175
Grohskopf, B., 231
Grose, C.L., 188
Grosjean, P., 226
Gross, C., 191, 257
Grosseteste, Robert, Bf.v.Lincoln, 244
Grueber, H.A., 214
Gruner, W.D., 174, 175, 184, 193
Guedalla, P., 270, 271
Guerreau, A., 57, 58
Guide to the Bishops' Registers of
    England and Wales, 260
Guide to the Contents of the Public
    Record Office, 206, 210, 250–253
Guisborough, Walter v., 238
Guizot, F., 86, 119
Gunstone, A., 231
Guth, D.J., 188, 192
Guth, K., 242
Gutton, J.P., 113
Guttsman, W.L., 273, 274

Haan, H., 106
Haas, E. de, 257
Habakkuk, H.J., 134–136, 168, 169,
    283
Hachey, T.E., 279
Hackett, M.B., 260
Haddan, A.W., 221

Händel, H., 280
Haigh, C., 115, 195
Hakluyt Society, 204
Haldane, R.B., 271
Hale, J.R., 286
Hale, M., 282
Halifax, Earl of, 272
Halifax, Marquis of, 268
Hall, A.R., 111
Hall, G.D.G., 245, 257
Hall, H., 189, 205, 212, 213, 257
Hall, J.R.C., 208
Hallam, Henry, 85, 118
Haller, W., 128, 264
Halliwell, J.O., 250
Halsey, A.H., 201
Halstead, J.P., 190
Hamer, D.A., 179
Hamilton, E.J., 110
Hamilton, N.E.S.A., 235
Hammarström, J., 110
Hammond, J.L., 282
Hammond, L.B., 282
Hampsher-Monk, J., 129
Hanburg, H.G., 282
Hancock, P.D., 190
Handcock, W.D., 264
Hanham, A., 248
Hanham, H.J., 178, 187, 201, 265, 266
Hanks, P., 199
Hansard, T.C., 272
Hanseakten aus England, 262
Hanson, L.W., 218
Haraszti, E.H., 175
Harbison, P., 211
Horcup, S.E., 203
Hardacre, P.H., 192
Harden, D.B., 65, 66, 68
Harding, A., 257, 282
Hardinge, Ch., 271
Hardwick, C., 207
Hardwicke, Earl of, 268
Hardy, Th., D., 200, 210, 251–253
Hardy, W.J., 221, 276
Hardyng, John, 241
Hareven, T.K., 199
Harley, J.B., 209
Harlow, V., 277

Harmer, F. E., 224
Harris, B. J., 78
Harris, D. W., 281
Harris, J., 179
Harris, R. W., 280
Harrison, B., 177
Harrison, G. B., 265
Harrison, J. F. C., 131, 189, 263, 274
Harrison, K., 207, 225
Harrison, R., 175, 178, 194, 218
Harrison, W., 276, 285
Harriss, G. L., 70, 72, 114
Hart, C. J. R., 229
Hart, J., 173, 180
Harte, N. B., 194
Hartley, B. R., 223
Hartley, T. E., 272
Hartwell, R. M., 143, 149, 169–173,
    175, 274
Harvey, B. F., 75
Harvey, J. H., 240, 248
Harvey, P. D. A., 262
Harvey, R., 113
Harvey, S., 254
Haselden, R. B., 212
Haskins, C. H., 62
Hasler, P. W., 200
Hassall, A., 210
Hassall, T. G., 211
Hassinger, E., 104
Hastings, M., 258
Hatcher, J., 50, 51, 54, 72–75, 77, 78,
    111
Hatschek, J., 57, 69, 281
Hauck, K., 243
Haury, J., 66
Haushalt, kgl. – Schriftgut, 256, 257
Havighurst, A. F., 188
Hawke, C., 283
Hawkins, E., 214
Hawkes, C. F. C., 65
Hawkes, J., 223
Hawkes, S. C., 66, 230
Hawtrey, E. C., 268
Hawtrey, S. C., 198
Hay, D., 133
Hay, J. R., 179, 274
Haycraft, H., 200

Haydn, J., 199
Hayes, R. J., 205
Hayes, T. W., 132
Haynes, S., 267
Hayton, D., 217
Hazeltine, H. D., 229
Hazlehurst, C., 215
Heal, F., 115, 195
Healey, A. di P., 208
Hearne, T., 59
Hearnshaw, F. J. C., 198, 206
Hechter, M., 115, 286
Hector, L. C., 212
Heidelberger, A., 68
Heimpel, H., 13, 54
Heinrich, s. Henry
Heimsohn, G., 82, 112
Heinze, R. W., 265
Heitz, G., 106
Helbing-Gloor, B., 242
Helleiner, K. F., 74
Hellerstein, E., 275
Helm, P. J., 67
Hemingi chartularium ecclesiae Wi-
    gorniensis, 59
Henderson, W. O., 172
Henley, Walter of, 247
Henman, G. J., 196
Hennock, E. P., 178
Henriques, U. R. Q., 179
Henrietta Maria, Kgn, 265
Henry VII., 266
Henry VIII., 266
Hentschel, V., 171
Hepburn, A. C., 279
Hepworth, P., 207, 215
Herbert, A. S., 218
Hertzberg, W., 243
Hervey, John, 264
Heslop, T. A., 213
Hewitt, A. R., 219
Hewitt, M., 282
Hewlett, H. G., 237
Hexler, H. J., 113, 121, 122, 124, 127
Hickey, D. J., 199
Hicks, J., 282
Hicks Beach, V. A., 271
Higgins, P., 130

Higgs, E., 211
Higgs, H., 198
Higham, C.S.S., 219
Higham, R., 190, 205
Hildebrand, K., 182, 196
Hill, B.W., 135, 193
Hill, Chr., 55, 86, 87, 92, 101, 109,
    110, 112–114, 116, 119, 121, 122,
    124, 126, 129, 132, 133, 135–137,
    194, 263
Hill, C.P., 175, 282
Hill, D., 209
Hill, D.H., 68
Hill, K.D., 244
Hillgruber, A., 184, 197
Hills, C., 64–67, 69, 230
Hilpert, H.-E., 238
Hilton, B., 172
Hilton, R.H., 75, 76, 78, 260
Himmelfarb, G., 172, 194
Hinrichs, E., 104
Hintze, O., 57
Hirst, D., 124, 132, 193
Hirst, L.F., 72
Historia Brittonum, s. Nennius
Historia ecclesiastica, s. Beda
Historia sive narracio de modeo et
    forma mirabilis parliamenti, 243
Historical Association, 188
Historical Poems of the XIVth and
    XVth Centuries, 242
Hoare, Samuel, 272
Hobhouse, Charles, 271
Hobsbawm, E.J., 84, 112, 115, 117,
    145, 149, 153, 168, 171, 172, 175,
    176, 275, 283
Hodder, J., 68
Hodges, H.W., 277
Hodgkin, R.A., 65
Hölzle, E., 183
Hoeninger, R., 74, 75
Hofer, W., 184
Hoffmann, A., 199
Hoffmann, H., 76
Hoffmann, W.G., 283
Hogan, E., 228
Hohler, C.E., 229
Holder, A., 208

Holder, C.H., 211
Holderness, B.A., 107
Holdsworth, W.S., 205, 282
Holland, R.F., 183
Hollenberg, G., 193
Hollings, M., 17, 29, 56
Hollingsworth, T.H., 73, 218
Hollis, P., 177, 195, 275
Hollister, C.W., 17, 55–57, 59, 61, 62
Holmes, C., 126, 132, 133, 135, 191,
    192
Holmes, G., 55, 75, 76, 243, 251, 264
Holt, A.D., 200
Holt, J.C., 56, 70, 71, 252
Holt, P., 175, 177
Holtzmann, W., 260
Honegger, C., 112
Honneth, A., 105
Hocker, John, 273
Hopkins, A.G., 182
Hopkins, 219
Hopkins, S.V., 76
Hore-Belisha, Leslie, 272
Horle, C.W., 131
Horn, D.B., 199
Hoselitz, B.F., 170
Hosford, D.H., 133
Hoskins, W.G., 209, 286
Houghton, W.E., 216
Houts, E.M.C. van, 233
Howard, C., 182, 192
Howden, Roger von, 236
Howell, R., 127
Howell, T.B., 257, 273
Howell, T.J., 257
Howlett, R., 233, 236
Hoyt, R.S., 188
Hubatsch, W., 119
Hudson, W.S., 131
Huggett, F.E., 198
Hughes, A., 118, 247, 263
Hughes, K., 210, 227
Hughes, P.L., 265, 273
Huizinga, J., 55
Hume, D., 122
Hume, L.J., 180
Humphery-Smith, C.R., 207
Humphreys, R.A., 203

Hundred Rolls, s. Rolls
Hunniset, R. F., 73, 257
Hunt, W., 280, 284
Hunter, J., 258
Hurst, J. G., 69, 78
Hurst, M., 278
Hurstfield, J., 114, 115, 192, 274
Hurt, J. S., 194
Huskisson, William, 270
Hutchinson, S. C., 203
Huygens, R. B. C., 243
Hyam, R., 285
Hyams, P. R., 245
Hyde, C. K., 283
Hyde, Edward, 268
Hyndman, M., 277

Iggers, G. G., 172, 287
Ilchester, Earl of, 268
Illingworth, W., 257
Illsley, J. S., 72
Imbert, G., 84, 116
Imhof, A. E., 73
Inderwick, F. A., 273
India Office Memoranda, 278
Ingulf, 241
Innes of Learney, Th., 213
Inns of Court, 273
Inquisitions and Assessments Relating
   to Feudal Aids, 261
Inquisitiones post mortem, 48, 260,
   261
Inventaria Archaeologica, 211
Institute of Historical Research, 191,
   199, 200
Irwin, R., 204
Islip, Simon, 243
Itineraria Antonini Augusti et
   Burdigalense, 222
Ives, E. W., 109, 118, 128

Jack, R. J., 210, 227
Jack, S. M., 108, 275
Jackson, K., 208
Jackson, K. H., 40, 68
Jacobs, P. M., 191
Jäger, G., 240
Jäger, H., 280

Jäschke, K. U., 60, 61, 63
James I., 265
James II, 265
James, G. P. R., 269
James, R. R., 270
Jankuhn, H., 64
Jardine, D., 257
Jefferys, J. B., 275
Jenkinson, C., 278
Jenkinson, C. H., 212
Jenkinson, Ch. J., 213
Jenkinson, H., 215, 258, 259
Jenks, E., 282
Jennings, I., 265, 266, 278, 281, 285
Jensen, M., 278
Jessopp, A., 268
Jessup, R. F., 65
Jewell, H. M., 62
Jewish Historical Society, 204
John, A. H., 136
John, E., 17, 29, 56, 59
John le Breton, 246
Johnson, C., 90, 122, 211, 212, 247,
   251
Johnson, N. E., 270
Johnson, P., 125, 286
Johnson, R., 136, 193
Johnson, R. C., 272
Johnson, S., 65, 67, 68
Johnston, E. M., 191
Johnston, M., 205, 219
Joll, J., 278
Jolliffe, J. E. A., 58, 60, 63, 65
Jones, C. A., 219
Jones, E. J., 108
Jones, E. L., 169, 172
Jones, E. R., 278
Jones, G., 69, 273
Jones, G. H., 204
Jones, H. G., 201
Jones, H. V., 217
Jones, J. M., 208
Jones, J. R., 118, 133, 136
Jones, M. W., 285
Jones, N. L., 115
Jones, P., 219
Jones, P. E., 206, 210, 262
Jones, P. F., 224

Jones, R. B., 282
Jones, Thomas, 272
Jones, Th., 67
Jones, W. D., 269
Jones, W. J., 126, 264
Jones, W. R. D., 116
Jordan, H. D., 217
Jordan, K. W., 111
Jordan, W. C., 254
Josset, C. R., 283
Journals Board of Trade, 277
Journals House of Commons, 272
Journals House of Lords, 272
Jowitt, E., 198
Judd IV, G. P., 134, 200
Judson, M. A., 137
Jumièges, Guillaume de, Gesta Nor-
   mannorum ducum, 233
Junge, H.-Chr., 136, 192
Jupp, P., 273
Jurica, A. R. J., 274

Kabinett, s. Regierung
Kamen, H., 107
Kaminkow, M. J., 207
Kane, G., 249
Kanner, B., 195
Kantorowicz, E. H., 246
Kapelle, W. E., 63
Kaplan, L., 122, 130
Kaplanoff, M. D., 196
Karl, s. Charles
Katanka, E., 189
Katanka, M., 189, 276
Kauffmann, C. M., 212
Kaufmannsrecht, s. Lex Mercatoria
Kavanagh, D., 177, 181
Kay, J. A., 180
Kaye, F. B., 215
Kealey, E. J., 192
Kearney, H., 110, 111, 125
Keating, P., 274
Kebbel, T. E., 270
Keegan J., 200
Keeler, M. F., 95, 125, 187, 200
Keen, M. H., 72, 75, 76, 78
Keeton, G. W., 62
Keir, D. L., 265, 281

Keith, A. B., 277
Kellaway, W., 188
Kellenbenz, H., 282
Keller, E., 265
Kelly, T., 190, 284
Kemble, J. M., 229
Kemp, P., 199
Kendall, M. G., 201
Kennedy, P. M., 163, 180, 181, 182,
   184, 196, 197
Kennedy-Skipton, L., 215
Kenyon, J. P., 118, 119, 123–125, 127,
   130, 135, 198, 265, 266, 268
Kenyon, R. L., 214
Ker, N. R., 210, 212, 224, 229
Kerner, M., 243
Kernig, C. D., 58
Kerridge, E., 108, 195, 275
Kershaw, J., 75
Kettenacker, L., 171, 184
Ketton-Cremer, R. W., 126
Keutsch, W., 264
Keyder, C., 171
Keynes, J. M., 80, 106, 107
Keynes, S., 213, 225
Kieckhefer, R., 112
Kienast, W., 57, 69, 281
Kimball, G. S., 278
Kimber, R., 275
Kimberley, Earl of, 271
King, E., 75, 192, 194, 254
King, P., 283
Kingsford, Ch. L., 233, 241, 242, 248
Kingsford, H. S., 213
Kinnear, M., 201
Kippis, A., 199
Kiralfy, A. K. R., 204
Kirby, D. P., 67, 68
Kirby, J. L., 201, 257
Kirche, 218, 276
Kirchner, W., 108
Kisch, B., 209
Kishlansky, M. A., 92, 123, 124, 127,
   129, 134
Kitch, M. J., 111
Kitching, C. J., 205
Kitson Clark, G., 168, 172–174, 187,
   203

Klima, A., 107
Kluke, P., 192
Kluxen, K., 106, 114, 172, 175, 178, 281
Knachel, Ph. A., 127
Knappen, M. M., 110
Knight, D., 219
Knighton, Henry, 239
Knaplund, P., 271
Knorr, K. E., 285
Knott, D., 189
Knowler, W., 268
Knowles, D., 61, 115, 192, 204, 284
Knowles, L. C. A., 285
Koch, H., 65
Koenig, W. J., 215
Kofler, L., 115, 123
Kolonien, 219, 277, 278
Korr, P., 136
Koselleck, R., 57, 104, 170
Kosminsky, E. A., 72, 74
Koss, S., 279
Kovalev, Y. V., 274
Krause, J. T., 168
Kreisler, F. F., 254
Kriedte, P., 107, 109, 171
Kriegel, A. D., 173, 270
Krieger, K. F., 58, 60, 107, 247, 248
Krikler, B., 189
Kroeschell, K., 57, 58
Krone, 216, 265, 266
Kuchenbuch, L., 57
Kuczynski, J., 107, 108
Kuehl, W. F., 191
Kuhn, A., 119, 137
Kumpmann, W., 172
Kunisch, J., 104
Kunitz, S. J., 200
Kunze, K., 262
Kurath, H., 208
Kynaston, D., 175

Labaree, L. W., 277
Laing, H., 213
Laing, L. R., 211
Lambert, S., 182, 196, 216, 217
Lammers, D., 197
Lamont, W. M., 110, 131

Lancaster, J. C., 188
Land, St. K., 116
Lander, J. R., 74
Landes, D. S., 149, 168, 170, 172, 283
Landon, L., 251
Lane, F. C., 209
Lane, P., 274
Lang, A., 271
Langer, H., 117
Langer, W. L., 112
Langford, P., 134, 136
Langhorne, R., 196
Langland, William, 249
Langmead, E., 281
Langtoft, Pierre de, 238
Lappenberg, J. M., 262
Laqueur, W., 184, 189
Larkin, J. F., 265
Laslett, P., 105, 113, 124
Latham, R., 264
Latham, R. E., 208
Laundy, P., 198
Law Reports, 273
Lawson, F. H., 265
Lawson, J., 114
Le Neve, J., 200
Le Patourel, J., 60, 62, 63
Le Prévost, A., 234
Le Roy Ladurie, E., 74
Leach, A. F., 277
Leadam, I. S., 258, 273
Lee, C. H., 171, 201
Lee, R., 75, 111, 168
Lee, S., 266
Leeds, Duke of, 269
Leeds, E. T., 65, 66
Lees, J. D., 275
Lees, S., 200
Leeson, R. A., 276
Lefebvre, G., 56, 70
Lefèvre, Y., 243
Leges Henrici Primi, s. Gesetze Heinrichs I.
Legge, M. D., 238, 249
Lehmann, P., 54
Lenman, B., 283
Lenard, R., 59, 62, 64
Lethbridge, T. C., 68

Lettenhove, Kervin de, 240
Letter, Books, s. London
Letters, s. Calendar of Signet Letters
Letters and Papers Illustrative of the
Reigns of Richard III. and
Henry VII., 251
Letters of the Kings of England, 250
Lettres des rois, 250
Letwin, S.R., 195
Levack, B.P., 126
Levett, A.E., 76
Levine, D., 169
Levine, M., 188, 265
Lewin, E., 190
Lewis, E., 245
Lewis, M.A., 285
Lewis, S., 209
Lewis, W.S., 264
Lewy, G., 130
Lex mercatoria, 247
Libelle of Englyshe Polycye, 243
Liber Feodorum, 261
Liberate Rolls, s. Rolls
Liebermann, F., 58, 228, 233, 247
Linde, H., 109, 171
Linder, A., 242
Lindsay, W.M., 212
Linehan, P., 244
Lingelbach, W.E., 275
Link, W., 178
Lipson, E., 283
List of Documents Relating to the
Household, 256
Lister, T.H., 268
Little, B., 199
Littleton, Sir Thomas, 247
Livingston, W.S., 190
Livingstone, E.A., 198
Livingstone, M., 206
Lloyd, C., 276, 285
Lloyd George, David, 271, 272
Loach, J., 116
Loades, D.M., 115
Lobel, M.D., 209
Lodge, R., 268
Loewenstein, K., 281
Lokalgeschichte, 220
Lommatzsch, E., 208

London-Chroniken, 233, 238, 241, 242
– Letter Books, 262
– The London Eyre of 1276, 258
– Plea and Memoranda Rolls, 262
– Urkunden und Akten, 262
London, W., 132
Longley, D., 67
Longworth, J.H., 230
Lot, F., 226
Lottes, G., 134, 175, 281
Louis, W.R., 182
Lovell, C.R., 281
Lowe, C.J., 183, 279
Lowe, E.A., 212, 224
Lowe, N., 109
Lowe, Robert, 271, 273
Loyd, L.C., 213
Loyn, H.R., 56, 58, 61–69, 192, 255
Luard, H.R., 207, 233, 237–239, 244
Lublinskaya, A.D., 117
Lucas, H.S., 75
Lucas, R., 269
Luce, S., 240
Luders, A., 250, 265
Lütge, F., 107
Lumby, J.R., 239
Lunt, W.E., 260
Luscombe, D.E., 235
Lutand, O., 118, 128, 132
Lutz, A., 225
Lyell, J.F.R., 210
Lyon, B.D., 58–61, 63, 71
Lyon, S., 231
Lysons, S., 256
Lythe, S.G.E., 283
Lyttelton, George Lord, 268

McAllister, I., 190
Macaulay, Thomas, B., 85, 118, 119
MacCaffrey, W.T., 115
McClelland, K., 176
McCloskey, 171, 283
Maccoby, S., 277
McConaghey, R.M.S., 73
McCord, N., 170, 178, 275
MacCormack, J.R., 124
MacCulloch, D., 116
McCulloch, J.R., 275

MacCurtain, M., 125
Macdonagh, M., 217
MacDonagh, O., 159, 179
MacDonald, Ramsay, 272
MacDonell, J., 273
MacDougall, I., 218
Macfarlane, A., 111, 112
McFarlane, K. B., 243, 244
McGrade, A. S., 244
MacGregor, J. F., 131
McGurk, J. J. N., 235, 236
McIlwain, C. H., 43, 70, 265
Machin, G. J. T., 174
Macintyre, S., 176, 191, 194
McIntyre, W. D., 183
McKechnie, H., 205, 252
Mackenzie, K. R., 281
Mack, R. P., 223
McKibbin, R., 180
MacKie, E. W., 211
Mackie, J. D., 286
Mackie, T. T., 201
McKisack, M., 71, 243
McKlown, T., 111
Maclogan, E., 64
McLean, A., 111
McLennan, G., 176
Macleod, R. M., 193
Maclure, J. S., 277
Macmillan, Harold, 272
McNeill, P., 209
McNeill, W. H., 55
McNulty, J. B., 230
Macpherson, C. B., 110, 120, 129
Macray, W. D., 122, 221, 268
Mack Smith, D., 280
Maczak, A., 110
Madan, F., 207
Madden, F., 238, 277
Madden, L., 214
Maehl, W. H., 178, 195
Magna Charta, 252
Maiski, I. M., 184
Maitland, F. W., 17, 18, 24, 43, 56–60,
    62, 63, 68, 70, 134, 257, 259, 281
Major, K., 212
Malament, B. C., 193
Maland, D., 117

Malden, H. E., 248
Malmesbury, Wilhelm v. – Gesta
    regum Anglorum, 235
– Historia Novella, 235
– De gestis pontificum Anglorum, 235
Malmesbury, Earl of, 270
Malowist, M., 107
Maltby, A., 220
Malthus, Th., R., 50, 51, 74
Manly, J. M., 249
Mann, J. de L., 283
Manners and Household Expenses, 262
Manning, B. L., 244
Manning, B. R., 97, 116, 118, 125–128,
    130
Manorial Records of Cuxham, 262
Mansergh, N., 277, 278
Manwaring, G. E., 190, 219
Marcham, F. G., 221, 265
Marchant, D. Le, 269
Marchello-Nizia, C., 208
Marcus, G. J., 285
Mare, A. de la, 210
Maria II., Kgn., 266
Marichal, R., 212
Marks, R., 213
Marlborough, Duke of, 268, 269
Marquand, D., 272
Marsden, P., 282
Marsden, R. G., 259
Marsh, A., 198
Marsh, P., 179
Marshall, D., 132
Marshall, P. J., 278
Martin, A. P., 271
Martin, B., 136
Martin, C., 284
Martin, C. T., 208, 212, 267, 273
Martin, F. X., 286
Martin, G., 191, 196, 285
Martin, G. H., 286
Martin, L. S., 67
Martin, T., 270
Marx, J., 233
Marx, K., 86, 106, 119, 120, 142
Marx, R., 111, 128
Marwick, A., 187, 198
Mate, M., 76

Mather, F.C., 274
Mathew, G., 249
Mathias, P., 111, 136, 170, 219, 283
Matthew, H.C.G., 180, 271
Matthews, W., 215, 264
Maunder, W.F., 201
Mauro, F., 107, 116
Mause, L. de, 114
Maxwell, C., 191, 279
Maxwell, H., 269
Maxwell, W.H., 189
May, G.Le, 267
Mayer, S.L., 215
Mayhew, H., 274
Mayhew, N.J., 77
Medick, H., 107, 113
Medieval Legal Records, 257
Medley, D.J., 187
Medlicott, W.N., 280
Meikle, H.W., 190
Melbourne, Lord, 270
Melhuish, K.J., 276
Melville, L., 270
Memoiren, 215, 267–272
Memoranda Rolls, s. Rolls
Memorandum St. Oswalds, 24
Memorials of Henry V., 233
Mendels, F., 171
Menhennet, D., 216
Meopham, Simon, Ebf. v. Canterbury, 243
Merewether, H.A., 286
Merriman, J., 117
Merriman, R.B., 267
Merry, D.H., 190
Merton, R.K., 111
Metcalf, D.M., 231
Meyer, W., 58
Meyers, R., 185, 195, 197
Michael, B., 57
Michel, R.H., 130
Middlemas, K., 181, 271, 272
Midmer, R., 199
Mieck, I., 104
Mikrofilme, 214
Miles, D., 211
Milford, R.T., 215
Militär, 219

Miller, E., 42, 69–71, 75, 281
Miller, H., 188
Miller, M., 226
Milett, M., 69
Milne, A.T., 187, 204
Milne, J.A., 221
Milne-Bailey, W., 276
Milton-Smith, J., 178
Milward, P., 218
Minchinton, W.E., 108, 110, 136
Mingay, G.E., 121, 135, 169, 275, 282, 284
Minney, R.J., 272
Minogue, M., 267
Mirot, A., 240
Mirot, L., 240
Miskimin, H.A., 74, 75
Mitchell, B.R., 201
Mitchell, J.D.B., 281
Mitteis, H., 58
Mitterauer, M., 113
Mock, W., 173
Modus tenendi parliamentum, 247
Moisant, J., 243
Molinier, A., 240
Mombert, J.I., 276
Mommsen, H., 173
Mommsen, Th., 226
Mommsen, W.J., 115, 171, 173, 174, 183, 184, 195, 278
Monger, G.W., 181
Monkhouse, T., 268
Monnypenny, W.F., 271
Monumenta Juridica, 259
Moody, E.A., 209
Moody, T.W., 125, 191, 286
Moore, B., 101, 103, 133, 135, 136
Moore, D.C., 155, 157, 172, 177, 178
Moore, R.J., 196
Moorhouse, H.F., 176
Moorman, C., 208
Moorman, J.R.H., 284
Mordek, H., 243
More, Sir Thomas, 267
Morgan, K.O., 160, 181, 264
Morgan, M., 209
Morgan, P., 204
Morgan, W.T., 188

Morley, Viscount, 271
Morpeth, R. S., 199, 200
Morrah, P., 133
Morell, W. P., 190, 277
Morril, J. S., 121, 124, 126, 127, 133, 188, 192, 193, 197, 220, 264
Morris, C., 73
Morris, J., 38, 67, 254
Morris, M., 275
Morris, R. J., 177
Morris, W. A., 61
Morrison, Herbert, 272
Morrison, K. F., 55
Morrissey, T. E., 195
Morrow, R. B., 112
Morton, A., 252
Morton, A. L., 119, 127–129, 131, 281
Morton, C., 60, 234
Morton, S. F., 191
Mossner, E. C., 122
Mousnier, R., 107
Mowat, C. L., 189, 215
Münzen, 213 f.
– angelsächsische, 231
– römische, 234
– vorrömische, 223
Mullins, E. L. C., 203, 204, 252, 266
Mumby, F. A., 215
Munby, A. N. L., 206
Munby, L. M., 191
Munimenta Academica, 260
Munimenta Gildhallae Londoniensis, 262
Munro, J., 277
Muntz, H., 60, 234
Murdoch, D. H., 196
Murdin, W., 267
Murimuth, Adam, 240
Murphy, B., 76, 283
Murphy, J., 277
Musson, A. E., 136, 170, 176, 283
Myers, A. R., 221, 256
Mynors, R. A. B., 64, 224
Myres, J. N. L., 37, 64–67, 69

Nachlässe, 215
Namier, L., 86, 91, 102, 119, 134, 200, 266

Nance, R. M., 208
Navy Records Society, 204
Naylor, J. F., 274
Neale, J. E., 216
Neale, R. S., 112, 177, 282
Nef, J. U., 108, 170
Nennius, Historia Brittonum, 226
Neubauer, H., 58
Neubecker, O., 213
Neumann, H., 66
Neville, R. G., 194
Newbold, I. D. C., 174
Newburgh, William v., 236, 237
Newbury, C. W., 278
Newby, H., 177
Newcastle, Duke of, 268, 269
Newman, A. N., 187, 188, 217
Newstead, H., 249
Newton, K. C., 210
Nicholas, Edward, 268
Nicholls, A., 180
Nicholls, C. S., 199
Nicholls, D., 276
Nichols, D., 188, 193
Nichols, F. M., 246, 257
Nichols, J. G., 243, 261
Nicholson, R., 209
Nickson, M. A. E., 207
Nicolaisen, W. F. H., 209
Nicolas, N. H., 256, 266, 267
Nicoll, A., 263
Nicolson, H., 266
Niedhart, G., 132, 134, 136, 169, 173, 181, 184, 196, 197
Nield, K., 176, 194
Niethammer, L., 216
Nish, I., 220
Nolan, P., 214
Nolte, E., 173, 174
Norman, E. R., 276, 284
North, Francis, 268
Northbrook, Earl of, 269
Northedge, F. S., 181
Nossiter, T. J., 178, 193
Notestein, W., 119, 272
Notitia dignitatum, 222
Nugent, E. M., 276

O'Brien, P.K., 169, 171, 195
O'Conor, Ch., 221
O'Corrain, D., 191
O'Day, A., 180
O'Day, R., 115
O'Gorman, F., 135
O'Leary, C., 173, 201
O'Sullivan, Th.D., 226
Ockham, Wilhelm v., 244
Oestreich, G., 57
Offler, H.S., 244
Ogle, O., 268
Okasha, E., 231
Olivers, E., 216
Ollard, S.L., 198
Ollé, J.G., 216
Ollivier, M., 277
Olson, D.J., 286
Oman, C., 75, 280
Onions, C.T., 208
Oral History, 216
Ordericus Vitalis, norm. Chronist,
    234, 235
Ordinance Book of the Merchants of
    the Staple, 262
Ordnance Survey, 223
Original Documents Illustrative of the
    Administration of the Criminal
    Law, 257
Original Statutes of Cambridge Uni-
    versity, 260
Orme, N., 200
Orwin, C., 284
Oschinsky, D., 247
Ottley, G., 189
Outhwaite, R.B., 110, 194
Overbeek, J., 283
Owen, A.E.B., 207
Owen, D., 282
Owen, D.U., 205
Owen, J., 134
Owens, W.R., 118

Page, R.J., 231
Pagula, Wilhelm v., 243
Palgrave, F., 257, 259
Palgrave, R.H.J., 198
Palmer, A.W., 198, 199

Palmer, J., 189
Palmer, J.J.N., 240
Palmer, V., 199
Palmerston, Viscount, 270
Pantin, W.A., 213
Paravicini, W., 61
Pargellis, S., 187, 263
Paris, Matthew, 237–239
Parish Registers, 218
Park, J.H., 267
Parke, G., 268
Parker, C.S., 269, 270
Parker, D., 117
Parker, G., 218
Parker, H.T., 287
Parker, J., 219
Parker, P., 117
Parker, R.A.C., 185
Parkes, M.B., 210, 212
Parlament – Debatten, 216, 217, 272
– Traktate, 247
– Urkunden und Akten, 259, 260
Parliamentary Debates, 272
– Papers, 216, 217, 272, 273
– Texts of the Later Middle Ages, 259
Parris, H., 180, 281
Parry, C., 219
Parry, E.J., 269
Parry, R.H., 118, 120, 125, 127
Parsons, D., 229
Parteien, 218, 275
Pasquet, D., 71
Paston Letters, 248
Patent Rolls, s. Rolls
Patten, J., 109
Paton, H.M., 205
Patterson, S., 193
Patze, H., 115
Pawson, E., 170
Paxton, J., 199
Payne, A., 213
Pearce, D.W., 198
Pearl, V., 126, 127
Pearsall, A.W.H., 219
Pearsall, D., 249
Peddie, R.A., 188
Peden, G.C., 184
Peel, Robert, 270

Peet, W. H., 215
Pelham, Henry, 269
Pellew, G., 269
Pelling, H., 176, 179, 194, 277
Pelzer, A., 212
Pemberton, J. E., 216
Pennington, D., 94, 95, 120
Penson, L. M., 220, 278
Pepys, Samuel, 264
Percivall, J., 68, 69
Perkin, H., 144, 170, 176, 177, 179, 187, 194, 282
Peterborough, Benedict of, s. Gesta regis Henry secundi Chronicle, 232
Petersen, W., 74
Peterson, C., 241
Petit-Dutaillis, Ch., 56, 70
Petter, M., 180
Petrie, C., 265
Petrie, C. A., 270
Pevsner, N., 284
Phelps Brown, E. H., 76, 110
Phillimore, R., 268
Phillimore, W. P., 258
Phillips, C. W., 209
Phillips, J. A., 135
Pickering, D., 265
Pickrill, D. A., 199
Pike, E. R., 274
Pinchbeck, J., 114, 282
Pipe Rolls, s. Rolls
Pipe Roll Society, 204
Piroth, W., 65
Pitt, William, d. Ä., 269, 278
Pitt, William, d. J., 269
Placita Anglo-Normannica, 257
– Coram Domino Rege, 258
Platt, C., 55, 62, 63, 72
Platt, D. C. M., 163, 182
Plowden, A., 130
Plowden, E., 273
Plucknett, J. F. J., 71, 247, 282
Plumb, J. H., 106, 114, 132, 282
Plummer, Ch., 224, 225, 246
Pocock, J. G. A., 70, 118, 124, 133
Pocock, N., 276
Pöls, W., 184
Pogge, v. Strandmann, H., 196

Poggi, G., 104
Pointon, M., 284
Poitiers, Wilhelm v., Chronist, 26, 59, 233
Polanyi, K., 105, 116
Policraticus, 242
Polisensky, J. V., 117
Political Poems and Songs, 242
– Songs of England, 242
Pollard, A. F., 43, 70, 83, 114, 216, 263, 281
Pollard, A. W., 188, 276
Pollard, S., 112, 151, 155, 169, 171, 173, 175, 177, 194, 283
Pollen, J. H., 190, 218
Pollitzer, R., 72
Pollock, L., 190
Pont-Breck, A. du, 244
Poole, A. L., 207
Poole, K. B., 208
Poole, R. L., 207, 280
Poor Law Report, 274
Porcari, S., 190
Porter, B., 182, 183, 196
Porter, H. C., 110, 276
Post, J. B., 73, 257
Postan, M. M., 50, 51, 72–75, 77
Postgate, R., 282
Potter, K. R., 235
Poulton, H. J., 187
Pound, J. F., 113
Powell, J. E., 71
Powell, J. R., 264
Powell, K., 198
Powell, W. R., 218, 220
Power, E., 275
Powicke, M., 54, 55, 61, 71, 74, 199, 207, 221
Prall, S. E., 118, 132, 133, 137, 263
Preller, H., 281
Presseisen, E. L., 184
Prest, J., 173
Prestwich, J. O., 61
Prestwich, M., 72–76, 251
Price, J. M., 119
Price, R., 194, 228
Pringle, J. H., 269
Privy Council, 266, 267, 277

Prokop, byz. Geschichtsschreiber
(ca. 500–562), 66
Pronay, N., 247, 259
Prothero, G. W., 71, 265
Pryde, G. S., 286
Prynne, W., 70, 259
Public General Acts, 265
Public Record Office, 250, 251
Publizistische Quellen, 215, 216, 263, 264
Pugh, M., 179
Puhle, H.-J., 174
Purvis, J. S., 199, 205
Putnam, B. H., 75, 76

Quennell, C. H. B., 282
Quennell, M., 282
Quennell, P., 282
Quinn, D. B., 109, 278
Quinton, A., 285
Quo Warranto – Placita, 257
– Proceedings, 257

Raab, F., 124
Rabb, T. K., 193
Rackham, J., 73
Radbruch, G., 282
Raddatz, K., 64
Radzinowicz, L., 282
Raine, J., 227
Raistrick, A., 218
Rait, R. S., 265
Raithby, J., 250
Ramm, A., 271
Rammstedt, O., 120
Ramsay, D., 136
Ramsden, J., 201
Ramsey, P., 107, 110
Ramsey, R. W., 130
Randle, J., 281
Ranger, T., 125
Ransome, M., 217
Rasmussen, S. E., 286
Raven-Hart, H. E., 205, 219
Ray, R., 225
Raynaud, G., 240
Razzell, P. E., 168, 274
Read, C., 187, 267

Read, D., 264
Reading, Johann v., 239
Reading, Robert v., 239
Reaney, P. A., 208
Reaney, P. H., 208, 209
Reay, B., 131
Rechnungen – kgl. Haushalt, 256, 262
–, Wollrechnungen, 262
Recht, 273, 274
Records of the Parliament at Westminster, 259
Rectitudines singularum personarum, 58
Recueil des actes de Henri II, 251
Red Book of Worcester, 56
Redington, J., 267
Redstone, L. J., 206
Reed, N., 222
Reel, J. V., 199
Rees, P., 189
Rees, W., 209, 262
Reese, M. M., 119
Reese, T., 203
Reeves, D. D., 189
Reeves, J., 264
Reger (-Braig), R., 55
Regesta regum Anglo-Normannorum, 251
Regierung, Regierungssystem, 216, 265–273
Regionalgeschichte, 220, 279
Regularis concordia Anglicae nationis monachorum sancti – monialiumque, 229
Reid, A., 176, 194
Reid, S. J., 269
Reilly, J. R., 244
Reinhard, W., 106
Reith, A., 281
Relf, F. H., 272
Rennell, Lord, 229
Rentzmann, W., 213
Repertorium fontium historiae medii aevi, 252
Reports of State Trials, 273
Rerum Hibernicarum scriptores, s. O'Conor, Chr.

Reynolds, D., 197
Reynolds, S., 63
Rhys, M., 262
Rich, E. E., 107, 262
Richard III., 266
Richard Fitz-Neal, 246
Richardson, H. G., 17, 43, 44, 45, 56,
    62, 63, 70, 71, 213, 246, 247, 256,
    258, 259
Richardson, H. W., 172, 181
Richardson, R. C., 118, 119, 122–124,
    189
Richardson, W. C., 267
Richmond, J., 223
Richter, D. C., 175
Richter, M., 63, 236, 243
Rickert, E., 249
Riddell, E., 199
Rider, K. J., 190
Ridley, J., 281
Riedel, M., 105
Rieß, L., 71
Rigg, J. M., 259
Riis, Th., 113
Riley, H. T., 233, 238, 262
Ritchie, M., 189
Ritter, G., 104
Ritter, G. A., 57, 105, 124, 265, 266,
    281
Rivet, A. L., 68, 222
Roach, J., 187
Robbins, R. H., 242, 249
Roberts, C., 135, 253, 281
Roberts, D., 179, 281
Roberts, S. A., 203
Robertson, A. J., 59, 229
Robertson, A. S., 223
Robertson, C. G., 265
Robertson, J. C., 232
Robertson, N., 276
Robinson, Ch., 256
Robinson, F. C., 231, 232
Robinson, H., 281
Robinson, R., 164, 182
Rochester, Earl of, 268
Rockingham, Marquis of, 269
Rodger, N. A. M., 281
Rodgers, F., 217

Roebuck, P., 135
Rösener, W., 58
Rogers, A., 169, 286
Rogers, E. F., 267
Rogers, J. E. Th., 46, 51–53, 72, 75, 76,
    110, 270, 282, 284
Rogers, P. G., 131
Rohe, K., 178, 180, 183, 184
Rôles d'Oléron, 248
Roll, E., 284
Rolls, 251
– Almain Rolls, 253
– Chancery Rolls, 252
– Charter Rolls, 252
– Close Rolls, 252
– Coroners' Rolls, 262
– Curia Regis Rolls, 258; s. a. Rotuli
    Curiae Regis
– Early Mayors' Court Rolls, 262
– Eyre Rolls, 258
– Fine Rolls, 253
– French Rolls, 253
– Hundred Rolls, 261
– Liberate Rolls, 253
– Memoranda Rolls, 255, 256, 262
– Patent Rolls, 252
– Pipe Rolls, 255
– Subsidy Rolls, 255
– Treaty Rolls, 251, 253
– s. a. Rotuli parliamentorum
Romano, R., 117
Ronaldshay, Earl of, 272
Roots, J., 127, 136, 189
Rose, M. E., 274
Rose, R., 181, 201
Rose, R. B., 218
Rosen, B., 112
Rosenbaum, H., 114
Rosenberg, Ch., E., 113
Rosenberg, J. D., 274
Rosenthal, J. T., 225
Roseveare, H., 267, 281
Roskell, J. S., 241
Roskill, S. 272
Rostow, W. W., 169, 170
Roth, C., 282
Rothwell, H., 221, 238
Rotuli Curiae Regis, 257

– parliamentorum, 259
– parliamentorum Anglie hactenus
inediti, 259
Round, J.H., 16–18, 25, 56, 57, 251
Rowan, E., 284
Rowbotham, Sh., 130
Rowe, D.J., 177
Rowe, V.A., 137
Rowland, P., 180
Rowley, P.B., 221
Rowley, T., 66, 68
Rowse, A.L., 111
Royal and other Historical Letters,
250
Roy, J., 118
Royle, E., 277
Rsheschewski, O., 184
Rubinstein, W.D., 171
Rudé, G., 282
Runeninschriften, 231
Runyan, T.J., 248
Ruskell, J.S., 71
Russel, C., 92, 118, 121, 123–125
Russell, J.C., 50, 51, 73–75
Russell, Lord John, 268–270
Ryan, V., 198
Rymer, Th. 251, 253

Saage, R., 129, 192
Sabine, G.H., 130, 131
Sachse, W.L., 188
Sadleir, M., 188
Sainsbury, K., 190
St.Albans Schule, 233, 237, 238
St.Anselm, Ebf. v.Canterbury, 234
St.Augustin, 224
St.Bonifatius, Lebensbeschreibung,
227
– Opera, 228
St.Columban, Lebensbeschreibung,
227
St.Columban, opera, 228
St.Dunstan, Memorials, 227
St.Edmund, Lebensbeschreibung, 227
St.Ethelwold, Lebensbeschreibung,
227
St.Joseph, J.K.S., 211
St.Lebuin, Lebensbeschreibung, 227

St.Leoba, Lebensbeschreibung, 227
St.Patrick, Documenta, 228
St.Willibald, Hodoeporicon, 227
St.Willibrord, Lebensbeschreibung,
227
Sainty, J.C., 199, 200, 273
Salisbury, Johann v., Bf., 242
Salisbury, Marquis of, 267
Salisbury, 3rd Marquess of, 271
Salter, H.E., 213
Saltmarsh, J., 73–75
Sams, K.I., 276
Samuel, R., 216
Sanders, J.J., 232
Sanders, L.C., 270
Sanderson, J., 120
Sanderson, M., 277
Sandwich, Earl of, 269
Sauer, F., 112
Saul, S.B., 171
Savage, C.I., 283
Saville, J., 177, 200, 274
Sawyer, P.H., 61–64, 66, 68, 69, 188,
227, 228, 254
Sayers, R.S., 171
Sayles, G.O., 17, 43–45, 56, 62, 63,
70–72, 246, 258, 259
Scally, R.J., 181
Scammell, G.V., 109
Scattergood, V.J., 242
Schatzamt, Schriftgut, 253–256
Schieder, Th., 169
Schilfert, G., 120
Schiller, A.A., 245
Schissler, H., 174
Schlatter, R., 192
Schlenke, M., 133, 193
Schlesinger, W., 60
Schlote, W., 201, 283
Schluchter, W., 111
Schmidt, A.V.C., 249
Schmidt, G., 174, 178, 181, 182, 184,
185, 197, 203
Schmidt, K., 130
Schmidt-Liebich, J., 198
Schnith, K., 63, 64, 238
Schöffler, J., 117
Schöllgen, G., 183

Schofield, R. S., 169, 283
Scholz, B. W., 60
Schramm, P. E., 60
Schreiner, J., 74
Schremmer, E., 109
Schröder, H.-Chr. 104, 106, 119, 121,
    132, 133, 134, 136, 137, 170
Schrötter, F. v., 214
Schüler, S., 115
Schulin, E., 106, 107, 109, 123, 192,
    195
Schulz, G., 105
Schulze, W., 106, 173
Schumpeter, E. B., 201
Schuyler, R. L., 263
Schwarz, E., 64, 65
Schwarz, M. L., 192
Schwoerer, L. G., 116
Scott, W., 263
Scriptores Latini Hiberniae, 228
Scrope, R., 268
Seaby, P., 213
Seaman, L. C. B., 281
Searle, E., 75
Seaver, P., 118
Segdwick, R., 134, 200, 264, 266, 269
Seebohm, F., 40, 68
Seeck, O., 222
Selden Society, 204
Select Bills in Eyre, 258
Select Cases before the King's
    Council, 258
– Cases Concerning the Law Mer-
    chant, 257
– Cases in Chancery, 258
– Cases in the Court of the King's
    Bench, 258
– Cases in the Exchequer of Pleas,
    258
– Cases of Procedure without Writ,
    258
– Charters and other Illustrations of
    English Constitutional History, 221
– Civil Pleas, 257
– Documents of English Constitutio-
    nal History, 221
– Documents of the English Lands of
    the Abbey of Bec, 221

– Pleas in the Court of the Admiralty,
    259
– Pleas of the Crown, 257
– Pleas of the Forest, 259
Sellers, I., 276
Semple, W. H., 260
Senghaas, D., 105
Seton-Watson, R. W., 286
Setton, K. M., 230
Setzer, H., 175, 181
Severs, J. B., 211, 249
Seymour, W. A., 209
Shafer, B. C., 187
Shaftesbury, Earl of, 268
Shammas, C., 109
Sharpe, K., 92, 123
Sharpe, R. R., 262
Shaw, W. A., 267, 275
Shears, F. S., 240
Sheehy, E. P., 187
Shelton, W. J., 133
Shepherd, M. A., 176
Sheppard, J. B., 232
Shirley, W. W., 251
Shklar, J. H., 120
Shock, M., 277
Shorter, E., 111, 113
Shrewsbury, Duke of, 269
Shrewsbury, J. F. D., 47, 49, 73
Siebert, F. S., 128
Siegrist, M., 247
Sieveking, G. de, 230
Signet Letters, s. Calendar of Signet
    Letters
Sikes, J. G., 244
Simmons, J., 277
Simon, Lord, 272
Simon, J., 114
Simpson, G. G., 251
Singer, C., 283
Singer, S. W., 268
Sissons, J. B., 209
Sjölin, B., 65
Skalweit, St., 119, 137
Skeat, T. C., 207
Skeat, W. W., 208, 249
Sked, A., 182, 184, 197
Skinner, Q., 111

Skipp, V.H.T., 286
Slack, P.A., 73, 113
Slicher van Bath, B.H., 75, 108
Sloman, A., 198
Smalley, B., 210
Smellie, K.B., 281
Smit, H.J., 221
Smith, A., 196
Smith, A.G.R., 111, 274
Smith, A.H., 66
Smith, D.M., 207, 260
Smith, E.A., 264
Smith, F.B., 158, 168, 178
Smith, H., 189
Smith, L.B., 114, 263, 280
Smith, P., 179, 216
Smith, R., 206, 210
Smith, Thomas, 263
Smith, W.J., 268
Smout, T.C., 282
Smuts, R.M., 193
Smyth, A.P., 210, 227
Snow, V.F., 273
Snowden, Philip, 272
Snyder, H.L., 269
Soloway, R.A., 195
Solt, L.F., 127
Sommerville, R., 199
Sorlin, P., 216
Sources of English Constitutional
  History, 221
Souter, A., 208
Southern, R.W., 245
Sparrow, C., 231
Speck, W.A., 135, 264
Spedding, J., 267
Spencer, F., 269
Spender, J.A., 270
Spengler, J.J., 274
Spieß, K.-H., 58
Spitzbart, G., 224
Spitzlberger, G., 58
Spodek, H., 196
Spooner, F.C., 110
Spring, D., 194
Spufford, P., 69, 207
Stackmann, K., 249
Stagg, D.J., 259

Stanhope, Earl, 269
Stanley, Lord, 270
Stanley, E.G., 231, 232, 249
Stanmore, Lord, 269
Stansky, P., 275
Stapleton, E.J., 269
Stapleton, Th., 238
State Papers, 266
State Trials, 273
Statuta antiqua universitatis Oxonien-
  sis, 260
Statute of Labourers, 75
Statutes of the Realm, 75, 250, 265
Stavely, R., 204
Stead, P., 193
Stegmann, D., 170, 173
Steeds, D., 220
Steel, D.J., 218
Steele, E.D., 197
Steele, R.R., 216
Steer, F.W., 206
Steers, J.A., 209
Steinberg, J., 182
Steinberg, S.H., 198
Steiner, Z., 182, 196
Stenton, D.M., 63, 213, 236, 245, 282
Stenton, F.M., 22, 55–57, 59, 62, 63,
  65, 69, 213, 230
Stenton, M., 200, 201
Stephens, A.J., 286
Stephens, H.M., 221
Stephens, J.N., 225
Stephens, L.D., 191
Stephens, W.B., 206, 286
Stephens, W.R.W., 284
Stephenson, C., 57, 59, 71, 221, 265
Stephenson, J., 133, 175, 201, 221, 282
Stephenson, W., 237
Stevens, C.G., 222
Stevenson, D., 122
Stevenson, J., 198, 209
Stevenson, T.G., 268
Stevenson, W.H., 227
Stewart, R.W., 188
Stock, L.F., 278
Stockwell, A.J., 196
Stockes, E., 196
Stone, L., 82, 89, 90, 103, 109, 110,

112, 113, 114, 116, 119, 121, 122, 124, 126, 129, 132, 133, 136, 274, 284
Stone, T.G., 264
Stones, E.L.G., 251
Stonor Letters and Papers, 248
Storey, R., 207, 214
Stowe, J., 233
Strachan, H., 180, 196
Strachey, L., 264
Strafford, Earl of, 268
Strang, Lord, 272, 286
Strange, G.de, 269
Stratton, J.M., 218
Streifthau, K., 267
Stuart Tracts, 263
Stubbs, W., 18, 42, 43, 55, 70, 210, 221, 227, 233, 235, 236, 239
Stuke, H., 112
Sturges, R.P., 218
Sturgess, H.A.C., 273
Styles, J., 194
Subsidy Rolls, s. Rolls
Supple, B.E., 117
Sutcliffe, A., 191, 199
Sutherland, C.H.V., 214, 223
Sutherland, D.M., 215
Sutherland, D.W., 257
Sutherland, G., 180, 194
Sutton, S.C., 219
Sutton Hoo, Schiffsgrab, 230, 231
Sweezy, P.M., 107
Sylloge of Coins of the British Isles, 231
Sylvester, D.W., 277
Sylvester, R.S., 267
Symonds, R., 195
Symons, D.T., 229

Tabula itineraria Peutingeriana, 222
Tagebücher, 215
Tait, J., 63, 239, 243, 262
Tallis, J.A., 218
Tambs, L.A., 191
Tamchina, R., 196
Tames, R.L., 274
Tanner, J., 213
Tanner, J.R., 119, 265

Taswell, T.P., 281
Tate, W.E., 78, 205, 206
Tawney, R.H., 85–89, 110, 119, 120, 135, 275
Taylor, A.J., 173, 179
Taylor, A.J.P., 191
Taylor, C., 68
Taylor, F., 241, 243
Taylor, H.A., 272
Taylor, H.M., 64
Taylor, J., 64, 210, 232, 247, 259
Taylor, P.A.M., 218
Taylor, R., 188
Taylor, W.S., 269
Teetor, R.R., 247
Temperley, H., 220, 278, 279
Temple, Earl, 268
Temple, E., 212
Templeman, G., 69
Templewood, Viscount, 272
Terril, R., 119
Thal, H. van, 265, 281
Thane, P., 179
Theiner, A., 221
They Saw It Happen, 263
Thirsk, J., 69, 108, 112, 133, 134, 218, 264, 275, 284
Tholfsen, T.R., 177
Thomas, A.H., 241, 262
Thomas, D.H., 219
Thomas, J.D., 223
Thomas, K., 111, 129, 130
Thomas, N., 223
Thomas, P.D.G., 217
Thomis, M.I., 175, 177
Thompson, A.H., 206
Thompson, Chr., 129
Thompson, D., 189, 195, 274
Thompson, D.M., 276
Thompson, E.A., 226
Thompson, E.M., 238, 240
Thompson, E.P., 112, 133, 149, 153, 172, 175, 177
Thompson, F., 282
Thompson, F.M.L., 135, 197
Thompson, J.D.A., 214
Thompson, P., 216
Thompson, R., 130, 180

Thomson, A., 126
Thomson, J.M., 206
Thomson, R., 235
Thomson, S.H., 212, 244
Thomson, T.R., 189, 207, 215
Thorne, S.E., 245
Thornley, J.D., 241
Thorpe, B., 225, 228
Thorpe, L., 230
Three Fifteenth Century Chronicles, 233
Three Lives of English Saints, 227
Thrupp, S.L., 195
Thurloe, John, 268
Thurneysen, R., 208
Tierney, B., 244, 245
Tilly, Ch., 104
The Times, 215
Timings, E.K., 264
Titow, J.Z., 69, 75
Tobler, A., 208
Todd, H.J., 205
Todd, M., 68
Töpfer, B., 57
Toller, T.N., 208
Tolliday, S., 194
Tolmie, M., 130
Tomlins, T.E., 247, 250
Toomey, A.F., 187
Toon, P., 131
Topolsky, J., 117
Toscano, M., 219
Tout, T.F., 238, 256
Townend, P., 208
Townshend, C., 197
Toynbee, J.M.C., 223
Tractatus de legibus et consuetudini-
    bus regni Anglie, 245
Traktate, 263, 264
Tranter, N., 168, 283
Trautz, F., 192, 250, 253, 255
Treasury, 267
Treaty Rolls, s. Rolls
Treharne, R.F., 44, 71, 232
Trent, C., 286
Trevelyan, G.M., 72, 119, 177, 264,
    269, 281, 282

Trevor Davies, R., 55
Trevor-Roper, H.R., 87–89, 95, 112,
    117, 118, 121, 122, 124
Troeltsch, E., 110
Trumbach, R., 194
Tucker, L.T., 249
Tucker, S.J., 225
Tudor Tracts, 263
Tully, J.H., 195
Turnbull, W.B.D.D., 262
Turner, G., 246, 247, 259
Turner, G.L., 276
Turner, J., 181
Turner, M.E., 284
Turner, R.V., 258
Turner, T.H., 262
Twemlow, J.A., 260
Twiss, H., 269
Twiss, T., 259
Tyson, D.B., 240
Tytler, P.F., 263

Uden, G., 199
Ullmann, W., 210, 242
Underdown, D., 126, 127
Universitäten, 219, 277
Upton, E.S., 214
Urkundliche Geschichte des hansi-
    schen Stahlhofes zu London, 262
Usher, G.R., 119
Usk, Adam v., 240
Ussel, J.van, 111

Valentine, A., 199
Vamplew, W., 172
Vann, R.T., 131
Vansittart, Lord, 272
Vaughan, R., 237
Vaughan, W.E., 201
Veall, D., 132
Venezky, R.L., 208
Venn, J.A., 200
Verfassung, 265
Vermier, J.J., 60
Vernon, J., 269
Vester, M., 175
Vetera monumenta Hibernorum
    s. Theiner, A.

Victoria, Kgn. 266, 270
Victoria History of the Counties of
England, 254, 286
Viebrock, H., 271, 273, 278
Vierck, H., 69
Vilar, P., 107
Vincent, D., 274
Vincent, J. R., 201, 270
Vindolanda-Schreibtafeln, 223
Viner, J., 129
Vinogradoff, P., 17, 56, 76
Violette, E. M., 265
Vising, J., 208, 248
Vita Aedwardi regis qui apud West-
monasterium requiescit, 227
Vita Edwardi II, 239
Vita Oswaldi archiepiscopi Eboracen-
sis auctore anonymo, 227
Voegelin, E., 129
Vogel, B., 173
Vogel, R., 220
Voigt, U., 122
Volkov, S., 173
Vollrath-Reichelt, H., 58
Voretzsch, K., 208
Vries, J. de, 117
Vries, L. de, 264

Wacher, J. S., 68
Wade, E. C. S., 281
Wade, J., 269
Wagner, A. R., 207, 213
Wahlen, Wahlrecht, 201, 273
Wainwright, R. W., 274
Walcott, R., 134, 192
Walesca Tielsch, E., 130
Walford, A. J., 187
Walker, B. M., 201
Walker, D., 236
Walker, G. S. M., 228
Walker, H. E., 64, 230
Wallerstein, J., 105, 108, 112, 117
Walling, R. A. J., 270
Wallis, J. E. P., 273
Wallis, K., 71
Walpole, Horace, 264
Walpole, S., 269, 270
Walsh, C., 198

Walsingham, Francis, 267
Walsingham, Thomas, 238, 239, 241
– Historia Anglicana, 238
– Chronicon Angliae, 238
– Annales Ricardi secundi, 238
– St. Albans Chronicle
Walter, Hubert, 245
Walter, J., 113
Walwyn, J., 240
Walzer, M. L., 130
Ward, A. W., 286
Ward, B., 244
Ward, J. H., 222
Ward, J. M., 285
Ward, J. T., 274, 275
Ward, W. S., 216
Warner, G. F., 236, 243, 268
Warner, O., 285
Warren, F. L., 231
Warwick, R., 190
Watkin, B., 274
Watkin, D., 284
Watson, G., 190
Watson, J. S., 265
Watt, D. C., 183, 197, 279, 287
Watt, D. E. R., 200
Watts, M. R., 130
Weaver, J. R. H., 207
Webb, B., 153, 175, 281
Webb, C. C. J., 242
Webb, R. K., 193, 281
Webb, S., 153, 175, 281
Weber, E., 222
Weber, M., 105, 110, 111
Webster, B., 205, 210
Webster, C. K., 111, 168, 278
Wedgwood, C. V., 123
Wedgwood, J. C., 200
Wee, H. v. d., 107
Weed, K. K., 215
Wehler, H.-U., 104, 112, 132, 173,
174, 178, 182, 190
Weinbaum, M., 258, 262
Weinzierl, M., 127
Welch, M. G., 67
Wellenreuther, H., 135, 178
Wellesley, Marquess, 269
Wellington, Duke of, 270

Wells, J.E.A., 211, 249
Weltreich, 219, 277, 278
Wende, F., 198
Wende, P., 118, 121, 123–129, 133, 192
Wendower, Roger v., 237
Wendt, B.-J., 181, 184, 185, 194, 197
Wenskus, R., 64, 225
Werckmeister, O.K., 230
Werner, K.F., 61
Wernham, R.B., 109
Werthman, M.S., 280
West, J., 206
Westergaard, J., 189
Western, J.R., 133
Westminster Abtei, Flores historiarum, 239
Weston, C.C., 124, 263
Wheatcroft, A., 200
Wheeler-Bennett, J.W., 279
White, D.A., 66
White, J., 193
White, R.J., 277, 281
White, S.D., 57
Whitelock, D., 64, 192, 221, 225, 227, 229
Whitwell, R.J., 251
Wichert, S., 194
Wido, Bf.v.Amiens, 234
Wight, M., 277
Wiener, J.H., 216, 263, 278
Wiener, M.J., 171
Wilding, N., 198
Wiles, R.M., 215
Wilhelm III., 266
Wilkes, John, 264
Wilkins, D., 221, 276
Wilkinson, B., 44, 54, 69, 71, 74, 188, 192, 210, 247
Willan, T.S., 109
Willard, J.F., 211
William IV., 269
Williams, A.H., 286
Williams, C.H., 263
Williams, E.A., 236
Williams, E.N., 263, 265, 266
Williams, E.T., 199
Williams, F., 271

Williams, G., 286
Williams, G.A., 175
Williams, G.H., 131
Williams, J.B., 189, 217
Williams, J.E.C., 67
Williams, P., 114
Williamson, J.A., 285
Williamson, J.B., 274
Willms, B., 124
Wills, 217
– Ancient Wills, 261
– Anglo-Saxon Wills, 229
– The Will of Aethelgifu, 229
Wilson, Ch., 107, 117, 168, 218
Wilson, D.M., 64, 230
Wilson, F.P., 284
Wilson, G., 265
Wilson, Harold, 272
Wilson, J.F., 130
Wilson, J.H., 268
Wilson, K., 182, 183
Wilson, K.E., 230
Wilson, R.J.A., 223
Wilson, R.M., 208
Windsor, Duke of, 266
Winfield, P.H., 205
Wing, D.G., 188
Winks, R.W., 196
Winter, J.M., 119, 120, 128
Winterbottom, M., 226, 227
Wirth, G., 66
Wirtschaft, 218, 219, 274, 275
Wissenschaft, 219
Withycombe, E.G., 208
Wittig, P., 195
Wittwer, W., 129
Wolfe, B.P., 265
Wolfe, D.M., 129, 264
Wolgast, E., 115
Wolpers, Th., 249
Wolters, H., 235
Wood, H., 206
Wood, J.N., 227, 228
Woodbine, G.E., 245, 247
Woodhouse, A.S.P., 129, 264
Woodland, C., 215
Woods, F., 189, 272
Woodward, E.L., 286

Woodworth, D., 201
Wool Accounts of William de la Pole, 262
Woolven, G. B., 218
Woolrych, A., 128, 131
Woolren, G. B., 189
Wootton, G., 275
Worcester, William v., The Boke of Noblesse, 243
– Itineraries, 248
Worden, B., 127, 130
Workman, B. H., 244
Wormold, B. H. G., 122
Wormald, C. P., 228
Wormald, F., 64
Wormald, J., 286
Wormell, P., 284
Wormer, K., 183
Worts, F. R., 55
Wreford Watson, J., 209
Wrenn, C. L., 231
Wright, C. E., 212
Wright, J., 208
Wright, L. B., 113, 278
Wright, R. P., 223
Wright, Th., 238, 242
Wrightson, K., 194
Wrigley, E. A., 74, 104, 106, 109, 111, 112, 169, 170, 283
Wrigley, C., 191
Wrigley, C. J., 274
Writs, 27, 229, 245
– Anglo-Saxon Writs, 229
– Early Registers, 257

–, Parliamentary, 70, 259
–, Royal, 257
Wroughton, J., 126, 198
Wulfstan, Lebensbeschreibung des Hl. Ethelwold, 227
Wunder, H., 57, 108
Wurm, C. A., 171
Wyclif, John, 244
Wykes, Thomas, 238
Wyon, A., 213
Wyon, A. B., 213

Year Books, 259
Yelling, J. A., 108, 284
Yonge, C. D., 270
Yorke, P. C., 268
Youings, J., 115, 116, 206, 276
Young, C. M., 278
Young, G. M., 264
Young, P., 126
Youngs, F. A., 265
Yule, G., 127
Yver, J., 62

Zaddach, B. J., 72, 73
Zagorin, P., 121, 124, 129, 132, 136
Zaller, R., 200
Zarnecki, G., 63
Zeeden, E. W., 104
Zeitungen, Zeitschriften, 215, 216, 218
Ziegler, J., 190
Ziegler, Ph., 72, 73, 76, 77
Zuck, H. L., 130
Zupko, R. E., 209

Personenregister

Alfred d. Große, Kg., (871–99), 61, 225

Anna, Kgn., (1702–1714), 101
Arthur, 38, 67
Athelstan, Kg., (924–39), 228

Baldwin, Stanley, Premiermin., (1923–24, 1924–29, 1935–37), 160
Bodin, Jean, Staatsdenker, 110

Cade, Jack, 242
Canning, George, Außenmin. (1807–09, 1822–27), Premiermin. (1827), 162
Castlereagh, Viscount, Außenmin. (1812–22), 140, 162, 168
Caxton, Wilhelm, Buchdrucker, 242
Ceolfrith, 227
Chamberlain, Neville, Premiermin. (1937–40), 166
Cromwell, Oliver, Militärführer und Staatsmann, 85, 88, 96, 98–100, 103, 123, 127–129, 136
Cromwell, Thomas, Staatsmann, 83, 101
Crowe, Eyre, Beamter im Foreign Office, 183

Edgar, Kg., (959–75), 24
Eduard d. Bekenner, Kg., (1042–1066)., 18, 26, 30, 32
Eduard I., Kg., (1272–1307)., 16, 42, 259, 261
Eduard II., Kg., (1307–27), 239, 240, 246, 259
Eduard III., Kg., (1327–77), 43, 75, 240, 243, 255, 259
Eduard IV., Kg., (1461–83), 241, 246, 259
Edwards, Thomas, Geistlicher, 130
Elisabeth I., Kgn., (1558–1603), 85, 89, 116, 122

Essex, Earl of, Oberbefehlshaber, 96
Ethelbert, Kg. v. Kent, 68

Fairfax, Sir Thomas, Oberkommandierender, 96

Gaunt, Johann v., 239
Gladstone, William E., Premiermin. (1868–74, 1880–85, 1886, 1892–94), 16
Grey, Edward, Außenmin. (1905–16), 157
Guthlac, 227

Harald Godwinson, Kg., (1066), 16, 60
Harrington, James, Staatsdenker, 86, 90, 120
Hegel, Georg Wilhelm Friedrich, Philosoph, 105
Heinrich I., Kg., (1100–35), 234, 253
Heinrich II., Kg., (1154–1189), 18, 236, 242, 243, 245, 253
Heinrich III., Kg., (1216–72), 232, 238, 255, 261
Heinrich IV., Kg., (1399–1413), 241
Heinrich V., Kg., (1413–22), 241, 259
Heinrich VI., Kg., (1422–61), 241, 242, 259
Heinrich VII., Kg., (1485–1509), 114
Heinrich VIII., Kg., (1509–1547), 83
Hume, David, Philosoph und Historiker, 123
Hyde, Edward, Earl of Clarendon, Staatsmann, 91, 122

Ireton, Henry, Offizier u. Schwiegersohn O. Cromwells, 129

Jakob II., Kg., (1685–1688), 85, 101
Johann Ohneland, Kg., (1199–1216), 237
Justinian, Ks., (527–65), 65

Karl I., Kg., (1625–1649), 85, 88, 90, 94, 96, 99, 122, 127

Karl II., Kg., (1660–1685), 85

Knut d. Große, Kg., (1016–35), 30

Lanfranc, Ebf. v. Canterbury, 28, 61

Lilburne, John, Leveller-Führer, 104, 128

Livius, Titus, Römischer Geschichtsschreiber, 92

Lloyd George, David, Premiermin. (1916–22), 160, 165 f.

Machiavelli, Niccolò, Politiker und Geschichtsschreiber, 92, 124

Manchester, Earl of, Oberbefehlshaber, 96

Mathilde, Kgn., 235

Milton, John, Dichter, 104, 130

Mun, Thomas, frühmerkantilistischer Schriftsteller, 84

Overton, Richard, Leveller-Führer, 128

Paine, Thomas, Schriftsteller, 134

Peutinger, Konrad, Bg. v. Augsburg, 222

Rainborough, Thomas, Offizier, 129

Richard I., Kg., (1189–1199), 236

Richard II., Kg., (1377–99), 239, 240, 247, 259

Richard III., Kg., (1483–85), 241

Robert, Earl of Gloucester, 235

Robert von Lewes, Bf. v. Bath, 235

Sanderson, Thomas, Beamter im Foreign Office, 183

St. Cuthbert, 227

St. Oswald, Bf. v. Worcester, 24

Theudebert I., fränk. Kg., (534–48), 65

Vane, Sir Henry der Jüngere, Politiker, 104, 137

Vortigern, 37

Wentworth, Thomas, Viscount, Earl of Strafford, Staatsmann, 97

Walwyn, William, Leveller-Führer, 128

Wido, Bf. v. Amiens, 60

Wildman, John, Leveller-Führer, 128

Wilfried, 227

Wilhelm I., d. Eroberer, (1066–1087), 15, 17, 19, 24–28, 30–32, 60–62, 233

Wilhelm II., Kg., (1087–1100), 234

Wilhelm III., Kg., (1689–1702), 85, 101

Winstanley, Gerrard, Digger-Führer, 100, 104, 130, 131, 132

Geschichte in der Reihe „Beck'sche Elementarbücher"

M. I. Finley
Die Griechen
Eine Einführung in ihre Geschichte und Zivilisation
Aus dem Englischen von Karl-Eberhardt und Grete Felten
1976. 152 Seiten. Paperback

Karl Christ
Die Römer
Eine Einführung in ihre Geschichte und Zivilisation
1979. 324 Seiten. Paperback

Hartmut Boockmann
Einführung in die Geschichte des Mittelalters
2., verbesserte Auflage. 1981. 164 Seiten mit
25 Abbildungen auf 16 Tafeln. Paperback

Ernst Hinrichs
Einführung in die Geschichte der Frühen Neuzeit
1980. 237 Seiten mit 6 Abbildungen im Text. Paperback

Jürgen Voss
Geschichte Frankreichs · Band II
Von der frühneuzeitlichen Monarchie bis zur Ersten Republik 1500–1800
1980. 249 Seiten mit 5 Karten im Text. Paperback
(Die Bände I und III sind in Vorbereitung)

Eberhard Schmitt
Einführung in die Geschichte der Französischen Revolution
2., durchgesehene Auflage. 1980. 150 Seiten mit 1 Karte. Paperback

Klaus Zernack
Osteuropa
Eine Einführung in seine Geschichte
1977. 171 Seiten mit 2 Karten. Paperback

Verlag C. H. Beck München

Bücher zur englischen Geschichte

Die englische Welt

Geschichte, Gesellschaft, Kultur
Herausgegeben von *Robert Blake*
Etwa 400 Seiten mit 306 Abbildungen, davon 85 in Farbe,
sowie 221 Photos, Zeichnungen und Karten. Leinen
Erscheint im Frühjahr 1983

Großbritannien

(Einführungen in die Landeskunde
Herausgegeben von Günther Haensch)

Heinrich Händel
Band I: Staat und Verwaltung
1979. 329 Seiten mit 8 Abbildungen, davon 2 Karten.
Paperback (Beck'sche Schwarze Reihe, Band 203)

Isolde Friebel, Heinrich Händel
Band II: Wirtschaft und Gesellschaft
1982. Etwa 336 Seiten mit 6 Textabbildungen. Paperback
(Beck'sche Schwarze Reihe, Band 263)

Gerhard A. Ritter
Sozialversicherung in Deutschland und England

Entstehung und Grundzüge im Vergleich
1982. Etwa 150 Seiten. Paperback (Beck'sche Elementarbücher)

Englische Lyrik der Gegenwart

Gedichte ab 1945. Originaltexte und deutsche Prosaübertragung
Herausgegeben und übersetzt von *Michael Butler* und
Ilsabe Arnold-Dielewicz.
1981. 256 Seiten. Paperback
(Beck'sche Schwarze Reihe, Band 232)

Hans-Christoph Schröder
Die Amerikanische Revolution

Eine Einführung
1982. 246 Seiten. Paperback (Beck'sche Elementarbücher)

Verlag C. H. Beck München